2013

中国第三产业统计年鉴

CHINA STATISTICAL YEARBOOK OF THE TERTIARY INDUSTRY

中 华 人 民 共 和 国 国 家 统 计 局　编
Compiled by National Bureau of Statistics of China

中国统计出版社
China Statistics Press

图书在版编目（CIP）数据

中国第三产业统计年鉴．2013/ 中华人民共和国国家统计局编．-- 北京：中国统计出版社，2013.11
ISBN 978-7-5037-7000-5

Ⅰ．①中… Ⅱ．①中… Ⅲ．①第三产业－经济统计－统计资料－中国－ 2013 －年鉴 Ⅳ．① F719-54

中国版本图书馆 CIP 数据核字（2013）第 243008 号

中国第三产业统计年鉴 -2013

作　　者 / 中华人民共和国国家统计局
责任编辑 / 佘竞雄
封面设计 / 李雪燕
出版发行 / 中国统计出版社
通信地址 / 北京市丰台区西三环南路甲 6 号　邮政编码 /100073
电　　话 / 邮购（010）63376909　书店（010）68783171
网　　址 /http://csp.stats.gov.cn
印　　刷 / 河北天普润印刷厂
经　　销 / 新华书店
开　　本 /880×1230 毫米　1/16
字　　数 /1458 千字
印　　张 /45.5
版　　别 /2013 年 11 月第 1 版
版　　次 /2013 年 11 月第 1 次印刷
定　　价 /320.00 元

本书附同版本 CD-ROM 一张，光盘内容以书面文字为准。
如有印装差错，由本社发行部调换。

《中国第三产业统计年鉴—2013》

编委会和编辑出版人员

编者说明

一、《中国第三产业统计年鉴—2013》收录了全国和各省、自治区、直辖市2012年第三产业方面的统计数据以及部分历史数据，是一部反映中华人民共和国第三产业发展情况的资料性年刊。

二、本年鉴正文内容分为8个篇章：1. 第三产业单位数；2. 第三产业就业人员数；3. 第三产业增加值；4. 第三产业固定资产投资；5. 第三产业部分行业主要财务指标；6. 第三产业部分行业主要业务指标；7. 第三产业复合性行业情况；8. 港澳台第三产业情况。同时附录4个篇章：1. 世界及主要国家第三产业主要统计资料；2. 中国服务业采购经理指数及国外情况；3. 中国企业信息化情况；4. 国家统计局《三次产业划分规定》。各篇章前设有“简要说明”，对本篇章的主要内容、资料来源、统计范围、统计方法以及历史变动情况予以简要概述，篇末附有“主要统计指标解释”。

三、本年鉴所涉及的全国性统计数据，除森林面积和森林覆盖率外，均未包括香港、澳门特别行政区和台湾省数据。

四、香港、澳门特别行政区的统计是构成国家统计总体的一部分。但根据《中华人民共和国香港特别行政区基本法》和《中华人民共和国澳门特别行政区基本法》的有关原则，香港、澳门与内地是相对独立的统计区域，根据各自不同的统计制度和法律规定，独立进行统计工作。本年鉴中香港、澳门特别行政区统计资料分别由香港特别行政区政府统计处、澳门特别行政区政府统计暨普查局提供，国家统计局国际统计信息中心负责整理、编辑。

五、台湾省数据来自台湾省行政院主计处统计资料，国家统计局国际统计信息中心负责整理、编辑。

六、与《中国第三产业统计年鉴—2012》相比较，本年鉴内容主要做了如下修订：

1. 新《国民经济行业分类（GB/T 4754-2011）》已于2011年11月1日正式实施，本年鉴中的数据指标按照新国民经济行业整理提供，但有个别章节和数据表仍沿用旧行业分类标准，具体情况详见篇章前的简要说明和数据表的表底注解。

2. 在第5篇“第三产业部分行业主要财务指标”中删除“部分服务业”统计资料，增加反映我国服务业企业经营状况主要指标。

3. 将原第6篇“第三产业部分行业主要业务指标”中的“各地区租赁和商务服务业总产出”、“各地区居民服务和其他服务业总产出”两张表调整到第5篇“第三产业部分行业主要财务指标”中。

4. 在第 6 篇“第三产业部分行业主要业务指标”的部分行业中增加了有关内容，并调整了个别数据表的所属章节。

5. 在第 7 篇“第三产业复合性行业情况”中删除物流业统计资料，增加文化服务业统计资料。

6. 在附录中增加“中国企业信息化情况”和“国家统计局《三次产业划分规定》”。

七、本年鉴中凡未注明年份的数据，均指 2012 年的数据。

八、本年鉴所使用的度量衡单位，均采用国际统一标准计量单位。

九、本年鉴中部分数据合计数或相对数由于计量单位取舍不同而产生的计算误差，均未做机械调整。

十、符号使用说明：年鉴各表中的“空格”表示该项统计指标数据不足本表最小单位数、数据不详或无该项数据；“#”表示其中的主要项。港澳台部分的符号使用方法具体见其篇章说明。

目 录

一、第三产业单位数

二、第三产业就业人员数

三、第三产业增加值

四、第三产业固定资产投资

五、第三产业部分行业主要财务指标

六、第三产业部分行业主要业务指标

附录一、世界及主要国家第三产业主要统计资料

附录二、中国服务业采购经理指数及国外情况

附录三、中国企业信息化情况

附录四、国家统计局《三次产业划分规定》

1 第三产业单位数

简要说明

一、主要内容

本篇资料通过对一定时期第三产业法人单位数量上的描述，反映报告期内第三产业法人单位的数量变化。

二、统计范围与统计口径

第三产业基本单位统计范围包括：我国境内从事社会经济第三产业活动的法人单位，未包括香港、澳门特别行政区和台湾省。

三、资料来源

第三产业基本单位统计2004年和2008年的数据，来源于第一次和第二次全国经济普查数据，其余年份来源于基本单位统计数据。所有数据仍沿用旧行业分类标准。

1-1 第三产业法人单位数及所占比重

单位：个

年 份	全部法人单位数	第一产业	第二产业	第三产业	
					比重(%)
1997	4344278	65307	1492302	2786669	64.1
1998	4417508	59692	1567816	2790000	63.2
1999	4221995	57177	1442405	2722413	64.5
2000	4366141	57542	1500106	2808493	64.3
2001	5107015	59104	1467937	3579974	70.1
2002	5170852	59522	1492241	3619089	70.0
2003	5214144	156033	1537037	3521074	67.5
2004	5168303	1835	1579340	3587128	69.4
2005	5647823	68800	1733605	3845418	68.1
2006	6068912	78205	1889475	4101232	67.6
2007	6495064	98546	2039702	4356816	67.1
2008	7098765	2023	2200376	4896366	69.0
2009	8003868	184764	2386389	5432715	67.9
2010	8754588	242429	2568818	5943341	67.9
2011	9593729	321086	2758483	6514160	67.9
2012	10616530	440853	2949694	7225983	68.1

注：2004年和2008年第一产业法人单位数仅包括兼营第二、三产业的第一产业法人单位。

1-2 第三产业分行业法人单位数

单位：个

行业	2005	2008	2009	2010	2011	2012
第三产业总计	**3845418**	**4896366**	**5432715**	**5943341**	**6514160**	**7225983**
交通运输、仓储和邮政业	**91565**	**157589**	**175914**	**195829**	**219630**	**249832**
铁路运输业	334	440	698	1022	1561	2223
道路运输业	41340	73202	82287	92605	105576	122318
城市公共交通业	6253	7689	8156	8375	8786	9473
水上运输业	5853	8009	8770	9365	10088	10960
航空运输业	627	808	942	1081	1280	1554
管道运输业	53	85	122	156	179	238
装卸搬运和其他运输服务业	22757	44661	49326	54039	59849	67161
仓储业	11799	18207	19814	20926	22470	24834
邮政业	2549	4488	5799	8260	9841	11071
信息传输、计算机服务和软件业	**85499**	**153290**	**176326**	**191182**	**208867**	**245669**
电信和其他信息传输服务业	15651	22590	28423	32354	36427	43250
计算机服务业	43813	90843	99514	103803	108430	125293
软件业	26035	39857	48389	55025	64010	77126
批发和零售业	**994953**	**1403141**	**1670315**	**1965118**	**2276295**	**2630690**
批发业	599766	854007	1027725	1226014	1432318	1662888
零售业	395187	549134	642590	739104	843977	967802
住宿和餐饮业	**101853**	**145297**	**154895**	**164762**	**172070**	**186837**
住宿业	41951	54316	57385	60089	62714	66853
餐饮业	59902	90981	97510	104673	109356	119984
金融业	**26828**	**28668**	**36907**	**45512**	**55513**	**67554**
银行业	17156	7706	9242	10822	12589	14639
证券业	1270	1116	1437	1864	2793	5327
保险业	4573	9146	10580	11687	13238	14772
其他金融活动	3829	10700	15648	21139	26893	32816
房地产业	**148059**	**214391**	**244043**	**284726**	**323985**	**356717**
房地产业	148059	214391	244043	284726	323985	356717
租赁和商务服务业	**291498**	**427001**	**511666**	**590478**	**687575**	**813851**
租赁业	10890	18330	23202	27835	34267	42279
商务服务业	280608	408671	488464	562643	653308	771572
科学研究、技术服务和地质勘查业	**153076**	**201689**	**233221**	**256865**	**283777**	**324932**
研究与试验发展	16668	21317	26573	31316	36803	43350
专业技术服务业	75294	99966	111782	122314	135200	154425
科技交流和推广服务业	58487	76591	90652	98795	107015	121899
地质勘查业	2627	3815	4214	4440	4759	5258
水利、环境和公共设施管理业	**46847**	**57553**	**61740**	**64794**	**69186**	**75981**
水利管理业	18922	20827	21220	21327	21675	22436
环境管理业	10523	12801	13945	14790	15911	17632
公共设施管理业	17402	23925	26575	28677	31600	35913
居民服务和其他服务业	**93947**	**120467**	**141936**	**158152**	**175813**	**196880**
居民服务业	46149	61339	68079	71728	77421	85207
其他服务业	47798	59128	73857	86424	98392	111673
教育	**305446**	**335065**	**342003**	**342408**	**346390**	**355072**
教育	305446	335065	342003	342408	346390	355072
卫生、社会保障和社会福利业	**183760**	**206480**	**209016**	**205778**	**205173**	**206885**
卫生	156998	171449	172838	169189	167699	167693
社会保障业	9135	11428	11784	11838	11964	12374
社会福利业	17627	23603	24394	24751	25510	26818
文化、体育和娱乐业	**69490**	**81878**	**90891**	**95633**	**102775**	**121126**
新闻出版业	5291	6278	6733	6943	7224	7814
广播、电视、电影和音像业	14539	13481	14432	15049	15935	17957
文化艺术业	29742	33830	37948	39803	43199	51735
体育	6022	7405	8262	8637	9175	9778
娱乐业	13896	20884	23516	25201	27242	33842
公共管理和社会组织	**1252597**	**1363857**	**1383842**	**1382104**	**1387111**	**1393957**
中国共产党机关	40137	39846	40062	39702	39423	39257
国家机构	334091	396222	399955	399140	399694	402691
人民政协和民主党派	5684	6209	6234	6217	6194	6167
群众团体、社会团体和宗教组织	149582	234644	247353	249577	257071	262817
基层群众自治组织	723103	686936	690238	687468	684729	683025

注：2008年铁路运输业单位数只包括铁路系统从事第二、三产业活动的企业和单位。

1-3 各地区第三产业法人单位数

单位：个

地区	2005	2006	2007	2008	2009	2010	2011	2012
全国	**3845418**	**4101232**	**4356816**	**4896366**	**5432715**	**5943341**	**6514160**	**7225983**
北京	245878	263513	269987	229389	326070	333119	339930	352507
天津	60468	64945	73215	98185	99464	115642	129983	146761
河北	149265	157775	164897	186396	214124	226856	238171	253885
山西	106664	115662	123459	125381	136363	142929	152719	167686
内蒙古	62495	66923	72388	89959	98756	105566	111756	117284
辽宁	152738	165102	178286	210793	227113	242397	255177	315733
吉林	64075	66135	68672	92475	95522	85508	89507	94269
黑龙江	82706	86166	89162	111957	121344	130178	136219	140072
上海	262116	265885	269674	260136	259954	289813	308687	336372
江苏	240130	267939	292981	336147	386037	479293	556722	636540
浙江	221409	239312	265194	298851	328369	364092	417817	472890
安徽	125930	130233	135710	138043	150844	162753	193694	217851
福建	117178	127690	140569	156314	178045	201768	232899	259971
江西	87722	85933	88429	102964	113261	124181	133364	166966
山东	257960	284328	304705	397970	441614	505592	547125	600099
河南	180643	190390	198698	227803	241904	249744	256627	267180
湖北	129609	139130	153270	218863	241083	253804	279162	317929
湖南	133148	137102	139855	184994	194537	209186	224218	245616
广东	303434	337402	373128	401828	459624	522154	596147	667820
广西	104380	110849	118180	127997	147604	166446	189951	211760
海南	21287	22308	23796	24778	25822	30322	34123	38842
重庆	66188	75490	82382	99975	108699	121050	149740	181851
四川	214587	227621	235118	242396	256626	267267	275697	302400
贵州	68906	72624	75697	78319	83325	88095	91544	98388
云南	76833	79024	84756	98542	114897	130783	149743	160897
西藏	12617	12912	13053	14582	14940	15244	15428	15553
陕西	125244	128793	132944	141049	156630	160258	178409	193674
甘肃	72333	73158	75899	79055	83061	87505	91216	97644
青海	18479	18924	19533	20686	21533	22915	23900	25467
宁夏	21402	23466	25353	23903	26354	28000	30801	33250
新疆	59594	64498	67826	76636	79196	80881	83684	88826

1-4 各地区第三产业法人单位数及所占比重

单位：个

地区	全部法人单位数	第一产业	第二产业	第三产业	
					比重(%)
全国	**10616530**	**440853**	**2949694**	**7225983**	**68.1**
北京	404907	3143	49257	352507	87.1
天津	207512	2939	57812	146761	70.7
河北	387093	17972	115236	253885	65.6
山西	244262	34118	42458	167686	68.7
内蒙古	155136	8928	28924	117284	75.6
辽宁	453601	14181	123687	315733	69.6
吉林	131947	6096	31582	94269	71.4
黑龙江	189208	6102	43034	140072	74.0
上海	455055	3769	114914	336372	73.9
江苏	1096912	26265	434107	636540	58.0
浙江	865140	38278	353972	472890	54.7
安徽	324622	14004	92767	217851	67.1
福建	399091	19288	119832	259971	65.1
江西	249278	14632	67680	166966	67.0
山东	906064	29760	276205	600099	66.2
河南	425276	15825	142271	267180	62.8
湖北	435964	15682	102353	317929	72.9
湖南	343869	14280	83973	245616	71.4
广东	1008447	15611	325016	667820	66.2
广西	274666	23041	39865	211760	77.1
海南	49117	2964	7311	38842	79.1
重庆	274165	35984	56330	181851	66.3
四川	403208	21429	79379	302400	75.0
贵州	133415	10244	24783	98388	73.7
云南	214490	19175	34418	160897	75.0
西藏	16664	42	1069	15553	93.3
陕西	255333	10266	51393	193674	75.9
甘肃	124734	7064	20026	97644	78.3
青海	33425	2509	5449	25467	76.2
宁夏	43820	2489	8081	33250	75.9
新疆	110109	4773	16510	88826	80.7

1-5 交通运输、仓储和邮政业按地区分组的法人单位数

单位：个

地 区	法人单位数(2011年)	#多产业法人单位	法人单位数(2012年)	#多产业法人单位
全 国	**219630**	**10032**	**249832**	**10799**
北 京	7850	506	8098	510
天 津	8376	169	9726	168
河 北	7234	178	7754	188
山 西	4763	216	5382	242
内蒙古	3920	189	4267	201
辽 宁	10844	295	13580	335
吉 林	2704	69	2959	66
黑龙江	4173	155	4271	153
上 海	14940	998	16219	1053
江 苏	22010	492	25751	584
浙 江	14218	900	15490	985
安 徽	8114	313	9761	329
福 建	8393	365	9333	383
江 西	5846	167	8396	213
山 东	19284	333	21757	336
河 南	6060	137	6302	141
湖 北	9176	323	11904	343
湖 南	4703	152	4965	152
广 东	22784	1706	25569	1799
广 西	5459	423	6107	509
海 南	879	78	1059	85
重 庆	5046	393	5431	470
四 川	7209	434	8394	459
贵 州	1740	118	1946	118
云 南	3859	292	4201	330
西 藏	182	25	188	26
陕 西	4280	180	4785	185
甘 肃	1765	125	2046	121
青 海	490	65	524	68
宁 夏	693	40	784	42
新 疆	2636	196	2883	205

1-6 信息传输、计算机服务和软件业按地区分组的法人单位数

单位：个

地区	法人单位数(2011年)	#多产业法人单位	法人单位数(2012年)	#多产业法人单位
全国	**208867**	**5408**	**245669**	**5811**
北京	21135	1020	22151	1013
天津	2666	30	3452	40
河北	4699	78	5106	83
山西	2632	98	3691	106
内蒙古	2081	88	2196	84
辽宁	9240	138	12119	164
吉林	1778	68	2207	66
黑龙江	3253	94	3387	95
上海	12645	523	14029	559
江苏	18260	262	23021	315
浙江	17387	351	19949	390
安徽	6149	85	7572	102
福建	7823	139	8875	148
江西	2161	81	3182	84
山东	16417	204	18621	208
河南	5462	74	6434	83
湖北	7334	129	9085	137
湖南	8872	89	10525	97
广东	21644	892	25038	1006
广西	6508	127	6952	140
海南	1083	25	1319	28
重庆	5215	159	6721	180
四川	9386	177	12209	177
贵州	2136	52	2425	56
云南	4320	111	5021	124
西藏	159	23	162	24
陕西	4078	67	5088	74
甘肃	1120	64	1629	66
青海	423	39	481	39
宁夏	740	25	811	23
新疆	2061	96	2211	100

1-7 批发和零售业按地区分组的法人单位数

单位：个

地 区	法人单位数（2011年）	#多产业法人单位	法人单位数（2012年）	#多产业法人单位
全 国	**2276295**	**70919**	**2630690**	**74802**
北 京	118485	5896	121945	5834
天 津	57462	907	64701	967
河 北	81073	1618	91157	1675
山 西	45514	2167	53059	2313
内蒙古	35563	1014	38712	1000
辽 宁	95346	1694	122551	1939
吉 林	27609	327	29292	327
黑龙江	46398	1286	48109	1289
上 海	139449	7837	150676	7848
江 苏	266216	5414	303339	5703
浙 江	165076	6873	196797	7361
安 徽	61007	1991	74576	2123
福 建	84609	2903	100295	3042
江 西	31922	604	46982	703
山 东	219046	2615	252083	2768
河 南	62431	1742	67285	1757
湖 北	91518	1924	106428	2005
湖 南	50020	681	63606	691
广 东	248484	8722	285282	9257
广 西	54824	3241	67375	3693
海 南	9096	404	10842	490
重 庆	53381	2154	70126	2520
四 川	56426	2443	63642	2641
贵 州	17073	857	19843	854
云 南	48812	2167	54080	2412
西 藏	1027	66	1085	66
陕 西	50921	990	61041	1073
甘 肃	21209	886	24181	899
青 海	4576	221	5500	228
宁 夏	9941	231	11300	230
新 疆	21781	1044	24800	1094

1-8 住宿和餐饮业按地区分组的法人单位数

单位：个

地 区	法人单位数(2011年)	#多产业法人单位	法人单位数(2012年)	#多产业法人单位
全 国	**172070**	**7622**	**186837**	**7970**
北 京	13003	1068	13252	1047
天 津	2841	116	3118	129
河 北	4069	104	4233	113
山 西	3382	123	3664	133
内蒙古	3354	131	3449	121
辽 宁	6064	184	7575	196
吉 林	1691	28	1714	26
黑龙江	2479	72	2491	71
上 海	11694	790	11590	760
江 苏	10858	406	12019	447
浙 江	8300	1086	9072	1117
安 徽	4889	218	5414	248
福 建	5848	228	6455	249
江 西	3062	51	3404	52
山 东	16409	221	16993	241
河 南	8381	186	8671	184
湖 北	7701	196	8594	204
湖 南	7277	74	7023	76
广 东	16672	977	18283	1039
广 西	3177	174	3466	211
海 南	1354	84	1457	96
重 庆	7222	273	10019	305
四 川	7217	277	8006	325
贵 州	1664	36	2144	35
云 南	3324	176	3498	188
西 藏	307	5	326	4
陕 西	5343	123	6064	134
甘 肃	2107	105	2299	107
青 海	602	26	653	26
宁 夏	718	15	756	14
新 疆	1061	69	1135	72

1-9 金融业按地区分组的法人单位数

单位：个

地 区	法人单位数（2011年）	#多产业法人单位	法人单位数（2012年）	#多产业法人单位
全 国	**55513**	**11912**	**67554**	**12343**
北 京	1364	247	1794	271
天 津	1493	258	1876	267
河 北	2230	477	2597	498
山 西	1530	369	1785	371
内蒙古	1687	375	1816	368
辽 宁	2371	504	3615	547
吉 林	898	262	1007	262
黑龙江	1446	364	1624	369
上 海	1128	249	1479	270
江 苏	5059	614	5700	660
浙 江	2607	682	3065	743
安 徽	2547	436	3069	462
福 建	3311	405	3535	409
江 西	1352	339	2300	354
山 东	4859	712	6168	719
河 南	1972	524	2033	521
湖 北	2410	424	3238	455
湖 南	1511	427	1989	413
广 东	3984	937	4759	984
广 西	1649	387	1643	410
海 南	275	67	347	70
重 庆	1250	350	1525	370
四 川	1979	633	2585	645
贵 州	894	243	1062	247
云 南	2112	469	2607	491
西 藏	116	64	117	64
陕 西	1374	344	1764	346
甘 肃	794	288	928	292
青 海	227	89	263	90
宁 夏	331	72	399	72
新 疆	753	301	865	303

1-10 房地产业按地区分组的法人单位数

单位：个

地区	法人单位数(2011年)	#多产业法人单位	法人单位数(2012年)	#多产业法人单位
全国	**323985**	**13681**	**356717**	**14849**
北京	14384	1295	14661	1284
天津	5306	241	5913	240
河北	10546	261	11472	288
山西	5651	234	6364	276
内蒙古	5937	91	6293	102
辽宁	14517	326	17678	406
吉林	4136	25	4498	27
黑龙江	6613	166	6918	165
上海	13860	876	14202	846
江苏	27369	913	30017	1076
浙江	19196	1350	20423	1403
安徽	11824	382	13254	439
福建	11291	630	12038	648
江西	7192	133	9260	182
山东	22808	273	24972	313
河南	10479	79	11360	85
湖北	15300	408	17674	468
湖南	9699	75	10734	80
广东	42356	3085	46107	3139
广西	10235	554	11034	757
海南	4956	131	5586	146
重庆	8470	668	9341	765
四川	11056	538	12171	598
贵州	5126	140	5658	136
云南	8421	336	9013	424
西藏	103		108	
陕西	8599	127	10340	152
甘肃	2960	70	3275	81
青海	933	43	992	46
宁夏	1157	31	1299	38
新疆	3505	200	4062	239

1-11 租赁和商务服务业按地区分组的法人单位数

单位：个

地区	法人单位数（2011年）	#多产业法人单位	法人单位数（2012年）	#多产业法人单位
全国	**687575**	**15556**	**813851**	**17524**
北京	73752	1878	77035	1907
天津	18285	238	21553	256
河北	13359	265	15638	304
山西	9506	381	11201	412
内蒙古	8159	172	8901	182
辽宁	26687	358	36142	490
吉林	6518	59	7395	65
黑龙江	11304	200	11772	202
上海	55317	1722	63975	1914
江苏	65189	1012	81495	1311
浙江	59494	1586	68184	1820
安徽	18656	309	24754	374
福建	25715	543	30609	573
江西	9839	153	16335	199
山东	46418	453	53847	487
河南	14815	146	16271	150
湖北	24208	351	31783	401
湖南	13344	213	15525	228
广东	84173	3064	96324	3297
广西	18798	604	22108	799
海南	4340	138	5357	145
重庆	16729	359	21127	456
四川	18749	380	24629	407
贵州	5622	124	6576	131
云南	13450	352	14924	452
西藏	280	1	292	1
陕西	12242	125	15511	148
甘肃	3961	112	4798	122
青海	1148	47	1337	48
宁夏	2025	24	2408	24
新疆	5493	187	6045	219

1-12 科学研究、技术服务和地质勘查业按地区分组的法人单位数

单位：个

地 区	法人单位数(2011年)	#多产业法人单位	法人单位数(2012年)	#多产业法人单位
全 国	**283777**	**8148**	**324932**	**9068**
北 京	35568	935	38136	952
天 津	9357	98	10795	111
河 北	5877	107	6478	129
山 西	4810	169	5449	186
内蒙古	4100	88	4258	89
辽 宁	13455	165	16450	235
吉 林	4338	46	5116	45
黑龙江	6625	167	6843	167
上 海	19150	505	22603	529
江 苏	20893	424	27367	582
浙 江	19067	784	22256	894
安 徽	7337	196	8913	235
福 建	8801	362	9824	376
江 西	4187	107	5479	127
山 东	15966	183	17830	204
河 南	6533	100	7005	111
湖 北	13027	335	15165	367
湖 南	8151	203	9677	213
广 东	26966	1076	30938	1212
广 西	9020	581	9959	646
海 南	1284	79	1478	86
重 庆	4486	178	5409	200
四 川	11302	305	11851	345
贵 州	3194	95	3368	98
云 南	6209	375	6656	402
西 藏	182	15	187	14
陕 西	6396	117	7580	140
甘 肃	2297	115	2483	118
青 海	933	51	962	50
宁 夏	771	25	835	25
新 疆	3495	162	3582	180

1-13 水利、环境和公共设施管理业按地区分组的法人单位数

单位：个

地 区	法人单位数 (2011年)	#多产业法人单位	法人单位数 (2012年)	#多产业法人单位
全 国	**69186**	**2616**	**75981**	**2699**
北 京	2422	82	2488	80
天 津	1319	36	1458	36
河 北	2018	65	2315	71
山 西	2144	76	2369	78
内蒙古	1785	73	1878	76
辽 宁	3098	64	3665	71
吉 林	1276	23	1342	24
黑龙江	1629	73	1666	73
上 海	1968	53	2127	55
江 苏	6053	104	6750	113
浙 江	4476	202	4969	216
安 徽	2322	137	2654	141
福 建	2667	98	2923	107
江 西	1760	57	2164	56
山 东	3876	125	4213	121
河 南	2496	56	2592	58
湖 北	4117	167	4644	174
湖 南	3012	112	3227	113
广 东	4967	222	5406	231
广 西	2571	130	2748	136
海 南	351	18	387	17
重 庆	1676	80	1868	84
四 川	3193	115	3510	117
贵 州	1167	39	1258	37
云 南	2102	111	2210	109
西 藏	41	3	43	3
陕 西	2244	47	2464	46
甘 肃	906	113	1014	118
青 海	316	11	345	11
宁 夏	289	18	309	20
新 疆	925	106	975	107

1-14 居民服务和其他服务业按地区分组的法人单位数

单位：个

地区	法人单位数(2011年)	#多产业法人单位	法人单位数(2012年)	#多产业法人单位
全国	**175813**	**4116**	**196880**	**4390**
北京	14651	660	14788	663
天津	6707	111	7457	124
河北	4732	91	5088	92
山西	4181	98	4840	101
内蒙古	2533	54	2787	57
辽宁	7170	84	9661	110
吉林	2024	10	2157	9
黑龙江	3657	52	3707	50
上海	13396	508	13307	484
江苏	16561	242	18805	282
浙江	8345	333	9572	361
安徽	4352	91	5033	93
福建	5453	160	5919	171
江西	3614	34	4751	44
山东	15525	131	17604	138
河南	4543	48	4790	51
湖北	8639	104	9659	111
湖南	5450	27	5675	29
广东	17530	680	18981	722
广西	3417	104	4093	138
海南	756	25	892	27
重庆	5101	106	6844	126
四川	4327	94	5066	106
贵州	1770	27	2072	27
云南	2882	89	3381	108
西藏	112	3	110	3
陕西	4305	50	5372	57
甘肃	1639	45	1776	45
青海	326	9	370	12
宁夏	638	8	740	9
新疆	1477	38	1583	40

1-15 教育按地区分组的法人单位数

单位：个

地区	法人单位数 (2011年)	#多产业法人单位	法人单位数 (2012年)	#多产业法人单位
全国	**346390**	**31811**	**355072**	**31342**
北京	8207	274	8304	258
天津	3325	252	3467	245
河北	18168	1068	17885	1032
山西	8755	1091	8990	1102
内蒙古	5557	335	5673	326
辽宁	11481	1039	13499	1014
吉林	5248	651	5251	644
黑龙江	7737	700	7780	699
上海	5615	118	5760	118
江苏	16869	846	17764	853
浙江	16742	896	17736	861
安徽	13538	1607	12597	1670
福建	12276	1040	12618	1037
江西	8914	1367	9436	1364
山东	20908	2010	21213	1981
河南	22915	2009	23071	2009
湖北	16753	2083	17743	2045
湖南	14847	2119	14873	2116
广东	31500	1431	32611	1454
广西	17497	1204	17788	1214
海南	2156	243	2358	245
重庆	8035	1470	8815	1471
四川	19961	2511	21254	2249
贵州	9650	1303	9821	1280
云南	7962	1386	8203	1344
西藏	1045	270	1046	267
陕西	13613	860	12248	820
甘肃	9173	846	9225	845
青海	1259	213	1320	212
宁夏	1409	165	1425	165
新疆	5275	404	5298	402

1-16 卫生、社会保障和社会福利业按地区分组的法人单位数

单位：个

地　区	法人单位数 (2011年)	#多产业法人单位	法人单位数 (2012年)	#多产业法人单位
全　国	**205173**	**13555**	**206885**	**13657**
北　京	3049	216	3084	214
天　津	1446	204	1508	200
河　北	6654	301	6554	301
山　西	5149	447	5217	449
内蒙古	4479	255	4486	252
辽　宁	10239	330	11123	326
吉　林	3285	127	3271	127
黑龙江	4868	500	4896	501
上　海	2818	88	2983	87
江　苏	10821	957	11288	960
浙　江	6921	845	7144	844
安　徽	6207	816	5458	814
福　建	6064	378	6127	377
江　西	7095	357	7351	359
山　东	15893	1256	15981	1252
河　南	25218	222	25235	224
湖　北	11107	1032	11243	1016
湖　南	8291	755	8263	754
广　东	9139	880	9397	880
广　西	6573	397	6644	397
海　南	782	20	812	20
重　庆	5933	573	6409	573
四　川	14169	556	14881	666
贵　州	4049	312	4159	313
云　南	4435	844	4517	847
西　藏	504	25	505	25
陕　西	12197	239	10492	260
甘　肃	3517	305	3550	304
青　海	779	94	789	93
宁　夏	816	45	830	43
新　疆	2676	179	2688	179

1-17 文化、体育和娱乐业按地区分组的法人单位数

单位：个

地 区	法人单位数（2011年）	#多产业法人单位	法人单位数（2012年）	#多产业法人单位
全 国	**102775**	**2672**	**121126**	**2879**
北 京	12112	316	12754	308
天 津	1608	58	1863	61
河 北	2322	55	2675	59
山 西	2727	89	3398	95
内蒙古	1837	37	1900	43
辽 宁	3867	62	4880	63
吉 林	1599	22	1844	34
黑龙江	1856	53	2026	52
上 海	4453	150	4941	145
江 苏	7352	119	9065	136
浙 江	6044	209	7218	233
安 徽	2653	70	3204	76
福 建	4622	133	5082	135
江 西	2357	37	2899	42
山 东	5263	107	6234	117
河 南	3856	51	4574	57
湖 北	4806	128	5913	142
湖 南	4346	68	4998	76
广 东	7762	329	9290	361
广 西	3180	106	3489	115
海 南	712	25	832	29
重 庆	2394	64	3156	69
四 川	4576	105	6505	106
贵 州	1515	20	1765	21
云 南	2809	87	3393	102
西 藏	172		173	
陕 西	2794	43	3231	58
甘 肃	1283	50	1775	65
青 海	404	19	457	19
宁 夏	333	13	368	13
新 疆	1161	47	1224	47

1-18 公共管理和社会组织按地区分组的法人单位数

单位：个

地区	法人单位数(2011年)	#多产业法人单位	法人单位数(2012年)	#多产业法人单位
全国	**1387111**	**147227**	**1393957**	**143461**
北京	13948	1083	14017	1071
天津	9792	513	9874	513
河北	75190	4299	74933	3834
山西	51975	12931	52277	12881
内蒙古	30764	3113	30668	3103
辽宁	40798	3448	43195	3186
吉林	26403	1566	26216	1604
黑龙江	34181	4204	34582	4200
上海	12254	325	12481	326
江苏	63212	2797	64159	2787
浙江	69944	2300	71015	2262
安徽	44099	6256	41592	6154
福建	46026	10715	46338	10602
江西	44063	4230	45027	4230
山东	124453	12002	122583	11204
河南	81466	4994	81557	4983
湖北	63066	10378	64856	10176
湖南	84695	7289	84536	7257
广东	58186	8640	59835	8642
广西	47043	6800	48354	6857
海南	6099	584	6116	587
重庆	24802	2733	25060	2700
四川	106147	8321	107697	6685
贵州	35944	2990	36291	3002
云南	39046	5884	39193	5695
西藏	11198	640	11211	639
陕西	50023	8400	47694	8564
甘肃	38485	5210	38665	5192
青海	11484	1374	11474	1372
宁夏	10940	677	10986	678
新疆	31385	2531	31475	2475

1-19 第三产业按行业、东中西部以及东北地区分组的法人单位数

单位：个

行业	法人单位数				
		东部地区	中部地区	西部地区	东北地区
第三产业总计	**7225983**	**3765687**	**1383228**	**1526994**	**550074**
交通运输、仓储和邮政业	**249832**	**140756**	**46710**	**41556**	**20810**
铁路运输业	2223	1073	498	467	185
道路运输业	122318	60152	28041	23949	10176
城市公共交通业	9473	3543	2415	2319	1196
水上运输业	10960	6783	2271	1396	510
航空运输业	1554	722	194	469	169
管道运输业	238	109	61	50	18
装卸搬运和其他运输服务业	67161	47841	6992	7314	5014
仓储业	24834	13959	4353	3726	2796
邮政业	11071	6574	1885	1866	746
信息传输、计算机服务和软件业	**245669**	**141561**	**40489**	**45906**	**17713**
电信和其他信息传输服务业	43250	22974	7478	9060	3738
计算机服务业	125293	63666	25945	28044	7638
软件业	77126	54921	7066	8802	6337
批发和零售业	**2630690**	**1577117**	**411936**	**441685**	**199952**
批发业	1662888	1076702	224033	235463	126690
零售业	967802	500415	187903	206222	73262
住宿和餐饮业	**186837**	**96472**	**36770**	**41815**	**11780**
住宿业	66853	32001	13671	16563	4618
餐饮业	119984	64471	23099	25252	7162
金融业	**67554**	**31320**	**14414**	**15574**	**6246**
银行业	14639	5331	3709	4191	1408
证券业	5327	2759	1119	1045	404
保险业	14772	6948	3203	3254	1367
其他金融活动	32816	16282	6383	7084	3067
房地产业	**356717**	**185391**	**68646**	**73586**	**29094**
房地产业	356717	185391	68646	73586	29094
租赁和商务服务业	**813851**	**514017**	**115869**	**128656**	**55309**
租赁业	42279	22143	7502	9699	2935
商务服务业	771572	491874	108367	118957	52374
科学研究、技术服务和地质勘查业	**324932**	**187705**	**51688**	**57130**	**28409**
研究与试验发展	43350	26641	7199	5027	4483
专业技术服务业	154425	90022	24674	26742	12987
科技交流和推广服务业	121899	69518	18788	23238	10355
地质勘查业	5258	1524	1027	2123	584
水利、环境和公共设施管理业	**75981**	**33036**	**17650**	**18622**	**6673**
水利管理业	22436	6960	6124	7129	2223
环境管理业	17632	7813	3835	4402	1582
公共设施管理业	35913	18263	7691	7091	2868
居民服务和其他服务业	**196880**	**112413**	**34748**	**34194**	**15525**
居民服务业	85207	46548	15713	15169	7777
其他服务业	111673	65865	19035	19025	7748
教育	**355072**	**139716**	**86710**	**102116**	**26530**
教育	355072	139716	86710	102116	26530
卫生、社会保障和社会福利业	**206885**	**64878**	**62767**	**59950**	**19290**
卫生	167693	50511	53315	49037	14830
社会保障业	12374	3584	3052	4674	1064
社会福利业	26818	10783	6400	6239	3396
文化、体育和娱乐业	**121126**	**59954**	**24986**	**27436**	**8750**
新闻出版业	7814	3940	1576	1597	701
广播、电视、电影和音像业	17957	8107	4007	4484	1359
文化艺术业	51735	23852	11570	12745	3568
体育	9778	5484	1607	1828	859
娱乐业	33842	18571	6226	6782	2263
公共管理和社会组织	**1393957**	**481351**	**369845**	**438768**	**103993**
中国共产党机关	39257	9772	9880	15939	3666
国家机构	402691	114795	109877	138012	40007
人民政协和民主党派	6167	2067	1459	2040	601
群众团体、社会团体和宗教组织	262817	100043	54590	87572	20612
基层群众自治组织	683025	254674	194039	195205	39107

注：东部地区包括北京、天津、河北、上海、江苏、浙江、福建、山东、广东、海南；中部地区包括山西、安徽、江西、河南、湖北、湖南；西部地区包括内蒙古、广西、重庆、四川、贵州、云南、西藏、陕西、甘肃、青海、宁夏、新疆；东北地区包括辽宁、吉林、黑龙江。

1-20 第三产业按行业、机构类型分组的法人单位数

单位：个

行业	法人单位数	企业法人	事业法人	机关法人	社会团体	其他
第三产业总计	**7225983**	**5006878**	**712974**	**250271**	**215597**	**1040263**
交通运输、仓储和邮政业	**249832**	**239225**	**6647**			**3960**
铁路运输业	2223	2122	28			73
道路运输业	122318	115078	5272			1968
城市公共交通业	9473	9248	102			123
水上运输业	10960	10336	447			177
航空运输业	1554	1457	61			36
管道运输业	238	232	2			4
装卸搬运和其他运输服务业	67161	66133	73			955
仓储业	24834	23965	500			369
邮政业	11071	10654	162			255
信息传输、计算机服务和软件业	**245669**	**234453**	**4215**			**7001**
电信和其他信息传输服务业	43250	38207	3459			1584
计算机服务业	125293	119861	666			4766
软件业	77126	76385	90			651
批发和零售业	**2630690**	**2629580**	**4**			**1106**
批发业	1662888	1661805	2			1081
零售业	967802	967775	2			25
住宿和餐饮业	**186837**	**181011**	**723**			**5103**
住宿业	66853	64861	566			1426
餐饮业	119984	116150	157			3677
金融业	**67554**	**63712**	**1148**	**342**		**2352**
银行业	14639	13447	447	342		403
证券业	5327	5052	81			194
保险业	14772	14281	145			346
其他金融活动	32816	30932	475			1409
房地产业	**356717**	**349865**	**2657**			**4195**
房地产业	356717	349865	2657			4195
租赁和商务服务业	**813851**	**729986**	**30181**			**53684**
租赁业	42279	41132	59			1088
商务服务业	771572	688854	30122			52596
科学研究、技术服务和地质勘查业	**324932**	**242723**	**66403**			**15806**
研究与试验发展	43350	34626	6214			2510
专业技术服务业	154425	123192	28002			3231
科技交流和推广服务业	121899	81135	30810			9954
地质勘查业	5258	3770	1377			111
水利、环境和公共设施管理业	**75981**	**38723**	**34068**		**81**	**3109**
水利管理业	22436	3244	17874			1318
环境管理业	17632	8881	7971		81	699
公共设施管理业	35913	26598	8223			1092
居民服务和其他服务业	**196880**	**177802**	**6092**			**12986**
居民服务业	85207	72001	4315			8891
其他服务业	111673	105801	1777			4095
教育	**355072**	**33746**	**218304**			**103022**
教育	355072	33746	218304			103022
卫生、社会保障和社会福利业	**206885**	**19103**	**104957**		**1731**	**81094**
卫生	167693	17550	83844			66299
社会保障业	12374	426	10927			1021
社会福利业	26818	1127	10186		1731	13774
文化、体育和娱乐业	**121126**	**66949**	**39389**		**2031**	**12757**
新闻出版业	7814	3841	3647			326
广播、电视、电影和音像业	17957	10007	7441			509
文化艺术业	51735	20521	24603			6611
体育	9778	2891	2689		2031	2167
娱乐业	33842	29689	1009			3144
公共管理和社会组织	**1393957**		**198186**	**249929**	**211754**	**734088**
中国共产党机关	39257		2068	37189		
国家机构	402691		195808	206883		
人民政协和民主党派	6167		310	5857		
群众团体、社会团体和宗教组织	262817				211754	51063
基层群众自治组织	683025					683025

1-21 第三产业按地区、机构类型分组的法人单位数

单位：个

地区	法人单位数	企业法人	事业法人	机关法人	社会团体	其他
全国	**7225983**	**5006878**	**712974**	**250271**	**215597**	**1040263**
北京	352507	322164	10886	2092	4193	13172
天津	146761	127447	6321	1873	1769	9351
河北	253885	148587	31073	11802	5028	57395
山西	167686	93317	23846	8898	5616	36009
内蒙古	117284	70120	16511	7677	5834	17142
辽宁	315733	234789	28529	9763	9152	33500
吉林	94269	54592	16330	5631	3494	14222
黑龙江	140072	86679	19317	9919	6198	17959
上海	336372	311131	8345	1892	3330	11674
江苏	636540	524959	37131	9997	17886	46567
浙江	472890	359965	27463	7720	15431	62311
安徽	217851	151195	21207	9352	7922	28175
福建	259971	183435	25539	8032	11200	31765
江西	166966	97752	25006	9366	6315	28527
山东	600099	423014	36057	12085	13545	115398
河南	267180	127336	40383	11827	5568	82066
湖北	317929	207936	39026	10520	11374	49073
湖南	245616	126471	39972	12832	8043	58298
广东	667820	547363	40460	11781	12675	55541
广西	211760	123085	40958	11034	8645	28038
海南	38842	28337	3502	1386	909	4708
重庆	181851	136209	16558	4403	4939	19742
四川	302400	139430	51731	20076	17127	74036
贵州	98388	43122	21492	7211	3785	22778
云南	160897	101348	20234	10902	7808	20605
西藏	15553	2346	2163	4124	566	6354
陕西	193674	117629	25440	8948	3710	37947
甘肃	97644	42019	18042	7065	5635	24883
青海	25467	10387	3595	2777	1683	7025
宁夏	33250	18998	2777	1490	2300	7685
新疆	88826	45716	13080	7796	3917	18317

1-22 第三产业按行业、控股情况分组的企业法人单位数

单位：个

行业	企业法人单位数	国有控股	集体控股	私人控股	港澳台商控股	外商控股	其他
第三产业总计	**5006878**	**202179**	**165664**	**3909586**	**39511**	**50338**	**639600**
交通运输、仓储和邮政业	**239225**	**17842**	**10404**	**176816**	**2298**	**1872**	**29993**
铁路运输业	2122	410	123	1217	4	5	363
道路运输业	115078	5503	4752	88816	517	301	15189
城市公共交通业	9248	1330	818	5820	46	25	1209
水上运输业	10336	996	847	7040	107	83	1263
航空运输业	1457	335	44	809	22	27	220
管道运输业	232	56	6	117	5	7	41
装卸搬运和其他运输服务业	66133	2554	2368	52018	1040	675	7478
仓储业	23965	5049	1247	13679	529	718	2743
邮政业	10654	1609	199	7300	28	31	1487
信息传输、计算机服务和软件业	**234453**	**7106**	**2316**	**190441**	**2902**	**5174**	**26514**
电信和其他信息传输服务业	38207	4663	745	26415	339	372	5673
计算机服务业	119861	1233	790	102773	529	912	13624
软件业	76385	1210	781	61253	2034	3890	7217
批发和零售业	**2629580**	**65390**	**65978**	**2129132**	**13753**	**20686**	**334641**
批发业	1661805	40910	33535	1359545	11134	18146	198535
零售业	967775	24480	32443	769587	2619	2540	136106
住宿和餐饮业	**181011**	**11226**	**8064**	**136401**	**2089**	**2328**	**20903**
住宿业	64861	8412	4867	43025	708	527	7322
餐饮业	116150	2814	3197	93376	1381	1801	13581
金融业	**63712**	**14751**	**5248**	**31559**	**409**	**775**	**10970**
银行业	13447	6488	3053	1682	116	285	1823
证券业	5052	773	132	3169	29	16	933
保险业	14281	4642	1280	4939	96	327	2997
其他金融活动	30932	2848	783	21769	168	147	5217
房地产业	**349865**	**22605**	**19271**	**256826**	**6620**	**3626**	**40917**
房地产业	349865	22605	19271	256826	6620	3626	40917
租赁和商务服务业	**729986**	**29971**	**32243**	**554509**	**7398**	**10060**	**95805**
租赁业	41132	937	842	33110	131	143	5969
商务服务业	688854	29034	31401	521399	7267	9917	89836
科学研究、技术服务和地质勘查业	**242723**	**15118**	**8149**	**181913**	**2473**	**3979**	**31091**
研究与试验发展	34626	1394	726	26284	696	1189	4337
专业技术服务业	123192	9810	4479	90902	1048	1540	15413
科技交流和推广服务业	81135	3174	2831	62414	714	1211	10791
地质勘查业	3770	740	113	2313	15	39	550
水利、环境和公共设施管理业	**38723**	**4731**	**2429**	**25836**	**226**	**215**	**5286**
水利管理业	3244	884	323	1496	9	9	523
环境管理业	8881	1057	498	5873	63	102	1288
公共设施管理业	26598	2790	1608	18467	154	104	3475
居民服务和其他服务业	**177802**	**4268**	**6495**	**139396**	**642**	**917**	**26084**
居民服务业	72001	1684	2784	56802	316	392	10023
其他服务业	105801	2584	3711	82594	326	525	16061
教育	**33746**	**1689**	**1454**	**24568**	**121**	**170**	**5744**
教育	33746	1689	1454	24568	121	170	5744
卫生、社会保障和社会福利业	**19103**	**1512**	**1441**	**13183**	**52**	**75**	**2840**
卫生	17550	1255	1244	12442	44	70	2495
社会保障业	426	108	77	154			87
社会福利业	1127	149	120	587	8	5	258
文化、体育和娱乐业	**66949**	**5970**	**2172**	**49006**	**528**	**461**	**8812**
新闻出版业	3841	1937	217	1221	9	5	452
广播、电视、电影和音像业	10007	2100	496	6146	75	37	1153
文化艺术业	20521	1126	611	15810	63	74	2837
体育	2891	220	108	2069	44	47	403

1-23 第三产业按地区、控股情况分组的企业法人单位数

单位：个

地 区	企业法人单位数	国有控股	集体控股	私人控股	港澳台商控股	外商控股	其他
全 国	**5006878**	**202179**	**165664**	**3909586**	**39511**	**50338**	**639600**
北 京	322164	14528	15038	264499	4649	7892	15558
天 津	127447	6093	3650	89325	905	1811	25663
河 北	148587	6044	6419	113999	179	212	21734
山 西	93317	6225	4562	72665	80	70	9715
内蒙古	70120	3079	1515	54168	77	81	11200
辽 宁	234789	10758	10434	183285	1034	2454	26824
吉 林	54592	3175	1440	41625	74	150	8128
黑龙江	86679	5885	2938	59680	137	173	17866
上 海	311131	10570	8546	251938	10643	17972	11462
江 苏	524959	11526	10632	455601	2498	3352	41350
浙 江	359965	8934	11359	330302	1864	3929	3577
安 徽	151195	7412	4124	113124	332	362	25841
福 建	183435	8674	4541	136920	1983	1251	30066
江 西	97752	6273	2320	71304	272	201	17382
山 东	423014	12315	10188	310558	775	1480	87698
河 南	127336	7442	6430	98637	228	200	14399
湖 北	207936	9774	5485	138342	483	466	53386
湖 南	126471	6389	3886	99402	418	301	16075
广 东	547363	16047	26914	418112	10758	5708	69824
广 西	123085	5652	4111	91871	324	233	20894
海 南	28337	1671	943	19698	294	167	5564
重 庆	136209	4677	2446	102521	424	372	25769
四 川	139430	6645	4141	108617	418	603	19006
贵 州	43122	3768	1893	30314	92	98	6957
云 南	101348	4720	3407	76878	176	238	15929
西 藏	2346	532	141	1258	4	11	400
陕 西	117629	5350	4198	86275	226	355	21225
甘 肃	42019	2863	2061	28383	71	59	8582
青 海	10387	999	447	7326	21	28	1566
宁 夏	18998	886	394	15966	14	27	1711
新 疆	45716	3273	1061	36993	58	82	4249

1-24 第三产业按行业、登记注册类型分组的企业法人单位数

单位：个

行业	企业法人单位数	内资					
			国有	集体	股份合作	国有联营	集体联营
第三产业总计	**5006878**	**4908759**	**118610**	**110286**	**45413**	**1680**	**3167**
交通运输、仓储和邮政业	**239225**	**234074**	**11915**	**7200**	**2324**	**174**	**298**
铁路运输业	2122	2106	270	91	13	3	3
道路运输业	115078	114045	3350	3060	1215	45	160
城市公共交通业	9248	9147	811	431	194	15	17
水上运输业	10336	9995	483	699	102	16	24
航空运输业	1457	1370	177	18	19	4	
管道运输业	232	214	24	2	2	1	
装卸搬运和其他运输服务业	66133	64121	1305	1861	511	44	45
仓储业	23965	22497	4043	922	197	28	35
邮政业	10654	10579	1452	116	71	18	14
信息传输、计算机服务和软件业	**234453**	**225635**	**3334**	**667**	**1107**	**64**	**43**
电信和其他信息传输服务业	38207	37276	2731	318	244	40	16
计算机服务业	119861	118330	341	249	519	6	18
软件业	76385	70029	262	100	344	18	9
批发和零售业	**2629580**	**2592732**	**38315**	**48129**	**19637**	**666**	**1462**
批发业	1661805	1630795	23884	23374	9350	336	698
零售业	967775	961937	14431	24755	10287	330	764
住宿和餐饮业	**181011**	**175806**	**8662**	**6130**	**2440**	**92**	**184**
住宿业	64861	63257	6724	3967	993	77	112
餐饮业	116150	112549	1938	2163	1447	15	72
金融业	**63712**	**61968**	**5911**	**2125**	**2229**	**86**	**58**
银行业	13447	13031	3312	1860	1461	36	32
证券业	5052	4953	196	9	39	4	4
保险业	14281	13479	1022	73	412	16	11
其他金融活动	30932	30505	1381	183	317	30	11
房地产业	**349865**	**339210**	**12335**	**11254**	**3031**	**164**	**200**
房地产业	349865	339210	12335	11254	3031	164	200
租赁和商务服务业	**729986**	**711427**	**16052**	**20668**	**6742**	**188**	**372**
租赁业	41132	40827	464	505	385	10	17
商务服务业	688854	670600	15588	20163	6357	178	355
科学研究、技术服务和地质勘查业	**242723**	**235558**	**9780**	**4249**	**2699**	**104**	**150**
研究与试验发展	34626	32515	847	333	417	12	15
专业技术服务业	123192	120302	6565	2354	1348	54	78
科技交流和推广服务业	81135	79032	1827	1487	894	32	54
地质勘查业	3770	3709	541	75	40	6	3
水利、环境和公共设施管理业	**38723**	**38185**	**2946**	**1620**	**386**	**37**	**61**
水利管理业	3244	3229	661	289	23	12	9
环境管理业	8881	8682	665	318	99	8	9
公共设施管理业	26598	26274	1620	1013	264	17	43
居民服务和其他服务业	**177802**	**176014**	**2591**	**4636**	**2749**	**41**	**201**
居民服务业	72001	71191	1085	2026	1323	17	84
其他服务业	105801	104823	1506	2610	1426	24	117
教育	**33746**	**33422**	**1295**	**1003**	**616**	**20**	**52**
教育	33746	33422	1295	1003	616	20	52
卫生、社会保障和社会福利业	**19103**	**18950**	**1298**	**1236**	**453**	**9**	**33**
卫生	17550	17415	1063	1048	436	9	26
社会保障业	426	426	100	80	5		2
社会福利业	1127	1109	135	108	12		5
文化、体育和娱乐业	**66949**	**65778**	**4176**	**1369**	**1000**	**35**	**53**
新闻出版业	3841	3819	1491	156	43	13	3
广播、电视、电影和音像业	10007	9867	1548	336	114	9	6
文化艺术业	20521	20377	679	334	408	6	14
体育	2891	2787	138	64	59	1	3
娱乐业	29689	28928	320	479	376	6	27

1-24 续表 1

单位：个

行业	国有与集体联营	其他联营	国有独资公司	其他有限责任公司	股份有限公司	私营独资	私营合伙
第三产业总计	**1220**	**2807**	**12595**	**727357**	**93776**	**806924**	**143773**
交通运输、仓储和邮政业	**88**	**196**	**957**	**35637**	**5426**	**33209**	**9132**
铁路运输业	2	2	23	363	55	275	39
道路运输业	31	113	278	18047	2839	18496	4645
城市公共交通业	8	14	109	2127	539	1021	310
水上运输业	3	9	69	1663	346	1001	803
航空运输业		1	33	300	63	92	20
管道运输业	1		1	57	13	28	4
装卸搬运和其他运输服务业	15	31	141	8596	978	7366	2133
仓储业	22	17	273	3151	418	3564	927
邮政业	6	9	30	1333	175	1366	251
信息传输、计算机服务和软件业	**33**	**113**	**310**	**26151**	**3645**	**65867**	**8253**
电信和其他信息传输服务业	13	63	205	4861	1389	8895	1165
计算机服务业	16	33	51	9521	1053	53182	5826
软件业	4	17	54	11769	1203	3790	1262
批发和零售业	**519**	**1403**	**2537**	**351703**	**36644**	**453213**	**64809**
批发业	284	679	1789	220566	20915	216812	36326
零售业	235	724	748	131137	15729	236401	28483
住宿和餐饮业	**67**	**133**	**329**	**22012**	**3042**	**55784**	**7961**
住宿业	42	52	236	9400	1485	16236	3044
餐饮业	25	81	93	12612	1557	39548	4917
金融业	**48**	**50**	**525**	**10362**	**11974**	**4256**	**1764**
银行业	28	16	68	555	3904	260	35
证券业	2	3	60	1147	426	631	317
保险业	6	7	63	1701	6100	593	137
其他金融活动	12	24	334	6959	1544	2772	1275
房地产业	**117**	**179**	**1917**	**92745**	**10770**	**26686**	**6326**
房地产业	117	179	1917	92745	10770	26686	6326
租赁和商务服务业	**160**	**341**	**3881**	**110598**	**12063**	**71304**	**26630**
租赁业	7	9	58	6178	751	6950	1498
商务服务业	153	332	3823	104420	11312	64354	25132
科学研究、技术服务和地质勘查业	**63**	**114**	**807**	**38177**	**4633**	**17765**	**4579**
研究与试验发展	12	17	66	5125	597	2691	656
专业技术服务业	33	64	564	21894	2915	9366	2629
科技交流和推广服务业	15	32	138	10332	995	5421	1218
地质勘查业	3	1	39	826	126	287	76
水利、环境和公共设施管理业	**23**	**31**	**627**	**6958**	**1079**	**4534**	**905**
水利管理业	2	3	92	536	78	339	65
环境管理业	9	6	146	1555	227	955	225
公共设施管理业	12	22	389	4867	774	3240	615
居民服务和其他服务业	**52**	**92**	**205**	**20207**	**2561**	**44745**	**6923**
居民服务业	29	41	72	6699	1007	22056	3245
其他服务业	23	51	133	13508	1554	22689	3678
教育	**19**	**68**	**39**	**3251**	**529**	**8527**	**1923**
教育	19	68	39	3251	529	8527	1923
卫生、社会保障和社会福利业	**8**	**29**	**25**	**1137**	**237**	**6892**	**1543**
卫生	5	25	18	1016	216	6586	1496
社会保障业		1	2	40	14	60	3
社会福利业	3	3	5	81	7	246	44
文化、体育和娱乐业	**23**	**58**	**436**	**8419**	**1173**	**14142**	**3025**
新闻出版业	2	6	140	652	83	210	48
广播、电视、电影和音像业	7	10	118	1736	295	829	192
文化艺术业	5	19	130	2909	335	2510	500
体育		3	18	453	51	400	106
娱乐业	9	20	30	2669	409	10193	2179

1-24 续表 2 单位：个

行业	私营有限责任公司	私营股份有限公司	其他内资企业	港澳台商投资	合资经营	合作经营	独资
第三产业总计	**2489410**	**129544**	**222197**	**41666**	**8174**	**1838**	**29930**
交通运输、仓储和邮政业	**111721**	**6631**	**9166**	**2625**	**742**	**328**	**1418**
铁路运输业	634	52	281	4	2	1	1
道路运输业	53351	3501	4914	576	138	268	128
城市公共交通业	2867	366	318	63	32	9	16
水上运输业	4104	272	401	175	106	6	50
航空运输业	560	40	43	36	16		17
管道运输业	57	11	13	5	2		1
装卸搬运和其他运输服务业	37720	1608	1767	1146	269	30	799
仓储业	7448	468	984	590	166	12	391
邮政业	4980	313	445	30	11	2	15
信息传输、计算机服务和软件业	**103662**	**4357**	**8029**	**3080**	**388**	**47**	**2423**
电信和其他信息传输服务业	14367	826	2143	424	57	8	248
计算机服务业	40901	1857	4757	538	84	13	408
软件业	48394	1674	1129	2118	247	26	1767
批发和零售业	**1392641**	**68036**	**113018**	**14331**	**1938**	**261**	**11531**
批发业	967468	42129	66185	11574	1354	176	9649
零售业	425173	25907	46833	2757	584	85	1882
住宿和餐饮业	**56170**	**4116**	**8684**	**2353**	**673**	**163**	**1406**
住宿业	16856	1510	2523	864	374	92	351
餐饮业	39314	2606	6161	1489	299	71	1055
金融业	**17658**	**1844**	**3078**	**478**	**179**	**9**	**258**
银行业	669	140	655	114	7		95
证券业	1776	127	212	35	15		15
保险业	2314	350	674	102	36	3	55
其他金融活动	12899	1227	1537	227	121	6	93
房地产业	**152208**	**11176**	**10102**	**6825**	**2280**	**634**	**3728**
房地产业	152208	11176	10102	6825	2280	634	3728
租赁和商务服务业	**392277**	**18810**	**31341**	**7612**	**975**	**162**	**6249**
租赁业	20628	1417	1950	142	49	8	77
商务服务业	371649	17393	29391	7470	926	154	6172
科学研究、技术服务和地质勘查业	**130139**	**5731**	**16568**	**2635**	**498**	**54**	**1971**
研究与试验发展	19453	909	1365	727	138	12	559
专业技术服务业	64568	3125	4745	1116	209	19	832
科技交流和推广服务业	44712	1572	10303	777	149	21	569
地质勘查业	1406	125	155	15	2	2	11
水利、环境和公共设施管理业	**15879**	**1191**	**1908**	**259**	**83**	**21**	**145**
水利管理业	804	79	237	7	1	1	5
环境管理业	3724	242	494	72	24	5	42
公共设施管理业	11351	870	1177	180	58	15	98
居民服务和其他服务业	**75744**	**4840**	**10427**	**697**	**154**	**48**	**451**
居民服务业	27162	2013	4332	352	78	30	230
其他服务业	48582	2827	6095	345	76	18	221
教育	**10713**	**802**	**4565**	**122**	**27**	**17**	**73**
教育	10713	802	4565	122	27	17	73
卫生、社会保障和社会福利业	**3517**	**371**	**2162**	**59**	**27**	**12**	**15**
卫生	3240	353	1878	48	21	10	13
社会保障业	69	3	47				
社会福利业	208	15	237	11	6	2	2
文化、体育和娱乐业	**27081**	**1639**	**3149**	**590**	**210**	**82**	**262**
新闻出版业	741	55	176	12	4	1	6
广播、电视、电影和音像业	4150	221	296	90	41	8	36
文化艺术业	10925	548	1055	72	26	5	38
体育	1253	90	148	51	9	6	33
娱乐业	10012	725	1474	365	130	62	149

1-24 续表 3

单位：个

行业	股份有限	其他	外商投资	合资经营	合作经营	独资	股份有限	其他
第三产业总计	**1489**	**235**	**56453**	**11607**	**1965**	**40328**	**2013**	**540**
交通运输、仓储和邮政业	**135**	**2**	**2526**	**910**	**236**	**1275**	**87**	**18**
铁路运输业			12	4	1	5	1	1
道路运输业	41	1	457	150	177	108	16	6
城市公共交通业	6		38	22	7	6	3	
水上运输业	13		166	114	5	42	5	
航空运输业	3		51	21	1	21	8	
管道运输业	2		13	8		5		
装卸搬运和其他运输服务业	47	1	866	304	25	506	22	9
仓储业	21		878	260	19	568	29	2
邮政业	2		45	27	1	14	3	
信息传输、计算机服务和软件业	**200**	**22**	**5738**	**1003**	**62**	**4358**	**290**	**25**
电信和其他信息传输服务业	101	10	507	76	10	308	101	12
计算机服务业	30	3	993	173	17	761	41	1
软件业	69	9	4238	754	35	3289	148	12
批发和零售业	**495**	**106**	**22517**	**3598**	**604**	**17449**	**591**	**275**
批发业	328	67	19436	2721	483	15586	423	223
零售业	167	39	3081	877	121	1863	168	52
住宿和餐饮业	**98**	**13**	**2852**	**744**	**159**	**1769**	**140**	**40**
住宿业	45	2	740	284	90	325	31	10
餐饮业	53	11	2112	460	69	1444	109	30
金融业	**29**	**3**	**1266**	**569**	**10**	**494**	**184**	**9**
银行业	12		302	24	2	242	31	3
证券业	4	1	64	49		12	1	2
保险业	7	1	700	417	5	132	143	3
其他金融活动	6	1	200	79	3	108	9	1
房地产业	**165**	**18**	**3830**	**1437**	**317**	**1955**	**101**	**20**
房地产业	165	18	3830	1437	317	1955	101	20
租赁和商务服务业	**185**	**41**	**10947**	**1455**	**236**	**8803**	**348**	**105**
租赁业	8		163	45	9	99	10	
商务服务业	177	41	10784	1410	227	8704	338	105
科学研究、技术服务和地质勘查业	**98**	**14**	**4530**	**1223**	**120**	**3014**	**144**	**29**
研究与试验发展	14	4	1384	372	22	945	36	9
专业技术服务业	50	6	1774	471	44	1172	73	14
科技交流和推广服务业	34	4	1326	376	27	882	35	6
地质勘查业			46	4	27	15		
水利、环境和公共设施管理业	**10**		**279**	**110**	**30**	**114**	**22**	**3**
水利管理业			8	2		5	1	
环境管理业	1		127	48	15	58	5	1
公共设施管理业	9		144	60	15	51	16	2
居民服务和其他服务业	**37**	**7**	**1091**	**264**	**53**	**701**	**63**	**10**
居民服务业	10	4	458	103	18	306	30	1
其他服务业	27	3	633	161	35	395	33	9
教育	**5**		**202**	**52**	**21**	**116**	**11**	**2**
教育	5		202	52	21	116	11	2
卫生、社会保障和社会福利业	**4**	**1**	**94**	**46**	**31**	**14**	**3**	
卫生	3	1	87	45	30	9	3	
社会保障业								
社会福利业	1		7	1	1	5		
文化、体育和娱乐业	**28**	**8**	**581**	**196**	**86**	**266**	**29**	**4**
新闻出版业		1	10	4		5	1	
广播、电视、电影和音像业	5		50	24	3	19	2	2
文化艺术业	2	1	72	17	4	49	2	
体育	3		53	16	5	29	2	1
娱乐业	18	6	396	135	74	164	22	1

1-25 第三产业按地区、登记注册类型分组的企业法人单位数

单位：个

地区	企业法人单位数	内资					
			国有	集体	股份合作	国有联营	集体联营
全国	**5006878**	**4908759**	**118610**	**110286**	**45413**	**1680**	**3167**
北京	322164	309485	6173	7521	12310	55	135
天津	127447	124084	3129	3139	572	45	72
河北	148587	148088	4104	4368	1584	39	96
山西	93317	93148	4404	3594	744	40	60
内蒙古	70120	69916	1718	838	890	16	20
辽宁	234789	230968	6951	7274	2171	63	142
吉林	54592	54309	2138	1135	335	21	41
黑龙江	86679	86252	3938	2260	1176	25	70
上海	311131	281196	4477	6046	1247	127	168
江苏	524959	518655	6014	7255	1615	77	192
浙江	359965	353201	4424	7195	1157	66	136
安徽	151195	150404	4440	3026	1490	60	93
福建	183435	179618	5303	3854	1292	125	125
江西	97752	97209	4532	1533	1070	53	206
山东	423014	420190	7255	6417	1712	113	269
河南	127336	126821	4983	4733	1087	55	99
湖北	207936	206681	6144	3861	1765	87	205
湖南	126471	125626	3857	2108	1052	49	104
广东	547363	529355	9312	16029	4857	247	292
广西	123085	122429	3790	3232	998	38	115
海南	28337	27763	1074	649	302	19	15
重庆	136209	135328	2339	1557	943	54	86
四川	139430	138256	3876	3034	1637	50	117
贵州	43122	42903	2545	1425	579	26	30
云南	101348	100870	2749	2308	820	25	94
西藏	2346	2323	417	95	37	7	9
陕西	117629	117020	3751	3025	1067	50	91
甘肃	42019	41846	1780	1549	566	22	52
青海	10387	10317	703	293	137	5	9
宁夏	18998	18944	501	262	90	8	3
新疆	45716	45554	1789	671	111	13	21

1-25 续表 1

单位：个

地 区	国有与集体联营	其他联营	国有独资公司	其他有限责任公司	股份有限公司	私营独资	私营合伙
全 国	**1220**	**2807**	**12595**	**727357**	**93776**	**806924**	**143773**
北 京	81	53	1098	54087	4106	13065	4043
天 津	29	66	279	17241	1544	10784	3302
河 北	26	69	307	28672	4895	34576	5923
山 西	20	110	228	13910	2854	15539	2407
内蒙古	7	22	148	17540	2109	10067	1449
辽 宁	40	82	462	38244	4029	47952	3602
吉 林	12	73	156	10014	1555	12664	960
黑龙江	16	139	173	16379	3650	15431	1841
上 海	196	103	671	20000	1399	27754	8407
江 苏	112	111	548	32255	6660	80376	9655
浙 江	64	56	1504	31659	3093	33578	9635
安 徽	35	83	599	23205	3669	21743	5774
福 建	37	126	545	30449	3457	22290	8319
江 西	34	72	188	19320	3054	16899	6314
山 东	64	176	460	43737	7340	106036	9087
河 南	19	132	301	26474	4195	35891	4266
湖 北	61	175	265	47552	4444	38476	7850
湖 南	99	94	432	11962	3014	33782	7935
广 东	97	434	1040	86946	8152	64078	16173
广 西	10	116	387	16284	3151	31797	3973
海 南	13	24	89	12158	884	1750	775
重 庆	28	70	477	16465	3036	45926	5789
四 川	34	130	577	30813	4916	29163	5575
贵 州	12	48	359	14107	1296	8378	1862
云 南	32	47	373	12789	2439	13184	2675
西 藏	1	7	16	371	146	389	96
陕 西	21	101	322	37311	2191	18408	3106
甘 肃	7	51	118	7422	1431	8141	1265
青 海	2	15	69	1493	282	1626	445
宁 夏	4	6	78	2414	294	2675	527
新 疆	7	16	326	6084	491	4506	743

1-25 续表 2

单位：个

地区	私营有限责任公司	私营股份有限公司	其他内资企业	港澳台商投资	合资经营	合作经营	独资
全国	**2489410**	**129544**	**222197**	**41666**	**8174**	**1838**	**29930**
北京	199339	7086	333	4767	947	213	3547
天津	76176	2265	5441	1079	323	23	681
河北	48573	6190	8666	192	69	12	84
山西	40254	3363	5621	81	29	6	33
内蒙古	30436	1754	2902	70	27	1	30
辽宁	102128	5672	12156	1087	395	37	587
吉林	19853	1834	3518	81	36	4	35
黑龙江	31851	3107	6196	159	59	10	66
上海	203457	5651	1493	11068	1268	205	9525
江苏	341517	13011	19257	2528	640	67	1609
浙江	251819	3740	5075	2184	666	116	1213
安徽	72143	5253	8791	331	94	7	202
福建	91274	4972	7450	2135	491	71	1470
江西	31520	4510	7904	290	106	8	152
山东	187651	10404	39469	862	290	40	479
河南	35499	2977	6110	257	96	16	132
湖北	75125	4710	15961	602	191	20	334
湖南	45295	4288	11555	482	197	30	207
广东	294215	10134	17349	11163	1518	848	8341
广西	49172	4215	5151	340	129	30	160
海南	8474	784	753	338	84	19	212
重庆	45505	4812	8241	430	121	8	267
四川	47145	4597	6592	427	124	15	239
贵州	9517	1484	1235	101	47	1	45
云南	53852	4217	5266	192	78	8	87
西藏	592	79	61	4			3
陕西	36414	5294	5868	226	69	13	118
甘肃	15952	1307	2183	77	31	3	37
青海	4238	634	366	31	12	3	14
宁夏	10913	574	595	19	7	2	2
新疆	29511	626	639	63	30	2	19

1-25 续表 3

单位：个

地区			外商投资					
	股份有限	其他		合资经营	合作经营	独资	股份有限	其他
全国	**1489**	**235**	**56453**	**11607**	**1965**	**40328**	**2013**	**540**
北京	59	1	7912	1645	235	5907	118	7
天津	47	5	2284	624	57	1519	63	21
河北	24	3	307	99	35	128	39	6
山西	13		88	40	13	22	12	1
内蒙古	12		134	42	8	73	11	
辽宁	59	9	2734	822	91	1655	126	40
吉林	6		202	53	20	110	17	2
黑龙江	18	6	268	96	17	121	32	2
上海	58	12	18867	2048	243	16415	106	55
江苏	201	11	3776	920	79	2367	387	23
浙江	166	23	4580	1333	364	2555	177	151
安徽	24	4	460	134	14	260	44	8
福建	88	15	1682	420	62	1045	130	25
江西	22	2	253	93	10	112	35	3
山东	49	4	1962	543	68	1241	97	13
河南	11	2	258	112	12	113	21	
湖北	48	9	653	217	15	358	45	18
湖南	41	7	363	144	22	165	19	13
广东	358	98	6845	1360	453	4658	263	111
广西	18	3	316	109	29	134	35	9
海南	21	2	236	73	13	138	12	
重庆	33	1	451	120	15	272	35	9
四川	38	11	747	229	39	386	81	12
贵州	7	1	118	37	8	58	15	
云南	17	2	286	73	9	165	34	5
西藏	1		19	10	2	5	2	
陕西	24	2	383	115	13	219	34	2
甘肃	6		96	37	3	45	10	1
青海	1	1	39	15	6	16	2	
宁夏	8		35	12		19	4	
新疆	11	1	99	32	10	47	7	3

【主要统计指标解释】

法人单位 指有权拥有资产、承担负债，并独立从事社会经济活动（或与其他单位进行交易）的组织。法人单位应同时具备以下条件：（1）依法成立，有自己的名称、组织机构和场所，能够独立承担民事责任；（2）独立拥有（或授权使用）资产或者经费，承担负债，有权与其他单位签订合同；（3）具有包括资产负债表在内的账户，或者能够根据需要编制账户。法人单位包括五种类型：企业法人、事业单位法人、机关法人、社会团体和其他成员组织法人、其他法人。

多产业法人单位 法人单位从事多种经济活动，或者位于多个地点，称为多产业法人。多产业法人由两个或两个以上产业活动单位组成。

企业法人 指依据《中华人民共和国公司登记管理条例》、《中华人民共和国企业法人登记管理条例》等国家法律和法规，经各级工商行政管理机关登记注册，领取《企业法人营业执照》的企业。包括：1. 公司制企业法人；2. 非公司制企业法人；3.个人独资企业、合伙企业。

事业单位法人 指经国务院或地方县级以上机构编制管理部门批准，经国家或地方县级以上事业单位登记管理部门登记或备案，领取《事业单位法人证书》，取得法人资格的事业单位。包括：1. 各级党委、政府直属事业单位；2. 中共中央、国务院直属事业单位举办的事业单位；3. 各级人大、政协机关，人民法院、人民检察院和各民主党派机关举办的事业单位；4. 各级党委部门和政府部门举办的事业单位；5. 使用财政性经费的群众团体举办的事业单位；6. 国有企业及其他组织利用国有资产举办的事业单位；7. 依照法律或有关规定，应当由各级登记管理机关登记的其他事业单位。

机关法人 指各级政党机关和国家机关。包括：1. 县级以上各级中国共产党委员会及其所属各工作部门；2. 县级以上各级人民代表大会机关；3. 县级以上各级人民政府及其所属各工作部门，以及地区行政公署；4. 县级以上各级政治协商会议机关；5. 县级以上各级人民法院、检察院机关；6. 县级以上各民主党派机关；7. 乡、镇中国共产党委员会和人民政府。

社会团体和其他成员组织法人 指依据《社会团体登记管理条例》，经国家或县级以上民政部门登记注册或备案，领取《社会团体法人登记证书》的各类社会团体，以及由机构编制管理部门管理其编制的群众团体。包括：1. 社会团体法人；2. 群众团体法人；3. 其他成员组织法人。

其他法人 指除上述类型以外的法人，是依据《中华人民共和国居民委员会组织法》、《中华人民共和国村民委员会组织法》、《基金会管理条例》、《农民专业合作社登记管理条例》及其他法律、法规，依法成立，具备法人条件的单位。包括：1. 居民委员会和村民委员会；2. 基金会；3. 领取《民办非企业单位（法人）登记证书》的民办非企业单位；4. 宗教组织和活动场所；5. 农民专业合作社；6. 其他未列明法人单位。

国有企业 指企业全部资产归国家所有，并按《中华人民共和国企业法人登记管理条例》规定登记注册的非公司制的经济组织。不包括有限责任公司中的国有独资公司。

集体企业 指企业资产归集体所有，并按《中华人民共和国企业法人登记管理条例》规定登记注册的经济组织。

股份合作企业 指以合作制为基础，由企业职工共同出资入股，吸收一定比例的社会资产投资组建，实行自主经营，自负盈亏，共同劳动，民主管理，按劳分配与按股分红相结合的一种集体经济组织。

联营企业 指两个及两个以上相同或不同所有制性质的企业法人或事业单位法人，按自愿、平等、互利的原则，共同投资组成的经济组织。

国有独资公司 指国家授权的投资机构或者国家授权的部门单独投资设立的有限责任公司。

其他有限责任公司 指国有独资公司以外的其他有限责任公司。

股份有限公司 指根据《中华人民共和国公司登记管理条例》规定登记注册，其全部注册资本由等额股份构成并通过发行股票筹集资本，股东以其认购的股份对公司承担有限责任，公司以其全部资产对其债务承担责任的经济组织。

私营企业 指由自然人投资设立或由自然人控股，以雇佣劳动为基础的营利性经济组织。包括按照《公司法》、《合伙企业法》、《私营企业暂行条例》规定登记注册的私营有限责任公司、私营股份有限公司、私营合伙企业和私营独资企业。

私营独资企业 指按《私营企业暂行条例》的规定，由一名自然人投资经营，以雇佣劳动为基础，投资者对企业债务承担无限责任的企业。

私营合伙企业 指按《合伙企业法》或《私营企业暂行条例》的规定，由两个以上自然人按照协议共同投资、共同经营、共负盈亏，以雇佣劳动为基础，对债务承担无限责任的企业。

私营有限责任公司 指按《公司法》、《私营企业暂行条例》的规定，由两个以上自然人投资或由单个自然人控股的有限责任公司。

私营股份有限公司 指按《公司法》的规定，由五个以上自然人投资，或由单个自然人控股的股份有限公司。

其他内资企业 指上述企业之外的其他内资经济组织。

与港澳台商合资经营企业 指港澳台地区投资者与内地企业依照《中华人民共和国中外合资经营企业法》及有关法律的规定，按合同规定的比例投资设立、分享利润和分担风险的企业。

与港澳台商合作经营企业 指港澳台地区投资者与内地企业依照《中华人民共和国中外合作经营企业法》及有关法律的规定，依照合作合同的约定进行投资或提供条件设立、分配利润和分担风险的企业。

港澳台商独资经营企业 指依照《中华人民共和国外资企业法》及有关法律的规定，在内地由港澳台地区投资者全额投资设立的企业。

港澳台商投资股份有限公司 指根据国家有关规定，经外经贸部依法批准设立，其中港澳台商的股本占公司注册资本的比例达25%以上的股份有限公司。凡其中港澳台商的股本占公司注册资本的比例小于25%的，属于内资企业中的股份有限公司。

其他港澳台商投资企业 指在中国境内参照《外国企业或个人在中国境内设立合伙企业管理办法》和《外商投资合伙企业登记管理规定》，依法设立的港澳台商投资合伙企业等。

中外合资经营企业 指外国企业或外国人与中国内地企业依照《中华人民共和国中外合资经营企业法》及有关法律的规定，按合同规定的比例投资设立、分享利润和分担风险的企业。

中外合作经营企业 指外国企业或外国人与中国内地企业依照《中华人民共和国中外合作经营企业法》及有关法律的规定，依照合作合同的约定进行投资或提供条件设立、分配利润和分担风险的企业。

外资企业 指依照《中华人民共和国外资企业法》及有关法律的规定，在中国内地由外国投资者全额投资设立的企业。

外商投资股份有限公司 指根据国家有关规定，经外经贸部依法批准设立，其中外资的股本占公司注册资本的比例达25% 以上的股份有限公司。凡其中外资股本占公司注册资本的比例小于25%的，属于内资企业中的股份有限公司。

其他外商投资企业 指在中国境内依照《外国企业或个人在中国境内设立合伙企业管理办法》和《外商投资合伙企业登记管理规定》，依法设立的外商投资合伙企业等。

2 第三产业就业人员数

简要说明

一、主要内容

本篇资料主要包括经济活动人口、就业人员、私营企业和个体就业人数等。

二、统计范围与统计口径

《劳动统计报表制度》中《非私营单位工资统计报表制度》的调查范围为法人企业、事业、行政单位（不包括乡镇企业、私营企业和个体工商户）；《人口变动情况抽样调查方案》的调查范围为全国人口，本篇资料的统计范围为16岁及以上人口；《培训、就业统计报表制度》的调查范围为全国的城镇人口；私营企业及个体工商户统计范围为全社会。1990年及以后的经济活动人口、就业人员数据根据劳动力调查、人口普查推算，2001年及以后数据根据第六次人口普查数据重新修订，因此，与相应年份的分地区、分类型、分行业的资料相加不等于总计。1998年及以后城镇单位就业人员等指标中不再包括离开本单位仍保留劳动关系的职工。

本篇“城镇单位”指”城镇非私营单位”。

三、资料来源

1.就业基本情况资料，是国家统计局人口和就业统计司根据《劳动统计报表制度》、《人口变动情况抽样调查方案》及《劳动力调查制度》搜集资料，加工整理。

2.私营企业及个体工商业就业人员资料，由国家工商行政管理总局提供。

2-1 第三产业就业人员数及比重

单位：万人

年 份	经济活动人口	就业人员合计	第一产业	第二产业	第三产业	
						比重(%)
1952	21106	20729	17317	1531	1881	9.1
1957	23971	23771	19309	2142	2320	9.8
1962		25910	21276	2059	2575	9.9
1965		28670	23396	2408	2866	10.0
1970		34432	27811	3518	3103	9.0
1975		38168	29456	5152	3560	9.3
1978	40682	40152	28318	6945	4890	12.2
1979	41592	41024	28634	7214	5177	12.6
1980	42903	42361	29122	7707	5532	13.1
1981	44165	43725	29777	8003	5945	13.6
1982	45674	45295	30859	8346	6090	13.5
1983	46707	46436	31151	8679	6606	14.2
1984	48433	48197	30868	9590	7739	16.1
1985	50112	49873	31130	10384	8359	16.8
1986	51546	51282	31254	11216	8811	17.2
1987	53060	52783	31663	11726	9395	17.8
1988	54630	54334	32249	12152	9933	18.3
1989	55707	55329	33225	11976	10129	18.3
1990	65323	64749	38914	13856	11979	18.5
1991	66091	65491	39098	14015	12378	18.9
1992	66782	66152	38699	14355	13098	19.8
1993	67468	66808	37680	14965	14163	21.2
1994	68135	67455	36628	15312	15515	23.0
1995	68855	68065	35530	15655	16880	24.8
1996	69765	68950	34820	16203	17927	26.0
1997	70800	69820	34840	16547	18432	26.4
1998	72087	70637	35177	16600	18860	26.7
1999	72791	71394	35768	16421	19205	26.9
2000	73992	72085	36043	16219	19823	27.5
2001	73884	72797	36399	16234	20165	27.7
2002	74492	73280	36640	15682	20958	28.6
2003	74911	73736	36204	15927	21605	29.3
2004	75290	74264	34830	16709	22725	30.6
2005	76120	74647	33442	17766	23439	31.4
2006	76315	74978	31941	18894	24143	32.2
2007	76531	75321	30731	20186	24404	32.4
2008	77046	75564	29923	20553	25087	33.2
2009	77510	75828	28890	21080	25857	34.1
2010	78388	76105	27931	21842	26332	34.6
2011	78579	76420	26594	22544	27282	35.7
2012	78894	76704	25773	23241	27690	36.1

2-2 按登记注册类型分第三产业城镇单位就业人员数(2012年底)

单位：万人

行业	合计	国有单位	城镇集体单位	其他单位
批发和零售业	**711.8**	**148.5**	**40.9**	**522.4**
批发业	336.9	100.6	18.0	218.3
零售业	374.9	47.9	22.9	304.1
交通运输、仓储和邮政业	**667.5**	**419.5**	**17.7**	**230.3**
铁路运输业	179.3	166.7	2.6	10.1
道路运输业	277.8	133.4	9.2	135.3
水上运输业	44.7	20.1	1.7	22.9
航空运输业	37.6	13.3	0.1	24.2
管道运输业	4.0	2.8		1.1
装卸搬运和运输代理业	28.8	9.0	3.1	16.7
仓储业	27.4	17.5	0.8	9.0
邮政业	67.9	56.7	0.2	11.0
住宿和餐饮业	**265.1**	**57.6**	**9.3**	**198.1**
住宿业	149.9	48.1	6.8	95.0
餐饮业	115.2	9.5	2.5	103.1
信息传输、软件和信息技术服务业	**222.8**	**65.8**	**1.3**	**155.7**
电信、广播电视和卫星传输服务	132.3	60.6	0.8	70.9
互联网和相关服务	13.7	2.0	0.1	11.6
软件和信息技术服务业	76.9	3.2	0.4	73.2
金融业	**527.8**	**151.9**	**50.1**	**325.7**
货币金融服务	324.5	120.4	48.5	155.6
资本市场服务	21.0	3.9		17.1
保险业	175.3	26.0	1.4	147.9
其他金融业	7.0	1.6	0.2	5.1
房地产业	**273.7**	**46.7**	**8.7**	**218.3**
租赁和商务服务业	**292.3**	**116.7**	**33.7**	**141.8**
租赁业	**6.5**	1.4	0.3	4.8
商务服务业	285.8	115.3	33.4	137.0
科学研究和技术服务业	**330.7**	**232.5**	**5.4**	**92.8**
研究和试验发展	79.0	67.0	0.7	11.4
专业技术服务业	206.4	135.5	3.5	67.4
科技推广和应用服务业	45.3	30.0	1.3	14.0
水利、环境和公共设施管理业	**243.8**	**208.9**	**10.6**	**24.3**
水利管理业	51.0	48.0	0.9	2.1
生态保护和环境治理业	10.8	9.1	0.1	1.6
公共设施管理业	181.9	151.8	9.5	20.5
居民服务、修理和其他服务业	**62.1**	**30.4**	**6.1**	**25.7**
居民服务业	26.0	16.1	2.6	7.3
机动车 、电子产品和日用产品修理业	9.1	2.3	1.1	5.7
其他服务业	27.0	12.0	2.4	12.6
教育	**1653.4**	**1567.2**	**19.0**	**67.2**
卫生和社会工作	**719.3**	**639.5**	**52.6**	**27.3**
卫生	694.0	616.4	51.6	25.9
社会工作	25.3	23.1	0.9	1.3
文化、体育和娱乐业	**137.7**	**115.0**	**2.5**	**20.2**
新闻和出版业	33.0	27.9	0.6	4.5
广播、电视、电影和影视录音制作业	41.4	37.6	0.4	3.5
文化艺术业	43.9	39.5	1.3	3.1
体育	12.7	7.0	0.1	5.5
娱乐业	6.7	2.9	0.1	3.6
公共管理、社会保障和社会组织	**1541.5**	**1528.6**	**2.3**	**10.6**
中国共产党机关	55.7	55.5		
国家机构	1411.7	1409.4		
人民政协、民主党派	10.2	10.2		
社会保障	15.8	15.5		
群众团体、社会团体和其他成员组织	40.5	37.5	0.3	2.6

2-3 按第三产业行业门类分城镇单位就业人员数

单位：万人

行业门类	2003	2004	2005	2006	2007	2008	2009	2010	2011	2012
批发和零售业	628.1	586.7	544.0	515.7	506.9	514.4	520.8	535.1	647.5	711.8
交通运输、仓储和邮政业	636.5	631.8	613.9	612.7	623.1	627.3	634.4	631.1	662.8	667.5
住宿和餐饮业	172.1	177.1	181.2	183.9	185.8	193.2	202.1	209.2	242.7	265.1
信息传输、软件和信息技术服务业	116.8	123.7	130.1	138.2	150.2	159.5	173.8	185.8	212.8	222.8
金融业	353.3	356.0	359.3	367.4	389.7	417.6	449.0	470.1	505.3	527.8
房地产业	120.2	133.4	146.5	153.9	166.5	172.7	190.9	211.6	248.6	273.7
租赁和商务服务业	183.5	194.4	218.5	236.7	247.2	274.7	290.5	310.1	286.6	292.3
科学研究和技术服务业	221.9	222.1	227.7	235.5	243.4	257.0	272.6	292.3	298.5	330.7
水利、环境和公共设施管理业	172.5	176.1	180.4	187.0	193.5	197.3	205.7	218.9	230.3	243.8
居民服务、修理和其他服务业	52.8	54.2	53.9	56.6	57.4	56.5	58.8	60.2	59.9	62.1
教育	1442.8	1466.8	1483.2	1504.4	1520.9	1534.0	1550.4	1581.8	1617.8	1653.4
卫生和社会工作	485.8	494.7	508.9	525.4	542.8	563.6	595.8	632.5	679.1	719.3
文化、体育和娱乐业	127.8	123.4	122.5	122.4	125.0	126.0	129.5	131.4	135.0	137.7
公共管理、社会保障和社会组织	1171.0	1199.0	1240.8	1265.6	1291.2	1335.0	1394.3	1428.5	1467.6	1541.5

2-4 按第三产业行业门类分国有单位就业人员数

单位：万人

行业门类	2003	2004	2005	2006	2007	2008	2009	2010	2011	2012
批发和零售业	301.0	259.6	214.7	186.7	174.1	160.7	144.2	137.3	145.7	148.5
交通运输、仓储和邮政业	492.8	473.4	443.3	433.0	432.0	424.5	413.9	403.3	415.9	419.5
住宿和餐饮业	73.4	70.5	67.5	63.8	58.6	56.6	55.2	54.6	56.3	57.6
信息传输、软件和信息技术服务业	72.0	74.1	65.8	65.6	62.5	63.0	64.6	62.5	67.0	65.8
金融业	208.1	196.4	177.5	165.1	161.4	155.4	146.0	144.3	146.3	151.9
房地产业	52.2	50.9	47.5	45.0	45.2	43.5	43.5	45.4	47.6	46.7
租赁和商务服务业	106.0	107.9	114.6	121.0	120.5	125.9	125.4	131.5	127.9	116.7
科学研究和技术服务业	185.1	188.6	188.5	193.0	197.5	201.6	209.4	219.6	218.2	232.5
水利、环境和公共设施管理业	155.3	158.0	161.0	165.4	169.8	172.8	178.3	189.9	198.0	208.9
居民服务、修理和其他服务业	22.1	24.2	24.9	27.7	28.7	28.8	28.3	28.9	30.7	30.4
教育	1378.3	1409.7	1424.9	1448.0	1462.9	1481.9	1490.6	1517.4	1540.9	1567.2
卫生和社会工作	430.9	437.9	452.4	466.8	483.2	501.2	529.9	562.6	606.0	639.5
文化、体育和娱乐业	117.0	111.9	110.5	110.1	111.3	110.9	111.9	113.1	113.8	115.0
公共管理、社会保障和社会组织	1165.1	1191.8	1234.3	1257.5	1285.0	1328.8	1380.0	1415.6	1452.7	1528.6

2-5 按第三产业行业门类分城镇集体单位就业人员数

单位：万人

行业门类	2003	2004	2005	2006	2007	2008	2009	2010	2011	2012
批发和零售业	128.6	108.9	89.9	77.4	69.0	58.6	52.5	48.0	46.8	40.9
交通运输、仓储和邮政业	38.7	34.1	30.6	27.2	24.6	22.2	20.6	19.8	17.5	17.7
住宿和餐饮业	16.2	15.0	13.7	12.7	11.6	11.0	10.4	9.6	10.0	9.3
信息传输、软件和信息技术服务业	1.8	1.3	1.4	1.1	0.9	0.8	1.1	1.0	1.3	1.3
金融业	67.0	66.6	63.8	62.1	61.3	60.1	53.1	52.1	50.2	50.1
房地产业	7.4	7.8	8.2	8.0	7.7	7.4	8.7	9.2	8.6	8.7
租赁和商务服务业	30.2	30.7	35.2	34.1	34.4	33.1	36.7	37.6	31.8	33.7
科学研究和技术服务业	4.8	4.5	3.8	3.5	3.4	3.4	4.2	4.2	3.7	5.4
水利、环境和公共设施管理业	10.7	10.2	9.6	10.0	10.2	10.8	10.5	10.5	10.8	10.6
居民服务、修理和其他服务业	15.2	13.5	10.3	9.8	8.9	8.8	8.2	7.8	6.0	6.1
教育	57.1	43.1	40.2	36.0	34.3	24.6	17.4	17.5	19.1	19.0
卫生和社会工作	51.2	50.0	48.3	48.8	48.7	49.8	49.9	51.4	51.5	52.6
文化、体育和娱乐业	3.2	2.8	2.5	2.3	2.3	2.3	2.2	2.2	2.0	2.5
公共管理、社会保障和社会组织	5.0	4.8	3.5	3.6	2.9	2.4	2.7	2.2	2.4	2.3

2-6 按第三产业行业门类分其他单位就业人员数

单位：万人

行业门类	2003	2004	2005	2006	2007	2008	2009	2010	2011	2012
批发和零售业	198.6	218.3	239.4	251.6	263.8	295.0	324.2	349.9	455.0	522.4
交通运输、仓储和邮政业	105.0	124.4	140.0	152.6	166.4	180.6	199.9	208.0	229.4	230.3
住宿和餐饮业	82.5	91.6	100.1	107.3	115.7	125.6	136.5	145.1	176.5	198.1
信息传输、软件和信息技术服务业	43.0	48.3	62.8	71.5	86.8	95.7	108.1	122.3	144.5	155.7
金融业	78.3	93.1	117.9	140.2	167.0	202.0	249.9	273.7	308.9	325.7
房地产业	60.6	74.7	90.9	101.0	113.6	121.8	138.7	157.1	192.4	218.3
租赁和商务服务业	47.3	55.8	68.7	81.6	92.3	115.7	128.4	140.9	126.9	141.8
科学研究和技术服务业	32.0	29.0	35.5	38.9	42.5	52.0	59.0	68.6	76.5	92.8
水利、环境和公共设施管理业	6.5	7.9	9.8	11.6	13.5	13.7	16.8	18.5	21.5	24.3
居民服务、修理和其他服务业	15.6	16.5	18.7	19.0	19.8	19.0	22.3	23.5	23.1	25.7
教育	7.4	14.0	18.1	20.4	23.7	27.5	42.3	46.8	57.7	67.2
卫生和社会工作	3.6	6.8	8.2	9.8	11.0	12.6	16.0	18.6	21.6	27.3
文化、体育和娱乐业	7.5	8.7	9.6	10.0	11.5	12.7	15.4	16.2	19.2	20.2
公共管理、社会保障和社会组织	0.8	2.5	3.0	4.4	3.3	3.8	11.6	10.7	12.5	10.6

2-7 各地区按第三产业行业门类分城镇单位就业人员数(2012年底)

单位：万人

地区	批发和零售业	交通运输、仓储和邮政业	住宿和餐饮业	信息传输、软件和信息技术服务业	金融业	房地产业	租赁和商务服务业
全国	**711.8**	**667.5**	**265.1**	**222.8**	**527.8**	**273.7**	**292.3**
北京	68.6	57.8	32.0	52.6	37.6	37.1	61.4
天津	17.5	14.1	6.9	3.3	7.8	5.5	5.4
河北	26.3	24.3	6.8	6.5	24.7	6.8	5.2
山西	19.2	22.3	6.9	5.3	15.8	2.6	5.3
内蒙古	8.0	16.9	2.9	4.4	10.8	1.8	3.2
辽宁	21.1	32.8	7.2	9.0	22.5	12.4	10.2
吉林	9.5	15.9	3.0	4.7	10.9	5.1	4.9
黑龙江	15.9	25.6	4.6	6.1	16.0	5.9	4.9
上海	59.8	38.0	20.1	8.6	29.5	15.2	17.2
江苏	33.5	30.6	11.9	10.8	29.4	8.2	12.3
浙江	39.3	29.4	16.3	14.1	36.4	17.5	29.2
安徽	15.9	16.3	4.3	4.5	16.8	6.9	3.7
福建	24.3	18.6	9.4	5.3	14.8	10.2	6.0
江西	16.7	12.9	4.3	4.3	10.6	4.5	2.9
山东	48.9	37.4	15.2	9.1	32.7	15.8	11.5
河南	42.6	30.9	10.1	6.3	23.3	13.1	11.3
湖北	30.1	24.4	9.2	5.6	16.3	10.0	6.2
湖南	18.7	23.6	9.5	7.1	20.7	9.9	8.8
广东	65.0	61.8	32.3	18.6	47.6	34.9	37.0
广西	12.8	18.5	4.8	4.4	11.7	5.4	8.9
海南	5.4	4.5	6.2	1.0	2.8	4.2	2.0
重庆	19.8	15.8	7.1	3.9	13.0	7.8	6.1
四川	18.5	23.6	7.6	6.0	23.0	6.6	5.2
贵州	13.2	9.1	3.9	2.5	7.4	5.4	3.0
云南	23.5	13.6	8.5	4.3	9.8	7.3	6.2
西藏	0.5	0.6	0.3	0.3	0.8		0.2
陕西	17.8	18.3	7.5	7.8	14.6	6.6	4.5
甘肃	6.0	10.4	1.9	2.0	7.2	1.9	1.7
青海	2.4	3.4	0.7	0.9	2.2	0.8	0.8
宁夏	2.8	3.6	0.6	0.6	3.0	1.1	1.8
新疆	8.2	12.6	2.8	2.6	8.1	3.2	5.4

2-7 续表 单位：万人

地区	科学研究和技术服务业	水利、环境和公共设施管理业	居民服务、修理和其他服务业	教育	卫生和社会工作	文化、体育和娱乐业	公共管理、社会保障和社会组织
全国	**330.7**	**243.8**	**62.1**	**1653.4**	**719.3**	**137.7**	**1541.5**
北京	54.0	9.4	8.6	44.4	23.0	17.1	44.7
天津	8.3	3.7	10.9	16.3	8.8	1.9	15.5
河北	12.5	11.3	2.2	89.9	32.2	5.2	83.8
山西	5.9	7.6	0.6	49.9	17.1	4.5	59.6
内蒙古	4.9	7.8	0.7	34.8	12.9	3.3	39.0
辽宁	15.8	15.6	2.7	57.8	30.4	5.1	52.8
吉林	7.6	8.2	0.9	37.2	16.3	3.6	33.9
黑龙江	11.9	10.2	4.4	47.0	21.0	4.2	44.1
上海	12.2	6.2	3.3	28.0	17.4	5.1	20.5
江苏	12.8	13.3	1.3	88.8	41.1	6.1	67.4
浙江	17.5	12.9	2.0	66.2	37.4	6.7	63.3
安徽	8.2	8.1	0.6	63.3	25.3	3.6	48.5
福建	6.5	5.0	1.4	46.7	18.1	3.6	34.3
江西	5.4	5.9	0.6	44.2	21.1	3.9	47.6
山东	12.4	12.5	3.9	109.8	49.6	6.9	109.8
河南	13.1	13.1	1.6	118.9	46.1	7.1	108.4
湖北	13.5	9.8	1.5	71.8	34.2	6.3	61.5
湖南	9.5	9.7	1.5	72.0	34.8	5.0	80.7
广东	21.3	14.3	5.8	117.7	56.1	9.5	102.9
广西	9.3	8.8	0.7	60.8	26.0	3.3	43.0
海南	1.7	2.6	0.2	12.3	4.8	1.1	10.8
重庆	5.7	4.6	0.9	37.1	13.5	2.6	28.5
四川	16.2	10.6	1.1	89.4	39.3	4.5	82.6
贵州	5.4	4.2	1.0	44.2	14.6	1.6	43.3
云南	7.8	5.7	0.8	54.9	19.4	3.4	49.3
西藏	1.1	0.2		4.4	1.6	0.6	11.7
陕西	14.4	8.9	1.5	56.9	21.9	5.0	53.2
甘肃	5.6	5.2	0.4	36.8	11.7	2.6	38.7
青海	2.8	1.0	0.3	7.6	3.7	0.8	9.2
宁夏	1.2	2.0		8.4	4.0	0.7	9.3
新疆	6.1	5.4	0.6	36.0	15.8	2.9	43.4

2-8 各地区按第三产业行业门类分国有单位就业人员数(2012年底)

单位：万人

地 区	批发和零售业	交通运输、仓储和邮政业	住宿和餐饮业	信息传输、软件和信息技术服务业	金融业	房地产业	租赁和商务服务业
全 国	**148.5**	**419.5**	**57.6**	**65.8**	**151.9**	**46.7**	**116.7**
北 京	3.6	11.0	5.0	1.3	1.8	3.0	17.0
天 津	2.9	7.8	1.0	0.5	1.0	1.6	1.9
河 北	7.7	17.7	2.9	2.4	3.9	1.4	2.6
山 西	9.3	18.0	2.6	3.6	5.4	0.9	3.1
内蒙古	3.0	15.2	1.2	3.8	4.5	0.8	2.3
辽 宁	4.0	23.1	2.0	2.5	8.2	2.8	5.6
吉 林	2.5	13.1	1.2	2.6	4.3	1.2	2.2
黑龙江	5.7	23.5	2.2	2.5	5.8	2.2	3.3
上 海	3.6	17.4	2.8	2.0	4.9	3.4	6.2
江 苏	4.8	16.6	1.8	2.8	9.2	1.7	5.5
浙 江	2.8	13.1	2.0	2.1	5.6	1.6	9.5
安 徽	5.6	10.3	1.1	2.6	5.9	1.6	1.6
福 建	4.9	13.3	1.7	2.1	5.2	2.6	3.1
江 西	7.1	11.3	1.3	0.9	4.9	1.1	2.3
山 东	9.0	25.9	5.3	3.4	8.2	2.3	5.7
河 南	12.8	21.4	3.3	3.3	6.5	1.2	4.7
湖 北	6.1	16.3	1.2	2.2	7.5	1.7	2.7
湖 南	4.2	16.4	1.9	3.0	3.8	1.7	3.6
广 东	11.0	27.7	4.7	4.9	13.4	4.3	14.5
广 西	4.3	12.8	1.7	2.4	5.5	1.1	4.0
海 南	1.0	1.8	0.8	0.1	1.1	0.6	1.1
重 庆	3.2	11.9	0.7	0.8	3.6	1.2	2.3
四 川	6.3	16.4	1.9	3.5	10.8	1.0	2.5
贵 州	4.8	7.8	0.9	1.3	2.1	0.6	0.8
云 南	6.0	9.0	1.5	1.9	4.5	0.5	1.7
西 藏	0.4	0.6	0.3	0.3	0.7		
陕 西	5.2	15.8	2.0	3.8	4.6	2.1	1.7
甘 肃	2.3	8.6	1.0	1.1	3.1	0.8	1.3
青 海	0.6	2.9	0.3	0.8	1.6	0.3	0.6
宁 夏	0.7	3.1	0.2	0.4	1.3	0.3	0.3
新 疆	2.9	9.6	1.3	1.0	2.9	0.8	3.0

2-8 续表

单位：万人

地 区	科学研究和技术服务业	水利、环境和公共设施管理业	居民服务、修理和其他服务业	教 育	卫生和社会工作	文化、体育和娱乐业	公共管理、社会保障和社会组织
全 国	**232.5**	**208.9**	**30.4**	**1567.2**	**639.5**	**115.0**	**1528.6**
北 京	21.4	6.2	1.3	34.8	19.4	11.5	39.2
天 津	3.8	3.3	6.8	16.0	8.2	1.7	15.4
河 北	10.6	10.1	1.7	88.8	29.7	4.9	83.6
山 西	5.5	6.9	0.4	48.8	15.1	4.1	59.5
内蒙古	4.6	7.2	0.4	34.5	11.5	3.2	39.0
辽 宁	12.3	14.2	1.7	55.1	27.4	4.6	52.3
吉 林	6.5	6.8	0.5	36.5	15.1	3.1	33.9
黑龙江	11.0	9.4	4.1	46.4	20.2	4.0	44.0
上 海	8.2	5.0	0.7	26.3	15.5	3.9	20.0
江 苏	9.0	9.7	0.6	85.5	31.2	4.8	67.2
浙 江	7.8	7.1	0.6	56.5	30.7	5.5	60.4
安 徽	6.7	7.1	0.3	59.8	18.8	3.1	48.3
福 建	4.4	4.4	0.9	44.1	14.5	3.1	34.3
江 西	5.3	5.4	0.5	43.5	20.2	3.5	47.5
山 东	9.4	11.2	2.8	103.8	42.7	6.0	109.8
河 南	10.3	11.7	0.6	105.8	41.8	6.4	106.9
湖 北	10.9	8.5	0.8	68.2	30.7	5.7	61.2
湖 南	7.6	8.8	0.3	66.8	31.0	3.8	80.3
广 东	10.9	11.2	2.0	110.0	52.6	6.8	102.8
广 西	7.4	8.1	0.4	58.9	25.1	3.0	43.0
海 南	1.3	2.3	0.1	11.2	4.1	0.8	10.7
重 庆	3.6	3.7	0.1	35.2	12.3	2.3	28.5
四 川	15.0	9.7	0.5	86.7	33.1	4.1	82.6
贵 州	4.8	3.9	0.4	43.1	14.1	1.4	43.3
云 南	6.6	4.9	0.3	53.0	18.1	2.7	49.2
西 藏	1.1	0.2		4.4	1.6	0.6	11.7
陕 西	12.5	8.6	0.6	55.5	20.5	3.5	53.2
甘 肃	5.3	5.2	0.3	36.8	11.4	2.5	38.7
青 海	2.6	1.0	0.3	7.4	3.5	0.8	9.2
宁 夏	1.1	1.9		8.1	4.0	0.7	9.3
新 疆	5.3	5.0	0.5	35.7	15.5	2.8	43.4

2-9 各地区按第三产业行业门类分城镇集体单位就业人员数(2012年底)

单位：人

地 区	批发和零售业	交通运输、仓储和邮政业	住宿和餐饮业	信息传输、软件和信息技术服务业	金融业	房地产业	租赁和商务服务业
全 国	**409294**	**177374**	**93003**	**12520**	**501127**	**87235**	**337214**
北 京	15103	7899	10002	243	6	16382	44447
天 津	4799	6592	1735	87	2728	1009	5928
河 北	25606	4697	3083	409	25447	1055	12868
山 西	35740	5530	5048	134	44367	2314	11905
内蒙古	3150	2051	1240	26	26084	73	1925
辽 宁	13801	6658	3921	322	24314	3040	15335
吉 林	3952	862	1563	36	17219	188	3359
黑龙江	10153	2750	2636	211	20706	1424	4014
上 海	7181	3660	4934		75	3159	17646
江 苏	16354	12462	3185	837	22981	2349	16061
浙 江	8052	10881	4775	1838	4193	4448	31186
安 徽	6281	6722	769	200	17636	927	3573
福 建	13120	3063	2357	109	10636	2752	13829
江 西	7737	3106	774	989	16458	789	2236
山 东	45562	10257	9237	934	37868	11639	23253
河 南	72333	28680	8846	1145	32802	3694	12448
湖 北	16166	5175	1985	286	15510	2659	4005
湖 南	5742	11931	1879	162	12535	2814	16422
广 东	29575	14394	8607	2312	43390	14631	48300
广 西	11727	7458	1912	790	16418	1565	8492
海 南	3296	772	705	60	3478	701	385
重 庆	4616	2790	2621	43	12	819	2645
四 川	9565	10334	2848	80	27087	1547	9067
贵 州	4790	1419	822	34	9876	1517	3753
云 南	9446	1985	2084	127	19523	641	5791
西 藏	289	11	90				11
陕 西	13909	2892	2363	642	21122	4263	9487
甘 肃	5015	1026	1442	156	13015	226	2431
青 海	1014	92	452		2189	27	1447
宁 夏	434		131		3496	10	1147
新 疆	4786	1225	957	308	9956	573	3818

2-9 续表 单位：人

地区	科学研究和技术服务业	水利、环境和公共设施管理业	居民服务、修理和其他服务业	教育	卫生和社会工作	文化、体育和娱乐业	公共管理、社会保障和社会组织
全国	**54190**	**105909**	**60828**	**189994**	**525610**	**24983**	**23097**
北京	9284	2617	9286	12697	13281	1427	441
天津	803	226	6683	665	4803	213	537
河北	643	1925	2297	3929	22223	1588	1549
山西	521	5724	1269	4186	18872	1805	204
内蒙古	892	2653	1819	222	11611	41	3
辽宁	3450	3785	3582	4423	16904	449	972
吉林	824	8271	1044	402	8505	149	237
黑龙江	1656	3835	1411	2674	6233	341	535
上海	1146	3238	2596	2036	17653	1323	4174
江苏	1963	20496	2067	6278	70104	2274	2129
浙江	5939	11565	3002	23828	41375	934	2537
安徽	781	1553	414	3141	47699	1031	2409
福建	905	1442	1415	2104	29853	685	75
江西	364	3035	550	57	4838	1515	202
山东	3103	3621	2461	28629	52216	2858	157
河南	4076	2460	1350	64759	16919	1744	3104
湖北	6169	7870	1059	7209	23950	1852	1869
湖南	1329	1616	1945	6559	21417	522	219
广东	3498	8549	4253	7253	14824	1060	98
广西	959	580	1963	2714	1262	79	18
海南	671	131	31	181	6037	485	48
重庆	783	2631	654	1275	10342	117	
四川	1177	4503	3273	1224	49106	1112	571
贵州	167	1200	366	1319	1176	55	5
云南	1017	1844	510	1148	1381	106	808
西藏			20			24	
陕西	1437	287	4362	634	8607	806	59
甘肃	250		395	172	2433	166	27
青海	227	153	343	8	203	222	
宁夏	19	98	20	147	289		100
新疆	137	1	388	121	1494		10

2-10 各地区按第三产业行业门类分其他单位就业人员数(2012年底)

单位：万人

地区	批发和零售业	交通运输、仓储和邮政业	住宿和餐饮业	信息传输、软件和信息技术服务业	金融业	房地产业	租赁和商务服务业
全国	**522.4**	**230.3**	**198.1**	**155.7**	**325.7**	**218.3**	**141.8**
北京	63.6	46.0	26.0	51.3	35.7	32.4	40.0
天津	14.1	5.6	5.8	2.7	6.6	3.8	2.9
河北	16.0	6.1	3.6	4.0	18.3	5.3	1.3
山西	6.3	3.7	3.9	1.7	6.0	1.5	1.0
内蒙古	4.7	1.5	1.6	0.6	3.6	1.0	0.7
辽宁	15.7	9.0	4.9	6.5	11.9	9.2	3.1
吉林	6.6	2.7	1.7	2.2	4.9	3.9	2.3
黑龙江	9.2	1.8	2.1	3.6	8.1	3.5	1.2
上海	55.6	20.2	16.9	6.6	24.5	11.5	9.3
江苏	27.0	12.7	9.8	7.9	17.9	6.3	5.2
浙江	35.7	15.2	13.8	11.8	30.3	15.4	16.6
安徽	9.7	5.4	3.2	1.9	9.2	5.2	1.7
福建	18.1	5.0	7.4	3.2	8.5	7.3	1.5
江西	8.9	1.3	2.9	3.3	4.1	3.3	0.4
山东	35.4	10.5	9.0	5.7	20.8	12.4	3.5
河南	22.5	6.6	5.9	2.9	13.5	11.5	5.3
湖北	22.4	7.6	7.8	3.4	7.2	8.0	3.1
湖南	14.0	6.0	7.4	4.0	15.7	7.9	3.5
广东	51.0	32.6	26.7	13.5	29.9	29.1	17.7
广西	7.3	4.9	2.9	2.0	4.5	4.1	4.1
海南	4.1	2.7	5.3	0.9	1.3	3.6	0.8
重庆	16.1	3.6	6.1	3.2	9.4	6.5	3.5
四川	11.3	6.1	5.4	2.4	9.4	5.5	1.9
贵州	7.8	1.2	3.0	1.2	4.3	4.7	1.7
云南	16.5	4.4	6.8	2.4	3.4	6.7	4.0
西藏					0.1		0.2
陕西	11.2	2.3	5.2	3.9	8.0	4.1	1.8
甘肃	3.2	1.7	0.8	1.0	2.8	1.0	0.2
青海	1.6	0.5	0.3	0.1	0.4	0.5	0.1
宁夏	2.0	0.4	0.5	0.2	1.3	0.8	1.4
新疆	4.9	2.9	1.4	1.6	4.2	2.3	2.0

2-10 续表　　　　单位：万人

地　区	科学研究和技术服务业	水利、环境和公共设施管理业	居民服务、修理和其他服务业	教　育	卫生和社会工作	文化、体育和娱乐业	公共管理、社会保障和社会组织
全　国	**92.8**	**24.3**	**25.7**	**67.2**	**27.3**	**20.2**	**10.6**
北　京	31.7	2.9	6.4	8.3	2.2	5.5	5.5
天　津	4.4	0.4	3.4	0.3	0.2	0.2	0.1
河　北	1.9	0.9	0.3	0.7	0.3	0.1	
山　西	0.3	0.1	0.1	0.7	0.2	0.1	0.1
内蒙古	0.2	0.3	0.1	0.3	0.2		
辽　宁	3.2	0.9	0.6	2.2	1.4	0.4	0.3
吉　林	1.1	0.5	0.2	0.7	0.3	0.6	
黑龙江	0.8	0.4	0.2	0.3	0.1	0.2	
上　海	3.9	0.9	2.4	1.5	0.1	1.1	
江　苏	3.6	1.5	0.5	2.7	2.9	1.0	
浙　江	9.1	4.7	1.1	7.3	2.5	1.1	2.6
安　徽	1.4	0.8	0.2	3.1	1.7	0.3	
福　建	2.1	0.4	0.4	2.3	0.6	0.4	
江　西	0.1	0.2		0.7	0.4	0.2	0.1
山　东	2.7	0.9	0.9	3.1	1.7	0.6	
河　南	2.5	1.2	0.8	6.6	2.6	0.6	1.1
湖　北	1.9	0.5	0.6	2.9	1.1	0.4	0.1
湖　南	1.8	0.7	1.1	4.5	1.7	1.1	0.3
广　东	10.0	2.2	3.4	7.0	2.1	2.6	0.1
广　西	1.8	0.7	0.2	1.7	0.8	0.3	
海　南	0.4	0.3	0.1	1.1	0.1	0.3	0.1
重　庆	1.9	0.7	0.7	1.7	0.2	0.3	
四　川	1.1	0.5	0.3	2.6	1.2	0.3	
贵　州	0.6	0.2	0.5	0.9	0.4	0.2	
云　南	1.1	0.6	0.5	1.8	1.1	0.6	
西　藏							
陕　西	1.8	0.3	0.5	1.3	0.6	1.5	
甘　肃	0.2			0.1	0.1		
青　海	0.2			0.2	0.2		
宁　夏	0.1	0.1		0.3			
新　疆	0.7	0.4	0.1	0.3	0.1	0.2	

2-11 各地区按第三产业行业门类分私营企业和个体就业人员数(2012年底)

单位：万人

地 区	第三产业合计	交通运输、仓储和邮政业	信息传输、计算机服务和软件业	批发和零售业	住宿和餐饮业	金融业	房地产业
全 国	**13853.39**	**837.65**	**426.31**	**7721.03**	**1161.94**	**59.42**	**421.37**
北 京	514.61	15.69	13.02	159.44	28.43	0.68	14.53
天 津	98.98	5.66	0.95	49.01	5.52	2.09	2.47
河 北	447.83	77.19	11.29	237.79	23.30	1.71	12.06
山 西	285.21	89.37	11.51	111.99	16.75	5.62	8.05
内蒙古	295.46	25.33	6.60	143.34	54.30	2.32	7.35
辽 宁	575.58	67.40	13.22	304.43	39.71	3.71	22.53
吉 林	295.32	13.85	4.56	159.64	31.78	1.43	23.32
黑龙江	408.78	27.53	8.57	225.12	45.50	0.91	9.06
上 海	528.61	25.24	12.03	261.95	18.09	0.92	16.03
江 苏	1107.39	146.27	117.47	485.30	58.76	5.70	39.86
浙 江	756.14	26.87	17.74	468.50	52.15	1.97	18.88
安 徽	461.36	11.32	10.60	288.23	43.33	2.62	12.96
福 建	469.79	10.60	12.86	290.78	37.83	2.22	11.25
江 西	451.82	19.72	8.92	256.44	40.54	1.22	13.52
山 东	931.85	46.77	22.55	591.10	68.96	5.04	29.07
河 南	634.55	15.71	7.58	419.91	65.17	1.89	17.10
湖 北	690.89	30.77	12.94	417.01	74.58	1.21	15.17
湖 南	580.37	14.96	19.26	316.89	34.77	1.51	18.76
广 东	1285.10	31.52	37.41	764.64	92.02	7.95	42.02
广 西	370.23	52.03	7.95	216.42	26.46	0.69	9.46
海 南	92.73	9.91	4.22	39.10	7.77	0.19	7.42
重 庆	412.35	11.33	20.31	230.47	36.18	1.50	14.91
四 川	683.52	23.49	13.72	425.13	76.98	1.22	14.38
贵 州	214.62	6.49	4.16	132.64	24.07	1.15	6.73
云 南	395.04	11.04	10.61	238.46	45.45	1.62	13.58
西 藏	40.17	0.98	0.79	21.61	7.23	0.04	0.37
陕 西	346.85	7.43	7.95	200.03	45.40	0.62	8.64
甘 肃	178.82	3.76	3.04	113.35	25.84	0.56	4.29
青 海	47.64	1.21	0.59	27.82	7.68	0.10	1.42
宁 夏	81.18	1.94	1.36	48.36	8.44	0.49	1.64
新 疆	170.60	6.27	2.53	76.12	18.95	0.54	4.54

注：此表数据按照旧的行业标准分类(下表同)。

2-11 续表 单位：万人

地 区	租赁和商务服务业	科学研究、技术服务和地质勘查业	水利、环境和公共设施管理业	居民服务和其他服务业	教 育	卫生、社会保障和社会福利业	文化、体育和娱乐业	其 他
全 国	**1119.55**	**535.93**	**59.00**	**1149.13**	**17.29**	**71.00**	**163.87**	**109.88**
北 京	84.45	133.98	3.56	20.32	0.54	1.20	34.35	4.42
天 津	11.78	13.36	0.54	5.59	0.01	0.52	1.41	0.06
河 北	17.48	5.69	0.78	34.78	0.40	1.19	2.69	21.49
山 西	6.33	2.94	10.70	17.59	0.15	1.05	2.25	0.93
内蒙古	13.29	3.50	0.98	29.07	1.23	1.30	2.13	4.73
辽 宁	36.87	18.61	2.18	56.55	0.45	2.73	7.05	0.13
吉 林	11.82	4.95	0.73	35.87	0.46	1.53	1.76	3.63
黑龙江	22.00	9.05	0.84	49.40	0.29	0.91	3.71	5.89
上 海	97.79	66.41	4.16	17.51	0.32	1.13	7.03	0.00
江 苏	91.03	61.49	5.35	81.80	1.66	2.86	9.79	0.06
浙 江	70.17	26.64	2.65	57.88	1.14	1.62	8.55	1.38
安 徽	22.80	7.92	1.49	48.26	0.68	0.55	5.26	5.35
福 建	44.61	13.15	1.57	38.23	0.51	1.11	5.01	0.08
江 西	25.33	3.72	1.11	70.94	0.54	1.09	4.03	4.70
山 东	67.61	14.73	3.40	75.36	0.70	2.07	4.47	
河 南	29.16	7.31	1.14	60.50	0.40	0.73	3.47	4.49
湖 北	35.90	11.98	4.62	62.86	0.69	1.57	7.55	14.03
湖 南	106.38	19.46	1.30	36.82	0.92	1.88	7.27	0.18
广 东	124.49	69.85	3.99	88.04	2.13	1.13	10.92	8.99
广 西	22.36	6.33	0.79	21.77	0.45	0.89	3.92	0.71
海 南	10.77	1.70	0.42	8.84	0.15	0.41	1.75	0.08
重 庆	50.62	8.22	2.00	30.54	0.71	0.92	4.63	
四 川	36.66	8.42	1.01	59.21	0.80	3.61	7.98	10.91
贵 州	11.94	1.89	0.79	17.67	0.52	1.67	1.68	3.21
云 南	23.09	6.56	1.38	32.93	0.65	2.90	5.39	1.37
西 藏	2.14	0.20	0.04	4.22	0.03	0.15	1.55	0.82
陕 西	20.10	2.28	0.43	41.96	0.11	0.70	3.35	7.85
甘 肃	6.19	1.28	0.34	16.14	0.32	1.33	1.74	0.65
青 海	1.74	0.36	0.08	4.32	0.05	0.29	0.52	1.47
宁 夏	4.76	0.98	0.21	9.81	0.08	0.36	0.76	1.99
新 疆	9.88	2.99	0.41	14.37	0.23	31.59	1.88	0.30

2-12 各地区按第三产业行业门类分城镇私营企业和个体就业人员数(2012年底)

单位：万人

地 区	第三产业合 计	交通运输、仓储和邮政业	信息传输、计算机服务和软件业	批发和零售业	住宿和餐饮业	金融业	房地产业
全 国	**10876.71**	**573.93**	**289.22**	**5407.21**	**838.21**	**46.80**	**333.61**
北 京	394.84	6.51	9.02	93.73	19.90	0.48	8.50
天 津	101.80	5.27	0.90	43.69	4.70	2.05	2.35
河 北	272.69	47.79	6.11	137.84	15.27	1.27	6.81
山 西	180.48	57.78	7.02	65.99	10.58	4.23	5.38
内蒙古	252.65	20.56	4.96	122.07	34.73	2.17	6.80
辽 宁	503.96	51.44	11.90	243.00	31.55	3.41	19.62
吉 林	251.46	11.11	3.78	126.70	24.81	1.02	22.52
黑龙江	328.66	20.84	6.91	172.13	33.95	0.67	7.35
上 海	374.84	14.81	6.61	142.94	15.35	0.68	11.73
江 苏	913.63	119.30	47.76	369.05	51.49	4.79	32.65
浙 江	616.27	17.29	15.82	330.68	38.50	1.59	15.36
安 徽	377.11	7.75	7.91	220.75	37.90	1.97	8.77
福 建	429.09	9.43	12.00	233.38	27.56	2.03	10.46
江 西	278.23	9.23	5.73	165.63	23.85	0.79	6.80
山 东	592.83	21.70	15.73	334.15	40.56	2.05	19.39
河 南	419.68	7.76	4.95	257.57	44.79	1.43	11.33
湖 北	525.07	18.78	9.07	305.10	47.33	0.95	12.09
湖 南	551.57	10.63	16.14	230.54	30.54	1.26	14.01
广 东	1237.93	28.24	34.01	652.42	77.26	7.04	38.36
广 西	243.50	27.43	5.09	121.97	17.28	0.60	7.57
海 南	91.41	8.11	3.55	33.59	6.72	0.17	6.94
重 庆	407.81	9.69	19.11	195.03	31.60	1.42	14.13
四 川	435.96	16.40	10.39	228.96	47.82	0.92	12.02
贵 州	131.25	3.28	2.75	71.35	14.33	0.74	4.95
云 南	294.88	8.13	9.18	153.90	29.70	1.57	12.79
西 藏	35.55	0.83	0.76	17.75	5.90	0.04	0.28
陕 西	248.09	3.25	6.31	139.55	28.69	0.15	5.45
甘 肃	123.87	2.14	2.23	74.84	17.67	0.35	2.50
青 海	38.17	0.88	0.40	21.80	6.52	0.05	0.87
宁 夏	63.78	1.49	1.07	36.18	6.72	0.36	1.35
新 疆	159.63	6.07	2.08	64.93	14.63	0.54	4.50

2-12 续表 单位：万人

地　区	租赁和商务服务业	科学研究、技术服务和地质勘查业	水利、环境和公共设施管理业	居民服务和其他服务业	教　育	卫生、社会保障和社会福利业	文化、体育和娱乐业	其　他
全　国	**923.17**	**427.68**	**41.56**	**807.10**	**12.88**	**62.62**	**129.39**	**60.15**
北　京	58.80	96.60	1.70	12.81	0.36	0.89	26.10	0.64
天　津	11.28	13.08	0.45	4.88	0.01	0.49	1.31	0.06
河　北	12.36	4.17	0.56	22.81	0.27	0.77	2.22	2.09
山　西	4.28	1.77	6.51	9.94	0.08	0.65	1.53	0.47
内蒙古	12.23	3.15	0.81	24.68	1.12	1.12	1.82	4.20
辽　宁	33.50	17.33	1.81	47.64	0.35	2.41	6.45	0.05
吉　林	10.28	4.40	0.63	31.25	0.37	1.39	1.46	1.47
黑龙江	18.00	7.80	0.63	33.95	0.20	0.72	2.88	4.61
上　海	62.08	37.97	2.05	12.43	0.19	1.01	4.91	0.00
江　苏	77.55	51.66	3.87	65.30	1.37	2.54	8.72	0.04
浙　江	61.05	20.58	1.86	42.89	0.86	1.28	6.57	0.89
安　徽	16.48	6.02	0.97	41.79	0.43	0.47	4.40	5.01
福　建	42.65	12.59	1.40	29.35	0.44	0.97	4.12	0.07
江　西	16.61	2.16	0.47	23.88	0.24	0.57	2.42	3.26
山　东	49.54	10.70	1.97	42.44	0.35	1.49	3.21	
河　南	21.77	5.54	0.77	36.93	0.27	0.54	2.67	1.61
湖　北	29.26	11.08	4.28	41.83	0.40	1.25	5.35	9.04
湖　南	94.63	17.14	1.14	32.07	0.80	1.76	6.15	0.14
广　东	117.49	68.20	3.41	73.07	1.90	0.97	9.88	8.20
广　西	19.29	4.84	0.59	15.57	0.34	0.67	2.60	0.36
海　南	10.23	1.54	0.39	7.74	0.13	0.38	1.64	0.07
重　庆	47.51	7.27	1.70	27.02	0.66	0.88	4.27	
四　川	28.98	7.47	0.73	36.80	0.50	2.66	5.60	7.72
贵　州	8.63	1.29	0.55	10.82	0.25	1.08	1.18	1.41
云　南	20.84	6.16	1.25	22.48	0.50	2.33	4.13	1.07
西　藏	2.02	0.15	0.04	3.56	0.02	0.13	1.38	0.67
陕　西	16.72	1.98	0.25	21.80	0.05	0.40	2.53	4.25
甘　肃	4.64	1.05	0.20	10.92	0.13	0.85	1.29	0.43
青　海	1.35	0.22	0.05	3.18	0.03	0.23	0.42	0.83
宁　夏	3.68	0.82	0.15	5.93	0.06	0.30	0.63	1.36
新　疆	9.45	2.95	0.38	11.36	0.21	31.41	1.54	0.13

【主要统计指标解释】

经济活动人口 指在16周岁及以上，有劳动能力，参加或要求参加社会经济活动的人口。包括就业人员和失业人员。

就业人员 指在16周岁及以上，从事一定社会劳动并取得劳动报酬或经营收入的人员。这一指标反映了一定时期内全部劳动力资源的实际利用情况，是研究我国基本国情国力的重要指标。

单位就业人员 指报告期末最后一日24时在本单位中工作，并取得工资或其他形式劳动报酬的人员。该指标为时点指标，不包括最后一日当天及以前已经与单位解除劳动合同关系的人员，是在岗职工、劳务派遣人员及其他从业人员之和。就业人员不包括：离开本单位仍保留劳动关系，并定期领取生活费的人员；利用课余时间打工的学生及在本单位实习的各类在校学生；本单位因劳务外包而使用的人员。

城镇私营和个体就业人员 城镇私营就业人员指在工商管理部门注册登记，其经营地址设在县城关镇(含县城关镇)以上的私营企业就业人员，包括私营企业投资者和雇工。城镇个体就业人员指在工商管理部门注册登记，并持有城镇户口或在城镇长期居住，经批准从事个体工商经营的就业人员，包括个体经营者和在个体工商户劳动的家庭帮工和雇工。

国有单位 指资产归国家所有的经济组织。包括按《中华人民共和国企业法人登记管理条例》规定登记注册的非公司制的经济组织，以及中央、地方各级国家机关、事业单位和社会团体。

集体单位 指生产资料归集体所有，并按《中华人民共和国企业法人登记管理条例》规定登记注册的经济组织。

其他单位 包括股份合作单位、联营单位、有限责任公司、股份有限公司、港澳台商投资单位以及外商投资单位等其他登记注册类型单位。

3 第三产业增加值

简要说明

国内生产总值数据是由国家统计局国民经济核算司根据不同产业部门、不同支出构成的特点和资料来源情况计算的。

本年鉴公布的国内生产总值以及与之有关的指标数据，最后一年数据不是最终数，还会在获得更多的财务和行政记录等资料后发生变动。如果遇到普查，在能够获得更详细的基础资料的情况下，国内生产总值的历史数据还会发生变动。

国内生产总值是一个价值量指标，其价值的变化受价格变化和物量变化两大因素影响。不变价国内生产总值是把按当期价格计算的国内生产总值换算成按某个固定期（基期）价格计算的价值，从而使两个不同时期的价值进行比较时，能够剔除价格变化的影响，以反映物量变化，反映生产活动成果的实际变动。国内生产总值指数就是根据两个时期不变价国内生产总值计算得到的。随着经济的不断发展，各行业的价格结构也会不断发生变化，为了更好地反映这种变化对于经济的影响，计算不变价国内生产总值需要每隔若干年调整一次基期。我国自开始核算国内生产总值以来，共有 1952 年、1957 年、1970 年、1980 年、1990 年、2000 年、2005 年、2010 年 8 个不变价基期，目前的基期是 2010 年。也就是说，2011 年的不变价国内生产总值是按照 2010 年价格计算的。由于计算不变价国内生产总值采用按不同基期分段计算，因此本年鉴中的不变价国内生产总值数据也按分段方式公布。

本篇所列分地区的数据来自各省、自治区、直辖市统计局的国民经济核算资料。由于采取分级核算，各地区数据相加不等于全国总计。

3-1 第三产业增加值及所占比重

单位：亿元

年 份	国内生产总值	第一产业	第二产业	第三产业	
					比重(%)
1978	3645.2	1027.5	1745.2	872.5	23.9
1979	4062.6	1270.2	1913.5	878.9	21.6
1980	4545.6	1371.6	2192.0	982.0	21.6
1981	4891.6	1559.5	2255.5	1076.6	22.0
1982	5323.4	1777.4	2383.0	1163.0	21.8
1983	5962.7	1978.4	2646.2	1338.1	22.4
1984	7208.1	2316.1	3105.7	1786.3	24.8
1985	9016.0	2564.4	3866.6	2585.0	28.7
1986	10275.2	2788.7	4492.7	2993.8	29.1
1987	12058.6	3233.0	5251.6	3574.0	29.6
1988	15042.8	3865.4	6587.2	4590.3	30.5
1989	16992.3	4265.9	7278.0	5448.4	32.1
1990	18667.8	5062.0	7717.4	5888.4	31.5
1991	21781.5	5342.2	9102.2	7337.1	33.7
1992	26923.5	5866.6	11699.5	9357.4	34.8
1993	35333.9	6963.8	16454.4	11915.7	33.7
1994	48197.9	9572.7	22445.4	16179.8	33.6
1995	60793.7	12135.8	28679.5	19978.5	32.9
1996	71176.6	14015.4	33835.0	23326.2	32.8
1997	78973.0	14441.9	37543.0	26988.1	34.2
1998	84402.3	14817.6	39004.2	30580.5	36.2
1999	89677.1	14770.0	41033.6	33873.4	37.8
2000	99214.6	14944.7	45555.9	38714.0	39.0
2001	109655.2	15781.3	49512.3	44361.6	40.5
2002	120332.7	16537.0	53896.8	49898.9	41.5
2003	135822.8	17381.7	62436.3	56004.7	41.2
2004	159878.3	21412.7	73904.3	64561.3	40.4
2005	184937.4	22420.0	87598.1	74919.3	40.5
2006	216314.4	24040.0	103719.5	88554.9	40.9
2007	265810.3	28627.0	125831.4	111351.9	41.9
2008	314045.4	33702.0	149003.4	131340.0	41.8
2009	340902.8	35226.0	157638.8	148038.0	43.4
2010	401512.8	40533.6	187383.2	173596.0	43.2
2011	473104.0	47486.2	220412.8	205205.0	43.4
2012	518942.1	52373.6	235162.0	231406.5	44.6

注：本表按当年价格计算。

3-2 第三产业分行业增加值

单位：亿元

年 份	第三产业	交通运输、仓储和邮政业	批发和零售业	住宿和餐饮业	金融业	房地产业	其他
1978	872.5	182.0	242.3	44.6	68.2	79.9	255.6
1979	878.9	193.7	200.9	44.0	66.9	86.3	287.1
1980	982.0	213.4	193.8	47.4	75.0	96.4	356.0
1981	1076.6	220.7	231.1	54.1	79.8	99.9	390.9
1982	1163.0	246.9	171.4	62.3	114.8	110.8	456.8
1983	1338.1	274.9	198.7	72.5	149.0	121.8	521.2
1984	1786.3	338.5	363.5	96.8	203.9	162.3	621.2
1985	2585.0	421.7	802.4	138.3	259.9	215.2	747.5
1986	2993.8	498.8	852.6	163.2	356.4	298.1	824.6
1987	3574.0	568.3	1059.6	187.1	450.0	382.6	926.3
1988	4590.3	685.7	1483.4	241.4	585.4	473.8	1120.6
1989	5448.4	812.7	1536.2	277.4	964.3	566.2	1291.6
1990	5888.4	1167.0	1268.9	301.9	1017.5	662.2	1470.9
1991	7337.1	1420.3	1834.6	442.3	1056.3	763.7	1819.9
1992	9357.4	1689.0	2405.0	584.6	1306.2	1101.3	2271.3
1993	11915.7	2174.0	2816.6	712.1	1669.7	1379.6	3163.7
1994	16179.8	2787.9	3773.4	1008.5	2234.8	1909.3	4465.8
1995	19978.5	3244.3	4778.6	1200.1	2798.5	2354.0	5602.9
1996	23326.2	3782.2	5599.7	1336.8	3211.7	2617.6	6778.3
1997	26988.1	4148.6	6327.4	1561.3	3606.8	2921.1	8423.0
1998	30580.5	4660.9	6913.2	1786.9	3697.7	3434.5	10087.3
1999	33873.4	5175.2	7491.1	1941.2	3816.5	3681.8	11767.7
2000	38714.0	6161.0	8158.6	2146.3	4086.7	4149.1	14012.4
2001	44361.6	6870.3	9119.4	2400.1	4353.5	4715.1	16903.3
2002	49898.9	7492.9	9995.4	2724.8	4612.8	5346.4	19726.7
2003	56004.7	7913.2	11169.5	3126.1	4989.4	6172.7	22633.9
2004	64561.3	9304.4	12453.8	3664.8	5393.0	7174.1	26571.2
2005	74919.3	10666.2	13966.2	4195.7	6086.8	8516.4	31488.0
2006	88554.9	12183.0	16530.7	4792.6	8099.1	10370.5	36579.1
2007	111351.9	14601.0	20937.8	5548.1	12337.5	13809.7	44117.7
2008	131340.0	16362.5	26182.3	6616.1	14863.3	14738.7	52577.1
2009	148038.0	16727.1	28984.5	7118.2	17767.5	18654.9	58785.9
2010	173596.0	19132.2	35746.1	8068.5	20980.6	22782.0	66886.6
2011	205205.0	22432.8	43445.2	9172.8	24958.3	26783.9	78412.0
2012	231406.5	24959.8	49394.4	10464.2	28722.7	29005.5	88859.9

注：本表按当年价格计算。

3-3 第三产业分行业增加值构成

单位：%

年 份	第三产业	交通运输、仓储和邮政业	批发和零售业	住宿和餐饮业	金融业	房地产业	其他
1978	100.0	20.9	27.8	5.1	7.8	9.2	29.3
1979	100.0	22.0	22.9	5.0	7.6	9.8	32.7
1980	100.0	21.7	19.7	4.8	7.6	9.8	36.3
1981	100.0	20.5	21.5	5.0	7.4	9.3	36.3
1982	100.0	21.2	14.7	5.4	9.9	9.5	39.3
1983	100.0	20.5	14.8	5.4	11.1	9.1	38.9
1984	100.0	19.0	20.3	5.4	11.4	9.1	34.8
1985	100.0	16.3	31.0	5.3	10.1	8.3	28.9
1986	100.0	16.7	28.5	5.5	11.9	10.0	27.5
1987	100.0	15.9	29.6	5.2	12.6	10.7	25.9
1988	100.0	14.9	32.3	5.3	12.8	10.3	24.4
1989	100.0	14.9	28.2	5.1	17.7	10.4	23.7
1990	100.0	19.8	21.5	5.1	17.3	11.2	25.0
1991	100.0	19.4	25.0	6.0	14.4	10.4	24.8
1992	100.0	18.0	25.7	6.2	14.0	11.8	24.3
1993	100.0	18.2	23.6	6.0	14.0	11.6	26.6
1994	100.0	17.2	23.3	6.2	13.8	11.8	27.6
1995	100.0	16.2	23.9	6.0	14.0	11.8	28.0
1996	100.0	16.2	24.0	5.7	13.8	11.2	29.1
1997	100.0	15.4	23.4	5.8	13.4	10.8	31.2
1998	100.0	15.2	22.6	5.8	12.1	11.2	33.0
1999	100.0	15.3	22.1	5.7	11.3	10.9	34.7
2000	100.0	15.9	21.1	5.5	10.6	10.7	36.2
2001	100.0	15.5	20.6	5.4	9.8	10.6	38.1
2002	100.0	15.0	20.0	5.5	9.2	10.7	39.5
2003	100.0	14.1	19.9	5.6	8.9	11.0	40.4
2004	100.0	14.4	19.3	5.7	8.4	11.1	41.2
2005	100.0	14.2	18.6	5.6	8.1	11.4	42.0
2006	100.0	13.8	18.7	5.4	9.1	11.7	41.3
2007	100.0	13.1	18.8	5.0	11.1	12.4	39.6
2008	100.0	12.5	19.9	5.0	11.3	11.2	40.0
2009	100.0	11.3	19.6	4.8	12.0	12.6	39.7
2010	100.0	11.0	20.6	4.6	12.1	13.1	38.5
2011	100.0	10.9	21.2	4.5	12.2	13.1	38.2
2012	100.0	10.8	21.3	4.5	12.4	12.5	38.4

注：本表按当年价格计算。

3-4 第三产业不变价增加值

单位：亿元

年 份	第三产业	交通运输、仓储和邮政业	批发和零售业	住宿和餐饮业	金融业	房地产业	其他
			按1970年价格计算				
1978	846.0	180.9	253.2	44.8	75.2	46.4	245.4
1979	912.4	195.9	275.3	49.8	73.1	48.3	270.1
1980	967.2	204.3	270.2	51.7	77.9	52.1	311.0
			按1980年价格计算				
1980	982.9	214.0	201.9	48.3	86.6	57.1	375.0
1981	1085.3	218.0	261.6	56.7	90.3	55.1	403.7
1982	1226.2	242.8	259.6	74.6	130.6	60.1	458.5
1983	1412.2	265.8	314.7	89.1	165.8	63.2	513.6
1984	1685.5	305.4	392.6	96.3	217.3	80.7	593.3
1985	1991.6	347.5	524.2	102.3	254.1	100.9	662.5
1986	2231.4	395.7	573.7	118.3	334.4	127.0	682.3
1987	2551.8	433.7	658.2	129.8	412.3	164.2	753.6
1988	2887.6	488.0	735.6	162.4	492.5	185.0	824.1
1989	3042.4	508.5	656.8	178.4	620.0	214.5	864.0
1990	3113.4	551.0	622.2	184.7	631.5	227.9	896.1
			按1990年价格计算				
1990	5768.5	1167.0	1268.9	301.9	1234.5	325.3	1470.9
1991	6280.3	1290.2	1334.6	326.5	1263.0	364.2	1701.7
1992	7061.8	1420.0	1474.9	414.7	1364.0	490.6	1897.5
1993	7922.3	1598.0	1601.5	448.9	1512.0	543.4	2218.6
1994	8801.0	1734.2	1732.6	570.7	1653.7	608.4	2501.3
1995	9667.0	1924.6	1875.2	629.1	1794.3	684.1	2759.6
1996	10578.2	2137.0	2018.4	672.1	1928.9	711.7	3110.1
1997	11711.9	2333.7	2195.4	745.7	2092.0	741.1	3604.1
1998	12692.4	2580.8	2338.3	828.2	2194.8	798.0	3952.4
1999	13876.6	2894.9	2541.9	892.1	2300.0	845.4	4402.3
2000	15229.4	3143.3	2781.3	975.4	2449.3	905.5	4974.6
			按2000年价格计算				
2000	38714.0	6161.0	8158.6	2146.3	4086.7	4149.1	14012.4
2001	42685.0	6703.6	8900.6	2310.4	4350.2	4605.1	15815.2
2002	47142.3	7181.3	9684.7	2590.9	4651.3	5061.4	17972.7
2003	51622.2	7621.2	10647.2	2911.0	4975.3	5557.6	19910.0
2004	56813.6	8724.5	11346.4	3270.2	5159.4	5885.5	22427.6
2005	63761.8	9702.0	12824.4	3671.2	5870.0	6605.7	25088.6
			按2005年价格计算				
2005	74919.3	10666.2	13966.2	4195.7	6086.8	8516.4	31488.0
2006	85511.6	11729.4	16684.6	4723.0	7662.9	9834.8	34876.8
2007	99179.7	13113.6	20057.5	5177.3	9777.1	12230.1	38824.2
2008	109497.4	14074.1	23236.6	5674.3	11080.8	12347.3	43084.3
2009	119969.4	14661.9	26048.9	5985.1	13099.9	13740.4	46433.3
2010	131668.9	16097.5	29772.2	6584.1	14414.6	14700.6	50099.9
			按2010年价格计算				
2010	173596.0	19132.2	35746.1	8068.5	20980.6	22782.0	66886.6
2011	189941.4	21020.5	40253.3	8600.5	22491.3	24312.0	73263.8

注：1.更换基期的年份有两个不变价数据，一个按上一基期价格计算，一个按新基期价格计算。
2.有关不变价国内生产总值的解释见简要说明。

3-5 第三产业分行业增加值及占GDP的比重

行业	2010		2011	
	增加值(亿元)	占GDP的比重(%)	增加值(亿元)	占GDP的比重(%)
第三产业总计	**173596.0**	**43.2**	**205205.0**	**43.4**
交通运输、仓储和邮政业	19132.2	4.8	22432.8	4.7
信息传输、计算机服务和软件业	8881.9	2.2	9780.3	2.1
批发和零售业	35746.1	8.9	43445.2	9.2
住宿和餐饮业	8068.5	2.0	9172.8	1.9
金融业	20980.6	5.2	24958.3	5.3
房地产业	22782.0	5.7	26783.9	5.7
租赁和商务服务业	7785.0	1.9	9407.1	2.0
科学研究、技术服务和地质勘查业	5636.9	1.4	6965.8	1.5
水利、环境和公共设施管理业	1752.1	0.4	2039.5	0.4
居民服务和其他服务业	6101.7	1.5	7280.5	1.5
教育	12042.1	3.0	14429.4	3.0
卫生、社会保障和社会福利业	5980.8	1.5	7495.9	1.6
文化、体育和娱乐业	2495.8	0.6	3007.1	0.6
公共管理和社会组织	16210.3	4.0	18006.4	3.8

注：本表按当年价格计算。

3-6 第三产业分行业增加值指数

上年＝100

年 份	第三产业	交通运输、仓储和邮政业	批发和零售业	住宿和餐饮业	金融业	房地产业	其他
1978	113.8	108.9	123.1	118.1	109.8	105.7	111.0
1979	107.9	108.3	108.7	111.1	97.2	104.1	110.1
1980	106.0	104.3	98.1	103.9	106.6	107.9	115.1
1981	110.4	101.9	129.5	117.5	104.3	96.5	107.6
1982	113.0	111.4	99.3	131.6	144.6	109.1	113.6
1983	115.2	109.5	121.2	119.4	127.0	105.2	112.0
1984	119.3	114.9	124.7	108.1	131.1	127.7	115.5
1985	118.2	113.8	133.5	106.3	116.9	125.0	111.7
1986	112.0	113.9	109.4	115.6	131.6	125.9	103.0
1987	114.4	109.6	114.7	109.7	123.3	129.3	110.4
1988	113.2	112.5	111.8	125.1	119.5	112.7	109.4
1989	105.4	104.2	89.3	109.9	125.9	115.9	104.9
1990	102.3	108.3	94.7	103.5	101.9	106.2	103.7
1991	108.9	110.6	105.2	108.2	102.3	112.0	115.7
1992	112.4	110.1	110.5	127.0	108.0	134.7	111.5
1993	112.2	112.5	108.6	108.2	110.9	110.8	116.9
1994	111.1	108.5	108.2	127.1	109.4	112.0	112.7
1995	109.8	111.0	108.2	110.2	108.5	112.4	110.3
1996	109.4	111.0	107.6	106.8	107.5	104.0	112.7
1997	110.7	109.2	108.8	110.9	108.5	104.1	115.9
1998	108.4	110.6	106.5	111.1	104.9	107.7	109.7
1999	109.3	112.2	108.7	107.7	104.8	105.9	111.4
2000	109.7	108.6	109.4	109.3	106.5	107.1	113.0
2001	110.3	108.8	109.1	107.6	106.4	111.0	112.9
2002	110.4	107.1	108.8	112.1	106.9	109.9	113.6
2003	109.5	106.1	109.9	112.4	107.0	109.8	110.8
2004	110.1	114.5	106.6	112.3	103.7	105.9	112.6
2005	112.2	111.2	113.0	112.3	113.8	112.2	111.9
2006	114.1	110.0	119.5	112.6	125.9	115.5	110.8
2007	116.0	111.8	120.2	109.6	127.6	124.4	111.3
2008	110.4	107.3	115.9	109.6	113.3	101.0	111.0
2009	109.6	104.2	112.1	105.5	118.2	111.3	107.8
2010	109.8	109.8	114.3	110.0	110.0	107.0	107.9
2011	109.4	109.9	112.6	106.6	107.2	106.7	109.5
2012	108.1	107.0	110.4	108.0	110.0	103.8	107.9

注：本表按不变价格计算。

3-7 第三产业分行业增加值指数

1978年＝100

年 份	第三产业	交通运输、仓储和邮政业	批发和零售业	住宿和餐饮业	金融业	房地产业	其他
1978	100.0	100.0	100.0	100.0	100.0	100.0	100.0
1979	107.9	108.3	108.7	111.1	97.2	104.1	110.1
1980	114.3	112.9	106.7	115.5	103.6	112.3	126.7
1981	126.2	115.0	138.2	135.6	108.0	108.4	136.4
1982	142.6	128.1	137.2	178.5	156.2	118.2	154.9
1983	164.3	140.2	166.3	213.1	198.3	124.3	173.5
1984	196.0	161.1	207.4	230.3	259.9	158.7	200.4
1985	231.7	183.3	277.0	244.8	304.0	198.4	223.8
1986	259.6	208.8	303.2	283.1	400.0	249.7	230.5
1987	296.8	228.9	347.8	310.5	493.2	322.9	254.6
1988	335.9	257.5	388.7	388.5	589.1	363.8	278.4
1989	353.9	268.3	347.1	426.9	741.6	421.8	291.9
1990	362.1	290.7	328.8	441.8	755.4	448.2	302.8
1991	394.3	321.4	345.8	477.9	772.8	501.7	350.3
1992	443.3	353.7	382.2	607.0	834.6	675.9	390.6
1993	497.4	398.1	414.9	657.0	925.2	748.6	456.7
1994	552.5	432.0	448.9	835.3	1011.9	838.2	514.9
1995	606.9	479.4	485.9	920.8	1097.9	942.5	568.1
1996	664.1	532.4	523.0	983.8	1180.3	980.5	640.2
1997	735.3	581.3	568.8	1091.4	1280.1	1021.0	741.9
1998	796.8	642.9	605.9	1212.2	1343.0	1099.4	813.6
1999	871.2	721.2	658.6	1305.7	1407.4	1164.7	906.2
2000	956.1	783.0	720.7	1427.7	1498.7	1247.5	1024.0
2001	1054.2	852.0	786.2	1536.8	1595.4	1384.6	1155.7
2002	1164.2	912.7	855.5	1723.4	1705.8	1521.8	1313.4
2003	1274.9	968.6	940.5	1936.4	1824.6	1671.0	1455.0
2004	1403.1	1108.9	1002.2	2175.3	1892.1	1769.6	1639.0
2005	1574.7	1233.1	1132.8	2442.0	2152.7	1986.1	1833.4
2006	1797.3	1356.0	1353.3	2748.9	2710.2	2293.5	2030.7
2007	2084.6	1516.0	1626.9	3013.3	3457.9	2852.1	2260.6
2008	2301.4	1627.1	1884.7	3302.6	3919.0	2879.5	2508.6
2009	2521.5	1695.0	2112.8	3483.5	4633.1	3204.4	2703.6
2010	2767.5	1861.0	2414.8	3832.1	5098.1	3428.3	2917.1
2011	3028.0	2044.7	2719.3	4084.8	5465.1	3658.5	3195.3
2012	3272.0	2187.3	3002.4	4410.4	6011.3	3799.0	3447.2

注：本表按不变价格计算。

3-8 三次产业贡献率

单位：%

年 份	国内生产总值	第一产业	第二产业	第三产业
1990	100.0	41.6	41.0	17.3
1991	100.0	7.1	62.8	30.1
1992	100.0	8.4	64.5	27.1
1993	100.0	7.9	65.5	26.6
1994	100.0	6.6	67.9	25.5
1995	100.0	9.1	64.3	26.6
1996	100.0	9.6	62.9	27.5
1997	100.0	6.7	59.7	33.5
1998	100.0	7.6	60.9	31.5
1999	100.0	6.0	57.8	36.2
2000	100.0	4.4	60.8	34.8
2001	100.0	5.1	46.7	48.2
2002	100.0	4.6	49.8	45.7
2003	100.0	3.4	58.5	38.1
2004	100.0	7.8	52.2	39.9
2005	100.0	5.6	51.1	43.3
2006	100.0	4.8	50.0	45.2
2007	100.0	3.0	50.7	46.3
2008	100.0	5.7	49.3	45.0
2009	100.0	4.5	51.9	43.6
2010	100.0	3.8	56.8	39.3
2011	100.0	4.6	51.6	43.8
2012	100.0	5.7	48.7	45.6

注：1.产业贡献率指各产业增加值增量与GDP增量之比。
2.本表按不变价格计算。

3-9 三次产业对国内生产总值增长的拉动

单位：百分点

年 份	国内生产总值	第一产业	第二产业	第三产业
1990	3.8	1.6	1.6	0.7
1991	9.2	0.7	5.8	2.8
1992	14.2	1.2	9.2	3.9
1993	14.0	1.1	9.1	3.7
1994	13.1	0.9	8.9	3.3
1995	10.9	1.0	7.0	2.9
1996	10.0	1.0	6.3	2.8
1997	9.3	0.6	5.6	3.1
1998	7.8	0.6	4.8	2.5
1999	7.6	0.5	4.4	2.8
2000	8.4	0.4	5.1	2.9
2001	8.3	0.4	3.9	4.0
2002	9.1	0.4	4.5	4.1
2003	10.0	0.3	5.9	3.8
2004	10.1	0.8	5.3	4.0
2005	11.3	0.6	5.8	4.9
2006	12.7	0.6	6.3	5.7
2007	14.2	0.4	7.2	6.6
2008	9.6	0.6	4.7	4.3
2009	9.2	0.4	4.8	4.0
2010	10.4	0.4	5.9	4.1
2011	9.3	0.4	4.8	4.1
2012	7.7	0.4	3.7	3.5

注：1.产业拉动指GDP增长速度与各产业贡献率之乘积。
2.本表按不变价格计算。

3-10 各地区第三产业增加值

单位：亿元

地 区	1994	1995	1996	1997	1998	1999	2000	2001	2002	2003
北 京	560.97	789.72	1001.19	1218.06	1458.75	1693.13	2049.12	2484.83	2982.57	3435.95
天 津	271.39	352.62	445.16	519.10	602.47	671.30	764.36	881.30	997.47	1150.81
河 北	682.46	895.41	1087.42	1257.64	1381.08	1519.63	1704.45	1906.31	2149.75	2439.68
山 西	306.25	412.89	493.62	576.58	642.58	721.67	807.49	902.43	992.69	1176.65
内蒙古	232.01	288.10	345.50	408.60	462.06	525.93	605.74	699.24	811.47	1000.79
辽 宁	883.78	1011.20	1145.92	1364.20	1495.05	1649.41	1821.22	2048.09	2258.17	2487.85
吉 林	281.42	358.02	433.73	529.21	561.90	594.96	783.89	858.74	958.88	1075.48
黑龙江	449.33	571.60	655.80	774.40	863.00	932.40	1036.55	1181.20	1319.40	1467.90
上 海	794.80	1020.20	1292.11	1592.74	1855.36	2129.60	2486.86	2728.94	3038.90	3404.19
江 苏	1186.64	1573.75	1940.91	2232.68	2512.69	2740.30	3069.46	3454.90	3891.92	4493.31
浙 江	852.51	1153.07	1361.43	1512.64	1676.38	1862.87	2236.12	2665.68	3227.99	3890.79
安 徽	439.23	566.45	682.79	782.21	878.38	991.30	1103.54	1231.06	1399.02	1638.42
福 建	560.52	747.74	920.23	1079.46	1214.82	1351.03	1495.52	1618.24	1765.80	1949.91
江 西	295.58	391.35	488.44	581.75	661.21	740.43	817.17	883.56	972.73	1043.08
山 东	1178.04	1587.44	1899.54	2194.70	2397.49	2628.52	2904.45	3279.53	3700.52	4112.43
河 南	611.26	830.40	1019.43	1171.26	1299.02	1413.73	1597.26	1788.22	1978.37	2358.86
湖 北	541.85	709.43	859.75	1016.69	1136.72	1260.86	1445.71	1613.97	1795.93	2003.08
湖 南	527.41	676.16	826.09	951.73	1074.14	1243.30	1473.39	1593.35	1780.79	1995.78
广 东	1673.52	2168.34	2592.22	3091.81	3469.21	3882.66	4755.42	5544.35	6343.94	7178.94
广 西	394.69	508.55	575.65	620.44	657.31	721.35	789.90	931.82	1074.85	1178.25
海 南	142.54	155.87	167.01	179.51	194.66	208.04	230.85	248.56	270.96	293.85
重 庆	260.66	366.20	458.57	552.14	625.85	679.23	746.10	840.01	956.12	1081.35
四 川	621.27	799.84	945.62	1095.87	1237.84	1373.46	1549.51	1739.81	1943.68	2189.68
贵 州	146.10	176.56	213.56	244.84	273.95	319.34	367.52	425.34	480.37	558.28
云 南	318.85	384.68	488.15	545.33	609.64	681.05	746.14	825.83	914.50	1013.76
西 藏	16.97	19.39	26.46	31.13	39.99	47.86	54.37	69.65	89.56	96.76
陕 西	302.82	377.91	450.99	540.93	583.66	656.64	763.20	868.17	963.62	1063.89
甘 肃	151.07	190.28	222.42	265.58	311.48	354.42	437.13	459.34	514.83	589.91
青 海	48.22	63.60	73.76	84.36	92.54	103.32	114.73	130.30	148.83	169.81
宁 夏	50.31	65.10	79.09	91.05	101.58	112.67	127.56	151.89	171.14	195.46
新 疆	225.52	290.17	337.92	374.75	420.15	474.18	537.80	629.57	704.50	753.91

3-10 续表

单位：亿元

地 区	2004	2004	2005	2006	2007	2008	2009	2010	2011	2012
北 京	4113.26	4092.27	4854.33	5837.55	7236.15	8375.76	9179.19	10600.84	12363.18	13669.93
天 津	1322.40	1319.76	1658.19	1902.31	2250.04	2886.65	3405.16	4238.65	5219.24	6058.46
河 北	2842.33	2805.47	3340.54	3895.36	4600.72	5276.04	6068.31	7123.77	8483.17	9384.78
山 西	1375.67	1375.67	1611.07	1846.18	2257.99	2759.46	2886.92	3412.38	3960.87	4682.95
内蒙古	1270.00	1270.00	1542.26	1934.35	2467.41	3212.06	3696.65	4209.03	5015.89	5630.50
辽 宁	2811.95	2811.95	3295.45	3798.26	4486.74	5207.72	5891.25	6849.37	8158.98	9460.12
吉 林	1223.64	1223.64	1413.83	1687.07	2025.44	2412.26	2756.26	3111.12	3679.91	4150.36
黑龙江	1670.30	1657.77	1857.42	2096.35	2493.04	2905.68	3371.95	4040.55	4918.09	5540.31
上 海	4097.26	4097.26	4776.20	5508.48	6821.11	7872.23	8930.85	9833.51	11142.86	12199.15
江 苏	5198.03	5198.03	6612.22	7914.11	9730.91	11888.53	13629.07	17131.45	20842.21	23517.98
浙 江	4594.72	4584.22	5360.10	6281.86	7613.46	8799.31	9918.78	12063.82	14180.23	15681.13
安 徽	1963.92	1963.90	2137.77	2390.29	2789.78	3234.64	3662.15	4193.69	4975.96	5628.48
福 建	2206.02	2206.02	2551.41	3022.83	3770.00	4346.40	5048.49	5850.62	6878.74	7737.13
江 西	1225.80	1225.80	1411.92	1614.65	1918.95	2355.86	2637.07	3121.40	3921.20	4486.06
山 东	4764.70	4732.60	5924.74	7187.26	8620.24	10358.64	11768.18	14343.14	17370.89	19995.81
河 南	2722.40	2722.40	3181.27	3721.44	4511.97	5099.76	5700.91	6607.89	7991.72	9157.57
湖 北	2292.55	2292.55	2655.94	3111.98	3812.34	4466.85	5127.12	6053.37	7247.02	8208.58
湖 南	2294.60	2428.95	2882.88	3229.42	3835.40	4633.67	5402.81	6369.27	7539.54	8643.60
广 东	8364.05	8335.30	9772.50	11585.82	14076.83	16321.46	18052.59	20711.55	24097.70	26519.69
广 西	1369.60	1361.92	1560.92	1835.12	2156.76	2529.51	2919.13	3383.11	3998.33	4615.30
海 南	335.30	335.30	377.17	433.57	528.84	643.47	748.59	953.67	1148.93	1339.53
重 庆	1151.96	1229.62	1440.32	1649.20	1825.21	2160.48	2474.44	2881.08	3623.81	4494.41
四 川	2510.30	2510.30	2836.73	3319.62	3881.60	4561.69	5198.80	6030.41	7014.04	8242.31
贵 州	661.80	661.80	815.32	989.38	1312.94	1652.34	1885.79	2177.07	2781.29	3282.75
云 南	1206.69	1192.53	1374.62	1557.91	1896.78	2218.81	2519.62	2892.31	3701.79	4235.72
西 藏	123.30	123.30	137.24	159.76	188.06	218.67	240.85	274.82	322.57	377.80
陕 西	1250.20	1234.60	1546.59	1806.36	2178.20	2699.74	3143.74	3688.93	4355.81	5009.65
甘 肃	692.09	688.41	787.36	900.16	1037.11	1234.21	1363.27	1536.50	1963.79	2269.61
青 海	193.70	193.70	213.37	249.04	294.91	355.93	398.54	470.88	540.18	624.29
宁 夏	227.73	227.73	259.49	294.78	366.18	475.00	563.74	702.45	861.92	982.52
新 疆	848.41	833.36	929.41	1058.16	1246.89	1421.38	1587.72	1766.69	2245.12	2703.18

注：本表按当年价格计算。1994-2004年数据基于《国民经济行业分类》(GB/T 4754-1994)，2004-2012年数据基于《国民经济行业分类》(GB/T 4754-2002)。

3-11 各地区第三产业增加值占地区生产总值的比重

地区生产总值=100

地　区	1994	1995	1996	1997	1998	1999	2000	2001	2002	2003
北　京	49.0	52.4	56.0	58.6	61.4	63.2	64.8	67.0	69.1	68.6
天　津	37.0	37.8	39.7	41.0	43.8	44.7	44.9	45.9	46.4	44.6
河　北	31.2	31.4	31.5	31.8	32.5	33.7	33.8	34.6	35.7	35.2
山　西	37.0	38.4	38.2	39.1	39.9	43.3	43.7	44.5	42.7	41.2
内蒙古	33.4	33.6	33.8	35.4	36.6	38.1	39.4	40.8	41.8	41.9
辽　宁	35.9	36.2	36.3	38.1	38.5	39.5	39.0	40.7	41.4	41.4
吉　林	30.0	31.5	32.2	36.1	35.6	35.6	40.2	40.5	40.8	40.4
黑龙江	28.0	28.7	27.7	29.0	31.1	32.5	32.9	34.8	36.3	36.2
上　海	39.9	40.8	43.7	46.3	48.8	50.8	52.1	52.4	52.9	50.9
江　苏	29.2	30.5	32.3	33.4	34.9	35.6	35.9	36.5	36.7	36.1
浙　江	31.7	32.4	32.5	32.3	33.2	34.2	36.4	38.6	40.3	40.1
安　徽	33.3	31.3	32.6	33.3	34.5	36.5	38.0	37.9	39.7	41.8
福　建	34.1	35.7	37.0	37.6	38.4	39.6	39.7	39.7	39.5	39.1
江　西	31.2	33.5	34.6	36.2	38.4	39.9	40.8	40.6	39.7	37.2
山　东	30.6	32.0	32.3	33.6	34.1	35.1	34.8	35.7	36.0	34.0
河　南	27.6	27.8	28.0	29.0	30.2	31.3	31.6	32.3	32.8	34.3
湖　北	31.9	33.6	34.4	35.6	36.5	39.0	40.8	41.6	42.6	42.1
湖　南	32.0	31.7	32.5	33.4	35.5	38.7	41.5	41.6	42.9	42.8
广　东	36.2	36.5	37.9	39.8	40.7	42.0	44.3	46.1	47.0	45.3
广　西	32.9	34.0	33.9	34.1	34.4	36.6	38.0	40.9	42.6	41.8
海　南	42.9	42.9	42.9	43.7	44.0	43.6	43.8	42.9	42.2	41.2
重　庆	31.3	32.6	34.9	36.6	39.1	40.8	41.7	42.5	42.8	42.3
四　川	31.0	32.7	32.9	33.8	35.6	37.6	39.4	40.5	41.1	41.1
贵　州	27.9	27.8	29.5	30.4	31.9	34.1	35.7	37.5	38.6	39.1
云　南	32.4	31.5	32.2	32.5	33.3	35.8	37.1	38.6	39.5	39.7
西　藏	36.9	34.6	40.7	40.3	43.7	45.2	46.2	50.1	55.3	52.3
陕　西	36.1	36.4	37.1	39.7	40.0	41.2	42.3	43.2	42.8	41.1
甘　肃	33.3	34.1	30.8	33.5	35.1	37.1	41.5	40.8	41.8	42.1
青　海	34.8	37.9	40.0	41.6	41.9	43.2	43.5	43.4	43.7	43.5
宁　夏	36.9	37.2	39.0	40.5	41.4	42.6	43.2	45.0	45.4	43.9
新　疆	34.1	35.6	37.5	36.0	38.0	40.8	39.4	42.2	43.7	40.0

3-11 续表 地区生产总值=100

地 区	2004	2004	2005	2006	2007	2008	2009	2010	2011	2012
北 京	67.9	67.8	69.7	71.9	73.5	75.4	75.5	75.1	76.1	76.5
天 津	42.5	42.4	42.5	42.6	42.8	43.0	45.3	46.0	46.2	47.0
河 北	33.5	33.1	33.4	34.0	33.8	33.0	35.2	34.9	34.6	35.3
山 西	38.6	38.5	38.1	37.8	37.5	37.7	39.2	37.1	35.2	38.7
内蒙古	41.8	41.8	39.5	39.1	38.4	37.8	38.0	36.1	34.9	35.5
辽 宁	42.1	42.1	41.0	40.8	40.2	38.1	38.7	37.1	36.7	38.1
吉 林	39.2	39.2	39.1	39.5	38.3	37.5	37.9	35.9	34.8	34.8
黑龙江	35.2	34.9	33.7	33.7	35.1	34.9	39.3	39.0	39.1	40.5
上 海	50.8	50.8	51.6	52.1	54.6	56.0	59.4	57.3	58.0	60.4
江 苏	34.7	34.6	35.6	36.4	37.4	38.4	39.6	41.4	42.4	43.5
浙 江	39.4	39.4	39.9	40.0	40.6	41.0	43.1	43.5	43.9	45.2
安 徽	41.2	41.3	40.0	39.1	37.9	36.5	36.4	33.9	32.5	32.7
福 建	38.3	38.3	38.9	39.9	40.8	40.2	41.3	39.7	39.2	39.3
江 西	35.5	35.5	34.8	33.5	33.1	33.8	34.4	33.0	33.5	34.6
山 东	31.7	31.5	32.3	32.8	33.4	33.5	34.7	36.6	38.3	40.0
河 南	31.8	31.8	30.0	30.1	30.1	28.3	29.3	28.6	29.7	30.9
湖 北	40.7	40.7	40.3	40.9	40.8	39.4	39.6	37.9	36.9	36.9
湖 南	40.7	43.1	43.7	42.0	40.6	40.1	41.4	39.7	38.3	39.0
广 东	44.3	44.2	43.3	43.6	44.3	44.4	45.7	45.0	45.3	46.5
广 西	39.9	39.7	39.2	38.7	37.0	36.0	37.6	35.4	34.1	35.4
海 南	42.0	40.9	41.1	40.7	42.2	42.8	45.3	46.2	45.5	46.9
重 庆	42.8	40.5	41.5	42.2	39.0	37.3	37.9	36.4	36.2	39.4
四 川	39.4	39.3	38.4	38.2	36.7	36.2	36.7	35.1	33.4	34.5
贵 州	39.4	39.4	40.7	42.3	45.5	46.4	48.2	47.3	48.8	47.9
云 南	39.1	38.7	39.7	39.1	39.7	39.0	40.8	40.0	41.6	41.1
西 藏	56.0	56.0	55.2	54.9	55.1	55.4	54.6	54.2	53.2	53.9
陕 西	39.4	38.9	39.3	38.1	37.8	36.9	38.5	36.4	34.8	34.7
甘 肃	41.0	40.8	40.7	39.5	38.4	39.0	40.2	37.3	39.1	40.2
青 海	41.6	41.6	39.3	38.4	37.0	34.9	36.9	34.9	32.3	33.0
宁 夏	42.4	42.4	42.4	40.6	39.8	39.5	41.7	41.6	41.0	42.0
新 疆	38.4	37.7	35.7	34.7	35.4	34.0	37.1	32.5	34.0	36.0

注：本表按当年价格计算。1994-2004年数据基于《国民经济行业分类》(GB/T 4754-1994)，2004-2012年数据基于《国民经济行业分类》(GB/T 4754-2002)。

3-12 各地区第三产业增加值指数

上年=100

地 区	1994	1995	1996	1997	1998	1999	2000	2001	2002
北 京	115.0	120.5	113.4	113.2	110.1	110.6	112.9	113.1	113.3
天 津	115.6	117.9	115.4	113.4	113.0	108.9	110.5	111.7	111.4
河 北	113.7	114.6	113.0	112.5	110.6	109.0	110.4	111.0	110.2
山 西	110.2	112.5	111.9	113.5	110.2	109.6	110.0	112.6	111.2
内蒙古	116.1	114.1	112.3	114.3	114.7	112.7	114.5	115.5	115.3
辽 宁	111.1	107.8	108.4	109.2	107.9	108.9	109.6	111.5	111.3
吉 林	115.6	110.9	111.8	116.7	108.1	109.6	110.4	109.9	110.1
黑龙江	108.6	109.0	109.3	112.7	111.5	109.9	111.8	108.8	110.2
上 海	116.2	113.7	118.1	117.9	114.8	113.4	113.5	109.4	110.9
江 苏	111.4	114.9	114.3	114.1	112.9	110.0	111.2	111.5	111.6
浙 江	115.8	118.3	111.1	110.5	111.7	109.9	111.8	111.7	113.7
安 徽	122.0	116.7	114.5	112.1	110.8	112.5	111.5	112.3	113.0
福 建	113.0	114.2	114.6	114.5	110.8	109.9	110.0	109.2	109.2
江 西	115.0	113.7	113.2	114.0	112.5	110.7	110.4	107.9	106.9
山 东	120.7	117.0	112.5	114.5	111.2	109.3	110.4	111.2	110.9
河 南	113.1	113.1	112.4	111.8	109.4	109.3	109.2	110.3	109.9
湖 北	112.4	112.5	111.3	113.5	111.5	111.0	111.5	110.8	111.4
湖 南	111.0	110.6	112.9	111.6	111.5	111.4	110.9	110.6	110.5
广 东	118.4	114.6	111.5	110.7	110.4	111.2	113.2	112.0	112.5
广 西	110.7	111.1	108.2	107.3	109.8	109.8	113.4	111.8	112.0
海 南	106.9	104.0	105.5	106.9	108.3	107.0	108.8	108.7	108.5
重 庆	117.6	115.0	114.5	114.1	114.0	107.6	109.1	109.0	108.9
四 川	110.7	114.7	115.4	112.8	112.2	108.6	113.1	109.8	111.5
贵 州	109.8	109.3	109.2	109.3	110.5	107.3	113.7	116.3	109.4
云 南	114.7	115.2	115.1	112.3	110.3	109.3	110.4	111.7	111.4
西 藏	125.5	113.2	134.9	116.7	115.6	113.2	112.6	116.0	113.9
陕 西	106.9	108.0	108.9	114.8	110.7	113.7	112.1	111.2	111.0
甘 肃	114.0	115.9	115.1	114.5	113.1	114.2	112.7	111.0	111.3
青 海	111.1	111.7	109.6	110.4	109.1	110.0	111.6	110.7	110.5
宁 夏	109.7	111.0	107.9	112.2	110.6	113.5	111.6	110.3	109.4
新 疆	115.3	110.9	108.0	109.7	109.6	112.3	112.1	112.1	110.4

3-12 续表

上年=100

地 区	2003	2004	2005	2006	2007	2008	2009	2010	2011	2012
北 京	111.2	113.1	113.4	114.3	115.4	112.5	110.2	109.3	108.7	107.9
天 津	111.9	111.9	112.1	113.6	115.0	115.2	115.2	114.2	114.7	112.6
河 北	110.0	112.6	113.2	114.3	114.1	111.1	111.4	113.1	110.5	108.6
山 西	115.5	115.9	113.3	110.0	116.3	112.6	110.5	109.4	108.7	109.7
内蒙古	114.5	122.0	118.1	115.9	116.0	115.8	115.0	112.4	112.4	110.0
辽 宁	111.7	110.7	112.1	112.9	114.5	111.6	112.1	112.5	111.0	110.1
吉 林	108.3	110.4	113.6	117.4	116.4	115.3	113.0	110.7	111.0	111.3
黑龙江	110.1	109.3	110.8	112.4	114.8	112.6	110.7	111.8	113.4	110.8
上 海	109.0	114.1	112.8	113.6	118.8	111.7	112.2	105.7	109.6	110.6
江 苏	112.4	113.4	114.9	115.5	116.4	113.4	113.6	113.3	111.1	109.7
浙 江	114.4	113.7	115.2	115.1	115.3	111.7	112.5	112.3	109.5	109.4
安 徽	114.3	114.2	108.2	109.6	112.4	111.1	111.0	110.1	110.6	111.0
福 建	109.7	110.8	113.7	117.1	114.6	112.3	112.3	110.6	109.1	109.1
江 西	107.4	109.8	110.8	109.9	111.7	111.5	110.7	111.2	111.1	109.5
山 东	111.4	112.3	114.4	114.5	114.6	113.9	111.2	113.5	111.3	109.8
河 南	110.1	110.4	112.8	112.9	114.1	110.7	111.1	111.4	113.4	110.2
湖 北	110.8	110.6	111.8	113.5	115.9	112.4	112.3	111.3	112.0	110.8
湖 南	109.7	110.5	113.8	112.0	115.7	115.5	111.3	111.7	111.0	112.2
广 东	111.3	112.0	114.3	113.8	113.8	109.8	110.8	110.6	110.0	109.5
广 西	110.0	110.7	111.3	112.1	114.6	111.8	113.8	111.1	110.5	109.8
海 南	107.8	110.3	110.8	112.6	116.4	115.5	114.1	120.1	113.3	109.5
重 庆	109.0	109.8	112.1	113.2	112.1	112.2	113.5	112.4	110.8	112.0
四 川	111.2	110.9	110.7	114.2	112.5	112.1	112.4	110.2	111.2	111.6
贵 州	110.1	112.0	117.6	116.0	121.1	115.8	113.1	112.1	116.5	112.1
云 南	109.1	112.8	111.7	109.0	112.5	110.7	113.1	111.5	112.0	110.9
西 藏	115.2	115.1	109.7	112.4	116.0	112.4	110.4	113.7	111.6	112.0
陕 西	109.8	109.7	112.5	114.9	116.5	115.8	115.3	112.1	112.5	111.6
甘 肃	112.0	113.0	112.8	111.1	110.5	113.2	111.2	109.9	111.6	112.5
青 海	109.8	110.3	110.2	113.1	114.2	112.2	109.8	112.1	109.7	111.1
宁 夏	110.4	109.8	108.9	110.2	110.3	111.5	110.0	111.6	107.2	109.7
新 疆	112.3	109.8	109.4	113.6	114.3	109.2	109.2	110.8	115.2	112.3

注：本表按不变价格计算。1994-2004年数据基于《国民经济行业分类》(GB/T 4754-1994)，2004-2011年数据基于《国民经济行业分类》(GB/T 4754-2002)。

3-13 各地区第三产业分行业增加值

单位：亿元

地　区	第三产业	交通运输、仓储和邮政业	批发和零售业	住宿和餐饮业	金融业	房地产业	其他
北　京	13669.93	816.31	2229.77	373.06	2536.91	1244.17	6469.71
天　津	6058.46	683.56	1680.33	222.18	1001.59	449.65	2021.15
河　北	9384.78	2212.93	2024.29	388.87	913.66	982.05	2862.98
山　西	4682.95	847.44	991.08	299.67	639.61	301.88	1603.27
内蒙古	5630.50	1185.30	1415.47	433.94	502.01	385.22	1708.56
辽　宁	9460.12	1297.18	2191.19	487.49	969.37	1050.03	3464.86
吉　林	4150.36	462.13	986.46	240.70	244.63	240.86	1975.58
黑龙江	5540.31	598.78	1339.05	367.40	485.11	522.27	2227.70
上　海	12199.15	895.31	3291.93	298.40	2450.36	1147.04	4116.11
江　苏	23517.98	2352.40	5704.66	1045.21	3136.51	2992.82	8286.38
浙　江	15681.13	1278.91	3684.34	655.74	2762.24	1927.93	5371.97
安　徽	5628.48	650.21	1223.97	268.95	617.62	665.76	2201.97
福　建	7737.13	1090.07	1670.26	337.48	1015.37	1039.71	2584.24
江　西	4486.06	630.56	935.94	310.84	413.07	421.83	1773.82
山　东	19995.81	2516.19	6507.40	1059.47	1936.11	1984.49	5992.16
河　南	9157.57	1151.91	1877.82	898.36	1013.60	1040.70	3175.18
湖　北	8208.58	934.96	1687.52	512.02	870.36	692.82	3510.90
湖　南	8643.60	1077.65	1849.04	460.70	579.76	568.52	4107.93
广　东	26519.69	2367.46	6333.62	1308.40	3171.96	3643.87	9694.37
广　西	4615.30	625.57	982.18	364.46	573.05	489.43	1580.59
海　南	1339.53	133.40	300.52	98.96	130.69	238.11	437.85
重　庆	4494.41	515.15	847.99	189.98	915.65	620.17	1405.47
四　川	8242.31	707.19	1342.25	621.72	1303.56	703.51	3564.08
贵　州	3282.75	687.45	514.49	266.58	365.87	176.75	1271.61
云　南	4235.72	247.53	1039.64	330.67	541.18	243.03	1833.67
西　藏	377.80	26.23	42.75	23.78	32.04	20.77	232.23
陕　西	5009.65	617.39	1166.90	312.27	551.20	450.12	1911.77
甘　肃	2269.61	319.66	398.52	141.68	184.43	146.32	1079.00
青　海	624.29	71.87	109.44	21.39	83.73	31.41	306.45
宁　夏	982.52	196.49	124.66	42.67	167.48	87.51	363.71
新　疆	2703.18	357.90	426.65	108.39	360.40	194.38	1255.46

3-14 各地区第三产业分行业增加值构成

第三产业增加值=100

地 区	交通运输、仓储和邮政业	批发和零售业	住宿和餐饮业	金融业	房地产业	其他
北 京	6.0	16.3	2.7	18.6	9.1	47.3
天 津	5.0	12.3	1.6	7.3	3.3	14.8
河 北	16.2	14.8	2.8	6.7	7.2	20.9
山 西	6.2	7.3	2.2	4.7	2.2	11.7
内蒙古	8.7	10.4	3.2	3.7	2.8	12.5
辽 宁	9.5	16.0	3.6	7.1	7.7	25.3
吉 林	3.4	7.2	1.8	1.8	1.8	14.5
黑龙江	4.4	9.8	2.7	3.5	3.8	16.3
上 海	6.5	24.1	2.2	17.9	8.4	30.1
江 苏	17.2	41.7	7.6	22.9	21.9	60.6
浙 江	9.4	27.0	4.8	20.2	14.1	39.3
安 徽	4.8	9.0	2.0	4.5	4.9	16.1
福 建	8.0	12.2	2.5	7.4	7.6	18.9
江 西	4.6	6.8	2.3	3.0	3.1	13.0
山 东	18.4	47.6	7.8	14.2	14.5	43.8
河 南	8.4	13.7	6.6	7.4	7.6	23.2
湖 北	6.8	12.3	3.7	6.4	5.1	25.7
湖 南	7.9	13.5	3.4	4.2	4.2	30.1
广 东	17.3	46.3	9.6	23.2	26.7	70.9
广 西	4.6	7.2	2.7	4.2	3.6	11.6
海 南	1.0	2.2	0.7	1.0	1.7	3.2
重 庆	3.8	6.2	1.4	6.7	4.5	10.3
四 川	5.2	9.8	4.5	9.5	5.1	26.1
贵 州	5.0	3.8	2.0	2.7	1.3	9.3
云 南	1.8	7.6	2.4	4.0	1.8	13.4
西 藏	0.2	0.3	0.2	0.2	0.2	1.7
陕 西	4.5	8.5	2.3	4.0	3.3	14.0
甘 肃	2.3	2.9	1.0	1.3	1.1	7.9
青 海	0.5	0.8	0.2	0.6	0.2	2.2
宁 夏	1.4	0.9	0.3	1.2	0.6	2.7
新 疆	2.6	3.1	0.8	2.6	1.4	9.2

注：本表按当年价格计算。

3-15 各地区第三产业分行业增加值指数

上年=100

地区	第三产业	交通运输、仓储和邮政业	批发和零售业	住宿和餐饮业	金融业	房地产业	其他
北京	107.9	106.9	104.0	99.7	112.7	113.7	107.1
天津	112.6	112.5	111.3	106.6	125.1	104.9	111.0
河北	108.6	107.5	111.2	109.1	118.7	105.5	106.0
山西	109.7	107.0	113.8	105.0	116.6	109.1	106.9
内蒙古	110.0	111.2	115.1	107.6	113.4	98.6	107.6
辽宁	110.1	108.0	109.0	107.0	114.5	109.5	111.2
吉林	111.3	107.3	112.5	111.6	115.6	107.0	111.8
黑龙江	110.8	108.6	110.3	112.7	126.6	101.9	110.7
上海	110.6	105.0	111.5	102.6	112.6	104.7	112.3
江苏	109.7	110.2	104.2	108.7	114.7	108.6	112.9
浙江	109.4	106.7	109.9	103.2	105.9	109.3	112.6
安徽	111.0	108.2	112.0	109.6	116.8	105.8	111.6
福建	109.1	107.5	107.9	108.6	115.1	110.1	108.1
江西	109.5	108.6	111.4	105.4	110.7	103.6	110.7
山东	109.8	106.2	111.5	109.0	116.3	106.6	109.0
河南	110.2	106.1	115.7	106.4	114.7	101.9	110.8
湖北	110.8	109.5	108.7	107.2	126.1	105.0	110.5
湖南	112.2	111.4	108.0	108.3	113.6	106.9	115.5
广东	109.5	113.5	109.6	107.7	108.6	109.0	109.3
广西	109.8	102.0	117.7	106.6	124.2	101.2	107.3
海南	109.5	108.7	107.5	103.2	120.8	104.7	112.3
重庆	112.0	109.1	111.7	108.1	120.8	107.0	112.0
四川	111.6	107.6	111.3	105.7	125.9	109.5	110.0
贵州	112.1	113.8	110.9	107.8	114.3	108.4	112.5
云南	110.9	108.9	107.4	112.2	127.6	100.6	109.8
西藏	112.0	105.6	121.3	115.4	97.8	115.8	112.9
陕西	111.6	107.8	109.9	111.2	122.9	109.9	111.3
甘肃	112.5	110.6	110.4	108.6	124.2	106.5	113.6
青海	111.1	105.5	114.4	100.8	117.1	105.2	111.4
宁夏	109.7	108.7	111.6	105.9	121.1	103.2	107.6
新疆	112.3	124.1	107.8	105.9	123.9	96.7	110.6

注：本表按不变价格计算。

【主要统计指标解释】

国内生产总值（GDP） 指按市场价格计算的一个国家（或地区）所有常住单位在一定时期内生产活动的最终成果。国内生产总值有三种表现形态，即价值形态、收入形态和产品形态。从价值形态看，它是所有常住单位在一定时期内生产的全部货物和服务价值超过同期投入的全部非固定资产货物和服务价值的差额，即所有常住单位的增加值之和；从收入形态看，它是所有常住单位在一定时期内创造并分配给常住单位和非常住单位的初次收入之和；从产品形态看，它是所有常住单位在一定时期内最终使用的货物和服务价值与货物和服务进出口价值之和。在实际核算中，国内生产总值有三种计算方法，即生产法、收入法和支出法。三种方法分别从不同的方面反映国内生产总值及其构成。生产法GDP等于国民经济各行业增加值之和。

对地区而言，该指标称为“地区生产总值”。

4 第三产业固定资产投资

简要说明

一、主要内容

固定资产投资资料通过对一定时期第三产业建造和购置固定资产活动的数量方面的描述，反映报告期内第三产业固定资产投资的规模和速度、结构和比例关系、资金来源及投资效果等。

二、统计范围

第三产业固定资产投资统计的范围包括：城乡建设项目投资、房地产开发投资、国防、人防建设项目投资及农户投资中与第三产业有关的固定资产投资。

三、资料来源

跨省、自治区、直辖市项目资料来自国务院各部门；农户固定资产投资资料来自国家统计局住户调查办公室的住户调查；除此以外的固定资产投资统计资料均来自国家统计局固定资产投资统计司统计调查。

四、统计调查方法

除农户固定资产投资统计采用抽样调查方法外，其他均为全面调查。

五、统计口径变化

自 1997 年起，除房地产开发投资、非农户投资、农户投资及城镇和工矿区私人建房投资外，固定资产投资的统计起点由 5 万元提高到 50 万元。

自 2006 年起，非农户固定资产投资统计改为按项目统计，调查方法由抽样调查改为全面统计报表，起点提高到 50 万元。

自 2006 年起，城镇和工矿区私人建房投资改为按项目统计，起点为 50 万元。

自 2011 年起，除房地产开发投资、农村农户投资外，固定资产投资项目统计起点由 50 万元提高到 500 万元。

自 2011 年起，城镇固定资产投资数据发布口径改为固定资产投资（不含农户），等于原口径的城镇固定资产投资加上农村企事业组织项目投资。

4-1 按行业门类分第三产业全社会固定资产投资

单位：亿元

行业门类	2005	2006	2007	2008	2009	2010	2011	2012
第三产业合计	**47613.2**	**58769.2**	**72766.7**	**90802.7**	**121453.1**	**152096.7**	**170250.6**	**205435.8**
批发和零售业	1716.4	2265.3	2880.3	3741.8	5132.8	6032.2	7439.4	9810.7
交通运输、仓储和邮政业	9614.0	12138.1	14154.0	17024.4	24974.7	30074.5	28291.7	31444.9
住宿和餐饮业	808.8	1095.7	1519.4	1959.2	2625.4	3366.8	3956.6	5153.5
信息传输、软件和信息技术服务业	1581.8	1875.9	1848.1	2162.6	2589.0	2454.5	2174.4	2692.0
金融业	109.5	121.4	157.6	260.6	360.2	489.4	638.7	923.9
房地产业	19505.3	24524.4	32438.9	40441.8	49358.5	64877.3	81686.1	99159.3
租赁和商务服务业	549.6	725.6	949.3	1355.9	2036.2	2692.6	3382.8	4700.4
科学研究和技术服务业	435.1	495.3	560.0	782.0	1200.8	1379.3	1679.8	2475.8
水利、环境和公共设施管理业	6274.3	8152.7	10154.3	13534.3	19874.4	24827.6	24523.1	29621.6
居民服务、修理和其他服务业	363.5	389.5	434.7	522.0	801.9	1114.1	1443.3	1905.0
教育	2209.2	2270.2	2375.6	2523.8	3521.2	4033.6	3894.6	4613.0
卫生和社会工作	661.8	769.0	885.0	1155.6	1858.6	2119.0	2330.3	2617.1
文化、体育和娱乐业	857.0	955.4	1243.4	1589.9	2383.4	2959.4	3162.0	4271.3
公共管理、社会保障和社会组织	2926.8	2990.5	3166.1	3748.5	4735.9	5676.6	5647.8	6047.4
国际组织	0.2	0.1		0.3	0.2			

4-2 按行业门类分第三产业投资占全社会投资比重

单位：%

行业门类	2005	2006	2007	2008	2009	2010	2011	2012
第三产业合计	**53.6**	**53.4**	**53.0**	**52.5**	**54.1**	**54.7**	**54.7**	**54.8**
批发和零售业	1.9	2.1	2.1	2.2	2.3	2.2	2.4	2.6
交通运输、仓储和邮政业	10.8	11.0	10.3	9.9	11.1	10.8	9.1	8.4
住宿和餐饮业	0.9	1.0	1.1	1.1	1.2	1.2	1.3	1.4
信息传输、软件和信息技术服务业	1.8	1.7	1.3	1.3	1.2	0.9	0.7	0.7
金融业	0.1	0.1	0.1	0.2	0.2	0.2	0.2	0.2
房地产业	22.0	22.3	23.6	23.4	22.0	23.3	26.2	26.5
租赁和商务服务业	0.6	0.7	0.7	0.8	0.9	1.0	1.1	1.3
科学研究和技术服务业	0.5	0.5	0.4	0.5	0.5	0.5	0.5	0.7
水利、环境和公共设施管理业	7.1	7.4	7.4	7.8	8.8	8.9	7.9	7.9
居民服务、修理和其他服务业	0.4	0.4	0.3	0.3	0.4	0.4	0.5	0.5
教育	2.5	2.1	1.7	1.5	1.6	1.5	1.3	1.2
卫生和社会工作	0.7	0.7	0.6	0.7	0.8	0.8	0.7	0.7
文化、体育和娱乐业	1.0	0.9	0.9	0.9	1.1	1.1	1.0	1.1
公共管理、社会保障和社会组织	3.3	2.7	2.3	2.2	2.1	2.0	1.8	1.6
国际组织								

4-3 各地区按登记注册类型分第三产业全社会固定资产投资

单位：亿元

地区	总计	内资				
			国有	集体	股份合作	联营
全国总计	**205435.8**	**196219.6**	**71352.0**	**9419.5**	**789.2**	**670.2**
北京	5341.7	5045.3	1178.2	75.3	7.4	0.6
天津	4884.6	4687.2	1909.1	333.4	52.8	9.1
河北	9469.9	9249.1	2220.1	942.5	53.5	11.0
山西	4335.2	4274.1	2067.5	336.9	11.9	13.7
内蒙古	5215.2	5201.5	2595.6	51.4	20.9	4.4
辽宁	11812.6	10525.7	3099.3	250.0	35.9	16.6
吉林	3970.5	3898.4	1453.8	28.1	2.4	0.4
黑龙江	4619.0	4532.2	1923.6	36.7	12.2	7.5
上海	3861.1	3480.7	1274.6	86.4	1.7	49.6
江苏	14804.9	13730.9	4369.5	1063.2	27.3	65.1
浙江	11326.7	10693.3	3345.6	489.3	34.2	18.7
安徽	8090.9	7878.9	2788.8	194.5	38.5	38.2
福建	7597.2	7112.7	2957.5	234.7	3.3	23.5
江西	4401.4	4272.6	1730.6	82.4	22.8	48.8
山东	15875.7	15368.8	2885.0	2439.0	102.6	58.8
河南	9582.3	9416.4	2195.8	738.9	51.4	36.4
湖北	8069.9	7819.7	2805.4	459.5	24.2	46.8
湖南	7931.4	7741.5	3215.5	200.5	87.0	10.7
广东	12348.0	10997.4	2867.4	634.0	82.5	25.3
广西	5386.7	5250.2	1797.4	73.8	20.1	64.6
海南	1710.2	1500.4	449.2	0.6	13.1	2.4
重庆	5503.0	5149.7	2123.3	44.9	2.6	37.3
四川	10489.0	9973.3	4095.1	98.9	37.7	42.1
贵州	4074.6	3965.7	1783.4	0.8	10.4	2.0
云南	5082.5	5002.6	2110.0	135.4	8.3	3.3
西藏	429.0	425.5	306.3	6.1		0.7
陕西	7215.7	7067.3	3044.9	313.7	16.9	17.0
甘肃	2236.1	2227.2	1122.7	57.2	5.6	13.3
青海	921.7	920.1	597.3	2.2	0.3	0.3
宁夏	987.9	956.9	335.1	4.1		0.2
新疆	2685.9	2678.7	1529.2	4.8	1.7	1.9
不分地区	5175.3	5175.3	5175.3			

4-3 续表

单位：亿元

地 区	有限责任公司	股份有限公司	私 营	个 体	其 他	港澳台商投资	外商投资
全国总计	**54605.2**	**7556.1**	**35915.0**	**8197.6**	**7714.8**	**5755.1**	**3461.1**
北 京	3205.5	334.8	171.9	39.8	31.8	179.9	116.5
天 津	1491.4	180.6	527.7	36.9	146.4	68.5	128.9
河 北	2677.0	412.0	2202.6	413.2	317.2	71.0	149.8
山 西	605.3	118.8	809.6	230.7	79.6	42.1	19.0
内蒙古	1377.7	181.1	843.9	51.3	75.1	7.5	6.2
辽 宁	2966.3	414.7	3165.5	262.3	315.0	857.4	429.5
吉 林	1252.3	161.4	671.4	130.3	198.5	59.1	13.0
黑龙江	1317.4	231.7	693.2	118.2	191.6	27.3	59.5
上 海	1205.5	69.2	782.4	2.6	8.6	179.5	200.9
江 苏	3224.3	597.1	3542.0	291.5	550.8	682.3	391.7
浙 江	3565.5	231.0	2355.6	502.5	150.9	447.6	185.8
安 徽	2343.8	240.4	1482.8	417.2	334.7	119.3	92.6
福 建	2061.0	202.0	1108.2	230.2	292.3	358.2	126.4
江 西	887.5	156.6	805.0	403.3	135.5	92.6	36.3
山 东	3874.8	674.2	3263.5	686.3	1384.5	341.1	165.9
河 南	2370.9	501.9	1626.3	861.3	1033.6	87.3	78.6
湖 北	1909.9	495.9	1391.1	354.8	332.1	155.5	94.7
湖 南	1997.6	251.2	1226.1	504.7	248.2	141.3	48.5
广 东	4018.6	616.0	2001.0	443.1	309.4	909.3	441.2
广 西	1297.1	238.9	1162.3	409.3	186.6	90.4	46.2
海 南	621.8	93.4	186.7	73.8	59.4	139.5	70.2
重 庆	1436.2	126.6	1139.8	114.6	124.5	231.4	121.9
四 川	2992.0	401.5	1358.5	401.3	546.2	251.4	264.3
贵 州	1442.3	93.3	410.6	177.8	45.2	95.1	13.7
云 南	1249.0	189.2	886.3	263.4	157.6	41.0	38.8
西 藏	13.4	11.8	15.4	28.2	43.7	2.6	0.9
陕 西	1993.4	189.0	885.2	347.3	259.9	49.3	99.1
甘 肃	435.3	73.5	351.2	90.0	78.4	5.0	3.9
青 海	117.4	6.3	111.1	67.3	18.0	0.4	1.2
宁 夏	192.5	17.5	347.6	53.2	6.5	16.8	14.2
新 疆	462.3	44.4	390.4	191.2	52.8	5.5	1.7
不分地区							

4-4 各地区按行业门类分第三产业全社会固定资产投资

单位：亿元

地　　区	第三产业合　　计	批发和零售业	交通运输、仓储和邮政业	住宿和餐饮业	信息传输、软件和信息技术服务业	金融业	房地产业	租赁和商务服务业
全国合计	**205435.8**	**9810.7**	**31444.9**	**5153.5**	**2692.0**	**923.9**	**99159.3**	**4700.4**
北　京	5341.7	27.8	696.4	55.3	162.0	26.6	3491.1	36.6
天　津	4884.6	243.9	729.9	70.5	75.3	21.4	1824.6	588.4
河　北	9469.9	658.3	1543.3	214.7	88.8	24.4	4656.5	210.8
山　西	4335.2	195.9	1013.4	60.7	35.6	2.0	1856.7	25.9
内蒙古	5215.2	284.4	1148.0	104.7	83.1	25.2	1866.4	79.6
辽　宁	11812.6	763.1	1070.1	428.5	133.1	63.9	6006.7	369.8
吉　林	3970.5	410.9	547.3	104.7	69.7	14.5	1545.3	48.1
黑龙江	4619.0	329.6	519.3	91.5	124.6	31.6	2004.9	84.2
上　海	3861.1	62.1	460.8	33.3	121.3	49.2	2402.3	136.1
江　苏	14804.9	713.2	1397.1	475.7	266.0	93.3	7746.8	678.2
浙　江	11326.7	322.9	1349.7	212.9	111.0	92.9	6788.9	222.0
安　徽	8090.9	358.1	585.8	215.4	72.8	62.6	4459.1	151.8
福　建	7597.2	206.9	1441.9	204.2	143.3	30.1	3643.4	149.6
江　西	4401.4	411.4	474.1	254.1	50.6	24.7	1679.6	121.9
山　东	15875.7	1276.2	1657.2	444.8	91.2	51.6	7552.1	363.8
河　南	9582.3	526.7	927.9	217.2	46.8	14.8	5363.6	84.7
湖　北	8069.9	409.8	1266.6	193.8	86.4	45.0	3510.6	227.7
湖　南	7931.4	417.8	1122.3	183.9	59.6	44.1	3319.2	296.6
广　东	12348.0	479.6	1729.7	390.5	341.5	81.6	6789.3	175.0
广　西	5386.7	269.4	925.8	161.3	92.8	23.0	2209.6	135.3
海　南	1710.2	47.9	143.2	187.0	34.9	0.6	1030.8	15.7
重　庆	5503.0	112.3	835.0	59.5	80.4	2.5	2991.4	92.0
四　川	10489.0	324.9	2086.6	253.6	66.5	46.4	5017.5	110.9
贵　州	4074.6	76.3	756.2	47.0	6.4		1859.3	30.6
云　南	5082.5	234.9	780.5	168.2	59.7	4.9	2447.4	53.2
西　藏	429.0	14.8	136.6	24.7	12.7	2.4	58.0	10.5
陕　西	7215.7	337.5	805.4	171.4	86.3	29.0	3733.8	113.9
甘　肃	2236.1	138.7	306.6	61.9	32.2	11.0	915.2	28.6
青　海	921.7	18.1	232.0	11.4	2.0	0.9	378.1	31.4
宁　夏	987.9	53.6	113.3	13.2	11.5	0.7	597.2	8.0
新　疆	2685.9	83.7	437.2	38.0	43.9	3.0	1413.8	19.4
不分地区	5175.3		4205.5					

4-4 续表

单位：亿元

地区	科学研究和技术服务业	水利、环境和公共设施管理业	居民服务、修理和其他服务业	教育	卫生和社会工作	文化、体育和娱乐业	公共管理、社会保障和社会组织	国际组织
全国合计	**2475.8**	**29621.6**	**1905.0**	**4613.0**	**2617.1**	**4271.3**	**6047.4**	
北京	128.7	402.9	18.1	95.0	44.2	78.9	78.0	
天津	48.9	917.9	52.9	73.8	63.0	90.7	83.5	
河北	110.4	1200.2	71.3	208.9	111.8	213.8	156.7	
山西	34.9	742.0	15.3	168.5	54.3	83.1	46.8	
内蒙古	53.1	996.0	36.0	111.0	67.5	125.7	234.5	
辽宁	161.2	1677.4	210.1	196.2	161.9	282.6	287.9	
吉林	59.7	760.5	59.6	66.1	69.6	83.4	131.2	
黑龙江	83.5	787.8	54.8	103.4	78.6	135.7	189.7	
上海	39.5	338.3	4.9	50.9	56.9	90.6	14.9	
江苏	324.8	1897.5	154.6	301.7	156.6	329.1	270.3	
浙江	58.9	1383.6	33.9	199.8	125.2	207.7	217.3	
安徽	141.3	1273.6	46.4	204.0	107.7	158.0	254.4	
福建	22.5	1072.6	30.8	194.9	73.0	186.5	197.5	
江西	38.5	827.2	69.8	137.8	74.6	97.8	139.3	
山东	399.8	1467.5	391.7	333.0	190.9	700.0	956.0	
河南	75.5	1497.2	123.1	278.1	160.0	182.3	84.2	
湖北	81.4	1231.4	52.5	148.8	131.2	163.4	521.2	
湖南	116.8	1413.2	84.5	212.7	111.9	113.5	435.2	
广东	118.2	1526.4	29.4	299.0	140.8	153.9	93.0	
广西	34.0	995.7	58.5	175.6	80.9	113.0	111.7	
海南	5.0	154.6	4.8	31.1	21.7	20.2	12.9	
重庆	15.9	858.5	68.1	109.3	52.7	115.3	110.0	
四川	60.2	1801.8	60.3	202.2	149.9	162.8	145.4	
贵州	8.8	1069.8	10.5	117.2	19.6	50.7	22.1	
云南	30.4	787.7	27.0	184.9	70.5	114.3	118.8	
西藏	3.2	46.9	4.7	18.4	7.9	14.1	74.0	
陕西	119.4	959.2	66.9	166.1	133.9	91.0	401.8	
甘肃	32.6	367.5	43.7	64.8	38.2	52.6	142.7	
青海	3.1	76.0	1.2	46.2	14.9	19.3	86.9	
宁夏	1.0	108.3	10.0	29.1	11.1	8.0	23.0	
新疆	17.9	329.7	9.5	84.2	36.3	33.0	136.4	
不分地区	46.8	652.9					270.1	

4-5 按行业分第三产业固定资产投资(不含农户)和建设总规模

单位：亿元

行业	建设总规模	在建总规模	投资额	
				建筑安装工程投资
第三产业合计	**727646.6**	**603626.8**	**198021.8**	**146720.4**
批发和零售业	**21741.6**	**14417.4**	**9762.9**	**6941.2**
批发业	9903.0	6571.0	4322.9	2931.7
零售业	11838.6	7846.4	5440.0	4009.5
交通运输、仓储和邮政业	**126351.2**	**107883.6**	**30881.4**	**21581.0**
铁路运输业	37056.0	36139.0	6128.8	3678.9
道路运输业	66456.2	54786.7	17466.4	13636.5
水上运输业	7405.5	5669.3	2008.4	1128.5
航空运输业	3183.6	2131.3	1124.0	356.5
管道运输业	625.6	443.0	204.5	127.3
装卸搬运和运输代理业	2017.4	1435.1	713.7	487.1
仓储业	9446.5	7183.7	3166.4	2121.8
邮政业	160.5	95.4	69.1	44.4
住宿和餐饮业	**12419.9**	**8849.0**	**5107.6**	**3830.6**
住宿业	10006.0	7573.4	3712.6	2811.3
餐饮业	2413.9	1275.7	1394.9	1019.3
信息传输、软件和信息技术服务业	**5683.8**	**3533.4**	**2691.3**	**1441.5**
电信、广播电视和卫星传输服务	2637.6	1224.6	1598.2	792.5
互联网和相关服务	594.7	468.8	236.7	104.3
软件和信息技术服务业	2451.5	1840.0	856.4	544.7
金融业	**2680.4**	**2169.7**	**923.9**	**549.7**
货币金融服务	1420.2	1047.9	567.0	344.6
资本市场服务	547.6	498.1	138.7	79.9
保险业	402.5	371.9	115.1	53.6
其他金融业	310.1	251.8	103.1	71.5
房地产业	**410765.5**	**359111.9**	**92639.4**	**69434.8**
租赁和商务服务业	**13249.0**	**10376.4**	**4694.7**	**3397.5**
租赁业	348.0	106.3	207.6	43.3
商务服务业	12901.0	10270.1	4487.1	3354.2
科学研究和技术服务业	**6236.6**	**4432.2**	**2475.8**	**1585.3**
研究和试验发展	2552.5	2024.6	860.9	556.0
专业技术服务业	2000.6	1243.2	926.3	591.0
科技推广和应用服务业	1683.5	1164.4	688.6	438.3
水利、环境和公共设施管理业	**83022.4**	**61604.4**	**29618.4**	**23005.3**
水利管理业	12983.0	10315.2	4386.1	3271.1
生态保护和环境治理业	2805.3	1843.9	1080.4	784.3
公共设施管理业	67234.1	49445.3	24151.9	18949.9
居民服务、修理和其他服务业	**3383.3**	**2201.4**	**1685.8**	**1200.4**
居民服务业	1714.0	1096.7	874.0	699.6
机动车、电子产品和日用产品修理业	870.7	567.7	366.8	223.4
其他服务业	798.6	537.0	445.0	277.4
教育	**10729.3**	**7034.2**	**4608.2**	**3758.4**
卫生和社会工作	**6828.9**	**4749.1**	**2617.0**	**1909.2**
卫生	5880.6	4090.8	2195.1	1566.7
社会工作	948.3	658.3	421.9	342.5
文化、体育和娱乐业	**12923.0**	**10113.9**	**4268.1**	**3180.5**
新闻和出版业	258.0	215.8	69.4	55.8
广播、电视、电影和影视录音制作业	932.7	772.5	246.5	164.5
文化艺术业	5098.0	3758.4	1972.2	1532.7
体育	2791.7	2132.6	839.0	674.2
娱乐业	3842.6	3234.5	1141.0	753.3
公共管理、社会保障和社会组织	**11631.7**	**7150.4**	**6047.4**	**4905.0**
中国共产党机关	72.3	53.4	32.4	28.1
国家机构	8576.7	5443.7	4322.0	3515.8
人民政协、民主党派	59.0	40.4	17.6	11.6
社会保障	362.5	182.6	217.4	175.2
群众团体、社会团体和其他成员组织	1136.0	705.2	572.6	431.5
基层群众自治组织	1425.2	725.2	885.5	742.8
国际组织				

4-5 续表

单位：亿元

行　　业	设备工器具购置	其他费用	新建	扩建	改建和技术改造
第三产业合计	**14075.4**	**37226.0**	**160720.1**	**15970.7**	**14947.0**
批发和零售业	**1501.2**	**1320.6**	**6831.6**	**1350.7**	**1267.4**
批发业	832.4	558.8	2844.5	656.6	599.1
零售业	668.8	761.8	3987.0	694.1	668.3
交通运输、仓储和邮政业	**4548.8**	**4751.6**	**22730.7**	**3011.5**	**3437.8**
铁路运输业	1273.5	1176.4	5826.9	110.9	165.0
道路运输业	1106.3	2723.6	12380.2	1878.4	2738.2
水上运输业	674.7	205.2	1156.6	233.8	164.8
航空运输业	715.1	52.4	248.1	167.6	40.2
管道运输业	52.2	25.1	162.4	17.4	21.0
装卸搬运和运输代理业	143.9	82.7	530.4	97.0	51.9
仓储业	564.1	480.4	2382.8	501.9	243.4
邮政业	19.0	5.7	43.3	4.4	13.3
住宿和餐饮业	**597.6**	**679.3**	**3669.8**	**790.4**	**570.2**
住宿业	394.4	506.9	2852.9	509.0	310.5
餐饮业	203.2	172.4	816.9	281.5	259.7
信息传输、软件和信息技术服务业	**1051.2**	**198.5**	**1278.3**	**617.6**	**596.4**
电信、广播电视和卫星传输服务	731.1	74.5	594.7	502.6	407.5
互联网和相关服务	106.1	26.3	115.8	25.3	55.2
软件和信息技术服务业	214.0	97.7	567.9	89.7	133.7
金融业	**179.9**	**194.4**	**605.7**	**70.1**	**157.4**
货币金融服务	141.3	81.0	334.1	47.3	115.4
资本市场服务	12.5	46.3	99.9	13.0	19.9
保险业	17.1	44.5	84.5	3.6	16.3
其他金融业	9.0	22.6	87.2	6.2	5.7
房地产业	**1647.7**	**21556.9**	**87658.1**	**1652.8**	**1459.2**
租赁和商务服务业	**505.0**	**792.2**	**3456.8**	**535.3**	**500.0**
租赁业	156.6	7.8	49.5	19.4	17.6
商务服务业	348.4	784.5	3407.3	515.9	482.3
科学研究和技术服务业	**538.8**	**351.7**	**1532.0**	**331.8**	**429.4**
研究和试验发展	181.9	123.0	564.3	102.9	134.9
专业技术服务业	204.0	131.4	525.9	130.9	183.4
科技推广和应用服务业	152.9	97.4	441.8	98.0	111.0
水利、环境和公共设施管理业	**1391.5**	**5221.5**	**20216.3**	**4447.8**	**4569.5**
水利管理业	194.2	920.8	2758.4	668.7	895.1
生态保护和环境治理业	145.4	150.7	610.1	125.1	306.8
公共设施管理业	1052.0	4149.9	16847.8	3654.0	3367.6
居民服务、修理和其他服务业	**258.7**	**226.6**	**1054.6**	**292.8**	**238.9**
居民服务业	88.0	86.3	568.0	135.4	130.5
机动车、电子产品和日用产品修理业	107.8	35.7	196.7	56.1	66.5
其他服务业	62.9	104.6	289.9	101.2	41.9
教育	**394.5**	**455.3**	**2980.7**	**921.5**	**391.1**
卫生和社会工作	**468.4**	**239.5**	**1540.3**	**478.2**	**210.2**
卫生	442.6	185.9	1212.4	424.6	187.2
社会工作	25.8	53.6	327.9	53.6	23.0
文化、体育和娱乐业	**460.0**	**627.6**	**3169.4**	**558.5**	**432.9**
新闻和出版业	3.9	9.7	48.8	14.3	4.8
广播、电视、电影和影视录音制作业	51.4	30.6	147.8	26.1	56.9
文化艺术业	145.4	294.2	1406.5	301.1	215.5
体育	60.1	104.7	691.9	94.0	46.6
娱乐业	199.2	188.4	874.4	122.9	109.1
公共管理、社会保障和社会组织	**532.1**	**610.3**	**3995.8**	**911.8**	**686.7**
中国共产党机关	2.2	2.1	23.6	4.7	2.3
国家机构	416.1	390.0	2920.2	623.5	471.3
人民政协、民主党派	4.9	1.1	13.5	1.1	1.4
社会保障	8.4	33.8	139.2	23.5	41.0
群众团体、社会团体和其他成员组织	59.5	81.5	320.4	155.1	44.8
基层群众自治组织	40.9	101.9	578.8	104.0	126.0
国际组织					

4-6 按行业门类分第三产业固定资产投资(不含农户)

单位：亿元

行业门类	2005	2006	2007	2008	2009	2010	2011	2012
第三产业合计	**42660.6**	**52705.6**	**65190.2**	**81588.0**	**108572.5**	**136491.7**	**163364.6**	**198021.8**
批发和零售业	1532.1	1896.5	2450.6	3193.0	4491.0	5233.4	7379.7	9762.9
交通运输、仓储和邮政业	8860.4	11224.5	12997.1	15700.5	23271.3	27883.1	27765.9	30881.4
住宿和餐饮业	675.9	938.7	1329.9	1735.0	2328.6	2980.2	3918.8	5107.6
信息传输、软件和信息技术服务业	1561.6	1772.0	1819.4	2131.3	2543.5	2392.9	2174.2	2691.3
金融业	105.6	118.7	151.9	252.8	348.5	477.7	638.7	923.9
房地产业	17098.2	21586.2	28619.2	35914.2	43127.6	57633.1	75663.7	92639.4
租赁和商务服务业	486.2	662.6	860.7	1255.1	1880.4	2486.4	3379.9	4694.7
科学研究和技术服务业	424.5	465.1	521.2	717.6	1084.0	1269.2	1679.8	2475.8
水利、环境和公共设施管理业	6097.9	7506.7	9276.0	12279.1	17878.9	22333.7	24520.7	29618.4
居民服务、修理和其他服务业	135.5	183.6	235.8	312.7	518.6	757.1	1219.1	1685.8
教育	1966.9	2128.8	2220.9	2355.4	3242.5	3718.1	3890.4	4608.2
卫生和社会工作	591.8	708.0	809.4	1065.9	1698.0	1959.5	2330.2	2617.0
文化、体育和娱乐业	685.8	858.2	1129.8	1436.5	2125.4	2605.9	3155.6	4268.1
公共管理、社会保障和社会组织	2438.1	2655.8	2768.4	3239.0	4034.2	4761.6	5647.8	6047.4
国际组织		0.1						

4-7 按行业、登记注册类型和控股情况分第三产业固定资产投资(不含农户)

单位：亿元

行业	投资额	内资	港澳台商投资	外商投资	国有控股	集体控股	私人控股
第三产业合计	**198021.8**	**188805.6**	**5755.1**	**3461.1**	**88867.9**	**13898.3**	**70946.0**
批发和零售业	**9762.9**	**9454.7**	**140.7**	**167.6**	**1192.9**	**760.8**	**6736.9**
批发业	4322.9	4249.4	35.8	37.7	480.5	272.1	3188.5
零售业	5440.0	5205.3	104.9	129.8	712.4	488.8	3548.5
交通运输、仓储和邮政业	**30881.4**	**30471.9**	**220.0**	**189.5**	**24704.4**	**879.5**	**4222.0**
铁路运输业	6128.8	6118.1	10.6	0.2	5969.9	30.4	123.7
道路运输业	17466.4	17384.1	43.9	38.5	15385.8	526.9	1124.6
水上运输业	2008.4	1901.7	67.9	38.8	1350.1	77.2	442.2
航空运输业	1124.0	1114.9	9.1		1023.3	40.6	35.6
管道运输业	204.5	197.7	5.8	1.1	145.3	7.5	38.2
装卸搬运和运输代理业	713.7	685.6	19.3	8.8	85.5	35.9	504.0
仓储业	3166.4	3001.1	63.5	101.7	714.0	158.3	1925.7
邮政业	69.1	68.7		0.4	30.6	2.5	28.1
住宿和餐饮业	**5107.6**	**4767.5**	**209.7**	**130.4**	**693.3**	**276.4**	**3413.5**
住宿业	3712.6	3420.6	195.9	96.1	561.9	188.4	2403.3
餐饮业	1394.9	1346.9	13.8	34.2	131.4	88.0	1010.3
信息传输、软件和信息技术服务业	**2691.3**	**2327.4**	**166.6**	**197.3**	**1603.1**	**80.9**	**523.5**
电信、广播电视和卫星传输服务	1598.2	1363.6	85.5	149.0	1228.1	23.4	46.1
互联网和相关服务	236.7	171.1	46.5	19.1	114.2	3.1	75.6
软件和信息技术服务业	856.4	792.7	34.6	29.2	260.8	54.4	401.8
金融业	**923.9**	**905.1**	**5.0**	**13.7**	**557.7**	**108.6**	**202.1**
货币金融服务	567.0	550.9	4.5	11.6	350.3	82.3	93.1
资本市场服务	138.7	136.8	0.5	1.4	80.5	8.4	43.1
保险业	115.1	114.4		0.7	83.2	8.6	18.1
其他金融业	103.1	103.0	0.0		43.7	9.3	47.8
房地产业	**92639.4**	**85575.5**	**4645.4**	**2418.5**	**21522.9**	**6966.3**	**46585.9**
租赁和商务服务业	**4694.7**	**4487.1**	**138.9**	**68.7**	**1623.0**	**509.6**	**2040.4**
租赁业	207.6	202.8	1.6	3.2	22.3	15.8	97.0
商务服务业	4487.1	4284.4	137.3	65.5	1600.7	493.8	1943.4
科学研究和技术服务业	**2475.8**	**2388.8**	**19.4**	**67.6**	**1212.0**	**187.6**	**865.2**
研究和试验发展	860.9	819.6	6.7	34.6	461.5	42.9	284.8
专业技术服务业	926.3	900.5	3.4	22.4	494.8	96.5	264.7
科技推广和应用服务业	688.6	668.7	9.3	10.6	255.7	48.1	315.6
水利、环境和公共设施管理业	**29618.4**	**29435.2**	**107.8**	**75.3**	**23290.5**	**2030.7**	**2903.5**
水利管理业	4386.1	4373.9	2.7	9.5	3910.1	241.2	149.0
生态保护和环境治理业	1080.4	1067.8	4.0	8.6	731.3	93.8	196.2
公共设施管理业	24151.9	23993.5	101.2	57.2	18649.1	1695.7	2558.4
居民服务、修理和其他服务业	**1685.8**	**1662.6**	**7.7**	**15.5**	**596.2**	**228.5**	**691.1**
居民服务业	874.0	872.0	0.9	1.1	332.4	152.6	294.5
机动车、电子产品和日用产品修理业	366.8	357.8	0.8	8.3	81.4	23.4	220.5
其他服务业	445.0	432.9	6.0	6.1	182.4	52.5	176.1
教育	**4608.2**	**4578.1**	**18.3**	**11.7**	**3496.5**	**323.0**	**576.5**
卫生和社会工作	**2617.0**	**2597.7**	**9.5**	**9.7**	**1933.4**	**176.9**	**376.4**
卫生	2195.1	2178.2	7.6	9.3	1720.4	137.4	246.9
社会工作	421.9	419.5	1.9	0.4	212.9	39.6	129.6
文化、体育和娱乐业	**4268.1**	**4119.6**	**56.5**	**92.0**	**2024.5**	**386.3**	**1498.6**
新闻和出版业	69.4	69.2	0.1		49.0	6.4	8.1
广播、电视、电影和影视录音制作业	246.5	245.8	0.7		136.2	33.0	64.8
文化艺术业	1972.2	1958.4	8.9	4.9	1069.4	241.5	530.1
体育	839.0	804.8	25.8	8.5	504.7	41.8	204.4
娱乐业	1141.0	1041.4	21.0	78.6	265.2	63.5	691.2
公共管理、社会保障和社会组织	**6047.4**	**6034.3**	**9.5**	**3.6**	**4417.6**	**983.1**	**310.3**
中国共产党机关	32.4	32.4			25.0	0.8	3.0
国家机构	4322.0	4316.7	4.9	0.4	3779.9	279.2	118.3
人民政协、民主党派	17.6	16.7		0.9	4.0	7.0	6.5
社会保障	217.4	217.2		0.2	140.9	56.3	15.6
群众团体、社会团体和其他成员组织	572.6	567.4	3.2	2.0	334.8	51.2	84.3347
基层群众自治组织	885.5	884.0	1.4	0.1	133.0	588.7	82.6
国际组织							

4-8 按行业分第三产业固定资产投资(不含农户)实际到位资金和新增固定资产

单位：亿元

行业	实际到位资金小计	国家预算资金	国内贷款	利用外资
第三产业合计	**225505.5**	**15669.3**	**32608.5**	**1050.8**
批发和零售业	**10278.3**	**105.8**	**659.5**	**85.6**
批发业	4551.1	36.4	314.9	18.7
零售业	5727.2	69.4	344.7	67.0
交通运输、仓储和邮政业	**30438.9**	**3940.8**	**9211.9**	**146.7**
铁路运输业	6037.0	739.1	2653.7	13.1
道路运输业	16878.9	2890.3	5277.0	45.7
水上运输业	1968.6	101.0	385.0	25.4
航空运输业	1101.1	108.2	424.0	14.3
管道运输业	227.7	20.5	50.1	2.2
装卸搬运和运输代理业	753.6	7.2	62.8	3.4
仓储业	3397.6	71.8	357.1	42.5
邮政业	74.2	2.7	2.1	
住宿和餐饮业	**5352.9**	**48.4**	**416.1**	**74.7**
住宿业	3892.2	43.7	335.5	59.1
餐饮业	1460.8	4.6	80.7	15.6
信息传输、软件和信息技术服务业	**2720.3**	**100.5**	**150.7**	**7.7**
电信、广播电视和卫星传输服务	1596.4	57.2	43.9	3.2
互联网和相关服务	237.8	5.1	15.8	2.5
软件和信息技术服务业	886.1	38.2	91.1	2.1
金融业	**968.1**	**39.9**	**28.6**	**5.0**
货币金融服务	627.2	38.9	11.2	4.1
资本市场服务	147.8	0.0	11.3	0.9
保险业	93.1	0.4	1.7	
其他金融业	100.0	0.5	4.4	0.0
房地产业	**118412.9**	**2096.6**	**16461.3**	**446.8**
租赁和商务服务业	**5170.9**	**147.9**	**569.8**	**46.6**
租赁业	212.4	2.1	25.0	1.2
商务服务业	4958.5	145.8	544.8	45.4
科学研究和技术服务业	**2600.5**	**205.8**	**195.0**	**29.8**
研究和试验发展	905.3	102.3	80.4	13.2
专业技术服务业	972.1	74.6	52.1	11.0
科技推广和应用服务业	723.0	28.9	62.5	5.6
水利、环境和公共设施管理业	**29714.9**	**5395.8**	**3611.5**	**79.5**
水利管理业	4324.1	1318.1	438.5	7.3
生态保护和环境治理业	1093.0	207.6	103.7	2.7
公共设施管理业	24297.8	3870.1	3069.2	69.5
居民服务、修理和其他服务业	**1768.7**	**141.0**	**181.4**	**5.9**
居民服务业	924.5	64.7	78.1	2.6
机动车、电子产品和日用产品修理业	379.1	34.6	13.2	1.3
其他服务业	465.1	41.7	90.2	2.0
教育	**4660.8**	**1148.2**	**311.9**	**47.4**
卫生和社会工作	**2789.1**	**450.7**	**278.0**	**6.7**
卫生	2342.4	382.5	261.5	5.3
社会工作	446.7	68.2	16.5	1.4
文化、体育和娱乐业	**4525.5**	**452.9**	**311.9**	**50.8**
新闻和出版业	74.5	3.9	16.1	
广播、电视、电影和影视录音制作业	272.0	24.8	16.9	
文化艺术业	2059.9	290.2	117.4	18.5
体育	886.5	116.4	66.7	15.7
娱乐业	1232.6	17.7	94.7	16.6
公共管理、社会保障和社会组织	**6103.5**	**1395.1**	**221.0**	**17.8**
中国共产党机关	31.2	7.1	0.6	
国家机构	4301.7	1208.5	156.0	12.6
人民政协、民主党派	18.5	2.0	5.6	
社会保障	218.4	45.0	12.4	
群众团体、社会团体和其他成员组织	600.6	94.5	13.6	3.0
基层群众自治组织	933.1	38.0	32.8	2.2
国际组织				

4-8 续表

单位：亿元

行业			投资额	新增固定资产
	自筹资金	其他资金		
第三产业合计	**124280.8**	**51896.0**	**198021.8**	**106764.1**
批发和零售业	**9087.7**	**339.6**	**9762.9**	**6448.4**
批发业	4045.3	135.8	4322.9	2819.3
零售业	5042.4	203.7	5440.0	3629.1
交通运输、仓储和邮政业	**14513.3**	**2626.2**	**30881.4**	**15033.9**
铁路运输业	1485.3	1145.9	6128.8	1741.2
道路运输业	7398.7	1267.2	17466.4	8798.7
水上运输业	1378.9	78.3	2008.4	1039.6
航空运输业	547.2	7.5	1124.0	956.9
管道运输业	154.0	0.9	204.5	119.1
装卸搬运和运输代理业	660.8	19.4	713.7	476.7
仓储业	2820.9	105.3	3166.4	1853.3
邮政业	67.5	1.9	69.1	48.4
住宿和餐饮业	**4621.5**	**192.3**	**5107.6**	**3178.6**
住宿业	3320.3	133.6	3712.6	2139.7
餐饮业	1301.2	58.7	1394.9	1038.9
信息传输、软件和信息技术服务业	**2429.2**	**32.1**	**2691.3**	**1838.0**
电信、广播电视和卫星传输服务	1477.0	15.2	1598.2	1192.3
互联网和相关服务	211.4	3.1	236.7	113.9
软件和信息技术服务业	740.8	13.9	856.4	531.8
金融业	**876.5**	**18.1**	**923.9**	**458.5**
货币金融服务	565.5	7.5	567.0	344.6
资本市场服务	134.8	0.8	138.7	44.6
保险业	90.8	0.2	115.1	28.8
其他金融业	85.4	9.7	103.1	40.6
房地产业	**55188.4**	**44219.8**	**92639.4**	**45705.3**
租赁和商务服务业	**4198.8**	**207.9**	**4694.7**	**2387.3**
租赁业	160.1	24.0	207.6	113.4
商务服务业	4038.7	183.9	4487.1	2274.0
科学研究和技术服务业	**2084.4**	**85.5**	**2475.8**	**1566.3**
研究和试验发展	688.9	20.6	860.9	451.4
专业技术服务业	798.7	35.7	926.3	688.8
科技推广和应用服务业	596.8	29.1	688.6	426.1
水利、环境和公共设施管理业	**17791.7**	**2836.5**	**29618.4**	**17571.8**
水利管理业	1732.1	828.0	4386.1	2297.3
生态保护和环境治理业	703.9	75.2	1080.4	746.2
公共设施管理业	15355.7	1933.2	24151.9	14528.3
居民服务、修理和其他服务业	**1345.2**	**95.2**	**1685.8**	**1087.9**
居民服务业	723.1	56.1	874.0	559.2
机动车、电子产品和日用产品修理业	321.4	8.5	366.8	263.7
其他服务业	300.6	30.6	445.0	265.0
教育	**2836.6**	**316.7**	**4608.2**	**3189.0**
卫生和社会工作	**1914.4**	**139.3**	**2617.0**	**1761.3**
卫生	1582.1	111.1	2195.1	1503.4
社会工作	332.4	28.2	421.9	257.9
文化、体育和娱乐业	**3455.0**	**255.0**	**4268.1**	**2366.9**
新闻和出版业	54.3	0.3	69.4	31.1
广播、电视、电影和影视录音制作业	217.5	12.8	246.5	142.8
文化艺术业	1482.0	151.9	1972.2	1122.0
体育	641.7	46.1	839.0	503.0
娱乐业	1059.6	44.0	1141.0	568.0
公共管理、社会保障和社会组织	**3938.0**	**531.7**	**6047.4**	**4170.8**
中国共产党机关	21.4	2.0	32.4	19.9
国家机构	2565.7	358.8	4322.0	2904.2
人民政协、民主党派	10.8	0.2	17.6	12.9
社会保障	147.8	13.3	217.4	177.6
群众团体、社会团体和其他成员组织	415.3	74.2	572.6	382.6
基层群众自治组织	777.0	83.2	885.5	673.6
国际组织				

4-9 各地区按行业门类分第三产业固定资产投资(不含农户)

单位：亿元

地区	第三产业合计	批发和零售业	交通运输、仓储和邮政业	住宿和餐饮业	信息传输、软件和信息技术服务业	金融业	房地产业	租赁和商务服务业
全国合计	**198021.8**	**9762.9**	**30881.4**	**5107.6**	**2691.3**	**923.9**	**92639.4**	**4694.7**
北京	5301.9	27.8	696.1	55.3	162.0	26.6	3451.8	36.6
天津	4873.7	243.9	729.1	70.5	75.3	21.4	1814.6	588.4
河北	9070.5	658.3	1522.7	214.7	88.8	24.4	4291.4	210.8
山西	4109.9	192.8	980.9	59.4	35.6	2.0	1670.7	25.9
内蒙古	5183.5	284.4	1143.9	104.7	83.1	25.2	1841.2	79.6
辽宁	11600.5	763.1	1044.4	428.5	133.1	63.9	5828.4	369.8
吉林	3892.7	410.9	528.3	104.7	69.7	14.5	1498.6	48.1
黑龙江	4511.2	329.6	498.6	91.5	124.6	31.6	1926.9	84.2
上海	3858.5	62.1	460.8	33.3	121.3	49.2	2399.7	136.1
江苏	14527.4	690.9	1360.9	466.6	266.0	93.3	7588.2	678.2
浙江	10844.0	320.6	1330.3	212.9	111.0	92.9	6330.4	222.0
安徽	7692.0	357.7	542.4	215.4	72.8	62.6	4106.3	151.8
福建	7370.3	200.7	1429.6	203.3	143.3	30.1	3439.3	147.4
江西	4069.2	411.3	462.1	253.3	50.6	24.7	1373.1	121.9
山东	15206.5	1273.0	1591.0	441.4	91.2	51.6	6967.7	363.8
河南	8780.9	523.5	897.5	216.9	46.8	14.8	4618.6	84.7
湖北	7734.0	409.8	1247.3	193.8	86.4	45.0	3201.5	227.7
湖南	7462.1	416.3	1099.6	181.2	59.6	44.1	2896.9	296.6
广东	11962.6	479.6	1710.8	390.5	341.5	81.6	6430.2	175.0
广西	5021.4	269.4	904.4	161.3	92.8	23.0	1884.6	135.3
海南	1640.1	47.9	141.9	187.0	34.9	0.6	961.9	15.7
重庆	5433.7	112.3	834.6	59.5	80.4	2.5	2922.6	92.0
四川	10120.3	324.9	2052.2	253.6	66.5	46.4	4685.8	110.9
贵州	3896.8	76.3	739.5	47.0	6.4		1700.7	30.6
云南	4868.2	230.7	780.5	146.6	59.7	4.9	2263.5	53.2
西藏	429.0	14.8	136.6	24.7	12.7	2.4	58.0	10.5
陕西	6935.1	336.5	777.4	166.7	85.9	29.0	3501.2	110.5
甘肃	2152.5	138.7	301.8	61.6	31.9	11.0	841.2	28.6
青海	854.7	18.0	228.1	11.4	2.0	0.9	315.1	31.4
宁夏	935.4	53.6	99.0	13.2	11.5	0.7	559.0	8.0
新疆	2507.8	83.7	403.3	37.3	43.9	3.0	1270.4	19.4
不分地区	5175.3		4205.5					

4-9 续表

单位：亿元

地 区	科学研究和技术服务业	水利、环境和公共设施管理业	居民服务、修理和其他服务业	教 育	卫生和社会工作	文化、体育和娱乐业	公共管理、社会保障和社会组织	国际组织
全国合计	**2475.8**	**29618.4**	**1685.8**	**4608.2**	**2617.0**	**4268.1**	**6047.4**	
北 京	128.7	402.9	18.1	95.0	44.2	78.9	78.0	
天 津	48.9	917.9	52.8	73.8	63.0	90.7	83.5	
河 北	110.4	1200.2	57.6	208.9	111.8	213.8	156.7	
山 西	34.9	742.0	13.2	168.5	54.2	83.1	46.8	
内蒙古	53.1	996.0	33.6	111.0	67.5	125.7	234.5	
辽 宁	161.2	1677.4	202.0	196.2	161.9	282.6	287.9	
吉 林	59.7	760.5	47.5	66.1	69.6	83.4	131.2	
黑龙江	83.5	787.8	45.6	103.4	78.6	135.7	189.7	
上 海	39.5	338.3	4.9	50.9	56.9	90.6	14.9	
江 苏	324.8	1897.5	103.3	301.7	156.6	329.1	270.3	
浙 江	58.9	1383.6	31.3	199.8	125.2	207.7	217.3	
安 徽	141.3	1273.6	44.1	204.0	107.7	158.0	254.4	
福 建	22.5	1072.1	30.7	194.9	73.0	186.0	197.5	
江 西	38.5	827.2	57.1	137.8	74.6	97.7	139.3	
山 东	399.8	1467.5	385.2	329.8	190.9	697.8	956.0	
河 南	75.5	1497.2	100.7	278.1	160.0	182.3	84.2	
湖 北	81.4	1231.4	45.1	148.8	131.2	163.4	521.2	
湖 南	116.8	1410.5	68.8	211.1	111.9	113.5	435.2	
广 东	118.2	1526.4	22.1	299.0	140.8	153.9	93.0	
广 西	34.0	995.7	39.5	175.6	80.9	113.0	111.7	
海 南	5.0	154.6	4.8	31.1	21.7	20.2	12.9	
重 庆	15.9	858.5	68.0	109.3	52.7	115.3	110.0	
四 川	60.2	1801.8	57.7	202.2	149.9	162.8	145.4	
贵 州	8.8	1069.8	8.0	117.2	19.6	50.7	22.1	
云 南	30.4	787.7	22.5	184.9	70.5	114.3	118.8	
西 藏	3.2	46.9	4.7	18.4	7.9	14.1	74.0	
陕 西	119.4	959.2	56.8	166.1	133.9	90.7	401.8	
甘 肃	32.6	367.5	39.4	64.7	38.2	52.5	142.7	
青 海	3.1	76.0	1.2	46.2	14.9	19.3	86.9	
宁 夏	1.0	108.3	10.0	29.1	11.1	8.0	23.0	
新 疆	17.9	329.7	9.4	84.2	36.3	33.0	136.4	
不分地区	46.8	652.9					270.1	

【主要统计指标解释】

全社会固定资产投资 以货币形式表现的在一定时期内全社会建造和购置固定资产的工作量以及与此有关的费用的总称。该指标是反映固定资产投资规模、结构和发展速度的综合性指标，又是观察工程进度和考核投资效果的重要依据。全社会固定资产投资按登记注册类型可分为国有、集体、个体、联营、股份制、私营和个体、港澳台商、外商、其他等。

固定资产投资（不含农户） 指城镇和农村各种登记注册类型的企业、事业、行政单位及城镇个体户进行的计划总投资500万元及500万元以上的建设项目投资和房地产开发投资，包含原口径的城镇固定资产投资加上农村企事业组织项目投资，该口径自2011年起开始使用。

建设总规模 指在报告期内所有施工项目的计划总投资。

在建总规模 指在报告期末所有在建项目的计划总投资。

固定资产投资的实际到位资金 根据固定资产投资的资金来源不同，分为国家预算资金、国内贷款、利用外资、自筹资金和其他资金。

(1)国家预算资金 国家预算包括一般预算、政府性基金预算、国有资本经营预算和社保基金预算。各类预算中用于固定资产投资的资金全部作为国家预算资金填报，其中一般预算中用于固定资产投资的部分包括基建投资、车购税、灾后恢复重建基金和其他财政投资。各级政府债券也应归入国家预算资金。

(2)国内贷款 指报告期固定资产项目投资单位向银行及非银行金融机构借入用于固定资产投资的各种国内借款，包括银行利用自有资金及吸收存款发放的贷款、上级主管部门拨入的国内贷款、国家专项贷款（包括煤代油贷款、劳改煤矿专项贷款等），地方财政专项资金安排的贷款、国内储备贷款、周转贷款等。

(3)利用外资 指报告期收到的境外（包括外国及港澳台地区）资金(包括设备、材料、技术在内)。包括对外借款(外国政府贷款、国际金融组织贷款、出口信贷、外国银行商业贷款、对外发行债券和股票)、外商直接投资、外商其他投资(包括利用外商投资收益在国内进行固定资产再投资活动的资金)。不包括我国自有外汇资金(国家外汇、地方外汇、留成外汇、调剂外汇和国内银行自有资金发放的外汇贷款等)。各类外资按报告期末的外汇牌价（中间价）折成人民币计算。

(4)自筹资金 指固定资产投资单位在报告期收到的，由各企、事业单位筹集用于固定资产投资的资金，包括各类企事业单位的自有资金和从其他单位筹集的用于固定资产投资的资金，但不包括各类财政性资金、从各类金融机构借入资金和国外资金。

(5)其他资金 指在报告期收到的除以上各种资金之外的用于固定资产投资的资金，包括社会集资、个人资金、无偿捐赠的资金及其他单位拨入的资金等。

固定资产投资按国民经济行业分 指根据其从事的社会经济活动性质对各类单位进行的分类。应根据建设项目建成投产后的主要产品种类或主要用途及社会经济活动种类来划分，不能根据项目单位本身的行业类别来划分。如果项目投产后有几种产品，应根据主要产品来确定行业类别。一般情况下，一个建设项目只能属于一种国民经济行业。

新增固定资产 是指已经完成建造和购置过程，并已交付生产或使用单位的固定资产的价值，包括已经建成投入生产或交付使用的工程投资和达到固定资产标准的设备、工具、器具的投资及有关应摊入的费用。该指标是表示固定资产投资成果的价值指标，也是反映建设进度，计算固定资产投资效果的重要指标。

5 第三产业部分行业主要财务指标

5-1 批发和零售业

简要说明

一、主要内容

批发和零售业企业主要财务状况。

二、统计范围

限额以上批发和零售业企业。

三、统计调查方法

对限额以上批发和零售业法人企业采用全面调查的方法。

四、限额标准

批发业企业，年主营业务收入2000万元及以上。

零售业企业，年主营业务收入500万元及以上。

五、资料来源

本部分资料是国家统计局贸易外经统计司根据《批发和零售业统计报表制度》搜集的资料进行加工整理而得。

5-1-1 限额以上批发和零售业企业年末资产负债

单位：万元

项　目	资产合计	#流动资产合计	#固定资产合计	负债合计	所有者权益合计
总　计	**1652314017**	**1268979034**	**117823048**	**1209480883**	**443001980**
一、批发业	**1275040952**	**1009168329**	**62123247**	**938175766**	**336889390**
#国有控股	512658985	374452488	30447056	347507994	165177043
(一)按登记注册类型分					
内资企业	**1116055198**	**878129520**	**57552040**	**830080909**	**285998492**
国有企业	208639646	158477710	15285810	133118917	75520517
集体企业	9248224	7157267	718897	7413269	1834955
股份合作企业	2586117	2216959	193700	2035595	550521
联营企业	3031660	2677277	144552	2562611	469049
国有联营企业	928058	814904	62576	717522	210536
集体联营企业	236947	204468	11640	209374	27573
国有与集体联营企业	697375	623093	40499	588448	108928
其他联营企业	1169279	1034812	29838	1047268	122011
有限责任公司	434991730	351566644	14288916	343478106	91511278
国有独资公司	68086539	49295557	2288624	51248441	16838098
其他有限责任公司	366905191	302271087	12000293	292229665	74673180
股份有限公司	133248636	85292982	9411438	85206700	48068588
私营企业	308985517	258503423	16396738	244786076	64199550
私营独资企业	9853730	7122014	1064701	6861992	2991738
私营合伙企业	2459807	2257539	92029	2052104	407703
私营有限责任公司	284591024	238990587	14597996	226285985	58305149
私营股份有限公司	12080956	10133283	642012	9585996	2494960
其他企业	15323669	12237258	1111988	11479635	3844034
港、澳、台商投资企业	**49244794**	**41111484**	**1561582**	**34695834**	**14548960**
合资经营企业	7932107	6183961	279340	5669456	2262651
合作经营企业	264900	236800	6443	157820	107080
独资经营企业	39989278	33811161	1206776	28024017	11965261
投资股份有限公司	972669	798339	68322	770706	201963
其他港澳台商投资企业	85841	81224	701	73836	12005
外商投资企业	**109740960**	**89927326**	**3009625**	**73399022**	**36341938**
中外合资经营企业	20050647	16795183	475165	15482009	4568637
中外合作经营企业	1073470	889765	32305	730421	343050
外资企业	86825489	70629242	2369082	55692871	31132619
外商投资股份有限公司	1679802	1512508	128726	1404944	274859
其他外商投资企业	111552	100628	4347	88777	22774

5-1-1 续表 1

单位：万元

项　　目	资产合计	#流动资产合计	#固定资产合计	负债合计	所有者权益合计
(二)按国民经济行业分					
农、林、牧产品批发	47102875	33324100	3810063	35174632	11928243
食品、饮料及烟草制品批发	128036150	101839539	10548681	65787546	62247079
#米、面制品及食用油批发	26861136	22638796	1469028	23305696	3555440
肉、禽、蛋、奶及水产品批发	5838772	3973436	856176	3931313	1907460
酒、饮料及茶叶批发	22982783	19212797	744296	13584281	9398502
烟草制品批发	52357598	42788831	5474887	11307083	41050515
纺织、服装及家庭用品批发	114392328	96347640	4105258	87626797	26765531
#服装批发	30531307	25096810	1375675	21748235	8783072
鞋帽批发	6523577	5218166	374583	4820165	1703412
家用电器批发	33612738	30386888	637037	28189856	5422882
文化、体育用品及器材批发	32629880	23839769	3897986	23122134	9505821
#文具用品批发	5447515	4889236	159968	4506107	941408
体育用品及器材批发	1437458	1214168	88607	1132599	302933
图书批发	7560903	4831754	628231	4085991	3474912
医药及医疗器材批发	57847881	49526234	2435862	44475403	13372478
#西药批发	36804439	31457535	1367212	28698573	8105866
中药批发	12942421	11186497	497087	10068580	2873841
矿产品、建材及化工产品批发	639072923	492538898	29885996	490617817	148481126
#煤炭及制品批发	111521167	84857370	4318141	80361500	31159279
石油及制品批发	125541882	81945688	15412179	88388590	37179733
金属及金属矿批发	259555166	213459584	5090690	211780502	47774664
建材批发	43815076	34377118	1881464	33526330	10288747
化肥批发	26561538	20692261	1056052	21275681	5285856
农药批发	2420917	1837441	110387	1922882	498035
机械设备、五金产品及电子产品批发	188242422	154601376	5428084	137132243	51110179
#汽车批发	50086951	41048279	972254	38089992	11996959
计算机、软件及辅助设备批发	14150618	12812203	248428	10702522	3448095
通讯及广播电视设备批发	21154407	16913331	618297	14418195	6736212
贸易经纪与代理	35035208	31077649	488757	29248313	5788529
其他批发业	32681284	26073123	1522561	24990880	7690404

5-1-1 续表 2

单位：万元

项 目	资产合计	#流动资产合计	#固定资产合计	负债合计	所有者权益合计
二、零售业	**377273065**	**259810705**	**55699801**	**271305117**	**106112590**
#国有控股	75173144	40793327	15201730	46188820	29129266
(一)按登记注册类型分					
内资企业	**320588162**	**219333678**	**48211540**	**229364212**	**91368592**
国有企业	20392091	10715654	4828463	12479307	8090808
集体企业	3681168	2123580	895318	2374592	1306576
股份合作企业	1820491	937712	491501	1217498	602994
联营企业	586619	348444	95187	347691	238928
国有联营企业	231330	110286	36301	123654	107676
集体联营企业	96399	68044	12440	66484	29915
国有与集体联营企业	142731	98875	21123	93969	48762
其他联营企业	116159	71240	25323	63584	52575
有限责任公司	122703249	89418982	16163663	93873770	28829479
国有独资公司	2362644	1286666	520336	1334148	1028495
其他有限责任公司	120340605	88132316	15643327	92539621	27800984
股份有限公司	56118501	29711391	10922708	34860146	21225273
私营企业	107350207	80434212	13629963	78516051	28833857
私营独资企业	8682263	5652702	2187692	4527267	4154996
私营合伙企业	1146167	754883	191075	712575	433593
私营有限责任公司	89624320	68469424	10579354	68444560	21179460
私营股份有限公司	7897457	5557202	671843	4831648	3065808
其他企业	7935836	5643703	1184738	5695158	2240678
港、澳、台商投资企业	**27567535**	**19370359**	**3425548**	**19127142**	**8440393**
合资经营企业	7698959	5552904	925739	5181880	2517078
合作经营企业	2624446	1888140	94397	1780384	844062
独资经营企业	14982784	10574669	2110094	10654191	4328593
投资股份有限公司	949530	517422	112538	701843	247687
其他港澳台商投资企业	1311818	837224	182780	808845	502973
外商投资企业	**29117367**	**21106668**	**4062712**	**22813763**	**6303605**
中外合资经营企业	9541706	6522452	1625195	7339154	2202553
中外合作经营企业	1192240	883928	119360	913948	278292
外资企业	17911466	13382219	2240584	14217169	3694297
外商投资股份有限公司	347780	246942	45530	255454	92327
其他外商投资企业	124175	71126	32044	88039	36137

5-1-1 续表 3

单位：万元

项目	资产合计	#流动资产合计	#固定资产合计	负债合计	所有者权益合计
(二)按国民经济行业分					
综合零售	118349947	73422095	23823544	86893043	31456904
#百货零售	73971551	43641067	15794980	51613066	22358486
超级市场零售	41520630	28002323	7390923	33163075	8357554
食品、饮料及烟草制品专门零售	12134870	8164966	1747361	7039821	5095049
#粮油零售	3599258	2528027	303270	2455098	1144160
肉、禽、蛋、奶及水产品零售	1170954	687092	277731	609046	561908
酒、饮料及茶叶零售	3501950	2415780	505398	2106227	1395722
烟草制品零售	1136910	864891	86819	435537	701373
纺织、服装及日用品专门零售	18310858	13058592	2475773	13392377	4918481
#服装零售	12497987	8770598	1798560	9494604	3003383
文化、体育用品及器材专门零售	15624416	11058896	2292796	9419746	6204671
#体育用品及器材零售	871936	758989	64208	621353	250583
图书、报刊零售	7829934	4762732	1597468	4173996	3655938
医药及医疗器材专门零售	19318029	15501738	1231472	14835145	4482884
#药品零售	17913271	14226730	1138909	13769605	4143666
汽车、摩托车、燃料及零配件专门零售	135809208	94850103	18093331	97626758	38327391
#汽车零售	100377198	78209741	10069384	79111017	21266181
机动车燃料零售	32308326	14235436	7657859	16436383	16016885
家用电器及电子产品专门零售	36030055	29150275	2510852	26426432	9603323
#日用家电设备零售	23311751	19061799	1553074	18053187	5258564
计算机、软件及辅助设备零售	4648683	3759801	373202	3084333	1564350
通信设备零售	2621705	2157215	149734	1938567	682838
五金、家具及室内装饰材料专门零售	9137615	5529710	1960134	5902267	3235348
货摊、无店铺及其他零售业	12558067	9074330	1564538	9769528	2788539
#互联网零售	3157634	2666047	92384	3411346	-253712
(三)按零售业态分					
有店铺零售	370431769	253901350	55428430	264715435	105860976
#超市	11283057	7443265	2130661	8289864	2993193
大型超市	41622356	27886752	7127791	33332725	8289630
百货店	73435918	43614784	15574843	50951392	22484526
专业店	134127965	92449621	17824714	90733909	43433962
专卖店	94794402	72293577	10211704	70740120	24054282
无店铺零售	6841296	5909355	271370	6589682	251614

5-1-2 各地区限额以上批发和零售业企业年末资产负债

单位：万元

地区	资产合计	#流动资产合计	#固定资产合计	负债合计	所有者权益合计
全国	**1652314017**	**1268979034**	**117823048**	**1209480883**	**443001980**
北京	280573556	209295622	8317712	201154961	79418595
天津	75225004	61664390	3400209	58602140	16622864
河北	39297274	28661389	3586908	28582850	10714424
山西	39432394	30593327	3006664	30981368	8417944
内蒙古	18372612	12879049	2070299	13201004	5349632
辽宁	50713197	37800121	4758376	37637172	13054782
吉林	12122611	8274161	2267760	8611457	3511154
黑龙江	20358201	16665621	1972417	16454234	3903966
上海	161549433	130146291	7327317	116243923	45303985
江苏	132391111	104086649	10536451	99279373	33111737
浙江	139255824	111868184	7557274	108506507	30749317
安徽	32810243	25027387	2986037	22139924	10670319
福建	64983490	49368386	3369442	43899463	21084027
江西	11100621	8129946	1398062	7024584	4076038
山东	85526337	61544988	11359606	65847486	19678851
河南	31022280	23097358	3459155	21678308	9343971
湖北	44987391	31734523	5805571	31395373	13592019
湖南	22841129	14983168	3199356	13940510	8900618
广东	183842364	147264448	13655001	138853777	44985941
广西	19558182	15109353	1302976	14841162	4724751
海南	5477698	4096268	553152	3357941	2119756
重庆	27821900	21678653	2403663	20348999	7472690
四川	40998954	31214092	3525046	29435951	11563004
贵州	14719321	10962171	1001863	8668242	6051080
云南	35719022	27427843	2781750	25087192	10631830
西藏	596128	381021	108355	306454	289674
陕西	23563669	16715962	2458388	16181744	7422089
甘肃	8507953	6488055	880729	5023822	3484131
青海	3538196	2472156	358486	2300878	1237318
宁夏	3755224	2766946	521389	2810233	944991
新疆	21652702	16581508	1893636	17083854	4570482

5-1-3 各地区限额以上批发业企业年末资产负债

单位：万元

地 区	资产合计	#流动资产合计	#固定资产合计	负债合计	所有者权益合计
全 国	**1275040952**	**1009168329**	**62123247**	**938175766**	**336889390**
北 京	243878422	181100879	5322740	172528312	71350110
天 津	66622340	56006854	1974216	52254413	14367927
河 北	30445352	22858700	1897457	21681155	8764197
山 西	31101138	24675674	1675363	24703391	6397747
内蒙古	11928199	8442105	1065780	7981821	3946378
辽 宁	34709806	27533891	1791901	25811446	8877117
吉 林	6810664	5341282	766583	4626373	2184291
黑龙江	15218111	13143454	902061	12551152	2666960
上 海	135719026	111325488	4112249	98129909	37587593
江 苏	99169556	82039721	5397834	74810423	24359133
浙 江	113029664	92623875	4064792	88108400	24921264
安 徽	20970053	16604945	1205409	14039255	6930798
福 建	53104786	41188002	1923899	36580352	16524434
江 西	6555631	5044525	726236	4019913	2535718
山 东	54946291	42882984	5459721	43681423	11264868
河 南	19505527	15132481	1828823	13210617	6294910
湖 北	27444514	20629700	2303264	19963359	7481156
湖 南	12463782	9095088	1224309	7577857	4885925
广 东	145565043	118295305	9665734	112746558	32816139
广 西	14937078	11645249	737967	11433316	3511493
海 南	3707231	2932858	183341	2154814	1552417
重 庆	20298439	16498637	1230956	15231733	5066495
四 川	24245619	20202283	1284539	17862501	6383119
贵 州	10860009	8559686	509726	5654021	5205988
云 南	28013413	22288874	1522303	19721008	8292405
西 藏	305844	195969	37061	136009	169835
陕 西	13820913	10047832	912012	9682386	4178691
甘 肃	6045672	4762499	467425	3245438	2800234
青 海	2978266	2045633	264138	1905470	1072796
宁 夏	2512530	1856056	329613	1832553	679978
新 疆	18128032	14167802	1335796	14310388	3819278

5-1-4 各地区限额以上零售业企业年末资产负债

单位：万元

地区	资产合计	#流动资产合计	#固定资产合计	负债合计	所有者权益合计
全国	**377273065**	**259810705**	**55699801**	**271305117**	**106112590**
北京	36695134	28194743	2994972	28626649	8068486
天津	8602664	5657537	1425993	6347727	2254938
河北	8851922	5802689	1689451	6901695	1950227
山西	8331256	5917654	1331300	6277977	2020197
内蒙古	6444414	4436944	1004519	5219183	1403254
辽宁	16003390	10266230	2966475	11825726	4177664
吉林	5311947	2932879	1501176	3985083	1326863
黑龙江	5140089	3522167	1070356	3903083	1237007
上海	25830407	18820802	3215068	18114014	7716392
江苏	33221555	22046928	5138617	24468950	8752605
浙江	26226160	19244309	3492482	20398107	5828054
安徽	11840190	8422441	1780628	8100669	3739521
福建	11878704	8180384	1445544	7319111	4559593
江西	4544991	3085421	671826	3004671	1540320
山东	30580046	18662004	5899885	22166063	8413982
河南	11516752	7964876	1630332	8467691	3049061
湖北	17542877	11104822	3502308	11432014	6110863
湖南	10377346	5888079	1975047	6362653	4014693
广东	38277321	28969142	3989266	26107219	12169802
广西	4621104	3464105	565009	3407845	1213259
海南	1770467	1163410	369811	1203127	567340
重庆	7523461	5180016	1172707	5117266	2406195
四川	16753335	11011809	2240506	11573450	5179885
贵州	3859313	2402485	492138	3014221	845091
云南	7705609	5138970	1259447	5366184	2339425
西藏	290284	185052	71293	170445	119839
陕西	9742755	6668130	1546377	6499357	3243398
甘肃	2462281	1725556	413304	1778384	683897
青海	559929	426523	94348	395408	164522
宁夏	1242694	910890	191776	977680	265014
新疆	3524670	2413706	557840	2773465	751205

5-1-5 限额以上批发和零售业企业损益及分配

单位：万元

项 目	主营业务收入	主营业务成本	销售费用	管理费用	财务费用	利润总额
总 计	**3649019336**	**3382121535**	**114481910**	**62400994**	**18218664**	**80231642**
一、批发业	**2921835854**	**2736184200**	**71781770**	**39349644**	**13218555**	**63950620**
#国有控股	1323011213	1250210463	19575205	14559083	3768995	34381386
(一)按登记注册类型分						
内资企业	**2562406394**	**2420305041**	**47972534**	**30056887**	**12544086**	**51260029**
国有企业	593554984	549253501	8114345	8830000	1220454	22277053
集体企业	18718703	17439463	422623	362653	114835	461574
股份合作企业	7320767	6775642	155444	96637	27070	167495
联营企业	7056897	6756063	104216	71798	29893	103508
国有联营企业	3603123	3513420	30570	25064	11147	27267
集体联营企业	421360	401984	10647	3983	2606	4116
国有与集体联营企业	2026748	1941811	38374	10430	7399	29173
其他联营企业	1005665	898849	24626	32322	8741	42951
有限责任公司	936361902	895695565	17231215	8500489	4840473	11775349
国有独资公司	104948733	100119526	1523588	1132943	640983	1867470
其他有限责任公司	831413169	795576039	15707627	7367547	4199491	9907879
股份有限公司	304074248	289732391	6097353	2709527	1168816	6850631
私营企业	658358050	620354908	15048152	9065133	4930110	8907048
私营独资企业	25968829	23406981	610845	399847	174057	1138034
私营合伙企业	8444920	7935396	194052	76317	40714	167361
私营有限责任公司	603480368	569612363	13754511	8286398	4533210	7244819
私营股份有限公司	20463934	19400168	488744	302570	182129	356833
其他企业	36960844	34297507	799186	420649	212436	717372
港、澳、台商投资企业	**92743634**	**81712619**	**5446916**	**2798707**	**359341**	**3204899**
合资经营企业	13701038	12715388	484821	205516	69893	358102
合作经营企业	1001916	819306	51275	8828	695	122069
独资经营企业	76413816	66812086	4698075	2499616	276754	2775370
投资股份有限公司	1538347	1297160	195836	79552	12028	-53530
其他港澳台商投资企业	88518	68678	16910	5195	-29	2889
外商投资企业	**266685826**	**234166541**	**18362319**	**6494050**	**315128**	**9485692**
中外合资经营企业	72052586	66928582	3276002	446368	131073	1280418
中外合作经营企业	7076169	6860967	61666	13760	623	62485
外资企业	184070284	157613650	14596824	5972086	165455	7825459
外商投资股份有限公司	3279822	2596137	399247	51917	17425	314907
其他外商投资企业	206965	167206	28580	9918	551	2424

5-1-5 续表 1

单位：万元

项目	主营业务收入	主营业务成本	销售费用	管理费用	财务费用	利润总额
(二)按国民经济行业分						
农、林、牧产品批发	56587939	53188598	1197962	964840	869722	1213866
食品、饮料及烟草制品批发	245969686	197981535	11187995	8662483	225354	23303927
#米、面制品及食用油批发	33147783	30869842	1467813	509728	371716	242368
肉、禽、蛋、奶及水产品批发	14520328	13034346	533563	328615	75592	475149
酒、饮料及茶叶批发	36872011	26815115	4001995	853764	43952	5145509
烟草制品批发	126369839	97036903	2922694	5900758	-529512	15889089
纺织、服装及家庭用品批发	231997293	206014615	14065195	5418837	791643	6797093
#服装批发	61028477	52130005	3548821	1929765	236935	3398980
鞋帽批发	11979945	10016898	699812	640596	49387	611490
家用电器批发	68455965	63196681	3899344	908730	26745	686260
文化、体育用品及器材批发	46868334	41751469	1743717	1184437	163847	2025545
#文具用品批发	10406579	9876910	226414	153139	59285	105105
体育用品及器材批发	2097296	1730793	256042	107517	24055	-55090
图书批发	5044853	4375952	320187	265002	-13857	260812
医药及医疗器材批发	107726359	96778108	5478206	2701040	548531	2609524
#西药批发	70251041	65001294	2627327	1265173	403012	1222176
中药批发	23689174	21058610	1303331	486089	135664	583789
矿产品、建材及化工产品批发	1757008565	1701920107	21075034	11353271	8741259	16285255
#煤炭及制品批发	245616936	234052627	4489655	2148401	1558761	4268680
石油及制品批发	555796205	535783927	6970767	2599079	1074493	6705392
金属及金属矿批发	612328525	602685599	4181508	2889908	4182756	1750413
建材批发	89940255	85763509	1132363	1104956	641031	982444
化肥批发	46633334	44900614	770043	417802	402058	489486
农药批发	3416366	3154244	105129	65341	48254	66877
机械设备、五金产品及电子产品批发	372112192	340994393	14562416	7434273	1131645	9799375
#汽车批发	133263742	121128475	6106931	1127440	329449	4434830
计算机、软件及辅助设备批发	36520929	34572986	957546	622291	66894	328068
通讯及广播电视设备批发	42481541	39767694	1311531	1155114	93840	915091
贸易经纪与代理	37411683	35517818	1004062	561451	132285	859530
其他批发业	66153803	62037558	1467183	1069011	614269	1056506

5-1-5 续表 2

单位：万元

项目	主营业务收入	主营业务成本	销售费用	管理费用	财务费用	利润总额
二、零售业	**727183483**	**645937335**	**42700140**	**23051351**	**5000109**	**16281022**
#国有控股	164507447	148311993	7904725	4207960	468761	4956314
(一)按登记注册类型分						
内资企业	**637669074**	**570872055**	**33046403**	**18917615**	**4578569**	**14095358**
国有企业	53119032	48033096	2206502	1270335	152503	1478984
集体企业	13099267	11360669	421956	391152	72540	502641
股份合作企业	4577435	4092183	164236	156022	31231	146462
联营企业	2185559	1982161	80449	35055	8215	70739
国有联营企业	909303	828086	33703	12079	2890	28416
集体联营企业	331499	287861	16702	6798	1562	13323
国有与集体联营企业	548282	510283	13508	6956	1704	17354
其他联营企业	396475	355931	16535	9222	2059	11646
有限责任公司	237141472	211076173	14689772	7159631	1736648	4034956
国有独资公司	3350446	2922229	197880	150383	2291	170275
其他有限责任公司	233791027	208153944	14491892	7009248	1734357	3864681
股份有限公司	97649856	88307739	4720826	2641631	430356	3172479
私营企业	212885974	191126872	10023129	6789321	2007180	4240083
私营独资企业	21133827	19632143	737162	676707	176350	1360157
私营合伙企业	3438820	2992987	147454	109165	28346	134874
私营有限责任公司	177022118	158548916	8412539	5662848	1713185	2597919
私营股份有限公司	11291210	9952825	725974	340601	89299	147133
其他企业	17010479	14893162	739535	474468	139897	449014
港、澳、台商投资企业	**43809257**	**36668493**	**4265538**	**2060023**	**221997**	**1470623**
合资经营企业	11231764	9451814	982289	409052	96015	624646
合作经营企业	3957251	3692689	55384	133359	-3243	267901
独资经营企业	25318274	20885244	2881842	1334234	115066	407854
投资股份有限公司	850793	613622	76094	109604	11622	79559
其他港澳台商投资企业	2451176	2025123	269930	73774	2537	90664
外商投资企业	**45705152**	**38396788**	**5388199**	**2073713**	**199543**	**715041**
中外合资经营企业	20589011	17897891	2055178	664187	59123	526046
中外合作经营企业	2456794	2101791	270529	84118	1474	62973
外资企业	21757109	17610857	2990285	1286919	133539	109966
外商投资股份有限公司	621014	552949	37640	28121	3296	10560
其他外商投资企业	281225	233301	34567	10368	2112	5497

5-1-5 续表 3 单位：万元

项目	主营业务收入	主营业务成本	销售费用	管理费用	财务费用	利润总额
(二)按国民经济行业分						
综合零售	182836933	154780700	16565454	8454479	1240295	5885967
#百货零售	99239719	83331959	6971129	5312660	914409	4506440
超级市场零售	75061157	64390974	8880686	2780046	279925	1338371
食品、饮料及烟草制品专门零售	22098354	18322369	1471357	853762	126128	1368738
#粮油零售	5814353	5421236	113039	169005	19626	311972
肉、禽、蛋、奶及水产品零售	3146701	2717581	131898	99566	22415	119903
酒、饮料及茶叶零售	4815005	3571326	542371	195475	46577	368354
烟草制品零售	2195102	1792422	110063	115856	1722	195280
纺织、服装及日用品专门零售	29454503	21844059	4303581	1960477	206518	1088062
#服装零售	19231581	14109407	2946560	1386282	136194	634757
文化、体育用品及器材专门零售	18791804	15042301	1791046	1297614	134788	651551
#体育用品及器材零售	1336107	1095367	124384	94013	7557	17906
图书、报刊零售	7544229	5840900	777905	726931	-8270	364380
医药及医疗器材专门零售	33446425	29624791	2017182	1119623	255175	846318
#药品零售	31150667	27764914	1820866	979003	243691	765984
汽车、摩托车、燃料及零配件专门零售	339774038	318219694	10128397	6160947	2528793	4403852
#汽车零售	227467631	211935871	6652114	4829836	2287042	1533616
机动车燃料零售	105174395	100017067	3242407	1136253	193092	2598644
家用电器及电子产品专门零售	58383887	51740207	3859639	1633752	233143	891994
#日用家电设备零售	29109906	25381873	2243021	867940	107592	437850
计算机、软件及辅助设备零售	14035220	12961320	534796	321472	45118	151554
通信设备零售	6528127	5854196	458685	188862	40327	95487
五金、家具及室内装饰材料专门零售	17316270	13912454	1048395	702161	176766	1014773
货摊、无店铺及其他零售业	25081269	22450760	1515088	868536	98503	129767
#互联网零售	9631516	9140416	759328	251801	7284	-508276
(三)按零售业态分						
有店铺零售	707305947	627614773	41137797	22461638	4979722	16841058
#超市	22226516	18758233	1979191	838776	176872	577484
大型超市	74203838	64332218	8385975	2771077	234449	1338569
百货店	97443433	80942612	6863810	5389701	921529	4610823
专业店	273240343	248910149	11956002	6596458	1608868	6493889
专卖店	207454310	186792739	9730162	5614939	1803431	2751785
无店铺零售	19877536	18322563	1562343	589713	20387	-560036

5-1-6 各地区限额以上批发和零售业企业损益及分配

单位：万元

地 区	主营业务收入	主营业务成本	销售费用	管理费用	财务费用	利润总额
全 国	**3649019336**	**3382121535**	**114481910**	**62400994**	**18218664**	**80231642**
北 京	441776324	413785221	15372786	7916906	1813578	9428650
天 津	200892763	192271006	3282748	1529730	1022035	2352912
河 北	83267716	77542166	2025259	1227872	584822	891186
山 西	91191084	89561791	2061936	1388905	491979	806726
内蒙古	36537233	32924899	1399064	729540	248572	1027022
辽 宁	134547246	126410256	2624538	2317015	697845	1934398
吉 林	29984855	26924696	1093006	735845	193483	687945
黑龙江	45940000	42347023	1173721	790892	206766	1202047
上 海	421887004	385251749	19661908	8472573	1076408	9103000
江 苏	304528510	283191632	8715300	5193018	1694595	5755221
浙 江	290836764	275241387	7380741	3984885	2062920	3524979
安 徽	65304083	59092305	2818170	1271055	299944	1539008
福 建	117893664	109901165	3304418	1888787	733100	2447450
江 西	26498001	23696141	897143	535217	97146	902244
山 东	233613974	211937145	6286802	4253439	1441070	7788614
河 南	77390000	70544470	2254465	1727387	423435	2281137
湖 北	106013430	98699004	3383022	2026817	530396	2612474
湖 南	53625499	47495505	2158642	1569302	282674	1663313
广 东	421131001	389542661	13709584	6780645	2018193	9925779
广 西	37000439	34424949	1130595	688419	234597	796217
海 南	16048034	15044985	447394	254293	36819	374007
重 庆	75056851	68361063	2820421	1268764	261708	1870314
四 川	86047852	77933832	3332510	1810852	639178	2139016
贵 州	24636174	20086983	1106344	653860	92756	2793464
云 南	61900467	56180330	2084944	1124369	356969	2328847
西 藏	1325698	1041941	124901	47235	1794	88415
陕 西	60719621	55192837	1737167	1012103	244292	2171726
甘 肃	29029708	27168555	528810	354546	119866	453363
青 海	10294338	9490549	186454	114971	27870	178616
宁 夏	9032255	8470544	256045	132750	53355	121305
新 疆	55068750	52364748	1123075	599003	230500	1042246

5-1-7 各地区限额以上批发业企业损益及分配

单位：万元

地 区	主营业务收入	主营业务成本	销售费用	管理费用	财务费用	利润总额
全 国	**2921835854**	**2736184200**	**71781770**	**39349644**	**13218555**	**63950620**
北 京	381825774	360207324	10741759	5816137	1523264	8801280
天 津	183879821	176748147	2298182	1010937	922496	2260166
河 北	66855191	62731265	1163519	655180	448951	724318
山 西	73372970	73140434	1332313	922900	354343	708850
内蒙古	23097676	20733920	836551	387347	137978	748085
辽 宁	106198570	101316648	1263951	1154597	422976	1382382
吉 林	18731455	17313192	558273	264241	83887	416725
黑龙江	35624724	33403380	698158	371395	129721	647400
上 海	378874074	348914419	15025638	6243000	879016	8254649
江 苏	241546469	227131426	5237359	3098700	1223936	4632126
浙 江	241770703	230231331	4821682	2621916	1638252	3151832
安 徽	44836862	40861535	1807391	722474	158348	1139224
福 建	95749059	90300121	1943763	1283002	593552	1942228
江 西	17474559	15627167	469082	294878	37152	729961
山 东	163846382	150458635	3427923	2290465	883278	5156163
河 南	51213660	47110562	1190491	1029153	253495	1540901
湖 北	73651985	68904664	1465194	986850	302484	1523757
湖 南	27910910	24887207	794423	784821	129599	1039219
广 东	350182507	327640423	8500795	4709106	1597513	7917328
广 西	28859169	26902526	622060	418727	185555	637792
海 南	12192787	11601783	233231	137094	12699	259913
重 庆	54977066	50565110	1774593	772427	161960	1287820
四 川	52082534	47971150	1365651	905236	412536	1553198
贵 州	17540145	13499914	720228	482238	44141	2571061
云 南	48026787	43933197	1315015	725781	251952	1999089
西 藏	445195	318093	47779	25709	886	30025
陕 西	43577975	40466716	866223	477212	103427	1476173
甘 肃	22748817	21607787	260890	221328	81300	304946
青 海	9154401	8466068	123770	78254	21379	147947
宁 夏	6711369	6369829	119114	68328	32891	95916
新 疆	48876256	46820229	756769	390217	189588	870148

5-1-8 各地区限额以上零售业企业损益及分配

单位：万元

地 区	主营业务收入	主营业务成本	销售费用	管理费用	财务费用	利润总额
全 国	**727183483**	**645937335**	**42700140**	**23051351**	**5000109**	**16281022**
北 京	59950549	53577897	4631027	2100769	290314	627370
天 津	17012942	15522859	984566	518793	99539	92746
河 北	16412526	14810902	861740	572692	135871	166868
山 西	17818114	16421357	729622	466005	137636	97876
内蒙古	13439556	12190979	562513	342194	110594	278938
辽 宁	28348676	25093608	1360588	1162418	274869	552015
吉 林	11253400	9611504	534734	471604	109596	271220
黑龙江	10315275	8943643	475563	419498	77045	554648
上 海	43012930	36337330	4636270	2229573	197392	848351
江 苏	62982041	56060206	3477941	2094318	470658	1123096
浙 江	49066061	45010056	2559059	1362969	424668	373147
安 徽	20467221	18230770	1010778	548581	141597	399784
福 建	22144605	19601044	1360655	605786	139548	505222
江 西	9023442	8068974	428061	240339	59994	172284
山 东	69767592	61478510	2858879	1962974	557792	2632451
河 南	26176340	23433908	1063974	698234	169941	740236
湖 北	32361445	29794340	1917828	1039968	227912	1088718
湖 南	25714588	22608298	1364218	784481	153075	624094
广 东	70948493	61902238	5208789	2071540	420680	2008451
广 西	8141270	7522423	508536	269692	49043	158425
海 南	3855247	3443201	214163	117199	24119	114094
重 庆	20079785	17795954	1045828	496337	99748	582494
四 川	33965318	29962683	1966859	905616	226642	585818
贵 州	7096029	6587069	386116	171622	48614	222403
云 南	13873680	12247133	769928	398589	105017	329758
西 藏	880503	723848	77122	21527	909	58391
陕 西	17141646	14726121	870944	534891	140865	695554
甘 肃	6280891	5560767	267920	133218	38566	148416
青 海	1139937	1024480	62684	36717	6491	30669
宁 夏	2320886	2100715	136931	64423	20464	25390
新 疆	6192494	5544519	366307	208786	40913	172098

【主要统计指标解释】

资产总计 指企业过去的交易或者事项形成的、由企业拥有或者控制的、预期会给企业带来经济利益的资源。资产一般按流动性分为流动资产和非流动资产。其中流动资产可分为货币资金、交易性金融资产、应收票据、应收账款、预付款项、其他应收款、存货等；非流动资产可分为长期股权投资、固定资产、无形资产及其他非流动资产等。

流动资产合计 资产满足以下条件之一应归为流动资产：（1）预计在一个正常营业周期中变现、出售或耗用，主要包括存货、应收账款等；（2）主要为交易目的而持有；（3）预计在资产负债表日起一年内（含一年）变现；（4）自资产负债日起一年内，交换其他资产或清偿负债的能力不受限制的现金或现金等价物。包括货币资金、应收票据、应收账款、存货等项目。

固定资产合计 指企业为生产商品、提供劳务、出租或经营管理而持有的，使用寿命超过一个会计年度的有形资产。包括使用期限超过一年的房屋、建筑物、机器、机械、运输工具以及其他与生产、经营有关的设备、器具、工具等。固定资产合计是时点指标，表示固定资产经过扣减折旧、减值准备等后的期末余额。

负债合计 指企业过去的交易或者事项形成的，预期会导致经济利益流出企业的现时义务。负债一般按偿还期长短分为流动负债和非流动负债。

所有者权益合计 指企业资产扣除负债后由所有者享有的剩余权益。公司的所有者权益又称股东权益。包括实收资本、资本公积、盈余公积、未分配利润等。

主营业务收入 指企业确认的销售商品、提供劳务等主营业务的收入。

主营业务成本 指企业经营主要业务所发生的成本总额。

销售费用 指企业在销售商品和材料、提供劳务的过程中发生的各种费用，包括保险费、包装费、展览费和广告费、商品维修费、预计产品质量保证损失、运输费、装卸费等以及为销售本企业商品而专设的销售机构（含销售网点、售后服务网点等）的职工薪酬、业务费、折旧费等经营费用。

管理费用 指企业为组织和管理企业生产经营所发生的费用，包括企业在筹建期间内发生的开办费、董事会和行政管理部门在企业经营管理中发生的，或者应当由企业统一负担的公司经费等。

财务费用 指企业为筹集生产经营所需资金等而发生的筹资费用，包括企业生产经营期间发生的利息支出（减利息收入）、汇兑损失（减汇兑收益）以及相关的手续费等。

利润总额 指企业在一定会计期间的经营成果，是生产经营过程中各种收入扣除各种耗费后的盈余，反映企业在报告期内实现的盈亏总额。

5 第三产业部分行业主要财务指标

5-2 住宿和餐饮业

简要说明

一、主要内容

住宿和餐饮业企业主要财务状况。

二、统计范围

限额以上住宿和餐饮业企业。

三、统计调查方法

对限额以上住宿和餐饮业法人企业采用全面调查的方法。

四、限额标准

住宿业企业，年主营业务收入200万元及以上。

餐饮业企业，年主营业务收入200万元及以上。

五、资料来源

本部分资料是国家统计局贸易外经统计司根据《住宿和餐饮业统计报表制度》搜集的资料进行加工整理而得。

5-2-1 限额以上住宿和餐饮业企业年末资产负债

单位：万元

项目	资产合计	#流动资产合计	#固定资产合计	负债合计	所有者权益合计
总计	**132771128**	**48765005**	**52917226**	**92311269**	**40460781**
一、住宿业	**93101085**	**31372999**	**40368839**	**65045959**	**28055372**
#国有控股	28052090	7314280	13952106	15862749	12189341
(一)按登记注册类型分					
内资企业	**75334167**	**25364541**	**32528574**	**52192539**	**23142717**
国有企业	16530591	4211540	8313175	9074193	7456397
集体企业	1560662	489122	801210	1079076	481586
股份合作企业	498829	195026	226370	311856	186973
联营企业	264128	87657	135743	134495	129634
国有联营企业	141142	47089	67886	57552	83590
集体联营企业	30855	10660	13598	13777	17079
国有与集体联营企业	61298	13783	41348	43962	17336
其他联营企业	30833	16125	12911	19204	11628
有限责任公司	30962684	10447000	13299292	22426133	8536551
国有独资公司	1484774	281894	852726	842436	642338
其他有限责任公司	29477910	10165106	12446566	21583697	7894213
股份有限公司	3205491	1135092	1249143	2014154	1191337
私营企业	19882707	7792657	7571652	15378441	4505355
私营独资企业	2544975	937859	1118158	1636675	908299
私营合伙企业	604196	238939	288625	405900	198296
私营有限责任公司	15336909	6107655	5598732	12269727	3068271
私营股份有限公司	1396628	508204	566137	1066139	330489
其他企业	2429076	1006449	931988	1774192	654884
港、澳、台商投资企业	**10711299**	**3465543**	**4609521**	**7780695**	**2929761**
合资经营企业	5557473	1858582	2139696	4017999	1539473
合作经营企业	1392374	544944	604683	1083947	308427
独资经营企业	3364494	952298	1628177	2392070	971582
投资股份有限公司	369446	105453	225687	269717	99730
其他港澳台商投资企业	27513	4266	11279	16962	10550
外商投资企业	**7055619**	**2542915**	**3230744**	**5072726**	**1982893**
中外合资经营企业	3054620	1213126	1260585	2147054	907566
中外合作经营企业	894294	350806	380973	888638	5657
外资企业	2686925	941435	1316309	1641773	1045151
外商投资股份有限公司	332755	17794	260725	336245	-3490
其他外商投资企业	87025	19753	12151	59016	28009
(二)按国民经济行业分					
旅游饭店	82163767	27400277	35935522	57751925	24412089
一般旅馆	9683750	3537061	3841039	6414492	3269259
其他住宿业	1253567	435661	592278	879543	374025

5-2-1 续表　　　　单位：万元

项　　目	资产合计	#流动资产合计	#固定资产合计	负债合计	所有者权益合计
二、餐饮业	**39670044**	**17392006**	**12548387**	**27265310**	**12405410**
#国有控股	3434379	1397585	1230878	2286275	1148104
(一)按登记注册类型分					
内资企业	**32914501**	**14771378**	**10654868**	**22919863**	**9995314**
国有企业	1863009	708336	820822	1237311	625698
集体企业	319800	103531	104201	196098	123702
股份合作企业	530100	241671	106090	392255	137845
联营企业	25366	8533	12610	9853	15513
国有联营企业	2105	343	1216	783	1323
集体联营企业	17684	5206	10894	4618	13066
国有与集体联营企业					
其他联营企业	5577	2985	500	4453	1124
有限责任公司	9768493	4291886	3116602	7234621	2533872
国有独资公司	210141	75691	99925	168137	42005
其他有限责任公司	9558352	4216195	3016676	7066485	2491867
股份有限公司	2209269	944558	490457	1273691	935578
私营企业	16769824	7830530	5482938	11656335	5114166
私营独资企业	2904130	1097438	1273989	1512662	1391468
私营合伙企业	394508	188111	147199	220403	174105
私营有限责任公司	12615986	6158287	3850389	9334220	3282443
私营股份有限公司	855201	386695	211362	589051	266150
其他企业	1428639	642334	521149	919698	508942
港、澳、台商投资企业	**2752160**	**1319334**	**768459**	**1758867**	**993293**
合资经营企业	700980	347344	213942	404468	296512
合作经营企业	170739	81611	60952	154570	16170
独资经营企业	1787455	814201	482793	1145983	641472
投资股份有限公司	91569	74986	10613	52763	38806
其他港澳台商投资企业	1417	1191	160	1084	333
外商投资企业	**4003383**	**1301294**	**1125061**	**2586580**	**1416803**
中外合资经营企业	1140061	317797	434436	702217	437844
中外合作经营企业	67389	31020	16150	46822	20567
外资企业	2727286	931939	665449	1804827	922459
外商投资股份有限公司	59924	15766	6335	28192	31732
其他外商投资企业	8723	4772	2691	4522	4201
(二)按国民经济行业分					
正餐服务	34248997	15245903	11239655	23823414	10426259
快餐服务	4083563	1433109	1049779	2650272	1433291
饮料及冷饮服务	418111	225566	90538	220703	197408
其他餐饮业	919373	487428	168416	570921	348452

5-2-2 各地区限额以上住宿和餐饮业企业年末资产负债

单位：万元

地 区	资产合计	#流动资产合计	#固定资产合计	负债合计	所有者权益合计
全 国	**132771128**	**48765005**	**52917226**	**92311269**	**40460781**
北 京	15443435	5830668	5203906	11455155	3988280
天 津	2091348	855751	747923	1583978	508458
河 北	3162687	1095473	1547312	2318869	844600
山 西	2584027	956403	1135310	1914113	669914
内蒙古	2395786	826006	1060400	1469263	926523
辽 宁	4133948	1510991	1808041	2926803	1207145
吉 林	1195443	345255	693170	703696	491746
黑龙江	1122867	317454	641015	662033	460834
上 海	8257172	3253429	2841732	5253029	3004093
江 苏	9680533	3429770	3628180	7037367	2643167
浙 江	11298981	4317510	4503921	8511600	2787381
安 徽	3399403	1171307	1286193	2276864	1122539
福 建	4067687	1482363	1533259	2451247	1616440
江 西	2041514	711974	854825	1205005	836509
山 东	8051267	2659701	3661856	5457431	2593837
河 南	3979113	1542687	1608101	2671219	1307894
湖 北	4399941	1489852	1812793	2955105	1444836
湖 南	3909080	1159542	1854675	2589017	1320063
广 东	15879736	6345352	5835033	11660087	4218751
广 西	2076727	633748	946849	1449024	627703
海 南	2694884	1204880	994975	1938244	756640
重 庆	2721456	1231626	978523	1940786	780669
四 川	6471399	2382219	2386780	4397462	2073937
贵 州	1200228	454859	540848	818585	381643
云 南	3283744	1231279	1335066	1911721	1372023
西 藏	281034	43900	177008	110283	170751
陕 西	3835101	1185175	1825272	2733786	1101315
甘 肃	1051612	358882	484976	561833	489779
青 海	319918	93606	170395	159217	160701
宁 夏	494935	203965	283380	354705	140229
新 疆	1246126	439380	535510	833743	412383

5-2-3 各地区限额以上住宿业企业年末资产负债

单位：万元

地 区	资产合计	#流动资产合计	#固定资产合计	负债合计	所有者权益合计
全 国	**93101085**	**31372999**	**40368839**	**65045959**	**28055372**
北 京	11364379	3610293	4562182	8275079	3089300
天 津	1272698	502690	513920	956567	317219
河 北	2522153	811775	1303086	1882102	640050
山 西	1268168	405091	664689	906259	361910
内蒙古	1155279	317278	621993	706205	449074
辽 宁	2839802	1035524	1347619	2021486	818316
吉 林	850462	241582	500218	561467	288995
黑龙江	891452	221532	546783	544778	346674
上 海	5430112	1694708	2205723	3110903	2319210
江 苏	6291797	2011075	2522001	4485088	1806709
浙 江	8397035	3007545	3506766	6290077	2106958
安 徽	2049877	625968	847398	1411126	638751
福 建	3140190	1056710	1246557	1892957	1247232
江 西	1571717	529779	669721	955037	616680
山 东	4483837	1489157	2131419	3034988	1448850
河 南	2883156	1092882	1214487	2087633	795524
湖 北	2690728	841038	1208506	1787403	903325
湖 南	3167749	924957	1525436	2167246	1000503
广 东	12092654	4613553	4744420	9017054	3074757
广 西	1770536	504463	835206	1278841	491695
海 南	2585301	1145726	962038	1849255	736046
重 庆	1809403	788404	668177	1458522	350880
四 川	3871841	1242591	1718389	2698844	1172997
贵 州	973089	340585	469730	656473	316616
云 南	2614504	847754	1145708	1518793	1095711
西 藏	272383	39920	175258	103372	169011
陕 西	2577225	666942	1382709	1978393	598831
甘 肃	745102	235855	366931	420590	324512
青 海	229482	60050	122831	101321	128161
宁 夏	258945	102203	178451	186296	72650
新 疆	1030030	365370	460490	701806	328224

5-2-4 各地区限额以上餐饮业企业年末资产负债

单位：万元

地　区	资产合计	#流动资产合计	#固定资产合计	负债合计	所有者权益合计
全　国	**39670044**	**17392006**	**12548387**	**27265310**	**12405410**
北　京	4079056	2220375	641724	3180076	898980
天　津	818650	353061	234003	627411	191239
河　北	640535	283698	244225	436766	204549
山　西	1315859	551311	470621	1007855	308004
内蒙古	1240507	508727	438407	763058	477449
辽　宁	1294146	475466	460422	905317	388829
吉　林	344980	103673	192951	142229	202751
黑龙江	231415	95922	94231	117255	114160
上　海	2827060	1558721	636009	2142126	684883
江　苏	3388737	1418695	1106179	2552279	836458
浙　江	2901945	1309965	997155	2221523	680423
安　徽	1349526	545339	438795	865738	483788
福　建	927497	425653	286702	558289	369208
江　西	469797	182195	185104	249968	219829
山　东	3567430	1170544	1530437	2422443	1144987
河　南	1095957	449805	393615	583586	512370
湖　北	1709213	648815	604287	1167702	541511
湖　南	741331	234585	329239	421771	319560
广　东	3787082	1731800	1090614	2643033	1143994
广　西	306190	129285	111643	170183	136007
海　南	109583	59154	32938	88989	20594
重　庆	912053	443222	310346	482264	429789
四　川	2599558	1139628	668391	1698618	900940
贵　州	227139	114274	71118	162112	65026
云　南	669240	383525	189358	392928	276313
西　藏	8651	3981	1750	6911	1740
陕　西	1257876	518233	442564	755393	502484
甘　肃	306511	123027	118046	141243	165268
青　海	90436	33556	47564	57897	32539
宁　夏	235989	101762	104930	168410	67579
新　疆	216096	74010	75020	131937	84159

5-2-5 限额以上住宿和餐饮业企业损益及分配

单位：万元

项目	主营业务收入	主营业务成本	销售费用	管理费用	财务费用	利润总额
总计	**77005841**	**33818594**	**22144797**	**14402322**	**2217670**	**1599849**
一、住宿业	**34497663**	**12266038**	**10155633**	**9486107**	**1510342**	**-173776**
#国有控股	10190518	3491013	3060928	3132897	257835	-55527
(一)按登记注册类型分						
内资企业	**28999717**	**10723852**	**8707597**	**7680502**	**1215004**	**-395873**
国有企业	6300651	2330258	1955325	1884276	122154	-142237
集体企业	816689	362877	193003	192140	11418	9170
股份合作企业	220512	81303	67959	54010	7160	2512
联营企业	124930	45354	39605	32048	1393	2716
国有联营企业	58100	19539	18646	13542	675	2150
集体联营企业	21422	9443	6252	3777	82	1022
国有与集体联营企业	23017	9715	8223	9189	265	-2336
其他联营企业	22391	6657	6485	5539	370	1880
有限责任公司	10402995	3443648	3242821	3019035	516365	-231432
国有独资公司	419793	133458	144086	134611	9300	-28679
其他有限责任公司	9983202	3310189	3098735	2884424	507065	-202753
股份有限公司	1182970	461875	310050	277453	45832	10067
私营企业	8863553	3571431	2616266	1945945	462844	-59513
私营独资企业	1531326	760880	314626	264054	53229	81804
私营合伙企业	364763	184361	72686	61475	16923	5512
私营有限责任公司	6420630	2356230	2102841	1515116	361941	-140192
私营股份有限公司	546834	269960	126114	105299	30751	-6636
其他企业	1087420	427106	282569	275595	47837	12844
港、澳、台商投资企业	**3210904**	**869443**	**882506**	**1074136**	**184714**	**112142**
合资经营企业	1660928	443511	431874	528357	90673	124664
合作经营企业	416832	111817	122307	138331	26116	916
独资经营企业	1027017	278582	294417	372915	59541	2969
投资股份有限公司	103145	34950	32254	32961	8163	-15213
其他港澳台商投资企业	2983	583	1655	1571	221	-1194
外商投资企业	**2287042**	**672742**	**565530**	**731470**	**110624**	**109955**
中外合资经营企业	1124777	253555	297041	388070	57295	72694
中外合作经营企业	372307	152054	77569	94302	20800	12178
外资企业	739951	252719	174666	231191	31260	28376
外商投资股份有限公司	35312	7966	11752	13971	962	-1982
其他外商投资企业	14695	6448	4502	3936	307	-1311
(二)按国民经济行业分						
旅游饭店	28860693	9964181	8570273	8195970	1354865	-291677
一般旅馆	5012072	2062751	1408096	1117584	134607	112632
其他住宿业	624898	239106	177264	172552	20870	5269

5-2-5 续表

单位：万元

项 目	主营业务收入	主营业务成本	销售费用	管理费用	财务费用	利润总额
二、餐饮业	**42508178**	**21552557**	**11989164**	**4916215**	**707328**	**1773625**
#国有控股	2202157	1090505	546761	398993	33898	79158
(一)按登记注册类型分						
内资企业	**31945412**	**16876501**	**8020288**	**3853496**	**631598**	**1128103**
国有企业	1051878	544605	239814	192493	16005	4638
集体企业	347632	206192	62281	41973	2940	13570
股份合作企业	262904	139185	71265	30283	4521	3594
联营企业	57831	45687	4043	3097	1357	2696
国有联营企业	1096	680		143		205
集体联营企业	46253	37641	2866	1629	1182	2674
国有与集体联营企业						
其他联营企业	10481	7366	1178	1325	175	-183
有限责任公司	8458829	4165674	2480874	1135380	179037	81086
国有独资公司	145915	52511	46239	49263	3308	-10650
其他有限责任公司	8312914	4113163	2434635	1086117	175729	91735
股份有限公司	1332473	649236	334059	165520	40399	170240
私营企业	19023218	10331410	4530027	2119607	361741	807360
私营独资企业	4172211	2545495	572361	340615	64944	408828
私营合伙企业	604268	363361	105290	61015	8902	30221
私营有限责任公司	13379807	6959355	3622948	1629462	271777	339391
私营股份有限公司	866932	463200	229428	88515	16119	28920
其他企业	1410647	794512	297925	165143	25599	44919
港、澳、台商投资企业	**3048662**	**1226437**	**1317433**	**359636**	**36713**	**114647**
合资经营企业	518443	245645	251884	83535	7764	40032
合作经营企业	218693	84263	88697	32152	2586	206
独资经营企业	2282918	884045	967209	237111	25557	77739
投资股份有限公司	24969	10895	9025	5570	769	-3285
其他港澳台商投资企业	3640	1588	619	1267	37	-45
外商投资企业	**7514104**	**3449620**	**2651444**	**703083**	**39017**	**530875**
中外合资经营企业	1936596	903881	631256	164081	10810	120475
中外合作经营企业	153380	80054	40134	18365	2886	3879
外资企业	5362432	2437581	1958373	514160	24669	404403
外商投资股份有限公司	50431	23625	18966	4940	588	155
其他外商投资企业	11264	4480	2715	1537	64	1964
(二)按国民经济行业分						
正餐服务	32643309	16966881	8545837	4054499	660700	1079853
快餐服务	8092665	3762317	2888865	690209	36512	556031
饮料及冷饮服务	660148	222756	296485	52382	3199	61514
其他餐饮业	1112055	600603	257978	119126	6917	76227

5-2-6 各地区限额以上住宿和餐饮业企业损益及分配

单位：万元

地 区	主营业务收入	主营业务成本	销售费用	管理费用	财务费用	利润总额
全 国	**77005841**	**33818594**	**22144797**	**14402322**	**2217670**	**1599849**
北 京	9201200	3387012	3073982	1898485	201016	189830
天 津	1411949	639163	428449	226850	27071	54670
河 北	1360369	639006	409973	289547	54696	-89256
山 西	1486756	701988	465540	278421	43892	-43840
内蒙古	1179217	511686	341847	233166	25782	13554
辽 宁	2477505	1161101	586874	468612	60333	86007
吉 林	567426	271685	131643	127464	14516	-3151
黑龙江	644254	263454	159500	137682	12158	12085
上 海	5535081	2095296	2123250	1196952	131087	143198
江 苏	5484395	2463636	1562448	1061336	185358	-68496
浙 江	5760476	2416408	1733841	1172487	273819	-10169
安 徽	1548678	729220	422364	287145	54591	1867
福 建	2840145	1322202	730058	463582	77881	99878
江 西	884372	386319	235323	164995	33187	15262
山 东	5282432	2774964	1087813	810035	130346	258572
河 南	2854730	1636213	493120	363108	66682	178832
湖 北	2784401	1407231	693227	417977	73067	55815
湖 南	2317249	1090904	535221	460498	94312	10565
广 东	10065012	4077779	3253044	1791606	288322	222538
广 西	866062	330116	313266	219900	37567	-7326
海 南	1030860	264246	304927	330986	28959	72529
重 庆	2037599	1134436	397932	277393	53114	87274
四 川	3836166	1689103	1090960	625134	106382	145192
贵 州	533666	224001	150806	125612	27391	-13359
云 南	1213153	509564	349254	262361	29848	141660
西 藏	70574	23149	25543	19341	735	-1824
陕 西	2254227	1016480	629103	413337	49808	19998
甘 肃	628572	292372	144544	95474	12671	39515
青 海	121771	44045	44190	26256	3958	-486
宁 夏	212838	91512	75114	41291	10109	-10114
新 疆	514709	224306	151643	115290	9013	-970

5-2-7 各地区限额以上住宿业企业损益及分配

单位：万元

地 区	主营业务收入	主营业务成本	销售费用	管理费用	财务费用	利润总额
全 国	**34497663**	**12266038**	**10155633**	**9486107**	**1510342**	**-173776**
北 京	3765526	1008229	1108292	1266471	146692	38902
天 津	413614	143025	134965	126196	18807	-19136
河 北	827726	351923	260918	229381	45153	-84301
山 西	537235	214487	184229	139739	18385	-34546
内蒙古	433176	173537	118962	123440	13365	-4434
辽 宁	1043848	411928	261541	319503	36445	-24725
吉 林	356790	157279	95110	90397	10646	-16386
黑龙江	339135	113420	102875	104903	9902	-6338
上 海	2037508	564329	654043	696046	76372	26401
江 苏	2188583	806766	649203	636541	120404	-128364
浙 江	2994335	980785	959098	820458	202146	-48273
安 徽	693942	284418	192613	174917	28756	-9040
福 建	1386462	501826	419294	312279	61140	29215
江 西	531976	200084	159857	126601	26250	-6490
山 东	2049864	941618	501619	459600	55501	31994
河 南	1370170	686340	294969	262840	45310	30819
湖 北	1071245	496184	260897	233961	36893	12481
湖 南	1379984	548674	327904	365923	76889	-18103
广 东	4583818	1457853	1507881	1189355	213464	29493
广 西	604653	193391	227673	184234	32595	-20544
海 南	904533	197032	262262	313375	26961	74391
重 庆	635150	255125	176195	169510	42032	-23436
四 川	1380986	465865	403246	360374	67755	37913
贵 州	354823	135078	101736	95356	22138	-11721
云 南	740317	253372	230426	204459	21055	4025
西 藏	58926	16503	21340	18392	718	-1282
陕 西	963278	367922	282347	261007	31269	-32870
甘 肃	300985	119192	78007	65596	8645	11258
青 海	73903	21779	27500	20628	2974	-1104
宁 夏	101088	37551	37866	24017	5069	-5959
新 疆	374085	160525	112769	90608	6614	-3619

5-2-8 各地区限额以上餐饮业企业损益及分配

单位：万元

地 区	主营业务收入	主营业务成本	销售费用	管理费用	财务费用	利润总额
全 国	**42508178**	**21552557**	**11989164**	**4916215**	**707328**	**1773625**
北 京	5435674	2378783	1965690	632015	54324	150928
天 津	998335	496138	293485	100654	8264	73806
河 北	532643	287083	149055	60166	9543	-4956
山 西	949520	487501	281311	138681	25507	-9294
内蒙古	746040	338149	222885	109726	12418	17988
辽 宁	1433657	749173	325334	149109	23889	110732
吉 林	210636	114406	36533	37067	3870	13234
黑龙江	305119	150034	56625	32779	2257	18424
上 海	3497574	1530967	1469207	500907	54715	116797
江 苏	3295812	1656870	913245	424795	64955	59868
浙 江	2766141	1435623	774743	352029	71673	38104
安 徽	854735	444802	229751	112228	25835	10906
福 建	1453683	820376	310764	151303	16741	70663
江 西	352396	186235	75466	38394	6937	21752
山 东	3232568	1833345	586194	350435	74845	226577
河 南	1484560	949872	198150	100268	21372	148013
湖 北	1713156	911047	432330	184016	36174	43334
湖 南	937265	542230	207317	94575	17423	28668
广 东	5481194	2619925	1745162	602251	74858	193045
广 西	261409	136726	85593	35666	4972	13218
海 南	126327	67214	42665	17611	1998	-1863
重 庆	1402449	879311	221737	107884	11082	110710
四 川	2455179	1223238	687715	264760	38627	107279
贵 州	178844	88923	49070	30256	5253	-1638
云 南	472836	256192	118828	57902	8793	137635
西 藏	11648	6646	4204	949	16	-542
陕 西	1290949	648558	346756	152330	18540	52868
甘 肃	327587	173180	66537	29878	4026	28257
青 海	47868	22266	16690	5629	983	618
宁 夏	111750	53962	37248	17274	5040	-4154
新 疆	140624	63781	38875	24681	2399	2649

【主要统计指标解释】

资产总计 指企业过去的交易或者事项形成的、由企业拥有或者控制的、预期会给企业带来经济利益的资源。资产一般按流动性分为流动资产和非流动资产。其中流动资产可分为货币资金、交易性金融资产、应收票据、应收账款、预付款项、其他应收款、存货等；非流动资产可分为长期股权投资、固定资产、无形资产及其他非流动资产等。

流动资产合计 资产满足以下条件之一应归为流动资产：（1）预计在一个正常营业周期中变现、出售或耗用，主要包括存货、应收账款等；（2）主要为交易目的而持有；（3）预计在资产负债表日起一年内（含一年）变现；（4）自资产负债日起一年内，交换其他资产或清偿负债的能力不受限制的现金或现金等价物。包括货币资金、应收票据、应收账款、存货等项目。

固定资产合计 指企业为生产商品、提供劳务、出租或经营管理而持有的，使用寿命超过一个会计年度的有形资产。包括使用期限超过一年的房屋、建筑物、机器、机械、运输工具以及其他与生产、经营有关的设备、器具、工具等。固定资产合计是时点指标，表示固定资产经过扣减折旧、减值准备等后的期末余额。

负债合计 指企业过去的交易或者事项形成的，预期会导致经济利益流出企业的现时义务。负债一般按偿还期长短分为流动负债和非流动负债。

所有者权益合计 指企业资产扣除负债后由所有者享有的剩余权益。公司的所有者权益又称股东权益。包括实收资本、资本公积、盈余公积、未分配利润等。

主营业务收入 指企业确认的销售商品、提供劳务等主营业务的收入。

主营业务成本 指企业经营主要业务所发生的成本总额。

销售费用 指企业在销售商品和材料、提供劳务的过程中发生的各种费用，包括保险费、包装费、展览费和广告费、商品维修费、预计产品质量保证损失、运输费、装卸费等以及为销售本企业商品而专设的销售机构（含销售网点、售后服务网点等）的职工薪酬、业务费、折旧费等经营费用。

管理费用 指企业为组织和管理企业生产经营所发生的费用，包括企业在筹建期间内发生的开办费、董事会和行政管理部门在企业经营管理中发生的，或者应当由企业统一负担的公司经费等。

财务费用 指企业为筹集生产经营所需资金等而发生的筹资费用，包括企业生产经营期间发生的利息支出（减利息收入）、汇兑损失（减汇兑收益）以及相关的手续费等。

利润总额 指企业在一定会计期间的经营成果，是生产经营过程中各种收入扣除各种耗费后的盈余，反映企业在报告期内实现的亏盈总额。

5 第三产业部分行业主要财务指标

5-3 信息传输、软件和信息技术服务业

简要说明

一、主要内容

电信主要财务情况，主要包括电信运营企业的资产、营业收入和利润等指标。

二、统计范围

包括从事电信运营的中国电信、中国移动、中国联通三家基础电信企业，不含专用网业务资料。业务范围分为国内业务量和国际及港澳业务量（对台业务量统计在港澳中）。

三、资料来源

本篇资料由国家统计局服务业统计司负责整理、编辑，资料来源于工业和信息化部。

5-3-1 电信主要财务情况

单位：亿元

指标	2003	2004	2005	2006	2007	2008	2009	2010	2011	2012
主营业务收入	4597.64	5275.11	5840.12	6491.80	7398.60	8148.00	8544.09	9079.14	9880.41	10758.29
固定通信业务收入							2849.14	2795.96	2705.79	2802.46
移动通信业务收入							5694.95	6283.17	7174.62	7955.83
主营业务成本	2459.02	2567.44	2720.45	2994.00	3422.58	3941.61	4116.29	4361.02	4980.15	5240.34
利润总额	742.89	931.18	1265.07	1355.83	1737.22	1750.30	1730.71	1458.46	1668.26	1797.31
资产总额	14214.94	15526.89	16419.27	17462.80	18148.46	19857.43	21169.05	22194.60	23408.52	25177.34

5-3-2 各地区电信主要财务情况

单位：亿元

地区	主营业务收入	主营业务成本	利润总额	资产总额
全国	**10758.29**	**5240.34**	**1797.31**	**25177.34**
北京	506.40	253.48	120.69	1384.40
天津	157.99	83.94	28.12	343.74
河北	456.88	230.31	71.75	877.42
山西	255.06	138.01	28.60	491.23
内蒙古	215.76	118.16	18.38	404.59
辽宁	412.41	205.32	62.63	785.88
吉林	172.84	105.13	3.81	372.44
黑龙江	246.65	136.69	21.84	494.33
上海	512.82	272.98	96.36	943.38
江苏	821.73	357.16	184.10	1415.95
浙江	724.90	336.53	157.81	1313.18
安徽	333.82	153.50	67.42	611.04
福建	423.53	197.90	83.51	787.46
江西	227.79	107.31	33.28	433.33
山东	616.19	283.05	135.88	1218.45
河南	476.63	245.69	70.39	959.34
湖北	372.17	188.45	54.54	675.66
湖南	374.04	172.98	64.67	705.38
广东	1466.14	688.49	414.02	3226.08
广西	263.16	133.33	40.58	465.48
海南	86.93	45.44	14.87	174.20
重庆	200.67	107.13	32.43	348.22
四川	492.23	245.16	75.50	895.79
贵州	187.58	102.35	21.41	320.94
云南	274.44	123.66	40.67	519.44
西藏	28.51	19.17	-8.93	81.32
陕西	293.03	139.68	47.53	521.60
甘肃	146.07	77.37	12.79	277.08
青海	43.74	25.09	0.02	102.87
宁夏	52.47	27.42	4.99	100.27
新疆	190.46	109.40	12.71	363.71
不分地区	-274.78	-189.93	-215.07	3563.16

【主要统计指标解释】

主营业务收入 指电信企业经营的基础电信业务和增值电信业务所取得的资费收入，以及电信企业之间网间互联电信业务的结算收入。

主营业务成本 指电信企业在通信生产过程中实际发生的与通信生产直接有关的各项费用支出。

利润总额 指电信企业在生产经营过程中，通过销售过程将商品卖给购买方，实现收入，收入扣除当初的投入成本以及其他一系列费用，再加减非经营性质的收支及投资收益。

资产总额 指过去的交易或事项形成并由电信企业拥有或控制的所有资源，该资源预期会给企业带来经济利益，按其流动性分为流动资产和非流动资产。

5 第三产业部分行业主要财务指标

5-4　房地产业

简要说明

一、主要内容

本篇资料主要内容是历年房地产开发企业主要财务情况。主要分组包括按地区、用途、登记注册类型、资质等级等。

二、统计范围

本篇资料仅包括房地产业中的房地产开发经营部分资料。

三、统计调查方法

调查方法为全面调查。

四、统计口径变化

2004 年财务指标为经济普查数据。

五、资料来源

房地产开发统计资料来自 2012 年全国房地产开发企业上报的基层库，除个别指标外，均为自年初累计数据。

5-4-1 房地产开发企业经营情况

单位：亿元

年份 地区	主营业务收入	土地转让收入	商品房屋销售收入	房屋出租收入	其他收入	主营业务税金及附加	营业利润
1995	1731.66	194.40	1258.28	25.79	253.19	90.30	143.41
1996	1968.79	120.34	1533.76	29.99	284.69	92.78	17.98
1997	2218.46	103.28	1755.21	38.79	321.18	104.21	-10.35
1998	2951.21	132.25	2408.41	49.32	361.23	138.81	-10.66
1999	3026.01	103.25	2555.02	62.74	305.00	145.36	-35.09
2000	4515.71	129.61	3896.82	95.32	393.96	214.57	73.28
2001	5471.66	188.99	4729.42	117.35	435.90	273.45	125.47
2002	7077.85	225.13	6145.80	144.57	562.34	370.15	252.91
2003	9137.27	279.72	8153.69	164.33	539.53	493.72	430.37
2004	13314.46	410.09	11752.20	305.58	846.59	413.04	857.97
2005	14769.35	341.43	13316.77	290.29	820.86	845.25	1109.19
2006	18046.76	300.65	16621.36	316.79	807.96	1127.12	1669.89
2007	23397.13	427.92	21604.21	386.81	978.19	1660.30	2436.61
2008	26696.84	466.85	24394.12	521.47	1314.40	1829.20	3432.23
2009	34606.23	498.05	32507.83	544.27	1056.08	2585.49	4728.58
2010	42996.48	519.19	40585.33	742.92	1149.04	3464.66	6111.48
2011	44491.28	664.66	41697.91	904.28	1224.43	3832.98	5798.58
2012	51028.41	819.39	47463.49	1151.55	1593.98	4610.87	6001.33
北京	3067.42	215.84	2455.12	217.91	178.54	352.68	646.92
天津	1294.90	51.26	1102.70	19.19	121.75	97.88	128.78
河北	1687.70	2.80	1651.55	9.83	23.52	139.16	121.33
山西	460.64	3.83	437.08	8.17	11.57	35.20	6.16
内蒙古	870.59	14.88	828.69	9.08	17.94	67.69	40.93
辽宁	2474.79	12.25	2403.86	16.95	41.73	204.70	214.89
吉林	683.47	5.36	665.12	4.14	8.85	54.58	35.65
黑龙江	986.39	5.32	955.54	4.12	21.42	74.14	53.13
上海	3182.50	40.66	2649.28	348.82	143.75	339.15	694.45
江苏	5854.69	102.04	5553.63	46.49	152.53	506.78	562.73
浙江	3382.86	40.10	3235.99	35.52	71.25	331.01	471.70
安徽	1797.10	29.27	1694.29	20.79	52.75	144.58	175.19
福建	1769.90	8.65	1695.45	20.43	45.36	184.00	297.91
江西	899.89	6.45	882.27	4.85	6.32	75.06	119.75
山东	3094.56	14.72	2925.42	19.94	134.49	236.56	258.69
河南	1570.94	7.72	1513.36	21.00	28.87	131.89	172.96
湖北	1731.03	18.32	1600.23	38.51	73.97	147.91	203.21
湖南	1386.37	38.80	1300.57	18.34	28.67	109.58	77.14
广东	5234.92	41.71	4892.52	161.79	138.90	609.81	894.91
广西	775.73	16.30	718.88	16.66	23.89	73.26	47.21
海南	501.04	9.04	448.55	2.76	40.70	58.01	39.81
重庆	1803.61	75.63	1643.65	27.48	56.83	152.38	189.11
四川	2549.10	31.01	2422.01	35.27	60.80	201.50	250.47
贵州	549.98	4.65	515.71	7.29	22.33	42.40	23.90
云南	835.86	12.53	791.43	9.82	22.08	70.76	58.13
西藏	10.41		10.13	0.18	0.10	0.83	-0.31
陕西	1343.45	5.24	1286.88	11.61	39.72	85.71	130.63
甘肃	297.78	2.09	282.15	4.07	9.47	18.31	8.73
青海	103.40	0.35	102.16	0.77	0.13	6.71	-0.64
宁夏	277.61	0.50	266.13	3.51	7.47	17.29	16.29
新疆	549.77	2.09	533.15	6.25	8.28	41.39	61.58

5-4-2 按登记注册类型分的房地产开发企业资产总计

单位：亿元

地区	总计	内资							
			国有	集体	股份合作	国有联营	集体联营	国有与集体联营	其他联营
全国	**351858.65**	**307089.66**	**33640.81**	**2045.94**	**867.76**	**254.42**	**21.06**	**77.88**	**60.85**
北京	34126.56	29064.46	1290.57	142.90	8.86				
天津	15685.76	14516.82	4212.26	199.29	45.42	9.35	0.31		
河北	9007.44	8764.84	135.03	20.25	30.90				3.74
山西	3738.47	3646.59	177.72	6.33	3.30	13.25			
内蒙古	5065.50	5051.06	159.61	4.74	22.70			0.39	
辽宁	15722.10	12333.18	505.17	10.99	60.59	20.78			
吉林	3430.08	3249.49	92.60	2.26	1.11			1.49	
黑龙江	7107.25	6900.90	457.15	1.68	4.05				
上海	32316.42	25990.52	6741.64	409.19	14.04	67.15	14.19	58.83	0.51
江苏	30590.01	26148.97	4209.87	250.74	67.57	11.74		0.09	4.74
浙江	31360.92	28566.41	1480.72	77.00	23.91	78.24		2.71	0.05
安徽	9883.72	9284.59	681.67	7.91	61.25	22.52		1.13	11.17
福建	12537.67	10513.01	1764.62	53.24	4.47	10.52	0.40	0.87	
江西	4517.67	4127.91	645.61	2.84	19.80		0.25		3.59
山东	18195.84	16757.95	1828.71	302.04	97.51	9.89	2.93		0.47
河南	8641.29	7924.60	174.78	16.26	18.31				1.55
湖北	9658.88	8922.21	1174.39	72.20	22.37			2.80	2.22
湖南	7315.62	6833.52	457.61	26.56	119.04			7.88	3.22
广东	34725.32	25875.69	1717.85	301.90	80.46		2.25		17.70
广西	5344.36	4957.81	476.95	14.96	5.71	1.19			1.40
海南	4438.19	3680.38	687.88	0.20	33.73			0.60	0.98
重庆	13117.33	11455.43	2562.50	7.83	2.38			0.39	0.14
四川	12794.70	11214.72	503.11	36.39	65.91	4.67			2.38
贵州	4228.85	4078.67	385.65	1.05	5.41	2.46		0.54	0.13
云南	6954.93	6550.10	379.78	45.94	22.82	0.87	0.25	0.09	
西藏	48.83	48.83	4.35	2.50				0.07	5.65
陕西	5214.98	4693.70	422.58	14.34	21.26		0.48		1.20
甘肃	1664.41	1606.91	209.23	7.57	1.35				
青海	606.88	604.72	43.02		3.54	1.77			
宁夏	1561.49	1478.61	17.19	6.52					
新疆	2257.19	2247.03	40.99	0.35					

5-4-2 续表 1

单位：亿元

地 区	国有独资公 司	其他有限责任公司	股份有限公 司	私营独资	私营合伙	私营有限责任公司	私营股份有限公司	其他内资企 业	港澳台商投 资	合资经营
全 国	**17608.68**	**144182.93**	**17644.29**	**3770.09**	**691.77**	**76660.04**	**5357.86**	**4205.29**	**29211.24**	**9758.61**
北 京	1417.18	21711.33	2649.83	1.52	2.16	1749.07	91.04		3110.69	709.38
天 津	2981.17	4247.76	627.87	95.02	18.54	1603.25	170.94	305.63	563.20	201.34
河 北	51.93	4345.77	616.49	180.09	10.25	2938.04	245.82	186.52	102.67	54.86
山 西	40.72	865.23	53.87	33.24	3.45	2313.94	103.63	31.91	34.97	10.51
内蒙古	121.72	2614.02	277.75	84.11	7.76	1502.96	164.88	90.43	1.99	1.99
辽 宁	356.83	4937.27	1438.43	258.92	21.55	4268.22	204.14	250.30	2019.40	796.10
吉 林	113.82	1876.67	126.03	63.06	1.99	892.56	32.58	45.33	143.38	52.15
黑龙江	2290.11	2241.08	251.80	57.26	9.10	1449.13	90.26	49.27	91.57	58.48
上 海	1604.28	9140.84	1429.24	274.47	13.96	5745.45	309.05	167.69	3778.31	1550.59
江 苏	624.28	9740.26	1134.39	818.36	116.98	8161.26	550.33	458.36	2968.00	1151.84
浙 江	837.52	16421.76	933.36	153.74	21.61	8301.60	226.87	7.32	1629.80	738.78
安 徽	1108.21	4280.44	280.98	179.66	55.70	2158.73	189.62	245.60	365.61	139.93
福 建	733.60	4666.97	349.35	72.32	17.84	2515.25	121.21	202.37	1680.91	624.11
江 西	130.47	1776.62	264.77	36.42	16.37	1018.78	152.58	59.80	294.11	136.64
山 东	598.71	7845.23	990.80	253.09	36.33	4111.17	359.15	321.91	1052.63	548.58
河 南	294.83	4516.31	426.98	139.73	27.94	1980.56	143.86	183.47	530.82	182.30
湖 北	717.51	3711.07	662.45	176.14	14.57	2044.26	163.08	159.13	512.70	205.64
湖 南	543.67	3477.55	234.73	82.76	25.79	1588.35	199.29	67.08	367.03	101.93
广 东	544.66	12710.67	2716.69	232.66	37.49	6644.27	654.51	214.59	6341.83	1139.08
广 西	533.00	1506.02	239.97	89.97	14.15	1929.63	82.13	62.71	253.53	110.82
海 南	18.28	2106.76	164.70	48.29	7.09	499.03	25.49	87.36	640.71	311.60
重 庆	842.21	3775.54	269.31	30.92	11.34	3446.85	377.28	128.74	1197.72	517.52
四 川	433.88	5759.83	794.68	130.93	7.97	3141.61	124.42	208.93	732.15	157.15
贵 州	55.89	2325.38	177.29	17.83	17.57	954.80	115.55	19.12	116.25	57.68
云 南	212.64	2859.71	293.11	62.66	29.57	1897.58	235.11	509.96	349.25	96.93
西 藏		13.71	0.55	2.99		18.94	0.07			
陕 西	105.05	2637.97	162.40	77.93	15.97	1055.37	78.63	100.53	258.65	37.76
甘 肃	2.74	747.22	48.94	22.86	4.41	504.99	37.44	20.17	30.84	26.00
青 海	40.68	159.49	4.87	28.79	1.35	275.10	39.71	6.39	1.17	0.58
宁 夏	120.87	313.40	9.53	40.33	1.64	935.50	30.57	3.07	31.92	31.92
新 疆	132.24	851.04	13.10	24.01	121.34	1013.78	38.61	11.59	9.43	6.43

5-4-2 续表 2

单位: 亿元

地 区					外商投资					
	合作经营	独 资	股份有限	其 他		合资经营	合作经营	独 资	股份有限	其 他
全 国	**3408.46**	**15341.72**	**651.95**	**50.49**	**15557.75**	**5305.43**	**1587.93**	**7679.84**	**942.30**	**42.26**
北 京	960.14	1441.18			1951.41	808.93	446.97	421.71	273.80	
天 津	15.26	269.81	76.79		605.74	222.28	39.73	302.66	41.07	
河 北		47.81			139.92	22.97	8.17	108.78		
山 西	1.94	22.52			56.91	21.51		35.41		
内蒙古					12.45	6.05		6.40		
辽 宁	30.64	1167.83	24.82		1369.51	558.35	180.89	592.99	30.21	7.07
吉 林	0.33	89.76	1.14		37.21	30.65	3.43	3.13		
黑龙江		29.47	3.62		114.77	39.21	1.21	74.35		
上 海	163.32	2051.99	12.41		2547.59	743.01	148.64	1314.79	341.15	
江 苏	81.93	1671.70	55.23	7.29	1473.04	567.53	74.16	821.96	9.40	
浙 江	22.74	820.09	48.19		1164.70	332.02	6.96	824.30	1.42	
安 徽	10.45	190.04	25.18		233.52	94.82	17.99	102.58	18.13	
福 建	53.87	976.48	26.45		343.75	84.51	0.50	236.00	22.74	
江 西	2.71	154.76			95.64	64.48		22.21	8.95	
山 东	114.03	387.36	2.67		385.26	209.91	64.65	110.70		
河 南	30.38	294.80	15.03	8.31	185.88	46.96		123.05	15.86	
湖 北	0.38	259.70	46.97		223.97	93.27	32.20	90.89	7.60	
湖 南	6.27	258.63	0.20		115.07	67.93		46.59	0.55	
广 东	1866.87	3175.25	131.87	28.77	2507.80	635.32	265.60	1529.28	59.71	17.88
广 西	29.01	113.71			133.02	54.88	14.78	55.49	7.87	
海 南		178.18	149.08	1.85	117.10	18.82	6.65	77.30	14.34	
重 庆		680.20			464.19	140.62	83.85	190.77	31.63	17.31
四 川	3.85	534.85	32.32	3.97	847.84	273.47	98.82	456.85	18.70	
贵 州		58.57			33.93	16.56	12.28	5.09		
云 南		252.03		0.30	55.57	15.82		0.58	39.18	
西 藏										
陕 西	14.33	206.56			262.63	97.67	80.42	84.53		
甘 肃		4.84			26.65	24.86	0.01	1.78		
青 海		0.59			0.98	0.98				
宁 夏					50.96	11.28		39.68		
新 疆		3.00			0.72	0.72				

5-4-3 按资质等级分的房地产开发企业资产总计

单位：亿元

地区	总计	一级	二级	三级	四级	暂定	其他
全国	**351858.65**	**38219.23**	**73356.57**	**72432.87**	**35437.52**	**113020.67**	**19391.79**
北京	34126.56	7350.33	5114.85	3907.15	9312.20	6009.71	2432.33
天津	15685.76	1166.06	4649.63	1238.43	4093.84	4392.42	145.37
河北	9007.44	974.90	1636.57	1841.58	2175.12	2080.24	299.02
山西	3738.47	122.99	681.42	796.47	1557.60	553.87	26.12
内蒙古	5065.50	526.18	1529.70	736.24	1426.04	759.28	88.06
辽宁	15722.10	792.28	1826.53	4281.15	96.55	7834.72	890.87
吉林	3430.08	76.44	806.93	827.91	433.51	1256.33	28.97
黑龙江	7107.25	374.57	2012.46	3740.92	60.25	754.28	164.76
上海	32316.42	5754.81	5547.31	3059.15	25.43	15627.04	2302.69
江苏	30590.01	2900.64	12846.36	3151.70	54.06	10640.87	996.39
浙江	31360.92	3204.82	4537.61	9760.34	1141.52	9469.57	3247.06
安徽	9883.72	255.62	1959.11	2553.23	251.18	4604.04	260.53
福建	12537.67	1489.53	1811.37	3164.07	1632.26	3994.43	446.01
江西	4517.67	80.50	1117.92	1335.53	269.80	1571.32	142.60
山东	18195.84	1062.88	2550.39	3493.64	2034.05	8183.09	871.79
河南	8641.29	731.73	2056.04	1104.32	247.21	4325.36	176.65
湖北	9658.88	1488.97	2314.47	1846.48	668.67	3201.28	139.01
湖南	7315.62	281.99	819.15	3597.36	283.97	2215.91	117.24
广东	34725.32	5176.02	3679.29	9001.02	4507.14	7771.54	4590.31
广西	5344.36	98.75	796.00	1142.46	351.55	2528.23	427.38
海南	4438.19	14.38	1054.37	535.14	376.49	2144.33	313.47
重庆	13117.33	1643.50	5317.97	1512.72	107.19	4514.27	21.68
四川	12794.70	824.08	3193.75	5280.33	179.64	2771.23	545.67
贵州	4228.85	145.05	1101.81	789.02	839.29	1219.81	133.87
云南	6954.93	628.75	1763.08	676.06	1479.29	2139.40	268.33
西藏	48.83	0.88	5.89	31.81	5.47	2.82	1.97
陕西	5214.98	412.78	1226.62	1532.38	1104.37	720.56	218.27
甘肃	1664.41	40.09	405.95	530.63	263.34	410.14	14.25
青海	606.88	50.99	268.84	116.15	39.57	123.77	7.56
宁夏	1561.49	241.13	442.29	292.20	166.93	393.19	25.76
新疆	2257.19	307.61	282.87	557.28	253.97	807.64	47.81

5-4-4 按登记注册类型分的房地产开发企业负债合计

单位：亿元

地 区	总 计	内 资							
			国 有	集 体	股份合作	国有联营	集体联营	国有与集体联营	其他联营
全 国	**264597.55**	**234922.41**	**23374.07**	**1686.23**	**636.50**	**195.15**	**13.50**	**56.04**	**46.12**
北 京	26987.49	23129.66	943.62	129.35	6.24				
天 津	11137.78	10304.00	3165.55	125.07	39.68	8.11	0.02		
河 北	7453.94	7277.33	100.95	20.04	26.82				3.31
山 西	3246.67	3173.59	164.17	5.55	2.86	12.41			
内蒙古	4072.86	4062.14	129.58	4.73	20.24			0.17	
辽 宁	12131.01	10272.56	405.29	10.11	51.05	21.60			
吉 林	2760.69	2614.93	79.63	1.81	0.87			1.73	
黑龙江	4331.71	4169.74	372.43	1.04	3.36				
上 海	21612.84	18094.25	4369.27	341.59	5.72	51.91	8.94	41.90	0.61
江 苏	22398.13	19803.15	2724.64	208.40	55.86	11.37		0.02	4.76
浙 江	23597.55	21686.09	1251.19	65.00	22.24	47.08		0.94	0.02
安 徽	7458.77	7003.62	459.70	5.63	26.84	19.78		0.53	8.13
福 建	9159.34	7748.61	1183.14	48.93	1.27	7.66	0.30	0.72	
江 西	3231.26	2956.12	292.76	1.92	12.68		0.18		0.13
山 东	14653.69	13632.09	1430.60	250.46	83.14	7.24	2.07		0.48
河 南	6634.72	6118.67	136.55	12.50	10.87				0.97
湖 北	7313.00	6828.00	927.88	59.15	15.81			2.09	1.85
湖 南	5567.81	5256.64	346.82	17.39	78.38			6.59	2.76
广 东	26587.95	20175.96	1143.32	258.04	54.82		1.55		12.00
广 西	3900.97	3617.90	300.22	12.33	4.64	0.49			1.38
海 南	3396.76	2823.37	508.58	0.10	20.50			0.66	0.48
重 庆	9143.65	8156.38	1462.00	6.32	2.12			0.30	0.06
四 川	9787.40	8882.01	365.00	34.04	50.58	3.12			1.94
贵 州	3379.51	3269.88	266.20	0.49	3.03	1.89		0.37	0.02
云 南	5631.87	5365.76	257.64	46.00	12.09	0.85	0.17		
西 藏	37.14	37.14	2.75	0.92				0.01	5.97
陕 西	4173.44	3782.98	337.92	8.05	20.85		0.28		1.24
甘 肃	1297.62	1253.32	167.34	5.44	0.70				
青 海	508.03	506.44	27.75		3.24	1.66			
宁 夏	1272.31	1197.43	17.39	5.56					
新 疆	1731.63	1722.64	34.18	0.27					

5-4-4 续表 1

单位：亿元

地 区	国有独资公司	其他有限责任公司	股份有限公司	私营独资	私营合伙	私营有限责任公司	私营股份有限公司	其他内资企业	港澳台商投资	合资经营
全 国	**10500.67**	**113674.68**	**12786.26**	**2918.73**	**512.26**	**61120.62**	**4143.92**	**3257.63**	**19400.11**	**6440.38**
北 京	1097.17	17692.38	1723.36	1.57	1.24	1461.71	73.03		2431.78	540.08
天 津	1833.93	3171.12	424.01	57.91	14.30	1103.14	129.41	231.76	408.93	146.96
河 北	47.99	3639.48	494.74	133.34	7.82	2449.35	192.12	161.36	70.42	41.15
山 西	36.18	730.10	43.81	26.48	2.67	2033.81	84.04	31.50	28.31	6.80
内蒙古	112.89	2062.40	221.22	56.74	6.71	1272.81	108.36	66.29	0.59	0.59
辽 宁	352.59	4069.16	1203.57	208.62	18.70	3576.92	170.39	184.57	1103.80	468.22
吉 林	92.09	1513.98	104.98	48.02	1.54	706.38	25.00	38.91	118.67	41.33
黑龙江	605.02	1739.03	188.47	46.03	4.10	1110.52	70.44	29.32	68.47	41.51
上 海	947.78	6723.15	897.81	204.38	11.01	4152.31	252.27	85.60	2156.73	732.50
江 苏	403.68	7638.54	863.57	632.84	100.90	6385.88	436.26	336.43	1734.49	747.58
浙 江	611.94	11911.84	609.35	124.22	17.69	6836.69	183.11	4.78	1061.93	514.71
安 徽	599.94	3415.93	198.17	135.64	44.71	1721.94	162.95	203.74	284.05	111.66
福 建	470.48	3605.40	234.55	59.27	14.51	1876.42	92.30	153.64	1188.15	471.04
江 西	65.19	1387.21	219.42	22.98	9.64	792.11	110.91	40.96	215.33	105.80
山 东	398.39	6516.42	778.45	206.01	30.45	3368.29	297.50	262.55	728.74	399.49
河 南	100.54	3605.32	350.44	94.69	13.23	1549.79	112.84	130.94	375.62	118.15
湖 北	544.99	2820.43	508.26	132.88	9.11	1563.36	112.93	129.27	318.30	142.92
湖 南	333.10	2778.31	175.74	63.59	19.92	1248.32	147.60	38.11	228.22	75.12
广 东	358.86	10351.10	1864.23	206.33	30.06	5244.31	478.98	172.37	4541.39	739.68
广 西	220.80	1202.39	199.44	68.67	12.48	1484.17	62.48	48.40	180.33	73.57
海 南	15.84	1629.28	114.76	36.68	6.85	384.88	23.75	80.98	480.01	266.22
重 庆	463.60	2780.08	183.44	26.29	9.88	2818.91	317.92	85.48	710.84	354.02
四 川	251.91	4616.42	649.13	114.05	6.77	2514.53	95.39	179.13	391.12	96.75
贵 州	52.17	1901.49	138.99	13.26	16.67	757.62	100.37	17.31	76.57	43.11
云 南	175.98	2362.80	212.62	53.06	22.60	1665.57	117.37	439.01	226.51	78.21
西 藏		10.61	0.19	0.53		15.52	0.66			
陕 西	90.60	2152.16	131.74	50.14	6.39	842.40	65.13	76.08	211.12	29.46
甘 肃	2.59	590.77	35.87	19.33	3.56	383.78	29.38	14.57	24.74	21.55
青 海	39.76	132.51	3.37	26.14	0.61	233.99	34.53	2.88	0.69	0.27
宁 夏	94.99	245.09	8.18	28.12	1.37	770.18	23.71	2.83	25.85	25.85
新 疆	79.67	679.78	4.36	20.92	66.79	795.01	32.80	8.86	8.42	6.10

5-4-4 续表 2

单位：亿元

地 区					外商投资					
	合作经营	独 资	股份有限	其 他		合资经营	合作经营	独 资	股份有限	其 他
全 国	**2564.18**	**9953.46**	**412.94**	**29.14**	**10275.04**	**3576.71**	**1028.70**	**4963.34**	**679.89**	**26.40**
北 京	761.97	1129.74			1426.05	621.43	335.12	279.17	190.32	
天 津	6.95	210.78	44.24		424.85	135.82	32.37	218.93	37.73	
河 北		29.28			106.19	22.94	8.25	74.99		
山 西	1.99	19.53			44.77	23.15		21.61		
内蒙古					10.13	4.58		5.55		
辽 宁	20.07	599.52	15.99		754.65	340.08	94.66	306.69	11.94	1.28
吉 林	0.23	75.98	1.13		27.08	21.59	2.66	2.83		
黑龙江		24.63	2.33		93.49	31.08	0.32	62.09		
上 海	101.55	1310.49	12.19		1361.86	321.12	57.86	742.77	240.10	
江 苏	40.95	921.19	23.53	1.23	860.49	367.88	47.51	438.85	6.25	
浙 江	20.66	504.05	22.51		849.53	253.35	2.84	593.10	0.25	
安 徽	11.90	142.45	18.04		171.11	72.34	13.26	67.77	17.73	
福 建	44.85	656.11	16.14		222.59	62.88	0.37	146.67	12.67	
江 西	1.75	107.78			59.81	36.80		15.86	7.14	
山 东	92.35	235.25	1.65		292.87	160.66	49.98	82.23		
河 南	22.79	225.95	3.59	5.14	140.43	38.64		86.92	14.86	
湖 北	0.03	141.62	33.73		166.70	75.15	27.38	59.16	5.00	
湖 南	5.46	147.54	0.10		82.95	55.00		27.76	0.18	
广 东	1394.35	2287.71	100.14	19.52	1870.60	496.72	189.32	1127.67	46.26	10.63
广 西	23.41	83.35			102.74	41.63	10.50	44.82	5.79	
海 南		117.17	95.16	1.46	93.38	13.87	3.93	60.22	15.35	
重 庆		356.82			276.43	81.05	44.91	111.84	24.14	14.49
四 川	3.20	266.91	22.47	1.78	514.27	182.41	27.18	289.29	15.38	
贵 州		33.46			33.06	16.45	12.71	3.90		
云 南		148.29		0.01	39.60	10.68		0.13	28.79	
西 藏										
陕 西	9.73	171.93			179.34	59.43	67.55	52.36		
甘 肃		3.19			19.56	17.89		1.67		
青 海		0.42			0.90	0.90				
宁 夏					49.03	10.56		38.48		
新 疆		2.32			0.57	0.57				

5-4-5 按资质等级分的房地产开发企业负债合计

单位：亿元

地 区	总 计	一 级	二 级	三 级	四 级	暂 定	其 他
全 国	**264597.55**	**27846.99**	**55492.94**	**53659.55**	**28185.51**	**85373.66**	**14038.90**
北 京	26987.49	5693.29	4102.08	3145.67	7652.22	4694.49	1699.74
天 津	11137.78	789.11	3235.13	848.45	2957.96	3200.18	106.96
河 北	7453.94	826.86	1324.84	1520.40	1781.83	1735.22	264.80
山 西	3246.67	95.95	621.01	680.06	1375.16	454.33	20.15
内蒙古	4072.86	397.04	1226.56	604.67	1168.56	604.79	71.25
辽 宁	12131.01	628.20	1440.49	3541.54	86.77	5773.27	660.75
吉 林	2760.69	62.05	656.28	661.07	351.49	1007.16	22.64
黑龙江	4331.71	322.50	1526.96	1790.56	38.55	555.53	97.61
上 海	21612.84	3661.48	3712.88	2140.43	16.11	10765.24	1316.70
江 苏	22398.13	2066.43	9532.71	2376.85	42.06	7630.11	749.97
浙 江	23597.55	2393.74	3571.24	6468.48	886.98	7549.28	2727.84
安 徽	7458.77	196.09	1420.40	1870.78	201.70	3582.62	187.19
福 建	9159.34	1027.53	1380.64	2358.30	1152.83	2988.13	251.92
江 西	3231.26	59.14	761.11	864.46	196.00	1236.85	113.69
山 东	14653.69	842.58	2095.24	2808.19	1584.80	6650.39	672.48
河 南	6634.72	558.15	1604.59	862.67	179.18	3298.82	131.30
湖 北	7313.00	1140.58	1748.37	1366.85	469.93	2480.45	106.82
湖 南	5567.81	186.77	650.21	2740.60	201.97	1700.59	87.67
广 东	26587.95	3720.49	2878.37	6933.80	3595.08	6154.79	3305.44
广 西	3900.97	70.32	550.79	869.87	274.44	1904.97	230.59
海 南	3396.76	11.49	785.32	360.20	316.70	1680.94	242.11
重 庆	9143.65	1090.86	3670.81	1133.92	93.54	3139.94	14.59
四 川	9787.40	612.61	2522.91	4057.87	130.56	2066.52	396.93
贵 州	3379.51	119.27	896.09	648.38	705.54	902.36	107.87
云 南	5631.87	476.51	1445.14	579.28	1279.25	1654.65	197.05
西 藏	37.14	0.91	4.22	23.56	4.87	1.81	1.77
陕 西	4173.44	336.23	1026.92	1224.21	853.14	556.26	176.68
甘 肃	1297.62	29.77	311.17	417.14	189.82	339.83	9.88
青 海	508.03	43.23	223.77	94.18	33.11	106.71	7.03
宁 夏	1272.31	200.54	359.77	247.86	142.98	298.09	23.07
新 疆	1731.63	187.29	206.95	419.26	222.39	659.36	36.39

5-4-6 按登记注册类型分的房地产开发企业所有者权益

单位：亿元

地区	总计	内资							
			国有	集体	股份合作	国有联营	集体联营	国有与集体联营	其他联营
全国	**87261.10**	**72167.25**	**10266.73**	**359.70**	**231.26**	**59.26**	**7.56**	**21.84**	**14.73**
北京	7139.07	5934.80	346.95	13.56	2.62				
天津	4547.98	4212.82	1046.72	74.22	5.74	1.24	0.29		
河北	1553.49	1487.51	34.07	0.21	4.08				0.43
山西	491.80	473.00	13.54	0.77	0.43	0.85			
内蒙古	992.63	988.92	30.02	0.01	2.46			0.22	
辽宁	3591.09	2060.62	99.88	0.88	9.55	-0.82			
吉林	669.39	634.55	12.96	0.45	0.24			-0.23	
黑龙江	2775.54	2731.16	84.73	0.64	0.70				
上海	10703.58	7896.27	2372.37	67.59	8.32	15.24	5.25	16.92	-0.10
江苏	8191.88	6345.83	1485.23	42.34	11.71	0.37		0.07	-0.01
浙江	7763.37	6880.32	229.53	11.99	1.67	31.16		1.77	0.03
安徽	2424.94	2280.97	221.97	2.29	34.41	2.74		0.60	3.04
福建	3378.33	2764.40	581.48	4.30	3.19	2.86	0.10	0.15	
江西	1286.41	1171.79	352.85	0.91	7.12		0.08		3.46
山东	3542.15	3125.86	398.11	51.58	14.37	2.65	0.86		-0.01
河南	2006.57	1805.93	38.23	3.75	7.45				0.58
湖北	2345.88	2094.21	246.51	13.05	6.56			0.71	0.37
湖南	1747.82	1576.88	110.78	9.17	40.66			1.29	0.46
广东	8137.36	5699.74	574.54	43.86	25.64		0.70		5.70
广西	1443.40	1339.92	176.72	2.63	1.07	0.70			0.02
海南	1041.44	857.01	179.29	0.10	13.23			-0.07	0.50
重庆	3973.68	3299.04	1100.50	1.51	0.26			0.09	0.08
四川	3007.30	2332.70	138.12	2.35	15.33	1.55			0.44
贵州	849.34	808.79	119.45	0.56	2.37	0.57		0.17	0.11
云南	1323.06	1184.34	122.15	-0.06	10.73	0.02	0.08	0.09	
西藏	11.69	11.69	1.60	1.58				0.06	-0.32
陕西	1041.54	910.72	84.66	6.29	0.41		0.19		-0.04
甘肃	366.78	353.59	41.88	2.13	0.64				
青海	98.85	98.29	15.28		0.31	0.12			
宁夏	289.18	281.18	-0.21	0.96					
新疆	525.55	524.40	6.81	0.08					

5-4-6 续表 1

单位：亿元

地区	国有独资公司	其他有限责任公司	股份有限公司	私营独资	私营合伙	私营有限责任公司	私营股份有限公司	其他内资企业	港澳台商投资	合资经营
全　国	**7108.01**	**30508.25**	**4858.03**	**851.35**	**179.51**	**15539.42**	**1213.94**	**947.66**	**9811.13**	**3318.23**
北　京	320.01	4018.95	926.47	-0.05	0.92	287.36	18.01		678.91	169.30
天　津	1147.23	1076.65	203.86	37.10	4.24	500.12	41.54	73.87	154.27	54.39
河　北	3.94	706.29	121.75	46.75	2.43	488.69	53.70	25.16	32.25	13.71
山　西	4.54	135.13	10.06	6.76	0.78	280.13	19.58	0.41	6.65	3.71
内蒙古	8.83	551.62	56.52	27.37	1.05	230.15	56.52	24.14	1.40	1.40
辽　宁	4.23	868.11	234.86	50.29	2.85	691.31	33.75	65.73	915.60	327.88
吉　林	21.74	362.69	21.05	15.04	0.45	186.18	7.58	6.43	24.71	10.82
黑龙江	1685.08	502.06	63.33	11.24	5.00	338.61	19.82	19.95	23.10	16.97
上　海	656.50	2417.70	531.43	70.09	2.95	1593.13	56.78	82.09	1621.58	818.09
江　苏	220.59	2101.72	270.83	185.52	16.08	1775.39	114.07	121.93	1233.51	404.26
浙　江	225.58	4509.92	324.01	29.52	3.93	1464.92	43.76	2.54	567.87	224.07
安　徽	508.26	864.51	82.82	44.02	10.99	436.80	26.68	41.86	81.56	28.26
福　建	263.12	1061.56	114.80	13.05	3.33	638.83	28.90	48.73	492.77	153.07
江　西	65.28	389.40	45.35	13.44	6.73	226.67	41.66	18.83	78.79	30.84
山　东	200.31	1328.81	212.34	47.08	5.88	742.88	61.65	59.35	323.90	149.09
河　南	194.28	910.99	76.54	45.04	14.71	430.78	31.03	52.53	155.20	64.15
湖　北	172.52	890.64	154.19	43.26	5.47	480.90	50.15	29.87	194.40	62.73
湖　南	210.57	699.24	58.99	19.16	5.88	340.03	51.69	28.97	138.81	26.81
广　东	185.80	2359.57	852.47	26.33	7.43	1399.96	175.53	42.22	1800.44	399.40
广　西	312.20	303.63	40.53	21.30	1.67	445.47	19.66	14.31	73.20	37.25
海　南	2.44	477.47	49.94	11.61	0.23	114.14	1.73	6.38	160.70	45.38
重　庆	378.61	995.46	85.87	4.63	1.47	627.93	59.37	43.26	486.88	163.49
四　川	181.97	1143.41	145.55	16.88	1.21	627.07	29.03	29.80	341.03	60.41
贵　州	3.72	423.89	38.31	4.57	0.90	197.17	15.18	1.81	39.68	14.57
云　南	36.66	496.92	80.49	9.60	6.97	232.01	117.75	70.95	122.75	18.72
西　藏		3.11	0.36	2.47		3.42	-0.59			
陕　西	14.46	485.81	30.66	27.79	9.57	212.97	13.49	24.46	47.53	8.30
甘　肃	0.15	156.44	13.07	3.53	0.85	121.21	8.07	5.60	6.10	4.45
青　海	0.91	26.97	1.50	2.65	0.74	41.12	5.18	3.51	0.48	0.31
宁　夏	25.88	68.31	1.35	12.21	0.27	165.32	6.86	0.23	6.07	6.07
新　疆	52.57	171.25	8.74	3.10	54.55	218.77	5.80	2.72	1.01	0.33

5-4-6 续表 2

单位：亿元

地区					外商投资					
	合作经营	独资	股份有限	其他		合资经营	合作经营	独资	股份有限	其他
全国	**844.28**	**5388.26**	**239.01**	**21.35**	**5282.71**	**1728.71**	**559.23**	**2716.50**	**262.42**	**15.86**
北京	198.17	311.44			525.37	187.50	111.85	142.53	83.49	
天津	8.30	59.03	32.55		180.89	86.46	7.36	83.73	3.34	
河北		18.54			33.73	0.03	-0.08	33.79		
山西	-0.04	2.99			12.15	-1.64		13.79		
内蒙古					2.31	1.46		0.85		
辽宁	10.57	568.31	8.83		614.87	218.27	86.23	286.31	18.27	5.80
吉林	0.10	13.78	0.01		10.13	9.06	0.77	0.30		
黑龙江		4.85	1.29		21.28	8.13	0.89	12.26		
上海	61.77	741.50	0.22		1185.74	421.89	90.78	572.02	101.05	
江苏	40.98	750.52	31.69	6.06	612.55	199.64	26.64	383.11	3.15	
浙江	2.08	316.04	25.67		315.18	78.68	4.13	231.21	1.17	
安徽	-1.44	47.59	7.15		62.41	22.48	4.73	34.80	0.40	
福建	9.03	320.37	10.30		121.16	21.62	0.13	89.34	10.07	
江西	0.97	46.98			35.84	27.68		6.35	1.81	
山东	21.68	152.11	1.02		92.39	49.25	14.67	28.47		
河南	7.59	68.85	11.44	3.17	45.45	8.31		36.13	1.00	
湖北	0.34	118.08	13.25		57.27	18.12	4.83	31.73	2.60	
湖南	0.81	111.09	0.10		32.12	12.93		18.83	0.37	
广东	472.52	887.54	31.73	9.26	637.19	138.60	76.28	401.61	13.45	7.25
广西	5.59	30.35			30.28	13.25	4.28	10.67	2.08	
海南		61.01	53.92	0.39	23.72	4.95	2.71	17.07	-1.01	
重庆		323.38			187.75	59.56	38.94	78.93	7.50	2.82
四川	0.65	267.94	9.85	2.19	333.57	91.06	71.64	167.56	3.31	
贵州		25.11			0.87	0.11	-0.43	1.19		
云南		103.74		0.29	15.97	5.14		0.45	10.39	
西藏										
陕西	4.60	34.63			83.29	38.24	12.87	32.17		
甘肃		1.65			7.09	6.97	0.01	0.11		
青海		0.17			0.08	0.08				
宁夏					1.93	0.73		1.20		
新疆		0.67			0.15	0.15				

5-4-7 按资质等级分的房地产开发企业所有者权益

单位：亿元

地区	总计	一级	二级	三级	四级	暂定	其他
全国	**87261.10**	**10372.25**	**17863.63**	**18773.32**	**7252.01**	**27647.00**	**5352.89**
北京	7139.07	1657.03	1012.76	761.48	1659.98	1315.22	732.58
天津	4547.98	376.96	1414.51	389.98	1135.88	1192.24	38.42
河北	1553.49	148.04	311.73	321.18	393.30	345.02	34.22
山西	491.80	27.04	60.41	116.41	182.43	99.54	5.97
内蒙古	992.63	129.14	303.14	131.57	257.47	154.49	16.81
辽宁	3591.09	164.08	386.04	739.61	9.78	2061.45	230.12
吉林	669.39	14.39	150.65	166.84	82.01	249.17	6.32
黑龙江	2775.54	52.07	485.50	1950.36	21.70	198.75	67.15
上海	10703.58	2093.32	1834.44	918.72	9.32	4861.80	985.99
江苏	8191.88	834.20	3313.65	774.86	12.00	3010.75	246.42
浙江	7763.37	811.08	966.37	3291.86	254.55	1920.28	519.22
安徽	2424.94	59.53	538.71	682.45	49.48	1021.43	73.34
福建	3378.33	462.01	430.73	805.78	479.43	1006.30	194.09
江西	1286.41	21.36	356.81	471.07	73.79	334.47	28.91
山东	3542.15	220.30	455.15	685.44	449.25	1532.70	199.30
河南	2006.57	173.58	451.45	241.64	68.02	1026.54	45.34
湖北	2345.88	348.39	566.10	479.63	198.74	720.82	32.19
湖南	1747.82	95.22	168.95	856.76	82.00	515.32	29.57
广东	8137.36	1455.53	800.93	2067.22	912.06	1616.76	1284.87
广西	1443.40	28.44	245.21	272.59	77.11	623.26	196.79
海南	1041.44	2.89	269.05	174.94	59.80	463.39	71.36
重庆	3973.68	552.64	1647.16	378.79	13.65	1374.33	7.09
四川	3007.30	211.46	670.84	1222.46	49.08	704.72	148.74
贵州	849.34	25.77	205.72	140.64	133.76	317.45	26.00
云南	1323.06	152.25	317.95	96.79	200.04	484.76	71.28
西藏	11.69	-0.03	1.67	8.24	0.59	1.01	0.19
陕西	1041.54	76.55	199.70	308.17	251.23	164.29	41.59
甘肃	366.78	10.32	94.78	113.49	73.52	70.31	4.36
青海	98.85	7.76	45.07	21.97	6.46	17.06	0.52
宁夏	289.18	40.58	82.52	44.33	23.95	95.10	2.69
新疆	525.55	120.32	75.93	138.02	31.59	148.28	11.42

5-4-8 按登记注册类型分的房地产开发企业营业利润

单位：亿元

地区	总计	内资							
			国有	集体	股份合作	国有联营	集体联营	国有与集体联营	其他联营
全国	**6001.33**	**4739.26**	**381.88**	**7.60**	**5.41**	**1.92**	**1.32**	**5.24**	**0.57**
北京	646.92	470.93	7.01	3.09	-0.25				
天津	128.78	112.10	35.11	-1.68	0.64	0.54			
河北	121.33	121.61	0.78	0.18	-0.82				0.10
山西	6.16	6.11	0.30	0.02	-0.06	-0.09			
内蒙古	40.93	41.44	2.63	-0.04	0.53			0.12	
辽宁	214.89	130.92	2.91	0.05	-0.87	-0.35			
吉林	35.65	32.97	1.17		-0.04			-0.10	
黑龙江	53.13	51.74	3.42	0.08	0.02				
上海	694.45	560.97	134.56	-0.76	0.19	0.94	1.20	5.26	-0.01
江苏	562.73	412.74	20.75	1.77	0.15	0.61			-0.23
浙江	471.70	437.99	-0.10	0.52	0.09			-0.02	
安徽	175.19	157.93	12.95	-0.02	-0.63			0.02	0.81
福建	297.91	227.93	29.91	-0.13	-0.01	0.54	-0.01	-0.01	
江西	119.75	104.47	1.45	0.17	0.69		0.02		0.24
山东	258.69	235.14	19.98	3.02	0.14	-0.14	0.06		-0.05
河南	172.96	133.48	4.41	-1.52	1.42				0.10
湖北	203.21	184.15	19.85	-0.01	0.06				-0.06
湖南	77.14	67.67	2.82	-0.82	-0.12			0.02	-0.02
广东	894.91	615.45	9.56	1.76	3.93		0.01		-0.06
广西	47.21	26.21	9.67	1.29	-1.28				-0.04
海南	39.81	28.29	1.80		3.94			-0.12	-0.01
重庆	189.11	115.68	21.97	-0.09	-0.03			0.01	
四川	250.47	206.36	14.39	0.13	-1.78	-0.10			
贵州	23.90	23.63	9.33		-0.29	-0.01		-0.02	
云南	58.13	38.96	2.24	0.05	-0.29	-0.01		0.07	
西藏	-0.31	-0.31	0.48	-0.22					-0.20
陕西	130.63	111.13	10.13	0.61	0.11		0.03		-0.01
甘肃	8.73	7.06	1.22	-0.09	-0.01				
青海	-0.64	-1.05	-0.18						
宁夏	16.29	16.35	-0.05	0.20					
新疆	61.58	61.19	1.41						

5-4-8 续表 1

单位：亿元

地 区	国有独资公司	其他有限责任公司	股份有限公司	私营独资	私营合伙	私营有限责任公司	私营股份有限公司	其他内资企业	港澳台商投资	合资经营
全 国	**83.91**	**2744.56**	**513.03**	**43.22**	**14.59**	**770.40**	**121.00**	**44.61**	**845.82**	**277.52**
北 京	19.64	383.06	58.51		-0.31	1.31	-1.13		116.26	9.34
天 津	-7.36	32.94	7.68	3.16	-0.14	42.53	-0.69	-0.63	4.14	5.62
河 北	0.36	46.04	35.72	6.55	-0.27	22.74	5.71	4.53	0.56	-0.71
山 西	-0.02	5.75	-0.24	1.96	0.01	-0.48	-0.22	-0.81	-0.19	0.09
内蒙古	-0.04	34.76	-1.64	-7.31	0.56	9.93	7.50	-5.55	0.10	0.10
辽 宁	-1.83	54.80	55.06	-1.96	3.24	17.37	0.02	2.46	43.99	17.96
吉 林	-0.53	26.32	1.73	0.24	0.04	3.08	0.18	0.90	2.95	-0.59
黑龙江	1.15	38.95	5.90	1.59	0.04	-0.71	-0.67	1.97	-0.87	-0.57
上 海	24.94	244.14	39.55	4.78	-0.06	103.92	-2.62	4.93	85.92	51.43
江 苏	0.55	239.74	29.62	4.39	-1.84	97.73	14.65	4.86	90.87	29.56
浙 江	3.21	318.45	67.02	2.20	0.40	38.76	7.54	-0.09	10.67	7.64
安 徽	6.59	81.43	8.55	2.29	-0.46	31.49	12.14	2.80	11.53	5.48
福 建	8.81	121.02	18.21	-0.38	0.04	47.74	1.50	0.71	55.81	18.73
江 西	0.79	63.62	12.21	0.55	1.39	17.11	4.66	1.55	11.70	6.97
山 东	4.80	115.30	33.70	3.58	0.28	47.32	7.36	-0.22	18.64	12.81
河 南	1.54	75.42	4.62	7.32	0.58	29.52	1.65	8.42	30.19	13.82
湖 北	1.25	113.51	24.06	0.63	-0.14	17.54	8.95	-1.49	12.92	4.98
湖 南	-0.68	57.02	3.09	1.25	-0.12	2.15	0.31	2.77	5.13	0.86
广 东	13.09	341.95	87.38	1.38	0.30	115.61	34.50	6.02	217.23	60.69
广 西	1.27	13.47	2.90	1.47	0.06	-3.19	-0.23	0.82	13.71	2.04
海 南	0.01	13.16	4.33	1.41	-0.04	3.79	-0.04	0.05	12.48	-0.10
重 庆	-7.40	71.98	3.89	-0.29	0.26	21.86	3.79	-0.27	46.88	21.12
四 川	2.20	116.79	11.06	-0.04	-0.02	63.17	2.09	-1.54	25.21	7.84
贵 州	0.47	12.31	2.43	-0.30	-0.84	-3.20	4.44	-0.70	0.09	0.46
云 南	-0.09	9.45	-3.63	-0.08	-0.02	15.22	8.86	7.18	19.36	-0.47
西 藏		0.29	0.08	0.04		-0.21	-0.57			
陕 西	1.84	77.38	0.62	9.21	-0.06	5.89	-0.36	5.74	9.40	2.25
甘 肃	-0.21	3.53	0.82	1.06	0.04	1.62	-0.51	-0.40	0.73	0.12
青 海	-0.11	-0.11	-0.06	-0.48	0.05	-0.25	0.13	-0.02	0.01	0.01
宁 夏	4.77	1.95	-0.20	-0.52	-0.04	8.36	2.01	-0.14		
新 疆	4.89	30.16	0.07	-0.48	11.69	12.67	0.06	0.73	0.38	0.04

5-4-8 续表 2

单位：亿元

地 区					外商投资					
	合作经营	独 资	股份有限	其 他		合资经营	合作经营	独 资	股份有限	其 他
全 国	**136.85**	**400.26**	**27.08**	**4.10**	**416.25**	**138.20**	**63.15**	**192.03**	**21.12**	**1.75**
北 京	64.18	42.74			59.74	21.22	15.04	16.35	7.13	
天 津	-0.04	-1.31	-0.13		12.54	5.47	-0.79	5.67	2.20	
河 北		1.26			-0.83	-0.31	-0.20	-0.33		
山 西	-0.02	-0.26			0.24	-0.65		0.89		
内蒙古					-0.61	-0.48		-0.14		
辽 宁	-0.77	26.71	0.09		39.98	10.35	16.40	13.58	-0.47	0.12
吉 林		3.45	0.09		-0.27	-0.24	-0.01	-0.02		
黑龙江		-0.18	-0.12		2.25	0.73	1.12	0.40		
上 海	3.29	31.43	-0.23		47.56	18.99	-0.53	22.88	6.22	
江 苏	3.18	53.38	2.92	1.82	59.12	14.96	8.93	34.54	0.68	
浙 江	-0.70	3.74	-0.01		23.03	1.59	-0.03	21.30	0.17	
安 徽	-0.49	5.10	1.44		5.73	4.38	-0.31	1.78	-0.13	
福 建	8.56	27.75	0.77		14.17	7.31	-0.01	6.79	0.08	
江 西	-0.02	4.75			3.57	2.80		0.02	0.76	
山 东	-0.66	6.56	-0.07		4.91	-0.12	-0.47	5.50		
河 南	0.75	12.94	1.93	0.75	9.29	-0.51		9.67	0.13	
湖 北		7.30	0.64		6.13	2.63	0.82	1.71	0.98	
湖 南	-0.15	4.43			4.33	0.25		4.08		
广 东	55.07	95.35	4.60	1.52	62.23	14.81	7.81	38.05	0.94	0.63
广 西	3.70	7.97			7.29	4.89	0.07	2.67	-0.34	
海 南		-2.48	15.00	0.06	-0.96	1.09	-0.40	-1.31	-0.35	
重 庆		25.76			26.55	14.64	11.30	-0.87	0.47	1.00
四 川	0.02	17.28	0.14	-0.07	18.90	11.66	-0.85	5.44	2.66	
贵 州		-0.37			0.19	-0.12	0.33	-0.02		
云 南		19.83			-0.20	-0.18		-0.02	-0.01	
西 藏										
陕 西	0.96	6.19			10.10	1.85	4.93	3.32		
甘 肃		0.61			0.95	0.92		0.03		
青 海					0.39	0.39				
宁 夏					-0.07	-0.12		0.06		
新 疆		0.34								

5-4-9 按资质等级分的房地产开发企业营业利润

单位：亿元

地 区	总 计	一 级	二 级	三 级	四 级	暂 定	其 他
全 国	**6001.33**	**1165.57**	**1317.46**	**1241.63**	**490.79**	**1550.44**	**235.43**
北 京	646.92	247.51	100.34	98.54	116.22	73.76	10.54
天 津	128.78	22.89	2.25	11.77	38.58	47.97	5.33
河 北	121.33	19.19	41.91	25.97	29.63	4.50	0.14
山 西	6.16	4.03	0.50	4.75	3.55	-5.80	-0.87
内蒙古	40.93	8.33	26.46	0.92	-7.80	11.92	1.09
辽 宁	214.89	3.87	31.68	91.74	0.42	91.26	-4.08
吉 林	35.65	-1.07	8.57	9.84	4.34	13.78	0.18
黑龙江	53.13	6.15	17.01	21.42	1.55	2.87	4.14
上 海	694.45	123.14	109.48	56.27	0.06	363.33	42.17
江 苏	562.73	44.34	222.81	94.08	1.33	182.98	17.18
浙 江	471.70	122.56	86.38	139.91	10.15	85.58	27.11
安 徽	175.19	8.79	46.23	54.72	4.95	60.19	0.30
福 建	297.91	68.56	43.50	72.82	41.37	61.62	10.04
江 西	119.75	1.20	34.75	39.87	5.11	38.53	0.28
山 东	258.69	32.21	38.63	30.67	25.93	104.69	26.56
河 南	172.96	36.29	45.27	22.50	4.44	63.11	1.35
湖 北	203.21	28.52	74.70	44.33	14.16	39.79	1.69
湖 南	77.14	6.65	11.43	27.34	0.14	31.49	0.09
广 东	894.91	236.02	103.00	192.10	151.98	121.11	90.70
广 西	47.21	2.07	19.58	23.83	5.31	-4.85	1.27
海 南	39.81	0.78	-6.70	17.12	7.47	24.43	-3.30
重 庆	189.11	55.83	105.12	1.07	-3.09	30.46	-0.28
四 川	250.47	25.66	75.03	91.99	8.27	51.08	-1.57
贵 州	23.90	1.47	5.72	5.89	4.16	7.30	-0.64
云 南	58.13	20.59	21.88	-4.14	-1.73	18.73	2.80
西 藏	-0.31	-0.01	0.40	-0.65	-0.10	0.05	
陕 西	130.63	7.77	28.83	53.37	21.19	16.76	2.71
甘 肃	8.73	1.00	5.00	1.45	2.91	-1.82	0.19
青 海	-0.64	0.30	0.17	-0.55	0.16	-0.77	0.04
宁 夏	16.29	9.14	5.61	0.62	1.77	-1.26	0.41
新 疆	61.58	21.77	11.92	12.05	-1.66	17.64	-0.15

5-4-10 按登记注册类型分的房地产开发企业利润总额

单位：亿元

地区	总计	内资							
			国有	集体	股份合作	国有联营	集体联营	国有与集体联营	其他联营
全国	**6300.70**	**5026.62**	**455.37**	**8.19**	**6.71**	**2.10**	**1.32**	**5.32**	**0.84**
北京	664.42	487.70	8.95	3.20	-0.26				
天津	170.47	153.77	45.89	-1.70	0.66	0.54			
河北	122.53	122.71	0.79	0.16	-0.84				0.10
山西	5.08	5.04	0.35	0.02	-0.02	-0.09			
内蒙古	45.05	45.55	3.01	-0.06	0.53			0.12	
辽宁	233.66	147.96	5.04	0.05	-0.67	-0.34			
吉林	39.44	36.94	1.20		-0.01			-0.10	
黑龙江	61.06	59.67	4.56	0.06	0.02				
上海	742.36	603.49	139.99	-0.04	0.24	0.95	1.21	5.35	-0.01
江苏	586.96	436.26	37.01	1.56	0.26	0.61			-0.23
浙江	502.08	468.66	1.05	0.71	0.08	0.15		-0.01	
安徽	194.78	178.42	13.87	-0.03	-0.64	-0.08		0.01	0.81
福建	295.66	226.93	34.87	-0.16		0.59	-0.01	-0.01	
江西	121.11	105.74	3.20	0.17	0.68		0.02		0.52
山东	264.07	238.10	20.77	2.89	0.15	-0.14	0.06		-0.05
河南	181.79	135.61	5.13	-1.49	1.91				0.10
湖北	210.74	191.73	21.19	0.11					-0.06
湖南	83.44	73.99	3.68	-0.75	0.27			0.02	-0.02
广东	894.13	618.29	13.16	1.86	4.09		0.01		-0.07
广西	51.41	30.60	11.63	1.30	-1.29				-0.04
海南	39.25	27.78	1.74		3.94			-0.12	-0.01
重庆	220.78	147.40	35.96	-0.09	-0.03			0.01	
四川	259.45	214.38	13.89	0.14	-1.80	-0.05			
贵州	33.30	32.92	11.97		-0.33	-0.01		-0.02	
云南	58.48	39.26	2.68	-0.23	-0.31	-0.01		0.07	
西藏	-0.27	-0.27	0.48	-0.21					-0.20
陕西	130.97	111.64	10.88	0.60	0.10		0.03		-0.01
甘肃	8.95	7.40	1.23	-0.09	-0.01				
青海	-1.22	-1.61	-0.14			-0.01			
宁夏	16.63	16.81	-0.06	0.20					
新疆	64.13	63.77	1.39						

5-4-10 续表 1 单位：亿元

地区	国有独资公司	其他有限责任公司	股份有限公司	私营独资	私营合伙	私营有限责任公司	私营股份有限公司	其他内资企业	港澳台商投资	合资经营
全　国	**133.99**	**2846.13**	**543.28**	**47.95**	**13.33**	**794.21**	**123.75**	**44.13**	**845.64**	**280.51**
北　京	20.38	391.92	62.18		-0.31	2.22	-0.59		115.98	9.84
天　津	-0.19	40.48	23.55	3.23	-1.47	44.15	-0.68	-0.68	3.14	5.55
河　北	0.34	46.15	35.66	6.30	-0.27	23.82	5.78	4.72	0.57	-0.69
山　西	-0.03	4.73	-0.25	1.96	0.01	-0.64	-0.21	-0.80	-0.19	0.09
内蒙古	-0.05	38.43	-1.68	-7.14	0.56	9.88	7.48	-5.53	0.10	0.10
辽　宁	-0.58	60.88	55.90	3.12	3.24	18.60	-0.22	2.95	45.05	19.19
吉　林	-0.50	30.01	1.84	0.23	0.04	2.92	0.40	0.91	2.92	-0.59
黑龙江	6.45	39.88	6.03	1.55	0.04	-0.19	-0.66	1.93	-0.88	-0.58
上　海	27.10	270.45	41.64	4.70	-0.08	109.58	-2.56	4.96	88.45	52.72
江　苏	2.24	246.73	30.48	4.24	-1.26	95.61	14.34	4.67	91.56	29.34
浙　江	5.25	331.99	67.43	1.89	0.40	51.72	8.07	-0.06	11.32	8.59
安　徽	20.23	86.60	8.59	2.22	-0.51	32.37	12.16	2.83	10.54	5.20
福　建	8.67	120.05	18.51	-0.39	0.03	42.79	1.48	0.51	54.70	18.71
江　西	0.82	62.61	12.42	0.57	1.38	16.64	5.23	1.47	11.93	6.96
山　东	7.24	116.97	34.04	3.51	0.27	45.63	7.21	-0.45	21.00	14.02
河　南	2.75	72.58	6.48	7.61	0.58	27.54	2.42	9.99	29.77	13.59
湖　北	2.26	114.34	24.20	0.83	-0.14	21.63	8.93	-1.55	11.58	3.73
湖　南	-0.31	60.62	3.58	1.06	-0.14	2.93	0.28	2.77	5.21	0.95
广　东	13.53	340.09	88.05	1.05	0.13	115.86	34.60	5.91	214.74	60.47
广　西	4.64	12.62	2.90	1.45	0.06	-2.68	-0.18	0.18	13.72	2.08
海　南	0.01	13.05	3.98	1.51	-0.05	3.62	0.11	-0.01	12.35	0.03
重　庆	-0.87	81.22	4.01	-0.28	0.26	23.81	3.66	-0.26	46.68	20.96
四　川	2.32	124.34	11.71	-0.34	-0.02	64.61	2.19	-2.60	25.39	7.99
贵　州	0.46	16.29	4.32	-0.30	-0.87	-2.73	4.83	-0.69	0.20	0.46
云　南	0.31	10.50	-3.70	-0.16	-0.05	14.16	8.94	7.06	19.43	-0.48
西　藏		0.36	0.08	0.04		-0.25	-0.57			
陕　西	1.85	76.42	0.70	9.94	-0.08	5.80	-0.37	5.78	9.39	2.24
甘　肃	-0.10	3.67	0.81	1.07	0.07	1.71	-0.56	-0.40	0.62	0.01
青　海	-0.11	-0.26	-0.06	-0.49	0.05	-0.71	0.21	-0.08		
宁　夏	4.93	2.44	-0.20	-0.51	-0.04	8.21	1.97	-0.14	0.01	0.01
新　疆	4.93	29.97	0.06	-0.49	11.50	15.61	0.05	0.73	0.37	0.03

5-4-10 续表 2 单位：亿元

地 区					外商投资					
	合作经营	独 资	股份有限	其 他		合资经营	合作经营	独 资	股份有限	其 他
全 国	**135.36**	**399.78**	**26.01**	**3.98**	**428.43**	**139.52**	**63.62**	**201.83**	**21.75**	**1.71**
北 京	63.71	42.43			60.74	21.69	15.19	16.66	7.20	
天 津	-0.04	-2.24	-0.13		13.56	5.18	-0.79	6.96	2.21	
河 北		1.26			-0.75	-0.38	-0.20	-0.17		
山 西	-0.02	-0.26			0.24	-0.65		0.89		
内蒙古					-0.59	-0.46		-0.13		
辽 宁	-0.85	26.63	0.09		40.64	10.86	16.39	13.74	-0.47	0.12
吉 林	0.00	3.43	0.09		-0.42	-0.37	-0.01	-0.03		
黑龙江		-0.18	-0.12		2.27	0.72	1.12	0.43		
上 海	3.40	32.57	-0.23		50.42	20.52	-0.53	24.19	6.24	
江 苏	3.22	54.36	2.91	1.72	59.15	15.13	8.96	34.41	0.65	
浙 江	-0.44	3.18	-0.01		22.10	0.76	-0.03	21.21	0.16	
安 徽	-0.49	5.04	0.79		5.82	4.50	-0.30	1.75	-0.13	
福 建	8.47	26.75	0.77		14.04	7.27	-0.01	6.64	0.14	
江 西	-0.03	5.00			3.44	2.70		-0.01	0.75	
山 东	-0.68	7.72	-0.07		4.96	-0.04	-0.48	5.48		
河 南	0.75	12.80	1.87	0.75	16.42	-0.56		16.86	0.11	
湖 北		7.20	0.64		7.43	3.14	1.62	1.69	0.98	
湖 南	-0.15	4.41			4.23	0.23		4.02	-0.02	
广 东	53.84	94.41	4.50	1.53	61.10	14.56	7.69	37.32	0.93	0.60
广 西	3.70	7.94			7.09	4.65	-0.23	2.65	0.02	
海 南		-2.47	14.76	0.04	-0.87	1.18	-0.40	-1.31	-0.35	
重 庆		25.71			26.71	14.52	11.35	-0.82	0.66	0.99
四 川		17.32	0.14	-0.07	19.68	11.77	-0.85	6.10	2.66	
贵 州		-0.25			0.18	-0.13	0.33	-0.02		
云 南		19.91			-0.21	-0.21			-0.01	
西 藏										
陕 西	0.96	6.18			9.94	1.81	4.80	3.34		
甘 肃		0.61			0.93	0.90		0.03		
青 海					0.39	0.39				
宁 夏					-0.19	-0.15		-0.04		
新 疆		0.34								

5-4-11 按资质等级分的房地产开发企业利润总额

单位：亿元

地 区	总 计	一 级	二 级	三 级	四 级	暂 定	其 他
全 国	**6300.70**	**1223.28**	**1409.74**	**1294.45**	**507.30**	**1604.17**	**261.76**
北 京	664.42	251.17	110.53	100.56	115.45	74.81	11.89
天 津	170.47	24.89	9.21	12.32	52.50	66.35	5.20
河 北	122.53	19.93	41.93	26.12	29.23	2.80	2.52
山 西	5.08	4.33	0.33	4.70	3.16	-5.80	-1.63
内蒙古	45.05	10.15	26.07	0.53	-6.44	13.51	1.23
辽 宁	233.66	7.37	34.24	96.87	0.41	91.60	3.17
吉 林	39.44	-1.08	9.11	11.06	5.91	14.25	0.19
黑龙江	61.06	6.57	21.36	23.93	1.58	3.28	4.35
上 海	742.36	134.72	128.76	59.96	0.06	371.03	47.85
江 苏	586.96	57.62	231.79	93.57	1.24	185.44	17.30
浙 江	502.08	129.02	95.86	153.93	8.45	84.01	30.82
安 徽	194.78	8.56	49.07	59.38	4.93	69.06	3.78
福 建	295.66	70.17	42.52	74.41	40.94	59.38	8.23
江 西	121.11	1.41	34.70	40.30	5.78	38.67	0.26
山 东	264.07	33.79	39.38	30.80	28.81	104.72	26.57
河 南	181.79	44.68	45.58	21.54	4.33	65.04	0.63
湖 北	210.74	30.57	78.17	46.18	14.05	39.99	1.78
湖 南	83.44	7.20	11.72	29.63	-0.13	35.01	
广 东	894.13	233.30	102.09	195.12	150.85	121.29	91.48
广 西	51.41	2.26	20.66	23.21	4.77	-4.27	4.78
海 南	39.25	0.77	-7.03	18.20	7.33	24.00	-4.01
重 庆	220.78	55.87	122.54	7.69	-3.15	37.96	-0.12
四 川	259.45	28.01	76.14	94.73	8.31	52.18	0.07
贵 州	33.30	1.25	9.13	6.97	7.68	8.97	-0.68
云 南	58.48	20.63	24.00	-4.10	-1.84	16.81	2.98
西 藏	-0.27	-0.01	0.39	-0.63	-0.10	0.07	
陕 西	130.97	7.57	29.18	53.37	20.62	17.55	2.68
甘 肃	8.95	0.99	4.87	1.96	2.78	-1.83	0.19
青 海	-1.22	0.30	-0.05	-0.53	-0.29	-0.68	0.04
宁 夏	16.63	9.42	5.43	1.20	1.82	-1.61	0.37
新 疆	64.13	21.86	12.05	11.50	-1.74	20.62	-0.16

5-4-12 按登记注册类型分的房地产开发企业主营业务收入

单位：亿元

地 区	总 计	内 资	国 有	集 体	股份合作	国有联营	集体联营	国 有 与 集体联营	其他联营
全 国	**51028.41**	**44807.73**	**2814.65**	**280.62**	**137.32**	**30.91**	**12.00**	**13.73**	**13.20**
北 京	3067.42	2585.28	76.14	12.74	0.04				
天 津	1294.90	1143.69	327.74	8.56	4.92	4.12	0.02		
河 北	1687.70	1661.74	18.21	14.91	1.95				0.66
山 西	460.64	457.44	28.91	2.89	0.03				
内蒙古	870.59	870.03	20.85		3.96			0.58	
辽 宁	2474.79	1901.25	103.06	1.90	6.75	0.62			
吉 林	683.47	656.77	28.24	0.60	0.13				
黑龙江	986.39	963.57	66.48	2.52	1.68				
上 海	3182.50	2625.50	378.75	30.17	0.62	17.47	8.73	8.48	0.02
江 苏	5854.69	4971.04	370.00	34.94	12.14	3.03			
浙 江	3382.86	3135.24	43.04	12.86	3.23	1.64		0.27	
安 徽	1797.10	1709.87	80.63	1.51	1.33	2.79		0.62	3.88
福 建	1769.90	1439.31	104.20	4.33	0.05	0.43		0.01	
江 西	899.89	811.00	29.59	1.89	5.62		0.52		2.63
山 东	3094.56	2885.84	196.74	52.16	12.79		0.82		0.46
河 南	1570.94	1440.51	38.05	2.63	12.10				0.81
湖 北	1731.03	1612.32	144.19	5.43	4.29			0.03	0.65
湖 南	1386.37	1314.04	60.57	5.02	17.07			2.06	0.30
广 东	5234.92	3970.64	129.84	51.83	19.07		1.45		2.15
广 西	775.73	693.64	47.92	5.65	1.99	0.23			0.02
海 南	501.04	404.91	47.47		13.50			0.42	
重 庆	1803.61	1494.61	161.50	2.46	0.05			0.54	0.01
四 川	2549.10	2294.10	82.67	8.12	7.57	0.47			
贵 州	549.98	538.34	47.30	0.12	2.35				
云 南	835.86	788.28	34.21	0.95	0.56		0.04	0.71	
西 藏	10.41	10.41	1.82						1.61
陕 西	1343.45	1228.34	99.42	11.62	2.44		0.42		
甘 肃	297.78	285.66	22.42	1.15	0.30				
青 海	103.40	97.13	10.47		0.79	0.10			
宁 夏	277.61	271.43	0.29	3.56					
新 疆	549.77	545.78	13.90	0.09					

5-4-12 续表 1

单位：亿元

地 区	国有独资公司	其他有限责任公司	股份有限公司	私营独资	私营合伙	私营有限责任公司	私营股份有限公司	其他内资企业	港澳台商投资	合资经营
全 国	**900.94**	**22437.54**	**2393.97**	**762.79**	**128.10**	**13186.85**	**1077.40**	**617.71**	**4109.64**	**1484.04**
北 京	157.63	2103.72	101.45		0.30	124.16	9.11		364.45	73.68
天 津	66.37	398.49	75.92	15.54	0.05	213.00	9.81	19.16	65.06	50.79
河 北	8.03	791.09	156.70	55.90	1.51	519.19	55.59	38.00	15.59	6.58
山 西	1.22	130.90	5.07	7.21	0.54	266.28	8.60	5.80	1.09	1.01
内蒙古	1.29	459.52	21.84	11.17	1.96	290.42	48.49	9.94	0.54	0.54
辽 宁	21.81	817.33	98.03	49.94	21.81	700.24	43.87	35.89	346.72	138.64
吉 林	5.78	402.63	31.42	22.43	0.30	151.48	7.32	6.44	25.03	9.17
黑龙江	16.36	502.04	81.24	27.25	1.99	239.12	13.77	11.14	6.28	4.05
上 海	81.09	1231.67	66.57	34.44	0.44	724.60	20.27	22.18	355.60	172.53
江 苏	42.83	2074.09	221.37	167.30	14.04	1787.47	162.84	81.00	568.10	217.12
浙 江	42.78	1749.10	125.14	11.50	2.65	1091.59	50.88	0.56	150.76	81.73
安 徽	54.13	904.13	68.00	25.58	4.51	467.88	54.74	40.14	59.45	22.45
福 建	53.18	722.32	70.50	3.93	1.99	439.27	14.93	24.15	260.49	68.10
江 西	4.92	415.11	71.80	11.48	10.82	199.17	44.68	12.76	64.14	37.57
山 东	59.84	1368.84	214.90	50.29	5.14	783.36	93.28	47.21	165.01	102.97
河 南	8.78	817.33	83.22	45.07	7.82	346.24	28.58	49.89	84.40	45.93
湖 北	15.85	792.43	124.76	25.41	3.53	429.52	47.25	18.95	82.75	36.98
湖 南	7.81	687.40	72.49	21.69	9.69	347.32	54.34	28.28	50.56	21.90
广 东	95.44	2046.28	317.74	42.94	9.06	1110.38	99.07	45.38	840.36	184.05
广 西	12.18	213.69	36.80	17.03	2.69	330.26	16.16	9.02	46.25	11.73
海 南	0.28	235.02	25.69	9.43	0.04	58.94	4.45	9.68	86.67	35.36
重 庆	27.37	618.88	34.32	2.77	4.16	573.23	44.78	24.54	203.80	94.64
四 川	37.85	1114.82	175.77	26.36	2.28	780.85	31.64	25.69	140.08	36.64
贵 州	5.39	261.17	36.51	5.81	1.42	156.07	20.38	1.82	8.36	5.77
云 南	11.17	359.05	23.34	7.23	3.79	289.30	44.70	13.24	47.02	4.79
西 藏		4.15	0.74	0.29		1.09	0.71			
陕 西	16.33	753.72	34.46	41.68	1.72	220.88	14.71	30.95	58.14	11.18
甘 肃	0.66	136.55	15.52	14.56	0.74	86.42	5.25	2.08	6.30	4.22
青 海	0.30	24.20	0.86	3.33	0.21	50.30	6.37	0.20	1.26	0.31
宁 夏	31:54	69.73	0.47	0.78	0.10	153.15	11.33	0.48	1.38	1.38
新 疆	12.69	232.18	1.34	4.44	12.81	255.68	9.51	3.15	3.98	2.23

5-4-12 续表 2

单位：亿元

地区					外商投资					
	合作经营	独资	股份有限	其他		合资经营	合作经营	独资	股份有限	其他
全国	**506.06**	**1998.99**	**107.37**	**13.17**	**2111.04**	**704.16**	**245.97**	**1059.52**	**88.03**	**13.36**
北京	187.46	103.31			117.69	39.01	39.77	25.56	13.36	
天津	0.58	10.78	2.91		86.15	51.84	0.03	23.59	10.68	
河北		9.02			10.37	0.38	0.63	9.35		
山西		0.08			2.11	0.27		1.85		
内蒙古					0.01			0.01		
辽宁	1.66	204.63	1.79		226.82	86.19	50.69	88.18		1.75
吉林		15.66	0.21		1.67	1.46	0.20	0.01		
黑龙江		2.22	0.01		16.54	4.80	4.83	6.92		
上海	14.98	167.99	0.11		201.40	67.33	3.76	116.07	14.24	
江苏	18.13	307.86	21.46	3.53	315.54	104.92	37.57	168.32	4.73	
浙江	1.36	67.35	0.32		96.87	20.25		75.64	0.98	
安徽	0.61	32.89	3.49		27.78	12.22		15.56		
福建	26.65	160.07	5.67		70.09	27.18		42.57	0.34	
江西	0.23	26.34			24.75	20.35		1.32	3.08	
山东	4.52	57.52			43.71	22.76	1.33	19.62		
河南	5.84	23.75	7.17	1.71	46.03	5.04		40.21	0.78	
湖北	0.04	42.97	2.76		35.96	14.96	3.56	13.81	3.63	
湖南	0.11	28.54	0.01		21.78	6.01		15.69	0.08	
广东	227.88	407.96	13.69	6.78	423.92	92.59	44.99	270.70	7.68	7.96
广西	10.52	24.01			35.84	21.56	1.81	12.48		
海南		4.94	45.22	1.15	9.45	6.24		3.19	0.03	
重庆		109.16			105.19	30.37	32.36	24.14	14.68	3.65
四川	0.36	100.51	2.56		114.92	48.52	0.82	51.85	13.73	
贵州		2.59			3.28		3.21	0.06		
云南		42.23		0.01	0.55	0.52		0.03		
西藏										
陕西	5.14	41.83			56.97	9.24	20.40	27.33		
甘肃		2.08			5.82	5.15		0.67		
青海		0.95			5.01	5.01				
宁夏					4.79	0.01		4.79		
新疆		1.75								

5-4-13 按资质等级分的房地产开发企业主营业务收入

单位：亿元

地区	总计	一级	二级	三级	四级	暂定	其他
全国	**51028.41**	**4322.66**	**10776.37**	**11944.92**	**5749.69**	**16366.81**	**1867.96**
北京	3067.42	594.95	469.01	423.16	927.64	574.55	78.11
天津	1294.90	108.95	176.55	108.60	410.15	454.75	35.90
河北	1687.70	183.73	328.87	340.24	453.43	335.71	45.72
山西	460.64	29.56	100.37	115.31	173.57	40.77	1.06
内蒙古	870.59	62.43	189.35	171.44	270.74	160.74	15.89
辽宁	2474.79	100.87	289.41	688.67	18.86	1294.73	82.24
吉林	683.47	3.28	123.94	184.59	105.22	258.40	8.03
黑龙江	986.39	72.29	265.17	452.50	46.53	123.37	26.54
上海	3182.50	141.80	502.22	352.19	12.44	2007.51	166.34
江苏	5854.69	382.48	2490.98	825.00	11.22	1985.73	159.28
浙江	3382.86	258.45	610.17	1074.11	200.40	944.57	295.17
安徽	1797.10	49.11	347.03	498.86	72.47	806.52	23.10
福建	1769.90	237.40	211.04	539.83	257.66	512.33	11.63
江西	899.89	10.97	186.89	298.89	66.32	311.37	25.45
山东	3094.56	234.21	481.76	536.23	436.07	1278.97	127.31
河南	1570.94	145.41	345.94	232.60	63.26	747.59	36.15
湖北	1731.03	206.27	451.99	377.84	192.82	476.22	25.89
湖南	1386.37	61.79	167.06	614.79	76.69	445.13	20.92
广东	5234.92	619.99	522.63	1481.90	983.83	1106.94	519.63
广西	775.73	18.44	112.23	234.45	75.37	301.89	33.34
海南	501.04	4.06	30.97	107.68	56.93	278.25	23.15
重庆	1803.61	258.46	821.28	241.17	10.24	469.31	3.13
四川	2549.10	176.05	705.40	1118.14	34.42	487.08	28.01
贵州	549.98	23.40	99.27	107.43	130.06	185.62	4.20
云南	835.86	91.46	176.21	96.92	174.73	272.64	23.90
西藏	10.41		1.58	7.79	0.10	0.86	0.07
陕西	1343.45	95.05	270.49	401.53	327.09	211.86	37.42
甘肃	297.78	7.18	63.28	108.07	69.06	45.27	4.91
青海	103.40	11.50	49.92	19.61	5.17	15.49	1.71
宁夏	277.61	60.82	83.60	44.20	33.71	53.13	2.15
新疆	549.77	72.29	101.76	141.15	53.49	179.50	1.58

【主要统计指标解释】

资产总计 指企业过去的交易或者事项形成的、由企业拥有或者控制的、预期会给企业带来经济利益的资源。资产一般按流动性（资产的变现或耗用时间长短）分为流动资产和非流动资产。其中流动资产可分为货币资金、交易性金融资产、应收票据、应收账款、预付款项、其他应收款、存货等；非流动资产可分为长期股权投资、固定资产、无形资产及其他非流动资产等。根据会计“资产负债表”中“资产总计”项目的期末余额数填报。

执行2006年《企业会计准则》的企业：资产合计=流动资产合计+非流动资产合计；未执行2006年《企业会计准则》企业的资产包括流动资产、长期投资、固定资产、无形资产和其他资产等。

负债合计 指企业过去的交易或者事项形成的，预期会导致经济利益流出企业的现时义务。负债一般按偿还期长短分为流动负债和非流动负债。根据会计“资产负债表”中“负债合计”项目的期末余额数填报。

执行2006年《企业会计准则》的企业：负债合计=流动负债合计+非流动负债合计；未执行2006年《企业会计准则》企业的负债包括流动负债和长期负债。

所有者权益合计 指企业资产扣除负债后由所有者享有的剩余权益。公司的所有者权益又称股东权益。包括实收资本、资本公积、盈余公积、未分配利润等。根据会计“资产负债表”中“所有者权益合计”项目的期末余额数填报。

主营业务收入 指企业确认的销售商品、提供劳务等主营业务的收入。根据会计“主营业务收入”科目的期末贷方余额填报。执行2006年《企业会计准则》的企业，如未设置该科目，以“营业收入”代替填报。

土地转让收入 指房地产开发企业按国家规定在报告期转让已经开发的土地和未经开发的土地所得到的收入。根据会计“利润表”和相关核算资料计算填报。

商品房屋销售收入 指房地产开发企业在报告期售出商品房屋的收入，一次收款的，一次性全部计入销售收入，按合同规定分期收款的，可按合同规定的时间分次计入收入。根据会计“利润表”和相关核算资料计算填报。

房屋出租收入 指房地产开发企业在报告期内，在不改变现有财产所有权关系的条件下，将企业的全部或部分房屋出租给其他单位或个人使用所得到的租金收入。根据会计“利润表”和相关核算资料计算填报。

其他（主营业务）收入 指房地产开发企业在报告期内从事除以上收入外的其他业务活动所得到的收入，包括配套设施销售收入、代建工程结算收入等。根据会计“利润表”和相关核算资料计算填报。

营业利润 指企业从事生产经营活动所取得的利润。执行2006年《企业会计准则》的企业，营业利润为营业收入减去营业成本、营业税金及附加、销售费用、管理费用、财务费用、资产减值损失，再加上公允价值变动收益和投资收益。未执行2006年《企业会计准则》的企业，营业利润为主营业务收入减去主营业务成本、主营业务税金及附加，加上其他业务利润后，再减去销售费用、管理费用、财务费用后的金额。根据会计“利润表”中“营业利润”项目的本期金额数填报。

利润总额 指企业在一定会计期间的经营成果，是生产经营过程中各种收入扣除各种耗费后的盈余，反映企业在报告期内实现的亏盈总额。根据会计“利润表”中“利润总额”项目的本期金额数填报。执行2006年《企业会计准则》的企业，利润总额为营业利润加上营业外收入，减去营业外支出后的金额；未执行2006年《企业会计准则》的企业，利润总额为营业利润加上投资收益、补贴收入、营业外收入，再减去营业外支出后的金额。

5 第三产业部分行业主要财务指标

5-5　租赁和商务服务业

简要说明

一、主要内容

本篇资料主要反映租赁和商务服务业的总产出情况。该行业为《国民经济行业分类》（GB/T 4754-2002）的门类，本年鉴列示了2008-2012年数据。

二、资料来源

本篇资料由国家统计局国民经济核算司加工整理。

5-5-1 各地区租赁和商务服务业总产出

地 区	2008		2009		2010		2011		2012	
	总量（亿元）	指数（%）	总量（亿元）	指数（%）	总量（亿元）	指数（%）	总量（亿元）	指数（%）	总量（亿元）	指数（%）
北 京	3141.49	117.8	3052.36	102.5	3890.70	119.0	4600.05	114.7	4775.49	98.5
天 津	319.01	123.6	393.44	132.4	543.25	115.3	709.00	126.7	903.05	111.3
河 北	286.55	112.2	329.78	103.0	335.29	106.1	441.27	120.9	493.36	101.0
山 西	120.09	120.8	128.05	70.8	152.17	117.1	175.97	111.0	207.22	111.8
内蒙古	188.83	84.4	211.98	113.6	285.54	99.2	371.78	126.5	429.31	108.7
辽 宁	467.48	119.2	535.68	108.3	664.67	122.2	812.92	118.4	961.85	111.0
吉 林	220.91	116.2	263.29	114.1	410.77	126.2	567.17	133.8	687.36	115.3
黑龙江	193.73	108.5	220.73	112.7	241.45	102.5	262.06	104.4	305.61	113.9
上 海	2738.26	127.2	2999.90	109.8	3438.02	109.7	4366.52	125.2	4920.86	108.4
江 苏	1684.65	121.1	1738.35	104.2	2680.42	108.4	3691.02	122.4	4386.41	115.3
浙 江	1097.70	102.0	1177.76	106.7	1486.67	114.6	1899.11	113.6	2206.83	113.7
安 徽	373.44	83.8	479.51	111.3	587.04	108.6	681.00	108.5	841.50	119.6
福 建	389.02	106.9	454.32	120.2	523.20	107.5	753.61	106.9	831.82	95.1
江 西	149.47	114.5	161.13	110.7	170.97	110.7	214.42	122.2	261.80	120.2
山 东	708.93	117.6	813.40	105.9	1046.09	125.7	1314.33	104.5	1565.85	99.2
河 南	251.96	61.0	307.26	126.0	370.58	118.4	466.53	121.3	549.64	115.1
湖 北	420.07	99.7	497.50	111.2	748.40	124.0	915.36	104.5	1052.71	113.3
湖 南	370.51	116.4	380.43	102.0	475.88	116.8	581.15	115.9	699.97	118.8
广 东	2503.22	108.2	2743.53	98.5	3253.41	109.8	4019.83	112.5	4436.45	110.3
广 西	192.18	97.2	206.92	109.9	268.63	106.0	344.26	133.4	425.05	120.3
海 南	57.35	113.3	62.69	110.2	76.65	122.5	100.23	128.2	133.53	121.3
重 庆	202.87	103.7	215.86	105.8	263.71	112.8	367.57	116.7	467.80	120.4
四 川	398.98	101.5	448.45	117.3	415.36	116.9	480.70	108.3	581.84	120.4
贵 州	133.13	124.9	153.44	112.1	179.87	108.8	264.40	121.2	308.71	112.0
云 南	239.93	104.2	253.53	103.4	296.46	113.5	547.40	129.7	684.61	106.0
西 藏	4.04	131.4	7.49	165.1	10.72	163.6	17.71	146.4	21.59	129.4
陕 西	186.57	140.7	187.29	100.1	208.66	107.9	233.16	106.9	291.30	114.7
甘 肃	39.96	120.5	48.82	127.3	60.92	119.7	80.64	112.9	100.57	121.4
青 海	21.55	123.4	28.86	131.7	33.21	109.2	40.86	117.1	46.39	110.1
宁 夏	20.77	110.6	27.57	116.0	42.49	108.7	63.66	113.0	71.88	127.1
新 疆	133.18	76.3	137.27	95.5	127.64	99.6	163.30	120.3	153.46	97.8

注：总量按当年价格计算。指数按不变价格计算，以上年为100。

【主要统计指标解释】

总产出 指一定时期内一个国家（或地区）常住单位生产的所有货物和服务的价值，既包括新增价值，也包括被消耗的货物和服务价值以及固定资产的转移价值。总产出反映常住单位生产活动的总规模。

5 第三产业部分行业主要财务指标

5-6　居民服务、修理和其他服务业

简要说明

一、主要内容

本篇资料主要反映居民服务和其他服务业的总产出情况。该行业为《国民经济行业分类》（GB/T 4754-2002）的门类，本年鉴列示了2008—2012年数据。

二、资料来源

本篇资料由国家统计局国民经济核算司加工整理。

5-6-1 各地区居民服务和其他服务业总产出

地 区	2008		2009		2010		2011		2012	
	总量(亿元)	指数(%)	总量(亿元)	指数(%)	总量(亿元)	指数(%)	总量(亿元)	指数(%)	总量(亿元)	指数(%)
北 京	186.42	70.9	172.50	97.6	225.88	122.3	240.41	105.9	303.87	118.8
天 津	367.76	127.1	385.13	110.1	450.63	117.1	515.46	117.3	571.67	116.3
河 北	480.49	117.4	516.91	100.7	600.46	117.8	692.31	113.2	806.78	117.1
山 西	134.38	111.9	165.00	156.6	189.06	112.9	210.01	109.6	251.61	113.7
内蒙古	182.79	102.6	205.22	113.3	276.76	133.8	355.57	124.9	439.34	116.4
辽 宁	537.60	104.3	619.48	115.5	706.20	112.3	823.59	112.9	997.78	115.6
吉 林	260.45	129.8	306.32	112.0	333.94	108.0	439.39	121.3	532.33	122.7
黑龙江	194.98	85.5	232.61	118.2	294.98	118.7	404.12	131.7	435.95	107.3
上 海	327.74	113.1	367.82	113.8	424.47	113.1	492.51	115.2	524.97	105.5
江 苏	566.31	101.4	589.58	104.4	863.15	114.9	1093.87	113.2	1320.75	117.3
浙 江	487.85	116.6	532.86	111.2	659.44	115.4	748.36	110.0	874.95	115.5
安 徽	151.21	80.4	169.99	114.1	189.74	117.3	228.72	109.6	274.97	119.1
福 建	384.82	155.7	510.72	133.7	514.54	100.3	607.53	114.4	664.73	108.4
江 西	176.57	114.3	202.39	117.7	238.86	111.0	291.98	115.1	363.58	118.2
山 东	545.53	101.7	611.76	110.8	701.17	113.6	888.18	122.4	1047.32	115.5
河 南	174.92	60.7	227.51	134.3	253.55	109.4	311.85	118.5	385.86	120.8
湖 北	162.05	62.9	201.40	115.3	254.58	110.3	365.48	138.3	424.64	114.0
湖 南	697.80	108.4	762.21	108.2	928.05	113.5	1114.01	112.3	1292.00	114.2
广 东	1177.33	119.6	1221.70	106.2	1309.02	105.6	1537.47	113.7	1622.19	107.9
广 西	154.45	144.7	132.96	87.8	162.01	121.4	172.05	104.2	187.81	106.4
海 南	37.94	113.0	43.74	115.6	54.42	124.2	64.04	115.4	75.50	114.9
重 庆	103.59	117.9	113.27	109.7	120.26	101.9	145.08	105.0	171.58	113.7
四 川	409.04	104.9	459.76	111.3	608.30	118.3	704.92	110.6	852.36	117.8
贵 州	137.76	124.9	146.59	102.6	162.96	109.6	231.23	117.1	274.23	113.0
云 南	77.55	102.5	93.66	108.0	101.39	103.3	129.60	85.1	131.78	108.1
西 藏	7.55	97.0	8.30	110.3	11.65	137.6	15.85	126.4	13.36	86.1
陕 西	94.55	79.5	94.32	101.1	101.99	105.0	119.52	114.5	135.43	111.1
甘 肃	58.58	120.5	69.28	123.3	89.15	122.7	113.57	114.9	142.39	124.2
青 海	13.48	105.3	14.47	105.6	16.65	109.3	20.49	116.9	23.26	110.4
宁 夏	41.78	105.5	54.11	132.0	75.66	138.9	101.36	129.2	113.65	109.9
新 疆	143.69	204.6	163.43	113.6	179.17	108.0	208.14	143.3	235.95	116.4

注：总量按当年价格计算。指数按不变价计算，以上年为100。

【主要统计指标解释】

总产出 指一定时期内一个国家（或地区）常住单位生产的所有货物和服务的价值，既包括新增价值，也包括被消耗的货物和服务价值以及固定资产的转移价值。总产出反映常住单位生产活动的总规模。

5 第三产业部分行业主要财务指标

5-7 教 育

简要说明

一、主要内容

教育经费资料主要反映国家教育总费用和教育支出情况。

教育经费统计资料包括教育经费总额、国家财政性教育经费、预算内教育经费、民办学校办学经费、社会捐赠经费、教育事业收入和其他教育经费等。

二、资料来源

教育经费资料由教育部提供，详细资料见《中国教育经费统计年鉴》（教育部财务司编）。

5-7-1 教育经费情况

单位：万元

年份 地区	合计	国家财政性教育经费	#公共财政预算教育经费	民办学校中举办者投入	社会捐赠经费	事业收入	#学杂费	其他教育经费
1995	18779501	14115233	10283930	203672	1628414		2012423	
1996	22623394	16717046	12119134	261999	1884190		2610361	
1997	25317326	18625416	13577262	301746	1706588		3260792	
1998	29490592	20324526	15655917	480314	1418537	6091515	3697474	1175700
1999	33490416	22871756	18157597	628957	1258694	7497174	4636108	1233835
2000	38490806	25626056	20856792	858537	1139557	9382717	5948304	1483939
2001	46376626	30570100	25823762	1280895	1128852	11575137	7456014	1821643
2002	54800278	34914048	31142383	1725549	1272791	14609169	9227792	2278722
2003	62082653	38506237	34538583	2590148	1045927	17218399	11214985	2721943
2004	72425989	44658575	40278158	3478529	934204	20114268	13465517	3240414
2005	84188391	51610759	46656939	4522185	931613	23399991	15530545	3723842
2006	98153087	63483648	57956138	5490583	899078	24073042	15523301	4206736
2007	121480663	82802142	76549082	809337	930584	31772357	21309082	5166242
2008	145007374	104496296	96855602	698479	1026663	33670711	23492983	5115225
2009	165027065	122310935	114193032	749829	1254991	35275939	25155983	5435371
2010	195618471	146700670	134895629	1054254	1078839	41060664	30155593	5724045
2011	238692936	185867009	168045617	1119320	1118675	44246927	33169742	6341005
中央	23356525	15634144	14413470		266793	6096208	2937487	1359380
地方	215336411	170232866	153632146	1119320	851882	38150719	30232255	4981625
北京	7373843	6277348	5577283	2894	42608	851455	622423	199539
天津	4136097	3389120	2920631	239	5531	594114	436350	147094
河北	8447882	6844588	6106370	22060	6392	1484576	1302985	90267
山西	5494903	4451667	4067348	51370	14323	902811	733005	74732
内蒙古	5040005	4463714	4038149	10480	3597	512773	399327	49442
辽宁	7809413	6325914	5649334	30860	5744	1332250	1121184	114645
吉林	4293877	3543183	3329166	6702	2878	703764	595838	37350
黑龙江	4838173	3859462	3573011	2843	869	941146	793588	33855
上海	7106255	5844327	4795157	5215	6331	1006085	821000	244297
江苏	15882132	11768474	9974984	50534	179649	3149370	2437172	734106
浙江	12069078	8732600	7081452	20810	154065	2591357	2080309	570246
安徽	8172010	6461027	5903475	57900	20122	1456867	1132576	176095
福建	6344839	4856150	4256932	80851	37395	1286253	983115	84190
江西	6307866	5036882	4718264	89662	19066	1056873	878233	105383
山东	13727939	11225099	9869201	40992	22969	2307705	1779356	131174
河南	11821418	9292217	8786207	131298	5735	2103536	1881920	288633
湖北	6844038	4787821	4489740	18227	20305	1809429	1337660	208256
湖南	7987607	5846551	5447450	53567	17604	1791759	1394362	278126
广东	18846365	13592334	12282084	174940	105231	4655227	3769241	318634
广西	5938482	4905638	4635386	31747	7328	925396	732021	68374
海南	1732237	1370536	1240893	33157	15086	279938	233588	33519
重庆	5039550	3832059	3590885	24470	45121	926746	679350	211154
四川	10244130	8017200	7393263	116697	51511	1932562	1279067	126162
贵州	4510531	3869567	3624514	18762	7811	519550	386485	94842
云南	6582935	5652685	5235529	18172	23784	767760	604635	120533
西藏	826102	807466	800260	201	683	17622	14318	130
陕西	6838342	5249804	4952664	12917	10035	1326983	1072042	238604
甘肃	3608174	3129282	2938828	4558	7347	431519	361413	35468
青海	1552462	1469582	1398060	1338	3907	63800	48435	13836
宁夏	1313862	1147144	1075864	4249	1978	119957	93927	40535
新疆	4605867	4183426	3879766	1611	6880	301540	227332	112410

注：1.2007年对部分教育经费统计指标进行了修订，“民办学校中举办者投入”数据1992-2006年为社会团体和公民个人办学总经费。
2.按照政府预算体系改革要求，2011年起将原“预算内教育经费”表述为“公共财政预算教育经费”。

5-7-2 各类学校教育经费情况(2011年)

单位：万元

学校类别	合　计	国家财政预算教育经费	#公共财政预算教育经费	民办学校中举办者投入	社　会捐赠经费	事业收入	#学杂费	其　他教育经费
全国总计	**238692936**	**185867009**	**168045617**	**1119320**	**1118675**	**44246927**	**33169742**	**6341005**
按学校类别分组								
高等学校	70208740	40963277	38303348	332915	434534	24620019	18623612	3857995
普通高等学校	68802316	40234989	37632641	332915	431870	24007176	18121026	3795366
成人高等学校	1406423	728288	670707		2664	612843	502586	62629
中等职业学校	16385030	12590644	10379263	128688	24765	3226600	2668384	414334
中等专业学校	7560390	5671922	4728781	58264	9058	1619122	1350180	202024
职业高中	6177797	5062497	4025549	55130	13427	942754	803664	103989
技工学校	1854712	1236388	1064615	7359	1757	522612	436450	86597
成人中专学校	792131	619837	560318	7934	523	142113	78090	21724
中学	66709034	57114550	50782295	215221	363248	8144614	5770465	871402
普通中学	66607151	57023628	50710861	215221	363154	8136799	5769061	868350
普通高中	24943611	17999617	15376404	76990	186050	6238204	4546108	442751
普通初中	41663540	39024011	35334458	138231	177105	1898595	1222954	425599
#农村	22879621	22308622	20740121	41211	63884	304463	173901	161440
成人中学	101883	90922	71434		94	7815	1403	3052
小学	60124183	57599831	53147915	149897	218537	1638763	1141006	517155
普通小学	60120841	57596542	53144651	149897	218537	1638729	1141006	517137
#农村	37975040	37249144	35088711	48293	102146	358382	223509	217073
成人小学	3342	3289	3264			35		18
特殊教育学校	790439	766927	654865	174	5221	7733	1435	10385
幼儿园	10185761	4156986	3516392	292425	50189	5497586	4927263	188575
教育行政单位	3281499	2989852	2628782		11909	135171		144567
教育事业单位	8777740	7712373	6676855		9971	785483		269914
其它	2230510	1972571	1955902		303	190958	37577	66679

5-7-3 2011年公共财政预算教育拨款增长与财政经常性收入增长比较

地 区	公共财政预算教育拨款本年比上年增长(%)	财政经常性收入本年比上年增长(%)	增长幅度比较
中 央	28.31	16.15	12.16
北 京	18.84	13.19	5.65
天 津	38.82	23.47	15.35
河 北	17.93	23.78	-5.85
山 西	27.38	23.72	3.66
内蒙古	20.73	29.3	-8.57
辽 宁	29.35	26.45	2.9
吉 林	27.78	25.26	2.52
黑龙江	23.13	21.78	1.35
上 海	21.86	14.29	7.57
江 苏	22.5	21.92	0.58
浙 江	20.35	19.8	0.55
安 徽	41.5	19.85	21.65
福 建	18.13	21.35	-3.22
江 西	58.1	13.6	44.5
山 东	37.44	18.7	18.74
河 南	35.56	16.92	18.64
湖 北	25.25	24.47	0.78
湖 南	28.87	26.47	2.4
广 东	25.22	17.67	7.55
广 西	23.95	10.6	13.35
海 南	18.64	22.48	-3.84
重 庆	33.63	28.26	5.37
四 川	16.32	18.2	-1.88
贵 州	22.69	22.04	0.65
云 南	23.88	25.47	-1.59
西 藏	27.85	27.43	0.42
陕 西	40.83	32.31	8.52
甘 肃	16.05	6.19	9.86
青 海	47.29	27.35	19.94
宁 夏	36.29	24.52	11.77
新 疆	27.39	26.15	1.24

注：公共财政预算教育拨款包括教育事业费、科研经费、基建经费和其他经费。

5-7-4 2011年公共财政预算教育经费占公共财政支出比例情况

地 区	公共财政预算教育经费(亿元)			公共财政预算教育经费占公共财政支出比例(%)		
	2010年	2011年	增长比例%	2010年	2011年	增减百分点
总 计	**14163.90**	**17821.74**	**25.83**	**15.76**	**16.31**	**0.55**
北 京	505.78	604.47	19.51	18.61	18.63	0.02
天 津	225.28	315.39	40.00	16.36	17.56	1.20
河 北	543.70	644.25	18.49	19.28	18.21	-1.07
山 西	341.34	434.54	27.30	17.67	18.38	0.71
内蒙古	351.37	428.19	21.86	15.46	14.32	-1.14
辽 宁	464.99	605.35	30.19	14.55	15.50	0.95
吉 林	270.18	348.82	29.11	15.12	15.84	0.72
黑龙江	302.69	377.14	24.60	13.43	13.50	0.07
上 海	435.75	570.33	30.88	13.19	14.57	1.38
江 苏	877.82	1103.10	25.66	17.86	17.73	-0.13
浙 江	639.27	776.18	21.42	19.93	20.20	0.27
安 徽	437.84	623.69	42.45	16.92	18.88	1.96
福 建	378.99	454.81	20.01	22.36	20.69	-1.67
江 西	311.04	489.33	57.32	16.17	19.31	3.14
山 东	773.66	1063.09	37.41	18.66	21.25	2.59
河 南	674.56	915.59	35.73	19.75	21.55	1.80
湖 北	373.51	466.91	25.01	14.93	14.52	-0.41
湖 南	443.55	569.62	28.42	16.41	16.18	-0.23
广 东	1033.70	1327.86	28.46	19.07	19.78	0.71
广 西	386.88	479.53	23.95	19.27	18.84	-0.43
海 南	107.74	129.02	19.75	18.53	16.57	-1.96
重 庆	280.66	376.17	34.03	16.42	14.64	-1.78
四 川	661.86	776.00	17.25	15.54	16.60	1.06
贵 州	307.03	377.33	22.90	18.82	16.77	-2.05
云 南	442.58	558.19	26.12	19.36	19.05	-0.31
西 藏	63.35	80.74	27.45	11.50	10.65	-0.85
陕 西	370.44	520.40	40.48	16.70	17.76	1.06
甘 肃	258.97	303.85	17.33	17.63	16.96	-0.67
青 海	97.30	144.10	48.10	13.09	14.89	1.80
宁 夏	81.97	111.65	36.21	14.70	15.82	1.12
新 疆	316.62	404.78	27.84	18.64	17.72	-0.92

注：表中公共财政预算教育经费含教育费附加。

5-7-5 各级教育生均公共财政预算教育事业费增长情况

单位：元

地区	普通小学			普通初中			普通高中		
	2010年	2011年	增长率(%)	2010年	2011年	增长率(%)	2010年	2011年	增长率(%)
总 计	**4012.51**	**4966.04**	**23.76**	**5213.91**	**6541.86**	**25.47**	**4509.54**	**5999.60**	**33.04**
北 京	14482.39	18494.11	27.70	20023.04	25828.16	28.99	20619.66	28533.85	38.38
天 津	11505.42	13398.02	16.45	14819.48	17716.32	19.55	13233.87	15941.80	20.46
河 北	3783.13	4233.89	11.92	5227.19	6217.00	18.94	3997.89	4961.13	24.09
山 西	4049.34	5057.71	24.90	4739.37	5843.14	23.29	4245.34	5432.50	27.96
内蒙古	6691.86	8295.77	23.97	7684.29	9115.00	18.62	5611.80	8082.87	44.03
辽 宁	5174.19	6929.15	33.92	6978.02	9437.10	35.24	5334.80	6950.89	30.29
吉 林	6220.61	7285.90	17.13	6826.55	8442.78	23.68	5104.32	5625.00	10.20
黑龙江	5484.50	6271.38	14.35	5594.01	6564.23	17.34	4411.34	5261.21	19.27
上 海	16143.85	17397.94	7.77	19809.98	22076.15	11.44	20346.58	23676.36	16.37
江 苏	7252.39	8479.50	16.92	8385.89	10175.05	21.34	5595.47	7606.20	35.93
浙 江	6732.41	7468.67	10.94	8382.49	10027.27	19.62	6415.40	7683.51	19.77
安 徽	3192.12	4503.39	41.08	3963.55	5645.98	42.45	2817.27	4601.11	63.32
福 建	4785.85	5766.51	20.49	5715.61	7350.81	28.61	5221.83	6318.66	21.00
江 西	2470.25	3731.28	51.05	3375.17	4868.08	44.23	3016.21	4991.60	65.49
山 东	3936.26	5071.92	28.85	6137.13	7762.13	26.48	5076.80	7121.87	40.28
河 南	2186.14	2736.91	25.19	3410.02	4563.99	33.84	2457.82	4025.99	63.80
湖 北	3208.29	3670.29	14.40	4514.41	5410.53	19.85	2563.33	3424.26	33.59
湖 南	3013.99	3619.25	20.08	4932.57	5941.36	20.45	3288.30	4143.45	26.01
广 东	3487.02	4731.13	35.68	3920.97	4907.10	25.15	5312.93	6418.50	20.81
广 西	3355.57	4003.29	19.30	4299.73	5359.96	24.66	3428.11	4681.61	36.57
海 南	5578.47	6573.20	17.83	5801.61	7563.04	30.36	6421.43	7334.92	14.23
重 庆	3633.96	4773.15	31.35	4297.92	5604.96	30.41	3606.59	5399.50	49.71
四 川	3372.56	4164.05	23.47	4076.96	5210.02	27.79	2590.74	4033.74	55.70
贵 州	2758.61	3419.25	23.95	3204.20	4134.17	29.02	3317.10	4867.87	46.75
云 南	3286.24	3704.84	12.74	4349.07	4872.34	12.03	4315.79	5151.78	19.37
西 藏	8164.32	10382.40	27.17	7242.81	9593.73	32.46	7245.76	11421.82	57.63
陕 西	4723.88	5996.96	26.95	5256.90	7422.63	41.20	4491.15	6164.45	37.26
甘 肃	3306.41	4113.89	24.42	4129.87	5020.27	21.56	3798.17	4723.55	24.36
青 海	5011.76	6518.71	30.07	7423.16	8331.43	12.24	7983.63	9394.02	17.67
宁 夏	3819.14	4226.33	10.66	6009.40	6903.36	14.88	6672.23	7428.42	11.33
新 疆	5868.61	7639.92	30.18	7788.66	10182.63	30.74	7249.22	9720.11	34.08

5-7-5 续表　　　　单位:元

地区	中等职业学校			普通高等学校		
	2010年	2011年	增长率(%)	2010年	2011年	增长率(%)
总　计	**4842.45**	**6148.28**	**26.97**	**9589.73**	**13877.53**	**44.71**
北　京	15583.79	18673.53	19.83	34546.43	44073.80	27.58
天　津	10322.84	12953.81	25.49	12395.91	19142.80	54.43
河　北	4195.75	4898.12	16.74	5238.50	8676.09	65.62
山　西	4278.06	6358.81	48.64	6681.89	9372.53	40.27
内蒙古	8231.72	10479.40	27.31	10147.22	13783.79	35.84
辽　宁	6536.11	8499.91	30.05	5896.08	10248.38	73.82
吉　林	7266.12	8634.98	18.84	9845.50	15202.95	54.42
黑龙江	6029.69	7081.82	17.45	6742.70	10912.73	61.85
上　海	12609.79	14653.93	16.21	21258.08	29560.09	39.05
江　苏	4314.28	6012.15	39.35	10089.18	12042.91	19.36
浙　江	6643.12	7896.09	18.86	10508.34	12014.80	14.34
安　徽	2972.06	4391.53	47.76	4854.69	8886.74	83.05
福　建	4433.29	5526.14	24.65	6666.99	7555.33	13.32
江　西	3192.15	5628.39	76.32	6156.30	8724.98	41.72
山　东	5436.04	7205.32	32.55	6913.92	10705.95	54.85
河　南	3609.54	4956.20	37.31	4276.64	8699.04	103.41
湖　北	2728.00	3776.78	38.45	5947.88	8973.36	50.87
湖　南	3963.30	4419.99	11.52	5074.68	10168.37	100.37
广　东	4815.30	5081.85	5.54	11200.22	11837.00	5.69
广　西	5278.65	5903.56	11.84	6902.44	10208.52	47.90
海　南	4903.97	6148.72	25.38	8877.30	9128.91	2.83
重　庆	3666.64	4917.11	34.10	7135.63	12660.96	77.43
四　川	3792.69	4806.77	26.74	6481.06	9001.27	38.89
贵　州	3974.26	4921.87	23.84	8823.65	10140.61	14.93
云　南	4728.43	6223.29	31.61	8515.23	10592.02	24.39
西　藏	7618.66	11686.35	53.39	17155.04	24618.68	43.51
陕　西	4607.49	6827.21	48.18	7106.90	12205.33	71.74
甘　肃	4347.86	5151.84	18.49	6868.73	9347.65	36.09
青　海	6496.27	6857.32	5.56	10944.41	19995.63	82.70
宁　夏	4426.93	5695.77	28.66	10741.24	28444.17	164.81
新　疆	7996.67	10703.42	33.85	13194.92	15696.38	18.96

5-7-6 各级教育生均公共财政预算公用经费增长情况

单位：元

地区	普通小学			普通初中			普通高中		
	2010年	2011年	增长率(%)	2010年	2011年	增长率(%)	2010年	2011年	增长率(%)
总　计	**929.89**	**1366.41**	**46.94**	**1414.33**	**2044.93**	**44.59**	**1071.78**	**1687.54**	**57.45**
北　京	5836.99	8719.44	49.38	8247.66	11241.78	36.30	8864.84	13612.11	53.55
天　津	1691.80	2272.52	34.33	2521.05	2983.13	18.33	2160.81	3099.90	43.46
河　北	892.25	1213.72	36.03	1305.69	1854.38	42.02	859.72	1136.10	32.15
山　西	954.85	1378.64	44.38	1415.17	1912.92	35.17	1119.31	1355.84	21.13
内蒙古	1560.76	1895.02	21.42	2209.10	2574.48	16.54	1827.40	2449.45	34.04
辽　宁	1263.55	2546.71	101.55	2041.43	3640.65	78.34	1220.04	2346.26	92.31
吉　林	1462.37	1822.88	24.65	1906.29	2511.20	31.73	1451.46	1488.65	2.56
黑龙江	978.30	1362.11	39.23	1418.34	1814.22	27.91	1029.27	1167.68	13.45
上　海	4264.69	5369.22	25.90	5298.45	6837.76	29.05	5485.57	6695.11	22.05
江　苏	853.55	1594.33	86.79	1088.54	1817.68	66.98	604.82	1262.62	108.76
浙　江	870.54	1048.20	20.41	1209.80	1614.83	33.48	1326.93	1544.26	16.38
安　徽	922.50	1640.86	77.87	1338.99	2285.29	70.67	689.63	1645.67	138.63
福　建	1071.25	1369.49	27.84	1454.07	1845.58	26.93	983.41	1115.55	13.44
江　西	697.25	1290.39	85.07	1074.41	1902.14	77.04	658.64	1725.93	162.04
山　东	917.66	1370.52	49.35	1782.46	2451.19	37.52	1070.92	2125.43	98.47
河　南	700.84	1135.09	61.96	1174.95	2104.78	79.14	595.87	1625.56	172.80
湖　北	701.09	889.56	26.88	1130.42	1355.03	19.87	482.04	706.83	46.63
湖　南	928.48	1346.32	45.00	1544.50	2141.89	38.68	555.14	878.30	58.21
广　东	735.85	974.28	32.40	974.19	1175.52	20.67	1508.96	1833.83	21.53
广　西	670.36	994.53	48.36	1127.29	1676.50	48.72	735.97	1563.94	112.50
海　南	1358.73	1767.55	30.09	2037.29	2979.70	46.26	2561.42	2637.13	2.96
重　庆	1166.45	1501.87	28.76	1566.86	1966.78	25.52	1239.23	1759.63	41.99
四　川	770.81	1020.36	32.38	1033.77	1508.40	45.91	429.94	742.70	72.75
贵　州	579.26	834.21	44.01	827.24	1371.62	65.81	502.21	1121.61	123.33
云　南	802.56	979.16	22.00	1162.33	1454.77	25.16	1026.96	1229.16	19.69
西　藏	2077.95	3040.30	46.31	1431.91	2453.46	71.34	1313.31	2445.79	86.23
陕　西	1071.28	1570.87	46.63	1516.97	2757.54	81.78	1041.46	2283.26	119.24
甘　肃	820.64	1167.53	42.27	1292.78	1645.70	27.30	927.11	1158.43	24.95
青　海	1850.49	2505.72	35.41	3447.57	3271.74	-5.10	3553.46	3702.47	4.19
宁　夏	1304.51	1710.68	31.14	2777.83	3408.41	22.70	3234.27	3321.29	2.69
新　疆	1145.49	1948.48	70.10	2447.24	3768.21	53.98	1852.33	2998.03	61.85

5-7-6 续表 单位：元

地区	中等职业学校			普通高等学校		
	2010年	2011年	增长率(%)	2010年	2011年	增长率(%)
总计	**1468.03**	**2212.85**	**50.74**	**4362.73**	**7459.51**	**70.98**
北京	7962.78	9096.94	14.24	19896.42	26465.43	33.02
天津	1422.43	2981.70	109.62	5237.56	10850.65	107.17
河北	880.25	1236.55	40.48	1616.21	4253.09	163.15
山西	1103.43	1958.95	77.53	1850.42	3557.44	92.25
内蒙古	2989.16	4031.96	34.89	5042.42	7911.96	56.91
辽宁	2376.57	4623.94	94.56	2287.49	4906.86	114.51
吉林	1660.44	2089.34	25.83	4909.68	8622.94	75.63
黑龙江	1104.21	1560.81	41.35	2029.52	5682.06	179.97
上海	4553.20	5394.17	18.47	15438.48	23492.42	52.17
江苏	965.23	1683.66	74.43	5213.14	7196.70	38.05
浙江	1777.39	2199.65	23.76	3819.66	4771.38	24.92
安徽	807.42	1865.38	131.03	1672.96	5153.64	208.06
福建	1003.48	1375.21	37.04	2983.48	4006.27	34.28
江西	1070.89	2820.84	163.41	1975.10	4086.06	106.88
山东	1393.75	2290.00	64.30	2225.89	5675.75	154.99
河南	739.34	2190.87	196.33	1441.28	4768.50	230.85
湖北	610.33	1126.31	84.54	2199.08	4888.00	122.27
湖南	837.71	1151.22	37.42	1495.88	5699.85	281.04
广东	1975.10	2072.85	4.95	5864.76	5418.52	-7.61
广西	2214.77	2918.25	31.76	2702.68	5745.81	112.60
海南	1958.49	2495.68	27.43	3732.34	3842.52	2.95
重庆	1521.83	1914.20	25.78	4625.17	9073.88	96.18
四川	1099.19	1623.48	47.70	4084.40	4110.93	0.65
贵州	1635.90	1641.77	0.36	4161.00	4330.00	4.06
云南	1853.42	1907.77	2.93	4606.43	5877.00	27.58
西藏	3333.69	5615.89	68.46	6679.70	12869.62	92.67
陕西	1502.23	3084.41	105.32	3779.75	8505.62	125.03
甘肃	1071.54	1347.50	25.75	2764.49	5125.06	85.39
青海	3535.38	3599.94	1.83	3661.77	10851.65	196.35
宁夏	1777.79	2656.40	49.42	4336.72	21374.01	392.86
新疆	2626.15	4610.78	75.57	7092.75	8008.89	12.92

【主要统计指标解释】

国家财政性教育经费 包括公共财政预算教育经费，各级政府征收用于教育的税费，企业办学中的企业拨款，校办产业和社会服务收入用于教育的经费，其他属于国家财政性教育经费。

公共财政预算教育经费 指中央、地方各级财政或上级主管部门在本年度内安排，并划拨到各级各类学校、教育行政单位、教育事业单位，列入国家预算支出科目的教育经费。

民办学校中举办者投入 指办学的单位或公民个人拨给民办学校的办学经费。

社会捐赠经费 指境内外社会各界及个人对教育的资助和捐赠。

事业收入 指学校和单位开展教学及其辅助活动依法取得的、经财政部门核准留用的资金，以及经财政专户核拨回的资金，包括教学事业收入和科技事业收入。

5 第三产业部分行业主要财务指标

5-8 卫生和社会工作

简要说明

一、主要内容

本篇资料主要反映国家卫生经费、医疗卫生机构和社会服务机构财务情况，包括卫生总费用、医疗卫生机构资产与负债、医疗卫生机构收入与支出、社会服务机构固定资产和事业费用等。

二、资料来源

卫生部分的资料由国家卫生计生委提供，详细资料见《中国卫生统计年鉴》（国家卫生和计划生育委员会信息中心编）。

社会服务部分的资料由民政部提供，取自社会服务财务年报统计报表制度。详细资料见《中国民政统计年鉴》（中华人民共和国民政部编）。

5-8-1 卫生总费用

年份	卫生总费用(亿元)				卫生总费用构成(%)			城乡卫生费用(亿元)		人均卫生费用(元)			卫生总费用占GDP%
	合计	政府卫生支出	社会卫生支出	个人卫生支出	政府卫生支出	社会卫生支出	个人卫生支出	城市	农村	合计	城市	农村	
1978	110.21	35.44	52.25	22.52	32.2	47.4	20.4			11.5			3.02
1979	126.19	40.64	59.88	25.67	32.2	47.5	20.3			12.9			3.11
1980	143.23	51.91	60.97	30.35	36.2	42.6	21.2			14.5			3.15
1981	160.12	59.67	62.43	38.02	37.3	39.0	23.7			16.0			3.27
1982	177.53	68.99	70.11	38.43	38.9	39.5	21.6			17.5			3.33
1983	207.42	77.63	64.55	65.24	37.4	31.1	31.5			20.1			3.48
1984	242.07	89.46	73.61	79.00	37.0	30.4	32.6			23.2			3.36
1985	279.00	107.65	91.96	79.39	38.6	33.0	28.5			26.4			3.09
1986	315.90	122.23	110.35	83.32	38.7	34.9	26.4			29.4			3.07
1987	379.58	127.28	137.25	115.05	33.5	36.2	30.3			34.7			3.15
1988	488.04	145.39	189.99	152.66	29.8	38.9	31.3			44.0			3.24
1989	615.50	167.83	237.84	209.83	27.3	38.6	34.1			54.6			3.62
1990	747.39	187.28	293.10	267.01	25.1	39.2	35.7	396.00	351.39	65.4	158.8	38.8	4.00
1991	893.49	204.05	354.41	335.03	22.8	39.7	37.5	482.60	410.89	77.1	187.6	45.1	4.10
1992	1096.86	228.61	431.55	436.70	20.8	39.3	39.8	597.30	499.56	93.6	222.0	54.7	4.07
1993	1377.78	272.06	524.75	580.97	19.7	38.1	42.2	760.30	617.48	116.3	268.6	67.6	3.90
1994	1761.24	342.28	644.91	774.05	19.4	36.6	43.9	991.50	769.74	146.9	332.6	86.3	3.65
1995	2155.13	387.34	767.81	999.98	18.0	35.6	46.4	1239.50	915.63	177.9	401.3	112.9	3.54
1996	2709.42	461.61	875.66	1372.15	17.0	32.3	50.6	1494.90	1214.52	221.4	467.4	150.7	3.81
1997	3196.71	523.56	984.06	1689.09	16.4	30.8	52.8	1771.40	1425.31	258.6	537.8	177.9	4.05
1998	3678.72	590.06	1071.03	2017.63	16.0	29.1	54.8	1906.92	1771.80	294.9	625.9	194.6	4.36
1999	4047.50	640.96	1145.99	2260.55	15.8	28.3	55.9	2193.12	1854.38	321.8	702.0	203.2	4.51
2000	4586.63	709.52	1171.94	2705.17	15.5	25.6	59.0	2624.24	1962.39	361.9	813.7	214.7	4.62
2001	5025.93	800.61	1211.43	3013.89	15.9	24.1	60.0	2792.95	2232.98	393.8	841.2	244.8	4.58
2002	5790.03	908.51	1539.38	3342.14	15.7	26.6	57.7	3448.24	2341.79	450.7	987.1	259.3	4.81
2003	6584.10	1116.94	1788.50	3678.66	17.0	27.2	55.9	4150.32	2433.78	509.5	1108.9	274.7	4.85
2004	7590.29	1293.58	2225.35	4071.35	17.0	29.3	53.6	4939.21	2651.08	583.9	1261.9	301.6	4.75
2005	8659.91	1552.53	2586.41	4520.98	17.9	29.9	52.2	6305.57	2354.34	662.3	1126.4	315.8	4.68
2006	9843.34	1778.86	3210.92	4853.56	18.1	32.6	49.3	7174.73	2668.61	748.8	1248.3	361.9	4.55
2007	11573.97	2581.58	3893.72	5098.66	22.3	33.6	44.1	8968.70	2605.27	876.0	1516.3	358.1	4.35
2008	14535.40	3593.94	5065.60	5875.86	24.7	34.9	40.4	11251.90	3283.50	1094.5	1861.8	455.2	4.63
2009	17541.92	4816.26	6154.49	6571.16	27.5	35.1	37.5	13535.61	4006.31	1314.3	2176.6	562.0	5.15
2010	19980.39	5732.49	7196.61	7051.29	28.7	36.0	35.3	15508.62	4471.77	1490.1	2315.5	666.3	4.98
2011	24345.91	7464.18	8416.45	8465.28	30.7	34.6	34.8	18571.87	5774.04	1807.0	2697.5	879.4	5.15
2012	27846.84	8365.98	9916.31	9564.55	30.0	35.6	34.4	21065.69	6781.15	2056.6	2969.0	1055.9	5.36

注：1.本表系核算数，2012年为初步测算数。
2.按当年价格计算。
3.2001年起卫生总费用不含高等医学教育经费,2006年起包括城乡医疗救助经费。

5-8-2 2011年各地区卫生总费用

地区	卫生总费用(亿元)				卫生总费用构成(%)			卫生总费用占GDP %	人均卫生总费用(元)
	合计	政府卫生支出	社会卫生支出	个人卫生支出	政府卫生支出	社会卫生支出	个人卫生支出		
全国	**24345.91**	**7464.18**	**8416.45**	**8465.28**	**30.7**	**34.6**	**34.8**	**5.15**	**1806.95**
北京	977.26	275.48	453.16	248.62	28.2	46.4	25.4	6.01	4841.29
天津	411.10	104.40	155.34	151.36	25.4	37.8	36.8	3.67	3034.87
河北	1058.22	338.67	273.64	445.91	32.0	25.9	42.1	4.32	1461.53
山西	559.01	183.00	176.99	199.02	32.7	31.7	35.6	4.97	1555.72
内蒙古	550.40	187.39	145.44	217.57	34.0	26.4	39.5	3.83	2217.84
辽宁	885.62	210.16	322.60	352.86	23.7	36.4	39.8	3.98	2020.59
吉林	515.33	156.72	128.76	229.85	30.4	25.0	44.6	4.88	1874.33
黑龙江	730.54	186.84	234.82	308.88	25.6	32.1	42.3	5.81	1905.43
上海	930.24	215.70	520.86	193.68	23.2	56.0	20.8	4.85	3962.76
江苏	1543.26	407.46	647.05	488.75	26.4	41.9	31.7	3.14	1953.79
浙江	1419.41	328.43	550.27	540.71	23.1	38.8	38.1	4.39	2598.22
安徽	891.65	302.18	232.06	357.41	33.9	26.0	40.1	5.83	1494.04
福建	617.68	189.71	243.79	184.18	30.7	39.5	29.8	3.52	1660.43
江西	587.48	234.16	155.81	197.52	39.9	26.5	33.6	5.02	1308.88
山东	1648.65	425.10	616.02	607.53	25.8	37.4	36.9	3.63	1710.70
河南	1259.40	418.75	305.92	534.73	33.2	24.3	42.5	4.68	1341.50
湖北	926.26729	278.04	280.85	367.37	30.0	30.3	39.7	4.72	1608.66
湖南	881.64	282.55	247.71	351.38	32.0	28.1	39.9	4.48	1336.71
广东	1851.75	501.73	712.15	637.87	27.1	38.5	34.4	3.48	1762.74
广西	665.67	260.46	189.15	216.06	39.1	28.4	32.5	5.68	1433.08
海南	163.30	55.71	64.83	42.76	34.1	39.7	26.2	6.47	1862.06
重庆	512.03	165.95	151.07	195.02	32.4	29.5	38.1	5.11	1754.14
四川	1221.03	414.61	391.38	415.04	34.0	32.1	34.0	5.81	1516.80
贵州	423.53	205.66	96.27	121.60	48.6	22.7	28.7	7.43	1220.91
云南	679.67	255.78	205.23	218.66	37.6	30.2	32.2	7.64	1467.66
陕西	730.98	225.15	221.58	284.26	30.8	30.3	38.9	5.84	1952.93
甘肃	393.60	161.59	99.26	132.75	41.1	25.2	33.7	7.84	1535.00
青海	109.27	47.69	31.28	30.30	43.6	28.6	27.7	6.54	1923.12
宁夏	116.31	45.53	28.13	42.65	39.1	24.2	36.7	5.53	1818.94
新疆	510.00	181.22	193.87	134.91	35.5	38.0	26.5	7.72	2309.05

5-8-3 政府卫生支出

年份	政府卫生支出(亿元)				
	合计	医疗卫生服务支出	医疗保障支出	行政管理事务支出	人口与计划生育事务支出
1990	187.28	122.86	44.34	4.55	15.53
1991	204.05	132.38	50.41	5.15	16.11
1992	228.61	144.77	58.10	6.37	19.37
1993	272.06	164.81	76.33	8.04	22.89
1994	342.28	212.85	92.02	10.94	26.47
1995	387.34	230.05	112.29	13.09	31.91
1996	461.61	272.18	135.99	15.61	37.83
1997	523.56	302.51	159.77	17.06	44.23
1998	590.06	343.03	176.75	19.90	50.38
1999	640.96	368.44	191.27	22.89	58.36
2000	709.52	407.21	211.00	26.81	64.50
2001	800.61	450.11	235.75	32.96	81.79
2002	908.51	497.41	251.66	44.69	114.75
2003	1116.94	603.02	320.54	51.57	141.82
2004	1293.58	679.72	371.60	60.90	181.36
2005	1552.53	805.52	453.31	72.53	221.18
2006	1778.86	834.82	602.53	84.59	256.92
2007	2581.58	1153.30	957.02	123.95	347.32
2008	3593.94	1397.23	1577.10	194.32	425.29
2009	4816.26	2081.09	2001.51	217.88	515.78
2010	5732.49	2565.60	2331.12	247.83	587.94
2011	7464.18	3125.16	3360.78	283.86	694.38
2012	8365.98	3394.30	3872.51	284.53	814.64

注：1.本表按当年价格计算。
2.2012年为初步测算数。
3.政府卫生支出是指各级政府用于医疗卫生服务、医疗保障补助、卫生和医疗保险行政管理事务、人口与计划生育事务支出等各项事业的经费。

5-8-4 政府卫生支出所占比重

年份	政府卫生支出(亿元)	占财政支出比重(%)	占卫生总费用比重(%)	占国内生产总值比重(%)
1990	187.28	6.07	25.06	1.00
1991	204.05	6.03	22.84	0.94
1992	228.61	6.11	20.84	0.85
1993	272.06	5.86	19.75	0.77
1994	342.28	5.91	19.43	0.71
1995	387.34	5.68	17.97	0.64
1996	461.61	5.82	17.04	0.65
1997	523.56	5.67	16.38	0.66
1998	590.06	5.46	16.04	0.70
1999	640.96	4.86	15.84	0.71
2000	709.52	4.47	15.47	0.72
2001	800.61	4.24	15.93	0.73
2002	908.51	4.12	15.69	0.75
2003	1116.94	4.53	16.96	0.82
2004	1293.58	4.54	17.04	0.81
2005	1552.53	4.58	17.93	0.84
2006	1778.86	4.40	18.07	0.82
2007	2581.58	5.19	22.31	0.97
2008	3593.94	5.74	24.73	1.14
2009	4816.26	6.31	27.46	1.41
2010	5732.49	6.38	28.69	1.43
2011	7464.18	6.83	30.66	1.58
2012	8365.98	6.65	30.04	1.61

注：1.本表按当年价格计算。
2.2012年为初步测算数。

5-8-5 社会服务事业费

单位：亿元

年份 地区	社会服务事业费总支出	抚恤	退役安置	社会福利	社会救助	自然灾害生活救助	离退休人员经费	其他
2003	498.9	87.9	59.0	78.9	153.1	52.9	13.1	54.0
2004	577.4	104.1	74.1	52.1	223.6	51.1	13.9	58.5
2005	718.4	143.6	88.9	55.6	279.6	62.6	13.7	74.4
2006	915.4	178.8	115.7	65.3	372.0	79.0	14.0	90.6
2007	1215.5	210.8	165.0	87.6	509.7	79.8	24.8	137.8
2008	2146.5	253.6	180.6	103.1	806.7	609.8	26.5	166.2
2009	2181.9	310.3	225.7	124.1	1098.1	199.2	30.0	194.5
2010	2697.5	362.7	269.0	109.9	1302.0	237.2	30.4	386.3
2011	3229.1	428.3	302.3	232.2	1766.3	128.7	35.3	336.0
2012	3683.7	517.0	372.1	319.5	1866.1	163.4	39.0	406.7
本级	10.0					1.6	0.4	8.0
北京	126.1	8.9	54.1	15.2	16.2	1.6	5.2	24.8
天津	44.4	5.9	7.4	6.5	17.4	0.1	0.5	6.6
河北	143.9	27.8	19.8	10.3	65.8	5.8	1.8	12.5
山西	93.6	14.4	6.2	7.3	54.7	3.7	0.9	6.5
内蒙古	112.7	7.4	4.3	11.3	74.4	4.6	1.3	9.5
辽宁	156.8	17.1	30.3	10.4	69.2	7.2	2.0	20.6
吉林	76.5	9.5	5.5	3.3	51.6	2.2	0.4	4.0
黑龙江	115.2	9.6	7.1	5.0	84.7	2.7	0.7	5.4
上海	72.8	6.6	11.2	10.1	31.0	0.1	0.7	13.1
江苏	197.1	34.7	27.5	29.4	74.9	2.3	2.6	25.8
浙江	125.4	19.2	9.4	21.5	42.1	2.4	2.3	28.5
安徽	142.2	22.9	12.9	11.2	83.1	2.8	1.3	8.0
福建	61.5	10.2	6.3	7.2	23.9	2.4	2.4	9.2
江西	107.5	19.1	3.8	6.8	66.1	6.2	0.8	4.9
山东	218.4	61.7	31.9	16.0	81.7	6.1	1.1	19.8
河南	174.1	36.5	12.7	11.7	97.0	3.1	1.7	11.3
湖北	153.1	25.5	14.4	12.4	80.8	6.9	1.3	11.8
湖南	200.3	34.2	8.3	8.0	102.7	8.3	0.8	38.1
广东	166.9	25.1	21.1	27.6	60.8	3.0	3.1	26.0
广西	117.4	12.1	3.7	11.6	72.7	5.6	1.1	10.5
海南	24.0	2.0	1.4	1.6	12.7	0.9	0.2	5.2
重庆	90.8	13.8	7.6	9.0	47.7	4.7	0.9	7.0
四川	237.6	38.8	20.9	12.8	126.9	15.3	1.9	20.8
贵州	124.9	11.1	2.7	7.5	84.8	9.3	0.3	9.2
云南	173.0	14.5	11.1	11.6	92.9	22.4	1.2	19.3
西藏	15.5	0.6	0.9	1.3	7.3	3.0	0.1	2.3
陕西	142.4	17.1	14.3	9.5	80.3	7.1	0.7	13.4
甘肃	105.2	4.9	6.3	5.3	74.3	7.9	0.5	5.9
青海	34.2	1.1	1.5	2.8	18.4	2.6	0.2	7.6
宁夏	22.0	0.8	0.9	1.5	12.9	1.8	0.3	3.8
新疆	98.3	3.7	6.6	14.0	57.1	9.6	0.3	7.1

5-8-6 社会服务机构固定资产原值

单位：亿元

年份 地区	合计	社会工作	成员组织	社会组织	自治组织	其他社会服务	行政机关
2000	1199.3	1199.3					
2001	1317.0	1317.0					
2002	1394.9	1394.9					
2003	1644.3	1644.3					
2004	1818.4	1755.6					62.8
2005	3097.8	1858.0	1174.9		1174.9		64.9
2006	4066.7	2103.0	1869.4	423.0	1446.4		94.3
2007	3973.0	1934.3	1905.9	682.0	1223.9		132.8
2008	4592.8	2186.8	2273.1	805.8	1467.3		132.9
2009	5198.0	2326.4	2752.4	1030.0	1722.4		119.2
2010	6589.3	2671.9	3795.6	1864.1	1931.5		121.8
2011	6989.8	2790.4	3684.2	1885.0	1799.2	231.0	284.2
2012	7019.5	2945.9	3477.7	1425.4	2052.3	251.8	344.1
中央级	85.6	20.3	61.4	61.4			3.8
北　京	430.6	79.7	336.9	96.4	240.6	10.8	3.1
天　津	67.9	37.6	26.0	7.3	18.8	3.5	0.7
河　北	240.6	107.8	120.4	52.7	67.7	7.5	4.9
山　西	150.2	53.8	90.9	20.2	70.7	2.4	3.2
内蒙古	46.4	23.5	17.4	5.6	11.8	2.5	2.9
辽　宁	287.4	130.7	111.1	42.0	69.1	12.8	32.8
吉　林	109.0	36.2	7.0	2.3	4.7	3.5	62.3
黑龙江	129.1	38.5	79.3	26.3	53.0	8.6	2.6
上　海	294.9	133.6	136.5	29.6	106.9	23.1	1.8
江　苏	945.7	490.7	429.7	193.9	235.8	18.9	6.5
浙　江	1222.3	657.1	541.9	146.1	395.8	18.1	5.2
安　徽	172.2	57.3	102.8	54.9	47.9	6.9	5.2
福　建	97.6	37.7	49.0	25.4	23.6	8.4	2.6
江　西	76.1	34.3	34.2	22.9	11.3	4.5	3.1
山　东	401.7	198.9	184.5	52.7	131.8	9.4	9.0
河　南	132.7	66.0	56.4	24.1	32.4	6.9	3.4
湖　北	176.7	74.0	85.9	42.0	43.9	8.6	8.2
湖　南	136.1	59.8	53.1	29.1	24.0	16.4	6.9
广　东	620.3	88.2	489.6	222.9	266.7	28.0	14.5
广　西	183.9	24.6	37.0	20.8	16.2	3.9	118.5
海　南	19.1	4.5	11.7	9.1	2.6	1.8	1.1
重　庆	157.5	85.0	62.4	42.9	19.5	6.9	3.3
四　川	215.0	112.1	82.8	54.2	28.7	12.2	7.8
贵　州	74.2	26.7	35.2	22.5	12.8	8.5	3.8
云　南	269.8	143.2	111.1	44.2	67.0	7.1	8.3
西　藏	12.4	6.9	3.0	0.3	2.7	0.2	2.3
陕　西	111.0	40.8	63.5	47.1	16.4	2.9	3.8
甘　肃	44.8	16.6	24.7	10.2	14.5	1.6	1.8
青　海	11.2	4.2	4.7	2.4	2.2	0.7	1.6
宁　夏	32.7	17.6	11.6	8.0	3.5	0.7	2.7
新　疆	64.7	37.8	16.0	6.0	10.0	4.7	6.1

【主要统计指标解释】

卫生总费用 指一个国家或地区在一定时期内，为开展卫生服务活动从全社会筹集的卫生资源的货币总额，按来源法核算。它反映一定经济条件下，政府、社会和居民个人对卫生保健的重视程度和费用负担水平，以及卫生筹资模式的主要特征和卫生筹资的公平性合理性。

政府卫生支出 指各级政府用于医疗卫生服务、医疗保障补助、卫生和医疗保障行政管理、人口与计划生育事务性支出等各项事业的经费。

社会卫生支出 指政府支出外的社会各界对卫生事业的资金投入。包括社会医疗保障支出、商业健康保险费、社会办医支出、社会捐赠援助、行政事业性收费收入等。

个人现金卫生支出 指城乡居民在接受各类医疗卫生服务时的现金支付,包括享受各种医疗保险制度的居民就医时自付的费用。可分为城镇居民、农村居民个人现金卫生支出，反映城乡居民医疗卫生费用的负担程度。

人均卫生费用 即某年卫生总费用与同期平均人口数之比。

卫生总费用占GDP% 指某年卫生总费用与同期国内生产总值(GDP) 之比。是用来反映一定时期国家对卫生事业的资金投入力度，以及政府和全社会对卫生对居民健康的重视程度。

5 第三产业部分行业主要财务指标

5-9　文化、体育和娱乐业

简要说明

一、主要内容

本篇资料主要反映我国广播电视业财务情况。包括全国广播电视收入情况，全国广播电视行政事业单位财务收支、创收情况，全国广播电视企业单位经营、创收以及资产负债情况等。

二、资料来源

本篇资料由国家广播电影电视总局提供，详细资料见《全国广播电影电视业发展指标统计》（国家广播电影电视总局编）。

5-9-1 各地区广播电视收入情况

单位：万元

地区	总收入	行政事业单位总收入	企业单位总收入	行政事业、企业单位创收收入	#广告收入	#广播广告收入	#电视广告收入
全国合计	**32687891**	**14978310**	**17709581**	**28033517**	**12702465**	**1361954**	**10462897**
国家广电总局直属	5807801	3779051	2028751	5134893	3146726	77296	3022367
北京	3079306	606557	2472749	2423546	1081857	109251	483886
天津	435047	215755	219292	376648	164567	50012	113304
河北	526663	298729	227933	452894	220091	43422	159635
山西	341268	257315	83953	231694	108676	20763	84048
内蒙古	393047	287944	105103	169035	54153	17216	36289
辽宁	717625	275820	441805	618802	285287	74264	203726
吉林	405764	214931	190833	336152	134552	27112	107301
黑龙江	522303	473393	48910	466544	219371	50666	158490
上海	2811032	81418	2729613	2681595	718281	54766	587547
江苏	2528657	834759	1693898	2371215	1031148	134026	867834
浙江	2403510	693307	1710203	2240400	724395	114846	577418
安徽	715327	496808	218518	617309	389632	30969	349263
福建	659204	342225	316979	452591	208711	29964	156294
江西	474764	210106	264658	414421	178608	13433	157545
山东	1257841	778737	479104	1187977	606097	97240	486425
河南	620072	467539	152533	510542	319273	37767	269710
湖北	779803	385464	394339	683057	258438	40915	210351
湖南	1588853	826249	762604	1498686	742915	34214	694070
广东	2144604	1001016	1143588	2005915	896412	115845	751023
广西	440582	222195	218386	333796	122956	15408	101326
海南	126927	90565	36362	99453	61981	3583	57159
重庆	367060	39820	327241	312315	105714	14750	87325
四川	1010593	361796	648797	824184	312842	33948	257643
贵州	491815	330553	161262	426886	121383	15104	105230
云南	516557	339378	177180	352961	153325	15713	135162
西藏	71952	71952		19905	14947	133	14814
陕西	578194	331735	246459	431376	187705	59003	128282
甘肃	285363	199856	85507	120964	37797	7062	30147
青海	78477	56088	22389	30719	5401	1053	4319
宁夏	179839	131109	48730	81188	34789	2229	31361
新疆	317724	265822	51902	116882	51055	19980	30221
新疆兵团	10316	10316		8971	3381		3381

5-9-1 续表 单位：万元

地 区	网络收入	#有线广播电视收视费收入	#付费数字电视收入	#三网融合业务收入	#广播电视网络互联网收入	广播电视节目销售收入
全国合计	**6609791**	**4083530**	**448793**	**376684**	**222672**	**1395098**
国家广电总局直属	218556	120150	29852	25382	24778	78226
北 京	321323	100411	4734	74968	17085	439026
天 津	94772	56989	1707	14147	14147	12435
河 北	171876	146747	4315	863	863	1534
山 西	104313	97421	532	268	268	234
内 蒙 古	109076	69987	9624			30
辽 宁	220045	169099	5888	8293	8293	8419
吉 林	183082	108133	19698	4756	4756	2166
黑 龙 江	192894	152251	7551			804
上 海	268379	130517	20313	4020	2958	128495
江 苏	675634	389920	39764	32708	19188	61902
浙 江	541571	280329	28566	59386	18512	344295
安 徽	118925	40420	50916	2843	2843	16425
福 建	146243	96458	11943	5758	5578	37780
江 西	150098	107276	17183	1252	1252	7055
山 东	412988	296815	19103	8148	7064	24568
河 南	125782	85946	3289	8293	5404	
湖 北	291425	221717	12492	12138	8993	15681
湖 南	257577	174627	24840	11068	6045	29689
广 东	654751	439359	26286	27629	26395	135545
广 西	169935	87562	11538			862
海 南	35145	25580	593			
重 庆	152594	91031	6289	12142	4043	13458
四 川	367750	197371	33403	31369	20534	2252
贵 州	129028	72379	15826	253	253	2174
云 南	162658	96783	26197	8478	8137	9934
西 藏	3360	2951	87			
陕 西	174679	111279	13631	17561	10345	21537
甘 肃	49389	42747	1199	1819	1803	489
青 海	18818	13723	1010	171	171	
宁 夏	27862	24930				83
新 疆	55122	28480	421	2969	2961	
新疆兵团	4141	4141				

5-9-2 各地区广播电视行政事业单位财务收支情况

单位：万元

地区	总收入	#财政补助收入	#事业收入	#经营收入	总支出
全国合计	**14978310**	**3956765**	**9106426**	**995334**	**14127202**
国家广电总局直属	3779051	606253	3029992	17	3434916
北京	606557	166528	375940	49	576972
天津	215755	39342	156506	606	208186
河北	298729	80550	188649	13983	299838
山西	257315	101812	130563	2619	244374
内蒙古	287944	269993	11099	969	220933
辽宁	275820	78170	177925	2988	396358
吉林	214931	166748	42397		209469
黑龙江	473393	70722	232597	150262	450089
上海	81418	65012	4300		79563
江苏	834759	128722	491251	152303	781969
浙江	693307	120676	443927	70497	701966
安徽	496808	99885	384944	1641	463046
福建	342225	104202	204912	16671	325388
江西	210106	148010	47909	4240	199943
山东	778737	80072	621533	46247	716471
河南	467539	108791	327754	14571	436580
湖北	385464	79458	294412	1720	383240
湖南	826249	73006	677229	28741	704004
广东	1001016	92178	553867	303631	1019296
广西	222195	113158	98090	2655	226296
海南	90565	26958	61691	226	48745
重庆	39820	28557	5093	2774	41484
四川	361796	184506	105185	59479	342247
贵州	330553	63441	98426	7326	319126
云南	339378	179444	145190	4763	325272
西藏	71952	51762	19120	115	64183
陕西	331735	140287	90261	90637	314722
甘肃	199856	135938	33998	817	179234
青海	56088	46489	2029	6439	47002
宁夏	131109	75574	31627	1544	126826
新疆	265822	230521	18012	6807	239464
新疆兵团	10316				

5-9-3 各地区广播电视行政事业单位创收情况

单位：万元

地　区	合　计	广告收入				网络收入	
			广播广告收入	电视广告收入	其它广告收入		有限广播电视收视费收入
全国合计	**11192350**	**8798773**	**992134**	**7681486**	**125153**	**1384640**	**1088647**
国家广电总局直属	3147176	2901523	43113	2855946	2464	88240	85190
北　京	398566	365690	71501	293612	576		
天　津	162432	83971	49898	33570	502		
河　北	229230	194976	37837	150796	6344	25259	22882
山　西	152704	105578	20567	82495	2516	37406	32944
内蒙古	63931	54153	17216	36289	648	4003	3586
辽　宁	206415	133030	44932	87384	713	44069	40475
吉　林	145579	129896	26946	102910	40	6722	5751
黑龙江	390747	219077	50666	158490	9920	134876	105800
上　海	8281	4020	504	3383	133	324	
江　苏	706037	421157	76649	325349	19160	213056	156007
浙　江	559943	250996	54362	185520	11114	254723	157357
安　徽	398796	367764	30969	334862	1933	16103	14456
福　建	232962	143504	17424	124879	1201	72459	54178
江　西	153063	141084	13361	125948	1775	6264	4450
山　东	711254	541945	86797	436187	18962	123556	103044
河　南	360325	305085	37767	264226	3092	40899	36982
湖　北	302787	201931	38228	160653	3049	76102	65135
湖　南	754486	645723	33877	604126	7719	52380	43646
广　东	908101	707553	96778	606321	4455	140005	119978
广　西	125637	120308	15388	101251	3669	67	67
海　南	63091	61852	3583	57159	1110	503	503
重　庆	11806	7793	256	7096	442	848	827
四　川	183224	131675	17938	95135	18602	22921	13611
贵　州	272056	110053	5790	103364	899	2369	1991
云　南	176159	151322	15713	133159	2449		
西　藏	19905	14947	133	14814		3360	2951
陕　西	188072	181884	59003	122637	243	4648	4645
甘　肃	35776	9088	1675	7122	291		
青　海	8650	5401	1053	4319	29	70	17
宁　夏	39994	31593	2229	28880	484	32	
新　疆	66198	50822	19980	30221	620	9235	8033
新疆兵团	8971	3381		3381		4141	4141

5-9-3 续表

单位：万元

地　　区	付费数字电视收入	三网融合业务收入	广播电视网络互联网收入	其它网络收入	广播电视节目销售收入	其它创收收入
全国合计	**49932**	**17324**	**14363**	**228738**	**52069**	**956868**
国家广电总局直属	3050				2397	155017
北　　京					723	32153
天　　津					210	78251
河　　北	227			2150	180	8816
山　　西	327			4135		9719
内 蒙 古	20			396		5775
辽　　宁	35			3559	29	29288
吉　　林				971		8961
黑 龙 江	6027			23050	804	35989
上　　海				324	192	3745
江　　苏	3640	2714	878	50696	1100	70723
浙　　江	14712	5491	5013	77163		54223
安　　徽	375	491	491	781		14928
福　　建	6171	693	513	11417		16999
江　　西	1160	31	31	623		5716
山　　东	7176	546	546	12790	17723	28030
河　　南	185			3732		14342
湖　　北	1441	745	745	8781		24755
湖　　南	993	1085	795	6655	13726	42657
广　　东	1329	2275	2205	16422	4765	55777
广　　西						5262
海　　南						735
重　　庆				21	5	3160
四　　川	2484	3244	3144	3582		28627
贵　　州	378			1	497	159137
云　　南					9716	15121
西　　藏	87			322		1598
陕　　西				4		1540
甘　　肃						26688
青　　海				53		3179
宁　　夏				32		8368
新　　疆	116	8	1	1078		6141
新疆兵团						1449

5-9-4 各地区广播电视企业单位经营情况

单位：万元

地　区	总收入	#主营业务收入	本年应缴税金	固定资产投资额	本年新增固定资产
全国合计	**17709581**	**16844912**	**1152854**	**2659115**	**2448760**
国家广电总局直属	2028751	1960231	185918	223379	192996
北　京	2472749	2335933	193211	161981	146709
天　津	219292	214216	13009	49042	46802
河　北	227933	196426	31624	70788	80892
山　西	83953	80918	4433	17827	15996
内蒙古	105103	105103	3163	15171	15171
辽　宁	441805	424520	18378	41892	47149
吉　林	190833	187345	9030	156751	75970
黑龙江	48910	79232	2906	2988	41016
上　海	2729613	2619973	178444	291743	313086
江　苏	1693898	1613915	91080	194271	222273
浙　江	1710203	1640880	80109	262688	124592
安　徽	218518	201708	9186	45525	51754
福　建	316979	303795	23722	63830	35759
江　西	264658	247286	44771	26674	25092
山　东	479104	471410	24203	97026	85080
河　南	152533	140073	8677	68773	28376
湖　北	394339	369304	9475	91727	65946
湖　南	762604	755868	63888	97861	83996
广　东	1143588	1085282	75558	47257	189219
广　西	218386	168471	6144	33918	64436
海　南	36362	34770	1550	13113	7217
重　庆	327241	256312	15917	99112	69862
四　川	648797	601191	31222	234028	209536
贵　州	161262	150085	7369	35234	36098
云　南	177180	165358	5310	93631	67454
西　藏					
陕　西	246459	240301	7671	96364	84752
甘　肃	85507	84022	2446	4966	5393
青　海	22389	21484	910	7305	6129
宁　夏	48730	40346	1468	5672	3418
新　疆	51902	49154	2061	8580	6591

5-9-5 各地区广播电视企业单位创收情况

单位：万元

地区	合计	广告收入	广播广告收入	电视广告收入	其它广告收入	网络收入	有限广播电视收视费收入
全国合计	**16841167**	**3903692**	**369820**	**2781412**	**752460**	**5225151**	**2994883**
国家广电总局直属	1987717	245202	34184	166421	44598	130316	34960
北京	2024980	716167	37750	190274	488143	321323	100411
天津	214216	80596	114	79733	749	94772	56989
河北	223664	25115	5585	8839	10691	146617	123865
山西	78991	3097	195	1553	1349	66907	64477
内蒙古	105104					105073	66401
辽宁	412386	152258	29331	116342	6584	175976	128624
吉林	190573	4656	167	4391	98	176360	102382
黑龙江	75798	294			294	58018	46452
上海	2673314	714260	54262	584163	75835	268055	130517
江苏	1665179	609992	57377	542486	10128	462578	233913
浙江	1680457	473399	60484	391898	21017	286848	122972
安徽	218513	21867		14401	7466	102821	25964
福建	219629	65207	12540	31415	21251	73784	42280
江西	261358	37524	71	31598	5855	143834	102826
山东	476723	64152	10444	50238	3470	289432	193771
河南	150217	14188		5484	8704	84883	48965
湖北	380271	56508	2687	49698	4123	215323	156582
湖南	744200	97192	337	89944	6912	205198	130981
广东	1097815	188859	19067	144702	25090	514746	319381
广西	208160	2649	20	76	2553	169868	87495
海南	36362	129			129	34642	25077
重庆	300509	97921	14494	80230	3198	151746	90204
四川	640960	181167	16010	162507	2649	344829	183760
贵州	154830	11330	9314	1866	150	126659	70389
云南	176802	2003		2003		162658	96783
西藏							
陕西	243304	5822		5645	177	170031	106634
甘肃	85188	28709	5387	23025	297	49389	42747
青海	22069					18748	13706
宁夏	41195	3196		2481	715	27830	24930
新疆	50685	233			233	45887	20448

5-9-5 续表 单位：万元

地区	付费数字电视收入	三网融合业务收入	#广播电视网络互联网收入	其它网络收入	广播电视节目销售收入	其它创收收入
全国合计	**398861**	**359360**	**208309**	**1472047**	**1343029**	**6369295**
国家广电总局直属	26803	25382	24778	43171	75829	1536369
北京	4734	74968	17085	141211	438303	549187
天津	1707	14147	14147	21928	12225	26624
河北	4088	863	863	17801	1354	50577
山西	205	268	268	1957	234	8752
内蒙古	9604			29068	30	1
辽宁	5853	8293	8293	33206	8390	75763
吉林	19698	4756	4756	49523	2166	7391
黑龙江	1525			10042		17486
上海	20313	4020	2958	113204	128303	1562696
江苏	36125	29994	18310	162547	60801	531808
浙江	13854	53895	13498	96127	344295	575915
安徽	50541	2351	2351	23966	16425	77400
福建	5772	5065	5065	20667	37780	42858
江西	16023	1221	1221	23764	7055	72945
山东	11927	7602	6519	76132	6845	116294
河南	3104	8293	5404	24522		51146
湖北	11052	11394	8249	36296	15681	92759
湖南	23847	9983	5250	40387	15963	425848
广东	24956	25354	24190	145055	130779	263430
广西	11538			70835	862	34781
海南	593			8972		1591
重庆	6289	12142	4043	43111	13453	37389
四川	30919	28125	17389	102025	2252	112713
贵州	15448	253	253	40569	1677	15165
云南	26197	8478	8137	31200	218	11923
西藏						
陕西	13631	17561	10345	32205	21537	45914
甘肃	1199	1819	1803	3624	489	6601
青海	1010	171	171	3861		3321
宁夏				2900	83	10086
新疆	305	2961	2960	22172		4565

5-9-6 各地区广播电视企业资产负债情况

单位：万元

地 区	资产总额	#固定资产净值	负债总额	所有者权益
全国合计	**43125883**	**11373938**	**21074237**	**22051646**
国家广电总局直属	3447392	727997	1515135	1932257
北 京	6848746	1050343	3365615	3483131
天 津	367646	143100	262207	105439
河 北	579719	342980	363901	215817
山 西	294855	99128	176226	118629
内 蒙 古	250611	113205	133597	117014
辽 宁	949257	331525	533596	415660
吉 林	763342	280420	277572	485770
黑 龙 江	153564	79865	88222	65342
上 海	5689548	969225	2236735	3452813
江 苏	4469612	1065054	1961699	2507913
浙 江	3498086	538995	1586464	1911622
安 徽	682815	282321	435406	247409
福 建	668812	165062	347123	321689
江 西	610158	166590	447795	162364
山 东	1244446	656980	472921	771525
河 南	654746	188331	446495	208251
湖 北	1240252	479180	705447	534805
湖 南	1959121	445358	1100418	858702
广 东	3123816	867840	983396	2140420
广 西	505917	220860	259882	246035
海 南	156579	86902	74185	82394
重 庆	907700	334696	561749	345951
四 川	1548280	708888	1256552	291728
贵 州	440687	173656	275997	164689
云 南	895289	285102	581611	313678
西 藏				
陕 西	631460	361258	345251	286209
甘 肃	136720	65839	81078	55642
青 海	58204	26119	27155	31049
宁 夏	128863	40107	60535	68328
新 疆	219639	77010	110270	109369

【主要统计指标解释】

行政事业单位总收入 行政事业单位的各项收入之和，包括财政补助收入、上级补助收入、专项拨入资金、事业收入、附属单位上缴收入、经营收入及其它收入。

财政补助收入 通过主管部门、上级单位或直接从财政部门取得的财政性收入，包括财政专项资金，不包括基建拨款。

行政事业单位总支出 单位开展业务及其它活动中发生的各项支出。包括工资福利支出、商品和业务支出、对个人和家庭补助、对企事业单位的补贴、基本建设支出、其它资本性支出、债务利息支出、债务还本支出、赠与及其它支出。

事业单位资产总额 事业单位占有或使用的能以货币计量的经济资源，包括各种财产、债权。包括流动资产、对外投资、固定资产、无形资产和其它权利等。

专业设备 指广播电视专用设备及相关设备等。

行政事业单位创收收入 除财政性资金以外的本单位全年实际创收收入，包括上缴财政统筹部分。

广告收入 广播、电视、报刊、网站、路牌等播出、刊载广告取得的收入。

广播广告收入 播出广播节目取得的广告收入。

电视广告收入 播出电视节目取得的广告收入。

网络收入 广播电视网络传输机构通过网络经营和服务取得的收入。

有线广播电视收视费收入 向有线电视用户收取的固定的基本维护费用。不包括入网费（初装费）。

付费数字电视收入 付费广播电视频道（频率）开办机构、集成运营机构、传输运营机构、用户接入运营机构通过提供专业化、对象化、个性化付费广播电视服务取得的收入。不包括机顶盒的销售收入。

三网融合业务收入 基于有线电视网络提供的互动电视类业务、网络服务业务、互联网接入业务、互联网数据传送增值业务、多媒体通信业务、媒体内容中心服务业务以及各种网络创新业务。

广播电视网络互联网收入 通过广播电视网络开展互联网业务所取得的收入。

其它网络收入 除有线广播电视收视费、付费数字电视收入之外的其它网络经营服务收入。包括入网费（初装费）、有线电视建设配套费、落地费等。

广播电视节目销售收入 广播电视机构通过销售节目取得的收入。包括电视剧、动画电视等各类电视节目。

事业单位其它创收收入 除广告收入、网络收入、新媒体业务收入、广播电视节目销售收入之外的其它创收收入。包括演出收入、报刊发行收入、音像制品销售收入，以及合作合拍收入、技术服务收入、无形资产转让收入、利息收入、捐赠收入、经营服务收入、租赁收入和其它收入以及网络电视台其它收入、电视购物销售收入、电影收入等。

企业单位总收入 指企业各项收入之和，包括企业主营业务收入、补助（贴）收入、营业外收入、其它业务收入、投资收益等。

主营业务收入 企业主营产品和服务所实现的收入。

本年固定资产投资额　本年建造和购置的固定资产总额。

企业单位资产总额　企业拥有或控制的能以货币计量的经济资源，包括流动资产、长期投资、固定资产、无形资产、递延资产。

负债总额　企业所承担的能以货币计量、需以资产或劳务偿付的债务，包括流动负债和长期负债。

所有者权益　企业投资人对企业净资产的所有权，包括企业投资人对企业的投入资本以及形成的资本公积金、盈余公积金和未分配利润。

企业实际创收收入　指企业除国家对企业的政策性补贴之外的税前各项收入之和。

5 第三产业部分行业主要财务指标

5-10　服务业企业

简要说明

一、主要内容

本章资料反映我国服务业企业经营状况主要指标，内容包括：分行业、分地区企业单位数和经营状况等主要指标。

二、统计行业范围

服务业行业包括：交通运输、仓储和邮政业，信息传输、软件和信息技术服务业，租赁和商务服务业，科学研究和技术服务业，水利、环境和公共设施管理业，居民服务、修理和其他服务业，教育，卫生和社会工作，文化、体育和娱乐业；以及物业管理、房地产中介服务等行业。

三、资料来源

根据国家统计局《重点服务业企业统计报表制度》和《服务业小微企业监测统计报表制度》的调查结果加工、整理而成。

5-10-1 服务业企业分行业主要指标

行　　业	单位数（个）	营业收入（亿元）	营业税金及附加（亿元）	应交增值税（亿元）	营业利润（亿元）	应付职工薪酬（亿元）	从业人员平均人数（万人）
总　计	**1709588**	**122652.15**	**2989.63**	**802.35**	**12222.96**	**19307.29**	**3637.24**
铁路运输业	1821	4224.44	112.66	6.94	-256.27	744.96	87.47
道路运输业	109772	12053.17	360.49	67.98	74.63	1869.32	482.92
水上运输业	9066	5024.10	86.87	19.02	294.10	509.62	64.61
航空运输业	1224	4409.36	97.34	25.44	200.13	584.92	38.33
管道运输业	144	343.73	4.54	5.29	63.26	14.08	1.54
装卸搬运和运输代理业	59291	6520.30	69.25	24.70	207.24	511.53	109.18
仓储业	20987	5309.71	38.38	-11.91	-0.74	211.96	51.54
邮政业	9623	1755.01	30.28	3.93	33.44	611.64	91.77
电信、广播电视和卫星传输服务	26331	13963.57	423.43	18.09	3512.77	1243.23	163.11
互联网和相关服务	6396	1586.91	57.95	19.40	377.23	224.18	22.29
软件和信息技术服务业	174548	8735.11	148.77	213.67	856.79	1949.40	237.04
物业管理	80819	2511.71	126.59	2.85	74.49	951.65	326.29
房地产中介服务	52360	742.51	41.13	0.48	44.61	240.64	61.63
租赁业	35302	821.43	28.24	4.41	94.06	115.63	34.34
商务服务业	600989	29932.18	703.63	190.79	4710.82	4759.54	905.92
研究和试验发展	29399	1680.87	25.73	19.57	208.00	311.97	44.00
专业技术服务业	116877	10578.69	304.92	97.74	944.15	2009.38	273.94
科技推广和应用服务业	71896	2575.43	38.64	32.66	178.53	387.44	73.92
水利管理业	2808	128.59	2.93	1.12	6.57	35.96	7.46
生态保护和环境治理业	3557	276.46	5.89	1.51	25.82	36.07	8.89
公共设施管理业	26522	2014.09	71.26	3.01	90.12	270.90	78.48
居民服务业	60770	833.70	30.23	1.53	65.80	228.56	90.13
机动车、电子产品和日用产品修理业	38567	703.84	13.82	8.68	25.46	129.56	43.00
其他服务业	61435	998.87	29.42	2.52	53.73	245.43	85.34
教育	31350	851.92	25.64	1.72	57.06	275.39	77.94
卫生	16917	1164.13	5.34	2.39	44.99	289.67	65.78
社会工作	962	12.72	0.16		-4.92	4.35	1.73
新闻和出版业	3747	1168.19	29.59	29.06	110.06	224.09	26.16
广播、电视、电影和影视录音制作业	8736	826.31	29.62	6.53	106.95	105.70	19.18
文化艺术业	15275	283.44	10.29	0.67	10.78	54.82	16.82
体育	11889	244.74	15.21	1.81	-15.23	72.96	19.62
娱乐业	20208	376.92	21.40	0.76	28.53	82.73	26.83

5-10-2 服务业企业分地区主要指标

地区	单位数（个）	营业收入（亿元）	营业税金及附加（亿元）	应交增值税（亿元）	营业利润（亿元）	应付职工薪酬（亿元）	从业人员平均人数（万人）
全国	**1709588**	**122652.15**	**2989.63**	**802.35**	**12222.96**	**19307.29**	**3637.24**
北京	179977	22347.02	423.95	229.42	3806.22	3723.03	380.59
天津	44086	4293.70	100.15	15.68	270.34	476.95	81.15
河北	37814	2551.96	64.14	29.74	148.50	400.36	90.79
山西	25331	1175.29	34.82	5.01	124.30	178.99	56.82
内蒙古	19287	1541.03	44.54	6.97	106.65	254.90	50.94
辽宁	87095	3781.27	107.12	8.78	226.81	617.54	151.58
吉林	16795	935.17	24.40	0.74	36.13	139.17	39.89
黑龙江	27603	989.25	26.55	-0.31	137.76	182.19	49.30
上海	120374	15195.04	200.73	204.46	1166.15	2637.73	304.61
江苏	169481	10213.19	262.03	48.96	856.33	1372.91	308.85
浙江	123592	7274.55	207.16	25.46	813.83	1176.46	226.59
安徽	47006	3030.30	115.40	14.03	240.48	359.42	89.00
福建	52835	2663.14	81.60	10.41	255.86	451.28	108.72
江西	25595	2084.97	73.36	5.77	27.78	346.11	86.60
山东	128119	6439.91	186.92	21.53	658.75	819.79	222.45
河南	38292	3117.89	78.01	14.53	122.68	448.22	111.32
湖北	75907	3471.62	93.86	6.09	177.19	688.16	179.71
湖南	39345	1847.19	60.21	7.00	171.54	307.37	89.19
广东	192408	14966.45	381.08	82.68	1835.63	2461.20	425.20
广西	42342	1423.90	43.65	4.52	125.17	229.84	69.10
海南	9584	782.49	25.04	13.92	57.39	87.37	21.07
重庆	42760	1860.09	47.52	4.22	146.17	326.01	92.21
四川	51644	3920.37	107.44	24.76	289.45	516.89	132.45
贵州	12284	833.16	22.13	1.77	30.40	129.74	32.54
云南	28697	1698.35	60.81	2.21	167.04	243.96	61.40
西藏	591	35.55	1.31	0.00	-4.44	7.55	1.95
陕西	37604	2260.25	63.47	4.75	146.50	381.39	89.29
甘肃	11431	463.97	14.07	1.80	52.06	85.66	26.66
青海	2806	233.02	4.79	1.54	-25.31	42.19	10.13
宁夏	5216	225.56	7.03	0.77	16.35	46.25	12.23
新疆	13687	996.51	26.37	5.10	39.29	168.67	34.90

【主要统计指标解释】

营业收入 指企业经营主要业务和其他业务所确认的收入总额。营业收入合计包括“主营业务收入”和“其他业务收入”。

营业税金及附加 指企业因从事生产经营活动按税法规定缴纳的应从经营收入中抵扣的税金和附加，包括营业税、消费税、城市维护建设税、教育费附加等。

应交增值税 指企业按税法规定，从事货物销售或提供加工、修理修配劳务等增加货物价值的活动本期应交纳的税金，不含期初未抵扣税额。

营业利润 指企业从事生产经营活动所取得的利润。

应付职工薪酬 指企业为获得职工提供的服务而给予各种形式的报酬以及其他相关支出。包括职工工资、奖金、津贴和补贴，职工福利费，医疗保险费、养老保险费、失业保险费、工伤保险费和生育保险费等社会保险费，住房公积金，工会经费和职工教育经费，非货币性福利，因解除与职工的劳动关系给予的补偿，其他与获得职工提供的服务相关的支出。

从业人员平均人数 指企业报告期内（年度、季度、月度）平均拥有的从业人员数。

6 第三产业部分行业主要业务指标

6-1 批发和零售业

简要说明

一、主要内容

批发和零售业企业商品购销存情况。

二、统计范围

限额以上批发和零售业企业。

三、统计调查方法

对限额以上批发和零售业法人企业采用全面调查方法。

四、限额标准

批发业企业：年主营业务收入2000万元及以上。

零售业企业：年主营业务收入500万元及以上。

五、资料来源

本部分资料是国家统计局贸易外经统计司根据《批发和零售业统计报表制度》搜集的资料进行加工整理而得。

6-1-1 限额以上批发和零售业企业商品购、销、存情况（按登记注册类型分）

单位：万元

项目	商品购进额	#进口	商品销售额	#出口	期末商品库存额
总　　计	**3783148300**	**315246642**	**4105326515**	**200048354**	**290006057**
一、批发业	**3042868686**	**292886601**	**3270913219**	**199398382**	**212652452**
#国有控股	1415329284	108288925	1497008059	62940243	85547439
内资企业	**2708920212**	**183385198**	**2863885895**	**170490135**	**181925806**
国有企业	613573804	38199535	668794928	28768318	38111002
集体企业	18849920	1893786	19967027	996074	1902083
股份合作企业	7827441	365729	8181792	180139	957928
联营企业	7421380	211206	7685519	354957	595950
国有联营企业	3858950	153485	3962419	233908	224993
集体联营企业	390704	4371	431550	51372	53810
国有与集体联营企业	2130898	7175	2181475	42559	119937
其他联营企业	1040828	46176	1110075	27118	197211
有限责任公司	1007927126	90473982	1055869629	66135489	63621433
国有独资公司	116589864	11606124	127542171	5445412	8422475
其他有限责任公司	891337263	78867858	928327459	60690077	55198957
股份有限公司	330166332	12821916	337728768	15207304	28938607
私营企业	686047325	37983591	726004799	57689859	45330005
私营独资企业	26544866	481618	28125374	1374141	1201589
私营合伙企业	8586981	53099	8894772	480590	304808
私营有限责任公司	630005124	35813213	666522715	54392690	42298127
私营股份有限公司	20910354	1635660	22461938	1442438	1525482
其他企业	37106883	1435454	39653432	1157994	2468798
港、澳、台商投资企业	**89092088**	**24088415**	**103131159**	**9240745**	**9456567**
合资经营企业	15274688	1876625	16466734	448837	1371963
合作经营企业	1032123	469	1138983	7898	29795
独资经营企业	71071476	22176226	83672757	8766272	7857176
投资股份有限公司	1631313	34917	1763551	17738	179922
其他港澳台商投资企业	82489	177	89133		17712
外商投资企业	**244856386**	**85412988**	**303896166**	**19667503**	**21270079**
中外合资经营企业	60684234	3589307	82213562	1916110	3654475
中外合作经营企业	8131188	55628	8562585	688	172726
外资企业	172808617	81660311	209205893	17398616	17259451
外商投资股份有限公司	3044834	82971	3695770	341241	167175
其他外商投资企业	187513	24771	218357	10847	16252

6-1-1 续表 单位：万元

项 目	商品购进额	#进口	商品销售额	#出口	期末商品库存额
二、零售业	**740279614**	**22360041**	**834413296**	**649972**	**77353605**
#国有控股	160129481	1709471	199006498	116268	11477065
内资企业	**651463499**	**16858377**	**727556792**	**509682**	**67431725**
国有企业	53376609	483606	60635868	59860	3595088
集体企业	13439466	17755	14447433	1085	822615
股份合作企业	4713840	18329	5349098	100	332404
联营企业	2194873	20705	2377710		144784
国有联营企业	885990	4197	975408		56818
集体联营企业	337372	4946	357374		38566
国有与集体联营企业	565288	2562	618774		19477
其他联营企业	406223	9000	426153		29923
有限责任公司	247085161	8293571	269096317	141968	28035022
国有独资公司	3593372	286208	3801708	334	420093
其他有限责任公司	243491788	8007363	265294609	141633	27614929
股份有限公司	90701671	408033	117732581	23381	7192612
私营企业	222335175	6740318	239081281	266670	25343259
私营独资企业	21236019	292484	22575987	6574	1657049
私营合伙企业	3530991	21754	3734503	4683	297274
私营有限责任公司	185403536	6159429	199797406	250890	21765461
私营股份有限公司	12164628	266650	12973385	4523	1623475
其他企业	17616706	876061	18836505	16618	1965942
港、澳、台商投资企业	**41406851**	**3810152**	**49364418**	**115441**	**5074991**
合资经营企业	10339805	1220967	12714072	19044	967805
合作经营企业	4581122		4515124		169886
独资经营企业	22626646	2402460	28340253	7088	3570104
投资股份有限公司	737620	130150	950072	89309	148573
其他港澳台商投资企业	3121657	56576	2844897		218624
外商投资企业	**47409265**	**1691511**	**57492086**	**24850**	**4846889**
中外合资经营企业	22829568	281071	28643668	2863	1595045
中外合作经营企业	2432458	2712	2738360		165486
外资企业	21309288	1338783	25081451	19788	2964587
外商投资股份有限公司	575899	8817	696921	2200	65213
其他外商投资企业	262052	60129	331685		56559

6-1-2 限额以上批发和零售业企业商品购、销、存情况（按国民经济行业分）

单位：万元

项目	商品购进额	#进口	商品销售额	#出口	期末商品库存额
总计	**3783148300**	**315246642**	**4105326515**	**200048354**	**290006057**
一、批发业	**3042868686**	**292886601**	**3270913219**	**199398382**	**212652452**
农、林、牧产品批发	58405389	8304529	59857507	1102952	12131831
食品、饮料及烟草制品批发	229424284	10060574	278556361	5714893	25134113
#米、面制品及食用油批发	36298455	4881583	37806837	1244735	7935408
肉、禽、蛋、奶及水产品批发	14013568	869176	15561172	1990846	694417
酒、饮料及茶叶批发	32989123	1377635	41896326	431609	3190208
烟草制品批发	110532640	1285582	143306015	261409	10480711
纺织、服装及家庭用品批发	228715334	26612737	258255705	70076372	20531516
#服装批发	56172723	4739928	66190514	24469710	5104481
鞋帽批发	10113137	1022159	13044952	6083352	925491
家用电器批发	76607981	12162874	81293496	7484614	7249903
文化、体育用品及器材批发	46709453	3114572	51622354	4277479	6263020
#文具用品批发	11050586	873032	11602947	648704	736005
体育用品及器材批发	1778510	69359	2372022	682881	269899
图书批发	6123768	120782	6077022	53591	1405767
医药及医疗器材批发	111431396	9168306	122979861	2834934	12196214
#西药批发	75536970	4030346	81242054	1818711	7927799
中药批发	24117611	1019833	26641895	328548	2365830
矿产品、建材及化工产品批发	1898632546	133896079	1966244674	49863523	95530197
#煤炭及制品批发	264306153	10551142	277177683	2736913	9478894
石油及制品批发	584479570	36560002	606654882	7648761	21282333
金属及金属矿批发	688843146	52342421	704405990	19172684	44056344
建材批发	94499681	8171609	99806826	4736630	4900990
化肥批发	46299975	1708864	47936580	1476031	6112392
农药批发	3635656	679463	3488106	456754	537410
机械设备、五金产品及电子产品批发	366650540	83285007	421686425	43524795	33456491
#汽车批发	117857321	35367580	151776393	3121796	11918299
计算机、软件及辅助设备批发	39229617	7893564	41406463	2892279	3206012
通讯及广播电视设备批发	54199191	14349462	56269819	3204815	3297593
贸易经纪与代理	36832373	6039885	40354985	10757059	2326111
其他批发业	66067371	12404912	71355347	11246375	5082960

6-1-2 续表 单位：万元

项目	商品购进额	#进口	商品销售额	#出口	期末商品库存额
二、零售业	**740279614**	**22360041**	**834413296**	**649972**	**77353605**
(一)按国民经济行业分					
综合零售	185106331	1421034	216455438	54699	19637094
#百货零售	100344844	930859	121954454	40843	9224742
超级市场零售	76198311	469690	85116014	7043	9659319
食品、饮料及烟草制品专门零售	21808112	116296	24052982	55827	2252972
#粮油零售	6475614	8534	6396000	842	562163
肉、禽、蛋、奶及水产品零售	3141709	3608	3399517	6099	135823
酒、饮料及茶叶零售	4655831	31315	5279095	1803	716168
烟草制品零售	2042732	43655	2410015	36314	416974
纺织、服装及日用品专门零售	26835365	1300063	33781246	166720	5838202
#服装零售	18047887	910733	22290270	102580	3439961
文化、体育用品及器材专门零售	19303200	814653	20780718	42441	5312803
#体育用品及器材零售	1523320	65	1440892	2758	541457
图书、报刊零售	8054032	256386	8314912	6993	1699568
医药及医疗器材专门零售	35321419	272660	38638008	2772	3838962
#药品零售	33149369	31854	36065177	566	3627782
汽车、摩托车、燃料及零配件专门零售	347369683	17227256	382925422	175318	30653285
#汽车零售	242491910	16956050	249531772	131355	26702979
机动车燃料零售	97615351	101639	125704715	10047	3011392
家用电器及电子产品专门零售	61909165	353312	69030626	58941	6265748
#日用家电设备零售	30686369	49352	36101886	18343	3361203
计算机、软件及辅助设备零售	15241383	126631	15913726	2807	1065088
通信设备零售	6832326	97545	7284146	6476	815209
五金、家具及室内装饰材料专门零售	17999256	80933	20670106	45365	1340118
货摊、无店铺及其他零售业	24627082	773835	28078750	47891	2214421
#互联网零售	9258919	362604	11223013	2217	1126073
(二)按零售业态分					
有店铺零售	720260257	21880022	811476650	635699	75393406
#超市	22052068	108836	23145499	6297	2842058
大型超市	77254761	303110	86714137	2334	9554268
百货店	97226106	1276370	119038012	49675	9009416
专业店	275588227	6865819	311991037	272602	24853177
专卖店	213845058	12738426	232858492	195885	25788378
无店铺零售	20019357	480019	22936646	14273	1960199

6-1-3 各地区限额以上批发和零售业企业商品购、销、存情况

单位：万元

地 区	商品购进额	#进口	商品销售额	#出口	期末商品库存额
全 国	**3783148300**	**315246642**	**4105326515**	**200048354**	**290006057**
北 京	487440414	83131864	523813676	18001193	47657692
天 津	219241579	13754039	230618718	5660269	10720848
河 北	84908283	1054975	91460888	754341	5040366
山 西	101973529	3926386	108668522	998311	4569695
内蒙古	35857050	1764551	39496024	732269	3691670
辽 宁	139175765	5004596	151844354	2599434	8955097
吉 林	29185883	913364	33224158	129429	2538423
黑龙江	46023840	9125173	49654140	1626296	4379383
上 海	414277257	73907746	477514874	30093860	30714164
江 苏	323013428	16751598	350056592	21267569	20746425
浙 江	304065487	26322371	326829595	39911022	18104859
安 徽	71845804	1430571	77169659	1929962	5263832
福 建	125485695	10660663	137858408	14019179	9740049
江 西	24396571	182683	29390413	791937	2178714
山 东	228457646	11360181	243668797	10002255	13538444
河 南	85886779	1864982	87721009	738137	16877049
湖 北	115214911	1386066	123128423	1049941	8394893
湖 南	54089538	800865	59159794	676088	4230903
广 东	417075746	34079517	450403944	39771900	30239995
广 西	41578059	789367	42275981	582354	3770048
海 南	18414240	1166833	19395735	500890	1009684
重 庆	77654602	1661221	82342105	1409685	5786227
四 川	89465047	2068021	96968720	1444788	8998190
贵 州	21833819	1227387	28068098	1266500	2526939
云 南	61886323	1745689	67859029	2143823	7683158
西 藏	1107452	48906	1410799	234	151250
陕 西	62256543	471654	66974487	923078	3630393
甘 肃	28812486	66225	31900771	94762	2452751
青 海	9630024	233	10808125	83436	536875
宁 夏	10291918	107401	10512177	44905	827337
新 疆	52602582	8471515	55128503	750510	5050706

6-1-4 各地区限额以上批发业企业商品购、销、存情况

单位：万元

地区	商品购进额	#进口	商品销售额	#出口	期末商品库存额
全国	**3042868686**	**292886601**	**3270913219**	**199398382**	**212652452**
北京	424358951	80655909	453905055	17974314	41315938
天津	200685950	13106149	210484126	5622096	8829120
河北	66902605	896018	72234459	753401	3024307
山西	84564749	3657465	88951349	994809	2755569
内蒙古	22166908	1458493	24620001	726808	2360936
辽宁	111262272	3738486	119577492	2587633	6290171
吉林	18516048	873254	19606185	129047	1481024
黑龙江	35122940	9063877	37388250	1625459	3186787
上海	373875857	71566901	425335252	29974376	24277403
江苏	256902603	15260199	277093879	21243478	14635917
浙江	252628491	23289043	270000642	39860887	12793818
安徽	48793017	1232521	52935587	1924825	2743000
福建	100601475	9966308	107556700	13988934	7485719
江西	14871196	72004	19386379	791817	1171968
山东	157844825	10527897	167861508	9973571	7734684
河南	58293081	1237956	57550335	776275	14130117
湖北	80207838	734589	84473642	1036337	5022846
湖南	33636881	399360	30954347	676088	2489272
广东	351869365	30814270	373878097	39580165	22534077
广西	32596337	494598	32675571	581971	2762496
海南	14009808	923491	14693496	494921	527827
重庆	55962511	1004636	59565360	1408175	3495094
四川	55742057	939276	60036825	1405770	4883412
贵州	14192923	869346	19079910	1266500	1758048
云南	47897973	1459447	52791172	2109988	5822501
西藏	365994	35	495902		57925
陕西	44852269	189565	48099764	922286	2084284
甘肃	22692093	432	25091828	89602	1825262
青海	8428597	233	9542161	83436	413603
宁夏	6998932	65066	7117383	44905	473204
新疆	46024143	8389778	47930563	750510	4286126

6-1-5 各地区限额以上零售业企业商品购、销、存情况

单位：万元

地 区	商品购进额	#进口	商品销售额	#出口	期末商品库存额
全 国	**740279614**	**22360041**	**834413296**	**649972**	**77353605**
北 京	63081463	2475955	69908621	26879	6341754
天 津	18555629	647890	20134592	38173	1891728
河 北	18005677	158956	19226429	940	2016059
山 西	17408780	268922	19717173	3501	1814126
内蒙古	13690142	306058	14876022	5461	1330734
辽 宁	27913493	1266110	32266862	11801	2664926
吉 林	10669835	40110	13617973	382	1057399
黑龙江	10900900	61296	12265890	837	1192596
上 海	40401400	2340845	52179622	119485	6436761
江 苏	66110825	1491399	72962713	24092	6110508
浙 江	51436996	3033328	56828954	50135	5311042
安 徽	23052787	198049	24234071	5137	2520832
福 建	24884220	694355	30301709	30245	2254331
江 西	9525376	110680	10004034	120	1006746
山 东	70612821	832284	75807289	28684	5803760
河 南	27593698	627026	30170674	11862	2746933
湖 北	35007074	651477	38654782	13604	3372046
湖 南	20452657	401506	28205447		1741631
广 东	65206381	3265247	76525847	191735	7705918
广 西	8981722	294769	9600410	383	1007552
海 南	4404432	243342	4702239	5968	481857
重 庆	21692091	656585	22776745	1510	2291133
四 川	33722990	1128745	36931895	39018	4114778
贵 州	7640896	358042	8988187		768891
云 南	13988351	286242	15067857	33836	1860656
西 藏	741459	48871	914897	234	93324
陕 西	17404274	282090	18874723	792	1546109
甘 肃	6120393	65793	6808943	5160	627490
青 海	1201427		1265964		123272
宁 夏	3292986	42335	3394794		354133
新 疆	6578439	81737	7197941		764580

【主要统计指标解释】

商品购进额 指从本企业以外的单位和个人购进（包括从国外直接进口）作为转卖或加工后转卖的商品金额（含增值税）。它反映批发和零售业从国内外市场上购进商品的总价。

进口 指直接从国外进口或委托外贸企业代理进口的商品金额，不包括从国内有关单位购进的进口商品。对外贸企业只统计自主经营进口的商品，不统计受托代理进口的商品。

商品销售额 指对本单位以外的单位和个人出售的商品金额（包括售给本单位消费用的商品，含增值税），在批发和零售业中，本指标反映在国内市场上销售商品以及出口商品的总量。

出口 指直接向国（境）外出口商品和委托外贸企业代理出口的商品金额，商品出口不包括售给外贸企业出口或加工后出口的商品，以及在国内市场以外币销售的商品。外贸企业只统计自主经营出口的商品，不包括受托代理出口的商品。

期末商品库存额 指报告期末各种登记注册类型的批发和零售业企业（单位）已取得所有权的全部商品金额（含增值税）。它反映批发和零售业企业的商品库存情况，以及对市场商品供应的保证程度。

6 第三产业部分行业主要业务指标

6-2 交通运输、仓储和邮政业

简要说明

一、主要内容

1. 交通运输业资料主要包括：主要运输方式的线路里程、运输设备拥有量、技术质量情况，各种运输方式完成的货物运输量和旅客运输量，规模以上港口码头长度、泊位数量及货物吞吐量，城市公共交通运营线路网长度、运营车（船）数量及客运量等资料。

2. 邮政业资料主要包括：全国邮政主要业务量、营业网点及邮政邮路情况、邮政通信服务水平等。

二、调查范围及统计单位

1. 铁路资料：包括国家铁路（含控股合资）、地方铁路和非控股合资铁路运营情况，不含军用铁路及由厂矿企事业单位自建的铁路专用线和不办理公共营业的专用铁路。国家铁路（含控股合资）和非控股合资铁路运营资料来源于各铁路局及所属运输企业（公司）。地方铁路运营资料来源于各省地方铁路管理部门。

2. 公路、水路、港口资料：（1）公路和水路线路里程为年末通车和通航里程数，不含未正式投入使用的公路和航道里程；（2）民用汽车拥有量及机动车和汽车驾驶员人数，根据公安部交通管理局所属各省（自治区、直辖市）车管部门登记注册的车辆资料和驾驶员资料整理，不含军用车辆；（3）公路营运汽车拥有量，根据各省（自治区、直辖市）道路运输主管部门登记注册的从事公路运输的营业性运输车辆资料整理，属于民用汽车的一部分；（4）营业性运输船舶拥有量，根据各省（自治区、直辖市）交通运输主管部门登记注册的从事水上客、货运输的营业性船舶资料整理，不含非运输船舶及农业、渔业生产船舶；（5）公路、水路客货运输量资料，由交通运输部负责收集整理；（6）公路、水路运输量统计包括全面调查和非全面调查两种方式，统计范围是在各省交通运输主管部门登记注册的从事公路、水路客、货运输的营业性的车辆和船舶所完成的运输量；（7）规模以上港口的统计范围为年通过能力在1000万吨以上的沿海港口和200万吨以上的内河港口，以及从事外贸、集装箱装卸的港口，具体范围由交通运输部划定。

3. 管道运输资料：包括输原油、输成品油、输天然气及输其他气体的管道长度和完成的运输量。统计范围包括：油气田企业直接通向炼油厂、化工厂、电站等用户及装车站、油码头的管道，炼油厂通向用户（包括商业石油公司油库）的成品油管道，独立核算的管道运输企业通向用户及装车（站）栈桥、油码头的管道。管道运输资料主要来源于中国石油天然气集团公司和中国石油化工集团公司所属的管道运输企业，由两家集团公司分别负责收集审核本部门资料。

4. 民航运输资料：统计对象为在我国境内注册从事民用航空运输飞行和通用航空飞行的航空运输企业和民用航空机场，不包括在我国境内运输飞行的外国航空公司。统计内容为各航空公司从事国内运输、港澳台运输、国际运输的定期航班航线条数及里程、运输量及飞机构成和运营情况、通用航空飞行完成情况等。

5. 城市公共交通资料：统计范围为全国所有设市城市的城市公共交通情况。

6. 邮政业资料：包括全国邮政企业及年业务收入200万元以上快递企业，为社会公众提供的各类邮政及快递服务。业务范围分为国内业务量和国际及港澳业务量（对台业务量统计在港澳中）。

三、资料来源

本篇资料由国家统计局服务业统计司负责整理、编辑。有关交通运输业资料分别来源于交通运输部、中国铁路总公司、中国民用航空局、中国石油天然气集团公司、中国石油化工集团公司和各省、自治区、直辖市统计局。有关邮政业资料来源于国家邮政局。

6-2-1 交通运输业基本情况

指 标	2000	2005	2006	2007	2008	2009	2010	2011	2012
运输线路长度 (万公里)									
铁路营业里程	6.87	7.54	7.71	7.80	7.97	8.55	9.12	9.32	9.76
国家铁路	5.87	6.22	6.34	6.36	6.40	6.55	6.62	6.60	6.63
合资铁路	0.52	0.85	0.89	0.95	1.08	1.59	2.06	2.28	2.69
地方铁路	0.48	0.48	0.47	0.48	0.49	0.41	0.44	0.44	0.45
公路里程	167.98	334.52	345.70	358.37	373.02	386.08	400.82	410.64	423.75
#高速公路	1.63	4.10	4.53	5.39	6.03	6.51	7.41	8.49	9.62
内河航道里程	11.93	12.33	12.34	12.35	12.28	12.37	12.42	12.46	12.50
#等级航道	6.14	6.10	6.10	6.12	6.11	6.15	6.23	6.26	6.37
定期航班航线里程	150.29	199.85	211.35	234.30	246.18	234.51	276.51	349.06	328.01
国际航线	50.84	85.59	96.62	104.74	112.02	91.99	107.02	149.44	128.47
国内航线	99.45	114.26	114.73	129.55	134.17	142.52	169.50	199.62	199.54
管道输油(气)里程	2.47	4.40	4.81	5.45	5.83	6.91	7.85	8.33	9.01
输油管	1.24	2.10	2.41	2.90	3.07	3.55	3.85	3.95	4.13
输气管	1.23	2.30	2.41	2.55	2.76	3.35	4.00	4.38	4.88
客运量总计 (万人)	**1478573**	**1847018**	**2024158**	**2227761**	**2867892**	**2976898**	**3269508**	**3526319**	**3804035**
铁路	105073	115583	125656	135670	146193	152451	167609	186226	189337
公路	1347392	1697381	1860487	2050680	2682114	2779081	3052738	3286220	3557010
水运	19386	20227	22047	22835	20334	22314	22392	24556	25752
民航	6722	13827	15968	18576	19251	23052	26769	29317	31936
旅客周转量总计 (亿人公里)	**12261.0**	**17466.7**	**19197.2**	**21592.6**	**23196.7**	**24834.9**	**27894.3**	**30984.0**	**33383.1**
铁路	4532.6	6062.0	6622.1	7216.3	7778.6	7878.9	8762.2	9612.3	9812.3
公路	6657.4	9292.1	10130.8	11506.8	12476.1	13511.4	15020.8	16760.2	18467.5
水运	100.5	67.8	73.6	77.8	59.2	69.4	72.3	74.5	77.5
民航	970.5	2044.9	2370.7	2791.7	2882.8	3375.2	4039.0	4537.0	5025.7
货运量总计 (万吨)	**1358682**	**1862066**	**2037060**	**2275822**	**2585937**	**2825222**	**3241807**	**3696961**	**4099400**
铁路	178581	269296	288224	314237	330354	333348	364271	393263	390438
公路	1038813	1341778	1466347	1639432	1916759	2127834	2448052	2820100	3188475
水运	122391	219648	248703	281199	294510	318996	378949	425968	458705
民航	196.7	306.7	349.4	401.8	407.6	445.5	563.0	557.5	545.0
管道	18700	31037	33436	40552	43906	44598	49972	57073	61238

注：1.从2005年起，公路里程包括村道，与以前年度数据不可比(以下相关表同)。
2.2008年，公路、水路客货运输量和周转量统计口径发生变化，不宜进行历史对比(以下相关表同)。
3.2011年起民航航线里程改为定期航班航线里程(以下相关表同)。

6-2-1 续表

指 标	2000	2005	2006	2007	2008	2009	2010	2011	2012
货物周转量总计 （亿吨公里）	**44320.5**	**80258.1**	**88839.9**	**101418.8**	**110300.5**	**122133.3**	**141837.4**	**159323.6**	**173770.7**
铁路	13770.5	20726.0	21954.4	23797.0	25106.3	25239.2	27644.1	29465.8	29187.1
公路	6129.4	8693.2	9754.2	11354.7	32868.2	37188.8	43389.7	51374.7	59534.9
水运	23734.2	49672.3	55485.7	64284.8	50262.7	57556.7	68427.5	75423.8	81707.6
民航	50.3	78.9	94.3	116.4	119.6	126.2	178.9	173.9	163.9
管道	636.2	1087.7	1551.2	1865.9	1944.0	2022.4	2197.2	2885.4	3177.3
规模以上港口货物吞吐量（万吨）	**170055**	**394196**	**459701**	**526408**	**589080**	**697159**	**810180**	**911814**	**977473**
沿海规模以上港口	125603	292777	342191	388200	429599	475480.6	548358	616292	665245
#外贸	52343	124166	145827	165631	178271	197921.5	226938	252318	276221
内河规模以上港口	44452	101418	117510	138208	159481	221678.5	261822	295522	312228
#外贸	4397	10063	12060	14009	14288	18296	21025	23967	26831
民用汽车拥有量 （万辆）	**1608.91**	**3159.66**	**3697.35**	**4358.36**	**5099.61**	**6280.61**	**7801.83**	**9356.32**	**10933.09**
#载客汽车	853.73	2132.46	2619.57	3195.99	3838.92	4845.09	6124.13	7478.37	8943.01
载货汽车	716.32	955.55	986.30	1054.06	1126.07	1368.60	1597.55	1787.99	1894.75
#私人汽车拥有量	625.33	1848.07	2333.32	2876.216	3501.39	4574.91	5938.71	7326.79	8838.60
#载客汽车	365.09	1383.93	1823.57	2316.908	2880.50	3808.33	4989.50	6237.46	7637.87
载货汽车	259.09	452.11	494.91	539.45	596.39	753.40	931.52	1067.43	1175.63
民用运输船舶拥有量 （艘）	**229676**	**207294**	**194360**	**191771**	**184190**	**176932**	**178407**	**179242**	**178591**
机动船	185018	165900	157805	157544	152247	149367	155624	157950	158309
驳船	44658	41394	36555	34227	31943	27565	22783	21292	20282
#私人运输船舶拥有量	142117	95838	70292	70017	64552				
机动船	128654	83380	62839	62228	57490				
驳船	13463	12458	7453	7789	7062				
规模以上港口码头泊位 （个）	**8078**	**10652**	**10848**	**12131**	**14205**	**20091**	**20333**	**20524**	**20450**
沿海规模以上港口	1772	3641	3804	3970	4914	5372	5529	5612	5715
#万吨级	518	769	883	967	1076	1214	1293	1366	1453
内河规模以上港口	6306	7011	7044	8161	9291	14719	14804	14912	14735
#万吨级	55	186	225	250	259	293	318	340	369
民用飞机 （架）	**982**	**1386**	**1614**	**1813**	**1961**	**2181**	**2405**	**3191**	**3589**
#运输飞机	527	863	998	1134	1259	1417	1597	1764	1941
通用航空飞机	301	383	457	457	484	555	606	1124	1320

6-2-2 各地区交通运输业职工人数(2012年底)

单位：人

地区	铁路运输业	道路运输业	水上运输业	航空运输业	管道运输业
全国	**1793267**	**2778125**	**447050**	**376100**	**39762**
北京	114534	269366	205	62527	2715
天津	27381	50326	24213	7246	233
河北	57197	114234	27100	1795	1586
山西	110408	76692	43	4853	322
内蒙古	95616	44885	32	4022	
辽宁	118775	96900	48823	18499	3749
吉林	67513	44849	811	5286	1157
黑龙江	120954	77338	2748	6102	847
上海	30925	174277	55143	57671	167
江苏	35325	138456	49049	10292	15411
浙江	28330	151953	25954	10279	61
安徽	41733	78565	10393	2968	
福建	41037	76966	13245	13457	913
江西	60757	43973	2815	914	603
山东	74684	164478	54572	14714	2446
河南	116531	135835	2104	7234	457
湖北	83437	97426	12860	7438	940
湖南	77023	98687	4374	8343	88
广东	64067	301012	67255	49202	251
广西	56860	77093	12972	6173	92
海南	4398	15754	4644	13194	
重庆	25771	76734	11002	8993	74
四川	53426	115329	15361	11635	746
贵州	31290	36248	791	4608	
云南	37939	56271	401	16161	380
西藏	49	3790	24000	19	
陕西	98615	52185	93	8667	1183
甘肃	47346	38077	47		
青海	14898	14545		186	
宁夏	14464	14237	37060	1705	
新疆	41984	41644	46016	11917	5341

6-2-3 运输线路长度

单位：万公里

年份	铁路营业里程	#国家铁路电气化里程	公路里程	#高速公路	内河航道里程	定期航班航线里程	#国际航线	管道输油(气)里程
1978	5.17	0.10	89.02		13.60	14.89	5.53	0.83
1980	5.33	0.17	88.83		10.85	19.53	8.12	0.87
1981	5.39	0.17	89.75		10.87	21.83	8.28	0.97
1982	5.33	0.18	90.70		10.86	23.27	9.99	1.04
1983	5.46	0.23	91.51		10.89	22.91	9.99	1.08
1984	5.48	0.30	92.67		10.93	26.02	10.74	1.10
1985	5.52	0.41	94.24		10.91	27.72	10.60	1.17
1986	5.58	0.44	96.28		10.94	32.43	10.76	1.30
1987	5.60	0.46	98.22		10.98	38.91	14.89	1.38
1988	5.62	0.57	99.96	0.01	10.94	37.38	12.83	1.43
1989	5.70	0.64	101.43	0.03	10.90	47.19	16.64	1.51
1990	5.79	0.69	102.83	0.05	10.92	50.68	16.64	1.59
1991	5.78	0.78	104.11	0.06	10.97	55.91	17.74	1.62
1992	5.81	0.84	105.67	0.07	10.97	83.66	30.30	1.59
1993	5.86	0.89	108.35	0.11	11.02	96.08	27.87	1.64
1994	5.90	0.90	111.78	0.16	11.02	104.56	35.19	1.68
1995	6.24	0.97	115.70	0.21	11.06	112.90	34.82	1.72
1996	6.49	1.01	118.58	0.34	11.08	116.65	38.63	1.93
1997	6.60	1.20	122.64	0.48	10.98	142.50	50.44	2.04
1998	6.64	1.30	127.85	0.87	11.03	150.58	50.44	2.31
1999	6.74	1.40	135.17	1.16	11.65	152.22	52.33	2.49
2000	6.87	1.49	167.98	1.63	11.93	150.29	50.84	2.47
2001	7.01	1.69	169.80	1.94	12.15	155.36	51.69	2.76
2002	7.19	1.74	176.52	2.51	12.16	163.77	57.45	2.98
2003	7.30	1.81	180.98	2.97	12.40	174.95	71.53	3.26
2004	7.44	1.86	187.07	3.43	12.33	204.94	89.42	3.82
2005	7.54	1.94	334.52	4.10	12.33	199.85	85.59	4.40
2006	7.71	2.34	345.70	4.53	12.34	211.35	96.62	4.81
2007	7.80	2.40	358.37	5.39	12.35	234.30	104.74	5.45
2008	7.97	2.50	373.02	6.03	12.28	246.18	112.02	5.83
2009	8.55	3.02	386.08	6.51	12.37	234.51	91.99	6.91
2010	9.12	3.27	400.82	7.41	12.42	276.51	107.02	7.85
2011	9.32	3.43	410.64	8.49	12.46	349.06	149.44	8.33
2012	9.76	3.55	423.75	9.62	12.50	328.01	128.47	9.01

6-2-4 客运量

单位：万人

年份	总计	铁路	国家	地方	合资	公路	水运	民航
1952	24518	16352	16352			4559	3605	2
1957	63821	31262	31262			23772	8780	7
1962	122154	75003	74067	936		30737	16397	17
1965	96334	41245	40708	537		43693	11369	27
1970	130056	52455	51646	809		61812	15767	22
1975	192969	70465	69648	817		101350	21015	139
1978	253993	81491	80729	762		149229	23042	231
1980	341785	92204	91246	958		222799	26439	343
1985	620206	112110	110913	1197		476486	30863	747
1986	688211	108579	107358	1221		544259	34377	996
1987	746422	112479	111414	1065		593682	38951	1310
1988	809592	122645	121595	1050		650473	35032	1442
1989	791374	113805	112796	1009		644508	31778	1283
1990	772682	95712	94888	824		648085	27225	1660
1991	806048	95080	94208	872		682681	26109	2178
1992	860855	99693	98788	905		731774	26502	2886
1993	996634	105458	104580	878		860719	27074	3383
1994	1092882	108738	108009	729		953940	26165	4039
1995	1172596	102745	102081	664		1040810	23924	5117
1996	1245357	94797	93551	612	634	1122110	22895	5555
1997	1326094	93308	91919	659	730	1204583	22573	5630
1998	1378717	95085	92991	629	1465	1257332	20545	5755
1999	1394413	100164	97725	528	1911	1269004	19151	6094
2000	1478573	105073	101847	519	2707	1347392	19386	6722
2001	1534122	105155	101680	558	2917	1402798	18645	7524
2002	1608150	105606	101741	516	3349	1475257	18693	8594
2003	1587497	97260	93634	412	3214	1464335	17142	8759
2004	1767453	111764	107346	378	4040	1624526	19040	12123
2005	1847018	115583	110651	319	4613	1697381	20227	13827
2006	2024158	125656	119728	423	5505	1860487	22047	15968
2007	2227761	135670	128712	451	6507	2050680	22835	18576
2008	2867892	146193	144452	474	1267	2682114	20334	19251
2009	2976898	152451	150798	419	1234	2779081	22314	23052
2010	3269508	167609	164761	477	2371	3052738	22392	26769
2011	3526319	186226	179199	528	6498	3286220	24556	29317
2012	3804035	189337	187863	583	891	3557010	25752	31936

注：从2008年起，国家铁路和合资铁路客货运输量及周转量统计口径有调整，其中国家铁路包括了国家控股合资铁路部分，合资铁路仅指非控股合资(以下相关表同)。

6-2-5 客运量构成

单位：%

年份	总计	铁路	国家	地方	合资	公路	水运	民航
1952	100.0	66.7	66.7			18.6	14.7	0.01
1957	100.0	49.0	49.0			37.2	13.8	0.01
1962	100.0	61.4	60.6	0.77		25.2	13.4	0.01
1965	100.0	42.8	42.3	0.56		45.4	11.8	0.03
1970	100.0	40.3	39.7	0.62		47.5	12.1	0.02
1975	100.0	36.5	36.1	0.42		52.5	10.9	0.07
1978	100.0	32.1	31.8	0.30		58.8	9.1	0.09
1980	100.0	27.0	26.7	0.28		65.2	7.7	0.10
1985	100.0	18.1	17.9	0.19		76.8	5.0	0.12
1986	100.0	15.8	15.6	0.18		79.1	5.0	0.14
1987	100.0	15.1	14.9	0.14		79.5	5.2	0.18
1988	100.0	15.1	15.0	0.13		80.3	4.3	0.18
1989	100.0	14.4	14.3	0.13		81.4	4.0	0.16
1990	100.0	12.4	12.3	0.11		83.9	3.5	0.21
1991	100.0	11.8	11.7	0.11		84.7	3.2	0.27
1992	100.0	11.6	11.5	0.11		85.0	3.1	0.34
1993	100.0	10.6	10.5	0.09		86.4	2.7	0.34
1994	100.0	9.9	9.9	0.07		87.3	2.4	0.37
1995	100.0	8.8	8.7	0.06		88.8	2.0	0.44
1996	100.0	7.6	7.5	0.05	0.05	90.1	1.8	0.45
1997	100.0	7.0	6.9	0.05	0.06	90.8	1.7	0.42
1998	100.0	6.9	6.7	0.05	0.11	91.2	1.5	0.42
1999	100.0	7.2	7.0	0.04	0.14	91.0	1.4	0.44
2000	100.0	7.1	6.9	0.04	0.18	91.1	1.3	0.45
2001	100.0	6.9	6.6	0.04	0.19	91.4	1.2	0.49
2002	100.0	6.6	6.3	0.03	0.21	91.7	1.2	0.53
2003	100.0	6.1	5.9	0.03	0.20	92.2	1.1	0.55
2004	100.0	6.3	6.1	0.02	0.23	91.9	1.1	0.69
2005	100.0	6.3	6.0	0.02	0.25	91.9	1.1	0.75
2006	100.0	6.2	5.9	0.02	0.27	91.9	1.1	0.79
2007	100.0	6.1	5.8	0.02	0.29	92.1	1.0	0.83
2008	100.0	5.1	5.0	0.02	0.04	93.5	0.7	0.67
2009	100.0	5.1	5.1	0.01	0.04	93.4	0.7	0.77
2010	100.0	5.1	5.0	0.01	0.07	93.4	0.7	0.82
2011	100.0	5.3	5.1	0.01	0.18	93.2	0.7	0.83
2012	100.0	5.0	4.9	0.02	0.02	93.5	0.7	0.84

6-2-6 旅客周转量

单位：亿人公里

年份	总计	铁路				公路	水运	民航
			国家	地方	合资			
1952	248.02	200.64	200.64			22.64	24.50	0.24
1957	496.55	361.30	361.30			88.07	46.38	0.80
1962	1085.56	859.01	857.26	1.75		141.46	83.92	1.17
1965	697.04	478.99	477.81	1.18		168.20	47.37	2.48
1970	1031.05	718.19	715.94	2.25		240.06	71.01	1.79
1975	1434.55	954.09	952.59	1.50		374.48	90.59	15.39
1978	1743.07	1093.22	1090.81	2.41		521.30	100.63	27.92
1980	2281.34	1383.16	1380.37	2.79		729.50	129.12	39.56
1985	4436.39	2416.14	2412.51	3.63		1724.88	178.65	116.72
1986	4896.51	2586.71	2583.11	3.60		1981.74	182.06	146.00
1987	5418.18	2843.06	2840.00	3.06		2190.43	195.92	188.77
1988	6208.91	3260.31	3257.31	3.00		2528.24	203.92	216.44
1989	6074.56	3037.41	3034.37	3.04		2662.11	188.27	186.77
1990	5628.35	2612.64	2610.11	2.53		2620.32	164.91	230.48
1991	6178.32	2828.05	2824.84	3.21		2871.74	177.21	301.32
1992	6949.38	3152.24	3148.29	3.95		3192.64	198.38	406.12
1993	7858.00	3483.30	3479.38	3.92		3700.70	196.40	477.60
1994	8591.42	3636.04	3632.81	3.23		4220.30	183.50	551.58
1995	9001.90	3545.70	3542.61	3.09		4603.10	171.80	681.30
1996	9164.80	3347.60	3322.02	3.36	22.22	4908.79	160.57	747.84
1997	10055.48	3584.86	3543.53	4.72	36.61	5541.40	155.70	773.52
1998	10636.74	3773.42	3690.97	5.01	77.44	5942.81	120.27	800.24
1999	11299.74	4135.94	4046.27	4.40	85.27	6199.20	107.30	857.30
2000	12261.05	4532.59	4414.68	4.59	113.32	6657.42	100.50	970.54
2001	13155.13	4766.82	4636.55	5.20	125.07	7207.08	89.88	1091.35
2002	14125.63	4969.38	4803.05	5.26	161.07	7805.77	81.78	1268.70
2003	13810.50	4788.61	4622.79	3.99	161.83	7695.60	63.10	1263.19
2004	16309.08	5712.17	5511.96	3.98	196.23	8748.38	66.25	1782.28
2005	17466.74	6061.96	5833.20	3.53	225.23	9292.08	67.77	2044.93
2006	19197.21	6622.12	6353.27	4.66	264.19	10130.85	73.58	2370.66
2007	21592.58	7216.31	6896.18	5.32	314.81	11506.77	77.78	2791.73
2008	23196.70	7778.60	7739.15	5.85	33.60	12476.11	59.18	2882.80
2009	24834.94	7878.89	7840.09	5.63	33.16	13511.44	69.38	3375.24
2010	27894.26	8762.18	8725.72	6.31	30.15	15020.81	72.27	4039.00
2011	30984.03	9612.29	9582.71	6.62	22.97	16760.25	74.53	4536.96
2012	33383.09	9812.33	9783.99	6.88	21.46	18467.55	77.48	5025.74

6-2-7 旅客周转量构成

单位：%

年 份	总计	铁路				公路	水运	民航
			国家	地方	合资			
1952	100.0	80.9	80.9			9.1	9.9	0.1
1957	100.0	72.8	72.8			17.7	9.3	0.2
1962	100.0	79.1	79.0	0.16		13.0	7.7	0.1
1965	100.0	68.7	68.5	0.17		24.1	6.8	0.4
1970	100.0	69.7	69.4	0.22		23.3	6.9	0.2
1975	100.0	66.5	66.4	0.10		26.1	6.3	1.1
1978	100.0	62.7	62.6	0.14		29.9	5.8	1.6
1980	100.0	60.6	60.5	0.12		32.0	5.7	1.7
1985	100.0	54.5	54.4	0.08		38.9	4.0	2.6
1986	100.0	52.8	52.8	0.07		40.5	3.7	3.0
1987	100.0	52.5	52.4	0.06		40.4	3.6	3.5
1988	100.0	52.5	52.5	0.05		40.7	3.3	3.5
1989	100.0	50.0	50.0	0.05		43.8	3.1	3.1
1990	100.0	46.4	46.4	0.04		46.6	2.9	4.1
1991	100.0	45.8	45.7	0.05		46.5	2.9	4.9
1992	100.0	45.4	45.3	0.06		45.9	2.9	5.8
1993	100.0	44.3	44.3	0.05		47.1	2.5	6.1
1994	100.0	42.3	42.3	0.04		49.1	2.1	6.4
1995	100.0	39.4	39.4	0.03		51.1	1.9	7.6
1996	100.0	36.5	36.2	0.04	0.24	53.6	1.8	8.2
1997	100.0	35.7	35.2	0.05	0.36	55.1	1.5	7.7
1998	100.0	35.5	34.7	0.05	0.73	55.9	1.1	7.5
1999	100.0	36.6	35.8	0.04	0.75	54.9	0.9	7.6
2000	100.0	37.0	36.0	0.04	0.92	54.3	0.8	7.9
2001	100.0	36.2	35.2	0.04	0.95	54.8	0.7	8.3
2002	100.0	35.2	34.0	0.04	1.14	55.3	0.6	9.0
2003	100.0	34.7	33.5	0.03	1.17	55.7	0.5	9.1
2004	100.0	35.0	33.8	0.02	1.20	53.6	0.4	10.9
2005	100.0	34.7	33.4	0.02	1.29	53.2	0.4	11.7
2006	100.0	34.5	33.1	0.02	1.38	52.8	0.4	12.3
2007	100.0	33.4	31.9	0.02	1.46	53.3	0.4	12.9
2008	100.0	33.5	33.4	0.03	0.14	53.8	0.3	12.4
2009	100.0	31.7	31.6	0.02	0.13	54.4	0.3	13.6
2010	100.0	31.4	31.3	0.02	0.11	53.8	0.3	14.5
2011	100.0	31.0	30.9	0.02	0.07	54.1	0.2	14.6
2012	100.0	29.4	29.3	0.02	0.06	55.3	0.2	15.1

6-2-8　旅客运输平均运距

单位：公里

年　份	总计	铁路				公路	水运	民航
			国家	地方	合资			
1952	101	123	123			50	68	1200
1957	78	116	116			37	53	1143
1962	89	115	116	19		46	51	688
1965	72	116	117	22		38	42	919
1970	79	137	139	28		39	45	814
1975	74	135	137	18		37	43	1107
1978	69	134	135	32		35	44	1208
1980	67	150	151	29		33	49	1153
1985	72	216	218	30		36	58	1563
1986	71	238	241	29		36	53	1466
1987	73	253	255	29		37	50	1441
1988	77	266	268	29		39	58	1501
1989	77	267	269	30		41	59	1456
1990	73	273	275	31		40	61	1388
1991	77	297	300	37		42	68	1383
1992	81	316	319	44		44	75	1407
1993	79	330	333	45		43	73	1412
1994	79	334	336	44		44	70	1366
1995	77	345	347	46		44	72	1331
1996	74	353	355	55	350	44	70	1346
1997	76	384	386	72	502	46	69	1374
1998	77	397	397	80	529	47	59	1391
1999	81	413	414	83	446	49	56	1407
2000	83	431	433	89	419	49	52	1444
2001	86	453	456	93	429	51	48	1450
2002	88	471	472	102	481	53	44	1476
2003	87	492	494	97	504	53	37	1442
2004	92	511	513	105	486	54	35	1470
2005	95	524	527	111	488	55	34	1479
2006	95	527	531	110	480	54	33	1485
2007	97	532	536	118	484	56	34	1503
2008	81	532	536	124	265	47	29	1497
2009	83	517	520	134	269	49	31	1464
2010	85	523	530	132	127	49	32	1509
2011	88	516	535	125	35	51	30	1548
2012	88	518	521	118	241	52	30	1574

6-2-9 货运量

单位：万吨

年 份	总计	铁路	国家	地方	合资	公路	水运	民航	管道
1952	31516	13217	13217			13158	5141	0.2	
1957	80365	27421	27421			37505	15438	0.8	
1962	85521	35261	34598	663		32794	17464	1.8	
1965	121083	49100	48358	742		48987	22993	2.7	
1970	150359	68132	66552	1580		56779	25444	3.7	
1975	202478	88955	86746	2209		72499	34987	4.7	6032
1978	248946	110119	107492	2627		85182	43292	6.4	10347
1980	546537	111279	108584	2695		382048	42676	8.9	10525
1985	745763	130709	127516	3193		538062	63322	19.5	13650
1986	853557	135635	132219	3416		620113	82962	22.4	14825
1987	948229	140653	136949	3704		711424	80979	29.9	15143
1988	982195	144948	140553	4395		732315	89281	32.8	15618
1989	988435	151489	146804	4685		733781	87493	31.0	15641
1990	970602	150681	146209	4472		724040	80094	37.0	15750
1991	985793	152893	147898	4995		733907	83370	45.2	15578
1992	1045899	157627	152317	5310		780941	92490	57.5	14783
1993	1115902	162794	156791	6003		840256	97938	69.4	14845
1994	1180396	163216	157278	5938		894914	107091	82.9	15092
1995	1234938	165982	159473	6509		940387	113194	101.1	15274
1996	1298421	171024	161787	7125	2112	983860	127430	115.0	15992
1997	1278218	172149	162010	7854	2285	976536	113406	124.7	16002
1998	1267427	164309	153435	8035	2839	976004	109555	140.1	17419
1999	1293008	167554	157239	7296	3019	990444	114608	170.4	20232
2000	1358682	178581	166056	8369	4156	1038813	122391	196.7	18700
2001	1401786	193189	179201	9542	4446	1056312	132675	171.0	19439
2002	1483447	204956	187578	11241	6137	1116324	141832	202.1	20133
2003	1564492	224248	199814	13064	11370	1159957	158070	219.0	21998
2004	1706412	249017	217816	14924	16277	1244990	187394	276.7	24734
2005	1862066	269296	231839	17802	19655	1341778	219648	306.7	31037
2006	2037060	288224	245476	19593	23154	1466347	248703	349.4	33436
2007	2275822	314237	262400	24390	27447	1639432	281199	401.8	40552
2008	2585937	330354	275243	27128	27983	1916759	294510	407.6	43906
2009	2825222	333348	277572	23873	31903	2127834	318996	445.5	44598
2010	3241807	364271	309541	19089	35641	2448052	378949	563.0	49972
2011	3696961	393263	329535	22179	41549	2820100	425968	557.5	57073
2012	4099400	390438	323559	22907	43971	3188475	458705	545.0	61238

注：1.从1979年起，公路运输包括社会车辆完成数量；从1984年起，还包括私营运输完成的数量(后相同)，从2008年起公路运输量统计原则上为营运车辆。水路运输量统计范围为在交通运输主管部门审批、备案、从事营业性货物运输生产的船舶。

2.1993年及以后年份，铁路货物运输指标口径有调整，增加了行包运量(后相同)。

6-2-10 货运量构成

单位：%

年 份	总计	铁路	国家	地方	合资	公路	水运	民航	管道
1952	100.0	41.9	41.9			41.7	16.3		
1957	100.0	34.1	34.1			46.7	19.2		
1962	100.0	41.3	40.5	0.8		38.3	20.4		
1965	100.0	40.5	39.9	0.6		40.5	19.0		
1970	100.0	45.4	44.3	1.1		37.8	16.9		
1975	100.0	43.9	42.8	1.1		35.8	17.3		3.0
1978	100.0	44.3	43.2	1.1		34.2	17.4		4.2
1980	100.0	20.4	19.9	0.5		69.9	7.8		1.9
1985	100.0	17.5	17.1	0.4		72.1	8.5		1.6
1986	100.0	15.9	15.5	0.4		72.7	9.7		1.7
1987	100.0	14.8	14.4	0.4		75.0	8.5		1.6
1988	100.0	14.7	14.3	0.4		74.6	9.1		1.6
1989	100.0	15.4	14.9	0.5		74.2	8.9		1.6
1990	100.0	15.6	15.1	0.5		74.6	8.3		1.6
1991	100.0	15.5	15.0	0.5		74.4	8.5		1.6
1992	100.0	15.1	14.6	0.5		74.7	8.8		1.4
1993	100.0	14.6	14.1	0.5		75.3	8.8	0.01	1.3
1994	100.0	13.8	13.3	0.5		75.8	9.1	0.01	1.3
1995	100.0	13.4	12.9	0.5		76.1	9.2	0.01	1.2
1996	100.0	13.2	12.5	0.5	0.2	75.8	9.8	0.01	1.2
1997	100.0	13.5	12.7	0.6	0.2	76.4	8.9	0.01	1.3
1998	100.0	13.0	12.1	0.6	0.2	77.0	8.6	0.01	1.4
1999	100.0	13.0	12.2	0.6	0.2	76.6	8.9	0.01	1.6
2000	100.0	13.1	12.2	0.6	0.3	76.5	9.0	0.01	1.4
2001	100.0	13.8	12.8	0.7	0.3	75.4	9.5	0.01	1.4
2002	100.0	13.8	12.6	0.8	0.4	75.3	9.6	0.01	1.4
2003	100.0	14.3	12.8	0.8	0.7	74.1	10.1	0.01	1.4
2004	100.0	14.6	12.8	0.9	1.0	73.0	11.0	0.02	1.4
2005	100.0	14.5	12.4	1.0	1.1	72.1	11.8	0.02	1.7
2006	100.0	14.1	12.1	1.0	1.1	72.0	12.2	0.02	1.6
2007	100.0	13.8	11.5	1.1	1.2	72.0	12.4	0.02	1.8
2008	100.0	12.8	10.6	1.0	1.1	74.1	11.4	0.02	1.7
2009	100.0	11.8	9.8	0.8	1.1	75.3	11.3	0.02	1.6
2010	100.0	11.2	9.5	0.6	1.1	75.5	11.7	0.02	1.5
2011	100.0	10.6	8.9	0.6	1.1	76.3	11.5	0.02	1.5
2012	100.0	9.5	7.9	0.6	1.1	77.8	11.2	0.01	1.5

6-2-11 货物周转量

单位：亿吨公里

年 份	总计	铁路	国家	地方	合资	公路	水运	民航	管道
1952	762	601.6	601.6			14.5	145.8		
1957	1810	1345.9	1345.9			48.0	415.6	0.08	
1962	2236	1721.1	1719.1	2.0		62.1	452.6	0.15	
1965	3464	2698.7	2696.4	2.3		95.1	670.2	0.25	
1970	4566	3496.0	3491.4	4.6		138.1	931.3	0.35	
1975	7296	4255.6	4246.1	9.5		202.7	2574.7	0.60	262
1978	9829	5345.2	5333.5	11.7		274.1	3779.2	0.97	430
1980	12027	5717.5	5707.3	10.2		764.0	5052.8	1.41	491
1985	18365	8125.7	8111.6	14.1		1903.2	7729.3	4.15	603
1986	20147	8764.8	8750.1	14.7		2118.0	8647.9	4.81	612
1987	22229	9471.5	9455.7	15.8		2660.4	9465.1	6.52	625
1988	23826	9877.6	9860.2	17.4		3220.4	10070.4	7.32	650
1989	25592	10394.2	10373.0	21.2		3374.8	11186.8	6.93	629
1990	26208	10622.4	10601.2	21.2		3358.1	11591.9	8.18	627
1991	27987	10972.0	10948.1	23.9		3428.0	12955.5	10.10	621
1992	29218	11575.6	11548.5	27.0		3755.4	13256.2	13.42	617
1993	30647	12090.9	12059.7	31.2		4070.5	13860.8	16.61	608
1994	33435	12632.0	12600.6	31.4		4486.3	15686.6	18.58	612
1995	35909	13049.5	13015.2	34.2		4694.9	17552.2	22.30	590
1996	36590	13106.2	12935.0	48.6	122.5	5011.2	17862.5	24.93	585
1997	38385	13269.9	13063.0	50.7	156.2	5271.5	19235.0	29.10	579
1998	38089	12560.1	12304.5	50.7	204.8	5483.4	19405.8	33.45	606
1999	40568	12910.3	12649.8	37.6	222.9	5724.3	21263.0	42.34	628
2000	44321	13770.5	13444.0	43.6	282.9	6129.4	23734.2	50.27	636
2001	47710	14694.1	14368.8	55.4	270.0	6330.4	25988.9	43.72	653
2002	50686	15658.4	15219.1	62.8	376.5	6782.5	27510.6	51.55	683
2003	53859	17246.7	16475.6	69.0	702.1	7099.5	28715.8	57.90	739
2004	69445	19288.8	18285.5	89.1	914.2	7840.9	41428.7	71.80	815
2005	80258	20726.0	19533.4	99.2	1093.5	8693.2	49672.3	78.90	1088
2006	88840	21954.4	20557.2	105.7	1291.6	9754.2	55485.7	94.28	1551
2007	101419	23797.0	22112.5	132.7	1551.8	11354.7	64284.8	116.39	1866
2008	110300	25106.3	23648.9	150.9	1306.5	32868.2	50262.7	119.60	1944
2009	122133	25239.2	23649.9	126.6	1462.7	37188.8	57556.7	126.23	2022
2010	141837	27644.1	25937.3	116.1	1590.7	43389.7	68427.5	178.90	2197
2011	159324	29465.8	27631.7	138.7	1695.4	51374.7	75423.8	173.91	2885
2012	173771	29187.1	27220.5	136.2	1830.4	59534.9	81707.6	163.89	3177

6-2-12 货物周转量构成

单位：%

年 份	总计	铁路	国家	地方	合资	公路	水运	民航	管道
1952	100.0	79.0	79.0			1.9	19.1		
1957	100.0	74.4	74.4			2.7	23.0		
1962	100.0	77.0	76.9	0.1		2.8	20.2	0.01	
1965	100.0	77.9	77.8	0.1		2.7	19.3	0.01	
1970	100.0	76.6	76.5	0.1		3.0	20.4	0.01	
1975	100.0	58.3	58.2	0.1		2.8	35.3	0.01	3.6
1978	100.0	54.4	54.3	0.1		2.8	38.4	0.01	4.4
1980	100.0	47.5	47.5	0.1		6.4	42.0	0.01	4.1
1985	100.0	44.2	44.2	0.1		10.4	42.1	0.02	3.3
1986	100.0	43.5	43.4	0.1		10.5	42.9	0.02	3.0
1987	100.0	42.6	42.5	0.1		12.0	42.6	0.03	2.8
1988	100.0	41.5	41.4	0.1		13.5	42.3	0.03	2.7
1989	100.0	40.6	40.5	0.1		13.2	43.7	0.03	2.5
1990	100.0	40.5	40.5	0.1		12.8	44.2	0.03	2.4
1991	100.0	39.2	39.1	0.1		12.2	46.3	0.04	2.2
1992	100.0	39.6	39.5	0.1		12.9	45.4	0.05	2.1
1993	100.0	39.5	39.4	0.1		13.3	45.2	0.05	2.0
1994	100.0	37.8	37.7	0.1		13.4	46.9	0.06	1.8
1995	100.0	36.3	36.2	0.1		13.1	48.9	0.06	1.6
1996	100.0	35.8	35.4	0.1	0.3	13.7	48.8	0.07	1.6
1997	100.0	34.6	34.0	0.1	0.4	13.7	50.1	0.08	1.5
1998	100.0	33.0	32.3	0.1	0.5	14.4	50.9	0.09	1.6
1999	100.0	31.8	31.2	0.1	0.5	14.1	52.4	0.10	1.5
2000	100.0	31.1	30.3	0.1	0.6	13.8	53.6	0.11	1.4
2001	100.0	30.8	30.1	0.1	0.6	13.3	54.5	0.09	1.4
2002	100.0	30.9	30.0	0.1	0.7	13.4	54.3	0.10	1.3
2003	100.0	32.0	30.6	0.1	1.3	13.2	53.3	0.11	1.4
2004	100.0	27.8	26.3	0.1	1.3	11.3	59.7	0.10	1.2
2005	100.0	25.8	24.3	0.1	1.4	10.8	61.9	0.10	1.4
2006	100.0	24.7	23.1	0.1	1.5	11.0	62.5	0.11	1.7
2007	100.0	23.5	21.8	0.1	1.5	11.2	63.4	0.11	1.8
2008	100.0	22.8	21.4	0.1	1.2	29.8	45.6	0.11	1.8
2009	100.0	20.7	19.4	0.1	1.2	30.4	47.1	0.10	1.7
2010	100.0	19.5	18.3	0.1	1.1	30.6	48.2	0.13	1.5
2011	100.0	18.5	17.3	0.1	1.1	32.2	47.3	0.11	1.8
2012	100.0	16.8	15.7	0.1	1.1	34.3	47.0	0.09	1.8

6-2-13 货物运输平均运距

单位：公里

年 份	总计	铁路				公路	水运	民航	管道
			国家	地方	合资				
1952	242	455	455			11	284		
1957	225	491	491			13	269	1000	
1962	261	488	497	30		19	259	833	
1965	286	550	558	31		19	291	930	
1970	304	513	525	29		24	366	951	
1975	360	478	489	43		28	736	1280	434
1978	395	485	496	45		32	873	1516	416
1980	220	514	526	38		20	1184	1580	467
1985	246	622	636	44		35	1221	2129	442
1986	236	646	662	43		34	1042	2146	413
1987	234	673	690	43		37	1169	2182	413
1988	243	681	702	40		44	1128	2231	416
1989	259	686	707	45		46	1279	2237	402
1990	270	705	725	47		46	1447	2211	398
1991	284	718	740	48		47	1554	2234	399
1992	279	734	758	51		48	1433	2335	417
1993	275	743	769	52		48	1415	2394	410
1994	283	774	801	53		50	1465	2241	406
1995	291	786	816	53		50	1551	2206	386
1996	282	766	800	68	580	51	1402	2168	366
1997	300	771	806	65	684	54	1696	2334	362
1998	301	764	802	63	721	56	1771	2388	348
1999	314	771	804	51	738	58	1855	2485	310
2000	326	771	810	52	681	59	1939	2555	340
2001	340	761	802	58	607	60	1959	2556	336
2002	342	764	811	56	614	61	1940	2551	339
2003	344	769	825	53	617	61	1817	2643	336
2004	407	775	839	60	562	63	2211	2595	329
2005	431	770	843	56	556	65	2261	2572	350
2006	436	762	837	54	558	67	2231	2698	464
2007	446	757	843	54	565	69	2286	2896	460
2008	427	760	859	56	467	171	1707	2934	443
2009	432	757	852	53	458	175	1804	2833	453
2010	438	759	838	61	446	177	1806	3177	440
2011	431	749	839	63	408	182	1771	3120	506
2012	424	748	841	59	416	187	1781	3007	519

6-2-14 各地区客运量

单位：万人

地 区	总计	铁路				公路	水运
			国家	地方	合资		
全 国	**3804035**	**189337**	**187863**	**583**	**891**	**3557010**	**25752**
北 京	142731	10398	10315	83		132333	
天 津	27529	2970	2970			24483	76
河 北	105064	7846	7846			97218	
山 西	39987	6208	6198		10	33662	117
内蒙古	27630	4320	4277		43	23310	
辽 宁	103283	12045	12019	26		90650	588
吉 林	72679	6263	6263			66175	241
黑龙江	52404	10524	10342	182		41551	329
上 海	10859	6758	6758			3748	353
江 苏	267710	11758	11758			255358	594
浙 江	233115	9144	8636		508	220517	3454
安 徽	213432	6385	6385			206888	159
福 建	82041	5295	5295			75044	1702
江 西	84240	6335	6335			77650	255
山 东	265632	8347	8056	291		254711	2574
河 南	207247	9213	9213			197785	249
湖 北	127079	8266	8266			118369	444
湖 南	184336	8601	8601			174386	1349
广 东	574266	15031	14726		305	556510	2725
广 西	90229	3310	3310			86449	470
海 南	47117	1162	1162			44374	1581
重 庆	156545	3040	3040			152249	1256
四 川	277611	7997	7997			266338	3276
贵 州	83527	3902	3902			77172	2453
云 南	48456	2762	2762	1		44839	855
西 藏	3849	110	110			3739	
陕 西	111773	5757	5732		25	105647	369
甘 肃	64361	2383	2383			61884	94
青 海	12692	544	544			12100	48
宁 夏	16343	535	535			15666	142
新 疆	38331	2125	2125			36206	
不分地区	31936						

注：不分地区合计数为民航完成客运量。

6-2-15 各地区旅客周转量

单位：亿人公里

地区	总计	铁路				公路	水运
			国家	地方	合资		
全国	**33383.09**	**9812.33**	**9783.99**	**6.88**	**21.46**	**18467.55**	**77.48**
北京	421.16	116.38	116.28	0.10		304.78	
天津	314.66	163.97	163.97			150.43	0.26
河北	1369.20	791.03	791.03			578.17	
山西	423.07	192.37	191.56		0.81	230.61	0.09
内蒙古	436.45	172.41	171.98		0.43	264.04	
辽宁	976.99	542.30	542.22	0.08		427.18	7.50
吉林	536.22	229.14	229.14			306.76	0.33
黑龙江	559.55	262.37	259.16	3.21		296.81	0.37
上海	182.08	68.38	68.38			112.72	0.99
江苏	1872.39	452.62	452.62			1418.39	1.39
浙江	1317.60	390.26	372.14		18.12	921.18	6.16
安徽	1824.57	496.59	496.59			1327.68	0.29
福建	556.02	184.78	184.78			368.52	2.72
江西	956.26	584.06	584.06			371.89	0.32
山东	1836.14	513.69	510.21	3.48		1309.95	12.50
河南	2084.02	773.83	773.83			1309.58	0.60
湖北	1361.47	554.41	554.41			804.07	2.99
湖南	1636.84	780.25	780.25			853.96	2.63
广东	2998.23	518.11	516.23		1.88	2470.11	10.01
广西	1047.98	187.72	187.72			857.98	2.28
海南	173.05	22.27	22.27			147.63	3.15
重庆	597.87	115.93	115.93			470.63	11.32
四川	1310.25	302.81	302.81			1004.71	2.73
贵州	631.85	199.20	199.20			426.80	5.85
云南	568.69	96.47	96.47			470.20	2.02
西藏	33.46	10.25	10.25			23.20	
陕西	897.97	408.84	408.62		0.22	488.55	0.58
甘肃	666.41	379.75	379.75			286.44	0.21
青海	110.11	50.55	50.55			59.50	0.07
宁夏	120.97	41.15	41.15			79.69	0.13
新疆	535.81	210.43	210.43			325.38	
不分地区	5025.74						

注：不分地区合计数为民航完成旅客周转量。

6-2-16 各地区货运量

单位：万吨

地 区	总计	铁路				公路	水运
			国家	地方	合资		
全 国	**4099400**	**390438**	**323559**	**22907**	**43971**	**3188475**	**458705**
北 京	26162	1237	1232	5		24925	
天 津	46015	7909	7909			27735	10371
河 北	219130	21010	17866	3034	111	195530	2590
山 西	144608	71428	67585	1064	2779	73150	30
内蒙古	189942	64682	42436	3900	18346	125260	
辽 宁	206789	19803	17387	2415		174355	12631
吉 林	54808	7347	6922	425		47130	331
黑龙江	65231	16591	15720	722	149	47465	1175
上 海	94038	825	825			42911	50302
江 苏	220007	7670	7223	447		153698	58639
浙 江	191817	4607	3798	79	730	113393	73817
安 徽	312437	12260	12260			259461	40716
福 建	84345	3814	3814			59431	21100
江 西	127196	5562	5380	182		113703	7931
山 东	333603	23145	20140	3005		296754	13704
河 南	272115	12638	11424	911	303	251772	7705
湖 北	122945	5882	5472	410		97136	19927
湖 南	191052	5677	5406	270		166670	18705
广 东	256077	9306	8032	926	348	189034	57737
广 西	161356	6846	6846			135112	19398
海 南	26880	752	752			16600	9528
重 庆	86474	2328	2241	88		71272	12874
四 川	174349	8793	7760	1034		158396	7160
贵 州	52655	6665	6665			44892	1098
云 南	68735	5031	4650	381		63239	465
西 藏	1127	85	85			1042	
陕 西	136727	31942	10744		21197	104593	192
甘 肃	45832	6290	6290			39517	25
青 海	13484	3784	3784			9700	
宁 夏	41113	8467	4857	3610		32646	
新 疆	58794	6840	6840			51954	
不分地区	73558	1222	1214		8		10553

注：不分地区合计数中包括铁路行包运量、民航、管道及中国远洋运输集团总公司海外公司完成货运量。

6-2-17 各地区货物周转量

单位：亿吨公里

地 区	总计	铁路				公路	水运
			国家	地方	合资		
全 国	**173770.71**	**29187.09**	**27220.50**	**136.18**	**1830.41**	**59534.86**	**81707.58**
北 京	1001.13	861.35	861.35	0.01		139.77	
天 津	7844.06	513.19	494.92		18.28	318.18	7012.69
河 北	10604.96	3961.88	3259.87	15.84	686.17	6133.47	509.60
山 西	3341.13	2138.83	1496.23	1.59	641.01	1202.25	0.06
内蒙古	5870.34	2570.52	2282.25	29.98	258.28	3299.82	
辽 宁	11563.68	1404.91	1400.72	4.20		2675.44	7483.32
吉 林	1596.11	620.97	618.55	2.42		974.06	1.08
黑龙江	2002.33	1065.74	1058.12	7.12	0.50	929.04	7.56
上 海	20373.37	17.98	17.98			288.20	20067.19
江 苏	7904.05	398.65	398.11	0.54		1452.45	6052.95
浙 江	9183.41	291.37	265.65	0.11	25.60	1525.59	7366.45
安 徽	9817.83	937.40	937.40			7266.77	1613.66
福 建	3871.45	177.37	177.37			771.09	2922.99
江 西	3433.53	666.48	665.87	0.62		2559.78	207.26
山 东	11077.78	1580.43	1552.61	27.82		7059.22	2438.13
河 南	9490.26	2143.10	2131.47	8.71	2.92	6863.01	484.15
湖 北	4439.82	917.20	915.65	1.54		1565.45	1957.18
湖 南	3976.90	1022.15	1021.79	0.36		2392.49	562.26
广 东	9566.24	311.00	305.62	3.97	1.41	2434.95	6820.29
广 西	4110.64	860.01	860.01			1878.29	1372.34
海 南	1548.05	9.58	9.58			109.35	1429.12
重 庆	2653.33	181.53	181.23	0.30		731.85	1739.95
四 川	2238.28	809.42	804.66	4.76		1325.19	103.68
贵 州	1174.72	693.68	693.68			464.56	16.47
云 南	1123.35	412.13	409.69	2.44		702.51	8.71
西 藏	46.17	18.30	18.30			27.87	
陕 西	3192.14	1446.75	1250.73		196.02	1744.65	0.74
甘 肃	2351.69	1457.06	1457.06			894.63	
青 海	527.62	246.62	246.62			281.00	
宁 夏	1065.74	365.62	341.76	23.86		700.12	
新 疆	1614.50	790.68	790.68			823.81	
不分地区	15166.09	295.18	294.96		0.21		11529.74

注：不分地区合计数中包括铁路行包运量、民航、管道及中国远洋运输集团总公司海外公司完成货物周转量。

6-2-18 全国铁路基本情况

指 标	2005	2006	2007	2008	2009	2010	2011	2012
运输线路里程 （公里）								
营业里程	**75437.6**	**77083.8**	**77965.9**	**79687.3**	**85517.9**	**91178.5**	**93249.6**	**97625.5**
国家铁路	62200.0	63411.7	63636.5	63974.9	65491.2	66239.0	66049.8	66297.9
合资铁路	8462.3	8934.9	9516.6	10799.4	15887.5	20577.2	22766.1	26867.6
地方铁路	4775.3	4737.2	4812.8	4913.0	4139.2	4362.3	4433.8	4460.0
复线里程	**25566.0**	**26403.9**	**27030.9**	**28855.6**	**33194.7**	**37487.2**	**39499.7**	**43654.6**
国家铁路	24497.2	25243.8	25793.9	26598.9	28682.0	29683.6	29883.9	30661.5
合资铁路	1055.2	1146.5	1215.3	2235.0	4512.7	7799.0	9590.3	12993.1
地方铁路	13.6	13.6	21.7	21.7		4.6	25.4	
电气化铁路里程	**20150.6**	**24432.8**	**25456.5**	**27555.0**	**35653.0**	**42464.4**	**46064.0**	**50867.2**
国家铁路	19408.2	23435.4	24046.6	25007.3	30242.7	32717.2	34330.4	35486.5
合资铁路	742.4	927.4	1339.9	2477.7	5337.7	9674.5	11572.0	15380.7
地方铁路		70.0	70.0	70.0	72.6	72.6	161.6	
正线延展里程	**102924.5**	**105315.2**	**106757.1**	**110712.9**	**119661.5**	**129438.8**	**133839.0**	**142338.3**
国家铁路	88561.2	90465.6	91383.1	92671.5	95997.8	97608.1	97751.0	99052.7
合资铁路	9535.2	10061.0	10443.9	13049.5	19523.8	27467.5	31653.1	38793.6
地方铁路	4828.1	4788.6	4930.1	4991.9	4139.9	4363.2	4434.9	4492.1
运输设备								
机车拥有量 （台）	**17473**	**17799**	**18306**	**18437**	**18922**	**19431**	**20721**	**20797**
国家铁路	16547	16904	17311	17336	17825	18349	19590	19625
合资铁路	578	581	660	755	826	803	836	875
地方铁路	348	314	335	346	271	279	295	297
客车拥有量 （辆）	**41974**	**42659**	**44243**	**45076**	**49354**	**52275**	**54731**	**57721**
国家铁路	40328	40945	42471	43215	47436	50391	52838	55764
合资铁路	1518	1578	1639	1739	1803	1753	1743	1807
地方铁路	128	136	133	122	115	131	150	150
货车拥有量 （辆）	**548368**	**564899**	**577521**	**591793**	**601412**	**625110**	**651175**	**670801**
国家铁路	541824	558483	571078	584961	594388	622284	644677	664333
合资铁路	4521	4360	4409	4752	4902	1125	4930	4930
地方铁路	2023	2056	2034	2080	2122	1701	1568	1538
客货运输								
客运量 （万人）	**115583**	**125656**	**135670**	**146193**	**152451**	**167609**	**186226**	**189337**
国家铁路	110651	119728	128712	144452	150798	164761	179199	187863
合资铁路	4613	5505	6507	1267	1234	2371	6498	891
地方铁路	319	423	451	474	419	477	528	583
旅客周转量 （亿人公里）	**6061.96**	**6622.12**	**7216.31**	**7778.60**	**7878.89**	**8762.18**	**9612.29**	**9812.33**
国家铁路	5833.20	6353.27	6896.18	7739.15	7840.09	8725.72	9582.71	9783.99
合资铁路	225.23	264.19	314.81	33.60	33.16	30.15	22.97	21.46
地方铁路	3.53	4.66	5.32	5.85	5.63	6.31	6.62	6.88
货运量 （万吨）	**269296**	**288224**	**314237**	**330354**	**333348**	**364271**	**393263**	**390438**
国家铁路	231839	245476	262400	275243	277572	309541	329535	323559
合资铁路	19655	23154	27447	27983	31903	35641	41549	43971
地方铁路	17802	19593	24390	27128	23873	19089	22179	22907
货物周转量 （亿吨公里）	**20726.02**	**21954.41**	**23797.00**	**25106.29**	**25239.17**	**27644.13**	**29465.79**	**29187.09**
国家铁路	19533.35	20557.16	22112.46	23648.91	23649.88	25937.35	27631.67	27220.50
合资铁路	1093.47	1291.59	1551.84	1306.46	1462.71	1590.72	1695.40	1830.41
地方铁路	99.20	105.66	132.70	150.92	126.59	116.07	138.72	136.18

注：2010年合资铁路客、货车拥有量仅指非控股合资铁路客、货车拥有量。

6-2-19 各地区铁路线路年末里程

单位：公里

地区	铁路营业里程合计	国家铁路				合资铁路			地方铁路	
		营业里程	正线延展里程	复线里程	电气化里程	营业里程	复线里程	电气化里程	营业里程	正线延展里程
全国	**97625.5**	**66297.9**	**99052.7**	**30661.5**	**35486.5**	**26867.6**	**12993.1**	**15380.7**	**4460.0**	**4492.1**
北京	1276.3	1117.9	1826.3	577.4	604.6	142.1	140.2	140.2	16.2	
天津	867.7	546.1	1063.8	375.3	405.8	321.6	213.8	167.2		
河北	5630.3	3711.5	6344.8	2452.1	2473.6	1539.2	1331.4	1391.6	379.6	
山西	3774.5	2511.5	4106.9	1390.7	1631.2	1053.9	550.7	671.6	209.0	
内蒙古	9474.3	4856.0	7034.1	2084.6	916.1	4456.7	892.8	1044.5	161.6	
辽宁	5006.4	4143.5	6313.0	2041.5	1667.8	645.8	555.4	586.0	217.1	
吉林	4398.4	3582.2	4366.6	791.2	285.3	668.4	419.0	435.0	147.8	
黑龙江	6021.8	4961.0	6769.5	1657.1	88.5	310.2	69.8	69.8	750.6	
上海	465.9	244.0	427.4	140.4	168.3	221.9	180.7	180.7		
江苏	2354.6	798.4	1519.8	624.9	637.4	1543.7	715.8	716.0	12.5	
浙江	1779.1	798.8	1404.2	598.1	473.9	966.6	586.7	602.8	13.7	
安徽	3259.8	2227.8	3578.4	1285.4	613.1	1032.0	682.7	683.5		
福建	2255.1	1052.8	1098.1	31.7	824.0	1202.3	629.7	818.5		
江西	2834.5	2546.7	3969.7	1368.6	1534.9	162.8	127.7	162.8	125.0	
山东	4288.1	2670.1	4688.6	1775.0	1850.9	1079.5	750.5	938.5	538.5	
河南	4890.4	2864.0	5132.0	2075.0	2352.3	1219.3	960.7	974.1	807.0	
湖北	3814.4	2392.2	4115.5	1806.7	2150.0	1289.6	1071.7	1246.9	132.5	
湖南	3828.4	2920.5	4343.6	1382.7	1883.6	862.8	604.0	604.0	45.1	
广东	2846.1	629.0	1516.4	546.6	470.1	1933.8	853.0	853.0	283.3	
广西	3194.5	2671.8	3154.4	455.7	708.8	522.6		70.6		
海南	693.7					693.7	308.11	308.11		
重庆	1451.7	1252.8	1399.1	144.1	1176.8	164.3		164.3	34.6	
四川	3533.5	2616.2	3511.7	938.7	2351.3	634.3	242.5	479.9	283.0	
贵州	2057.8	1836.5	2514.0	666.8	1692.9	221.3		221.3		
云南	2619.4	2039.1	2344.4	308.8	1177.3	524.4		349.6	55.9	
西藏	531.5	531.5	525.5							
陕西	4093.5	2547.4	3447.1	910.9	2055.7	1546.1	1069.7	1129.7		
甘肃	2487.1	2278.4	3873.6	1574.7	2164.5	208.7	36.4	47.2		
青海	1857.6	1662.9	2458.1	861.7	938.6	194.7				
宁夏	1289.5	719.0	930.3	199.8	719.0	323.5		323.5	247.0	
新疆	4749.7	3568.1	5275.4	1595.3	1470.3	1181.6				

6-2-20 国家铁路基本情况

指　　标		1990	1995	2000	2005	2006	2007	2008	2009	2010	2011	2012
营业里程	**(公里)**	**53378**	**54616**	**58656**	**62200**	**63412**	**63637**	**63975**	**65491**	**66239**	**66050**	**66298**
正式营业		50310	50866	51262	57589	58901	60032	60139	63789	64537	65488	66203
临时营业		3068	3750	7394	4611	4511	3604	3836	1702	1702	562	95
正式营业里程比重	(%)	94.3	93.1	87.4	92.6	92.9	94.3	94.0	97.4	97.4	99.1	99.9
复线里程	**(公里)**	**13024**	**16909**	**21408**	**24497**	**25244**	**25794**	**26599**	**28682**	**29684**	**29884**	**30661**
占营业里程比重	(%)	24.4	31.0	36.5	39.4	39.8	40.5	41.6	43.8	44.8	45.2	46.2
电气化铁路里程	**(公里)**	**6941**	**9703**	**14864**	**19408**	**23435**	**24047**	**25007**	**30243**	**32717**	**34330**	**35486**
占营业里程比重	(%)	13.0	17.8	25.3	31.2	37.0	37.8	39.1	46.2	49.4	52.0	53.5
内燃牵引里程	**(公里)**	**16097**	**24749**	**39497**	**42792**	**39976**	**39590**	**38968**	**35249**	**33522**	**31719**	**30811**
占营业里程比重	(%)	30.2	45.3	67.3	68.8	63.0	62.2	60.9	53.8	50.6	48.0	46.5
调度集中里程	**(公里)**	**1169**	**1226**	**1200**	**1828**	**4181**	**5322**	**5541**	**11588**	**17977**	**14821**	**18780**
自动闭塞里程	**(公里)**	**10370**	**12910**	**18318**	**24149**	**25630**	**26526**	**28100**	**31619**	**37500**	**34175**	**37300**
半自动闭塞里程	**(公里)**	**38832**	**40859**	**41695**	**39390**	**39145**	**38563**	**37337**	**38615**	**37468**	**38270**	**33680**
无缝线路里程	**(公里)**	**14644**	**21854**	**29975**	**47965**	**53296**	**57409**	**62159**	**68167**	**62954**	**75400**	**78466**
继电集中车站	**(个)**	**3535**	**4587**	**5232**	**4512**	**4121**	**3923**	**3849**	**3449**	**3065**	**2814**	**2642**
占营业车站比重	(%)	62.9	73.9	90.4	81.1	73.9	70.8	63.8	56.7	51.4	54.1	50.9
计算机联锁车站	**(个)**				**944**	**1299**	**1487**	**1888**	**2356**	**2792**	**2601**	**2863**
占营业车站比重	(%)				17.0	23.3	26.8	31.3	38.7	46.9	50.0	55.1

6-2-21 全国铁路机、客、货车拥有量

车类名称		1995	2000	2001	2005	2006	2007	2008	2009	2010	2011	2012
机车	**(台)**	**15554**	**15253**	**15756**	**17473**	**17799**	**18306**	**18437**	**18922**	**19431**	**20721**	**20797**
蒸汽机车		**4626**	**911**	**699**	**193**	**133**	**124**	**118**	**107**	**72**	**15**	**15**
国家铁路		4347	601	381	94	91	89	89	83	51		
合资铁路			151	151	40	11	11	9	9	9	9	9
地方铁路		279	159	167	59	31	24	20	15	12	6	6
内燃机车		**8411**	**10826**	**11081**	**12114**	**12148**	**12111**	**12021**	**11805**	**10990**	**11081**	**10602**
国家铁路		8282	10355	10598	11331	11348	11229	11041	10844	10041	10095	9578
合资铁路			303	302	494	521	578	661	712	689	716	752
地方铁路		129	168	181	289	279	304	319	249	260	270	272
电力机车		**2517**	**3516**	**3976**	**5166**	**5518**	**6071**	**6298**	**7010**	**8369**	**9625**	**10180**
国家铁路		2517	3516	3976	5122	5465	5993	6206	6898	8257	9495	10047
合资铁路					44	49	71	85	105	105	111	114
地方铁路						4	7	7	7	7	19	19
客车	**(辆)**	**32663**	**37249**	**38780**	**41974**	**42659**	**44243**	**45076**	**49354**	**52275**	**54731**	**57721**
国家铁路		32404	35989	37214	40328	40945	42471	43215	47436	50391	52838	55764
合资铁路			1057	1396	1518	1578	1639	1739	1803	1753	1743	1807
地方铁路		259	203	170	128	136	133	122	115	131	150	150
货车	**(辆)**	**436414**	**443902**	**453620**	**548368**	**564899**	**577521**	**591793**	**601412**	**625110**	**651175**	**670801**
国家铁路		432731	439943	449921	541824	558483	571078	584961	594388	622284	644677	664333
合资铁路			937	1125	4521	4360	4409	4752	4902	1125	4930	4930
地方铁路		3683	3022	2574	2023	2056	2034	2080	2122	1701	1568	1538

注：2010年合资铁路客、货车拥有量仅指非控股合资铁路客、货车拥有量。

6-2-22 国家铁路客、货车拥有量

车类名称		1995	2000	2005	2006	2007	2008	2009	2010	2011	2012
客车	**（辆）**	**32404**	**35989**	**40328**	**40945**	**42471**	**43215**	**47436**	**50391**	**52838**	**55764**
软卧车		1537	2055	3109	3209	3363	3472	3976	4071	4104	4311
硬卧车		7607	10139	12942	13315	13786	13975	15249	16486	16981	17859
软座车		574	764	759	794	1611	2113	2603	3874	4675	6655
硬座车		18076	17571	16900	16991	16748	16641	17938	17954	18228	17946
软硬座车		35	25	2							
餐　车		1695	1847	2108	2136	2178	2185	2391	2517	2617	2737
行李车		1949	2144	2480	2349	2411	2207	2448	2365	2195	2105
公务车		87	69	78	85	82	77	87	61	74	73
其　他		844	1375	1950	2066	2292	2545	2744	3063	3964	4078
货车	**（辆）**	**432731**	**439943**	**541824**	**558483**	**571078**	**584961**	**594388**	**622284**	**644677**	**664333**
按车型分											
棚　车		80437	92569	99206	99399	102192	103449	103850	101481	101967	108444
敞　车		268179	252977	343480	360500	366767	379050	388118	418778	443666	458328
平　车		27461	24685	30290	32222	36336	37665	38766	39654	39543	39453
毒品车		1580	1578	2056	2056	2056	2056	2056	2056	2056	2056
罐　车		37119	37778	38331	35654	34592	33593	32346	30522	31448	31170
冷藏车		7030	7909	7419	7393	7196	6588	6587	6153	6152	6140
其　他		10925	22447	21042	21259	21939	22560	22665	23640	19845	18742
按载重量分											
50吨及以下		58763	23564	19583	19483	20029	19964	19542	19680	19649	19610
51-59吨		27951		52565	49878	50185	48246	47121	44640	42120	40797
60吨		342086	307521	265154	258081	238911	219422	205182	198749	192080	184444
61-69吨		3546	103431	195911	196511	197099	198340	196778	196554	195194	191321
70吨及以上		385	5427	8611	34530	64854	98989	125765	162661	195634	228161
货车总标记载重量	**（万吨）**	**2502.9**	**2619.9**	**3294.5**	**3422.1**	**3526.3**	**3645.4**	**3729.7**	**3934.3**	**4102.6**	**4251.9**
平均每辆车标记载重量	**（吨）**	**57.9**	**59.6**	**60.8**	**61.3**	**61.7**	**62.3**	**62.7**	**63.2**	**63.6**	**64.0**

6-2-23 铁路主要干线客货运输量

线路名称	货运量（万吨）	货物周转量（百万吨公里）	线路名称	客运量（万人）	旅客周转量（百万人公里）
京哈线	1253	54548	京沪线	7481	56557
京广线	7085	136634	新石线	803	2898
京沪线	5740	90932	沪昆线	9402	85737
京九线	4163	106176	鹰厦线	1390	5408
京包线	14216	68143	京九线	6845	64713
滨洲线	7518	62142	京广线	15882	130831
滨绥线	1429	18258	石太线	967	955
沈山线	992	36821	石德线	594	3869
沈大线	2381	38276	焦柳线	1850	15354
大秦线	2731	248201	京包线	2094	8047
石太线	5871	23041	包兰线	963	5194
石德线	663	19518	北同蒲线	1431	3010
北同蒲线	17612	33766	南同蒲线	2035	6183
南同蒲线	5537	25265	陇海线	9408	64995
包兰线	8808	43527	宝中线	206	2330
新石线	6382	63626	兰新线	2170	34822
侯月线	2653	25406	兰青、青藏线	780	6936
太焦线	6946	9706	宝成、成渝线	3169	13004
焦柳线	3330	85654	襄渝线	1482	16626
胶济线	1015	32590	南昆线	657	4330
陇海线	6278	160000	成昆线	1556	7640
沪昆线	7274	135526	京哈线	7535	52815
鹰厦线	2202	11104	宁蓉线合宁客专	283	3347
湘桂线	1540	27486	胶济客专	2963	11356
黎湛线	3591	18602	京津城际	2150	2596
宝成线	804	21895	石太客专	883	5403
南昆线	1614	30965	宁蓉线合武客专	457	4559
襄渝线	1345	41749	沪深线甬厦段		
成渝线	700	12178			
川黔线	1533	10033			
成昆线	3233	35764			
兰新线	5210	146123			
兰青线	413	7648			
青藏线(全)	2538	21116			

6-2-24 铁路主要车站旅客发送量

单位：万人

车站名称	2000	2001	2002	2003	2004	2005	2006	2007	2008	2009	2010	2011	2012
哈尔滨	1252	1342	1345	1249	1448	1569	1827	2255	2413	2615	2805	3006	2925
沈阳	1168	1303	1235	1077	1176	1182	1272	1280	1473	1509	1433	1500	1619
鞍山	295	309	306	288	327	312	291	333	419	477	485	462	441
长春	1062	1085	1069	793	1147	1222	1316	1490					
本溪	574	685	617	585	684	724	775	957	1050	1232	1179	850	920
锦州	421	429	424	371	415	411	407	395	465	482	465	476	466
吉林	397	443	417	373	438	449	460	495	531	375	229	114	796
北京	1997	2115	2163	1795	2278	2478	2709	2998	3066	2785	2774	2749	2811
北京南	382	438	436	374	379	337	113			966	1408	1909	2563
北京西		1652	2102	1896	2429	2622	3150	3632	3865	4090	4403	4682	4454
天津	1004	1019	1005	855	1040	1099	1076	905	1342	1770	2101	2251	2188
石家庄	864	927	956	877	1098	1178	1312	1405	1589	1681	1578	1593	1584
太原	679	767	798	719	879	936	1045	1197	1368	1686	1991	2350	2350
郑州	1333	1440	1548	1475	1797	1924	2094	2207	2547	2679	2993	3240	3290
武昌	821	864	883	826	973	1062	1052	998	1346	1705	1888	2000	2062
洛阳	353	397	375	335	418	440	504	539	594	619	620	615	596
西安	1063	1211	1245	1196	1517	1669	2029	2360	2633	2543	2812	2790	2751
济南	702	728	707	673	787	802	854	1042	1166	1225	1335	1287	1369
徐州	632	680	647	611	696	714	795	884	247	1125	1187	1158	1033
南京	897	932	995	940	1069	969	1322	1659	2063	2208	2470	2247	1911
蚌埠	412	442	433	406	460	444	487	506	546	568	592	553	494
镇江	327	342	352	323	365	379	390	370	407	416	448	479	507
常州	4524	560	581	558	659	694	722	731	816	835	873	934	966
无锡	704	768	802	785	956	1026	1065	1025	1118	1119	1186	1231	1238
苏州	703	776	843	859	1018	1142	1191	1103	1277	1336	1418	1455	1573
上海	2595	2860	3118	3031	3648	3866	3786	3439	3612	3368	3252	2455	2254
杭州	1061	1025	1192	1129	1406	1462	1453	1578	1798	1751	2235	2230	2298
南昌	795	943	1013	968	1148	1218	1277	1441	1671	1764	1861	2105	2074
广州	1776	1838	2001	2005	2336	2508	2594	2866	3170	2969	2993	3109	2791
深圳	758	902	966	940	1189	1250	1319	1433	1724	1778	1942	2105	1893
柳州	335	323	271	246	257	290	365	396	433	489	522	565	541
成都	1042	1141	1282	1107	1344	1416	1659	1896	1972	2190	2687	2888	2667
重庆	651	776	754	708	779	801	913	667	533	1061	1222	1578	1788
贵阳	598	610	614	553	605	694	810	917	989	962	1041	1287	1271
兰州	444	515	523	477	552	560	608	650	749	839	939	1006	959
乌鲁木齐	399	398	410	359	407	450	514	565	587	621	666	865	881

注：2009年起重庆站为重庆北站数据，2010年起吉林站为吉林西站数据。

6-2-25　铁路主要车站货物发送量

单位：万吨

车站名称	2000	2001	2002	2003	2004	2005	2006	2007	2008	2009	2010	2011	2012
峻　　德	418	478	538	572	742	733	705	633	605	945	496	475	434
鹤　　岗	822	787	803	843	952	1019	836	785	731	736	661	691	516
双 鸭 山	751	831	832	1011	1103	1181	1197	1280	1213	1343	1010	962	906
七 台 河	1338	1333	1314	1304	1477	1474	1350	1427	1586	1791	1621	1653	1383
恒　　山	371	441	519	614	579	660	577	549	534	530	474	477	465
大 官 屯	657	683	670	662	748	755	629	579	588	656	571	513	470
本　　溪	405	391	518	483	508	589	736	893	1188	1003	1076	1078	1030
灵　　山	999	956	935	907	1086	1136	1449	1591	1709	1703	1571	1270	1097
霍 林 河	466	572	669	766	1079	1453	1780	2429	3133	6834	4652	2590	2753
阜　　新	531	571	573	529	575	578	674	647	741	997	819	782	639
新　　港	717	852	1223	1290	1227	1270	1262	1063	1119	1244	1168	1258	1272
古　　冶	866	849	873	843	813	798	818	838	826	1075	856	939	899
阳　　泉	1213	1288	1374	1494	1518	1667	1684	1606	1717	2801	1760	1859	1837
白 羊 墅	986	1082	1090	1052	1192	978	1141	1413	1490	2461	1664	1663	1566
云 岗 西	846	919	1020	1158	1147	1173	1053	1102	1083	1087	536	1042	1048
新 高 山	942	1076	1160	1225	1423	1589	1636	1815	1801	1686	1307	1692	1352
大 同 东	740	978	1186	1401	1722	2127	2899	3341	3891	9896	5545	5997	6254
口　　泉	2089	2207	2337	2595	2499	2638	2295	2366	2092	3094	1605	1568	1503
北 周 庄	62	65	101	160	450	654	1186	1877	1491	747	830	1534	1435
大　　新	2955	3635	4060	4785	5523	5648	6788	7325	7473	14864	7326	7369	9016
古　　交	724	803	912	1031	1064	1242	1274	1370	1396	1178	960	901	833
玉 门 沟	918	932	1113	1108	1172	1311	1232	1260	1263	1513	1088	885	959
介　　休	574	634	587	653	709	837	885	1009	919	841	745	773	831
白云鄂博	739	794	850	918	1027	1111	1164	1171	1123	1110	1290	1327	1266
万 水 泉	876	1075	1209	1217	1218	1523	1777	1803	2265	3605	3236	3304	2989
嘉　　峰	153	211	249	438	664	1359	1252	1346	1419	2003	1571	1674	1614
晋 城 北	1293	1471	1381	1279	1285	1235	1263	1247	1241	1467	1181	1195	1213
长 治 北	952	1032	1038	1155	1201	1249	1337	1292	1371	2034	1442	1383	1393
平顶山东	1984	2146	2309	2453	2453	2595	2649	2820	2973	4275	3041	2326	2025
武 昌 东	429	463	428	469	505	631	671	732	816	830	852	771	679
黄　　岛				1530	1578	1671	2048	1975	2097	2710	3635	4139	4550
日　　照	162	226	358	454	640	1350	1829	2328	2589	3794	3757	4372	4631
中　　云	238	470	596	663	696	972	1104	1213	1006		2278	2648	181
潘 集 西	491	706	970	1193	1334	1549	1421	1202	1549	3626	2158	2283	2153
湛　　江	210	300	421	515	669	906	1110	1176	1221	1405	1550	1454	1643

6-2-26 按货类分国家铁路货物运输量

货类名称	2011			2012		
	货运量(万吨)	货物周转量(百万吨公里)	平均运距(公里)	货运量(万吨)	货物周转量(百万吨公里)	平均运距(公里)
总　计	**328136**	**2729649**	**832**	**322346**	**2692553**	**835**
煤	172126	1124668	653	168515	1087436	645
石油	12564	112788	898	12652	108213	855
焦碳	9895	102006	1031	9338	99947	1070
金属矿石	39148	261942	669	40112	262075	653
钢铁及有色金属	22779	248284	1090	21932	246565	1124
非金属矿石	9515	67362	708	8751	60607	693
磷矿石	1681	22498	1338	1741	23508	1350
矿建材料	12440	46395	373	11759	41640	354
水泥	3639	16719	460	3426	14611	427
木材	2814	31053	1104	2437	27558	1131
粮食	9578	171938	1795	9981	181395	1817
棉花	276	10506	3810	389	14381	3701
化肥和农药	8308	131288	1580	8925	145464	1630
盐	1699	11900	700	1532	9758	637
化工品	5141	89351	1738	4876	89629	1838
金属制品	290	5465	1887	288	5955	2071
工业机械	404	7657	1895	388	7166	1848
电子电气	117	1842	1573	104	1026	986
农业机具	2	40	2108	2	33	2075
鲜活货物	238	5603	2353	178	3971	2234
农副土特产品	266	4779	1797	256	4588	1790
饮食品及烟草制品	1788	31376	1755	1869	32403	1733
纺织品	40	806	1994	29	543	1879
文教用品	575	11263	1957	522	10065	1927
医药品	96	2001	2079	90	1919	2125
其他	3530	59777	1694	3188	54752	1718
零担	2	40	2064	1	18	1801
集装箱	9185	150306	1637	9065	157331	1736

6-2-27 国家铁路运输主要技术经济指标

指标	2001	2002	2003	2004	2005	2006	2007	2008	2009	2010	2011	2012
货运机车日产量 (万吨公里)	99.9	102.2	105.8	108.7	110.6	114.3	120.4	123.6	128.6	135.0	138.5	138.3
内燃机车	100.7	99.3	101.4	103.4	105.6	108.5	110.4	110.3	110.9	130.0	109.5	109.9
电力机车	100.7	106.8	112.8	117.1	118.3	122.7	132.8	139.5	145.2	184.4	155.1	152.5
货运机车平均牵引总重 (吨)	2760	2789	2829	2934	3038	3105	3193	3289	3391	3467	3508	3530
内燃机车	2668	2648	2679	2768	2848	2887	2920	2970	3002	3584	2964	2988
电力机车	2985	3028	3071	3198	3335	3425	3528	3654	3736	4522	3790	3776
货运机车日车公里 (公里)	437	445	450	455	458	465	480	483	487	489	494	491
客运机车日车公里 (公里)	533	557	562	612	650	671	758	812	860	882	888	880
内燃机车每万吨公里耗油 (公斤)	25.7	25.9	25.4	25.0	24.6	24.3	24.6	24.9	25.2	26.4	26.5	26.8
电力机车每万吨公里耗电 (千瓦小时)	113.1	110.8	110.0	111.2	111.8	110.0	109.5	110.6	107.9	102.4	100.6	102.1
货物列车出发正点率 (%)	97.2	97.3	96.9	96.5	97.0	97.4	97.2	96.9	96.5	95.8	95.7	95.2
货物列车运行正点率 (%)	96.8	96.7	96.5	96.2	96.9	97.3	97.0	96.8	96.4	95.2	95.3	95.0
旅客列车出发正点率 (%)	99.8	99.8	99.7	99.8	99.5	99.8	99.8	99.7	99.8	99.7	99.9	99.8
旅客列车运行正点率 (%)	96.9	97.6	96.5	95.9	98.4	99.4	99.1	98.9	99.0	99.0	99.2	99.1
旅客列车技术速度 (公里/小时)	69.5	71.4	71.7	73.7	74.2	74.7	78.8	80.1	80.3	80.6	81.0	80.0
旅客列车旅行速度 (公里/小时)	60.5	62.0	62.2	64.4	65.2	65.4	68.9	69.6	70.2	70.8	71.5	70.8
客运密度 (万人公里/公里)	785	807	765	903	938	1002	1084	1210	1197	1194	1235	1200
货物列车技术速度 (公里/小时)	46.7	47.1	47.1	46.7	46.3	46.2	47.6	47.2	47.6	47.9	48.4	48.3
货物列车旅行速度 (公里/小时)	39.5	32.4	32.8	32.2	32.1	32.1	33.2	32.8	32.8	33.4	34.0	33.8
货运密度 (万吨公里/公里)	2412	2533	2726	2997	3140	3242	3475	3697	3611	3747	3929	3798
货车周转时间 (天)	5.08	5.10	5.10	4.94	4.90	4.87	4.76	4.73	4.68	4.48	4.45	4.68
一次货物作业时间 (小时)	22.0	21.2	20.9	17.2	15.2	15.2	15.5	17.6	16.9	16.2	16.1	16.4
货车中转停留时间 (小时)	4.6	4.6	4.5	4.4	4.3	4.4	4.3	4.6	4.7	4.5	4.5	4.7
货车静载重(准轨) (吨)	58.1	58.2	58.3	59.3	60.1	60.9	61.3	62.0	62.6	63.1	63.6	64.0
货车载重力利用率 (%)	97.3	96.7	96.5	98.0	98.7	99.2	99.2	99.4	99.7	99.8	100.0	100.0

6-2-28 公路线路年末里程

单位：万公里

指标	2002	2003	2004	2005	2006	2007	2008	2009	2010	2011	2012
公路线路里程	**176.52**	**180.98**	**187.07**	**334.52**	**345.70**	**358.37**	**373.02**	**386.08**	**400.82**	**410.64**	**423.75**
按技术等级分											
等级公路	138.29	143.87	151.58	213.99	228.29	253.54	277.85	305.63	330.47	345.36	360.96
高速公路	2.51	2.97	3.43	4.10	4.53	5.39	6.03	6.51	7.41	8.49	9.62
一级公路	2.75	2.99	3.35	4.17	4.53	5.01	5.42	5.95	6.44	6.81	7.43
二级公路	19.71	21.19	23.17	24.82	26.27	27.64	28.52	30.07	30.87	32.05	33.15
三级公路	31.51	32.48	33.53	34.72	35.47	36.39	37.42	37.90	38.80	39.36	40.19
四级公路	81.80	84.24	88.10	146.18	157.48	179.10	200.46	225.20	246.95	258.64	270.58
等外公路	38.23	37.11	35.48	120.53	117.41	104.83	95.16	80.46	70.35	65.28	62.79
按路面类型分											
有铺装路面里程		34.43	44.17	83.99	99.65	125.03	146.48	172.00	191.80	210.34	229.51
简易铺装路面里程		44.38	45.53	52.35	52.86	52.62	53.08	53.25	52.42	51.23	50.35
未铺装路面里程		102.17	97.37	198.17	193.19	180.72	173.45	160.83	156.60	149.07	143.89
按行政等级分											
国道	12.50	12.79	12.98	13.27	13.34	13.71	15.53	15.85	16.40	16.94	17.34
省道	21.62	22.34	22.79	23.38	23.96	25.52	26.32	26.60	26.98	30.40	31.21
县道	47.12	47.29	47.94	50.75	50.65	51.44	51.23	51.95	55.40	53.36	53.95
乡道	86.56	89.83	94.52	98.79	98.76	99.84	101.11	101.96	105.48	106.60	107.67
专用公路	8.71	8.73	8.84	6.34	5.80	5.71	6.72	6.72	6.77	6.90	7.37
村道				141.99	153.20	162.15	172.10	183.00	189.77	196.44	206.22
公路晴雨通车里程	155.31	159.92	165.44	172.08	265.30	282.74	304.52	329.64	353.24		
公路养护里程	166.12	170.58	178.88	184.01	268.21	304.00	350.59	368.83	387.59	398.04	411.68
公路绿化里程	93.99	95.80	99.39	102.63	123.58	142.39	167.69	177.29	194.34	204.45	220.21

注：统计指标“公路晴雨通车里程”、“公路养护里程”和“公路绿化里程”2005年及以前年份数据不包括村道上的该类基础设施，因统计范围不同，故2006年及以后年份数据与历史数据不可比；“公路晴雨通车里程”2011年起已不纳入统计。

6-2-29 各地区公路线路年末里程

单位：公里

年 份	总 计	等级公路						等外公路
			高速	一级	二级	三级	四级	
1980	888250	521134		196	12587	108291	400060	367116
1985	942395	606443		422	21194	128541	456286	335952
1990	1028348	741104	522	2617	43376	169756	524833	287244
1995	1157009	910754	2141	9580	84910	207282	606841	246255
1996	1185789	946418	3422	11779	96990	216619	617608	239371
1997	1226405	997496	4771	14637	111564	230787	635737	228909
1998	1278474	1069243	8733	15277	125245	257947	662041	209231
1999	1351691	1156736	11605	17716	139957	269078	718380	194955
2000	1679848	1315931	16285	25219	177787	305435	791206	363916
2001	1698012	1336044	19437	25214	182102	308626	800665	361968
2002	1765222	1382926	25130	27468	197143	315141	818044	382296
2003	1809828	1438738	29745	29903	211929	324788	842373	371090
2004	1870661	1515826	34288	33522	231715	335347	880954	354835
2005	3345187	2139887	41005	41687	248199	347160	1461835	1205299
2006	3456999	2282872	45339	45289	262678	354734	1574833	1174128
2007	3583715	2535383	53913	50093	276413	363922	1791042	1048332
2008	3730164	2778521	60302	54216	285226	374215	2004563	951642
2009	3860823	3056265	65055	59462	300686	379023	2252038	804558
2010	4008229	3304709	74113	64430	308743	387967	2469456	703520
2011	4106387	3453590	84946	68119	320536	393613	2586377	652796
2012	4237508	3609600	96200	74271	331455	401865	2705809	627908

注：以《1949—2010年全国交通运输统计摘要》为准，1996年和2000年的数据有所调整。

6-2-29 续表

地 区	总 计	等级公路						等外公路
			高速	一级	二级	三级	四级	
全 国	**4237508**	**3609600**	**96200**	**74271**	**331455**	**401865**	**2705809**	**627908**
北 京	21492	21299	923	1118	3283	3641	12335	193
天 津	15391	15391	1103	1145	3302	1248	8592	
河 北	163045	155439	5069	4679	17562	17224	110905	7606
山 西	137771	134242	5011	2137	14799	17871	94424	3529
内蒙古	163763	151046	3110	4666	14092	29231	99948	12717
辽 宁	105562	90033	3912	3263	17360	32307	33190	15530
吉 林	93208	85414	2252	1921	8914	10658	61669	7794
黑龙江	159063	129260	4084	1521	9623	32182	81850	29803
上 海	12541	12541	806	423	3208	2709	5395	
江 苏	154118	146100	4371	10476	22144	15137	93971	8018
浙 江	113550	110024	3618	4903	9447	7836	84220	3527
安 徽	165157	159427	3210	1758	9933	16416	128110	5730
福 建	94661	76503	3372	716	8309	7413	56692	18158
江 西	150595	120332	4229	1543	9540	9497	95523	30263
山 东	244586	243037	4975	9051	24688	24426	179898	1549
河 南	249649	194406	5830	986	24956	19537	143096	55244
湖 北	218151	203145	4006	2515	17233	12269	167122	15006
湖 南	234040	203627	3957	1057	10111	6168	182334	30413
广 东	194943	177204	5524	10544	19042	17210	124884	17740
广 西	107906	91583	2883	984	9720	8320	69676	16322
海 南	24265	23540	757	279	1480	1234	19790	725
重 庆	120728	86810	1909	579	7608	5240	71475	33918
四 川	293499	234293	4334	3015	13752	11674	201518	59206
贵 州	164542	86577	2630	179	4060	8453	71255	77965
云 南	219052	171960	2943	974	10299	8372	149372	47092
西 藏	65198	41776		38	956	7112	33670	23422
陕 西	161411	146290	4083	974	8377	14795	118061	15121
甘 肃	131201	101372	2549	178	6648	13424	78571	29829
青 海	65988	52061	1148	312	6042	5275	39283	13927
宁 夏	26522	26009	1324	918	2795	6635	14337	513
新 疆	165909	118861	2277	1417	12172	28354	74640	47049

6-2-30 民用汽车拥有量

年 份	民用汽车总计（万辆）	载客汽车（万辆）	大型	中型	小型	微型
1978	135.84	25.90				
1980	178.29	35.08				
1985	321.12	79.45				
1990	551.36	162.19				
1995	1040.00	417.90				
2000	1608.91	853.73				
2001	1802.04	993.96				
2002	2053.17	1202.37	75.48	104.80	789.74	232.34
2003	2382.93	1478.81	75.76	115.96	1017.21	269.88
2004	2693.71	1735.91	78.06	124.54	1248.89	284.42
2005	3159.66	2132.46	82.13	131.65	1618.35	300.32
2006	3697.35	2619.57	87.34	137.00	2083.40	311.83
2007	4358.36	3195.99	93.82	140.52	2646.47	315.18
2008	5099.61	3838.92	100.39	143.19	3271.14	324.19
2009	6280.61	4845.09	107.95	145.80	4246.90	344.44
2010	7801.83	6124.13	116.44	146.07	5498.36	363.25
2011	9356.32	7478.37	126.54	147.41	6827.54	376.88
2012	10933.09	8943.01	128.13	131.78	8302.63	380.47

注：1.小轿车包括在载客汽车中（下表同）。
2.从2002年起，载客汽车和载货汽车的分项、其他汽车统计口径有调整，与以前年份不可比（下表同）。

6-2-30 续表

年 份	载货汽车（万辆）	重型	中型	轻型	微型	其他汽车（万辆）	机动车驾驶员（万人）	#汽车驾驶员
1978	100.17							192.45
1980	129.90							245.23
1985	223.20							462.44
1990	368.48						1635.85	790.96
1995	585.43						3501.52	1673.39
2000	716.32						7655.56	3746.51
2001	765.24						8455.04	4462.68
2002	812.22	148.28	218.69	360.58	84.66	38.58	9362.03	4827.08
2003	853.51	136.79	243.70	390.79	82.22	50.61	10611.04	5368.07
2004	893.00	153.90	233.94	425.74	79.43	64.80	11769.04	7101.64
2005	955.55	168.07	236.66	484.51	66.31	71.66	13069.52	8017.76
2006	986.30	174.01	235.39	532.13	44.76	91.49	14213.87	9317.24
2007	1054.06	186.74	243.46	587.22	36.63	108.31	15363.88	10567.15
2008	1126.07	200.84	249.73	644.96	30.54	134.62	17336.56	12276.80
2009	1368.60	315.08	262.21	765.33	25.97	66.92	19167.58	13740.73
2010	1597.55	394.80	269.75	911.88	21.12	80.14	20068.47	15129.89
2011	1787.99	460.58	267.80	1042.07	17.54	89.96	22817.62	17416.76
2012	1894.75	472.51	229.20	1179.65	13.40	95.33	25250.83	20028.52

6-2-31 各地区民用汽车拥有量

地区	民用汽车总计（万辆）	载客汽车（万辆）	大型	中型	小型	微型
全 国	**10933.09**	**8943.01**	**128.13**	**131.78**	**8302.63**	**380.47**
北 京	493.56	464.86	5.00	10.78	432.90	16.19
天 津	221.12	197.30	2.26	1.77	182.45	10.82
河 北	728.51	568.13	5.07	4.14	510.17	48.75
山 西	329.95	270.80	2.74	2.10	245.72	20.24
内蒙古	266.08	215.94	2.29	1.15	202.90	9.60
辽 宁	414.88	328.63	6.67	9.61	303.68	8.67
吉 林	209.49	170.94	2.89	1.87	158.14	8.03
黑龙江	259.87	201.42	4.42	2.97	184.81	9.21
上 海	212.66	185.71	4.49	5.26	172.51	3.46
江 苏	802.20	706.27	8.89	10.54	666.26	20.58
浙 江	773.56	664.08	6.00	7.00	633.06	18.03
安 徽	303.13	225.98	3.91	3.29	211.46	7.32
福 建	283.92	224.45	2.81	3.89	211.62	6.13
江 西	201.64	152.73	2.26	1.84	143.81	4.83
山 东	1027.16	860.89	9.33	8.40	790.92	52.23
河 南	581.95	467.49	6.14	5.05	429.87	26.44
湖 北	293.64	227.76	4.64	4.28	215.04	3.79
湖 南	308.14	247.99	3.81	4.59	233.54	6.05
广 东	1037.42	861.60	15.84	19.42	814.22	12.13
广 西	227.44	175.77	3.53	2.52	159.90	9.82
海 南	55.46	43.75	1.25	0.89	41.05	0.55
重 庆	159.36	125.42	2.70	1.53	118.83	2.36
四 川	493.22	406.08	6.48	3.32	363.12	33.16
贵 州	164.36	126.47	1.69	2.08	116.76	5.94
云 南	328.53	248.76	2.34	3.26	227.05	16.12
西 藏	22.77	14.16	0.71	0.95	11.47	1.04
陕 西	284.64	235.61	3.18	3.06	217.63	11.74
甘 肃	129.14	92.32	2.01	1.47	86.63	2.20
青 海	49.13	36.65	0.65	0.62	34.59	0.80
宁 夏	66.35	45.94	0.95	0.69	43.38	0.92
新 疆	203.82	149.08	3.19	3.42	139.14	3.34

注：1.小轿车包括在载客汽车中（下表同）。
2.从2002年起，载客汽车和载货汽车的分项、其他汽车统计口径有调整，与以前年份不可比（下表同）。

6-2-31 续表

地 区	载货汽车(万辆)	重型	中型	轻型	微型	其他汽车(万辆)	机动车驾驶员(万人)	#汽车驾驶员
全 国	**1894.75**	**472.51**	**229.20**	**1179.65**	**13.40**	**95.33**	**25250.83**	**20028.52**
北 京	23.70	5.05	3.23	15.42		5.00	748.05	731.40
天 津	22.19	4.09	1.46	16.56	0.07	1.63	315.09	311.36
河 北	153.42	53.85	11.29	87.39	0.89	6.96	1357.88	1260.86
山 西	56.78	21.28	4.04	30.67	0.79	2.37	588.77	543.93
内蒙古	47.72	16.69	1.71	28.94	0.39	2.41	512.63	448.65
辽 宁	82.22	23.68	7.04	51.21	0.28	4.03	851.04	763.91
吉 林	36.99	10.57	3.68	22.55	0.20	1.56	514.70	428.41
黑龙江	55.86	17.90	6.68	30.76	0.51	2.60	545.11	498.63
上 海	20.73	5.63	8.35	6.73	0.02	6.22	558.96	531.41
江 苏	89.29	30.29	17.81	40.98	0.20	6.64	1880.71	1458.71
浙 江	105.02	12.88	9.20	81.16	1.77	4.46	1318.66	1114.49
安 徽	74.23	24.06	5.95	43.84	0.37	2.92	852.28	650.47
福 建	57.49	8.22	4.55	44.04	0.68	1.98	818.16	533.87
江 西	47.01	13.83	5.53	27.49	0.17	1.90	875.23	540.75
山 东	159.88	44.81	12.43	102.05	0.60	6.39	1938.58	1729.43
河 南	109.61	36.99	10.72	61.26	0.64	4.85	1529.09	1250.04
湖 北	62.69	11.84	9.58	41.10	0.17	3.19	946.39	695.33
湖 南	58.17	10.23	10.19	37.56	0.19	1.97	908.77	622.65
广 东	169.86	20.77	19.28	126.58	3.22	5.96	2339.40	1772.66
广 西	49.20	11.79	8.02	28.63	0.76	2.46	995.64	544.57
海 南	11.12	1.25	1.28	8.55	0.04	0.60	163.53	129.13
重 庆	31.56	6.97	6.17	18.42	0.01	2.37	473.29	294.65
四 川	83.77	16.27	17.53	49.70	0.27	3.37	1375.30	963.35
贵 州	36.72	4.74	5.73	26.12	0.13	1.17	415.77	321.53
云 南	77.88	11.07	16.62	50.05	0.14	1.89	845.48	519.59
西 藏	8.33	2.79	1.56	3.83	0.15	0.28	22.50	18.63
陕 西	45.54	13.37	6.89	25.04	0.24	3.48	680.15	595.59
甘 肃	35.42	8.12	4.73	22.51	0.07	1.40	280.05	248.18
青 海	11.77	2.59	1.09	8.04	0.05	0.70	100.19	81.52
宁 夏	19.41	5.51	1.54	12.26	0.09	1.00	117.71	106.67
新 疆	51.18	15.39	5.31	30.19	0.29	3.57	381.72	318.16

6-2-32 私人汽车拥有量

单位：万辆

年 份	私人汽车总 计	载客汽车					载货汽车					其他汽车
			大型	中型	小型	微型		重型	中型	轻型	微型	
1985	28.49	1.93					26.48					
1990	81.62	24.07					57.48					
1995	249.96	114.15					131.83					
2000	625.33	365.09					259.09					
2001	770.78	469.85					298.95					
2002	968.98	623.76	9.89	35.87	408.49	169.51	341.29	48.27	84.40	158.67	49.95	3.94
2003	1219.23	845.87	7.36	42.51	586.90	209.10	367.35	44.47	95.20	176.58	51.09	6.00
2004	1481.66	1069.69	7.20	46.95	786.63	228.91	402.82	53.40	94.69	203.85	50.87	9.15
2005	1848.07	1383.93	7.61	50.88	1079.78	245.66	452.11	62.50	100.34	243.29	45.98	12.04
2006	2333.32	1823.57	11.19	56.20	1491.18	265.00	494.91	64.23	108.64	288.94	33.09	14.84
2007	2876.22	2316.91	7.91	55.73	1984.29	268.98	539.45	68.89	110.44	332.69	27.43	19.86
2008	3501.39	2880.50	8.57	57.97	2533.28	280.68	596.39	73.28	115.68	384.12	23.31	24.50
2009	4574.91	3808.33	8.72	59.96	3436.26	303.39	753.40	108.73	129.59	494.97	20.12	13.17
2010	5938.71	4989.50	9.34	61.00	4593.46	325.70	931.52	141.44	140.52	632.77	16.78	17.69
2011	7326.79	6237.46	9.99	62.34	5823.62	341.52	1067.43	164.28	144.52	744.39	14.24	21.90
2012	8838.60	7637.87	8.26	55.43	7226.48	347.71	1175.63	168.13	128.51	867.64	11.35	25.09

6-2-33 各地区私人汽车拥有量

单位：万辆

地区	私人汽车总计	载客汽车	大型	中型	小型	微型	载货汽车	重型	中型	轻型	微型	其他汽车
全国	**8838.60**	**7637.87**	**8.26**	**55.43**	**7226.48**	**347.71**	**1175.63**	**168.13**	**128.51**	**867.64**	**11.35**	**25.09**
北京	405.55	396.56	0.22	6.62	374.27	15.46	7.98	1.33	0.71	5.95		1.00
天津	185.54	169.87	0.09	0.62	158.96	10.19	15.25	1.46	0.74	12.98	0.07	0.42
河北	624.04	516.68	0.73	1.86	467.44	46.65	105.03	26.61	7.69	69.97	0.76	2.33
山西	270.45	233.47	0.12	0.56	214.47	18.32	36.25	9.10	2.71	23.76	0.67	0.73
内蒙古	223.66	190.64	0.16	0.42	181.18	8.87	32.09	7.06	1.23	23.48	0.32	0.94
辽宁	304.82	267.00	0.69	4.21	254.45	7.66	37.00	4.87	2.87	29.05	0.20	0.82
吉林	170.19	144.84	0.46	0.74	136.22	7.43	24.89	5.25	2.67	16.80	0.16	0.45
黑龙江	201.37	164.42	0.79	1.28	154.68	7.67	36.36	7.85	4.50	23.63	0.37	0.59
上海	141.16	140.84	0.10	1.78	135.81	3.15	0.25	0.03	0.12	0.10		0.07
江苏	646.69	600.51	0.19	4.63	576.90	18.79	44.33	12.41	7.63	24.14	0.16	1.84
浙江	643.34	575.26	0.16	2.52	555.62	16.97	67.35	3.26	4.19	58.42	1.48	0.73
安徽	223.41	187.70	0.12	1.25	179.82	6.51	34.95	3.08	2.13	29.45	0.30	0.76
福建	230.88	191.38	0.08	1.31	184.25	5.75	39.00	2.08	2.47	33.83	0.63	0.50
江西	149.58	124.80	0.04	0.46	120.40	3.90	24.37	1.85	2.26	20.14	0.12	0.40
山东	877.56	767.68	1.24	3.83	713.94	48.67	107.55	16.85	8.32	81.86	0.52	2.34
河南	467.80	400.08	0.37	1.73	374.72	23.26	65.83	10.03	6.56	48.70	0.53	1.89
湖北	227.45	186.15	0.13	1.63	180.92	3.48	40.51	4.59	6.06	29.73	0.12	0.79
湖南	261.59	213.43	0.17	1.75	205.89	5.63	47.30	6.22	8.18	32.74	0.17	0.85
广东	863.46	754.96	1.30	11.96	729.96	11.74	106.81	7.50	11.18	85.25	2.89	1.68
广西	177.42	146.94	0.13	0.85	137.78	8.19	29.91	4.73	4.55	19.96	0.67	0.57
海南	42.68	33.90	0.14	0.33	32.95	0.49	8.62	0.73	1.13	6.73	0.03	0.16
重庆	117.10	102.48	0.02	0.23	100.05	2.18	14.22	0.43	1.30	12.49	0.01	0.40
四川	408.89	351.31	0.18	0.85	320.10	30.18	56.51	5.90	10.13	40.25	0.24	1.07
贵州	132.21	104.86	0.03	0.19	99.42	5.22	27.03	2.18	3.63	21.10	0.11	0.33
云南	273.79	210.56	0.06	0.59	195.53	14.37	62.58	6.38	12.93	43.14	0.12	0.65
西藏	15.22	9.15	0.03	0.55	7.97	0.60	6.00	1.58	1.36	2.96	0.10	0.07
陕西	230.79	198.35	0.21	0.76	186.85	10.53	31.48	5.78	5.12	20.38	0.20	0.96
甘肃	90.17	67.23	0.08	0.35	65.33	1.47	22.58	3.39	2.89	16.25	0.05	0.36
青海	35.78	27.78	0.01	0.14	27.00	0.63	7.82	1.01	0.74	6.03	0.04	0.18
宁夏	53.49	38.50	0.05	0.25	37.38	0.81	14.61	3.14	1.19	10.20	0.08	0.39
新疆	142.52	120.53	0.16	1.17	116.22	2.98	21.19	1.47	1.31	18.20	0.22	0.81

6-2-34 进口汽车拥有量

单位：辆

年　份	汽车总计	载客汽车	大型	中型	小型	微型	载货汽车	重型	中型	轻型	微型	其他汽车
2002	1361750	1025959	24798	69266	897362	34533	314172	87422	48797	165326	12627	21619
2003	1445408	1155590	21686	75699	1034475	23730	264075	73361	31510	150120	9084	25743
2004	1360832	1129985	19009	66065	1029846	15065	207798	49963	22836	129021	5978	23049
2005	1697266	1454215	18754	79698	1337564	18199	213621	48905	22078	139741	2897	29430
2006	1780998	1590420	16159	69930	1487474	16857	160552	33594	9808	116610	540	30026
2007	1964763	1799331	15628	67223	1701016	15464	134672	28896	7452	98032	292	30760
2008	2225960	2098630	14896	63790	2005820	14124	96597	20698	5318	70335	246	30733
2009	2527684	2449870	14700	61961	2357902	15307	57515	22788	3534	31009	184	20299
2010	3162537	3098870	15062	59691	3005826	18291	41073	19921	2532	18459	161	22594
2011	3982087	3925188	15799	57520	3825373	26496	34567	18134	1991	14329	113	22332
2012	4935806	4887568	15152	48960	4783708	39748	27090	13660	802	12543	85	21148

6-2-35 各地区进口汽车拥有量

单位：辆

地区	汽车总计	载客汽车					载货汽车					其他汽车
			大型	中型	小型	微型		重型	中型	轻型	微型	
全国	**4935806**	**4887568**	**15152**	**48960**	**4783708**	**39748**	**27090**	**13660**	**802**	**12543**	**85**	**21148**
北京	392532	389859	937	2164	383904	2854	985	52	29	904		1688
天津	84136	83028	253	652	81352	771	491	318	30	143		617
河北	144604	141466	465	792	136766	3443	1520	725	30	765		1618
山西	93503	92774	380	579	90972	843	434	219	13	202		295
内蒙古	148138	147182	306	426	146048	402	687	84	2	600	1	269
辽宁	253293	250405	1204	2942	245472	787	1604	566	34	1001	3	1284
吉林	85259	84560	266	446	83734	114	433	70	13	350		266
黑龙江	115759	113180	469	877	111617	217	1930	493	28	1362	47	649
上海	190718	187496	1109	1606	183800	981	460	341	44	75		2762
江苏	331672	329563	775	3275	320990	4523	1094	508	21	565		1015
浙江	532618	530839	682	2509	521512	6136	1343	883	18	442		436
安徽	65761	65290	191	537	64282	280	277	156	7	114		194
福建	188105	186040	455	2986	181402	1197	1554	652	13	889		511
江西	46506	45774	137	289	44951	397	510	441	4	65		222
山东	250896	249034	924	3426	243272	1412	1034	286	25	716	7	828
河南	122341	121300	389	1185	118200	1526	599	316	28	254	1	442
湖北	96713	96056	267	916	94395	478	323	133	4	182	4	334
湖南	108450	107549	216	761	106200	372	532	377	23	131	1	369
广东	805166	797743	2732	13054	777667	4290	5007	3992	182	827	6	2416
广西	96395	95228	651	1450	90676	2451	591	270	59	261	1	576
海南	43596	43236	336	1045	41733	122	144	44	1	99		216
重庆	80185	78685	96	338	78040	211	772	624	2	146		728
四川	172987	171875	331	1008	168162	2374	692	298	28	365	1	420
贵州	44789	44438	71	273	43465	629	227	48	9	169	1	124
云南	130048	128567	362	1365	125118	1722	1188	594	64	518	12	293
西藏	13006	12837	100	504	11815	418	145	25	29	91		24
陕西	132472	131443	234	910	129722	577	465	123	10	332		564
甘肃	39042	38511	150	637	37664	60	135	23	2	110		396
青海	17030	16739	95	339	16292	13	137	16	5	116		154
宁夏	29418	28868	100	311	28421	36	350	105	21	224		200
新疆	80668	78003	469	1358	76064	112	1427	878	24	525		1238

6-2-36 新注册民用汽车数量

单位：辆

年份	新注册民用汽车	载客汽车	大型	中型	小型	微型	载货汽车	重型	中型	轻型	微型	其他汽车
2002	3371951	2294649	97200	145062	1491479	560908	993761	186498	220969	501985	84309	83541
2003	4337485	3160859	100284	157523	2421951	481101	1075692	168363	259173	576073	72083	100934
2004	4511823	3332297	96462	138357	2841668	255810	1029497	228523	194438	564061	42475	150029
2005	5286287	4157504	99489	105314	3712056	240645	1024034	162859	175576	639557	46042	104749
2006	5730432	4678667	95428	82758	4382206	118275	925294	139120	147689	616910	21575	126471
2007	6079209	5000042	91087	72059	4772468	64428	917603	155155	157867	591014	13567	161564
2008	7631839	6226814	112811	64024	5928095	121884	1168226	236749	185338	733343	12796	236799
2009	12459452	10248554	114984	69548	9794452	269570	2148355	500593	242679	1391249	13834	62543
2010	15288186	12546891	148234	76519	12086273	235865	2637605	769644	238595	1614803	14563	103690
2011	16242474	13694540	163258	76472	13244774	210036	2442601	726854	173140	1535590	7017	105333
2012	17725011	15248801	163517	71013	14875884	138387	2386173	560063	139793	1681908	4409	90037

6-2-37 各地区新注册民用汽车数量

单位：辆

地 区	新注册民用汽车	载客汽车	大型	中型	小型	微型	载货汽车	重型	中型	轻型	微型	其他汽车
全 国	**17725011**	**15248801**	**163517**	**71013**	**14875884**	**138387**	**2386173**	**560063**	**139793**	**1681908**	**4409**	**90037**
北 京	588464	552351	3819	7717	536753	4062	32704	6698	1706	24300		3409
天 津	342453	312561	3112	1162	306080	2207	28926	6250	1010	21666		966
河 北	1215307	1016845	5815	2576	988906	19548	193626	60838	4695	128054	39	4836
山 西	566133	493403	4484	1715	475347	11857	69818	26198	1314	42236	70	2912
内蒙古	454619	390983	3294	918	383159	3612	60878	14764	1218	44863	33	2758
辽 宁	447773	373918	6234	2167	362665	2852	71359	19945	4463	46926	25	2496
吉 林	324849	279711	5656	1655	270018	2382	43587	11924	1360	30276	27	1551
黑龙江	355835	293793	5224	1775	285528	1266	59448	13938	3590	41892	28	2594
上 海	329988	303252	3590	2667	296076	919	22623	10723	5473	6427		4113
江 苏	1374738	1269666	9969	4050	1246713	8934	98765	35586	11104	52069	6	6307
浙 江	1277040	1153954	8208	2850	1134483	8413	119213	15374	4175	99367	297	3873
安 徽	582170	472832	6665	2650	460735	2782	106752	36671	3425	66630	26	2586
福 建	474264	396080	4122	2645	386110	3203	76107	10666	2466	62974	1	2077
江 西	383349	306159	3649	1291	299580	1639	74105	17293	5499	51309	4	3085
山 东	1671604	1467298	14116	3639	1428435	21108	198291	47612	8813	141854	12	6015
河 南	1044283	873722	9410	3428	852686	8198	166252	52916	5952	107296	88	4309
湖 北	515000	431770	6957	3196	420022	1595	79677	16114	7313	56245	5	3553
湖 南	572942	490374	5068	4081	478717	2508	80481	12588	6780	61033	80	2087
广 东	1363639	1204186	16253	3216	1176485	8232	154984	20503	10568	120393	3520	4469
广 西	379083	308231	3199	982	302117	1933	69001	13851	7330	47803	17	1851
海 南	84434	69248	1865	433	66622	328	14458	1101	1222	12135		728
重 庆	350014	297612	3962	1559	291226	865	49024	10086	3703	35234	1	3378
四 川	821024	715666	9508	2906	697732	5520	102505	23333	9720	69434	18	2853
贵 州	330602	264541	2681	2433	258354	1073	63526	8147	5675	49704		2535
云 南	528864	433240	2864	2166	424548	3662	93344	11277	6663	75402	2	2280
西 藏	24105	14486	407	517	13079	483	9416	1628	1257	6505	26	203
陕 西	537770	466688	4002	2175	454506	6005	67193	17921	3359	45867	46	3889
甘 肃	236270	180714	3078	1035	175624	977	54093	9617	3065	41408	3	1463
青 海	93579	75024	1002	374	73091	557	17766	2778	955	14023	10	789
宁 夏	126582	94401	1254	296	92353	498	31092	5767	1129	24188	8	1089
新 疆	328234	246092	4050	2739	238134	1169	77159	17956	4791	54395	17	4983

6-2-38 公路营运汽车拥有量

年 份	汽车总计（万辆）	载客汽车		载货汽车			
		辆数（万辆）	客位（万客位）	辆数（万辆）	#普通载货汽车	吨位（万吨）	#普通载货汽车
1990	31.30	10.76	468.92	20.22	19.82	131.61	127.06
1995	27.49	13.73	480.61	13.75	13.12	103.13	94.56
2000	702.82	216.81	2524.45	486.02	475.24	1667.70	1573.73
2001	764.39	255.12	2701.68	509.27	496.65	1733.58	1621.40
2002	826.34	289.55	2972.32	536.78	520.27	1808.45	1674.79
2003	924.64	352.19	3430.64	572.45	553.23	1941.52	1788.86
2004	1067.18	439.09	3872.21	628.09	604.93	2338.61	2119.64
2005	733.22	128.40	1859.28	604.82	580.28	2537.75	2282.15
2006	802.58	161.92	2312.41	640.66	598.43	2822.69	2343.13
2007	849.22	164.73	2428.81	684.49	648.01	3135.69	2643.74
2008	930.61	169.64	2560.36	760.97	720.18	3686.20	3139.76
2009	1087.35	180.79	2799.71	906.56	859.27	4655.23	4002.80
2010	1133.32	83.13	2017.09	1050.19	996.43	5999.82	5223.23
2011	1263.75	84.34	2086.66	1179.41	1116.36	7261.20	6273.51
2012	1339.89	86.71	2166.55	1253.19	1184.58	8062.14	6963.29

注：1.小轿车包括在载客汽车中。
2.1999年以前数据仅为公路部门营运汽车，1999年为全国营运汽车。2000年起为全国运输汽车(含营运和非营运汽车)。2005年起为全国营运汽车（不含非营运汽车)。
3.从2010年起，公路营运载客汽车不包括在公路运输管理部门管理并注册登记的公共汽车和出租汽车。

6-2-39 各地区公路营运汽车拥有量

地区	汽车总计(万辆)	载客汽车		载货汽车			
		辆数(万辆)	客位(万客位)	辆数(万辆)	#普通载货汽车	吨位(万吨)	#普通载货汽车
全　国	**1339.89**	**86.71**	**2166.55**	**1253.19**	**1184.58**	**8062.14**	**6963.29**
北　京	21.28	4.92	68.86	16.36	14.70	70.52	49.30
天　津	12.40	0.93	35.71	11.46	10.52	30.47	22.74
河　北	103.22	3.23	77.98	99.99	95.71	924.18	858.38
山　西	42.41	1.48	41.05	40.93	39.93	417.95	405.63
内蒙古	35.98	1.28	39.82	34.70	33.51	294.61	280.64
辽　宁	67.36	2.73	75.76	64.63	60.20	410.34	343.27
吉　林	32.13	1.42	41.99	30.72	29.53	186.44	172.63
黑龙江	46.59	2.07	52.66	44.53	43.45	295.32	280.21
上　海	19.60	2.15	54.86	17.45	13.96	169.89	90.49
江　苏	65.98	4.42	163.96	61.56	53.58	525.50	402.35
浙　江	54.06	3.33	103.28	50.72	46.44	253.42	166.70
安　徽	64.74	3.81	94.64	60.93	58.56	431.86	401.52
福　建	25.66	2.03	53.19	23.63	21.08	147.75	93.24
江　西	32.21	1.90	49.22	30.31	28.98	182.19	164.94
山　东	105.09	3.47	101.70	101.62	95.21	867.18	732.96
河　南	99.80	4.95	140.03	94.85	92.81	644.51	614.87
湖　北	40.78	4.21	89.48	36.58	34.67	158.82	135.70
湖　南	43.67	4.69	107.57	38.98	36.57	176.79	146.22
广　东	90.66	4.40	161.81	86.27	79.51	432.09	294.14
广　西	38.57	3.44	90.56	35.13	33.98	178.98	159.81
海　南	6.17	0.58	15.79	5.59	5.43	20.78	18.72
重　庆	25.58	2.26	57.84	23.31	22.02	111.24	98.78
四　川	61.77	5.21	113.91	56.56	54.28	233.78	206.75
贵　州	25.22	2.96	59.82	22.26	21.56	75.44	70.04
云　南	55.55	4.88	77.40	50.68	49.88	185.41	176.78
西　藏	3.36	0.51	10.35	2.85	2.73	18.23	16.54
陕　西	35.73	2.94	58.51	32.79	31.59	195.80	181.15
甘　肃	23.72	1.88	40.58	21.84	21.08	98.88	90.14
青　海	8.93	0.40	8.46	8.53	8.23	42.50	39.61
宁　夏	12.55	0.58	16.04	11.97	11.64	86.96	81.71
新　疆	39.11	3.65	63.72	35.45	33.26	194.31	167.31

注：1.小轿车包括在载客汽车中。
2.1999年以前数据仅为公路部门营运汽车，1999年为全国营运汽车。2000年起为全国运输汽车(含营运和非营运汽车)。2005年起为全国营运汽车（不含非营运汽车)。
3.从2010年起，公路营运载客汽车不包括在公路运输管理部门管理并注册登记的公共汽车和出租汽车。

6-2-40 内河航道年末里程

单位：公里

地区	2005	#等级航道	2009	#等级航道	2008	#等级航道	2011	#等级航道	2012	#等级航道
全国	**123263**	**61013**	**123683**	**61546**	**124242**	**62290**	**124612**	**62648**	**124995**	**63719**
北京										
天津	88	88	88	88	88	88	88	88	88	88
河北										
山西	467	139	467	139	467	139	467	139	467	139
内蒙古	2403	2380	2403	2380	2403	2380	2403	2380	2403	2380
辽宁	413	413	413	413	413	413	413	413	413	413
吉林	1456	1381	1456	1381	1456	1381	1456	1381	1456	1381
黑龙江	5131	4756	5131	4756	5098	4723	5098	4723	5098	4723
上海	2223	842	2226	845	2226	845	2226	845	2281	888
江苏	24349	7517	24224	7559	24228	7649	24252	7694	24270	8266
浙江	9652	4756	9703	4832	9703	4832	9750	4913	9735	4945
安徽	5587	4997	5596	5006	5596	5006	5596	5006	5623	5041
福建	3245	1269	3245	1269	3245	1269	3245	1269	3245	1269
江西	5638	2349	5638	2349	5638	2349	5638	2349	5638	2349
山东	1012	892	1012	892	1150	1035	1150	1035	1144	1057
河南	1267	1150	1267	1150	1267	1150	1267	1150	1267	1150
湖北	8181	5685	8247	5780	8260	5792	8260	5792	8271	5803
湖南	11495	4126	11495	4126	11495	4126	11495	4126	11495	4126
广东	11844	4306	11844	4306	11844	4306	11850	4312	12097	4668
广西	5413	3331	5433	3351	5433	3352	5433	3352	5479	3352
海南	343	76	343	76	343	76	343	76	343	76
重庆	4103	1753	4331	1759	4331	1801	4331	1801	4331	1801
四川	10720	3825	10720	3825	10720	3825	10720	3825	10720	3825
贵州	3323	1846	3442	2094	3442	2094	3442	2094	3442	2094
云南	2539	1810	2532	1810	2877	2206	3158	2422	3158	2422
西藏										
陕西	1066	558	1066	558	1066	558	1066	558	1066	558
甘肃	860	347	914	381	914	381	914	381	914	381
青海	329	318	329	318	421	409	421	409	421	409
宁夏	117	105	117	105	117	105	130	115	130	115
新疆										

6-2-41 民用运输船舶拥有量

年 份	机动船					驳 船		
	艘数（艘）	净载重量（吨）	载客量（客位）	总功率（千瓦）	#拖船功率	艘数（艘）	净载重量（吨）	载客量（客位）
1995	299717	40940087	979985		1707115	57998	9449652	17722
2000	185018	42640605	1014013	19354496	1439743	44658	8640504	18258
2001	169329	45526726	1048915	20884813	1370221	41457	8968670	27902
2002	165936	48372587	945387	21995838	1433547	37041	8683075	33405
2003	163813	60745234	971514	26156815	1269607	40457	9871079	30631
2004	166854	75114059	961562	30527287	1197191	43846	11058522	34666
2005	165900	90756392	977846	36399287	1480381	41394	11030057	33496
2006	157805	98241489	1025861	39068361	1538957	36555	12015595	33355
2007	157544	106441173	1004546	39366720	1520924	34227	12373412	22316
2008	152247	111047702	994495	43550959	1564439	31943	13121439	14050
2009	149367	133384848	979384	46209122	1120381	27565	12702991	2166
2010	155624	168985654	1001395	53304379	1410719	22783	11422911	2260
2011	157950	202602789	1004622	59496603	1600896	21292	10040453	3768
2012	158309	218793742	1021260	63894591	1531873	20282	9692502	3798

注：不分地区数据为中国远洋运输集团总公司海外公司数。

6-2-42 各地区民用运输船舶拥有量

地 区	机动船					驳 船		
	艘数 (艘)	净载重量 (吨)	载客量 (客位)	总功率 (千瓦)	#拖船功率	艘数 (艘)	净载重量 (吨)	载客量 (客位)
全 国	**158309**	**218793742**	**1021260**	**63894591**	**1531873**	**20282**	**9692502**	**3798**
北 京								
天 津	441	8438914	2719	2007003	427735	19	144459	
河 北	142	3612364		525965		3	3980	
山 西	248	3377	3304	14288				
内蒙古								
辽 宁	557	8082426	29639	1422973	20181	17	31006	
吉 林	884	25694	19700	40251	4112	29	16000	
黑龙江	1238	25776	22578	121952	42041	354	212343	
上 海	1839	31478726	75609	11759568	99004	73	158214	
江 苏	39645	36241329	41121	10344263	336206	9173	3607988	
浙 江	18929	22512622	76854	6374708	88959	655	99757	
安 徽	27505	26775398	15726	8431011	46633	1976	716284	
福 建	2364	6863536	29172	2116892	23745	343	10667	
江 西	4156	2251231	10967	714384	1849	34	15240	
山 东	7336	10321773	59260	3078885	280903	4990	3977943	
河 南	5001	5203456	11835	2032022	2824	120	43462	
湖 北	4531	7989735	38020	1978982	52675	364	350912	44
湖 南	8242	2784354	76246	1151602	7330	55	55263	445
广 东	8545	22551663	78953	6069018	59607	18	29872	
广 西	8873	6811525	111394	1831268	1018	7	6138	
海 南	536	1735293	30807	594584				
重 庆	3916	4964843	93491	1440254	16440	95	137229	
四 川	7490	983911	96273	494856	17351	1395	57320	724
贵 州	2404	125921	45043	141850	1950	96	15105	80
云 南	920	111444	17482	78105	500			
西 藏								
陕 西	1210	27590	19560	42809	282	249	1579	866
甘 肃	503	2678	9885	29894		45	368	1639
青 海	62		1391	12533				
宁 夏	693		4231	27756	528	172	1373	
新 疆								
不分地区	99	8868163		1016915				

注：不分地区数据为中国远洋运输集团总公司海外公司数。

6-2-43 沿海规模以上港口码头泊位数(2012年底)

港口	总计			生产用			非生产用	
	码头长度(米)	泊位个数(个)	#万吨级	码头长度(米)	泊位个数(个)	#万吨级	码头长度(米)	泊位个数(个)
总　计	**721159**	**5715**	**1453**	**647541**	**4811**	**1453**	**73618**	**904**
#大　连	40749	231	93	36872	206	93	3877	25
营　口	16898	82	49	16164	75	49	734	7
秦皇岛	16068	86	42	14750	66	42	1318	20
天　津	33978	159	101	32630	148	101	1348	11
烟　台	18150	95	56	17020	85	56	1130	10
威　海	3949	20	12	3949	20	12		
青　岛	21962	85	63	20944	79	63	1018	6
日　照	13291	53	45	12985	52	45	306	1
上　海	122859	1183	152	74459	612	152	48400	571
连云港	11533	58	41	11236	56	41	297	2
宁波-舟山	78413	665	137	75735	601	137	2678	64
台　州	11361	175	7	11325	174	7	36	1
温　州	16637	241	16	16516	237	16	121	4
福　州	22400	183	47	22199	178	47	201	5
厦　门	26382	164	64	25358	145	64	1024	19
汕　头	9715	91	18	9444	86	18	271	5
深　圳	31461	172	68	30055	160	68	1406	12
广　州	49051	540	66	45255	493	66	3796	47
湛　江	17458	184	31	15757	153	31	1701	31
北　海	6040	56	11	5980	55	11	60	1
防　城	13945	120	31	13885	115	31	60	5
海　口	5075	37	10	4884	36	10	191	1
八　所	1924	11	8	1754	10	8	170	1

注：1.从2006年起，宁波－舟山港统计范围包括原宁波港和舟山港。
2.从2007年起，烟台港统计范围包括原烟台港和龙口港。
3.从2011年起，厦门港统计范围包括原厦门港和漳州港。

6-2-44 内河规模以上港口码头泊位数(2012年底)

港口	总计			生产用			非生产用	
	码头长度(米)	泊位个数(个)	#万吨级	码头长度(米)	泊位个数(个)	#万吨级	码头长度(米)	泊位个数(个)
总　计	**909992**	**14735**	**369**	**862832**	**14014**	**369**	**47160**	**721**
#重　庆	94554	1242		73632	877		20922	365
宜　昌	7412	47		5708	35		1704	12
武　汉	23171	265		20169	231		3002	34
黄　石	8018	138		7588	132		430	6
九　江	13616	146		11591	118		2025	28
安　庆	11081	162		9372	134		1709	28
池　州	8662	105		8662	105			
铜　陵	6088	106	1	6023	105	1	65	1
芜　湖	12887	160	3	12887	160	3		
马鞍山	9110	144		9060	143		50	1
南　京	33261	308	56	31669	285	56	1592	23
镇　江	19560	189	36	19440	187	36	120	2
泰　州	16686	123	56	16686	123	56		
扬　州	6015	42	16	6015	42	16		
江　阴	12022	70	29	11872	68	29	150	2
常　州	4161	30	7	4161	30	7		
南　通	16805	96	49	16250	90	49	555	6
上海(内河)	88679	1859		87972	1845		707	14

注：从2009年起，重庆港统计范围发生变化，包括原重庆、涪陵、万州、重庆航管处四个港区，与历史数据不可比。

6-2-45 沿海规模以上港口货物吞吐量

单位：万吨

港口	1985	1990	1995	2000	2005	2006	2007	2008	2009	2010	2011	2012
总计	**31154**	**48321**	**80166**	**125603**	**292777**	**342191**	**388200**	**429599**	**475481**	**548358**	**616292**	**665245**
#大连	4381	4952	6417	9084	17085	20046	22286	24588	27203	31399	33691	37426
营口	98	237	1156	2268	7537	9477	12207	15085	17603	22579	26085	30107
秦皇岛	4419	6945	8382	9743	16900	20489	24893	25231	24942	26297	28770	27099
天津	1856	2063	5787	9566	24069	25760	30946	35593	38111	41325	45338	47697
烟台	689	668	1361	1774	4506	6076	10129	11189	12351	15033	18029	20298
青岛	2611	3034	5103	8636	18678	22415	26502	30029	31546	35012	37230	40690
日照		925	1452	2674	8421	11007	13063	15102	18131	22597	25260	28098
上海	11291	13959	16567	20440	44317	47040	49227	50808	49467	56320	62432	63740
连云港	929	1137	1716	2708	6016	7232	8507	10060	10843	12739	15627	17367
宁波-舟山	1040	2554	6853	11547	26881	42387	47336	52048	57684	63300	69393	74401
台州				950	2067	2107	3312	3898	4294	4706	5099	5358
温州			601	859	3097	3275	3496	4263	5999	6408	6950	6997
厦门			1314	1965	4771	7792	8117	9702	11096	12728	15654	17227
汕头	201	279	716	1284	1736	2015	2301	2806	3102	3509	4005	4563
深圳				5697	15351	17598	19994	21125	19365	22098	22325	22807
广州	1772	4163	7299	11128	25036	30282	34325	34700	36395	41095	43149	43517
湛江	1231	1557	1885	2038	4647	5664	6075	6682	11838	13638	15539	17092
北海				265	437	476	594	620	1015	1251	1591	1757
海口	170	288	468	808	2118	2127	2373	2614	4855	5700	6549	7217
八所	388	431	275	378	486	479	546	554	652	893	997	1095
三亚	78	37	42	48	49	50	43	75				

注：1.从2006年起，宁波-舟山港统计范围包括原宁波港和舟山港，以往年度数据为原宁波港数据。
2.从2007年起，烟台港统计范围包括原烟台港和龙口港，以往年度数据为原烟台港数据。
3.从2011年起，厦门港统计范围包括原厦门港和漳州港。

6-2-46 内河规模以上港口货物吞吐量

单位：万吨

港口	2000	2001	2002	2003	2004	2005	2006	2007	2008	2009	2010	2011	2012
总计	**44452**	**49002**	**56701**	**66224**	**86414**	**101418**	**117510**	**138208**	**159481**	**221678**	**261822**	**295522**	**312228**
#上海(内河)	5853	7660	8613	9857	10575	10749	6 709	6918	7362	9738	9019	10326	9819
南京	6679	5789	6108	6620	9589	10686	10091	10859	11125	12146	14719	17333	19197
江阴	666	1024	1357	2150	2683	4278	5739	7218	8740	10103	12522	12934	13248
常州	379	492	562	754	540	805	2347	2029	2282	2724	3156	2769	2667
苏州	364	397	410	6282	9059	11919	15085	18377	20348	24634			
南通	2748	3511	3746	5010	7218	8327	10386	12339	13214	13641	15070	17331	18526
扬州	419	469	615	860	889	1179	1398	1591	1938	2938	3642	4370	4841
泰州	187	244	329	806	1285	1581	2787	2128	2592	7467	9890	12038	13210
镇江	2153	2217	2630	3046	4839	5847	6318	7824	8705	8713	10634	11806	13460
芜湖	830	903	1138	1410	1831	1850	3934	4681	5514	5710	6609	7473	8260
马鞍山	626	747	888	1052	1713	2011	2393	3684	4697	4191	4826	5306	6809
铜陵	314	289	312	305	380	352	2405	2860	2872	3157	3914	4729	5507
安庆	729	668	846	1043	1479	1835	2839	2852	2800	2554	2813	3010	3225
池州	155	184	258	422	1073	1752	1952	2101	2250	2244	2576	3137	3488
九江	623	574	573	614	842	928	760	733	596	2852	3291	3907	4827
武汉	1738	1653	1773	3124	4281	4939	5034	5278	5592	5409	6620	7602	7632
黄石	227	439	515	585	675	1003	1195	962	1032	1520	1605	1781	1874
宜昌	217	213	182	212	305	226	518	734	715	653	818	770	682
重庆	781	701	638	641	820	950	1073	1317	1470	8612	9668	11606	12502
万州	252	258	290	274	446	490	641	713	822				

注：从2009年起，重庆港统计范围发生变化，包括原重庆、涪陵、万州、重庆航管处四个港区，与历史数据不可比。

6-2-47 沿海规模以上港口分货类吞吐量

单位：万吨

货类名称	2010			2011			2012		
	合计	出港	进港	合计	出港	进港	合计	出港	进港
总 计	**548358**	**237778**	**310580**	**616292**	**270162**	**346131**	**665245**	**284076**	**381170**
煤炭	116258	63856	52402	136949	75729	61221	138102	74300	63803
石油、天然气及制品	60786	20958	39827	63982	21200	42782	63157	19652	43506
#原油	35985	8007	27978	38080	8377	29703	36817	6857	29960
金属矿石	93143	18621	74522	101537	19508	82029	111045	21176	89869
钢铁	21226	12689	8537	22481	13647	8834	23596	14428	9168
矿建材料	33729	11555	22175	38114	13724	24390	47348	16375	30973
水泥	3048	849	2199	4521	1242	3279	4571	1182	3389
木材	3343	671	2671	4347	661	3686	4728	651	4077
非金属矿石	7827	3109	4718	9272	3314	5958	8988	3307	5681
化肥和农药	1973	1344	629	2063	1281	782	2236	1486	750
盐	631	67	564	708	73	635	734	57	676
粮食	12504	4036	8468	12176	4258	7918	14309	4710	9598
机械、设备、电器	16243	8487	7756	16333	8979	7353	18749	9804	8945
化工原料及制品	8625	3163	5462	9075	3557	5518	10218	3836	6382
有色金属	747	211	536	721	193	528	920	223	697
轻工、医药产品	7786	4259	3527	7509	3891	3618	8270	4061	4209
农林牧渔业产品	3374	1376	1999	2287	722	1566	2949	913	2036
其他	157115	82529	74587	184215	98182	86033	205325	107915	97410

6-2-48 内河规模以上港口分货类吞吐量

单位：万吨

货类名称	2010			2011			2012		
	合 计	出 港	进 港	合 计	出 港	进 港	合 计	出 港	进 港
总 计	**261822**	**114677**	**147145**	**295522**	**125381**	**170141**	**312228**	**132743**	**179485**
煤炭	48359	16563	31795	57399	18403	38997	61504	19099	42405
石油、天然气及制品	10420	4139	6282	10815	4226	6589	10680	4143	6537
#原油	2832	779	2053	2874	822	2051	2522	762	1760
金属矿石	32783	8917	23867	36967	10196	26771	38942	11132	27810
钢铁	17901	9413	8488	19390	10085	9305	18710	10081	8629
矿建材料	87016	39569	47447	97543	42430	55113	102096	44793	57302
水泥	15609	11731	3878	17585	13240	4345	20349	15332	5018
木材	1779	422	1356	1977	430	1547	1884	409	1475
非金属矿石	10718	7087	3630	12081	7550	4532	11638	6564	5074
化肥和农药	1569	966	603	1733	957	775	1577	809	768
盐	667	265	402	547	201	346	585	240	345
粮食	4357	1304	3053	4466	1324	3142	5685	1844	3842
机械、设备、电器	714	457	258	803	601	202	762	560	201
化工原料及制品	7283	2814	4470	8346	3188	5159	8744	3380	5363
有色金属	173	75	98	171	88	83	282	139	143
轻工、医药产品	1606	786	821	1590	787	803	1732	864	868
农林牧渔业产品	716	209	507	1026	351	675	1358	474	884
其他	20152	9962	10190	23082	11323	11759	25699	12879	12819

6-2-49 民用航空航线及飞机年末数

指 标	2000	2005	2006	2007	2008	2009	2010	2011	2012
定期航班航线条数 （条）	**1165**	**1257**	**1336**	**1506**	**1532**	**1592**	**1880**	**2290**	**2457**
国际航线	133	233	268	290	297	263	302	443	381
国内航线	1032	1024	1068	1216	1235	1329	1578	1847	2076
#港澳地区航线	42	43	43	48	49	72	85	91	99
定期航班航线里程（公里）	**1502887**	**1998501**	**2113505**	**2342961**	**2461840**	**2345085**	**2765147**	**3490571**	**3280114**
国际航线	508405	855932	966168	1047418	1120166	919899	1070167	1494387	1284712
国内航线	994482	1142569	1147337	1295543	1341674	1425186	1694980	1996184	1995402
#港澳地区航线	55759	61056	62846	71169	68592	107262	121437	135103	133333
定期航班通航机场 （个）	**139**	**135**	**142**	**148**	**152**	**165**	**175**	**178**	**180**
民用飞机期末架数 （架）	**982**	**1386**	**1614**	**1813**	**1961**	**2181**	**2405**	**3191**	**3589**
运输飞机	527	863	998	1134	1259	1417	1597	1764	1941
大中型飞机	462	785	921	1050	1155	1297	1453	1601	1769
#B737	186	358	418	486	527	593	650	700	756
B747	19	22	30	35	37	37	40	40	40
B757	48	64	60	56	52	51	48	51	46
B767	16	27	29	22	22	19	18	15	13
MD11	6	7	8	9	10	10	7	3	3
MD90	22	22	22	22	22	22	11		
MD82	27	15	12	12					
A300	18	21	16	14	15	15	14	10	10
A310	3	3							
A320	60	115	141	160	186	219	281	357	432
A340	8	16	16	16	17	19	19	19	14
小型飞机	65	78	77	84	104	120	144	163	172
通用航空飞机	301	383	457	457	484	555	606	1124	1320
教学校验飞机	154	140	159	222	218	209	202	303	328

注：2011年起民用航空航线条数改为定期航班航线条数,民航通航机场改为定期航班通航机场。

6-2-50 民用航空运输量及通用航空飞行时间

指　　标	2000	2005	2006	2007	2008	2009	2010	20111	2012
客运量　（万人）	**6722**	**13827**	**15968**	**18576**	**19251**	**23052**	**26769**	**29317**	**31936**
国际航线	690	1225	1415	1692	1519	1474	1931	2118	2336
国内航线	6031	12602	14553	16884	17732	21578	24838	27199	29600
#港澳地区航线	403	509	536	541	500	517	672	760	834
旅客周转量　（万人公里）	**9705437**	**20449288**	**23706600**	**27917258**	**28827993**	**33752354**	**40389960**	**45369629**	**50257366**
国际航线	2328154	4524063	5239061	6184134	5772650	5662080	7589325	8780512	9919798
国内航线	7377283	15925225	18467539	21733123	23055343	28090274	32800635	36589118	40337568
#港澳地区航线	502405	709205	758073	767865	718211	749114	981817	1116167	1238849
货(邮)运量　（吨）	**1967123**	**3067168**	**3494320**	**4018485**	**4076376**	**4455347**	**5630371**	**5574779**	**5450342**
国际航线	492356	771551	921738	1173063	1194708	1260983	1926315	1780427	1565170
国内航线	1474767	2295618	2572582	2845422	2881668	3194364	3704056	3794352	3885173
#港澳地区航线	135442	169247	179164	166813	156221	159019	216603	210028	207678
货邮周转量　（万吨公里）	**502683**	**788954**	**942753**	**1163867**	**1196023**	**1262307**	**1788982**	**1739131**	**1638894**
国际航线	291550	452450	564128	748134	773683	794325	1253028	1187527	1064527
国内航线	211133	336504	378625	415733	422340	467982	535954	551604	574366
#港澳地区航线	19495	26263	28264	26129	24089	22743	28700	27607	27120
运输总周转量（万吨公里）	**1225007**	**2612724**	**3057979**	**3652993**	**3767652**	**4270726**	**5384490**	**5774427**	**6103217**
国际航线	465190	855235	1031319	1299921	1288988	1299511	1929689	1968352	1944881
国内航线	759818	1757488	2026659	2353072	2478663	2971215	3454801	3806075	4158336
#港澳地区航线	56878	89509	95743	94370	87925	89293	115895	126425	136648
通用航空飞行时间（小时）	**48707**	**84859**	**91901**	**109570**	**110706**	**123838**	**391135**	**502731**	**517037**
#农林业航空作业	22922	25428	27675	28001	24691	26309	29619	33158	31873
#航空护林	3927	6508	6789	7088	6000	7340	7748	9211	7453
播种造林	4060	1929	2027	1698	1555	1534	1419	2010	1315
工业航空作业	25785	36514	38316	44873	50591	52916	65430	56682	77075

6-2-51 民用航空主要机型运用情况

机　型	期末飞机架数(架)	运输飞行小时(小时)	运输飞行里程(万公里)	平均每可用机年生产飞行小时(小时/架)	平均每可用机日生产飞行小时(小时/架/日)	正班平均载运率(%)
总　计	**3261**	**6188643**	**382849.3**	**2341**	**6.4**	**70.6**
#B747-400	4	10670	1020.3	2674	7.3	70.3
B747-400COM	5	22370	1821.0	4575	12.5	65.2
B747-400F	28	66924	5069.1	2848	7.8	72.3
B737-800	493	1654197	100209.9	3687	10.1	74.9
B737-400	4	15046	894.0	3404	9.3	82.4
B737-300	62	213502	12127.1	3434	9.4	79.9
B767-300	13	41380	2913.8	4155	11.4	62.4
B757-200	37	111817	7199.7	3518	9.6	66.0
B777-200A	14	45741	3056.4	3429	9.4	68.0
B777-200B	6	26928	2118.7	4834	13.3	57.4
A321	146	473775	28485.3	3473	9.5	68.2
A320	432	1465025	90344.4	3747	10.3	76.4
A319	157	517075	31193.4	3564	9.8	64.9
A300-600	7	19163	1074.0	3101	8.5	65.4
A330-200	64	273830	20867.0	4818	13.2	60.3
A330-300	37	125359	8263.7	3864	10.6	60.7
A340-300	6	25387	1816.0	3936	10.8	64.5

注：期末飞机架数不含教学校验飞机。

6-2-52 各地区城市公共交通运营线路总长度(2012年底)

单位：公里

地区	公共汽车、无轨电车	公交专用车道	轨道交通			
				地铁	轻轨	有轨电车
全国	**549736**	**5052**	**2058**	**1699**	**291**	**40**
北京	19547	355	442	442		
天津	12732	65	139	79	52	8
河北	18812	60				
山西	13369	93				
内蒙古	10650	51				
辽宁	21384	280	137	50	63	24
吉林	11200	106	55		47	8
黑龙江	15087	54				
上海	23190	162	468	439		
江苏	49793	553	110	85	25	
浙江	40558	173	48	48		
安徽	10535	96				
福建	15627	117				
江西	11648	26				
山东	44682	503				
河南	18337	40				
湖北	17298	67	56	28	28	
湖南	14132	183				
广东	87384	1008	413	413		
广西	9323	90				
海南	5600					
重庆	8828		131	56	75	
四川	19140	449	40	40		
贵州	5305	13				
云南	16329	125				
西藏	834					
陕西	9187	255	20	20		
甘肃	4907					
青海	1937					
宁夏	4813	53				
新疆	7568	77				

注：上海市轨道交通合计中包括磁悬浮运营线路总长度29公里。

6-2-53 各地区城市公共交通运营车(船)拥有量(2012年底)

单位：辆

地　区	公共汽电车、轨道交通车辆合计	公共汽电车	#天然气车	液化石油气车	无轨电车	轨道交通	地铁	轻轨	有轨电车	出租汽车	轮渡运营船数(艘)
全　国	**432021**	**419410**	**80840**	**8830**	**1696**	**12611**	**11225**	**1247**	**125**	**1026678**	**529**
北　京	25831	22146	3244		560	3685	3685			66646	
天　津	9031	8405	559			626	450	152	24	31940	
河　北	16493	16493	4735							49130	
山　西	7851	7851	1306		133					29700	
内蒙古	5586	5586	551	10						37778	
辽　宁	20968	20500	1022		61	468	252	144	72	79868	
吉　林	10912	10532				380		351	29	55457	
黑龙江	14364	14364	2436	517						62651	119
上　海	19825	16695	140		160	3130	3116			50683	54
江　苏	30956	30380	4507			576	480	96		47269	19
浙　江	23060	22892	1814		51	168	168			34165	6
安　徽	11992	11992	1947							37142	7
福　建	11823	11823	1543							18325	25
江　西	7852	7852	202							11998	
山　东	32869	32869	7034		140					58758	38
河　南	18137	18137	1284	18	110					45518	
湖　北	16982	16670	2345	327	207	312	180	132		33520	57
湖　南	13148	13148	983							24031	16
广　东	53089	50729	5931	7590	274	2360	2360			62243	154
广　西	7430	7430	70							15015	
海　南	2614	2614	907	268						4998	18
重　庆	8540	7982	7401			558	186	372		15520	16
四　川	19628	19388	12308	100		240	240			31818	
贵　州	5031	5031	1917							13266	
云　南	8187	8187	114							17302	
西　藏	396	396								1379	
陕　西	10948	10840	4331			108	108			22657	
甘　肃	5214	5214	2809							19324	
青　海	2067	2067	1785							7119	
宁　夏	3042	3042	2092							13107	
新　疆	8155	8155	5523							28351	

注：轨道交通车辆中包括上海磁悬浮车辆14辆。

6-2-54 各地区城市公共交通客运量

单位：万人次

地区	客运总量	公共汽电车	轨道交通	出租汽车	轮渡
全国	**11013375**	**7014989**	**872925**	**3112910**	**12551**
北京	831440	515416	246162	69862	
天津	166452	118721	11230	36500	
河北	313282	203954		109328	
山西	204378	124838		79540	
内蒙古	181814	96349		85465	
辽宁	687914	401457	26910	259548	
吉林	376562	165336	5225	206000	
黑龙江	444242	223956		219922	364
上海	617345	280360	227573	107507	1905
江苏	607696	427578	42655	136459	1004
浙江	440765	310463	561	129253	488
安徽	351348	212719		138345	284
福建	290009	224703		62463	2843
江西	178222	127961		50261	
山东	542363	398268		143875	221
河南	387934	263718		124217	
湖北	459835	330613	8288	119339	1595
湖南	398891	272165		126591	135
广东	1204916	739359	263739	198456	3363
广西	184717	142505		42212	
海南	57540	43306		14070	164
重庆	276106	176968	24363	74589	186
四川	484579	347025	10308	127246	
贵州	210577	132200		78377	
云南	211494	148409		63086	
西藏	15189	7139		8050	
陕西	343692	248687	5912	89093	
甘肃	158287	102846		55442	
青海	62301	39135		23166	
宁夏	80943	37441		43502	
新疆	242543	151397		91146	

6-2-55 省会城市和计划单列市公共交通运营线路总长度(2012年底)

单位：公里

城市	公共汽车、无轨电车	公交专用车道	轨道交通			
				地铁	轻轨	有轨电车
北　京	19547	355	442	442		
天　津	12732	65	139	79	52	8
石家庄	3361	27				
太　原	2817	93				
呼和浩特	1666	17				
沈　阳	4040	152	50	50		
大　连	3238	56	87		63	24
长　春	4486	93	55		47	8
哈尔滨	4439	31				
上　海	23190	162	468	439		
南　京	7317	71	85	85		
杭　州	11351	61	48	48		
宁　波	7847	29				
合　肥	2211	22				
福　州	3249	38				
厦　门	5272	63				
南　昌	3908	13				
济　南	4031	115				
青　岛	5072	79				
郑　州	3881	30				
武　汉	6073	33	56	28	28	
长　沙	3263	130				
广　州	14991	270	236	236		
深　圳	18336	612	177	177		
南　宁	2548	60				
海　口	3847					
重　庆	8828		131	56	75	
成　都	7236	425	40	40		
贵　阳	2939	13				
昆　明	10862	125				
拉　萨	529					
西　安	5797	239	20	20		
兰　州	1262					
西　宁	1267					
银　川	1406	53				
乌鲁木齐	2265	57				

注：上海市轨道交通合计中包括磁悬浮运营线路总长度29公里。

6-2-56 省会城市和计划单列市公共交通运营车(船)拥有量(2012年底)

单位：辆

城市	公共汽电车、轨道交通车辆合计	公共汽电车	#天然气车	液化石油气车	无轨电车	轨道交通	地铁	轻轨	有轨电车	出租汽车	轮渡运营船数(艘)
北京	25831	22146	3244		560	3685	3685			66646	
天津	9031	8405	559			626	450	152	24	31940	
石家庄	4197	4197	2877							6823	
太原	2782	2782	617		133					8291	
呼和浩特	1564	1564								5575	
沈阳	5722	5470	530			252	252			19640	
大连	5188	4972	250		61	216		144	72	10592	
长春	4955	4575				380		351	29	16967	
哈尔滨	5433	5433	2387	517						15519	45
上海	19825	16695	140		160	3130	3116			50683	54
南京	6719	6239	1055			480	480			10195	19
杭州	7618	7450	333		51	168	168			10344	
宁波	4046	4046	860							4101	3
合肥	3271	3271	809							8395	
福州	3408	3408	730							5445	5
厦门	3893	3893	416							4960	20
南昌	3864	3864								4753	
青岛	5397	5397	1649							9693	38
济南	4518	4518	1130		140					8357	
郑州	5548	5548			35					10718	
武汉	7687	7375	1502	327	207	312	180	132		16597	37
长沙	3775	3775	577							6280	
广州	13601	12291	276	7590	274	1310	1310			19943	26
深圳	15596	14546	585			1050	1050			15300	
南宁	2767	2767								5670	
海口	1605	1605	690							2610	16
重庆	8540	7982	7401			558	186	372		15520	16
成都	10130	9890	8564	100		240	240			14914	
贵阳	2553	2553	1814							6722	
昆明	4906	4906	76							8125	
拉萨	355	355								1160	
西安	7793	7685	3768			108	108			13132	
兰州	2634	2634	2618							6996	
西宁	1867	1867	1785							5516	
银川	1615	1615	1615							5278	
乌鲁木齐	3914	3914	3639							10046	

注：轨道交通车辆中包括上海磁悬浮车辆14辆。

6-2-57 省会城市和计划单列市公共交通客运量

单位：万人次

城市	客运总量	公共汽电车	轨道交通	出租汽车	轮渡
北京	831440	515416	246162	69862	
天津	166452	118721	11230	36500	
石家庄	86915	63975		22940	
太原	77434	57926		19508	
呼和浩特	45870	36870		9000	
沈阳	186867	113117	18287	55463	
大连	160245	106627	8623	44995	
长春	152151	75759	5225	71167	
哈尔滨	165275	116164		48784	327
上海	617345	280360	227573	107507	1905
南京	174680	105263	40060	28353	1004
杭州	168973	131900	561	36511	
宁波	56567	45174		11085	308
合肥	94706	66164		28542	
福州	87920	66637		21255	28
厦门	108724	87536		18373	2815
南昌	79933	60539		19394	
青岛	119090	95103		23766	221
济南	104963	85312		19652	
郑州	128123	98474		29649	
武汉	206541	158478	8288	38664	1111
长沙	105080	76606		28473	
广州	527137	262742	185610	77004	1782
深圳	347222	228305	78129	40789	
南宁	73797	58339		15458	
海口	36376	28747		7573	56
重庆	276106	176968	24363	74589	186
成都	203672	158006	10308	35359	
贵阳	99096	65596		33499	
昆明	108955	85293		23662	
拉萨	13079	6772		6307	
西安	228587	174575	5912	48100	
兰州	94282	70720		23562	
西宁	57191	38392		18799	
银川	45851	26233		19618	
乌鲁木齐	108257	85871		22386	

6-2-58 邮政主要业务量

指标		2005	2006	2007	2008	2009	2010	2011	2012
邮政业务总量	(亿元)	625.5	730.5	1213.7	1401.8	1639.9	1985.3	1607.7	2036.8
函件	(万件)	735114.8	713123.2	695034.4	736334.7	753244.8	740141.0	737840.5	707405.0
国内函件		731112.5	709041.4	690401.3	729734.1	744846.9	731656.6	727362.0	696320.2
国际及港澳台函件		4002.4	4041.8	4633.1	6600.6	8397.9	8484.4	10478.4	11084.8
包裹	(万件)	9531.8	9317.5	9103.3	7936.7	7229.6	6642.5	6883.0	6875.5
国内包裹		9375.1	9158.8	8939.6	7783.1	7084.2	6496.0	6729.9	6710.9
国际及港澳台包裹		156.7	158.7	163.7	153.6	145.5	146.5	153.1	164.6
快递	(万件)	22880.3	26988.0	120189.6	151329.3	185784.8	233892.0	367311.1	568548.0
国内同城快递		4780.2	5892.7	33312.5	40223.4	43728.3	53605.8	81818.3	131410.2
国内异地快递		17401.4	20179.2	77157.0	100465.6	130803.6	167324.7	272742.1	418895.0
国际及港澳台快递		698.8	916.1	9720.1	10640.4	11252.9	12961.4	12750.7	18242.8
汇票	(万笔)	16052.0	18928.0	22875.2	26404.2	27177.4	28043.2	26474.3	22913.4
国内汇票		16034.1	18900.5	22827.0	26373.3	27149.6	28032.4	26544.6	22884.0
国际汇票		17.9	27.5	48.2	30.9	27.8	10.8	29.3	29.3
订销报纸累计份数	(万份)	1502669.3	1314762.8	1505639.6	1626004.2	1621040.2	1717080.6	1817050.7	1892652.5
订销杂志累计份数	(万份)	100314.6	53185.7	98104.1	104220.0	102073.1	104756.3	107701.6	112009.7
报纸期发份数	(万份)	8020.4	7904.1	7219.5	8954.5	7592.7	9598.9	8752.8	9048.3
杂志期发份数	(万份)	6580.9	6468.6	5811.1	6703.8	6316.8	7559.4	6254.8	6353.3
集邮邮票	(万枚)	121213.5	104580.9	113656.7	131872.6	110088.5	114622.5	102857.5	118276.0
集邮品册数	(万册)	2940.8	2689.9	3017.2	4121.9	3748.4	4687.5	6431.9	5746.1
邮政储蓄平均余额	(亿元)	12123.1	15017.5	16774.6	19260.3	22549.8	26546.4	31546.7	37903.6
邮政储蓄期末余额	(亿元)	13599.0	16019.6	17217.0	20799.2	24050.1	28471.4	34037.3	40486.7

注：1.邮政业务总量、快递的统计口径2006年及以前为中国邮政集团，2007年起数据包括邮政企业和年业务收入200万元以上快递企业(下表同)。

2.邮政业务总量2010年及以前按2000年不变价格计算；2011年及以后按2010年不变价格计算，2011年按可比价格比上年增长25.0%。

6-2-59 各地区邮政主要业务量

地 区	邮政业务总量（亿元）	函件（万件）	包裹（万件）	汇票（万笔）	订销报纸累计份数（万份）	订销杂志累计份数（万份）	报刊期发数（万份）	集邮邮票（万枚）	邮政储蓄期末余额（亿元）
全 国	**2036.8**	**707405.0**	**6875.5**	**22913.4**	**1892652.5**	**112009.7**	**15401.6**	**118276.0**	**40485.7**
北 京	142.3	67219.3	596.6	886.4	83132.7	6075.8	728.6	15821.3	1139.1
天 津	25.7	13428.8	117.0	244.6	21040.2	1354.6	194.6	2154.7	684.7
河 北	59.6	28870.0	359.6	501.1	82937.5	4697.7	631.5	2720.3	1763.9
山 西	30.4	5402.3	122.7	704.1	57258.6	2777.0	395.4	1304.1	1566.1
内蒙古	14.8	2434.3	106.9	663.3	29789.9	1791.6	229.6	1665.3	489.9
辽 宁	42.9	7432.8	243.2	962.9	54317.5	3016.1	403.7	5501.8	1758.7
吉 林	22.3	5005.7	130.2	443.8	27952.3	1351.5	202.8	2400.6	922.1
黑龙江	32.4	7057.5	234.4	411.6	46901.9	2812.1	607.0	4139.4	1582.0
上 海	190.8	134730.8	508.3	773.9	118736.9	5014.6	982.7	4202.3	1091.9
江 苏	205.7	89464.7	415.8	1653.8	168574.1	8244.2	1168.0	8618.1	3206.7
浙 江	215.2	77655.5	494.3	1729.8	157040.7	7567.3	1084.4	5825.7	1778.9
安 徽	45.9	16404.9	150.6	274.5	55067.1	5226.8	556.4	2343.2	1785.7
福 建	78.7	24554.3	169.8	857.3	71874.2	3808.8	502.9	4028.1	986.9
江 西	31.6	10246.7	120.4	341.6	56370.0	2800.3	346.3	4412.8	1266.9
山 东	94.1	45662.6	371.2	922.7	123612.3	6501.9	976.4	9350.3	2710.6
河 南	69.2	17516.8	286.4	1297.4	121909.2	5690.4	1010.6	5343.0	2547.8
湖 北	52.6	13097.1	176.8	553.1	60400.9	6982.8	596.4	4893.5	2025.5
湖 南	48.7	6918.8	188.1	668.3	66313.9	5073.0	674.0	3666.4	1846.8
广 东	395.2	80406.1	675.6	4217.5	97303.9	8016.8	1037.0	7937.5	2769.0
广 西	24.1	6053.1	119.5	418.5	32799.6	3727.4	387.3	845.0	945.5
海 南	7.8	968.6	41.2	185.1	15426.8	690.2	103.2	393.2	340.9
重 庆	31.3	5706.6	109.6	332.8	29264.7	1628.6	234.3	2501.5	1316.3
四 川	72.4	15765.8	266.1	929.2	91691.1	4305.5	658.3	3240.5	2443.1
贵 州	17.9	6036.5	62.4	568.0	35109.2	2917.9	339.8	1941.7	561.2
云 南	18.3	5249.9	143.9	451.4	45667.6	2508.8	316.0	3069.5	469.8
西 藏	1.8	287.4	40.0	134.6	9498.4	379.5	54.2	274.2	40.0
陕 西	31.3	6060.7	199.2	511.2	42697.1	2714.9	336.9	4275.3	1320.5
甘 肃	9.9	3559.8	94.4	314.3	34162.1	1131.6	225.9	1730.3	363.0
青 海	2.6	532.9	39.8	142.7	7535.7	336.0	48.3	569.8	107.9
宁 夏	4.5	1145.9	30.8	124.8	8468.9	564.1	58.9	700.1	109.7
新 疆	16.7	2528.6	260.6	693.4	39797.5	2302.1	310.2	2262.1	544.5
不分地区								144.4	

6-2-60 邮政邮路

指　　标		2004	2005	2006	2007	2008	2009	2010	2011	2012
邮路总条数	**（条）**	**21350**	**20846**	**20757**	**21034**	**21077**	**20838**	**20904**	**21385**	**24171**
#国际及港澳邮路	（条）	111	124	130	143		169	126	151	146
全国干线邮路	（条）	1248	1258	1274	1315		1514	2035	2462	2600
省内干线邮路	（条）	1317	1424	1442	1449		1779	2424	2250	3890
航空邮路	（条）	1003	1034	1040	1070	1088	1204	1634	1842	1803
铁路邮路	（条）	164	164	163	155	168	175	181	200	197
汽车邮路	（条）	14404	14721	14833	15197	15369	15832	15816	16458	19552
水路邮路	（条）	156	137	142	135		115	103	117	82
其他邮路	（条）	5623	4790	4579	4477		3512	3170	2768	2537
总数中：快速邮路	（条）	676	763	711	737		973			
城市投递段道	（条）	45415	47841	49831	52307	55017	57304	53603	53786	56212
农村投递路线	（条）		96363	98046	98822	99962	98759	99610	93661	91245
邮路总长度（单程）	**（公里）**	**3336446**	**3406226**	**3369392**	**3532980**	**3693464**	**4027751**	**4635569**	**5140272**	**5855107**
#国际及港澳邮路	（公里）	454424	500104	474463	557625		706058	518609	484228	653307
全国干线邮路	（公里）	1661102	1652859	1645944	1673123		1954567	2564072	2917349	3417964
省内干线邮路	（公里）	278652	303855	297805	319445		381098	590472	788243	761445
航空邮路	（公里）	1762990	1813959	1777368	1855335	1908316	2178332	2529232	2718292	3160292
铁路邮路	（公里）	195998	200180	204733	211534	236860	248876	269700	309027	320144
汽车邮路	（公里）	1194578	1229802	1230633	1302915	1385102	1450782	1753027	2017483	2289077
水路邮路	（公里）	51404	50394	50732	57561		69132	3695	10529	11459
其他邮路	（公里）	131476	111891	105926	105635		80627	79914	84941	74135
总数中：快速邮路	（单程）	147702	169969	140140	137365		192744			
城市投递段道(单程)	（公里）		941286	985785	1024046	1111749	1324378	1461321	1171464	1327674
农村投递路线(单程)	（公里）	3530508	3565226	3566982	3637553	3656936	3676051	3690561	3632579	3731657

6-2-61 分地区邮政邮路

地 区	邮 路总条数（条）	#航空邮路	#铁路邮路	#汽车邮路	城市投递段道（条）	农村投递路线（条）	邮 路总长度（单程）（公里）	#航空邮路	#铁路邮路	#汽车邮路	城市投递段道（单程）（公里）	农村投递路线（单程）（公里）
全 国	**24171**	**1803**	**197**	**19552**	**56212**	**91245**	**5855107**	**3160292**	**320144**	**2289077**	**1327674**	**3731657**
北 京	1443	77	19	1175	3240	423	405521	236926	35141	104867	50625	18669
天 津	895	30	3	860	704	262	157480	86238	6311	57864	15438	18661
河 北	624	4	1	595	2349	3470	78040	6020	1622	69477	62028	191861
山 西	530	32	6	374	1581	2519	97314	41518	8430	41245	35409	119338
内蒙古	867	46	8	739	1360	1406	154666	63615	4066	85254	41462	109253
辽 宁	626	77	6	531	2367	2726	252991	186973	7774	57951	56642	113875
吉 林	384	45	9	309	960	1666	179250	134579	11513	32790	30863	99698
黑龙江	625	32	15	559	2035	2640	138855	62483	13916	62383	48425	120323
上 海	794	76	10	572	4461	599	192241	97216	19384	74361	62958	22684
江 苏	1027	81	4	940	3306	4991	240630	94477	5811	140268	91897	266263
浙 江	1265	173	5	881	2804	4190	449588	329552	9411	105424	77715	170167
安 徽	645	48	3	583	1846	2696	139364	60384	2355	76372	45227	133560
福 建	748	79	2	604	1829	3271	182584	115628	2834	63440	33904	93039
江 西	629	27	4	573	1268	3187	108198	34048	5694	68097	28397	100828
山 东	822	118	9	691	3578	5260	309689	201815	16180	91373	95114	264799
河 南	847	38	5	771	2996	4277	131284	42450	7621	80403	59681	197726
湖 北	669	52	8	600	2032	3747	124877	55055	10605	59183	50903	211898
湖 南	735	48	1	668	2109	5900	142207	54478	1607	85626	53011	215941
广 东	1314	140	12	1133	3870	4120	578539	316352	24477	237089	123020	215842
广 西	1030	141	9	831	1166	3963	273528	201157	14427	57160	26772	113521
海 南	155	40		106	378	485	94378	80385		13538	12767	24373
重 庆	389	39	5	345	1012	1747	110951	56868	7936	46147	24614	64120
四 川	2391	83	9	1008	2534	10630	269222	125666	12909	110917	51183	187082
贵 州	1125	40	4	949	878	2551	136429	51399	5880	76735	16073	52532
云 南	1257	58	13	1141	1362	5141	197454	75116	29058	90976	24378	169445
西 藏	70	7	1	62	138	1777	29485	11400	2188	15897	4446	97409
陕 西	664	47	9	543	1388	2738	146020	64898	14130	64354	31547	127543
甘 肃	715	27	5	666	1035	2870	126312	43753	6010	76169	30355	134411
青 海	111	23	2	85	286	132	72785	44824	3504	24073	6544	5517
宁 夏	136	21	1	102	221	187	54058	32808	2315	18362	6949	9956
新 疆	639	54	9	556	1119	1674	281167	152211	27033	101285	29328	61325

6-2-62 邮政业营业网点

年份 地区	邮政业营业网点(处)	邮政局所总数(处)				信筒信箱(个)	邮政储蓄点(处)
			设在农村	电子化支局	邮政支局(处)		
2002	76358	56861	40419	17662	22227	217541	34444
2003	63555	56426	39911	18428	22207	275962	33540
2004	66393	55747	38721	20026	22413	222946	34424
2005	65917	55444	37930	24124	22910	202259	35024
2006	62799	54310	36387	33234	23233	197491	35704
2007	70655	53569	35364	35875	23281	195336	36016
2008	69146	51255	34843	37529	24171	224023	
2009	65672	48687	33303	37419	23489	206597	36869
2010	75739	47446	32624	38674	23997	171043	37439
2011	78667	46850	31865	38612	24857	148206	38117
2012	95572	47206	32372	39375	24791	150271	39087
北　京	3086	749	167	713	171	5973	534
天　津	1068	383	124	373	121	2836	415
河　北	2843	1616	1024	1433	1184	4472	1387
山　西	2097	1203	738	930	480	2508	1207
内蒙古	2204	1509	937	906	761	2397	774
辽　宁	3087	1552	932	1514	1110	5213	1677
吉　林	1609	973	702	767	760	4111	1067
黑龙江	2450	1537	947	1394	997	3386	1662
上　海	3792	542	197	540	169	3443	460
江　苏	6772	2470	1784	2411	2199	7361	2499
浙　江	5305	1652	1134	1450	760	25408	1688
安　徽	2548	1705	1226	1491	896	3961	1717
福　建	3177	1315	956	1145	909	11414	977
江　西	2715	1661	1240	1395	482	3624	1437
山　东	5820	2856	2022	2822	2669	10354	2938
河　南	4368	2531	1845	2468	1629	4574	2249
湖　北	4046	1678	1158	1571	1206	4173	1581
湖　南	3115	1996	1501	1715	1129	3617	2032
广　东	10910	3138	1623	2816	1352	9344	2008
广　西	2328	1469	1153	1200	579	4327	995
海　南	685	416	313	305	211	666	340
重　庆	2583	1635	1249	1563	469	2890	1706
四　川	7071	4947	4202	2835	1472	8709	3069
贵　州	2017	1307	966	1209	739	2744	924
云　南	2856	1812	1351	1299	550	1820	841
西　藏	247	207	92	127	91	332	74
陕　西	2428	1420	959	1080	608	2920	1248
甘　肃	1710	1197	840	760	344	5258	581
青　海	261	183	56	139	75	354	169
宁　夏	489	308	180	177	28	526	195
新　疆	1885	1239	754	827	641	1556	636

注：营业网点1998年及以前为邮电局所，1999-2006年为邮政局所，统计口径从2002年起为邮政局所和邮政代办点，2007年邮政业营业网点数据包括邮政企业和年业务收入200万元以上快递企业。

6-2-63 邮政通信服务水平

指标		2004	2005	2006	2007	2008	2009	2010	2011	2012
已通邮的行政村	(个)	665892	645939	638096	623507	614592	614729	606922	599228	596542
开办邮政储蓄业务的乡(镇)	(个)	20985	20850	20244	21053	20513	18871	18139	18018	17860
城区每日平均投递次数	(次)	2.2	2.1	2.1	2.1	2.1	2.0	2.1	2.1	2.0
农村每周平均投递次数	(次)	5.1	5.0	4.9	4.9	5.0	5.0	4.9	5.0	5.0
城区局内信箱(筒)每日开箱次数	(次)	2.2	2.2	2.2	2.2	2.1	2.1	2.1	1.9	1.9
城区局外信箱(筒)每日开箱次数	(次)	1.6	1.5	1.5	1.5	1.5	1.5	1.4	1.4	1.5
邮政储蓄市场占有率	(%)	9.0	9.6	9.9	10.0	9.6	9.2	9.4	9.9	10.1
平均每一营业网点服务面积	(平方公里)	142.4	145.6	152.9	135.9	138.8	146.2	126.8	122.0	100.4
平均每一营业网点服务人口	(万人)	1.9	2.0	2.1	1.9	1.9	2.0	1.8	1.7	1.4
平均每人每年发函件数	(件)	6.4	5.7	5.5	5.3	5.6	5.7	5.5	5.5	5.2
平均每百人每年订报刊数	(份)	11.4	11.2	11.2	9.9	11.9	10.4	12.8	11.1	11.4

6-2-64 各地区邮政通信服务水平

地　区	平均每一营业网点服务人口(万人)	城区每日平均投递次数(次)	农村每周平均投递次数(次)	邮政储蓄市场占有率(%)
全　国	**1.4**	**2.0**	**5.0**	**10.1**
北　京	0.7	3.0	7.0	5.3
天　津	1.3	2.0	6.5	9.7
河　北	2.6	2.0	6.0	8.5
山　西	1.7	2.0	5.0	13.1
内蒙古	1.1	2.0	3.0	7.4
辽　宁	1.4	2.2	4.5	9.9
吉　林	1.7	2.0	4.0	13.4
黑龙江	1.6	1.6	4.0	17.1
上　海	0.6	3.0	10.0	5.6
江　苏	1.2	2.2	6.1	10.7
浙　江	1.0	2.1	6.0	6.7
安　徽	2.4	2.0	6.0	16.0
福　建	1.2	1.5	5.7	9.4
江　西	1.7	1.9	4.4	15.0
山　东	1.7	2.0	6.0	10.3
河　南	2.2	1.9	5.2	14.6
湖　北	1.4	2.0	6.0	15.1
湖　南	2.1	1.6	3.3	14.7
广　东	1.0	2.2	8.0	6.1
广　西	2.0	2.0	5.0	12.0
海　南	1.3	2.0	6.0	15.7
重　庆	1.1	2.0	6.0	15.7
四　川	1.1	2.3	3.7	12.6
贵　州	1.7	2.0	3.0	11.7
云　南	1.6	2.0	3.0	6.1
西　藏	1.2	2.0	1.0	9.9
陕　西	1.5	2.0	5.0	12.3
甘　肃	1.5	2.0	5.0	7.2
青　海	2.2	2.0	3.0	8.5
宁　夏	1.3	2.0	5.0	6.5
新　疆	1.2	2.0	3.0	10.3

6-2-65 快递业务量

年份 地区	快递 (万件)	#国内同城快递	#国内异地快递	#国际及港澳台快递	快递业务收入 (万元)
1990	343.3				
1991	566.7				
1992	959.2				
1993	2156.2				
1994	4019.5				
1995	5562.7				
1996	7096.6				
1997	6878.9				
1998	7667.7				
1999	9091.3				
2000	11031.4				
2001	12652.7				
2002	14036.2				
2003	17237.8				
2004	19771.9				
2005	22880.3				
2006	26988.0				
2007	120189.6	33312.5	77157.0	9720.1	3425851.6
2008	151329.3	40223.4	100465.6	10640.4	4084274.6
2009	185784.8	43728.3	130803.6	11252.9	4790030.7
2010	233892.0	53605.8	167324.7	12961.4	5746029.8
2011	367311.1	81818.3	272742.1	12750.7	7579878.2
2012	568548.0	131410.2	418895.0	18242.8	10553324.2
北京	48073.7	15122.3	31889.5	1061.9	762737.0
天津	6364.0	1420.8	4758.0	185.2	144376.7
河北	12469.1	1427.0	10859.5	182.5	214740.6
山西	2805.3	393.8	2394.8	16.8	54284.2
内蒙古	2440.0	188.8	2241.6	9.6	58718.6
辽宁	7757.4	1382.6	6163.6	211.1	179310.6
吉林	3854.4	536.3	3269.8	48.3	80722.5
黑龙江	3623.5	452.5	3143.8	27.1	81909.5
上海	59905.3	20123.6	35851.8	3929.9	1828629.3
江苏	63870.5	13009.8	49290.5	1570.2	1034124.0
浙江	81986.8	16668.7	63489.5	1828.5	1197342.6
安徽	9731.4	1445.6	8201.2	84.5	145715.8
福建	25593.8	4046.8	20965.0	582.0	420985.5
江西	5472.6	639.5	4810.3	22.8	84144.3
山东	24731.8	4446.1	19671.8	613.9	419168.3
河南	12503.4	2432.6	9964.6	106.1	192209.6
湖北	11629.8	2458.1	9086.8	84.9	183033.8
湖南	10022.7	1300.3	8602.8	119.6	164752.9
广东	133770.5	36820.9	89965.7	6983.8	2456278.2
广西	4395.1	597.6	3745.8	51.7	87490.9
海南	1123.6	232.7	883.1	7.8	23230.1
重庆	5497.9	1846.2	3575.1	76.6	103426.5
四川	12814.4	2264.9	10198.9	350.6	225753.7
贵州	1801.0	202.6	1593.1	5.3	40386.8
云南	3774.4	654.0	3097.6	22.8	85357.5
西藏	320.1	21.9	297.6	0.6	12989.2
陕西	5085.0	668.3	4372.1	44.6	101893.6
甘肃	1470.3	243.7	1221.2	5.4	35255.3
青海	286.7	43.5	241.9	1.2	9844.1
宁夏	2967.8	77.5	2888.6	1.8	52709.0
新疆	2406.0	241.0	2159.4	5.7	71803.8

注：快递业务量2006年及以前为邮政特快专递，2007年起为规模以上(年业务收入200万元以上)快递服务企业业务量。

【主要统计指标解释】

铁路营业里程 又称营业长度，指投入客货运输营业或临时营业的线路长度。

电气化里程 指具备了电力机车牵引条件，并已交付运营的线路里程。

铁路自动、半自动闭塞里程 为保证列车安全运行，在一个区间、同一时间内，一般只允许一列列车运行，这种保证列车在这个区间安全间隔运行的技术方法称为“闭塞”。自动闭塞是根据列车运行及有关闭塞分区状态，自动变换通过信号机显示而司机凭信号显示行车的闭塞方法。采用此方式的闭塞公里为自动闭塞里程。半自动闭塞是由人工办理闭塞手续，列车凭信号显示发车后，出站信号机自动关机闭塞，靠车站值班员确认列车整列到达，办理区间闭塞复原的一种闭塞方式。采用此方式的闭塞公里为半自动闭塞里程。

公路里程 指在一定时期内实际达到《公路工程技术标准JTG B01-2003》规定的技术等级的公路，并经公路主管部门正式验收交付使用的公路里程数。包括大、中城市的郊区公路，以及公路通过小城镇（指县城、集镇）街道的公路里程和公路桥梁长度、隧道长度、渡口的宽度以及分期修建的公路已验收交付使用的里程，不包括大中城市的街道、厂矿、林区生产用道和农业生产用道的里程。两条或多条公路共同经由同一路段，只计算一次，不得重复计算里程长度。按公路技术等级分为等级公路和等外公路，其中等级公路分为高速公路、一级公路、二级公路、三级公路和四级公路。

内河航道里程 指在一定时期内，能通航运输船舶及排筏的天然河流、湖泊水库、运河及通航渠道的长度。包括全年季节性通航累计三个月以上的航道，不包括仅供零散流放竹、木排的河道。两省以河为界的航道里程，双方均按一半计算，以免重复。该指标可以反映内河水运网的规模、水平和发展情况。

定期航班航线里程 指定期航班营运里程的总长度，以万公里为计算单位。航线里程的统计分为按重复距离计算和按不重复距离计算两种形式。“按重复距离计算”是指不同航线的相同航段距离可以重复累加；“按不重复距离计算”则不同航线相同航段只统计一次。

输油(气)管道里程 指油、气、成品油等各类介质实际输送距离，是反映运输管线长度的指标，也是计算周转量的依据。对于有复线和备用线的地段，原则上按单线计算管输里程。双线同时输送又不能分开计量的情况下，管输里程为双线长度之和除以2。

货（客）运量 指在一定时期内，各种运输工具实际运送的货物重量（旅客数量）。货运按吨计算，客运按人计算。货物不论运输距离长短、货物类别，均按实际重量统计。旅客不论行程远近或票价多少，均按一人一次客运量统计；半价票、小孩票也按一人统计。

货物（旅客）周转量 指在一定时期内，由各种运输工具运送的货物重量（旅客数量）与其相应运输距离的乘积之总和。计算货物（旅客）周转量通常按发出站与到达站之间的最短距离，也就是计费距离计算。计算公式：

货物（旅客）周转量=Σ（货物（旅客）运输量×运输距离）

旅客(货物)运输密度 指报告期内营业线路平均每公里线路上所通过的旅客(货物)周转量。计算公式为：

旅客运输密度(人公里/公里)=旅客周转量／线路营业里程

货物运输密度(吨公里/公里)=货物周转量／线路营业里程

旅客运输平均运距 指报告期内平均每一位旅客的旅行距离。计算公式：

旅客运输平均运距=旅客周转量/客运量

货物运输平均运距 指报告期内平均每吨货物的运输距离。计算公式：

货物运输平均运距=货物周转量/货运量

铁路货车平均静载重 指货物在装车时的静止装载重量。计算公式为：

货车平均静载重(吨)=货物发送吨数／装车数

铁路货运机车日产量 指在一定时期内，平均每台货运机车在一昼夜内所完成的总重吨公里数，包括载运货物的重量和车辆本身的自重。该指标从时间和牵引能力两方面反映了机车运用效率。计算公式：

货运机车平均日产量（吨公里）= 货运总重吨公里/货运机车台日数

民用汽车拥有量 指报告期末，在公安交通管理部门按照《机动车注册登记工作规范》，已注册登记领有民用车辆牌照的全部汽车数量。汽车拥有量统计的主要分类：根据汽车结构分为载客汽车、载货汽车、其他汽车；根据汽车所有者不同分为个人（私人）汽车、单位汽车；根据汽车的使用性质分为营运汽车、非营运汽车；根据汽车大小规格不同，载客汽车分为大型、中型、小型和微型，载货汽车分为重型、中型、轻型和微型。

机动船 又称自航船，指装有各种发动机推进装置，以机械动力行驶的船舶。

驳船 指本身无动力装置，或只设简易动力装置，依靠拖船或推船带动的平底船。

拖船 指专门拖带其它船舶、船队、木排的船舶。

船舶净载重量 指报告期末所拥有船舶的总载重量减去燃（物）料、淡水、粮食及供应品、人员及其行李等的重量及船舶常数后，能够装载货物的实际重量。

港口 指位于江河湖海或水库沿岸，具有一定的设施和条件(如装卸机械、仓库堆场、码头泊位、客运设备等)，供船舶停靠、旅客上下、货物装卸、生活物料供应或其他专门业务的地方。包括港内水域及紧接水域的陆地。按港口所处的水域分为海港、河港、湖港等；按港口是否对外国船舶开放分为对外开放港口和不对外开放港口。

港口货物吞吐量 指经由水路进、出港区范围，并经过装卸的货物数量。按货物流向分为进港吞吐量和出港吞吐量；按货物贸易性质分为内贸和外贸货物吞吐量；按货物的类别分，可根据现行的交通行业标准《运输货物分类和代码》分类。

航线条数 指定期航班营运的航线条数。按国内航线（其中：港澳航线）、国际航线分类统计。

国际航线 指航线中任一航段的起讫点（技术经停点除外）在外国领土上的航线。

国内航线 指航线中各航段的起讫点（技术经停点除外）都在国内的航线。

地区航线 指航线中任一航段的起讫点在香港、澳门或台湾的航线（经香港、澳门、台湾飞往外国的航线统计为国际航线）。

民用飞机期末架数 指报告期末实有的、持有有效适航证书的飞机数量。

运输飞机 指从事公共航空运输的民用飞机。分为大中型飞机和小型飞机，大中型飞机指100座及以上的运输飞机，小型飞机指100座以下的运输飞机。

正班平均载运率 指报告期内正班飞行所完成的运输总周转量与可提供周转量之比。

城市公共交通 指城市中供公众乘用的、经济方便的各种交通方式的总称。包括公共汽车、电车、轨道交通（地铁、轻轨、有轨电车、磁悬浮、索道、缆车等）、出租汽车、公共轮渡等客运交通设施。

运营线路总长度 指全部运营线路长度之和。计算公式：

运营线路长度=Σ各条运营线路长度

=Σ〔1/2（上行起点至终点里程+下行起点至终点里程+上下行终点掉头里程〕。

单向行驶的环行线路长度等于起点至终点里程与终点下客站至起点里程之和的一半，不包括折返、试车、联络线等非运营线路。

公交专用车道 指为了调整公共交通车辆与其他社会车辆的路权使用分配关系，提高公共交通车辆运营速度和道路资源利用率，而科学、合理设置的公共交通优先车道、专用车道（路）、路口专用线（道）、专用街道、单向优先专用线（道）等。

运营车数 指城市中用于公共交通运营业务的全部车辆数。地铁和轻轨在统计时一自然节为一辆。出租汽车指已经领取出租汽车专用牌照的运营车辆，包括技术完好的、在修的、长期行驶的以及拟报废尚未经上级机关批准的车辆。

轮渡运营船数 指用于城市客渡运营业务的全部船舶数。不含旅游客轮（长途旅游、市内供游人游览江、河、湖泊的船只）。

城市公共交通客运总量 指报告期内城市公共交通各种运输方式运送乘客的总人次。

邮政业务总量 指以货币形式表示的邮政行业企业为社会提供各类邮政服务或其他服务的总数量，是用于观察邮政业务发展变化总趋势的综合性总量指标。邮政业务总量是以各类业务的实物量分别乘以相应的不变单价，求出各类业务的货币量加总求得。

营业网点 指拥有固定地址、直接对外营业，可收寄邮件和快件的营业场所和服务机构数量。

邮政局所 指经邮政部门审批许可，有固定的局所地址、领有上级发给的日戳或戳记，直接对外营业，至少办理出售邮票和收寄挂号信函两种业务的服务机构。按级别可分为邮政支局、自办邮政所、代办邮政所和其他局所。

邮路 指各邮政局所之间，邮政局所与车站、码头、机场、转运站、邮件处理中心、报刊社之间，邮区中心局与邮政局所及各邮区中心局之间由自办或委办人员按固定班期规定路线交换邮件（包括机要文件，下同）、报刊的路线。包括农村地区运邮兼投递的路线，不包括城市、农村地区纯投递路线。按运输方式可分为航空邮路、铁路邮路、汽车邮路、水路邮路和其他邮路等。

农村投递路线 指农村邮政支局所自编或委办人员按固定班期、规定路线至农村乡（镇）、行政村等收件单位投递邮件、报刊所走的路线。

营业网点服务面积 指报告期行政区域平均每一营业网点服务的面积。计算公式：

$$\text{每一营业网点服务面积}=\frac{\text{行政区域土地面积（平方公里）}}{\text{营业网点总数（处）}}$$

营业网点服务人口 指报告期行政区域平均每一营业网点服务的人口数。计算公式：

$$\text{每一营业网点服务人口}=\frac{\text{行政区域总人口数（万人）}}{\text{营业网点总数（处）}}$$

6 第三产业部分行业主要业务指标

6-3 住宿和餐饮业

简要说明

一、主要内容

住宿和餐饮业企业经营情况。

二、统计范围

限额以上住宿和餐饮业企业。

三、统计调查方法

对限额以上住宿和餐饮业法人企业采用全面调查方法。

四、限额标准

住宿业企业：年主营业务收入200万元及以上。

餐饮业企业：年主营业务收入200万元及以上。

五、资料来源

本部分资料是国家统计局贸易外经统计司根据《住宿和餐饮业统计报表制度》搜集的资料进行加工整理而得。

6-3-1 限额以上住宿和餐饮业企业经营情况

单位：万元

项目	营业额	#客房收入	#餐费收入
总计	**79542841**	**18625069**	**54427611**
一、住宿业	**35344388**	**16179135**	**14760317**
#国有控股	10317945	4414890	4229785
(一)按登记注册类型分			
内资企业	**29683123**	**13481359**	**12607116**
国有企业	6414419	2671903	2726926
集体企业	838515	330579	397262
股份合作企业	226803	102856	92378
联营企业	132010	60003	54927
国有联营企业	60011	32480	20733
集体联营企业	22410	7975	13011
国有与集体联营企业	27193	9356	10768
其他联营企业	22397	10192	10416
有限责任公司	10639544	4989227	4392972
国有独资公司	424383	191372	168472
其他有限责任公司	10215161	4797855	4224500
股份有限公司	1215594	510358	510843
私营企业	9114485	4296702	3963279
私营独资企业	1611986	735461	732663
私营合伙企业	375662	179652	158365
私营有限责任公司	6565735	3130851	2813676
私营股份有限公司	561103	250737	258575
其他企业	1101754	519731	468529
港、澳、台商投资企业	**3309539**	**1546341**	**1261099**
合资经营企业	1685539	785955	652387
合作经营企业	433231	194228	167054
独资经营企业	1082480	515140	395432
投资股份有限公司	105305	49633	44798
其他港澳台商投资企业	2984	1385	1428
外商投资企业	**2351726**	**1151435**	**892102**
中外合资经营企业	1154260	550546	433272
中外合作经营企业	369205	166628	162576
外资企业	778225	413075	274555
外商投资股份有限公司	35226	17002	14012
其他外商投资企业	14810	4185	7688
(二)按国民经济行业分			
旅游饭店	29531340	12837512	12865515
一般旅馆	5154009	2996715	1675711
其他住宿业	659040	344908	219092

6-3-1 续表 单位：万元

项目	营业额	#客房收入	#餐费收入
二、餐饮业	**44198453**	**2445934**	**39667294**
#国有控股	2213905	288965	1640924
(一)按登记注册类型分			
内资企业	**32804109**	**2362620**	**28592194**
国有企业	1077558	215580	748326
集体企业	352403	40451	277065
股份合作企业	266814	19492	222397
联营企业	59357	1278	44321
国有联营企业	1407	243	1081
集体联营企业	47299	356	33774
国有与集体联营企业			
其他联营企业	10651	680	9466
有限责任公司	8611660	682764	7324601
国有独资公司	149736	12597	100401
其他有限责任公司	8461924	670168	7224200
股份有限公司	1364221	86843	1140986
私营企业	19609125	1184834	17576734
私营独资企业	4437573	322636	3878047
私营合伙企业	617692	49258	546954
私营有限责任公司	13665453	760486	12365511
私营股份有限公司	888407	52454	786222
其他企业	1462970	131379	1257765
港、澳、台商投资企业	**3398907**	**46762**	**3232394**
合资经营企业	828697	14272	773161
合作经营企业	219361	2445	204850
独资经营企业	2322240	30009	2228150
投资股份有限公司	24969	35	22902
其他港澳台商投资企业	3640		3332
外商投资企业	**7995437**	**36552**	**7842706**
中外合资经营企业	1946982	25675	1885019
中外合作经营企业	154410	2339	134389
外资企业	5829414	7120	5763652
外商投资股份有限公司	53001	1164	48480
其他外商投资企业	11630	255	11166
(二)按国民经济行业分			
正餐服务	33563155	2418491	29307274
快餐服务	8826490	7618	8712092
饮料及冷饮服务	672412	448	622960
其他餐饮业	1136396	19377	1024969

6-3-2 各地区限额以上住宿和餐饮业企业经营情况

单位：万元

地 区	合 计			住宿业			餐饮业		
	营业额	#客房收入	#餐费收入	营业额	#客房收入	#餐费收入	营业额	#客房收入	#餐费收入
全 国	**79542841**	**18625069**	**54427611**	**35344388**	**16179135**	**14760317**	**44198453**	**2445934**	**39667294**
北 京	9186297	1905221	6331382	3751218	1859370	1138802	5435079	45850	5192580
天 津	1421728	221318	1097594	421870	196902	156153	999858	24416	941442
河 北	1384554	387305	885023	840585	319993	431244	543970	67312	453779
山 西	1565976	378434	1066432	568537	229272	275417	997439	149162	791015
内蒙古	1009068	288858	664394	451052	195532	220169	558016	93326	444224
辽 宁	2549896	534725	1864667	1080196	485622	482090	1469700	49103	1382577
吉 林	584116	199342	332034	365982	158020	174265	218134	41322	157769
黑龙江	669533	216893	373142	351159	190851	129333	318374	26042	243809
上 海	6300458	1115190	4741732	2102609	1057223	701213	4197849	57967	4040520
江 苏	5569293	1110168	4036640	2232620	862159	1100650	3336673	248009	2935991
浙 江	5811671	1398347	4001107	3015703	1214554	1508953	2795968	183793	2492154
安 徽	1607957	405576	1045905	719550	311273	333114	888408	94303	712790
福 建	2892813	639243	2039400	1417510	585708	664102	1475303	53535	1375298
江 西	894992	299710	511541	537625	264648	221122	357367	35062	290420
山 东	5402521	1132964	3778689	2113202	824256	1077913	3289319	308707	2700776
河 南	2951139	758154	1958006	1416879	643732	613342	1534260	114421	1344664
湖 北	2980487	700723	2080990	1088714	518017	455829	1891773	182706	1625161
湖 南	2435466	721135	1525904	1448427	635051	668570	987038	86085	857335
广 东	10535603	2363935	7321920	4711170	2176445	1870734	5824433	187490	5451186
广 西	965256	327066	555542	632012	307385	252514	333244	19681	303028
海 南	1047976	570657	399096	911885	566463	277585	136091	4195	121511
重 庆	2125980	351948	1612203	663199	289047	296717	1462781	62901	1315486
四 川	3957810	873596	2767899	1447421	766645	522103	2510389	106950	2245797
贵 州	549045	217225	286673	358836	203057	122511	190209	14168	164163
云 南	1261477	441195	674586	781556	428374	235580	479920	12821	439006
西 藏	72861	36274	26979	61481	35808	16301	11380	466	10678
陕 西	2303636	539277	1545967	986561	424526	464678	1317074	114751	1081288
甘 肃	644612	188681	427770	309529	162116	126181	335083	26565	301589
青 海	116290	50988	58133	70195	43163	21339	46095	7825	36794
宁 夏	216623	56176	140160	101292	46805	44911	115331	9371	95250
新 疆	527711	194748	276103	385814	177117	156885	141897	17631	119218

【主要统计指标解释】

营业额 指住宿和餐饮业单位在经营活动中因提供服务或销售商品等取得的全部收入，包括客房收入、餐费收入、商品销售额（含增值税）和其他收入。

客房收入 指住宿和餐饮业单位在经营活动中因提供住宿服务取得的收入。

餐费收入 指住宿和餐饮业单位为顾客提供就餐服务取得的收入，包括经烹饪、调制加工后出售的各种食品，如主食、炒菜、凉拌菜等的收入。

6 第三产业部分行业主要业务指标

6-4 信息传输、软件和信息技术服务业

简要说明

一、主要内容

电信资料主要包括：电信主要电路及设备拥有量、电信主要业务量、电信主要通信能力、电信通信服务水平等。

二、统计范围

包括从事电信运营的中国电信、中国移动、中国联通三家基础电信企业，不含专用网业务资料。业务范围分为国内业务量和国际及港澳业务量（对台业务量统计在港澳中）。

三、资料来源

本篇资料由国家统计局服务业统计司负责整理、编辑。资料来源于工业和信息化部。

6-4-1 电信主要业务量

指标		2004	2005	2006	2007	2008	2009	2010	2011	2012
电信业务总量	(亿元)	9148.0	11403.0	14595.4	18591.3	22247.7	25553.6	29993.2	11725.8	12982.4
固定电话用户合计	(万户)	31175.6	35044.5	36778.6	36563.7	34035.9	31373.2	29434.2	28509.8	27815.3
#无线市话用户		6487.4	8530.0	9062.9	8456.2	6893.1	4599.4	2863.2	1785.2	1224.9
公用电话用户		2215.0	2681.2	2960.7	2991.9	2771.5	2708.8	2595.9	2468.3	2347.1
城市电话用户		21025.1	23975.3	25132.9	24859.8	23155.9	21190.0	19658.1	19121.7	18893.4
#住宅电话用户		15246.5	17201.2	17697.6	16988.2	15588.3	12969.5	11973.4	11411.6	11013.2
农村电话用户		10150.5	11069.2	11645.6	11704.0	10880.0	10183.2	9776.1	9388.1	8921.9
#住宅电话用户		9240.5	10023.9	10561.5	10533.1	9612.2	8813.3	8325.0	7861.2	7315.8
移动电话用户合计	(万户)	33482.4	39340.6	46105.8	54730.6	64124.5	74721.4	85900.3	98625.3	111215.5
#3G移动电话用户							1232.2	4705.1	12842.4	23280.3
互联网拨号用户	(万户)	5122.3	3559.5	2644.6	1941.0	1227.8	754.4	590.1	550.7	569.8
互联网宽带接入用户	(万户)	2487.5	3735.0	5085.3	6641.4	8287.9	10397.8	12629.1	15000.1	17518.3
#xDSL用户		1720.3	2654.0	3709.8	5221.3	6701.7	8378.2	10071.6	11467.7	11474.9
固定本地电话通话时长合计	(亿分钟)								4227.4	3577.7
固定长途电话通话时长合计	(亿分钟)	741.6	894.2	1742.6	1756.7	1655.8	1314.6	1068.9	856.9	700.7
移动电话通话时长合计	(亿分钟)	9454.7	12507.4	16870.7	23061.3	29355.6	35351.0	43261.2	50472.6	55444.9
#去话通话时长					11224.6	14378.5	17070.3	21129.0	25056.0	27603.5
移动短信业务量	(亿条)	2170.5	3046.3	4295.4	5945.8	6996.9	7726.5	8277.5	8790.0	8973.1
卫星移动通信系统用户	(户)	3661	6403	8310	10876	11395	11633	14663	16362	19933
卫星移动电话通话时长	(万分钟)	36.2	149.4	278.3	425.8	621.7	778.0	953.0	1733.4	1556.0

注：1.电信业务总量2010年及以前按2000年不变价格计算；2011年及以后按2010年不变价格计算，2011年按可比价格比上年增长15.2%。

2.固定长途电话通话时长合计2005年及以前不含固定IP电话通话时长。

6-4-2 各地区电信主要业务量

单位：万户

地区	电信业务总量（亿元）	固定电话用户	城市电话用户	#住宅电话	农村电话用户	#住宅电话	移动电话用户
全国	**12982.4**	**27815.3**	**18893.4**	**11013.2**	**8921.9**	**7315.8**	**111215.5**
北京	488.9	883.2	705.5	421.8	177.7	141.8	3168.0
天津	159.3	353.7	349.2	226.0	4.5	0.7	1325.2
河北	538.7	1207.7	850.8	544.9	356.9	318.1	5513.1
山西	308.5	685.2	482.0	330.7	203.2	176.7	2764.6
内蒙古	258.5	368.3	310.7	184.1	57.6	46.1	2550.1
辽宁	473.2	1285.1	861.3	659.9	423.8	407.9	4291.3
吉林	240.6	578.8	434.7	289.3	144.1	133.6	2257.0
黑龙江	297.4	776.1	594.3	442.3	181.7	167.1	2663.9
上海	447.1	902.9	891.9	538.5	11.0		3008.3
江苏	914.6	2387.2	1341.0	733.7	1046.2	840.3	7471.4
浙江	809.9	1882.5	1127.4	516.5	755.0	533.9	6442.6
安徽	372.2	1091.4	641.0	389.3	450.5	390.3	3609.8
福建	514.2	1017.3	632.8	333.5	384.5	300.8	4049.2
江西	278.7	644.2	405.4	217.6	238.8	201.3	2573.4
山东	797.5	1854.2	1067.4	630.2	786.8	675.0	7588.9
河南	610.9	1288.7	789.9	389.3	498.8	405.7	5787.6
湖北	438.7	1003.6	666.2	367.8	337.4	287.1	4554.1
湖南	442.5	953.9	645.2	365.6	308.7	252.2	4262.0
广东	1766.4	3135.8	2220.9	1168.1	914.9	666.6	12468.0
广西	342.2	599.3	376.5	188.2	222.8	192.5	2884.1
海南	97.1	173.0	122.0	64.4	51.0	38.2	775.6
重庆	245.7	575.7	407.3	280.4	168.4	149.9	2069.6
四川	619.9	1347.1	927.8	565.0	419.4	360.8	5498.2
贵州	244.1	380.4	264.9	161.3	115.5	98.7	2321.4
云南	345.2	524.3	364.7	200.4	159.6	118.4	2895.8
西藏	33.0	40.5	39.1	22.5	1.4	0.7	235.5
陕西	355.1	772.1	541.3	294.5	230.8	192.3	3264.8
甘肃	180.0	377.8	272.4	151.8	105.3	84.9	1763.5
青海	54.5	102.5	85.6	50.6	16.9	14.5	537.2
宁夏	61.1	105.0	83.3	50.3	21.6	17.4	591.0
新疆	246.6	517.9	391.0	234.6	126.9	102.4	2010.6
不分地区							19.8

6-4-2 续表

地 区	固定本地电话通话时长(亿分钟)	固定长途电话通话时长(亿分钟)	移动电话通话时长(亿分钟)	移动短信业务量(亿条)
全 国	**3577.7**	**700.7**	**55444.9**	**8973.1**
北 京	159.5	44.0	1499.3	447.9
天 津	44.2	6.7	649.0	120.8
河 北	142.9	21.1	2531.7	311.2
山 西	37.9	8.5	1451.4	264.9
内蒙古	21.7	5.9	1303.7	174.2
辽 宁	250.5	22.7	2032.4	241.2
吉 林	36.4	7.5	1204.2	165.2
黑龙江	77.6	10.0	1487.3	164.4
上 海	230.7	60.1	1280.9	336.1
江 苏	245.8	43.4	3436.3	633.3
浙 江	206.9	38.6	3194.3	775.6
安 徽	104.9	18.8	1522.2	280.9
福 建	136.3	20.6	2082.9	387.7
江 西	58.4	11.9	1268.9	167.9
山 东	206.8	27.9	3614.3	436.9
河 南	222.5	21.9	2879.5	315.0
湖 北	94.2	22.4	1685.3	239.3
湖 南	141.6	17.3	2058.0	332.4
广 东	469.7	166.9	6937.3	1117.3
广 西	99.0	16.1	1453.4	210.1
海 南	27.9	5.5	487.0	62.4
重 庆	75.9	7.3	1198.8	135.8
四 川	159.3	24.9	2876.1	432.1
贵 州	29.8	9.2	1299.2	143.1
云 南	62.4	12.7	1632.7	367.4
西 藏	5.0	1.8	125.9	18.1
陕 西	89.6	14.2	1628.9	293.0
甘 肃	29.2	7.7	876.4	211.7
青 海	12.4	4.1	237.2	32.7
宁 夏	8.9	2.5	284.9	54.1
新 疆	89.6	18.3	1225.4	100.4

6-4-3 各地区固定电话用户情况

单位：万户

地区	2003	2004	2005	2006	2007	2008	2009	2010	2011	2012
全国	**26274.7**	**31175.6**	**35044.5**	**36778.6**	**36563.7**	**34035.9**	**31373.2**	**29434.2**	**28509.8**	**27815.3**
北京	683.7	847.5	943.7	905.2	914.6	884.9	893.1	885.6	883.9	883.2
天津	360.1	407.0	428.9	424.8	398.0	396.6	385.3	366.8	333.9	353.7
河北	1339.0	1554.9	1581.6	1600.6	1526.7	1457.5	1343.9	1251.4	1242.7	1207.7
山西	674.3	770.9	873.2	853.6	823.1	803.0	758.8	720.7	682.2	685.2
内蒙古	427.7	492.2	525.5	519.6	503.2	462.5	441.6	414.1	379.5	368.3
辽宁	1278.7	1470.1	1626.6	1647.2	1667.1	1604.3	1529.1	1428.0	1352.1	1285.1
吉林	594.6	655.6	756.0	718.7	729.8	621.7	581.3	595.2	579.3	578.8
黑龙江	874.4	1082.6	1056.5	1051.3	1081.2	1028.0	870.2	813.5	793.5	776.1
上海	733.9	868.2	996.7	1112.3	1022.0	1015.4	935.5	931.8	926.4	902.9
江苏	2043.9	2582.4	3059.1	3224.9	3224.1	2968.3	2662.4	2498.8	2370.9	2387.2
浙江	1656.5	1974.8	2231.7	2390.8	2407.9	2297.6	2130.9	1985.5	1947.9	1882.5
安徽	997.9	1191.6	1349.5	1501.4	1496.2	1379.9	1267.3	1231.0	1243.9	1091.4
福建	1122.7	1264.7	1398.5	1474.5	1482.5	1431.0	1244.8	1045.7	1015.0	1017.3
江西	630.3	693.4	829.3	880.6	885.2	846.9	748.5	709.6	673.9	644.2
山东	2088.8	2464.1	2637.9	2544.1	2493.9	2421.1	2217.3	1992.2	1896.6	1854.2
河南	1362.6	1583.9	1796.3	1945.4	1854.6	1562.4	1460.6	1426.8	1341.4	1288.7
湖北	889.8	1072.9	1236.4	1325.0	1280.2	1171.8	1088.3	1026.4	1020.3	1003.6
湖南	941.9	1085.3	1227.8	1341.3	1321.7	1257.3	1166.9	1077.0	1011.6	953.9
广东	2567.0	2954.9	3442.5	3633.5	3750.2	3573.3	3366.7	3169.1	3147.1	3135.8
广西	638.5	810.9	869.5	916.3	891.0	848.4	787.6	708.9	650.9	599.3
海南	162.8	197.3	230.3	249.0	240.1	224.7	182.8	179.8	175.0	173.0
重庆	533.4	642.4	688.9	725.5	722.5	678.9	627.7	582.7	571.3	575.7
四川	1128.2	1369.9	1577.4	1711.3	1755.1	1660.4	1551.2	1419.1	1382.9	1347.1
贵州	332.4	387.6	466.5	493.9	521.2	499.6	451.1	431.2	404.0	380.4
云南	483.2	547.4	597.8	644.2	628.7	616.3	583.1	562.5	540.1	524.3
西藏	27.4	37.7	52.0	67.8	67.3	70.7	53.9	43.9	40.5	40.5
陕西	671.9	791.9	859.3	914.5	925.7	881.2	815.0	781.9	775.5	772.1
甘肃	399.8	477.3	548.0	607.4	585.3	519.0	453.9	411.9	396.4	377.8
青海	76.4	94.4	113.5	125.4	123.1	119.4	109.3	103.2	104.2	102.5
宁夏	100.3	119.6	138.9	143.9	140.3	121.5	114.5	111.9	108.5	105.0
新疆	412.0	495.2	592.7	688.0	678.1	612.2	550.5	528.0	518.3	517.9
不分地区	40.6	187.2	312.2	396.6	423.2					

6-4-4 各地区移动电话用户情况

单位：万户

地　区	2003	2004	2005	2006	2007	2008	2009	2010	2011	2012
全　国	**26995.3**	**33482.4**	**39340.6**	**46105.8**	**54730.6**	**64124.5**	**74721.4**	**85900.3**	**98625.3**	**111215.5**
北　京	1108.9	1340.7	1459.4	1571.0	1598.3	1616.3	1825.5	2129.8	2576.0	3168.0
天　津	383.4	423.6	502.6	601.2	738.3	865.0	992.5	1089.8	1235.6	1325.2
河　北	1253.2	1512.9	1785.5	2251.0	2814.8	3214.1	3783.2	4353.6	5094.5	5513.1
山　西	600.9	753.8	906.2	989.6	1420.4	1698.5	1952.3	2205.2	2446.9	2764.6
内蒙古	479.1	594.6	712.3	874.1	1046.9	1344.4	1616.0	2034.0	2316.2	2550.1
辽　宁	1080.3	1194.4	1358.2	1611.0	1958.9	2421.5	2882.1	3341.8	3836.5	4291.3
吉　林	633.2	763.8	915.7	1137.8	1311.1	1362.9	1574.2	1805.4	2004.1	2257.0
黑龙江	856.5	1017.1	1132.3	1266.6	1449.2	1646.3	1865.9	2072.0	2376.6	2663.9
上　海	1098.6	1311.3	1444.2	1609.5	1776.5	1880.9	2113.2	2361.6	2620.6	3008.3
江　苏	1926.3	2232.9	2550.0	2873.0	3313.2	3957.0	4940.3	5923.1	6684.8	7471.4
浙　江	1955.2	2322.5	2686.3	3012.3	3529.2	3976.7	4456.3	5047.4	5756.0	6442.6
安　徽	697.9	873.4	1046.9	1216.7	1410.0	1715.1	2154.6	2798.7	3259.4	3609.8
福　建	946.5	1138.1	1302.3	1538.9	1808.7	2368.1	2639.1	3021.8	3553.2	4049.2
江　西	532.1	671.3	798.4	933.3	1182.4	1277.3	1548.0	1811.3	2322.1	2573.4
山　东	1510.2	1909.4	2347.3	2916.0	3738.1	4627.9	5334.5	6190.4	7118.1	7588.9
河　南	1072.6	1392.3	1815.0	2353.3	2914.5	3501.0	3987.2	4402.0	5062.0	5787.6
湖　北	874.2	1129.8	1401.3	1683.3	1940.6	2528.7	3136.9	3454.7	3953.7	4554.1
湖　南	846.2	1036.4	1266.2	1494.5	1798.0	2240.3	2752.4	3257.0	3749.1	4262.0
广　东	4007.0	5373.9	6406.6	7117.5	7842.1	8395.7	8923.3	9624.6	10792.8	12468.0
广　西	649.8	874.5	1021.1	1204.1	1384.3	1623.9	1960.1	2214.5	2532.7	2884.1
海　南	136.3	165.0	203.9	239.9	324.8	397.8	496.4	594.3	671.6	775.6
重　庆	619.4	811.6	943.4	1064.6	1176.9	1281.7	1440.9	1664.4	1801.2	2069.6
四　川	1195.4	1514.6	1689.7	1976.8	2400.4	2852.3	3466.9	4156.4	4817.9	5498.2
贵　州	331.1	440.0	509.4	648.8	834.0	1179.0	1453.4	1800.6	2044.3	2321.4
云　南	628.4	732.4	898.8	1068.9	1346.4	1635.9	1936.4	2244.5	2589.5	2895.8
西　藏	33.1	39.7	46.9	60.5	73.7	87.0	124.0	157.6	196.4	235.5
陕　西	617.6	788.7	938.1	1183.6	1612.7	1912.2	2337.4	2518.2	2907.2	3264.8
甘　肃	277.7	358.0	408.4	545.9	686.4	895.3	1194.7	1390.1	1614.7	1763.5
青　海	100.0	117.7	131.6	172.6	221.7	247.2	301.0	397.8	463.5	537.2
宁　夏	123.0	158.6	181.1	218.6	269.8	323.3	382.8	437.3	520.5	591.0
新　疆	421.2	489.7	531.3	671.1	808.3	1051.3	1113.0	1359.9	1670.9	2010.6
不分地区							37.0	40.5	36.7	19.8

6-4-5 电信主要通信能力

指 标		2005	2006	2007	2008	2009	2010	2011	2012
长途电路									
长途电话业务电路	(2M)	**2825655**	**5096145**	**9978193**	**19267393**	**31086840**	**42767837**	**62990311**	**94762409**
长途线路									
长途光缆线路长度	(公里)	723040	722439	792154	797979	831011	818133	842341	868175
长途光缆纤芯长度	(芯公里)	17565191	18259128	19391462	20052791	21632574	20747246	21745271	22950401
本地线路									
本地网中继光缆线路长度	(公里)	2401411	2631108	3388943	3975988	4481447	5350106	6170014	7233522
本地网中继光缆纤芯长度	(芯公里)	41906041	49150766	59070152	71049329	84541665	108108853	129712593	155269673
接入网光缆线路长度	(公里)	948336	926012	1596192	2004529	2982106	3794228	5106948	6691604
接入网光缆纤芯长度	(芯公里)	16494639	22571610	28489459	36508987	52878769	66727725	90298384	117987684
长途通信									
长途电话交换机容量	(万路端)	1371.6	1442.3	1709.2	1690.7	1684.9	1641.5	1602.3	1579.7
地面通信卫星地球站点	(个)	1282	1276	1265	1265	1262	1238	1237	1230
地面通信卫星地球容量	(门)	61697	43772	30332	31022	36135	34039	34593	31214
本地网通信									
局用交换机容量	(万门)	47196.1	50279.9	51034.6	50863.2	49265.6	46537.3	43428.8	43749.3
互联网及其他数据通信									
互联网宽带接入端口	(万个)	4874.7	6486.4	8539.3	10890.4	13835.7	18781.1	23239.4	32108.4
其中：xDSL端口	(万个)	3853.4	5233.5	7084.3	9205.6	11310.7	14013.3	15542.1	15858.3
移动通信									
移动电话交换机容量	(万户)	48241.7	61032.0	85496.1	114531.4	144084.7	150284.9	171636.0	184023.8
卫星通信									
VSAT双向小站	(个)	967	1910	2098	3445	4002	4371	4344	4365

注：2005-2011年长途电话业务电路采用将固定及移动长途电话业务电路、数据通信网长途电路和长途传输出租电路加总统计。

6-4-6 各地区电信主要通信能力

地区	固定长途电话交换机容量(万路端)	局用交换机容量(万门)	移动电话交换机容量(万户)	长途光缆线路长度(公里)
全国	**1579.7**	**43749.3**	**184023.8**	**868175**
北京	55.1	1586.1	4734.0	4104
天津	13.7	645.9	2045.0	3106
河北	31.1	1757.0	11205.2	34280
山西	30.7	1070.3	4648.9	27826
内蒙古	20.3	863.5	5148.3	56937
辽宁	50.8	2090.8	6229.8	24604
吉林	22.5	918.5	3751.0	22704
黑龙江	41.1	1364.8	5010.8	40538
上海	74.0	1380.5	3973.0	4758
江苏	109.5	3768.0	9665.7	32820
浙江	85.2	2855.4	9871.2	25001
安徽	73.7	1238.0	7479.9	26333
福建	61.3	1641.6	7704.6	21753
江西	55.5	852.4	3945.9	21492
山东	45.7	3069.1	11103.4	32641
河南	151.2	1804.2	8550.4	31398
湖北	49.1	1571.8	6805.7	27686
湖南	50.6	1428.8	5688.4	36419
广东	258.8	4360.6	20392.6	49065
广西	58.0	1190.2	3865.5	34846
海南	9.2	273.2	1512.4	3302
重庆	21.9	1130.3	3715.0	6102
四川	34.3	1793.5	13749.2	54614
贵州	26.7	930.1	4473.8	35283
云南	32.1	889.3	5182.1	40168
西藏	3.5	133.6	342.0	30070
陕西	44.2	1165.3	4924.4	27628
甘肃	17.8	707.6	2367.8	31086
青海	13.3	165.0	848.0	33374
宁夏	6.1	210.9	967.8	10272
新疆	28.5	891.0	4122.0	37967
不分地区	4.6	2.0		

注：电话交换机容量中不包括用户交换机容量。

6-4-7 电信通信服务水平

指标		2003	2004	2005	2006	2007	2008	2009	2010	2011	2012
固定电话普及率	(部/百人)	21.1	24.1	27.0	28.1	27.8	25.8	23.6	22.1	21.3	20.6
城市固定电话普及率	(部/百人)	31.3	35.9	40.3	41.7	40.6	37.4	33.9	31.2	30.0	27.4
移动电话普及率	(部/百人)	21.0	25.9	30.3	35.3	41.6	48.5	56.3	64.4	73.6	82.5
平均每千人拥有公用电话数	(部/千人)	12.2	17.1	20.6	22.6	22.8	21.0	20.4	19.5	18.4	17.4
互联网普及率	(%)	6.2	7.3	8.5	10.5	16.0	22.6	28.9	34.3	38.3	42.1
移动电话漫游国家和地区											
中国电信	(个)						211	211	220	258	258
中国移动	(个)	155	184	203	219	231	237	237	237	237	237
中国联通	(个)	67	113	118	170	179	204	217	239	246	247
开通互联网宽带业务的行政村比重	(%)								80.1	84.0	87.9

6-4-8 各地区电信通信服务水平

地区	固定电话普及率(部/百人)	城市固定电话普及率(部/百人)	移动电话普及率(部/百人)	每千人公用电话(部/千人)	互联网普及率(%)	开通互联网宽带业务的行政村比重(%)
全　国	**20.6**	**27.4**	**82.5**	**17.4**	**42.1**	**87.9**
北　京	43.7	40.5	156.9	46.3	72.2	100.0
天　津	26.1	32.0	97.8	21.2	58.5	100.0
河　北	16.7	25.8	76.1	10.3	41.5	96.5
山　西	19.1	27.0	76.9	16.8	44.2	100.0
内蒙古	14.8	22.1	102.7	10.3	38.9	59.0
辽　宁	29.3	30.7	97.9	21.3	50.2	100.0
吉　林	21.1	29.6	82.1	15.1	38.6	96.5
黑龙江	20.2	27.4	69.5	13.2	34.7	95.0
上　海	38.5	42.6	128.2	17.0	68.4	100.0
江　苏	30.2	27.4	94.6	19.8	50.0	100.0
浙　江	34.5	33.1	117.9	38.9	59.0	100.0
安　徽	18.3	24.0	60.5	11.8	31.3	100.0
福　建	27.3	29.3	108.8	18.8	61.3	100.0
江　西	14.4	19.8	57.3	12.3	28.5	97.5
山　东	19.2	21.7	78.7	16.4	40.1	100.0
河　南	13.7	20.7	61.6	13.3	30.4	100.0
湖　北	17.4	22.3	79.1	16.6	40.1	92.8
湖　南	14.5	21.7	64.6	13.5	33.3	89.0
广　东	29.9	31.8	118.7	34.5	63.1	100.0
广　西	12.9	19.4	62.1	10.0	34.2	91.0
海　南	19.7	27.5	88.4	16.2	43.7	93.0
重　庆	19.7	25.4	70.9	11.0	40.9	100.0
四　川	16.7	27.6	68.3	11.2	31.8	68.0
贵　州	11.0	21.8	66.9	9.6	28.6	63.6
云　南	11.3	21.4	62.5	13.1	28.5	67.9
西　藏	13.4	56.7	77.7	10.1	33.3	23.1
陕　西	20.6	30.6	87.2	16.3	41.5	75.0
甘　肃	14.7	28.6	68.8	18.8	31.0	45.2
青　海	18.0	32.6	94.6	9.8	41.9	80.9
宁　夏	16.4	26.2	92.5	10.9	40.3	100.0
新　疆	23.4	40.6	91.0	19.8	43.6	71.8

6-4-9 各地区互联网上网人数

单位：万人

地 区	2003	2004	2005	2006	2007	2008	2009	2010	2011	2012
全 国	**7950**	**9400**	**11100**	**13700**	**21000**	**29800**	**38400**	**45730**	**51310**	**56400**
北 京	398	402	428	468	737	980	1103	1218	1379	1458
天 津	145	193	229	260	287	485	564	648	719	793
河 北	289	387	486	631	762	1334	1842	2197	2597	3008
山 西	149	211	269	380	536	819	1064	1250	1405	1589
内蒙古	75	93	116	160	322	385	575	747	854	965
辽 宁	292	322	372	483	783	1138	1595	1916	2092	2199
吉 林	147	179	201	271	434	520	726	882	966	1062
黑龙江	226	278	316	366	476	620	912	1127	1206	1329
上 海	432	441	463	510	830	1110	1171	1239	1525	1606
江 苏	611	661	790	1027	1757	2084	2765	3306	3685	3952
浙 江	451	534	707	977	1509	2108	2452	2786	3052	3221
安 徽	184	240	276	337	587	723	1069	1392	1585	1869
福 建	318	326	397	516	866	1379	1629	1848	2102	2280
江 西	169	156	187	285	511	610	790	950	1088	1267
山 东	627	848	988	1126	1256	1983	2769	3332	3625	3866
河 南	226	305	396	517	956	1283	2007	2417	2582	2856
湖 北	381	429	463	532	706	1050	1469	1902	2129	2309
湖 南	265	312	348	408	690	999	1406	1747	1936	2200
广 东	950	1188	1486	1831	3344	4554	4860	5324	6300	6627
广 西	229	285	330	374	560	734	1030	1226	1353	1586
海 南	40	47	69	117	144	216	244	303	338	384
重 庆	177	181	189	220	356	598	803	990	1068	1195
四 川	424	523	609	690	809	1103	1635	1998	2229	2562
贵 州	83	98	109	142	224	433	573	751	840	991
云 南	166	206	241	275	303	548	844	1021	1140	1321
西 藏	9	7	9	16	36	47	53	81	90	101
陕 西	197	258	314	395	517	790	995	1295	1429	1551
甘 肃	122	120	125	152	219	327	535	655	700	795
青 海	20	20	29	37	60	130	154	188	208	238
宁 夏	33	31	32	42	61	102	141	175	207	258
新 疆	118	119	126	155	363	625	634	819	882	962

6-4-10 互联网主要指标

年份 地区	互联网上网人数（万人）	域名数（万个）	网站数（万个）	网页数（万个）	互联网宽带接入端口（万个）	互联网拨号用户（万户）	互联网宽带接入用户（万户）	#城市宽带接入用户	#农村宽带接入用户
1995						0.7			
1996						3.6			
1997	62					16.0			
1998	210					67.7			
1999	890					299.4			
2000	2250		26.5			900.5			
2001	3370		27.7			3652.7			
2002	5910		37.2			5246.5	325.3		
2003	7950		59.6		1802.3	5653.1	1115.1		
2004	9400		66.9		3578.1	5122.3	2487.5		
2005	11100	259.2	69.4		4874.7	3559.5	3735.0		
2006	13700	410.9	84.3	447257.8	6486.4	2644.6	5085.3		
2007	21000	1193.1	150.4	847108.5	8539.3	1941.0	6641.4		
2008	29800	1682.6	287.8	1608637.0	10890.4	1227.8	8287.9		
2009	38400	1681.8	323.2	3360173.2	13835.7	754.4	10397.8		
2010	45730	865.6	190.8	6000806.0	18781.1	590.1	12629.1	9963.5	2475.7
2011	51310	774.8	229.6	8658229.8	23239.4	550.7	15000.1	11691.4	3308.8
2012	56400	1341.2	268.1	12274681.7	32108.4	569.8	17518.3	13442.4	4075.9
北　京	1458	125.6	39.8	3809450.2	1076.8	46.1	473.7	379.3	94.4
天　津	793	11.7	3.7	275989.1	461.7	12.5	204.8	204.3	0.5
河　北	3008	27.3	8.6	260005.9	1756.0	0.2	963.9	741.3	222.6
山　西	1589	7.1	2.2	41326.8	737.4	3.7	504.8	452.3	52.5
内蒙古	965	3.9	1.3	13143.4	548.7	0.0	274.8	250.0	24.8
辽　宁	2199	22.9	6.4	182183.2	1267.5	22.6	707.9	577.6	130.3
吉　林	1062	6.7	2.1	40642.3	635.6	6.2	364.6	296.5	68.1
黑龙江	1329	7.3	2.0	54211.2	771.7	17.8	435.8	386.9	49.0
上　海	1606	84.4	27.0	1081481.8	1491.5	1.5	541.0	541.0	
江　苏	3952	52.2	17.1	823366.4	2892.4	11.6	1350.7	811.2	539.5
浙　江	3221	343.0	19.6	958898.5	2250.4	36.2	1152.6	664.4	488.2
安　徽	1869	11.9	3.5	247603.2	1063.8	20.5	507.0	377.3	129.7
福　建	2280	81.6	18.9	469872.8	1439.8	17.0	738.0	520.4	217.6
江　西	1267	7.7	2.2	193304.9	719.3	3.4	372.0	279.9	92.1
山　东	3866	46.9	14.3	292335.8	2144.9	40.3	1364.1	961.3	402.9
河　南	2856	22.8	7.9	596860.3	1435.7	103.3	927.6	672.3	255.3
湖　北	2309	15.7	6.0	259235.0	1023.5	10.8	708.0	581.6	126.3
湖　南	2200	14.3	4.8	183263.3	1070.2	0.1	604.4	491.2	113.2
广　东	6627	281.6	43.6	1787385.3	3158.1	71.8	1903.6	1419.9	483.6
广　西	1586	7.0	1.8	61402.5	848.0	8.9	507.1	419.4	87.7
海　南	384	4.3	1.2	57166.7	168.9	0.0	95.5	74.1	21.4
重　庆	1195	10.9	3.1	45029.4	648.8	0.0	388.1	336.3	51.8
四　川	2562	26.1	8.3	286437.2	1316.3	14.7	823.0	656.8	166.2
贵　州	991	3.3	0.8	13889.8	466.8	5.6	243.9	207.2	36.7
云　南	1321	6.1	1.3	48543.7	663.7	81.8	375.5	310.3	65.2
西　藏	101	0.5	0.1	348.7	41.0		17.1	17.0	0.0
陕　西	1551	11.3	3.9	117966.1	803.6	13.7	439.6	356.3	83.3
甘　肃	795	2.4	0.6	33190.0	430.8	10.8	163.3	146.6	16.7
青　海	238	1.2	0.2	2437.5	105.6	0.6	49.9	47.3	2.6
宁　夏	258	1.5	0.4	8622.4	122.1	1.7	60.9	53.6	7.3
新　疆	962	3.2	0.6	29088.4	548.1	6.5	255.0	208.6	46.4
不分地区		88.9	14.5						

6-4-11 各地区有线广播电视传输干线网络及用户情况

地区	有线广播电视传输干线网络总长(万公里)	有线广播电视用户数(万户)	#数字电视	#付费电视	#农村有线广播电视	有线广播电视用户数占家庭总户数的比重(%)	#农村
全国合计	**376.12**	**21508.97**	**14303.07**	**2501.12**	**8432.27**	**51.50**	**33.49**
北京	16.90	498.60	378.83	0.94	70.51	100.54	60.89
天津	0.67	277.94	241.59	18.98	36.35	80.37	29.45
河北	16.93	792.61	582.93	13.23	266.56	35.08	16.93
山西	9.81	474.76	305.94	9.11	153.22	38.50	29.16
内蒙古	3.80	319.83	223.85	14.87	89.66	38.23	24.73
辽宁	12.50	921.59	537.45	13.28	257.66	61.49	38.32
吉林	9.23	512.17	404.26	79.60	183.04	52.91	37.99
黑龙江	17.85	613.24	372.15	99.59	198.54	49.86	34.44
上海	3.98	647.99	409.03	47.86	67.54	124.13	74.17
江苏	35.14	2177.86	1449.53	298.56	1204.13	89.80	84.73
浙江	25.16	1357.34	1179.79	268.27	808.64	83.89	68.38
安徽	4.86	518.83	293.90	32.06	184.09	24.50	12.80
福建	15.70	659.67	383.95	55.95	395.13	64.61	51.80
江西	9.19	539.84	322.97	51.71	395.33	44.62	48.30
山东	32.46	1835.40	1091.60	186.41	870.02	61.42	45.20
河南	15.11	850.44	145.58	7.95	303.16	27.42	14.71
湖北	23.65	1048.38	824.69	137.59	468.93	51.64	40.02
湖南	11.15	745.88	594.33	86.79	216.57	37.19	19.06
广东	20.75	1913.01	1432.87	187.59	520.02	75.34	43.45
广西	7.66	622.99	349.98	66.18	251.25	45.83	24.87
海南	0.87	95.08	75.89	8.22	26.16	36.59	21.53
重庆	14.34	509.27	297.10	39.37	194.92	44.10	27.03
四川	30.64	1392.68	660.04	230.86	658.59	46.11	32.35
贵州	5.23	396.61	357.69	99.56	218.20	32.93	22.18
云南	9.08	551.90	404.42	256.12	143.80	43.11	15.69
西藏	0.37	18.59	6.84	0.69	2.78	26.64	5.33
陕西	7.06	596.28	471.19	150.59	163.99	48.68	22.96
甘肃	4.72	201.17	161.76	27.70	15.98	26.07	3.32
青海	0.51	60.92	59.41	9.39	2.47	38.62	2.84
宁夏	1.31	83.21	83.21		1.60	39.27	1.48
新疆	3.55	216.81	200.28	2.08	63.44	35.78	20.31
新疆生产建设兵团	1.75	58.07				22.22	

注：有线广播电视传输干线网络总长包括国家广电总局直属4.19万公里。

【主要统计指标解释】

电信业务总量 指以货币形式表示的电信企业为社会提供各类电信服务的总数量，是用于观察电信业务发展变化总趋势的综合性总量指标。电信业务总量是以各类业务的实物量分别乘以相应的不变单价，求出各类业务的货币量加总求得。

移动短信业务量 指移动电话用户通过移动通信网络短信平台使用短信业务的通信量。

移动电话用户 指在电信企业营业网点办理开户登记手续，通过移动电话交换机进入移动电话网，占用移动电话号码的各类电话用户。包括各类签约用户、智能网预付费用户、无线上网卡用户。

固定电话用户 指在电信企业营业网点办理开户登记手续并已接入固定电话网上的全部电话用户。包括普通电话用户、无线市话用户、公共电话用户、窄带综合业务数字网（N-ISDN）用户、智能网专用接入终端用户等。

城市电话用户 指按行政区划属于中央直辖市、省辖市、地级市、县级市的市区、市郊区及县城区范围内的电话用户数。包括分布在农村地区但以县团级以上建制的独立工矿区、林区、驻军的电话用户。

农村电话用户 指按行政区划属于城市范围以外的乡（镇）、村电话用户。

住宅电话用户 指私人付费或安装在居民住宅并按照私人或住宅电话用户登记注册和收费的各类电话用户。

局用交换机容量 指安装在电信企业内用于接续本地固定电话的电话交换机容量。包括接入网设备容量（安装在电信运营企业用于连接话音用户的远端节点的设备容量）。

移动电话交换机容量 指移动电话交换机根据一定话务模型和交换机处理能力计算出来的最大同时服务用户的数量。按报告期末已割接入网正式投入使用的设备实际容量统计。

互联网宽带接入端口 指用于接入互联网用户的各类实际安装运行的接入端口的数量，包括xDSL用户接入端口、LAN接入端口、其他类型接入端口等，不包括窄带拨号接入端口。

电话普及率 指报告期行政区域总人口中，平均每百人拥有的话机数。计算公式：

$$\text{电话普及率}=\frac{\text{电话机总数(包括移动电话)（部）}}{\text{行政区域总人口数（人）}}\times 100$$

互联网上网人数 指过去半年内使用过互联网的6周岁及以上中国居民人数。

6 第三产业部分行业主要业务指标

6-5 金融业

简要说明

一、主要内容

本篇反映我国金融、证券和保险业发展情况。有以下四个部分：一是金融机构金融活动情况；二是存贷款利率调整情况；三是直接融资情况；四是保险业务情况。

二、资料来源

1. 反映金融机构活动情况的资料包括："金融机构人民币信贷资金平衡表(年底余额)","货币供应量（年底余额）"，"货币供应量同比增长率"，"金融机构法定存款利率"、"金融机构法定贷款利率"、"黄金和外汇储备"，"货币当局资产负债表（年底余额）"，"其他存款性公司资产负债表（年底余额）"，"外资银行资产负债表（年底余额）"，"社会融资规模及构成"。金融机构信贷资金平衡表的统计范围包括中国人民银行、国家政策性银行、国有商业银行、股份制商业银行、城市商业银行、农村商业银行、农村合作银行、城市信用合作社、农村信用合作社、外资金融机构、财务公司、信托投资公司、租赁公司、中国邮政储蓄银行。中国人民银行总行根据金融机构的基层单位全面填报、并按各自系统汇总的资料，进行归并和汇总，最后得到金融机构的信贷收支表。黄金和外汇储备表中的资料取自于中国人民银行的资产负债表，由该行有关部门提供。

2. 反映存贷款利率调整情况的"金融机构法定存款利率"，"金融机构法定贷款利率表"，数据来自中国人民银行总行规定的、并对外发布的存贷款利率。

3. 反映直接融资情况的"证券市场基本情况"，"上市公司数量"，"上市公司地区分布"，"股票发行量和筹资额"，"股票交易情况"，"全国期货交易所市场概况"，"全国交易所上市基金成交概况"资料取自中国证券监督管理委员会编制的《中国证券期货统计年鉴》。

4. 反映保险业务情况的"保险系统机构、人员数(年底数)","保险公司业务经济技术指标"，"保险公司资产情况"，"保险公司资金运用情况"，"各地区原保险保费收入和赔付支出情况"等，数据取自中国保险监督管理委员会编制的保险统计资料。

6-5-1 金融机构人民币信贷资金平衡表(年底余额)

单位：亿元

项　　目	2011	2012	项　　目	2011	2012
资金来源			**资金运用**		
合计	**913226.33**	**1024067.49**	**合计**	**913226.33**	**1024067.49**
各项存款	809368.33	917554.77	各项贷款	547946.69	629909.64
单位存款	410912.05	458821.04	境内贷款	546398.25	628100.53
个人存款	353536.43	411002.77	短期贷款	203132.62	248272.76
财政性存款	26223.07	24426.41	中长期贷款	323806.52	352907.42
临时性存款	1570.14	1632.54	融资租赁	4151.70	5930.98
委托存款	308.47	226.86	票据融资	15124.45	20433.24
其他存款	16818.18	21445.16	各项垫款	182.96	556.13
金融债券	10038.83	8487.57	境外贷款	1548.44	1806.11
流通中货币	50748.46	54659.77	有价证券	96479.39	111680.87
对国际金融机构负债	776.46	827.68	股权及其他投资	12824.72	21633.05
其他	42294.24	42537.69	黄金占款	669.84	669.84
			外汇占款	253587.01	258533.48
			在国际金融机构资产	1718.67	1640.60

注：1.本表统计口径包括中国人民银行、政策性银行、国有商业银行、股份制商业银行、城市商业银行、农村商业银行、农村合作银行、城市信用社、农村信用社、信托投资公司、财务公司、租赁公司、外资金融机构、中国邮政储蓄银行(下表同)。

2.2011年起，《金融机构人民币信贷收支》分类项目调整，部分数据与2010年以前不可比。

6-5-2 货币供应量(年底余额)

单位：亿元

年 份	货币和准货币 (M_2)	货币 (M_1)			准货币			
			流通中现金	单位活期存款		单位定期存款	个人存款	其他存款
1990	15293.4	6950.7	2644.4	4306.3	8342.7			
1991	19349.9	8633.3	3177.8	5455.5	10716.6			
1992	25402.2	11731.5	4336.0	7395.2	13670.7			
1993	34879.8	16280.4	5864.7	10415.7	18599.4	1247.9	15203.5	2148.0
1994	46923.5	20540.7	7288.6	13252.1	26382.8	1943.1	21518.8	2920.9
1995	60750.5	23987.1	7885.3	16101.8	36763.4	3324.2	29662.2	3777.0
1996	76094.9	28514.8	8802.0	19712.8	47580.1	5041.9	38520.8	4017.4
1997	90995.3	34826.3	10177.6	24648.7	56169.1	6738.5	46279.8	3150.7
1998	104498.5	38953.7	11204.2	27749.5	65544.9	8301.9	53407.5	3835.5
1999	119897.9	45837.3	13455.5	32381.8	74060.6	9476.8	59621.8	4962.0
2000	134610.3	53147.2	14652.7	38494.5	81463.1	11261.1	64332.4	5869.7
2001	158301.9	59871.6	15688.8	44182.8	98430.3	14180.1	73762.4	10487.8
2002	185007.0	70881.8	17278.0	53603.8	114125.2	16433.8	86910.7	10780.7
2003	221222.8	84118.6	19745.9	64372.6	137104.3	20940.4	103617.7	12546.2
2004	254107.0	95969.7	21468.3	74501.4	158137.2	25382.2	119555.4	13199.7
2005	298755.7	107278.8	24031.7	83247.1	191476.9	33100.0	141051.0	17325.9
2006	345603.6	126035.1	27072.6	98962.5	219568.5	38732.1	161587.3	19249.1
2007	403442.2	152560.1	30375.2	122184.9	250882.1	46932.5	172534.2	31415.4
2008	475166.6	166217.1	34219.0	131998.2	308949.5	60103.1	217885.4	30961.1
2009	606225.0	220001.5	38246.0	181755.5	386223.5	82284.9	260771.7	43166.9
2010	725851.8	266621.5	44628.2	221993.4	459230.3	105858.7	303302.5	50069.1
2011	851590.9	289847.7	50748.5	239099.2	561743.2	166616.0	352797.5	42329.7
2012	974159.5	308673.0	54659.8	254013.2	665486.5	195946.3	411352.2	58188.0

注：1.2001年6月起，已将证券公司客户保证金计入货币供应量(M_2)，含在其他存款项内。
2.货币供应量已包含住房公积金中心存款和非存款类金融机构的存款。

6-5-3 货币供应量同比增长率

单位：%

年 份	货币和准货币(M_2)	货币(M_1)			准货币			
			流通中现金	单位活期存款		单位定期存款	个人存款	其他存款
1991	26.5	24.2	20.2	26.7	28.5			
1992	31.3	35.9	36.4	35.6	27.6			
1993								
1994	34.5	26.2	24.3	27.2	41.9	55.7	41.5	36.0
1995	29.5	16.8	8.2	21.5	39.4	71.1	37.9	29.3
1996	25.3	18.9	11.6	22.4	29.4	51.7	29.9	6.4
1997	17.3	16.5	15.6	16.9	17.8	24.5	19.3	-8.9
1998	14.8	11.9	10.1	12.6	16.7	23.2	15.4	21.7
1999	14.7	17.7	20.1	16.7	13.0	14.2	11.6	29.3
2000	12.3	16.0	8.9	18.9	10.0	18.8	7.9	18.3
2001	17.6	12.7	7.1	14.8	15.5	25.9	14.7	9.1
2002	16.8	16.8	10.1	19.2	16.8	21.8	17.8	2.8
2003	19.6	18.7	14.3	20.3	20.1	27.4	19.2	16.4
2004	14.7	13.6	8.7	15.1	15.3	21.2	15.4	5.2
2005	17.6	11.8	11.9	11.7	21.1	30.4	18.0	31.3
2006	17.0	17.5	12.7	18.9	16.7	17.2	14.6	36.3
2007	16.7	21.1	12.2	23.5	14.3	21.2	6.8	63.2
2008	17.8	9.1	12.7	8.2	23.2	28.1	26.3	-1.5
2009	27.7	32.4	11.8	37.7	25.2	37.7	19.7	39.4
2010	19.7	21.2	16.7	22.1	18.9	28.7	16.3	16.0
2011	13.6	7.9	13.8	6.7	16.8	18.1	16.2	17.7
2012	13.8	6.5	7.7	6.2	17.6	17.6	16.6	25.1

注：1.同期比增长率是按可比口径计算的。因1992年以前口径与1993年口径不一致，故1993年未计算增长率。
2.2001年6月起，已将证券公司客户保证金计入货币供应量(M_2)，含在其他存款内。
3.1997年初，中国人民银行对金融统计制度进行了调整，因此自1997年起的数据与历史数据不完全可比。

6-5-4 金融机构法定存款利率

单位：年利率%

调整时间	活期	定期					
		三个月	半年	一年	二年	三年	五年
1990.04.15	2.88	6.30	7.74	10.08	10.98	11.88	13.68
1990.08.21	2.16	4.32	6.48	8.64	9.36	10.08	11.52
1991.04.21	1.80	3.24	5.40	7.56	7.92	8.28	9.00
1993.05.15	2.16	4.86	7.20	9.18	9.90	10.80	12.06
1993.07.11	3.15	6.66	9.00	10.98	11.70	12.24	13.86
1996.05.01	2.97	4.86	7.20	9.18	9.90	10.80	12.06
1996.08.23	1.98	3.33	5.40	7.47	7.92	8.28	9.00
1997.10.23	1.71	2.88	4.14	5.67	5.94	6.21	6.66
1998.03.25	1.71	2.88	4.14	5.22	5.58	6.21	6.66
1998.07.01	1.44	2.79	3.96	4.77	4.86	4.95	5.22
1998.12.07	1.44	2.79	3.33	3.78	3.96	4.14	4.50
1999.06.10	0.99	1.98	2.16	2.25	2.43	2.70	2.88
2002.02.21	0.72	1.71	1.89	1.98	2.25	2.52	2.79
2004.10.29	0.72	1.71	2.07	2.25	2.70	3.24	3.60
2006.08.19	0.72	1.80	2.25	2.52	3.06	3.69	4.14
2007.03.18	0.72	1.98	2.43	2.79	3.33	3.96	4.41
2007.05.19	0.72	2.07	2.61	3.06	3.69	4.41	4.95
2007.07.21	0.81	2.34	2.88	3.33	3.96	4.68	5.22
2007.08.22	0.81	2.61	3.15	3.60	4.23	4.95	5.49
2007.09.15	0.81	2.88	3.42	3.87	4.50	5.22	5.76
2007.12.21	0.72	3.33	3.78	4.14	4.68	5.40	5.85
2008.10.09	0.72	3.15	3.51	3.87	4.41	5.13	5.58
2008.10.30	0.72	2.88	3.24	3.60	4.14	4.77	5.13
2008.11.27	0.36	1.98	2.25	2.52	3.06	3.60	3.87
2008.12.23	0.36	1.71	1.98	2.25	2.79	3.33	3.60
2010.10.20	0.36	1.91	2.20	2.50	3.25	3.85	4.20
2010.12.26	0.36	2.25	2.50	2.75	3.55	4.15	4.55
2011.02.09	0.40	2.60	2.80	3.00	3.90	4.50	5.00
2011.04.06	0.50	2.85	3.05	3.25	4.15	4.75	5.25
2011.07.07	0.50	3.10	3.30	3.50	4.40	5.00	5.50
2012.06.08	0.40	2.85	3.05	3.25	4.10	4.65	5.10
2012.07.06	0.35	2.60	2.80	3.00	3.75	4.25	4.75

注：金融机构以中国人民银行规定的人民币存款基准利率为上限，下限为0。

6-5-5 金融机构法定贷款利率

单位：年利率%

调整时间	短期贷款		中长期贷款		
	六个月以内（含六个月）	六个月至一年（含一年）	一年至三年（含三年）	三年至五年（含五年）	五年以上
1991.04.21	8.10	8.64	9.00	9.54	9.72
1993.05.15	8.82	9.36	10.80	12.06	12.24
1993.07.11	9.00	10.98	12.24	13.86	14.04
1995.01.01	9.00	10.98	12.96	14.58	14.76
1995.07.01	10.08	12.06	13.50	15.12	15.30
1996.05.01	9.72	10.98	13.14	14.94	15.12
1996.08.23	9.18	10.08	10.98	11.70	12.42
1997.10.23	7.65	8.64	9.36	9.90	10.53
1998.03.25	7.02	7.92	9.00	9.72	10.35
1998.07.01	6.57	6.93	7.11	7.65	8.01
1998.12.07	6.12	6.39	6.66	7.20	7.56
1999.06.10	5.58	5.85	5.94	6.03	6.21
2002.02.21	5.04	5.31	5.49	5.58	5.76
2004.10.29	5.22	5.58	5.76	5.85	6.12
2006.04.28	5.40	5.85	6.03	6.12	6.39
2006.08.19	5.58	6.12	6.30	6.48	6.84
2007.03.18	5.67	6.39	6.57	6.75	7.11
2007.05.19	5.85	6.57	6.75	6.93	7.20
2007.07.21	6.03	6.84	7.02	7.20	7.38
2007.08.22	6.21	7.02	7.20	7.38	7.56
2007.09.15	6.48	7.29	7.47	7.65	7.83
2007.12.21	6.57	7.47	7.56	7.74	7.83
2008.09.16	6.21	7.20	7.29	7.56	7.74
2008.10.09	6.12	6.93	7.02	7.29	7.47
2008.10.30	6.03	6.66	6.75	7.02	7.20
2008.11.27	5.04	5.58	5.67	5.94	6.12
2008.12.23	4.86	5.31	5.40	5.76	5.94
2010.10.20	5.10	5.56	5.60	5.96	6.14
2010.12.26	5.35	5.81	5.85	6.22	6.40
2011.02.09	5.60	6.06	6.10	6.45	6.60
2011.04.06	5.85	6.31	6.40	6.65	6.80
2011.07.07	6.10	6.56	6.65	6.90	7.05
2012.06.08	5.85	6.31	6.40	6.65	6.80
2012.07.06	5.60	6.00	6.15	6.40	6.55

6-5-6 黄金和外汇储备

年份	黄金储备(万盎司)	外汇储备(亿美元)	年份	黄金储备(万盎司)	外汇储备(亿美元)
1978	1280	1.67	1996	1267	1050.29
1979	1280	8.40	1997	1267	1398.90
1980	1280	-12.96	1998	1267	1449.59
1981	1267	27.08	1999	1267	1546.75
1982	1267	69.86	2000	1267	1655.74
1983	1267	89.01	2001	1608	2121.65
1984	1267	82.20	2002	1929	2864.07
1985	1267	26.44	2003	1929	4032.51
1986	1267	20.72	2004	1929	6099.32
1987	1267	29.23	2005	1929	8188.72
1988	1267	33.72	2006	1929	10663.40
1989	1267	55.50	2007	1929	15282.49
1990	1267	110.93	2008	1929	19460.30
1991	1267	217.12	2009	3389	23991.52
1992	1267	194.43	2010	3389	28473.38
1993	1267	211.99	2011	3389	31811.48
1994	1267	516.20	2012	3389	33115.89
1995	1267	735.97			

6-5-7 货币当局资产负债表(年底余额)

单位：亿元

项目	2010	2011	2012
总资产	**259274.9**	**280977.6**	**294537.2**
国外资产	215419.6	237898.1	241416.9
外汇	206766.7	232388.7	236669.9
货币黄金	669.8	669.8	669.8
其他国外资产	7983.1	4839.5	4077.1
对政府债权	15421.1	15399.7	15313.7
对其他存款性公司债权	9485.7	10247.5	16701.1
对其他金融性公司债权	11325.8	10644.0	10038.6
对非金融性公司债权	25.0	25.0	25.0
其他资产	7597.7	6763.3	11041.9
总负债	**259274.9**	**280977.6**	**294537.2**
储备货币	185311.1	224641.8	252345.2
货币发行	48646.0	55850.1	60646.0
金融性公司存款	136665.1		
其他存款性公司存款	136480.9	168791.7	191699.2
其他金融性公司存款	184.2		
非金融性公司存款			
不计入储备货币的金融性公司存款	657.2	908.4	1348.8
债券发行	40497.2	23336.7	13880.0
国外负债	720.1	2699.4	1464.2
政府存款	24277.3	22733.7	20753.3
自有资金	219.8	219.8	219.8
其他负债	7592.2	6438.0	4525.9

注：1.自2011年1月起，中国人民银行采用国际货币基金组织关于储备货币的定义，不再将其他金融性公司在货币当局的存款计入储备货币。
2.自2011年1月起，境外金融机构在中国人民银行存款数据计入国外负债项目，不再计入其他存款性公司存款。

6-5-8 其他存款性公司资产负债表(年底余额)

单位：亿元

项　　目	2010	2011	2012
总资产	**961608.6**	**1137867.1**	**1336862.8**
国外资产	18524.8	24211.7	28798.5
储备资产	136835.0	173004.1	197132.5
准备金存款	132817.1	167902.5	191146.3
库存现金	4017.9	5101.6	5986.2
对政府债权	43460.5	49697.8	56123.3
对中央银行债权	40274.2	22324.0	12709.0
对其他存款性公司债权	134452.8	179466.0	237024.6
对其他金融性公司债权	19735.5	34329.2	50519.9
对非金融性公司债权	409539.1	465395.2	534132.7
对其他居民部门债权	112094.4	135214.4	160193.8
其他资产	46692.4	54224.7	60228.6
总负债	**961608.6**	**1137867.1**	**1336862.8**
对非金融机构及住户负债	684857.8	780043.9	891427.9
纳入广义货币的存款	668318.5	758512.7	861307.2
单位活期存款	221993.4	239099.2	254004.5
单位定期存款	143232.1	166616.0	195940.1
个人存款	303093.0	352797.5	411362.6
不纳入广义货币的存款	13566.1	16809.1	24454.1
可转让存款	6081.9	7118.5	8036.1
其他存款	7484.2	9690.6	16418.0
其他负债	2973.2	4722.1	5666.6
对中央银行负债	5629.0	6763.9	13903.1
对其他存款性公司负债	55748.4	85082.0	108636.2
对其他金融性公司负债	44255.2	52210.9	62999.2
#计入广义货币的存款	12905.2	42329.7	58181.9
国外负债	7179.4	7765.9	9900.3
债券发行	59105.2	75409.7	92318.3
实收资本	26506.8	28642.0	30725.3
其他负债	78326.9	101948.9	126952.6

注：2011年企业活期存款改为“单位活期存款”，企业定期存款改为“单位定期存款”，居民储蓄存款改为“个人存款”，与上年统计口径一致。

6-5-9 外资银行资产负债表(年底余额)

单位：亿元

项　　目	2010	2011	2012
总资产	**19016.2**	**23383.7**	**24582.4**
国外资产	1280.4	1296.2	1612.5
储备资产	2023.7	2966.5	3228.5
准备金存款	2014.6	2955.7	3218.4
库存现金	9.1	10.8	10.1
对政府债权	1004.5	1541.5	1294.9
对中央银行债权			
对其他存款性公司债权	3630.1	5041.8	5361.3
对其他金融性公司债权	245.0	493.3	752.2
对非金融性公司债权	8236.3	8981.3	10510.2
对其他居民部门债权	409.0	462.2	603.2
其他资产	2187.3	2601.0	1219.6
总负债	**19016.2**	**23383.7**	**24582.4**
对非金融机构及住户负债	9677.7	12202.2	13072.2
纳入广义货币的存款	7808.8	9787.7	10670.7
企业活期存款	2272.8	2610.7	2912.6
企业定期存款	4962.5	5419.7	5823.0
居民储蓄存款	573.5	1757.2	1935.2
不纳入广义货币的存款	1868.9	2414.6	2401.5
可转让存款	999.5	1091.4	1209.5
其他存款	869.5	1323.1	2401.5
其他负债			
对中央银行负债		3.5	8.6
对其他存款性公司负债	1212.9	1617.6	2571.0
对其他金融性公司负债	531.5	542.0	817.4
#计入广义货币的存款			
国外负债	3341.7	4148.2	4082.5
债券发行		11.1	7.2
实收资本	1515.2	1622.5	1941.3
其他负债	2737.2	3236.7	2082.1

6-5-10 社会融资规模及构成

单位：亿元人民币

年 份	社会融资规模	#人民币贷款	#外币贷款(折合人民币)	#委托贷款	#信托贷款	#未贴现银行承兑汇票	#企业债券	#非金融企业境内股票融资
2002	20112	18475	731	175		-695	367	628
2003	34113	27652	2285	601		2010	499	559
2004	28629	22673	1381	3118		-290	467	673
2005	30008	23544	1415	1961		24	2010	339
2006	42696	31523	1459	2695	825	1500	2310	1536
2007	59663	36323	3864	3371	1702	6701	2284	4333
2008	69802	49041	1947	4262	3144	1064	5523	3324
2009	139104	95942	9265	6780	4364	4606	12367	3350
2010	140191	79451	4855	8748	3865	23346	11063	5786
2011	128286	74715	5712	12962	2034	10271	13658	4377
2012	157631	82038	9163	12838	12845	10499	22551	2508

注：1.社会融资规模是指一定时期内实体经济从金融体系获得的资金总额，是增量概念。
2.当期数据为初步统计数。
3.表中的人民币贷款为历史公布数。

6-5-11 证券市场基本情况

项 目		2010	2011	2012
境内上市公司数(A、B股)	(家)	2063	2342	2494
境内上市外资股公司数(B股)	(家)	108	108	107
境外上市公司数(H股)	(家)	165	171	179
股票总发行股本	(亿股)	33184	36096	38395
#流通股本	(亿股)	25642	28850	31340
股票市价总值	(亿元)	265423	214758	230358
#股票流通市值	(亿元)	193110	164921	181658
股票成交量	(亿股)	42151.98	33957.51	32881.06
股票成交金额	(亿元)	545634	421650	314667
上证综合指数	(收盘)	2808.08	2199.42	2269.13
深证综合指数	(收盘)	1290.86	866.65	881.17
股票有效账户数	(万户)	13391	14050	14046
平均市盈率				
上海		21.61	13.40	12.30
深圳		44.69	23.11	22.01
平均换手率	(%)			
上海		198.00	124.80	101.59
深圳		557.00	340.49	297.85
国债发行额	(亿元)	19778.30	17100.00	16154.20
公司信用类债券发行额	(亿元)	15491.45	20143.00	37365.50
债券成交额	(亿元)	76206.00	216349.52	403426.51
债券现货成交金额	(亿元)	1661.64	1253.32	914.18
国债回购成交金额	(亿元)	65877.79	204621.27	371375.86
证券投资基金只数	(只)	704	914	1173
证券投资基金规模	(亿份)	24228.35	26510.37	31708.41
证券投资基金成交金额	(亿元)	8996.00	6365.80	8667.36
期货总成交量	(万手)	312890.02	105413.75	145052.57
期货总成交额	(亿元)	2959480.02	1375162.44	1711269.36

注：1.股票总发行股本中含(A+H)股公司发行的H股。
2.换手率=全年成交金额/[(本年末流通市值+上年末流通市值)/2]×100%
3.公司信用类债券包含非金融企业债务融资工具、企业债券以及公司债、可转债、可分离债、中小企业私募债。该指标为2012年新增指标，与之前年份数据不可比(之前年份数据为企业债发行额)
4.期货总成交量和期货总成交额统计范围包括大连商品交易所、上海期货交易所、郑州商品交易所和中国金融期货交易所。

6-5-12 上市公司数量

单位：个

年 份	全国合计	上交所	深交所	发A股公司	发B股公司	同时发A股、B股公司
1990	10	8	2			
1991	14	8	6			
1992	53	29	24			
1993	183	106	77	177	41	35
1994	291	171	120	287	58	54
1995	323	188	135	311	70	58
1996	530	293	237	514	85	69
1997	745	383	362	720	101	76
1998	851	438	413	825	106	80
1999	949	484	465	922	108	81
2000	1088	572	516	1060	114	86
2001	1160	646	514	1140	112	92
2002	1224	715	509	1213	111	100
2003	1287	780	507	1277	111	101
2004	1377	837	540	1363	110	96
2005	1381	834	547	1358	109	86
2006	1434	842	592	1411	109	86
2007	1550	860	690	1527	109	86
2008	1625	864	761	1602	109	86
2009	1718	870	848	1696	108	86
2010	2063	894	1169	2041	108	86
2011	2342	931	1411	2320	108	86
2012	2494	954	1540	2472	107	85

6-5-13 上市公司地区分布

单位：个

地区	上市公司家数	上交所	深交所
全国	**2494**	**954**	**1540**
北京	214	96	118
天津	38	19	19
河北	49	19	30
山西	33	17	16
内蒙古	24	15	9
辽宁	68	27	41
吉林	38	18	20
黑龙江	32	23	9
上海	203	148	55
江苏	236	80	156
浙江	246	78	168
安徽	78	29	49
福建	88	31	57
江西	33	16	17
山东	152	48	104
河南	66	26	40
湖北	85	37	48
湖南	73	20	53
广东	370	44	326
广西	30	12	18
海南	26	8	18
重庆	38	18	20
四川	91	36	55
贵州	21	10	11
云南	28	12	16
西藏	10	6	4
陕西	39	18	21
甘肃	24	11	13
青海	10	7	3
宁夏	12	4	8
新疆	39	21	18

数据来源：上海、深圳证券交易所。

6-5-14 股票发行量和筹资额

年 份	股票发行量（亿股）	A 股	H股,N股	B 股	股票筹资额（亿元）	A 股	#配股	H股,N股	B 股
1991	5.00	5.00			5.00	5.00			
1992	20.75	10.00		10.75	94.09	50.00			44.09
1993	95.79	42.59	40.41	12.79	375.47	276.41	81.58	60.93	38.13
1994	91.26	10.97	69.89	10.40	326.78	99.78	50.16	188.73	38.27
1995	31.60	5.32	15.38	10.90	150.32	85.51	62.83	31.46	33.35
1996	86.11	38.29	31.77	16.05	425.08	294.34	69.89	83.56	47.18
1997	267.63	105.65	136.88	25.10	1293.82	825.92	170.86	360.00	107.90
1998	109.06	86.30	12.86	9.90	841.52	778.02	334.97	37.95	25.55
1999	122.93	98.11	23.05	1.77	944.56	893.60	320.97	47.17	3.79
2000	512.04	145.68	359.26	7.10	2103.24	1527.03	519.46	562.21	13.99
2001	141.48	93.00	48.48		1252.34	1182.13	430.63	70.21	
2002	291.74	134.20	157.54		961.75	779.75	56.61	181.99	
2003	281.43	83.64	196.79	1.00	1357.75	819.56	74.79	534.65	3.54
2004	227.92	54.88	171.51	1.53	1510.94	835.71	104.54	648.08	27.16
2005	567.05	13.80	553.25		1882.51	338.13	2.62	1544.38	
2006	1287.77	351.11	936.66		5594.29	2463.70	4.32	3130.59	
2007	637.24	413.27	223.97		8680.17	7722.99	227.68	957.18	
2008	180.34	114.96	65.38		3852.21	3457.75	151.57	317.26	
2009	400.05	244.47	155.58		6124.69	5004.90	105.97	1073.18	
2010	920.99	553.95	367.04		11971.93	9606.31	1438.25	2365.62	
2011	272.36	163.99	108.37		5814.19	5073.07	421.96	741.12	
2012	299.81	78.86	220.95		4134.38	3127.54	121	1006.84	

注：表中股票发行量仅指IPO数量。

6-5-15 股票交易情况

项 目	2003	2004	2005	2006	2007	2008	2009	2010	2011	2012
会员总数	**382**	**350**	**328**	**329**	**265**	**233**	**211**	**219**	**228**	**231**
上市公司数目 （家）	1287	1377	1381	1434	1550	1625	1718	2063	2342	2494
上市股票数目 （只）	1372	1463	1467	1520	1636	1711	1804	2149	2428	2579
A股	1261	1353	1358	1411	1527	1602	1696	2041	2320	2472
B股	111	110	109	109	109	109	108	108	108	107
股票总发行股本（亿股）	**5997.93**	**6714.74**	**7163.54**	**12683.99**	**17000.45**	**18900.12**	**20606.26**	**26984.49**	**29745.11**	**31833.62**
A股	5808.31	6505.83	6936.08	12445.65	16746.62	18629.77	20332.77	26701.51	29448.59	31551.24
B股	189.62	208.91	227.47	238.34	253.84	270.35	273.49	282.98	296.52	282.38
流通股本 （亿股）	**1897.32**	**2194.15**	**2498.89**	**3444.50**	**4933.64**	**6964.97**	**14200.19**	**19442.15**	**22499.86**	**24778.22**
A股	1717.93	1996.65	2280.84	3215.54	4682.77	6696.76	13928.17	19160.47	22204.54	24497.05
B股	179.39	197.50	218.05	228.96	250.87	268.21	271.48	281.68	295.32	281.17
股票市价总值 （亿元）	**42458**	**37056**	**32430**	**89404**	**327141**	**121366**	**243939**	**265423**	**214758**	**230358**
A股	41520	36309	31811	88114	324588	120567	242127	263221	213310	228775
B股	937	746	620	1290	2553	800	1812	2202	1448	1582
股票流通市值 （亿元）	**13179**	**11689**	**10631**	**25004**	**93064**	**45214**	**151259**	**193110**	**164921**	**181658**
A股	12306	10998	10028	23731	90527	44419	149456	190917	163479	180083
B股	873	690	602	1272	2538	795	1803	2193	1442	1575
股票成交金额 （亿元）	**32115**	**42334**	**31665**	**90469**	**460556**	**267113**	**535987**	**545634**	**421645**	**314667**
A股	31270	41576	31099	89217	454771	265890	533889	563466	420339	313715
B股	845	758	565	1252	5785	1222	2097	2168	1305	868
总成交股数 （亿股）	**4163.08**	**5827.73**	**6623.73**	**16145.23**	**36403.75**	**24131.39**	**51107.00**	**42151.98**	**33956.57**	**32881.06**
A股	3992.28	5672.91	6470.87	15808.6	35683.93	23912.8	50648.91	41806.4	33748.72	32681.93
B股	170.80	154.83	152.86	336.61	719.82	218.62	458.09	345.56	207.85	178.61
上证综合指数										
最高	1649.60	1783.01	1328.53	2698.90	6124.04	5522.78	3478.01	3306.75	3067.46	2478.38
最低	1307.40	1259.43	998.23	1161.91	2541.53	1664.93	1844.09	2319.74	2134.02	1949.46
收盘	1497.04	1266.50	1161.06	2675.47	5261.56	1820.81	3277.14	2808.08	2199.42	2269.13
深证综合指数										
最高	449.42	470.55	333.28	552.93	1567.74	1584.40	1240.64	1412.64	1316.19	1020.29
最低	350.74	315.17	237.18	278.99	547.89	452.33	557.69	890.24	828.83	724.97
收盘	378.63	315.81	278.75	550.59	1447.02	553.30	1201.34	1290.86	866.65	881.17

注：1.本表股票总发行股本不含(A+H)股公司发行的H股。

2.2012股票总成交金额中包含约定购回式证券成交金额，故总成交金额比A股B股成交金额之和要大。

6-5-16 全国期货交易所市场概况

年份	全年总成交额（亿元）	全年总成交量（万手）	全年总实物交割额（亿元）	全年总实物交割量（万手）
1993	5521.99	890.69		
1994	31601.41	12110.72		
1995	100565.30	63612.07	181.52	83.09
1996	84119.16	34256.77	174.13	78.33
1997	61170.66	15876.32	93.75	38.18
1998	36967.24	10445.57	48.04	20.56
1999	22343.01	7363.91	109.41	16.12
2000	16082.29	5461.07	65.11	8.40
2001	30144.98	12046.35	57.54	64.85
2002	39490.28	13943.37	101.44	141.16
2003	108396.59	27992.43	127.34	129.54
2004	146935.32	30569.76	181.68	31.32
2005	134463.38	32287.41	141.87	29.23
2006	210063.37	44950.82	216.93	28.68
2007	409740.77	72846.08	275.49	230.88
2008	719173.33	136396.00	323.52	51.29
2009	1305142.92	215751.76	266.73	45.95
2010	2269852.25	304194.19	474.31	65.29
2011	937503.89	100372.56	461.94	60.05
2012	952824.54	134540.06	528.04	58.96

注：本表数据仅反映商品期货市场情况。

6-5-17 全国交易所上市基金成交概况

项　目		2012	2011	增减(%)
交易日数	(天)	243	244	-0.41
基金成交金额	(亿元)	8123.61	6365.81	27.61
#ETF		4781.75	4213.25	13.49
LOFE		186.12	214.16	-13.09
基金日均成交金额	(亿元)	33.43	26.09	28.14
基金成交股数	(亿股)	9374.61	6125.9	53.03
#ETF		4766.86	3933.13	21.20
LOFE		213.19	238.34	-10.55
上证基金指数开市		3603.59	4580.4	-21.33
上证基金指数最高		4014.86	4854.30	-17.29
上证基金指数最低		3347.34	3516.424	-4.81
上证基金指数收市		3921.09	3592.262	9.15
深证基金指数开市		4285.31	5672.33	-24.45
深证基金指数最高		4726.69	6005.05	-21.29
深证基金指数最低		4104.95	4200.91	-2.28
深证基金指数收市		4567.49	4274.31	6.86

注：ETF是交易所交易基金的简称，LOFE是一种可以在交易所挂牌交易的开放式基金。
数据来源：上海、深圳证券交易所。

6-5-18 保险系统机构、人员数(年底数)

项目	2011			2012		
	机构数(个)	职工人数(人)	#女职工	机构数(个)	职工人数(人)	#女职工
总计	**152**	**776258**	**383349**	**164**	**846504**	**438563**
保险集团公司	**10**	**2573**	**1064**	**10**	**565318**	**286848**
中资保险公司	**90**	**743596**	**366693**	**101**	**247595**	**133380**
#总公司	90	30883	14216	101	15210	6870
省级分公司	1259	188270	95765	1644	79142	41508
中心支分公司	6378	293880	152131	7377	100746	57076
支公司	15710	153636	69197	18353	24913	13711
营业部	2506	15611	6980	2410	2258	1230
营销服务部	43413	61316	28404	42973	25326	12985
中外合资公司	**51**	**30089**	**15592**	**52**	**33591**	**18335**
总公司	51	10182	5164	52	10764	5114
省级分公司	360	11852	6103	212	13190	7357

注：1.职工人数不包括营销、代理人员。
2.机构数总计中包括慈溪市龙山镇伏龙农村保险互助社，未在保险集团、中资保险公司、中外合资公司中列示。其他总计项目为保险集团公司、中资保险公司及中外合资保险公司各项指标的简单合计。

6-5-19 保险公司业务经济技术指标

单位：亿元

项目	保费	赔款及给付
合计	**15487.93**	**4716.32**
财产保险公司	**5529.88**	**2896.92**
企业财产保险	360.36	165.03
家庭财产保险	28.47	10.64
机动车辆保险	4005.17	2247.57
工程保险	62.26	26.34
责任保险	183.77	75.14
信用保险	160.57	67.56
保证保险	93.46	9.30
船舶保险	55.68	30.51
货物运输保险	101.71	40.46
特殊风险保险	36.87	11.51
农业保险	240.60	131.34
健康险	72.41	44.87
意外伤害保险	126.54	35.72
其他险	1.99	0.95
人寿保险公司	**9958.05**	**1819.40**
寿险	8908.06	1505.02
健康险	790.35	61.08
人身意外伤害险	259.64	253.30

注：本表人寿保险公司中包括中华控股寿险业务。

6-5-20 保险公司资产情况

单位：亿元

年份	总资产	#财产险公司	#寿险公司	#再保险公司	#中资公司	#外资公司
2002	6320.00	948.00	5161.00	211.00		
2003	9088.00	1176.00	7657.00	255.00		
2004	11953.68	1411.38	8352.9	262.37	11540.63	413.05
2005	15286.44	1718.81	13458.27	292.7	14630.97	665.64
2006	19704.19	2340.45	17446.26	311.31	18862.6	862.66
2007	28912.78	3880.51	23249.16	877.26	27656.26	1256.51
2008	33418.83	4687.03	27138.45	994.45	31893.93	1524.91
2009	40634.75	4892.62	33655.05	1162.01	38582.37	2052.39
2010	50481.61	5833.52	42642.66	1151.79	47860.49	2621.12
2011	59828.94	7919.95	49798.19	1579.11	56822.12	3006.83
2012	73545.73	9477.47	60991.22	1845.25	70080.33	3465.4

6-5-21 保险公司资金运用情况

单位：亿元

年份	资金运用余额	#银行存款	#国债	#金融债券	#企业债券	#证券投资基金
2004	10778.62	5071.10	2618.44	1026.25	639.73	666.32
2005	14092.69	5165.55	3590.65	1804.71	1204.55	1107.00
2006	17785.40	5989.11	3647.01	2754.25	2121.56	912.08
2007	26647.81	6503.44	3956.56	4897.84	2799.76	2519.41
2008	30552.83	8087.49	4208.26	8754.06	4598.46	1646.46
2009	37417.12	10519.68	4053.82	8746.10	6074.56	2758.78
2010	46046.62	13909.97	4815.78	10038.75	7935.69	2620.73
2011	55192.98	17692.69	4741.90	12418.80	8755.86	2909.92
2012	68542.58	23446.00	4795.02	14832.57	10899.98	3625.58

6-5-22 各地区原保险保费收入和赔付支出情况

单位：亿元

地区	原保险保费收入			赔付支出		
	小计	财产险业务	人身险业务	小计	财产险业务	人身险业务
全国	**15487.93**	**5330.93**	**10157.00**	**4716.32**	**2816.33**	**1899.99**
北京	923.09	267.02	656.06	286.17	152.29	133.88
天津	238.16	90.79	147.37	81.02	44.74	36.28
河北	384.65	127.79	256.86	119.33	65.37	53.95
山西	766.16	258.65	507.50	223.89	133.58	90.31
内蒙古	247.74	119.84	127.91	85.36	60.55	24.81
辽宁	402.42	143.24	259.17	137.02	78.02	59.00
吉林	232.54	78.11	154.43	71.45	39.93	31.52
黑龙江	344.15	99.25	244.90	98.33	49.77	48.56
上海	820.64	256.38	564.26	255.79	138.63	117.16
江苏	1301.28	440.92	860.36	386.97	240.08	146.89
浙江	819.88	358.22	461.65	278.36	198.97	79.39
安徽	453.61	169.06	284.55	152.65	91.48	61.17
福建	384.78	133.77	251.01	119.51	70.06	49.45
江西	271.72	97.49	174.22	93.16	56.55	36.61
山东	967.75	317.62	650.13	273.06	161.13	111.92
河南	841.13	195.77	645.36	199.55	102.50	97.05
湖北	533.31	135.25	398.06	128.55	68.34	60.21
湖南	465.11	144.96	320.15	142.65	74.67	67.98
广东	1290.86	416.80	874.06	377.30	227.22	150.08
广西	238.26	92.25	146.01	74.40	46.51	27.89
海南	60.27	25.15	35.12	18.17	12.25	5.92
重庆	331.03	95.20	235.82	91.78	52.23	39.55
四川	819.53	271.51	548.02	232.90	141.31	91.59
贵州	150.22	70.39	79.82	55.34	38.19	17.15
云南	271.30	123.54	147.76	100.11	64.22	35.89
西藏	9.54	6.52	3.02	4.05	3.36	0.69
陕西	365.33	115.78	249.55	104.40	63.11	41.29
甘肃	158.77	55.94	102.83	48.18	26.93	21.25
青海	32.40	16.15	16.25	10.86	7.87	2.99
宁夏	62.69	26.47	36.21	19.99	13.16	6.82
新疆	235.56	93.68	141.88	80.12	50.34	29.77
大连	160.62	57.66	102.96	45.86	26.14	19.72
宁波	164.71	86.23	78.48	64.27	51.90	12.37
厦门	92.92	41.50	51.42	30.30	20.30	10.00
青岛	160.29	64.93	95.36	51.50	33.07	18.43
深圳	401.27	154.51	246.76	107.71	78.23	29.48
集团、总公司本级	84.29	82.56	1.72	66.27	33.33	32.94

注：1.本表数据为各公司上报中国保险统计信息系统年报数据。
2.全国本级是指集团、总公司直接开展的业务，不计入任何地区。

【主要统计指标解释】

信贷资金 指金融机构以信用方式积聚和分配的货币资金。金融机构信贷资金的来源有各项存款、金融债券、对国际金融机构负债、流通中现金等；信贷资金的运用有各项贷款、有价证券及投资、金银占款、外汇占款、财政借款及在国际金融机构中的资产等。

存款 指企业、机关、团体或居民根据资金必须收回的原则，把货币资金存入银行或其他信贷机构保管并取得一定利息的一种信用活动形式。根据存款对象或性质的不同可划分为企业存款、财政存款、机关团体存款、城乡储蓄存款、农业存款、其他存款等科目。它是银行信贷资金的主要来源。

贷款 指银行或其他信贷机构根据资金必须归还的原则，按一定利率，为企业、个人等提供资金的一种信用活动形式。我国银行贷款分为短期贷款、中长期贷款、委托及信托类贷款、其他类贷款等。

保险公司 指在中国境内的、经过保险监督管理部门批准设立，并依法登记注册的各类商业保险公司。

保险金额 指保险人承担赔偿或者给付保险金责任的最高限额。

保费 指投保人为取得保险人在约定范围内所承担赔偿责任而支付给保险人的费用。

赔款 指保险人根据保险合同的规定，向被保险人支付的赔偿保险责任损失的金额。

给付 包括死伤医疗给付和满期给付。死伤医疗给付是指保险人根据人寿保险及长期健康保险合同的规定，因被保险人在保险期内发生保险责任范围内的保险事故支付给被保险人（或受益人）的金额。满期给付是指被保险人生存期满，保险人按人寿保险合同规定支付给被保险人的满期保险金额。

社会融资规模 是指一定时期内实体经济从金融体系获得的资金总额，是增量概念。主要包括人民币贷款、外币贷款（折合人民币）、委托贷款、信托贷款、未贴现的银行承兑汇票、企业债券、非金融企业境内股票融资、投资性房地产、保险公司赔偿等。

6 第三产业部分行业主要业务指标

6-6　房地产业

简要说明

一、主要内容

本篇资料主要包括：历年房地产开发企业基本情况；房屋开竣工面积、商品房销售及土地购置情况。主要分组包括按地区、用途、登记注册类型、资质等级等。

二、统计范围

本篇资料仅包含房地产业中的房地产开发经营部分资料。

三、统计调查方法

调查方法为全面调查。

四、统计口径变化

2004 年数据，除平均销售价格、住宅竣工与销售套数为经济普查数据外，其他指标数据均为当年快报数据。

指标变化：2004 年以前的商品房销售面积和销售额为实际销售口径；2005 年以后的销售面积和销售额包括期房和现房。

五、数据来源

房地产开发统计资料来自 2012 年全国房地产开发企业上报的基层库，除个别指标外，均为自年初累计数据。

6-6-1 房地产开发企业土地开发及购置

年 份 地 区	土地购置费用 (亿元)	待开发土地面积 (万平方米)	本年土地购置面积 (万平方米)
1997	247.60	17670.10	6641.70
1998	375.40	13530.70	10109.32
1999	500.03	13505.17	11958.90
2000	733.99	14754.77	16905.24
2001	1038.77	14582.13	23408.99
2002	1445.81	19178.65	31356.78
2003	2055.17	21782.58	35696.48
2004	2574.47	39635.30	39784.66
2005	2904.37	27522.00	38253.73
2006	3814.49	37523.65	36573.57
2007	4873.25	41483.97	40245.85
2008	5995.62	48161.07	39353.43
2009	6023.71	32816.54	31909.45
2010	9999.92	31457.95	39953.10
2011	11527.25	40220.76	44327.44
2012	12100.15	40195.99	35666.80
北 京	1102.69	150.40	305.99
天 津	138.39	995.18	299.75
河 北	332.60	773.24	1760.99
山 西	117.61	618.85	718.36
内蒙古	135.32	538.52	902.76
辽 宁	740.56	1720.99	3199.52
吉 林	225.59	245.61	1539.01
黑龙江	150.95	347.64	929.91
上 海	390.53	350.23	300.62
江 苏	1140.46	4887.33	3071.00
浙 江	1948.75	1908.69	1256.11
安 徽	525.27	2558.41	2618.78
福 建	688.16	912.99	925.64
江 西	107.59	662.02	733.17
山 东	852.28	3439.56	2610.03
河 南	307.36	1318.72	1742.63
湖 北	348.49	1588.19	1303.19
湖 南	249.80	2534.97	1106.29
广 东	787.27	4122.82	1805.44
广 西	191.74	886.25	541.71
海 南	76.91	762.21	333.62
重 庆	384.16	3368.71	2183.07
四 川	474.23	1567.57	892.22
贵 州	119.50	1005.18	707.51
云 南	251.08	964.72	1602.39
西 藏	0.07	0.37	1.34
陕 西	140.27	562.81	473.03
甘 肃	52.38	329.26	419.33
青 海	38.81	89.47	197.03
宁 夏	43.03	409.01	425.69
新 疆	38.29	576.09	760.67

6-6-2 按资质等级分房地产开发企业土地购置面积

单位：平方米

地 区	总 计	一 级	二 级	三 级	四 级	暂 定	其 他
全 国	**356667964**	**13212978**	**48922058**	**60399034**	**36805268**	**181265585**	**16063041**
北 京	3059890	146172	576644	278705	356572	1371861	329936
天 津	2997546		1356090	148834	316584	873690	302348
河 北	17609888	1513039	1098934	2181232	5242692	7360365	213626
山 西	7183623	273371	767681	900020	1935621	3148800	158130
内蒙古	9027554	27274	655021	1653023	4301033	2313305	77898
辽 宁	31995220	543376	4071901	6398362	96188	18978999	1906394
吉 林	15390069	67767	3341121	2669146	1948146	7260953	102936
黑龙江	9299142		1636840	4506400	218744	2781076	156082
上 海	3006176	70401	384133	933696		1503269	114677
江 苏	30709986	2235127	9762273	2388653	173153	14110398	2040382
浙 江	12561137	198851	1266232	2232099	899891	6688194	1275870
安 徽	26187806	128364	1285946	3469733	1045636	18810378	1447749
福 建	9256419	63669	21183	2178850	805347	5713526	473844
江 西	7331710	184480	736472	1293498	445779	4199140	472341
山 东	26100287	1252160	2370083	3219187	2897751	14288816	2072290
河 南	17426286	544346	1928165	3057829	758002	10415950	721994
湖 北	13031946	294027	841921	2245199	2045721	7033540	571538
湖 南	11062894	114377	648125	3140407	1082374	5459016	618595
广 东	18054392	636394	302909	2024669	3156581	10974168	959671
广 西	5417056	67606	574286	793046	265759	3397350	319009
海 南	3336197		29877	19998	152743	2431467	702112
重 庆	21830685	3034852	7252657	2346010	36650	9105089	55427
四 川	8922185	24266	1319416	4818996	1095996	1573143	90368
贵 州	7075134	21593	931032	1114912	483016	4448725	75856
云 南	16023917	825997	2384064	1287633	2897710	8190542	437971
西 藏	13447					13447	
陕 西	4730279	149562	1648999	887254	794007	978096	272361
甘 肃	4193277		184080	1980893	836664	1174351	17289
青 海	1970293		594780	422979	287510	621521	43503
宁 夏	4256860	302087	703072	824809	765046	1661846	
新 疆	7606663	493820	248121	982962	1464352	4384564	32844

6-6-3 房地产开发企业房屋建筑面积和造价

年 份 地 区	房屋施工面积(万平方米)	房屋竣工面积(万平方米)	房屋建筑面积竣工率(%)	房屋竣工价值(亿元)	房屋竣工造价(元/平方米)
1997	44985.46	15819.70	35.2	1859.25	1175
1998	50770.14	17566.60	34.6	2139.19	1218
1999	56857.63	21410.83	37.7	2467.58	1152
2000	65896.92	25104.86	38.1	2859.35	1139
2001	79411.68	29867.36	37.6	3369.45	1128
2002	94104.01	34975.75	37.2	4141.69	1184
2003	117525.99	41464.06	35.3	5279.95	1273
2004	140451.39	42464.87	30.2	5952.48	1402
2005	166053.26	53417.04	32.2	7752.24	1451
2006	194786.42	55830.92	28.7	8729.35	1564
2007	236318.24	60606.68	25.6	10039.89	1657
2008	283266.18	66544.77	23.5	11947.57	1795
2009	320368.16	72677.43	22.7	14689.37	2021
2010	405356.40	78743.88	19.4	17542.73	2228
2011	506775.48	92619.94	18.3	21975.91	2373
2012	573417.52	99424.96	17.3	24836.62	2498
北 京	13122.49	2390.86	18.2	736.77	3082
天 津	9864.22	2542.75	25.8	644.09	2533
河 北	27577.83	4894.56	17.7	1132.49	2314
山 西	11714.28	1732.99	14.8	399.24	2304
内蒙古	16507.40	2449.13	14.8	525.13	2144
辽 宁	38502.02	6438.15	16.7	1547.48	2404
吉 林	10935.80	1927.87	17.6	385.95	2002
黑龙江	13484.97	3245.73	24.1	641.54	1977
上 海	13249.97	2305.06	17.4	1060.07	4599
江 苏	45097.54	9848.40	21.8	2746.91	2789
浙 江	33422.97	4292.94	12.8	1242.87	2895
安 徽	24836.06	3965.39	16.0	955.32	2409
福 建	21121.50	2232.78	10.6	506.62	2269
江 西	9465.63	1747.48	18.5	369.78	2116
山 东	42958.91	7324.97	17.1	1568.11	2141
河 南	29559.36	5870.54	19.9	1059.08	1804
湖 北	16819.71	3273.71	19.5	876.31	2677
湖 南	21356.89	4457.97	20.9	1024.85	2299
广 东	39296.27	6356.12	16.2	2079.84	3272
广 西	15018.46	2333.58	15.5	490.35	2101
海 南	5109.49	856.41	16.8	362.02	4227
重 庆	22009.03	3990.63	18.1	1121.76	2811
四 川	29865.50	5866.58	19.6	1318.27	2247
贵 州	13245.31	1416.77	10.7	278.44	1965
云 南	14362.00	1851.57	12.9	417.40	2254
西 藏	47.33	9.23	19.5	3.76	4073
陕 西	15410.57	1653.94	10.7	429.56	2597
甘 肃	5634.95	844.50	15.0	177.91	2107
青 海	1891.23	416.20	22.0	107.89	2592
宁 夏	5033.26	1151.97	22.9	259.64	2254
新 疆	6896.55	1736.17	25.2	367.19	2115

6-6-4 房地产开发企业住宅建筑面积和造价

年份 地区	住宅施工面积(万平方米)	住宅竣工面积(万平方米)	住宅建筑面积竣工率(%)	住宅竣工价值(亿元)	住宅竣工造价(元/平方米)
1997	30374.66	12464.70	41.0	1269.91	1019
1998	36223.04	14125.73	39.0	1484.13	1051
1999	42590.34	17640.67	41.4	1831.35	1038
2000	50498.25	20603.32	40.8	2173.60	1055
2001	61582.99	24625.40	40.0	2622.41	1065
2002	73208.65	28524.70	39.0	3190.99	1119
2003	91390.49	33374.61	37.0	4128.94	1222
2004	108196.54	34677.18	32.1	4688.36	1352
2005	129078.38	43682.85	33.8	6060.13	1387
2006	151742.72	45471.75	30.0	6717.23	1477
2007	186788.43	49831.35	26.7	7853.07	1576
2008	222891.80	54334.10	24.4	9295.26	1711
2009	251328.78	59628.71	23.7	11500.24	1929
2010	314760.12	63443.10	20.2	13527.53	2132
2011	387705.98	74319.05	19.2	16947.74	2280
2012	428964.05	79043.20	18.4	19147.45	2422
北　京	7510.36	1522.72	20.3	420.34	2760
天　津	6923.52	1913.97	27.6	475.12	2482
河　北	21895.95	3978.10	18.2	885.07	2225
山　西	9299.62	1435.69	15.4	330.25	2300
内蒙古	11181.66	1816.10	16.2	380.60	2096
辽　宁	29284.88	5132.29	17.5	1201.05	2340
吉　林	8512.60	1613.59	19.0	313.85	1945
黑龙江	10471.96	2646.21	25.3	513.98	1942
上　海	8315.68	1609.13	19.4	692.63	4304
江　苏	33412.17	7687.13	23.0	2132.03	2774
浙　江	21656.38	2917.26	13.5	823.96	2824
安　徽	18182.58	3123.15	17.2	744.93	2385
福　建	14731.19	1564.62	10.6	346.23	2213
江　西	7319.85	1440.48	19.7	293.97	2041
山　东	33715.25	6086.71	18.1	1266.54	2081
河　南	23466.99	4888.17	20.8	846.15	1731
湖　北	13013.01	2795.21	21.5	725.94	2597
湖　南	16773.68	3688.55	22.0	834.47	2262
广　东	29253.24	4918.16	16.8	1580.08	3213
广　西	11846.86	1956.57	16.5	407.73	2084
海　南	4411.38	734.99	16.7	315.49	4292
重　庆	16997.85	3386.35	19.9	937.22	2768
四　川	22590.16	4713.61	20.9	1032.94	2191
贵　州	9654.03	1120.17	11.6	217.25	1939
云　南	10432.11	1492.28	14.3	326.59	2189
西　藏	31.01	6.46	20.8	2.15	3324
陕　西	13030.16	1413.75	10.8	360.63	2551
甘　肃	4431.21	710.03	16.0	144.77	2039
青　海	1513.51	371.06	24.5	94.75	2553
宁　夏	3622.63	922.26	25.5	204.79	2220
新　疆	5482.59	1438.43	26.2	295.99	2058

6-6-5 按用途分房地产开发企业房屋施工面积

单位：万平方米

年份 地区	房屋施工面积	住宅	#别墅、高档公寓	办公楼	商业营业用房	其他
1997	44985.46	30374.66	1759.19	5335.15	6507.95	2767.34
1998	50770.10	36223.00	2032.10	5072.70	6551.30	2923.10
1999	56857.63	42590.34	1982.21	4383.17	6812.69	3071.43
2000	65896.92	50498.25	2986.69	4058.51	7825.67	3514.48
2001	79411.68	61582.99	3734.88	4120.00	9573.81	4134.88
2002	94104.01	73208.65	5009.23	4392.30	11501.45	5001.61
2003	117525.99	91390.49	5796.55	5088.41	14708.90	6338.19
2004	140451.39	108196.54	6598.11	5982.43	18293.23	7979.20
2005	166053.26	129078.38	8556.24	6618.80	20926.59	9429.49
2006	194786.42	151742.72	11471.45	7395.39	23712.76	11935.55
2007	236318.24	186788.43	14150.10	8321.51	25941.12	15267.18
2008	283266.18	222891.80	14608.82	9582.06	30465.05	20329.71
2009	320368.16	251328.78	14313.93	9996.19	34543.72	24499.46
2010	405356.40	314760.12	16579.52	12144.40	44631.92	33819.96
2011	506775.48	387705.98	18679.25	15991.01	55949.59	47128.90
2012	573417.52	428964.05	18579.98	19434.17	65813.91	59205.39
北京	13122.49	7510.36	642.20	1711.86	1236.89	2663.38
天津	9864.22	6923.52	342.87	792.40	1045.23	1103.08
河北	27577.83	21895.95	397.07	598.79	2798.25	2284.84
山西	11714.28	9299.62	79.38	216.67	1253.00	945.00
内蒙古	16507.40	11181.66	233.15	643.10	3083.05	1599.60
辽宁	38502.02	29284.88	935.69	778.99	5698.58	2739.57
吉林	10935.80	8512.60	347.39	207.22	1470.87	745.11
黑龙江	13484.97	10471.96	96.78	177.66	1569.99	1265.36
上海	13249.97	8315.68	1425.77	1284.68	1449.91	2199.69
江苏	45097.54	33412.17	2555.63	1539.84	6071.07	4074.47
浙江	33422.97	21656.38	1539.81	2099.17	3642.28	6025.14
安徽	24836.06	18182.58	417.21	789.46	3840.09	2023.93
福建	21121.50	14731.19	560.05	987.37	2246.11	3156.83
江西	9465.63	7319.85	267.47	280.19	1188.94	676.66
山东	42958.91	33715.25	924.16	1051.82	4887.12	3304.73
河南	29559.36	23466.99	227.31	976.49	2941.81	2174.08
湖北	16819.71	13013.01	241.54	576.52	1760.44	1469.75
湖南	21356.89	16773.68	563.06	441.25	2079.91	2062.04
广东	39296.27	29253.24	2500.70	1176.38	3355.53	5511.13
广西	15018.46	11846.86	242.24	279.76	1406.52	1485.32
海南	5109.49	4411.38	772.67	37.34	322.06	338.71
重庆	22009.03	16997.85	723.44	499.85	2028.90	2482.43
四川	29865.50	22590.16	721.83	834.65	3136.25	3304.44
贵州	13245.31	9654.03	111.88	300.50	1729.94	1560.86
云南	14362.00	10432.11	978.37	427.16	1869.51	1633.21
西藏	47.33	31.01	7.33	1.68	14.65	
陕西	15410.57	13030.16	236.29	338.57	1186.64	855.20
甘肃	5634.95	4431.21	23.00	99.85	632.82	471.07
青海	1891.23	1513.51	12.93	29.23	207.67	140.83
宁夏	5033.26	3622.63	81.93	119.14	818.67	472.82
新疆	6896.55	5482.59	370.83	136.61	841.22	436.13

6-6-6 按用途分房地产开发企业房屋新开工面积

单位：万平方米

年份 地区	本年房屋新开工面积	住宅	#别墅、高档公寓	办公楼	商业营业用房	其他
1997	14026.98	10996.64	469.72	872.44	1462.45	695.44
1998	20387.90	16637.50	638.60	871.50	1938.65	940.25
1999	22579.41	18797.94	594.06	690.29	2198.56	892.62
2000	29582.64	24401.15	1169.09	898.81	3034.77	1247.91
2001	37394.18	30532.72	1456.69	1072.98	4105.40	1683.08
2002	42800.52	34719.35	2278.17	1254.24	4926.48	1900.45
2003	54707.53	43853.88	2349.29	1466.89	6706.80	2679.96
2004	60413.86	47949.01	2975.69	1704.19	7790.81	2969.85
2005	68064.44	55185.07	2834.97	1671.10	7675.47	3532.79
2006	79252.83	64403.80	4058.32	2134.94	8473.23	4240.86
2007	95401.53	78795.51	4914.41	2141.44	9093.89	5370.70
2008	102553.37	83642.12	4336.97	2471.95	10040.69	6398.62
2009	116422.05	93298.41	3649.80	2860.76	12415.03	7847.84
2010	163646.87	129359.31	5080.05	3668.07	17472.58	13146.91
2011	191236.87	147163.11	5653.01	5399.20	20730.78	17943.77
2012	177333.62	130695.42	4228.31	5986.46	22006.85	18644.89
北京	3224.21	1627.50	88.40	536.82	325.61	734.28
天津	2565.19	1764.76	58.49	231.02	202.16	367.26
河北	7641.80	5983.78	83.27	187.61	831.34	639.08
山西	4166.34	3271.11	19.38	66.62	442.44	386.17
内蒙古	5423.42	3670.18	59.20	160.55	977.63	615.07
辽宁	13828.92	10644.03	218.36	234.61	1922.63	1027.65
吉林	4826.76	3683.39	89.95	88.50	699.35	355.51
黑龙江	5074.35	3785.55	49.47	92.79	728.46	467.55
上海	2724.05	1563.39	234.33	303.91	365.17	491.58
江苏	13908.44	10285.49	683.51	402.53	1928.27	1292.15
浙江	7816.80	4946.83	359.15	413.88	911.76	1544.32
安徽	7874.22	5468.39	121.59	233.75	1440.55	731.53
福建	5342.97	3565.11	86.90	252.38	640.96	884.52
江西	3261.03	2400.09	76.26	137.02	480.42	243.49
山东	13902.72	10837.97	280.09	378.27	1590.80	1095.69
河南	10515.11	8424.45	68.41	360.08	985.31	745.27
湖北	5976.06	4650.79	63.97	218.38	615.35	491.55
湖南	6631.62	5053.52	88.51	184.44	712.68	680.97
广东	10615.73	7840.26	526.88	288.94	998.18	1488.35
广西	3741.88	2910.11	72.30	103.03	376.32	352.42
海南	1661.29	1402.85	170.74	17.78	137.25	103.40
重庆	5813.48	4345.14	117.93	160.64	539.04	768.66
四川	8367.21	5962.51	122.03	314.46	1089.37	1000.87
贵州	3787.67	2578.41	7.62	176.24	567.91	465.12
云南	6037.53	4166.88	259.40	222.37	882.77	765.51
西藏	22.68	17.07	6.46	1.57	4.04	
陕西	4738.32	3928.91	33.03	99.03	419.70	290.68
甘肃	2404.51	1933.52	8.00	23.22	251.68	196.09
青海	772.90	605.33	7.59	7.79	97.38	62.41
宁夏	1842.78	1228.74	38.58	38.60	421.02	154.43
新疆	2823.65	2149.36	128.53	49.63	421.32	203.34

6-6-7 按用途分房地产开发企业房屋竣工面积

单位：万平方米

年份 地区	本年房屋竣工面积	住宅	#别墅、高档公寓	办公楼	商业营业用房	其他
1997	15819.70	12464.70	554.22	1057.66	1628.44	668.89
1998	17566.60	14125.70	609.00	996.40	1791.50	652.90
1999	21410.83	17640.67	646.03	979.19	2011.84	779.13
2000	25104.86	20603.32	959.34	952.01	2561.97	987.57
2001	29867.36	24625.40	1183.56	974.03	3111.66	1156.27
2002	34975.75	28524.70	1625.58	1013.65	3939.75	1497.65
2003	41464.06	33774.61	1735.87	1077.14	4825.06	1787.25
2004	42464.87	34677.18	2115.31	1034.60	4945.95	1807.14
2005	53417.04	43682.85	2538.79	1416.70	5888.03	2429.46
2006	55830.92	45471.75	2652.85	1393.71	6285.75	2679.72
2007	60606.68	49831.35	3033.34	1545.02	6096.49	3133.82
2008	66544.77	54334.10	2988.71	1824.64	6410.65	3975.38
2009	72677.43	59628.71	3020.47	1652.55	6823.72	4572.46
2010	78743.88	63443.10	3266.37	1815.85	8282.63	5202.30
2011	92619.94	74319.05	3335.27	2266.79	9472.65	6561.45
2012	99424.96	79043.20	3167.91	2315.36	10226.45	7839.94
北　京	2390.86	1522.72	135.09	226.79	240.06	401.30
天　津	2542.75	1913.97	110.74	166.80	301.42	160.56
河　北	4894.56	3978.10	70.16	94.53	503.80	318.14
山　西	1732.99	1435.69	8.78	14.90	182.54	99.86
内蒙古	2449.13	1816.10	58.65	67.23	403.68	162.12
辽　宁	6438.15	5132.29	120.27	99.74	762.07	444.05
吉　林	1927.87	1613.59	81.82	16.43	223.07	74.78
黑龙江	3245.73	2646.21	7.37	28.52	340.25	230.75
上　海	2305.06	1609.13	275.91	206.87	177.65	311.41
江　苏	9848.40	7687.13	447.89	237.18	1168.74	755.36
浙　江	4292.94	2917.26	192.54	218.35	453.11	704.21
安　徽	3965.39	3123.15	46.26	49.98	577.19	215.07
福　建	2232.78	1564.62	59.57	119.20	238.83	310.13
江　西	1747.48	1440.48	44.84	31.89	205.59	69.51
山　东	7324.97	6086.71	155.92	130.29	682.60	425.37
河　南	5870.54	4888.17	66.73	82.01	562.00	338.36
湖　北	3273.71	2795.21	67.42	27.37	300.19	150.95
湖　南	4457.97	3688.55	120.52	39.39	443.88	286.15
广　东	6356.12	4918.16	427.43	159.63	473.58	804.75
广　西	2333.58	1956.57	38.00	25.33	205.02	146.66
海　南	856.41	734.99	114.75	3.99	60.15	57.29
重　庆	3990.63	3386.35	103.72	30.37	282.23	291.68
四　川	5866.58	4713.61	70.04	119.35	518.93	514.69
贵　州	1416.77	1120.17	10.25	16.16	162.36	118.07
云　南	1851.57	1492.28	204.46	26.54	183.06	149.69
西　藏	9.23	6.46	0.83	0.11	2.66	
陕　西	1653.94	1413.75	19.75	19.48	145.59	75.12
甘　肃	844.50	710.03		8.56	93.85	32.06
青　海	416.20	371.06	0.61	3.41	23.88	17.84
宁　夏	1151.97	922.26	6.65	9.85	131.04	88.82
新　疆	1736.17	1438.43	100.92	35.10	177.45	85.18

6-6-8 按用途分房地产开发企业房屋竣工价值

单位：万元

年份 地区	房屋 竣工价值	住宅	#别墅、高档公寓	办公楼	商业营业用房	其他
1998	21391927	14841274	1797188	2696191	2908120	946342
1999	24675822	18313466	3243105	2307508	2821830	1233018
2000	28593463	21736046	4167662	1887549	3435603	1534265
2001	33694469	26224110	4653653	1794697	3972859	1702803
2002	41416949	31909883	4603868	1821081	5421762	2264223
2003	52799528	41289403	3861036	2179823	6707887	2622415
2004	59524820	46883710	3355237	2334105	7443231	2863774
2005	77522369	60601314	6585999	3330709	9442203	4148143
2006	87293459	67172276	7067080	3812779	11523290	4785114
2007	100398923	78530678	7956405	4117505	11996464	5754276
2008	119475659	92952620	7845093	4996314	13651868	7874857
2009	146893651	115002390	8769854	5233193	16690159	9967909
2010	175427347	135275286	10971101	6039054	22433546	11679461
2011	219759131	169477370	12621063	8319008	26176483	15786270
2012	248366202	191474476	12282888	8554573	28992746	19344407
北京	7367720	4203382	547880	985349	1017920	1161069
天津	6440908	4751184	280816	473235	823362	393127
河北	11324860	8850664	239651	259708	1605678	608810
山西	3992377	3302475	81139	32681	462514	194707
内蒙古	5251295	3806025	152954	180069	937927	327274
辽宁	15474814	12010496	325376	357869	2050761	1055688
吉林	3859528	3138484	184806	39244	524483	157317
黑龙江	6415407	5139773	19847	56022	691915	527697
上海	10600726	6926328	1835237	1354852	1060874	1258672
江苏	27469070	21320298	1897160	763112	3561929	1823731
浙江	12428699	8239600	648913	854974	1468266	1865859
安徽	9553219	7449321	134712	131195	1483984	488719
福建	5066161	3462346	120761	274661	650407	678747
江西	3697797	2939680	107984	88801	521588	147728
山东	15681100	12665391	490004	500894	1565844	948971
河南	10590789	8461462	154816	215253	1243838	670236
湖北	8763081	7259367	272947	93938	1050974	358802
湖南	10248513	8344653	343905	127949	1157279	618632
广东	20798426	15800759	1614128	771670	1834532	2391465
广西	4903501	4077306	76215	52666	483028	290501
海南	3620204	3154873	949591	8178	224335	232818
重庆	11217560	9372166	772148	172598	874175	798621
四川	13182745	10329386	173835	396918	1332155	1124286
贵州	2784361	2172453	27934	31453	356109	224346
云南	4173959	3265906	484086	72382	494569	341102
西藏	37581	21458	4172	164	15959	
陕西	4295569	3606319	65736	71738	471946	145566
甘肃	1779057	1447690		25099	238397	67871
青海	1078925	947483	1742	7967	76118	47357
宁夏	2596364	2047874	16680	35732	315240	197518
新疆	3671886	2959874	257713	118202	396640	197170

6-6-9 房地产开发企业商品房销售情况

年 份 地 区	商品房销售面积 (万平方米)	#住 宅	商品房销售额 (亿元)	#住 宅
1991	3025.46	2745.17	237.86	207.60
1992	4288.86	3812.21	426.59	379.85
1993	6687.91	6035.19	863.71	729.19
1994	7230.35	6118.03	1018.50	730.52
1995	7905.94	6787.03	1257.73	1024.07
1996	7900.41	6898.46	1427.13	1106.90
1997	9010.17	7864.30	1799.48	1407.56
1998	12185.30	10827.10	2513.30	2006.87
1999	14556.53	12997.87	2987.87	2413.73
2000	18637.13	16570.28	3935.44	3228.60
2001	22411.90	19938.75	4862.75	4021.15
2002	26808.29	23702.31	6032.34	4957.85
2003	33717.63	29778.85	7955.66	6543.45
2004	38231.64	33819.89	10375.71	8619.37
2005	55486.22	49587.83	17576.13	14563.76
2006	61857.07	55422.95	20825.96	17287.81
2007	77354.72	70135.88	29889.12	25565.81
2008	65969.83	59280.35	25068.18	21196.00
2009	94755.00	86184.89	44355.17	38432.90
2010	104764.65	93376.60	52721.24	44120.65
2011	109366.75	96528.41	58588.86	48198.32
2012	111303.65	98467.51	64455.79	53467.18
北 京	1943.74	1483.37	3308.56	2455.50
天 津	1661.69	1511.40	1365.53	1210.57
河 北	5144.92	4622.46	2303.90	1914.61
山 西	1497.88	1390.44	579.89	513.20
内蒙古	2523.52	2104.22	1022.80	769.39
辽 宁	8827.95	7655.40	4362.78	3611.21
吉 林	2452.42	2159.43	1016.95	836.80
黑龙江	3806.82	3226.22	1548.30	1201.93
上 海	1898.46	1592.63	2669.49	2208.96
江 苏	9019.18	7923.37	6067.01	5089.06
浙 江	4005.29	3316.23	4262.66	3541.63
安 徽	4828.81	4275.43	2329.88	1921.86
福 建	3258.94	2741.96	2817.70	2293.90
江 西	2397.10	2125.90	1137.35	931.39
山 东	8632.76	7745.87	4111.80	3529.51
河 南	5968.49	5455.50	2286.67	1915.57
湖 北	4037.85	3620.10	2036.20	1689.86
湖 南	5150.48	4664.08	2085.23	1711.55
广 东	7898.99	7157.63	6407.81	5488.39
广 西	2759.26	2546.96	1159.83	995.82
海 南	931.84	898.35	735.57	701.72
重 庆	4522.40	4105.11	2297.35	1972.42
四 川	6455.93	5679.33	3517.72	2816.49
贵 州	2186.95	2002.40	900.08	739.96
云 南	3237.75	2789.68	1362.83	1077.10
西 藏	22.50	20.65	7.35	6.16
陕 西	2755.59	2530.84	1420.75	1215.57
甘 肃	978.44	893.36	349.32	301.60
青 海	262.96	246.85	106.46	91.14
宁 夏	804.43	707.57	317.58	256.19
新 疆	1430.31	1274.80	560.45	458.14

6-6-10 房地产开发企业成套住宅竣工与销售情况

单位：套

年份 地区	住宅竣工套数 合计	#别墅、高档公寓	住宅销售套数 合计	#别墅、高档公寓
1999	1946358	44025		
2000	2139702	59880		
2001	2414392	72207		
2002	2629616	97751		
2003	3021134	108525		
2004	4042219	144949		
2005	3682523	135276	4235372	152339
2006	4005305	139632	5049094	219982
2007	4401203	159423	6251263	257776
2008	4939189	144618	5565827	157455
2009	5548897	143621	8040470	240129
2010	6019767	163207	8817526	223596
2011	7219163	155923	9139672	191881
2012	7642379	161899	9446424	184001
北　京	156606	5769	147153	5277
天　津	183572	5334	153686	4030
河　北	381529	3602	444959	5566
山　西	131677	522	122431	215
内蒙古	164962	3379	198073	2917
辽　宁	598299	5394	840520	9509
吉　林	195425	7641	245525	5641
黑龙江	311229	246	373563	935
上　海	162169	16974	164759	14160
江　苏	667136	19288	705029	20407
浙　江	242386	5741	282224	5464
安　徽	301370	2081	418989	4701
福　建	147318	2317	249314	3518
江　西	127629	1668	189254	2082
山　东	553218	7752	714514	9951
河　南	439355	5435	489310	1953
湖　北	250207	2838	340340	3522
湖　南	337701	5026	400490	7442
广　东	492103	19942	644541	30573
广　西	187628	1398	235237	783
海　南	89764	13012	97242	8627
重　庆	396319	4970	438391	7912
四　川	442906	2660	573537	6583
贵　州	96924	466	190506	535
云　南	121134	8765	239631	12374
西　藏	618	42	1830	168
陕　西	135007	1529	245420	4187
甘　肃	66864		88808	18
青　海	31474	22	22913	11
宁　夏	85433	331	66329	709
新　疆	144417	7755	121906	4231

6-6-11 按用途分房地产开发企业商品房销售面积

单位：万平方米

年份 地区	商品房销售面积	住宅	#别墅、高档公寓	办公楼	商业营业用房	其他
1997	9010.17	7864.30	254.25	341.43	634.06	170.38
1998	12185.30	10827.10	345.30	400.60	810.80	146.80
1999	14556.53	12997.87	435.74	403.43	1003.17	152.06
2000	18637.13	16570.28	640.72	436.98	1399.31	230.56
2001	22411.90	19938.75	878.19	502.57	1696.15	274.44
2002	26808.29	23702.31	1241.26	538.92	2218.58	348.47
2003	33717.63	29778.85	1449.87	630.49	2833.10	475.19
2004	38231.64	33819.89	2323.05	692.84	3100.29	618.62
2005	55486.22	49587.83	2818.44	1096.23	4081.38	720.78
2006	61857.07	55422.95	3672.44	1231.04	4337.79	865.29
2007	77354.72	70135.88	4581.31	1465.23	4644.61	1109.01
2008	65969.83	59280.35	2865.25	1157.05	4206.06	1326.37
2009	94755.00	86184.89	4626.05	1544.43	5328.03	1697.65
2010	104764.65	93376.60	4219.10	1889.97	6994.84	2503.24
2011	109366.75	96528.41	3729.93	2004.97	7868.65	2964.71
2012	111303.65	98467.51	3476.00	2253.65	7759.28	2823.21
北京	1943.74	1483.37	116.94	253.50	113.97	92.90
天津	1661.69	1511.40	66.32	28.17	72.17	49.95
河北	5144.92	4622.46	114.08	74.78	316.70	130.97
山西	1497.88	1390.44	5.38	9.54	79.50	18.41
内蒙古	2523.52	2104.22	54.66	36.56	270.17	112.58
辽宁	8827.95	7655.40	243.79	79.15	775.93	317.48
吉林	2452.42	2159.43	79.56	14.75	219.49	58.75
黑龙江	3806.82	3226.22	22.95	24.26	410.87	145.48
上海	1898.46	1592.63	234.56	111.73	120.01	74.10
江苏	9019.18	7923.37	411.74	200.83	763.95	131.04
浙江	4005.29	3316.23	168.40	188.75	332.64	167.68
安徽	4828.81	4275.43	71.77	62.00	428.42	62.97
福建	3258.94	2741.96	84.58	150.83	209.88	156.27
江西	2397.10	2125.90	32.06	47.56	189.46	34.19
山东	8632.76	7745.87	165.96	135.38	553.75	197.76
河南	5968.49	5455.50	33.69	126.49	297.96	88.54
湖北	4037.85	3620.10	59.06	69.75	256.87	91.13
湖南	5150.48	4664.08	143.58	64.25	329.97	92.18
广东	7898.99	7157.63	540.21	141.47	360.57	239.32
广西	2759.26	2546.96	24.81	9.60	149.83	52.87
海南	931.84	898.35	113.94	4.04	20.23	9.22
重庆	4522.40	4105.11	143.78	62.30	221.89	133.10
四川	6455.93	5679.33	134.64	157.37	438.53	180.70
贵州	2186.95	2002.40	15.87	14.88	144.56	25.11
云南	3237.75	2789.68	265.28	90.87	277.54	79.67
西藏	22.50	20.65	2.94	0.43	1.42	
陕西	2755.59	2530.84	52.98	65.97	124.34	34.45
甘肃	978.44	893.36	0.38	2.97	63.99	18.13
青海	262.96	246.85	0.41	0.21	15.48	0.41
宁夏	804.43	707.57	14.33	6.82	82.92	7.12
新疆	1430.31	1274.80	57.35	18.47	116.31	20.72

6-6-12 按用途分房地产开发企业商品房平均销售价格

单位：元/平方米

年份 地区	商品房平均销售价格	住宅	#别墅、高档公寓	办公楼	商业营业用房	其他
1997	1997	1790	5382	4677	3090	2129
1998	2063	1854	4596	5552	3170	1837
1999	2053	1857	4503	5265	3333	1804
2000	2112	1948	4288	4751	3260	1864
2001	2170	2017	4348	4588	3274	2033
2002	2250	2092	4154	4336	3489	1919
2003	2359	2197	4145	4196	3675	2241
2004	2778	2608	5576	5744	3884	2235
2005	3168	2937	5834	6923	5022	2829
2006	3367	3119	6585	8053	5247	3131
2007	3864	3645	7471	8667	5774	3351
2008	3800	3576	7801	8378	5886	3219
2009	4681	4459	9662	10608	6871	3671
2010	5032	4725	10934	11406	7747	4099
2011	5357	4993	10994	12327	8488	4182
2012	5791	5430	11460	12306	9021	4306
北京	17022	16553	27317	22114	20476	6363
天津	8218	8010	10877	13349	13008	4699
河北	4478	4142	5388	6732	9393	3167
山西	3871	3691	5457	7835	6865	2524
内蒙古	4053	3656	6296	6038	6944	3885
辽宁	4942	4717	8665	9647	7042	4057
吉林	4147	3875	8346	7990	6438	4605
黑龙江	4067	3726	9337	5698	6438	4675
上海	14061	13870	28196	21000	16218	4223
江苏	6727	6423	11604	9049	9774	3779
浙江	10643	10680	14081	12743	12186	4482
安徽	4825	4495	7407	7420	7854	4056
福建	8646	8366	14468	12117	12484	5057
江西	4745	4381	7712	10644	7402	4417
山东	4763	4557	10039	8696	7083	3659
河南	3831	3511	6584	8820	7657	3544
湖北	5043	4668	9866	12282	8744	3957
湖南	4049	3670	7130	9697	8579	3071
广东	8112	7668	10256	20498	12994	6724
广西	4203	3910	6709	15658	8614	3767
海南	7894	7811	19590	4971	12721	6624
重庆	5080	4805	8273	11495	9576	3069
四川	5449	4959	10038	8955	11137	3980
贵州	4116	3695	11980	8158	9630	3493
云南	4209	3861	4185	7876	6567	4005
西藏	3269	2982	3685	5328	6810	
陕西	5156	4803	9603	8093	10647	5636
甘肃	3570	3376	7368	6957	6496	2252
青海	4049	3692	7151	6519	9705	3801
宁夏	3948	3621	4849	5065	6686	3503
新疆	3918	3594	5339	9383	6532	4343

【主要统计指标解释】

房屋施工面积 指报告期内施工的全部房屋建筑面积。包括本期新开工的房屋建筑面积、上期跨入本期继续施工的房屋建筑面积、上期停缓建在本期恢复施工的房屋建筑面积、本期竣工的房屋建筑面积以及本期施工后又停缓建的房屋建筑面积。多层建筑应填各层建筑面积之和。

房屋新开工面积 指报告期内新开工建设的房屋面积，以单位工程为核算对象，即整栋房屋的全部建筑面积，不能分割计算。不包括在上期开工跨入报告期继续施工的房屋建筑面积和上期停缓建而在本期复工的建筑面积。房屋的开工应以房屋正式开始破土刨槽（地基处理或打永久桩）的日期为准。

房屋竣工面积 指报告期内房屋建筑按照设计要求已全部完工，达到住人和使用条件，经验收鉴定合格或达到竣工验收标准，可正式移交使用的各栋房屋建筑面积的总和。

竣工面积以房屋单位工程（栋）为核算对象，在整栋房屋符合竣工条件后按其全部建筑面积一次性计算，而不是按各栋施工房屋中已完成的部分或层次分割计算。

商品房销售面积 指报告期内出售商品房屋的合同总面积（即双方签署的正式买卖合同中所确定的建筑面积）。商品房销售面积由现房销售面积和期房销售面积两部分组成。

（1）现房销售面积：指在报告期内正式签订买卖合同、已经竣工达到入住条件的商品房屋建筑面积。包括以一次性付款方式和分期付款方式销售的现房建筑面积。

（2）期房销售面积：指在报告期内正式签订买卖合同、正在建设尚未竣工交付使用的商品房屋建筑面积。包括以一次性付款方式和分期付款方式销售的商品房屋建筑面积。期房销售建筑面积竣工后不再结转为现房销售建筑面积。

商品房销售额 指报告期内出售商品房屋的合同总价款（即双方签署的正式买卖合同中所确定的合同总价）。该指标与商品房销售面积同口径，由现房销售额和期房销售额两部分组成。

（1）现房销售额：指报告期内销售的已竣工商品房屋的合同总价款。包括现房销售前期预收的定金、预收款、首付款及全部按揭贷款的本金等款项。该指标与现房销售面积同口径。

（2）期房销售额：指报告期内销售的正在建设尚未竣工的商品房屋的合同总价款。包括预售房屋前期预收的定金、预收款、首付款及全部按揭贷款的本金等项。该指标与期房销售面积同口径。

住宅竣工套数 指报告期内按照设计要求已全部完工，经验收合格，达到住人或使用条件的正式交给开发公司的成套住宅数量（以设计图纸为准）。

商品住宅销售套数 指报告期内出售商品房屋合同中总的成套住宅数量（即双方签署的正式买卖合同中所确定的成套住宅数量）。由现房销售套数和期房销售套数两部分组成。

房屋竣工价值 指报告期内按规定已经上报竣工的房屋本身的建造价值。一般按房屋设计和预算规定的内容计算。包括竣工房屋本身的基础、结构、屋面、装修以及水、电、卫等附属工程的建筑价值；也包括作为房屋建筑组成部分而列入房屋建筑工程预算内的设备（如电梯、通风设备等）的购置和安装费用。不包括厂房内的工艺设备、工艺管线的购置和安装，工艺设备基础的建造；室外的水、暖、电、卫、道路工程、挡土墙等环境工程的费用；办公和生活用家具的购置等费用；购置土地的费用；迁移补偿费和场地平整的费用及城市建设配套投资。

房屋竣工价值不仅包括该竣工房屋在报告期内完成的价值，也包括跨年施工的房屋在本期以前完成的价值。未竣工而转让给其他单位的房屋建筑工程，出让单位不计算竣工价值，待接受单位继续施工并符合竣工条件后，由接受单位计算其竣工价值，包括出让单位在出让前所完成的价值。房屋竣工价值一般按结算价格（或中标价）计算。

待开发土地面积 指经有关部门批准，通过各种方式获得土地使用权，但尚未开工建设的土地面积。

本年土地购置面积 指在本年内通过各种方式获得土地使用权的土地面积。

6 第三产业部分行业主要业务指标

6-7　租赁和商务服务业

简要说明

一、主要内容

本篇资料主要包括律师、公证、调解等商务服务活动情况。

二、资料来源

本篇资料由司法部依据统计报表制度整理提供。

6-7-1 律师、公证和调解工作基本情况

项目		2007	2008	2009	2010	2011	2012
律师工作							
律师事务所	(个)	13593	14467	15888	17230	18235	19361
律师工作人员	(人)	143967	156710	173327	195170	214968	232384
#专职律师		128172	140135	155457	176219	192546	208356
兼职律师		7842	8116	8764	9294	9740	10108
聘请担任常年法律顾问的单位	(处)	295990	314876	338179	369129	392456	447993
民事诉讼代理	(件)	1247877	1401147	1499105	1569043	1693635	1779118
经济诉讼代理	(件)						
刑事诉讼辩护及代理	(件)	495824	511971	564204	530800	569330	576050
行政诉讼代理	(件)	56342	54666	57286	51011	52136	43312
非诉讼法律事务	(件)	607049	729218	569304	549453	625229	585358
解答法律询问	(万人次)	381.8	350.9	383.1	474.5	513.6	436.9
代写法律事务文书	(万件)	715.4	721.0	684.2	723.7	787.4	733.0
公证工作							
公证处	(个)	3031	3035	3023	3026	3006	3007
公证人员	(人)	21060	33462	23077	24185	25609	26527
#公证员		11616	22284	11282	11457	12163	12333
公证员助理		4966	5469	5895	6678	7089	7650
办理公证文书	(万件)	971.4	949.0	1075.1	1104.8	1076.6	1120.8
人民调解工作							
专职司法助理员	(人)	60824	74147	72704	72698	95430	95920
人民调解委员会	(万个)	83.7	82.7	82.4	81.8	81.1	81.7
调解人员	(万人)	486.9	479.3	493.9	466.9	433.6	428.1
调解民间纠纷	(万件)	480.0	498.1	579.7	841.8	893.5	926.6

注：2011年起，专职司法助理员统计口径有所调整，地方司法所事业编制专职司法助理员纳入统计。

6-7-2 国内公证业务分类

分　类	办证件数(件)	比　重(%)
合计	**7809905**	**100.00**
合同(协议)	2647962	33.91
继承	646090	8.27
单方法律行为	2366136	30.30
现场监督	207833	2.66
保全证据	186452	2.39
公司章程	3145	0.04
组织资格	12597	0.16
财产权	18886	0.24
身份	5788	0.07
收养关系	7783	0.10
婚姻状况	12926	0.17
亲属关系	82998	1.06
有无违法犯罪记录	42709	0.55
其他有法律意义事实	58499	0.75
证书(执照)	2621	0.03
签名(印章)	216192	2.77
文本相符	183606	2.35
赋予执行效力	139354	1.78
执行证书	14980	0.19
抵押登记	117563	1.51
提存	5602	0.07
保管	25	
其他	830158	10.63

6-7-3 涉外公证文书分类

项目	办证件数(件)	比重(%)
合计	**3188293**	**100.00**
合同(协议)	9299	0.29
继承	22362	0.70
委托	39599	1.24
声明	72017	2.26
遗嘱	1128	0.04
其他单方法律行为	3805	0.12
公司章程	2933	0.09
组织资格	7417	0.23
收养关系	7266	0.23
婚姻关系	154192	4.84
亲属关系	337163	10.58
出生	444630	13.95
死亡	20542	0.64
生存、居住	13853	0.43
学历(学位)	188210	5.90
经历	26898	0.84
职务(职称)	9176	0.29
身份	27543	0.86
有无违法犯罪记录	347767	10.91
其他有法律意义事实	16447	0.52
证书(执照)	61359	1.92
签名(印章)	148774	4.67
文本相符	679101	21.30
其他	546812	17.15

6-7-4 调解民间纠纷分类

项目	调解纠纷(件)		各类纠纷所占比重(%)	
	2011	2012	2011	2012
合计	**8935341**	**9265855**	**100.0**	**100.0**
#婚姻家庭	1761612	1772695	19.7	19.1
房屋、宅基地	614109	626444	6.9	6.8
邻里	2043793	2213346	22.9	23.9
损害赔偿	727803	730610	8.1	7.9

【主要统计指标解释】

公证人员 指在公证处工作的人员总称，包括公证处主任、副主任、公证员、公证员助理(助理公证员)和其他从事辅助性工作的人员。

公证文书 指公证处根据当事人申请，依照事实和法律，按照法定程序制作的，具有法律效力的司法证明文书。

调解员 指在人民调解委员会担负调解民间纠纷工作的人员，包括调解委员会的委员和调解小组的调解员。

调解民间纠纷 指调解委员会按照法律规定，根据自愿原则，用说服教育的方法调解民间发生的有关民事权利和义务争执的件数，包括调解成功数和调解未成功数。

6 第三产业部分行业主要业务指标

6-8　科学研究和技术服务业

简要说明

一、主要内容

科技活动基本情况，包括R&D人员、R&D经费、科技成果和专利情况；气象、地震、海洋、测绘、质量监督检验检疫等综合技术服务部门业务活动情况；全国技术市场成交合同额情况等。

二、统计范围

科技活动统计资料范围为全社会有研究与试验发展（R&D）活动的企事业单位，具体包括规模以上工业企业、地级及以上独立核算的政府部门属研究机构与技术开发机构及科技信息与文献机构、全日制普通高等学校以及研究与试验发展（R&D）活动相对密集行业（包括农、林、牧、渔业，建筑业，交通运输、仓储和邮政业，信息传输、软件和信息技术服务业，金融业，租赁和商务服务业，科学研究和技术服务业，水利、环境和公共设施管理业，卫生和社会工作，文化、体育和娱乐业等）中从事研究与试验发展（R&D）活动的企事业单位以及从事综合技术服务活动的单位等。

三、资料来源

科技活动基本情况资料由国家统计局、科技部、国防科技工业局、教育部、国家知识产权局等部门调查提供；研究与试验发展（R&D）课题学科分组情况由科技部、国防科技工业局、教育部调查提供；气象、地震、海洋、测绘、产品质量监督和检验检疫等资料，分别由中国气象局、中国地震局、国家海洋局、国家测绘地理信息局、国家质量监督检验检疫总局等部门调查提供；技术市场资料由科技部调查提供。

四、统计调查方法

研究与试验发展(R&D)活动情况采用全面调查取得；科协、测绘、气象、地震、海洋、产品质量监督抽查和检验检疫、专利资料采用抽样等多种调查方法取得。

五、科技活动统计资料口径变动说明

2000年以前科技活动统计资料只包括大中型工业企业、政府部门属研究机构、普通高等学校，2000年及以后年份扩大到了全社会范围。

6-8-1 科技活动基本情况

指　　标	2005	2006	2007	2008	2009	2010	2011	2012
研究与试验发展(R&D)投入情况								
R&D人员全时当量　(万人年)	136.5	150.2	173.6	196.5	229.1	255.4	288.3	324.7
#基础研究	11.5	13.1	13.8	15.4	16.5	17.4	19.3	21.2
应用研究	29.7	30.0	28.6	28.9	31.5	33.6	35.3	38.4
试验发展	95.2	107.1	131.2	152.2	181.1	204.5	233.7	265.1
R&D经费内部支出　(亿元)	2450.0	3003.1	3710.2	4616.0	5802.1	7062.6	8687.0	10298.4
#基础研究	131.2	155.8	174.5	220.8	270.3	324.5	411.8	498.8
应用研究	433.5	489.0	492.9	575.2	730.8	893.8	1028.4	1162.0
试验发展	1885.2	2358.4	3042.8	3820.0	4801.0	5844.3	7246.8	8637.6
#政府资金	645.4	742.1	913.5	1088.9	1358.3	1696.3	1883.0	2221.4
企业资金	1642.5	2073.7	2611.0	3311.5	4162.7	5063.1	6420.6	7625.0
R&D经费内部支出相当于国内生产总值比例　(%)	1.32	1.39	1.40	1.47	1.70	1.76	1.84	1.98
科技成果及获奖数　(项)								
科技成果登记数	32359	33644	34170	35971	38688	42108	44208	51723
国家技术发明奖	40	56	51	55	55	46	55	77
国家科学技术进步奖	236	241	255	254	282	273	283	212
技术市场成交额　(亿元)	1551	1818	2227	2665	3039	3907	4764	6437
专利申请受理数　(件)	476264	573178	693917	828328	976686	1222286	1633347	2050649
发明	173327	210490	245161	289838	314573	391177	526412	652777
实用新型	139566	161366	181324	225586	310771	409836	585467	740290
外观设计	163371	201322	267432	312904	351342	421273	521468	657582
专利申请授权数　(件)	214003	268002	351782	411982	581992	814825	960513	1255138
发明	53305	57786	67948	93706	128489	135110	172113	217105
实用新型	79349	107655	150036	176675	203802	344472	408110	571175
外观设计	81349	102561	133798	141601	249701	335243	380290	466858

6-8-2 全国研究与试验发展(R&D)经费内部支出

单位：亿元，%

年 份	R&D经费内部支出	基础研究	应用研究	试验发展	占国内生产总值比重	R&D经费内部支出现价增长
1995	348.7	18.1	92.0	238.6	0.57	
1996	404.5	20.2	99.1	285.1	0.57	16.0
1997	509.2	27.4	132.5	349.3	0.64	25.9
1998	551.1	29.0	124.6	397.5	0.65	8.2
1999	678.9	33.9	151.6	493.5	0.76	23.2
2000	895.7	46.7	151.9	697.0	0.90	31.9
2001	1042.5	55.6	184.9	802.0	0.95	16.4
2002	1287.6	73.8	246.7	967.2	1.07	23.5
2003	1539.6	87.7	311.4	1140.5	1.13	19.6
2004	1966.3	117.2	400.5	1448.7	1.23	27.7
2005	2450.0	131.2	433.5	1885.2	1.32	24.6
2006	3003.1	155.8	489.0	2358.4	1.39	22.6
2007	3710.2	174.5	492.9	3042.8	1.40	23.5
2008	4616.0	220.8	575.2	3820.0	1.47	24.4
2009	5802.1	270.3	730.8	4801.0	1.70	25.7
2010	7062.6	324.5	893.8	5844.3	1.76	21.7
2011	8687.0	411.8	1028.4	7246.8	1.84	23.0
2012	10298.4	498.8	1162.0	8637.6	1.98	18.5

6-8-3 全国研究与试验发展(R&D)人员全时当量

单位：万人年，%

年 份	R&D人员全时当量	基础研究	比重	应用研究	比重	试验发展	比重
1992	67.43	5.84	8.66	20.90	30.99	40.70	60.36
1993	69.78	6.33	9.07	21.49	30.80	41.96	60.13
1994	78.32	7.64	9.76	24.20	30.90	46.48	59.35
1995	75.17	6.66	8.87	22.79	30.32	45.71	60.81
1996	80.40	6.96	8.65	23.65	29.42	49.79	61.93
1997	83.12	7.17	8.63	25.27	30.40	50.68	60.97
1998	75.52	7.87	10.42	24.97	33.06	42.68	56.51
1999	82.17	7.60	9.25	24.15	29.39	50.42	61.36
2000	92.21	7.96	8.63	21.96	23.82	62.28	67.54
2001	95.65	7.88	8.24	22.60	23.63	65.17	68.13
2002	103.51	8.40	8.12	24.73	23.89	70.39	68.00
2003	109.48	8.97	8.19	26.03	23.77	74.49	68.03
2004	115.26	11.07	9.61	27.86	24.17	76.33	66.22
2005	136.48	11.54	8.46	29.71	21.77	95.23	69.78
2006	150.25	13.13	8.74	29.97	19.95	107.14	71.31
2007	173.62	13.81	7.95	28.60	16.47	131.21	75.57
2008	196.54	15.40	7.83	28.94	14.72	152.20	77.44
2009	229.13	16.46	7.18	31.53	13.76	181.14	79.06
2010	255.38	17.37	6.80	33.56	13.14	204.46	80.06
2011	288.29	19.32	6.70	35.28	12.24	233.73	81.07
2012	324.68	21.22	6.53	38.38	11.82	265.09	81.65

6-8-4 各地区研究与试验发展(R&D)经费内部支出

单位：万元，%

地 区	R&D经费内部支出	基础研究	应用研究	试验发展	R&D经费内部支出占国内(地区)生产总值的比重
全 国	**102984090**	**4988066**	**11619720**	**86376303**	**1.98**
北 京	10633640	1258199	2418132	6957307	5.95
天 津	3604866	142180	438901	3023786	2.80
河 北	2457670	65070	323253	2069346	0.92
山 西	1323458	42373	171249	1109836	1.09
内蒙古	1014468	24501	73884	916083	0.64
辽 宁	3908680	147825	609154	3151701	1.57
吉 林	1098010	120418	291316	686276	0.92
黑龙江	1459588	172385	240096	1047108	1.07
上 海	6794636	491614	915835	5387187	3.37
江 苏	12878616	332025	746113	11800480	2.38
浙 江	7225867	174598	389036	6662233	2.08
安 徽	2817953	183131	269147	2365675	1.64
福 建	2709891	48487	122436	2538969	1.38
江 西	1136552	29372	79709	1027471	0.88
山 东	10203266	224023	644022	9335221	2.04
河 南	3107802	75662	116551	2915591	1.05
湖 北	3845239	203953	561485	3079800	1.73
湖 南	2876780	92821	372635	2411323	1.30
广 东	12361501	324512	887831	11149158	2.17
广 西	971539	61845	118297	791396	0.75
海 南	137244	24050	21179	92014	0.48
重 庆	1597973	87535	243230	1267209	1.40
四 川	3508589	250340	714029	2544220	1.47
贵 州	417261	38298	35624	343338	0.61
云 南	687548	82092	125294	480162	0.67
西 藏	17839	2798	4197	10844	0.25
陕 西	2872035	147868	450586	2273582	1.99
甘 肃	604762	82947	119750	402065	1.07
青 海	131228	13108	25992	92128	0.69
宁 夏	182304	12239	15962	154103	0.78
新 疆	397289	31797	74796	290696	0.53

6-8-5 各地区研究与试验发展(R&D)人员全时当量

单位：人年

地 区	R&D人员全时当量	#研究人员	基础研究	应用研究	试验发展
全 国	**3246840**	**1404017**	**212168**	**383767**	**2650944**
北 京	235493	132246	34603	57825	143067
天 津	89609	38626	5127	11169	73314
河 北	78533	43603	4930	11964	61639
山 西	47029	25895	3399	8622	35011
内蒙古	31819	17607	2304	5032	24483
辽 宁	87180	48674	8119	15939	63124
吉 林	49961	28851	9363	11663	28934
黑龙江	65118	41196	10168	8717	46233
上 海	153361	68938	16054	24373	112941
江 苏	401920	130118	10474	21040	370411
浙 江	278110	77709	6448	11900	259766
安 徽	103047	43245	7936	12059	83050
福 建	114492	33800	3801	8433	102258
江 西	38152	19171	2315	4783	31054
山 东	254013	105588	12104	21908	220002
河 南	128323	56483	3495	5676	119156
湖 北	122748	62106	8084	18120	96545
湖 南	100032	44371	6209	13501	80328
广 东	492327	182417	12935	36652	442743
广 西	41268	21123	5748	10833	24685
海 南	6787	2482	897	880	5010
重 庆	46122	22241	4021	7216	34886
四 川	98010	52059	10825	17627	69559
贵 州	18732	9687	2713	2241	13778
云 南	27817	14735	4870	6780	16168
西 藏	1199	773	340	444	416
陕 西	82428	49217	7061	15298	60072
甘 肃	24290	14471	3004	6110	15174
青 海	5181	2897	804	1332	3045
宁 夏	8073	3775	1345	1315	5414
新 疆	15671	9915	2673	4319	8678

6-8-6 国家财政科技支出

单位：亿元，%

年 份	国家公共财政支出	国家财政科技拨款	中 央	地 方	科学技术支出	其他功能支出中用于科学技术的支出	科技拨款占财政总支出的比重
1980	1228.8	64.6					5.26
1981	1138.4	61.6					5.41
1982	1230.0	65.3					5.31
1983	1409.5	79.0					5.61
1984	1701.0	94.7					5.57
1985	2004.3	102.6					5.12
1986	2204.9	112.6					5.11
1987	2262.2	113.8					5.03
1988	2491.2	121.1					4.86
1989	2823.8	127.9					4.53
1990	3083.6	139.1	97.6	41.6			4.51
1991	3386.6	160.7	115.4	45.3			4.74
1992	3742.2	189.3	133.6	55.7			5.06
1993	4642.3	225.6	167.6	58.0			4.86
1994	5792.6	268.3	199.0	69.3			4.63
1995	6823.7	302.4	215.6	86.8			4.43
1996	7937.6	348.6	242.8	105.8			4.39
1997	9233.6	408.9	273.9	134.0			4.43
1998	10798.2	438.6	289.7	148.9			4.06
1999	13187.7	543.9	355.6	188.3			4.12
2000	15886.5	575.6	349.6	226.0			3.62
2001	18902.6	703.3	444.3	258.9			3.72
2002	22053.2	816.2	511.2	305.0			3.70
2003	24650.0	944.6	609.9	335.6			3.83
2004	28486.9	1095.3	692.4	402.9			3.84
2005	33930.3	1334.9	807.8	527.1			3.93
2006	40422.7	1688.5	1009.7	678.8			4.18
2007	49781.4	2135.7	1044.1	1091.6	1783.0	352.6	4.29
2008	62592.7	2611.0	1287.2	1323.8	2129.2	481.8	4.17
2009	76299.9	3276.8	1653.3	1623.5	2744.5	532.3	4.29
2010	89874.2	4196.7	2052.5	2144.2	3250.2	946.5	4.67
2011	109247.8	4797.0	2343.3	2453.7	3828.0	969.0	4.39
2012	125953.0	5600.1	2613.6	2986.5	4452.6	1147.5	4.45

6-8-7 研究与开发机构基本情况

指标		2005	2006	2007	2008	2009	2010	2011	2012
机构基本情况									
机构数	(个)	3901	3803	3775	3727	3707	3696	3673	3674
#中央属		679	673	674	678	691	686	686	710
地方属		3222	3130	3101	3049	3016	3010	2987	2964
研究与试验发展(R&D)投入情况									
R&D人员	(万人)	24.1	25.7	29.0	30.4	32.3	34.2	36.2	38.8
R&D人员全时当量	(万人年)	21.5	23.1	25.5	26.0	27.7	29.3	31.6	34.4
#基础研究		2.8	3.2	3.6	3.8	4.1	4.2	5.0	5.7
应用研究		8.3	8.9	9.3	9.7	10.3	10.9	11.3	12.1
试验发展		10.4	11.0	12.6	12.5	13.4	14.2	15.2	16.5
R&D经费内部支出	(亿元)	513.1	567.3	687.9	811.3	996.0	1186.4	1306.7	1548.9
#基础研究		58.0	67.9	74.7	92.7	110.6	129.9	160.2	197.9
应用研究		176.3	196.2	227.1	271.3	350.9	387.6	417.2	469.3
试验发展		278.7	303.2	386.1	447.2	534.4	668.9	729.3	881.7
#政府资金		424.7	481.2	592.9	699.7	849.5	1036.5	1106.1	1292.7
企业资金		17.6	17.3	26.2	28.2	29.8	34.2	39.9	47.4
国外资金		1.8	2.6	3.4	4.0	4.2	3.4	4.9	5.1
其他资金		68.1	66.1	65.3	79.3	112.4	112.2	155.8	203.8
研究与试验发展(R&D)项目(课题)情况									
R&D项目(课题)数	(项)	39072	42262	49453	54900	61135	67050	70967	79343
R&D项目(课题)人员全时当量	(万人年)	17.6	20.2	22.2	22.9	23.7	25.4	27.3	31.1
R&D项目(课题)经费内部支出	(亿元)	353.5	365.4	451.7	537.7	579.8	681.5	807.1	1078.3
科技产出及成果情况									
发表科技论文	(篇)	109995	118211	126527	132072	138119	140818	148039	158647
#国外发表		15638	17597	19596	21498	25882	26862	31598	35173
出版科技著作	(种)	3578	3791	4134	4691	4788	3922	4292	4458
专利申请受理数	(件)	6814	8026	9802	12536	15773	19192	24059	30418
#发明专利		5064	6200	7782	9864	12361	14979	18227	23406
专利申请授权数	(件)	3234	3499	4036	5048	6391	8698	12126	16551
#发明专利		2088	2191	2467	3102	4077	5249	7862	10935

6-8-8 研究与开发机构研究与试验发展(R&D)课题学科分组情况

学　　科	R&D课题数 (项)	R&D课题参加人员全时当量 (人年)	R&D项目(课题)经费内部支出 (万元)
全　国	**79343**	**310505**	**10782978**
数　学	447	807	18905
信息科学与系统科学	752	4045	82057
力　学	414	997	38491
物理学	3444	7996	326172
化　学	2924	6572	173498
天文学	919	1133	54470
地球科学	8129	13760	424359
生物学	6856	12230	321183
心理学	143	425	6607
农　学	12513	24882	386099
林　学	2223	4723	65606
畜牧、兽医科学	2320	5178	72396
水产学	1313	2100	37905
基础医学	990	2628	42513
临床医学	2153	6259	81306
预防医学与卫生学	834	2998	37556
军事医学与特种医学	32	80	953
药　学	828	2056	45169
中医学与中药学	2032	3930	51790
工程与技术科学基础学科	1905	21491	535252
信息与系统科学相关工程与技术	430	1704	44615
自然科学相关工程与技术	934	2067	41812
测绘科学技术	911	1723	64341
材料科学	2583	8552	235619
矿山工程技术	160	507	10006
冶金工程技术	158	368	8359
机械工程	444	2039	42513
动力与电气工程	567	3794	96783
能源科学技术	613	1251	40492
核科学技术	536	12074	552925
电子、通信与自动控制技术	3278	43695	1725265
计算机科学技术	1379	6094	154160
化学工程	636	1212	32223
产品应用相关工程与技术	136	327	4647
纺织科学技术	38	129	905
食品科学技术	422	938	13669
土木建筑工程	272	672	14701
水利工程	1030	1657	51995
交通运输工程	917	3746	111518
航空、航天科学技术	2146	73045	4382138
环境科学技术	2901	6230	137448
安全科学技术	522	1607	35072
管理学	592	1111	12832
马克思主义	194	186	3282
哲　学	169	282	4331
宗教学	129	214	2754
语言学	144	164	3319
文　学	224	369	6054
艺术学	128	434	2735
历史学	611	912	14936
考古学	267	755	15244
经济学	1881	3384	51791
政治学	454	528	7712
法　学	414	572	9170
军事学	10	31	3112
社会学	633	975	9990
民族学	270	427	4263
新闻学与传播学	90	119	1906
图书馆、情报与文献学	424	1378	15634
教育学	385	618	6253
体育科学	107	275	2565
统计学	33	53	1602

6-8-9 高等学校科技活动情况

指标		2005	2006	2007	2008	2009	2010	2011	2012
高等学校基本情况									
学校数	(个)	1792	1867	1908	2263	2305	2358	2409	2442
#理工农医		786	800	786	827	1003	970	975	1039
人文社科		815	843	840	869	954	963	997	1090
R&D机构	(个)	3936	4154	4502	5159	6082	7833	8630	9225
研究与试验发展(R&D)投入情况									
R&D人员	(万人)	38.7	42.1	44.8	47.8	50.9	59.4	63.2	67.8
R&D人员全时当量	(万人年)	22.7	24.2	25.4	26.6	27.5	29.0	29.9	31.4
#基础研究		7.8	9.0	9.4	10.9	11.3	12.0	12.9	14.0
应用研究		11.1	11.3	12.0	13.7	14.1	14.8	15.0	15.4
试验发展		3.9	3.9	4.0	2.0	2.1	2.1	2.0	1.9
R&D经费内部支出	(亿元)	242.3	276.8	314.7	390.2	468.2	597.3	688.8	780.6
#基础研究		56.7	71.4	86.8	114.8	145.5	179.9	226.7	275.7
应用研究		125.0	137.3	161.8	208.9	250.0	337.0	372.4	402.7
试验发展		60.6	68.2	66.1	66.5	72.6	80.3	89.8	102.2
#政府资金		133.1	151.5	177.7	225.5	262.2	358.8	405.1	474.1
企业资金		88.9	101.2	110.3	134.9	171.7	198.5	242.9	260.5
研究与试验发展(R&D)项目(课题)情况									
R&D项目(课题)数	(项)	280327	365294	375425	429096	476708	547717	604107	657027
R&D项目(课题)人员全时当量	(万人年)	22.5	26.8	25.2	26.6	27.4	28.9	29.9	31.3
R&D项目(课题)经费内部支出	(亿元)	193.5	287.0	258.2	323.2	363.5	467.0	535.3	607.3
科技产出及成果情况									
发表科技论文	(篇)	728082	830948	905985	964877	1016354	1062512	1109965	1117742
#国外发表		69857	90722	108727	134058	156750	182247	218301	226097
出版科技著作	(种)	33064	34633	35733	37541	40919	38101	37472	38760
专利申请受理数	(件)	20094	24490	29860	40610	56641	72744	95592	113430
#发明专利		14673	18059	21864	29337	36241	44132	54362	66755
专利申请授权数	(件)	8843	12043	14111	19248	25570	37490	53055	74550
#发明专利		4715	6650	8251	10216	14408	18055	25064	34441

6-8-10 高等学校研究与试验发展(R&D)课题学科分组情况

学科	R&D课题数(项)	R&D课题参加人员全时当量(人年)	R&D项目(课题)经费内部支出(万元)
全 国	**657027**	**313107**	**6072681**
数 学	9541	5374	55187
信息科学与系统科学	5394	3156	107890
力 学	2656	1477	46221
物理学	11226	6818	158823
化 学	16551	9651	203325
天文学	344	168	3882
地球科学	12702	6150	234120
生物学	18126	10849	276891
心理学	320	136	2066
农 学	16115	8862	226502
林 学	3384	2216	42690
畜牧、兽医科学	5312	3006	75303
水产学	2070	938	19961
基础医学	15843	12899	144443
临床医学	39747	40279	297683
预防医学与卫生学	2562	1973	24804
军事医学与特种医学	117	112	1417
药 学	5018	3430	64206
中医学与中药学	14586	11855	75589
工程与技术科学基础学科	2973	1394	57571
信息与系统科学相关工程与技术	3262	1887	52377
自然科学相关工程与技术	1376	754	20343
测绘科学技术	1502	785	29069
材料科学	17579	9828	307613
矿山工程技术	7396	3472	151069
冶金工程技术	1966	1191	95348
机械工程	18868	11386	381111
动力与电气工程	10203	5615	191171
能源科学技术	4096	2387	102062
核科学技术	800	612	27604
电子、通信与自动控制技术	21910	13092	491897
计算机科学技术	20938	11813	307111
化学工程	10873	5753	205873
产品应用相关工程与技术	826	604	25341
纺织科学技术	1776	1044	25200
食品科学技术	4772	2562	66389
土木建筑工程	13025	6921	199359
水利工程	3308	1864	72910
交通运输工程	7883	4124	190240
航空、航天科学技术	3741	2091	173990
环境科学技术	13090	6238	180663
安全科学技术	1130	648	18068
管理学	64049	19703	233361
马克思主义	9272	2695	8270
哲 学	5043	1452	7739
宗教学	863	262	1546
语言学	19250	5989	18636
文 学	16042	4643	17325
艺术学	21641	6077	65249
历史学	8446	2443	16225
考古学	1006	259	5997
经济学	46319	13046	104740
政治学	7682	2031	11731
法 学	18827	4980	27988
军事学	142	122	2507
社会学	16988	4496	30438
民族学	3415	1118	7211
新闻学与传播学	7038	1723	13410
图书馆、情报与文献学	5463	1735	7922
教育学	35990	10308	39678
体育科学	12138	3780	12182
统计学	2221	658	4720
其 他	285	175	2428

6-8-11 全国气象部门基本情况

项 目		2000	2005	2006	2007	2008	2009	2010	2011	2012
气象观测业务台站	**(个)**									
地面观测		2819	2405	2418	2431	2438	2416	2418	2419	2423
高空探测		156	120	122	123	121	118	120	120	120
自动气象站		550	7813	16775	23130	28235	31553	30693	33259	45926
天气雷达观测		238	253	252	304	313	330	342	259	230
大气成分观测			21	73	31	35	35	28	28	28
太阳辐射观测		99	105	110	103	142	157	100	100	100
农业气象观测		1125	769	771	739	635	653	653	653	653
生态与农业气象观测试验		68	67	68	69	67	68	68	68	68
卫星云图接收		319	435	384	496	621	311	361	363	363
大气本底站		4	6	7	7	7	7	7	7	7
闪电定位监测			234	292	354	387	417	425	319	334
沙尘暴监测			85	86	31	194	182	29	29	29
紫外线观测			178	178	174	203	149	164	160	153
酸雨观测		82	299	513	334	330	337	342	342	365
臭氧观测		3	14	18	4	20	17	22	36	36
海洋气象台站		140	125	100	105	102	102	109	90	95
气象科学数据共享服务数据量	**(GB)**		**2089**	**218784**	**112506**	**51985**	**245740**	**358319**	**398134**	**440988**
装备										
拥有计算机数	(台)	27724	50683	57007	63350.3	72137	79349	90040	98101	108370
高性能计算机			62	53	65	61	72	106	108	143
服务器及工作站	(套)		768	941	1046	1196	1751	2428	3124	4249
PC服务器			1903	2142	2629	3021	3776	4762	5339	6728
PC机(含PC工作站)			47950	53871	59610.3	67859	73750	82744	89530	97250
云图接收机数	(台)	354	506	423	438	453	407	421	453	453
电视会商系统设备	(套)		729	877	1041	1296	1805	1895	2071	2208
人工影响天气作业设备										
高炮	(门)		6393	6800	6969	6311	6973	6902	6636	6654
火箭发射系统	(部)		4129	4936	5039	4862	6355	7034	7109	7213
人员	**(人)**									
全国气象部门职工总数		59113	53214	53137	53321	53265	53180	53606	53665	53956

注：2006年起气象科学数据共享服务数据量是全国气象部门利用网络向社会提供气象资料的数据量，2005年以前是国家气象信息中心气象科学数据共享服务网的数据量。

6-8-12　各地区气象业务站点及观测项目情况

单位：个

地　区 和单位	地面观 测业务	高空探 测业务	自动 气象站	天气雷达 观测业务	农业气象 观测站	环境气象 观测站	闪电定位 监测业务	卫星云图 接收业务
全　国	**2423**	**120**	**45926**	**230**	**721**	**618**	**334**	**363**
北　京	20	1	275	2	7	13	1	3
天　津	14		228	1	5	4	1	2
河　北	142	3	2650	5	30	32	11	6
山　西	109	1	1516	8	31	16	7	13
内蒙古	119	12	1169	11	35	21	20	6
辽　宁	61	2	1406	6	28	41	9	16
吉　林	54	3	1033	6	25	22	7	6
黑龙江	83	4	1054	11	39	26	19	7
上　海	14	1	256	2	1	16		6
江　苏	70	3	1075	10	22	39	9	5
浙　江	71	3	1949	8	14	24	11	30
安　徽	81	2	1962	10	25	13	7	5
福　建	70	3	1626	7	27	6	9	18
江　西	91	2	2058	7	19	25	12	9
山　东	123	3	1469	11	20	38	7	15
河　南	119	3	2466	12	38	37	10	28
湖　北	81	3	2142	11	32	33	13	16
湖　南	97	3	3448	10	26	7	10	7
广　东	86	4	1221	10	28	19	11	9
广　西	92	6	2365	9	29	12	11	12
海　南	21	3	457	3	7	4	6	5
重　庆	35	1	890	4	13	36	5	4
四　川	156	7	2877	10	47	12	24	14
贵　州	85	2	2723	9	19	10	12	13
云　南	125	5	2127	8	26	7	22	26
西　藏	39	5	70	6	5	10	18	9
陕　西	100	4	1433	8	22	19	9	20
甘　肃	81	9	1642	6	27	24	5	17
青　海	52	7	303	2	19	13	10	16
宁　夏	25	1	328	3	10	10	5	5
新　疆	105	14	1708	13	44	27	33	15
大连市						1		
宁波市								
青岛市						1		
厦门市								
其　他	2	1		1				

注：农业气象观测站包括生态与农业气象观测试验站。环境气象站包括大气成分观测站、大气本底站、沙尘暴监测站、紫外线观测站、酸雨观测站和臭氧观测站。

6-8-13 地震台、网基本情况

地区	国家地震观测台、网			国家地震遥测台、网		市、县地震台		
	国家级台	省级台	强震观测点	台网	子台	市、县级台	企业台	宏观观测点
全国	**187**	**211**	**2209**	**135**	**977**	**1033**	**186**	**37518**
北京	10	2	243	3	27	86	1	242
天津	5	5	110	1	33			1769
河北	8	21	65	4	53	45	12	2755
山西	6	4	40	6	37	64	25	6044
内蒙古	6	17	32	1	39	35		540
辽宁	7	11	70	3	37	28	5	936
吉林	5	6	10	2	37	21		386
黑龙江	9	2	106	7	35	49	1	4515
上海	2		63	1	33	7		10
江苏	9	6	85	12	15	78	2	1211
浙江	5	1	16	4	24	32		24
安徽	3	9	13	4	10	15	1	645
福建	4	10	40	6	33	28	8	339
江西	2	4	6	1	24			475
山东	6	20	146	16	66	41	7	3436
河南	3	7	20	12	9	31	4	879
湖北	5	8	2	2	13	27		157
湖南	4	3	2	1	21	25	2	236
广东	6	7	112	8	51	32	5	148
广西	1	7	21	6	22	34	3	895
海南	2	4	14	1	25	14		2715
重庆	1			1	23	24		17
四川	12	13	219	12	60	78	36	2505
贵州								
云南	16	15	315	5	55	110	33	1659
西藏	10	1	2	1	19			
陕西	6	9	30	3	30	34	9	3831
甘肃	9	10	166	5	44	44	10	267
青海	5	2	40	3	30	10	20	87
宁夏	4	3	51	1	13	11		266
新疆	16	4	170	3	59	30	2	529

6-8-14　各地区测绘生产完成情况

地　区 和单位	大 地 测 量		地理信息 数据生产 (幅)	地图编制		
	GPS测量 (点)	水准测量 (公里)		地形图 (幅)	专题地图 (种)	地图集 (种)
全　国	**9192**	**130983**	**930509**	**185039**	**4025**	**482**
北　京	1878	4031	16814	788	58	8
天　津		5309	25755			
河　北		2903	40541		12	
山　西		2003	83632	9283	85	3
内蒙古		1856	11368		18	1
辽　宁	743	2780	9942	3314	88	
吉　林		790	4789		36	
黑龙江	334	13361	27645	6122	70	
上　海			50357	30451	18	1
江　苏		1811	84362		8	2
浙　江	3916	5657	23522	4491	38	4
安　徽	1148	3300	31845	358	99	4
福　建		9412	591	302	112	3
江　西			26942	7	238	1
山　东	122	240	43196		155	43
河　南		295	22295	4483	41	2
湖　北		1200	51781		41	2
湖　南	437	1823	49233	10120	143	6
广　东		252	67545	47299	52	3
广　西		896	7413	2521	56	1
海　南	175	2049	29475	1452	39	4
重　庆		625	6664	967	174	13
四　川	61	7350	78201	10318	61	21
贵　州			6575	2628	12	1
云　南		3935	8860	5118	99	1
西　藏		740		312	14	
陕　西		31010	29072	2858	53	5
甘　肃			14791	291	13	1
青　海		759	9570	11789	50	2
宁　夏			600	1360		3
新　疆	271	711	11400	3896	23	1
青　岛			5172			
大　连	37	1830				
宁　波		1075	2670		8	1
深　圳			1107			
厦　门	70	1120	3302		6	
重庆测绘院		2332	8113	3543		
中国地图出版集团				14	691	341
中国测绘科学研究院			35369	3304	5	4
国家基础地理信息中心		19527		17650	1409	
卫星测绘应用中心						

6-8-15 各地区测绘成果提供情况

地区和单位	地形图合计(张)	1:10000	1:50000	测绘基准成果(点)	航摄成果(片)	专题地图(张)	地图集(册)
全国	**342550**	**92086**	**51180**	**260513**	**3727403**	**171252**	**18291**
北京	13105	202		13277		58	8
天津	8			101			
河北	1714	1446	213	910	21150		
山西	2939	2423	490	1384		27745	5445
内蒙古	8247	2082	5127	24396	370813	1400	4320
辽宁	4060	3247	711	31172	8750	665	
吉林	3789	2165	1577	7255	180403	3791	1701
黑龙江	4289	1489	2075	41998	7690		
上海	150142	507	34	14852	8010		
江苏	1612	1199	325	1280			4
浙江	1864	1126	734	1939	22141		
安徽	5196	4792	397	4763	644052		
福建	6256	5778	448	2448	23155	118	
江西	10541	9146	1282	8992	200505		
山东	2919	2389	346	2347	25560		
河南	1198	1052	131	543	684506	6766	1394
湖北	1818	1678	91	1554	366100	4	
湖南	3209	2895	281	5388	54921		
广东	2869	2646	223	973	59303		
广西	3068	2561	502	3194	20198	495	6
海南	30			549	27640	71096	1
重庆	4389	3525	768	813	9625	155	755
四川	9477	3168	5669	4047	7197		
贵州	9295	7583	1452	11845	55525		
云南	6246	4789	891	18126	537566		
西藏	2070	141	873	204		55943	1583
陕西	10641	8186	2134	6469	21444		
甘肃	8651	4456	3677	7348	133484	647	2
青海	5124	928	3613	3389	45907	388	189
宁夏	945	820	125	386	400		1
新疆	22711	9667	10498	16156	77005	1513	2714
青岛	995			30			
大连	14916						
宁波	8190			126			
深圳	167			33			
厦门	661					468	168
国家基础地理信息中心	9199		6493	22226	114352		

6-8-16　产品质量国家监督抽查情况

项　　目	抽查产品(种)	抽查企业(家)	抽查产品(批)	不合格产品(批)
合　　计	**149**	**18791**	**20355**	**2072**
食品	23	3353	3473	161
日用消费品	55	6204	6835	732
建筑与装饰装修材料	22	2803	3258	435
农业生产资料	11	2448	2512	234
工业生产资料	38	3983	4277	510

6-8-17　各地区产品质量情况

单位：%

地　区	产品质量等级品率			质量损失率
	优等品率	一等品率	合格品率	
全　国	**53.37**	**34.41**	**12.22**	**0.18**
北　京	56.72	23.41	19.87	0.88
天　津	69.92	22.45	7.64	0.09
河　北	21.13	69.38	9.49	0.07
山　西	41.29	18.11	40.60	0.09
内蒙古	48.41	21.80	29.79	0.28
辽　宁				
吉　林				
黑龙江	45.86	39.83	14.31	0.37
上　海				
江　苏	40.03	38.52	21.45	0.09
浙　江	54.29	40.08	5.63	0.11
安　徽	62.08	8.72	29.19	0.06
福　建	55.86	28.14	16.01	0.09
江　西	40.07	49.34	10.59	0.04
山　东	38.17	34.96	26.88	0.06
河　南				
湖　北	33.22	46.39	20.39	0.20
湖　南	65.59	29.55	4.85	0.26
广　东	39.75	47.07	13.18	0.71
广　西	25.20	53.31	21.49	3.69
海　南				
重　庆				
四　川	38.90	47.85	13.25	0.44
贵　州	95.82	1.89	2.29	0.01
云　南				
西　藏				
陕　西				
甘　肃	15.78	83.78	0.44	0.11
青　海	22.78	22.49	54.73	0.15
宁　夏	33.65	38.77	27.58	
新　疆	37.00	62.59	0.41	0.03

注：本资料由75个重点工业城市抽样数据汇总而成。

6-8-18 产品质量省级监督抽查情况

地区	抽查产品（种）	抽查企业（家）	抽查产品（批）	不合格产品（批）
全国	**3522**	**186700**	**277223**	**20354**
北京	222	6051	6364	505
天津	54	2940	3295	152
河北	79	3278	3578	439
山西	65	3961	6580	519
内蒙古	135	2945	3656	350
辽宁	64	2530	2906	281
吉林	35	668	755	74
黑龙江	27	1810	2584	95
上海	243	6464	9802	848
江苏	374	26144	33632	797
浙江	246	5442	5442	422
安徽	82	2995	3641	426
福建	198	10493	15930	626
江西	41	1251	1341	129
山东	77	9136	11464	1191
河南	101	9336	15683	806
湖北	76	4421	6617	388
湖南	99	19112	36781	3081
广东	120	8191	10204	1687
广西	141	3114	3496	429
海南	24	699	1240	149
重庆	403	10535	20161	1536
四川	131	20173	30144	1673
贵州	69	8446	13743	978
云南	124	6865	10738	1083
西藏	43	389	1541	169
陕西	114	4296	6680	665
甘肃	49	1224	1742	227
青海	45	690	927	30
宁夏	23	934	3900	242
新疆	18	2167	2656	357

6-8-19 各地区出入境货物检验检疫情况

地 区	批 次 (批)	#不合格	货 值 (万美元)	#不合格
总 计	**22097297**	**187646**	**164031207**	**10112059**
北 京	240605	1946	1875525	5676
天 津	617952	13186	8421998	796292
河 北	190847	2456	4638893	852966
山 西	21458	161	568590	20386
内蒙古	265700	133	982520	555
辽 宁	472273	3274	7407777	429773
吉 林	85935	259	510853	667
黑龙江	204629	719	1741946	436
上 海	2514755	34544	21531511	699805
江 苏	2102896	14237	15517729	1261273
浙 江	3398977	12042	19292964	1093659
#宁波市	794294	4074	9603986	409976
安 徽	163841	669	1079889	8145
福 建	1519755	6195	7303344	551627
#厦门市	463213	3558	3054212	188810
江 西	140692	1132	760130	9021
山 东	1469848	19573	18790590	2469596
河 南	110137	551	2590785	4501
湖 北	107221	857	832052	9056
湖 南	95657	577	549396	2246
广 东	7692049	45062	40419314	1174387
#深圳市	1421363	16722	11190281	264319
珠海市	407214	397	3143008	2819
广 西	149613	1233	2903106	587674
海 南	16874	345	1198595	20455
重 庆	67085	232	713563	4718
四 川	73430	202	624126	1166
贵 州	6586	36	96741	699
云 南	96213	9533	492229	37910
西 藏	5510	21	24231	48
陕 西	32562	146	308515	4839
甘 肃	12306	56	146860	321
青 海	2846	19	50413	1526
宁 夏	6220	57	101685	875
新 疆	212825	18193	2555340	61762

注：国家出入境货物检验检疫数据是由全国直属的35个检验检疫局直报国家质检总局汇总得到。

6-8-20 各地区技术市场成交额

单位：万元

地区	2000	2005	2006	2007	2008	2009	2010	2011	2012
全国	**6507519**	**15513694**	**18181813**	**22265261**	**26652288**	**30390024**	**39065753**	**47635589**	**64370683**
北京	1402871	4895922	6973256	8825603	10272173	12362450	15795367	18902752	24585034
天津	262581	507093	588624	723356	866122	1054611	1193390	1693819	2323275
河北	94143	103827	156099	164329	165906	172112	192931	262471	378178
山西	5258	47980	59213	82677	128425	162068	184911	224825	306088
内蒙古	60287	109939	107127	109835	94423	147651	271464	226719	1060962
辽宁	347817	865167	806494	929290	997290	1197095	1306811	1596633	2306648
吉林	71390	122261	153666	174845	196066	197598	188090	262614	251180
黑龙江	152382	142585	156934	350209	412565	488550	529123	620682	1004473
上海	738952	2317328	3095095	3548877	3861695	4354108	4314374	4807491	5187473
江苏	449568	1008296	688297	784173	940246	1082184	2493406	3334316	4009141
浙江	276275	386954	399618	453474	589189	564581	603478	718968	813079
安徽	61012	142553	184921	264515	324865	356174	461470	650337	861592
福建	172601	171959	113187	145579	179690	232594	356569	345712	500920
江西	69299	111227	93135	99533	77641	97893	230479	341861	397796
山东	288135	983614	232005	450275	660126	719391	1006769	1263778	1400153
河南	211621	263737	237288	261907	254425	263046	272002	387602	399435
湖北	276000	501823	444427	522146	628971	770329	907218	1256876	1963922
湖南	286833	417394	455281	460816	477024	440432	400940	353901	422420
广东	482104	1124740	1070257	1328448	2016319	1709850	2358949	2750647	3649384
广西	17741	94059	9423	9970	26996	17662	41362	56377	25238
海南		10007	8535	7327	35602	5556	32651	34584	5666
重庆	296594	357059	553479	395658	621884	383158	794410	681453	540188
四川	104150	190823	259323	303878	435313	545977	547393	678330	1112438
贵州	620	10488	5361	6560	20356	17806	77191	136483	96743
云南	187742	159175	82747	97496	50547	102469	108827	117144	454779
陕西	92560	188977	179485	301710	438300	698074	1024140	2153664	3348153
甘肃	26413	172736	214534	262107	297560	356287	430845	526386	730619
青海		11812	24665	53017	77033	84967	114051	168443	192989
宁夏	6402	14131	5349	6641	8898	8982	9972	39447	29135
新疆	66168	80029	76084	71724	73963	12078	45188	43783	53853
港澳台			15557	24308	49309	124063	126750	249756	353197
国外			732342	1044979	1373366	1660227	2645234	2747738	5606534

6-8-21 海洋观测预报单位机构、人员情况

项　目	中心站	观测站	监测监视中心	预报区台	预报中心
一、机构数（个）					
1994	7	56	4	3	1
1995	9	57	4	3	1
1996	10	56	4	3	1
1997	10	60	4	3	1
1998	10	56	4	3	1
1999	12	60	4	3	1
2000	12	60	4	3	1
2001	12	60	4	3	1
2002	12	63	4	3	1
2003	12	63	4	3	1
2004	12	63	4	3	1
2005	12	63	4	3	1
2006	12	63	4	3	1
2007	12	63	4	3	1
2008	12	67	4	3	1
2009	14	73	4	3	1
2010	14	73	4	3	1
2011	15	73	4	3	1
2012	16	74	4	3	1
二、人员数（人）					
1994	267	558	819	292	360
1995	348	580	697	300	358
1996	379	557	690	289	360
1997	531	592	624	574	358
1998	395	525	777	304	313
1999	362	468	809	352	269
2000	362	468	809	352	269
2001	362	468	809	352	269
2002	530	427	739	421	313
2003	530	427	739	421	313
2004	530	427	739	421	313
2005	530	427	739	421	313
2006	696	469	601	342	313
2007	696	469	601	342	315
2008	696	523	601	342	315
2009	948	444	659	299	302
2010	932	446	659	289	298
2011	968	431	655	286	302
2012	978	436	679	285	289

6-8-22 海洋监测调查情况

项　目	合计	船舶监测	台站监测	浮标监测
站点(个)	8889	8794	88	7
数据(万组)	168.8	32.8	131.6	4.4

【主要统计指标解释】

研究与试验发展（R&D） 指在科学技术领域，为增加知识总量，以及运用这些知识去创造新的应用进行的系统的、创造性的活动，包括基础研究、应用研究、试验发展三类活动。

基础研究 指为了获得关于现象和可观察事实的基本原理的新知识(揭示客观事物的本质、运动规律，获得新发现、新学说)而进行的实验性或理论性研究，它不以任何专门或特定的应用或使用为目的。

应用研究 指为获得新知识而进行的创造性研究，主要针对某一特定的目的或目标。应用研究是为了确定基础研究成果可能的用途，或是为达到预定的目标探索应采取的新方法（原理性）或新途径。

试验发展 指利用从基础研究、应用研究和实际经验所获得的现有知识，为产生新的产品、材料和装置，建立新的工艺、系统和服务，以及对已产生和建立的上述各项作实质性的改进而进行的系统性工作。

研究与试验发展人员全时当量 是国际上通用的、用于比较科技人力投入的指标。指R&D全时人员（全年从事R&D活动累积工作时间占全部工作时间的90%及以上人员）工作量与非全时人员按实际工作时间折算的工作量之和。例如：有2个R&D全时人员（工作时间分别为0.9年和1年）和3个R&D非全时人员(工作时间分别为0.2年、0.3年和0.7年)，则R&D人员全时当量为1+1+0.2+0.3+0.7=3.2人年。

政府资金 指调查单位R&D经费内部支出中来自各级政府部门的各类资金，包括财政科学技术拨款、科学基金、教育等部门事业费以及政府部门预算外资金的实际支出。

企业资金 指调查单位R&D经费内部支出中来自本企业的自有资金和接受其他企业委托而获得的经费，以及科研院所、高校等事业单位从企业获得的资金的实际支出。

专利 是专利权的简称，是对发明人的发明创造经审查合格后，由专利局依据专利法授予发明人和设计人对该项发明创造享有的专有权。包括发明、实用新型和外观设计。

发明专利 指对产品、方法或者其改进所提出的新的技术方案。

实用新型专利 指对产品的形状、构造或者其结合所提出的适于实用的新的技术方案。

外观设计专利 指对产品的形状、图案、色彩或者其结合所作出的富有美感并适于工业上应用的新设计。

6 第三产业部分行业主要业务指标

6-9 水利、环境和公共设施管理业

简要说明

一、主要内容

本篇主要反映我国水环境、大气环境、工业固体废物、生态环境、自然灾害和突发环境事件、环境污染治理投资、城市环境、农村环境等情况。

二、资料来源

水资源、供水和用水情况由水利部提供;"三废"排放及处理、工业污染治理投资、空气质量、噪声监测、自然保护区和突发环境事件等情况由环境保护部提供;海水水质和海洋灾害情况由国家海洋局提供;湿地、森林火灾和森林病虫鼠害情况由国家林业局提供;城市环境和城市基础设施建设投资情况由住房和城乡建设部提供;农村环境、地质灾害、地震灾害、公共交通等情况分别由卫生部、农业部、国土资源部、地震局、交通运输部提供。

6-9-1 环境保护基本情况

指标		2005	2006	2007	2008	2009	2010	2011	2012
水环境									
水资源总量	(亿立方米)	28053.1	25330.1	25255.2	27434.3	24180.2	30906.4	23256.7	29526.9
地表水		26982.4	24358.1	24242.5	26377.0	23125.2	29797.6	22213.6	28371.4
地下水		8091.1	7642.9	7617.2	8122.0	7267.0	8417.0	7214.5	8416.1
地表水与地下水资源重复量		7020.4	6670.8	6604.5	7064.7	6212.1	7308.2	6171.4	7260.6
人均水资源量	(立方米/人)	2151.8	1932.1	1916.3	2071.1	1816.2	2310.4	1730.2	2186.1
供水总量	(亿立方米)	5633.0	5795.0	5818.7	5910.0	5965.2	6022.0	6107.2	6141.8
#地表水		4572.2	4706.8	4723.9	4796.4	4839.5	4881.6	4953.3	4963.0
地下水		1038.8	1065.5	1069.1	1084.8	1094.5	1107.3	1109.1	1134.2
用水总量	(亿立方米)	5633.0	5795.0	5818.7	5910.0	5965.2	6022.0	6107.2	6141.8
#农业		3580.0	3664.4	3599.5	3663.5	3723.1	3689.1	3743.6	3880.3
工业		1285.2	1343.8	1403.0	1397.1	1390.9	1447.3	1461.8	1423.9
生活		675.1	693.8	710.4	729.3	748.2	765.8	789.9	728.8
废水排放总量	(亿吨)	525	537	557	572	589	617	659	685
#工业废水排放量		243	240	247	242	234	237	231	222
生活污水排放量		281	297	310	330	355	380	428	463
工业废水排放达标量	(亿吨)	222	218	226	223	221	226		
工业废水排放达标率	(%)	91.2	90.7	91.7	92.4	94.2	95.3		
化学需氧量排放量	(万吨)	1414	1428	1382	1321	1278	1238	2500	2424
#工业		555	542	511	458	440	435	355	338
生活		859	887	871	863	838	803	939	913
氨氮排放量	(万吨)	150	141	132	127	123	120	260	254
#工业		53	42	34	30	27	27	28	26
生活		97	99	98	97	95	93	148	145
大气环境									
工业废气排放量	(亿标立方米)	268988	330990	388169	403866	436064	519168	674509	635519
#燃料燃烧		155238	181636	209922	229535	241201	303897		
生产工艺		113749	149354	178247	174331	194862	215271		
二氧化硫排放量	(万吨)	2549	2589	2468	2321	2214	2185	2218	2118
#工业		2168	2235	2140	1991	1866	1864	2017	1912
生活		381	354	328	330	348	321	200	206
烟尘排放量	(万吨)	1183	1089	987	902	848	829		
#工业		949	864	771	671	604	603		
生活		234	224	216	231	243	226		
工业粉尘排放量	(万吨)	911	808	699	585	524	449		
工业二氧化硫去除量	(万吨)	1090	1439	1943	2286	2890	3304		
工业烟尘去除量	(万吨)	20587	23565	25166	30543	32848	38941		
工业粉尘去除量	(万吨)	6454	7280	7670	8471	8723	9502		

注：1.2011年环境保护部对统计制度中的指标体系、调查方法及相关技术规定等进行了修订，统计范围扩展为工业源、农业源、城镇生活源、机动车、集中式污染治理设施5个部分。
2.水资源及供水用水2012年相关数据为各地初步上报数据，未与第一次全国水利普查数据衔接。
3.2012年起，生活用水量中的牲畜用水量调整至农业用水量中。

6-9-1 续表 1

指　　标		2005	2006	2007	2008	2009	2010	2011	2012
固体废物									
工业固体废物产生量	(万吨)	134449	151541	175632	190127	203943	240944		
#危险废物		1162	1084	1079	1357	1430	1587		
工业固体废物综合利用量	(万吨)	76993	92601	110311	123482	138186	161772		
工业固体废物综合利用率	(%)	56.1	60.2	62.1	64.3	67.0	66.7		
工业固体废物排放量	(万吨)	1655	1302	1197	782	710	498		
“三废”综合利用产品产值	(亿元)	756	1027	1351	1621	1608	1779		
生态环境									
森林面积	(万公顷)	19545	19545	19545	19545	19545	19545	19545	19545
森林覆盖率	(%)	20.36	20.36	20.36	20.36	20.36	20.36	20.36	20.36
当年造林面积	(万公顷)	540	384	391	535	626	591	600	560
自然保护区数	(个)	2349	2395	2531	2538	2541	2588	2640	2669
#国家级		243	265	303	303	319	319	335	363
自然保护区面积	(万公顷)	14995	15154	15188	14894	14775	14944	14971	14979
自然保护区面积占辖区面积比重	(%)	15.0	15.2	15.2	14.9	14.7	14.9	14.9	14.9
湿地面积	(万公顷)	3848.6	3848.6	3848.6	3848.6	3848.6	3848.6	3848.6	3848.6
湿地面积占国土面积比重	(%)	4.0	4.0	4.0	4.0	4.0	4.0	4.0	4.0
自然灾害									
发生地质灾害数量	(处)	17751	102804	25364	26580	10580	30670	15804	14675
#滑坡		9367	88523	15478	13450	6310	22250	11504	11112
崩塌		7654	13160	7722	8080	2378	5688	2445	2152
泥石流		566	417	1215	843	1442	1981	1358	952
发生地震灾害次数	(次)	13	10	3	17	8	12	18	12
#5.0级以上		11	9	2	12	7	5	14	11
海洋赤潮发生次数	(次)	82	93	82	68	68	69	55	73
森林火灾次数	(次)	11542	8170	9260	14144	8859	7723	5550	3966
#重大		16	7	4	13	35	22	9	1
特大		3	5			1	4		
森林火灾受害森林面积	(万公顷)	7.4	40.8	2.9	5.3	4.6	4.6	2.7	1.4
森林病虫鼠害发生面积	(万公顷)	961.0	1100.7	1209.7	1141.8	1142.0	1164.2	1168.1	1176.9
森林病虫鼠害防治面积	(万公顷)	640.7	735.5	801.2	784.0	819.4	812.4	728.5	782.6
森林病虫鼠害防治率	(%)	66.7	66.8	66.2	68.7	71.8	69.8	62.4	66.5
环境污染									
突发环境事件次数	(次)	1406	842	462	474	418	420	542	542
#水污染		693	482	178	198	116	135		
大气污染		538	232	134	141	130	157		
固体废物污染		48	45	58	45	55	35		
噪声与震动危害		63	6	7			1		
其他		64	77	85	90	117	92		
突发环境事件直接经济损失	(万元)	10515.0	13471.1	3016.5	18185.6	43354.4			
突发环境事件赔款总额	(万元)	2373.8	7396.5	480.9	337.8	1842.0			
突发环境事件罚款总额	(万元)	708.3	1019.4	325.8	589.4	326.1			

注：2005-2012年森林面积和森林覆盖率为第七次全国森林资源清查数(2004-2008年)，包括香港、澳门特别行政区和台湾省数据。2007年起，当年造林面积中增加无林地和疏林地新封山育林面积。

6-9-1 续表 2

指 标		2005	2006	2007	2008	2009	2010	2011	2012
环境污染治理投资									
环境污染治理投资总额	(亿元)	2565.2	2779.5	3668.8	4937.0	5258.4	7612.2	7114.0	8253.5
环境污染治理投资总额占国内生产总值比重	(%)	1.39	1.28	1.38	1.57	1.54	1.90	1.50	1.59
城镇环境基础设施建设投资额	(亿元)	1466.9	1528.4	1749.0	2247.7	3245.1	5182.2	4557.2	5062.7
#燃气		164.3	179.2	187.0	199.2	219.2	357.9	444.1	551.8
集中供热		250.0	252.5	272.4	328.2	441.5	557.5	593.3	798.1
排水		431.5	403.6	517.1	637.2	1035.5	1172.7	971.6	934.1
园林绿化		456.3	475.2	601.6	823.9	1137.6	2670.6	1991.9	2380.0
市容环境卫生		164.8	217.9	171.0	259.2	411.2	423.5	556.2	398.6
工业污染治理投资	(亿元)	458.2	483.9	552.4	542.6	442.6	397.0	444.4	500.5
#治理废水		133.7	151.1	196.1	194.6	149.5	129.6	157.7	140.3
治理废气		213.0	233.3	275.3	265.7	232.5	188.2	211.7	257.7
治理固体废物		27.4	18.3	18.3	19.7	21.9	14.3	31.4	24.7
治理噪声		3.1	3.0	1.8	2.8	1.4	1.4	2.2	1.2
治理其他		81.0	78.3	60.7	59.8	37.4	62.0	41.4	76.5
建设项目“三同时”环保投资	(亿元)	640.1	767.2	1367.4	2146.7	1570.7	2033.0	2112.4	2690.4
城市环境情况									
城区面积	(万平方公里)	41.3	16.7	17.6	17.8	17.5	17.9	18.4	18.3
城市建设用地面积	(万平方公里)		3.2	3.6	3.9	3.9	4.0	4.2	4.6
城市污水处理率	(%)	52.0	55.7	62.9	70.2	75.3	82.3	83.6	87.3
城市燃气普及率	(%)	82.1	79.1	87.4	89.6	91.4	92.0	92.4	93.2
生活垃圾清运量	(万吨)	15577	14841	15215	15438	15734	15805	16395	17081
生活垃圾无害化处理率	(%)	51.7	52.2	62.0	66.8	71.4	77.9	79.7	84.8
人均公园绿地面积	(平方米)	7.89	8.30	8.98	9.71	10.66	11.18	11.80	12.26
城市公园个数	(个)	7077	6908	7913	8557	9050	9955	10780	11604
农村环境情况									
农村改水累计受益人口	(万人)	88893	86629	87859	89447	90251	90834	89971	91208
农村改水累计受益率		94.1	91.1	92.1	93.6	94.3	94.9	94.2	95.3
累计使用卫生厕所户数	(万户)	13740	13873	14442	15166	16056	17138	18019	18628
卫生厕所普及率	(%)	55.3	55.0	57.0	59.7	63.2	67.4	69.2	71.7
累计使用卫生公厕户数	(万户)	1034.1	2126.3	2049.0	2739.5	2970.7	2827.7	2972.8	2896.6
农村沼气池产气量	(亿立方米)	72.9	83.6	101.7	118.4	130.8	139.6	152.8	157.6
太阳能热水器	(万平方米)	3205.6	3941.0	4286.4	4758.7	4997.1	5488.9	6231.9	6801.8
太阳灶	(万台)	68.6	86.5	111.9	135.7	148.4	161.7	213.9	220.7

6-9-2 各地区水资源情况

地区	水资源总量（亿立方米）				人均水资源量（立方米/人）
		地表水资源量	地下水资源量	地表水与地下水资源重复量	
全　国	**29526.9**	**28371.4**	**8416.1**	**7260.6**	**2186.1**
北　京	39.5	18.0	26.5	4.9	193.2
天　津	32.9	26.5	7.6	1.2	238.0
河　北	235.5	117.8	164.8	47.1	324.2
山　西	106.2	65.9	88.3	48.0	295.0
内蒙古	510.3	349.2	258.4	97.4	2052.7
辽　宁	547.3	492.4	147.4	92.5	1247.8
吉　林	460.5	387.3	147.0	73.8	1674.5
黑龙江	841.4	695.7	289.8	144.1	2194.6
上　海	33.9	27.4	9.7	3.2	143.4
江　苏	373.3	279.1	110.2	16.0	472.0
浙　江	1444.8	1427.1	273.5	255.8	2641.3
安　徽	701.0	640.6	159.3	99.0	1172.6
福　建	1511.4	1510.1	349.3	347.9	4047.8
江　西	2174.4	2155.8	462.3	443.7	4836.0
山　东	274.3	182.2	164.2	72.1	283.9
河　南	265.5	172.7	161.8	68.9	282.6
湖　北	813.9	783.8	262.8	232.7	1411.0
湖　南	1988.9	1981.3	417.9	410.3	3005.7
广　东	2026.5	2017.5	485.8	476.7	1921.0
广　西	2087.4	2086.4	587.3	586.3	4476.0
海　南	364.3	360.2	92.6	88.5	4130.8
重　庆	476.9	476.9	97.8	97.8	1626.5
四　川	2892.4	2891.2	614.9	613.8	3587.2
贵　州	974.0	974.0	253.3	253.3	2801.8
云　南	1689.8	1689.8	583.2	583.2	3637.9
西　藏	4196.4	4196.4	951.9	951.9	137378.1
陕　西	390.5	368.0	130.2	107.7	1041.9
甘　肃	267.0	259.0	139.1	131.1	1038.4
青　海	895.2	879.2	400.5	384.5	15687.2
宁　夏	10.8	8.5	21.6	19.2	168.0
新　疆	900.6	851.6	557.0	508.0	4055.5

注：2012年相关数据为各地初步上报数据，未与第一次全国水利普查数据衔接。

6-9-3 各地区供水用水情况

地 区	供水总量(亿立方米)				用水总量(亿立方米)					人均用水量(立方米/人)
		地表水	地下水	其 他		农 业	工 业	生 活	生 态	
全 国	**6141.8**	**4963.0**	**1134.2**	**44.6**	**6141.8**	**3880.3**	**1423.9**	**728.8**	**108.8**	**454.7**
北 京	35.9	8.0	20.4	7.5	35.9	9.3	4.9	16.0	5.7	175.5
天 津	23.1	16.0	5.5	1.7	23.1	11.7	5.1	5.0	1.4	167.1
河 北	195.3	41.3	151.3	2.8	195.3	142.9	25.2	23.4	3.8	268.9
山 西	73.4	31.8	38.8	2.8	73.4	42.7	15.5	11.8	3.3	203.7
内蒙古	184.4	89.6	93.0	1.7	184.4	135.4	23.5	10.4	15.1	741.6
辽 宁	142.2	77.6	61.3	3.3	142.2	91.5	23.0	23.4	4.4	324.3
吉 林	129.8	85.9	43.3	0.6	129.8	84.7	27.1	12.0	6.0	472.1
黑龙江	358.9	197.4	161.5		358.9	294.9	41.7	16.3	6.0	936.1
上 海	116.0	115.9	0.1		116.0	17.5	72.9	24.9	0.7	490.6
江 苏	552.2	542.4	9.8		552.2	305.4	193.1	50.5	3.3	698.2
浙 江	198.1	193.9	3.3	0.8	198.1	91.3	60.7	41.6	4.5	362.2
安 徽	292.6	257.4	34.4	0.9	292.6	157.9	99.3	30.9	4.6	489.5
福 建	200.1	192.8	6.6	0.7	200.1	92.8	75.7	28.5	3.1	535.8
江 西	242.5	233.2	9.4		242.5	155.7	58.7	26.1	2.1	539.4
山 东	221.8	126.1	89.3	6.4	221.8	154.2	28.1	32.8	6.7	229.6
河 南	238.6	100.5	137.2	0.9	238.6	135.5	60.5	32.0	10.6	253.9
湖 北	299.3	288.2	10.1	1.0	299.3	146.4	121.6	30.9	0.3	518.9
湖 南	328.8	310.3	18.5		328.8	188.0	98.1	40.3	2.5	496.9
广 东	451.0	432.4	17.0	1.6	451.0	227.6	121.6	95.4	6.5	427.5
广 西	303.0	291.4	11.0	0.6	303.0	211.9	51.5	36.6	3.0	649.8
海 南	45.3	42.0	3.3	0.1	45.3	34.7	3.8	6.6	0.2	514.0
重 庆	82.9	81.2	1.6	0.1	82.9	25.2	39.4	17.5	0.8	282.9
四 川	245.9	222.8	18.6	4.6	245.9	145.8	54.7	42.9	2.5	305.0
贵 州	100.8	98.1	1.1	1.7	100.8	47.7	39.7	13.1	0.3	290.0
云 南	151.8	145.3	5.4	1.1	151.8	103.8	27.8	19.2	1.0	326.9
西 藏	29.8	26.3	3.5		29.8	27.1	1.7	1.0		975.9
陕 西	88.0	54.0	33.4	0.6	88.0	58.2	13.3	14.8	1.7	234.9
甘 肃	123.1	95.9	25.7	1.5	123.1	95.1	15.7	9.3	3.0	478.7
青 海	27.4	23.8	3.5	0.1	27.4	22.5	2.5	2.2	0.2	480.3
宁 夏	69.4	63.8	5.5	0.2	69.4	61.4	4.9	1.6	1.5	1078.0
新 疆	590.1	477.9	110.9	1.4	590.1	561.7	12.4	12.0	4.0	2657.4

注：1.生态用水仅包括部分河湖、湿地人工补水和城市环境用水。
2.2012年相关数据为各地初步上报数据，未与第一次全国水利普查数据衔接。
3.2012年起，生活用水量中的牲畜用水量调整至农业用水量中。

6-9-4 各地区废水中主要污染物排放情况

地 区	废水排放总量(万吨)	废水中主要污染物排放量											
		COD(万吨)	氨氮(万吨)	总氮(万吨)	总磷(万吨)	石油类(吨)	挥发酚(吨)	铅(千克)	汞(千克)	镉(千克)	六价铬(千克)	总铬(千克)	砷(千克)
全 国	**6847612**	**2423.7**	**253.6**	**451.4**	**48.9**	**17493.9**	**1501.3**	**99359**	**1223**	**27250**	**70534**	**190079**	**128494**
北 京	140274	18.7	2.0	3.3	0.4	51.5	0.5	216		18	326	460	21
天 津	82813	22.9	2.5	3.3	0.4	138.2	1.2	1005	4	10	169	454	19
河 北	305773	134.9	11.1	36.0	3.9	986.0	120.3	378	5	27	2871	5964	66
山 西	134298	47.7	5.7	8.4	0.8	1202.0	727.2	454	6	799	466	501	574
内蒙古	102424	88.4	5.3	26.7	2.1	798.3	216.8	3050	77	416	4	35	5082
辽 宁	238769	130.6	10.8	20.5	2.8	714.6	30.1	557	11	57	513	742	350
吉 林	119509	78.8	5.6	12.9	1.6	301.5	5.0	199	5	27	110	162	1015
黑龙江	162589	149.9	9.3	24.8	2.4	293.4	6.5	31	2	4	370	376	4
上 海	219244	24.3	4.7	1.5	0.2	649.7	4.0	321	4	15	1011	2815	100
江 苏	598211	119.7	15.3	17.5	1.9	1205.3	52.1	2323	114	39	4542	11340	584
浙 江	420961	78.6	11.2	9.2	1.1	684.2	23.9	498	10	213	9365	19520	199
安 徽	254329	92.4	10.6	18.1	2.0	739.3	5.6	1737	9	132	2297	3548	5062
福 建	256263	66.0	9.3	9.6	1.2	434.5	9.4	3093	27	347	2774	11769	1230
江 西	201190	74.8	9.1	11.4	1.4	579.0	10.9	6750	96	2220	17156	17439	8712
山 东	479100	192.1	16.9	56.3	6.1	1086.8	38.6	736	15	1012	533	7104	2192
河 南	403668	139.4	15.0	41.9	4.8	1147.2	136.4	4670	20	1318	1007	32604	1374
湖 北	290200	108.7	12.9	19.5	2.3	972.4	17.0	3292	219	656	11567	12485	9595
湖 南	304214	126.3	16.1	22.1	2.4	784.5	19.9	38607	237	13517	2099	18169	53525
广 东	838551	180.3	22.4	19.5	2.5	691.0	11.3	4855	34	795	8973	28454	758
广 西	245578	78.0	8.3	11.6	1.3	285.9	15.0	5418	47	1406	727	1770	6639
海 南	37103	19.7	2.2	4.1	0.5	4.2	0.3	16	1	5		136	19
重 庆	132430	40.3	5.3	5.4	0.6	354.5	9.5	88	1	3	205	513	1362
四 川	283657	126.9	14.1	22.1	2.5	423.9	1.7	1646	73	147	844	3605	2642
贵 州	91455	33.3	3.9	4.7	0.4	461.8	1.1	289	26	124	81	172	561
云 南	154010	54.9	5.9	7.6	0.7	410.0	3.9	8916	13	1655	27	94	10495
西 藏	4683	2.6	0.3	0.6		0.6		3		1		1	8943
陕 西	128749	53.6	6.2	8.6	0.8	741.3	2.7	1693	31	631	307	1727	656
甘 肃	62813	38.9	4.1	4.7	0.4	264.4	2.5	6793	90	1304	381	5026	3751
青 海	21994	10.4	1.0	0.7	0.1	316.0	1.4	725	10	120	7	15	1453
宁 夏	38948	22.8	1.7	2.7	0.2	179.0	10.6	92	4	24	110	340	169
新 疆	93810	67.9	4.7	16.2	1.2	593.1	15.8	907	33	210	1690	2738	1339

6-9-5 全海域海水水质评价结果

单位：平方公里

海　区	第二类水质海域面积	第三类水质海域面积	第四类水质海域面积	劣于第四类水质海域面积
全　国	**46910**	**30030**	**24700**	**67880**
渤　海	12330	11040	4690	13080
黄　海	12890	3450	7540	16530
东　海	12800	7540	8820	33970
南　海	8890	8000	3650	4300

6-9-6 主要城市空气质量指标

单位：毫克/立方米

城　市	可吸入颗粒物 (PM_{10})	二氧化硫 (SO_2)	二氧化氮 (NO_2)	空气质量达到及好于二级的天数（天）
北　京	0.109	0.029	0.052	281
天　津	0.105	0.048	0.042	305
石家庄	0.098	0.058	0.040	322
太　原	0.080	0.056	0.026	324
呼和浩特	0.091	0.051	0.037	348
沈　阳	0.092	0.058	0.036	329
长　春	0.087	0.030	0.044	339
哈尔滨	0.094	0.036	0.047	319
上　海	0.071	0.023	0.046	343
南　京	0.102	0.033	0.051	317
杭　州	0.087	0.035	0.053	336
合　肥	0.098	0.019	0.027	331
福　州	0.060	0.008	0.035	364
南　昌	0.088	0.045	0.039	330
济　南	0.104	0.055	0.041	324
郑　州	0.105	0.051	0.046	319
武　汉	0.097	0.030	0.054	321
长　沙	0.088	0.028	0.044	332
广　州	0.069	0.022	0.049	360
南　宁	0.069	0.019	0.033	352
海　口	0.034	0.006	0.019	366
重　庆	0.090	0.037	0.035	340
成　都	0.119	0.033	0.051	293
贵　阳	0.073	0.031	0.028	351
昆　明	0.067	0.034	0.036	365
拉　萨	0.049	0.008	0.024	364
西　安	0.118	0.040	0.042	306
兰　州	0.136	0.041	0.039	270
西　宁	0.105	0.035	0.026	315
银　川	0.099	0.044	0.037	329
乌鲁木齐	0.145	0.058	0.068	292

6-9-7 各地区废气中主要污染物排放情况

地　区	废气中主要污染物排放量		
	二氧化硫 (万吨)	氮氧化物 (万吨)	烟(粉)尘 (万吨)
全　国	**2117.63**	**2337.76**	**1235.77**
北　京	9.38	17.75	6.68
天　津	22.45	33.42	8.41
河　北	134.12	176.11	123.59
山　西	130.18	124.40	107.09
内蒙古	138.49	141.89	83.30
辽　宁	105.87	103.63	72.63
吉　林	40.35	57.59	26.48
黑龙江	51.43	78.06	69.93
上　海	22.82	40.16	8.71
江　苏	99.20	147.96	44.32
浙　江	62.58	80.88	25.40
安　徽	51.96	92.13	46.21
福　建	37.13	46.72	25.26
江　西	56.77	57.71	35.74
山　东	174.88	173.90	69.53
河　南	127.59	162.59	59.98
湖　北	62.24	64.00	34.97
湖　南	64.50	60.72	34.07
广　东	79.92	130.34	32.83
广　西	50.41	49.83	29.97
海　南	3.41	10.34	1.66
重　庆	56.48	38.27	18.23
四　川	86.44	65.90	29.58
贵　州	104.11	56.35	29.45
云　南	67.22	54.43	39.06
西　藏	0.42	4.43	0.66
陕　西	84.38	80.81	46.21
甘　肃	57.25	47.34	20.76
青　海	15.39	12.61	15.64
宁　夏	40.66	45.54	19.83
新　疆	79.61	81.95	69.61

6-9-8 各地区固体废物处理利用情况

单位：万吨

地 区	一般工业固体废物产生量	一般工业固体废物综合利用量	一般工业固体废物处置量	一般工业固体废物贮存量	一般工业固体废物倾倒丢弃量
全 国	**329044**	**202462**	**70745**	**59786**	**144.2**
北 京	1104	872	219	13	
天 津	1820	1816	7		
河 北	45576	17361	7439	21210	
山 西	29031	20235	7132	1759	16.1
内蒙古	24226	10925	10943	2426	5.5
辽 宁	27280	11862	11655	3948	10.4
吉 林	4731	3198	541	993	
黑龙江	6313	4646	808	918	
上 海	2199	2140	56	10	0.2
江 苏	10224	9342	630	303	0.0
浙 江	4461	4083	314	67	0.4
安 徽	12022	10266	1705	895	
福 建	7720	6887	764	84	0.2
江 西	11134	6071	388	4692	2.5
山 东	18343	17073	1061	487	
河 南	15250	11597	3204	560	2.1
湖 北	7611	5737	1561	377	1.1
湖 南	8116	5188	2144	955	0.7
广 东	5965	5198	814	253	3.1
广 西	7964	5369	2218	1063	0.4
海 南	386	238	59	116	0.1
重 庆	3115	2569	475	97	4.7
四 川	13187	6052	5099	2279	2.1
贵 州	7835	4839	2067	938	14.1
云 南	16038	7938	4767	3513	43.1
西 藏	366	6	27	349	
陕 西	7215	4422	1457	1360	2.2
甘 肃	6671	3593	2110	992	0.4
青 海	12301	6831	6	5483	
宁 夏	2961	2044	540	398	
新 疆	7880	4063	533	3251	34.9

6-9-8 续表

地 区	危险废物产生量	危险废物综合利用量	危险废物处置量	危险废物贮存量
全 国	**3465.24**	**2004.64**	**698.21**	**846.91**
北 京	13.41	4.50	8.91	
天 津	11.47	3.96	7.51	
河 北	49.18	27.03	21.91	0.32
山 西	18.53	13.33	5.09	0.16
内蒙古	69.99	41.65	39.84	7.81
辽 宁	73.21	49.46	30.54	0.35
吉 林	71.21	67.01	4.20	0.02
黑龙江	21.33	4.20	16.99	0.14
上 海	54.96	30.34	24.60	0.14
江 苏	208.59	109.98	97.64	2.79
浙 江	80.58	27.94	51.56	1.97
安 徽	24.74	18.32	6.21	0.29
福 建	10.36	4.62	5.73	0.17
江 西	30.56	25.22	5.10	0.33
山 东	820.31	761.13	66.14	6.29
河 南	50.10	42.29	7.81	0.42
湖 北	63.50	39.86	23.70	0.41
湖 南	267.48	207.65	41.66	21.37
广 东	130.17	67.01	62.82	0.40
广 西	78.79	55.45	22.89	7.61
海 南	1.53	0.10	1.56	0.03
重 庆	49.03	37.18	11.80	0.05
四 川	110.44	63.14	46.63	0.90
贵 州	33.87	13.91	0.36	19.61
云 南	208.04	97.44	53.13	76.47
西 藏				
陕 西	30.65	11.54	12.11	7.63
甘 肃	29.09	13.04	11.44	10.07
青 海	404.34	61.30	0.12	347.51
宁 夏	5.62	3.66	0.80	1.17
新 疆	444.17	102.39	9.40	332.49

6-9-9 各地区城市生活垃圾清运和处理情况

地区	生活垃圾清运量(万吨)	无害化处理厂数(座)	#卫生填埋	#焚烧	#其他	无害化处理能力(吨/日)	#卫生填埋	#焚烧	#其他
全国	**17080.9**	**701**	**540**	**138**	**23**	**446268**	**310927**	**122649**	**12692**
北京	648.3	20	13	3	4	16830	11380	2800	2650
天津	185.8	9	6	3		9500	6200	3300	
河北	577.4	31	23	4	4	13629	8917	2850	1862
山西	392.4	18	13	4	1	9936	6166	3620	150
内蒙古	385.9	21	20		1	9868	9028		840
辽宁	929.9	27	25	1	1	21304	19487	1537	280
吉林	508.6	11	8	3		8773	5933	2840	
黑龙江	710.0	21	19	2		11807	11307	500	
上海	716.0	10	4	2	4	11732	6232	2500	3000
江苏	1210.1	47	26	21		43113	21844	21269	
浙江	1055.0	53	27	26		37161	14796	22365	
安徽	442.1	22	18	4		12426	9876	2550	
福建	493.8	27	14	12	1	16425	6375	9550	500
江西	327.2	15	15			9193	9193		
山东	1062.4	58	47	9	2	35795	26535	8200	1060
河南	795.8	42	38	3	1	21790	18490	2900	400
湖北	716.6	28	21	7		17040	9028	8012	
湖南	565.4	30	29	1		16704	16104	600	
广东	2136.9	55	37	18		43197	27362	15835	
广西	266.2	21	18	2	1	8271	7271	600	400
海南	110.2	9	6	3		4167	2517	1650	
重庆	335.3	14	12	2		8154	4554	3600	
四川	702.8	29	26	3		17296	16685	611	
贵州	235.7	13	13			6296	6296		
云南	306.7	19	14	5		9995	5035	4960	
西藏	25.6								
陕西	433.1	13	11		2	11212	10262		950
甘肃	270.5	12	12			3178	3178		
青海	66.3	4	4			2006	2006		
宁夏	116.2	4	4			2160	2160		
新疆	352.7	18	17		1	7310	6710		600

6-9-9 续表

地区	无害化处理量（万吨）	#卫生填埋	#焚烧	#其他	粪便清运量（万吨）	粪便处理量（万吨）	生活垃圾无害化处理率(%)
全国	**14489.5**	**10512.5**	**3584.1**	**393.0**	**1811.8**	**801.4**	**84.83**
北京	633.1	443.2	94.7	95.3	207.2	183.4	99.12
天津	185.4	103.1	82.3		32.1	13.2	99.81
河北	470.0	310.4	114.3	45.3	85.7	29.5	81.39
山西	314.9	203.1	105.3	6.5	79.5	0.9	80.25
内蒙古	352.0	335.2		16.8	106.0	27.7	91.22
辽宁	810.6	773.7	29.6	7.3	113.4	26.4	87.16
吉林	232.9	176.5	56.4		88.8	58.2	45.79
黑龙江	337.8	328.6	9.2		151.1	44.7	47.58
上海	598.5	377.5	103.6	117.4	200.0	64.6	83.59
江苏	1160.9	493.3	667.6		72.9	45.5	95.93
浙江	1044.1	469.6	574.5		84.2	64.9	98.97
安徽	402.9	314.8	88.1		27.2	8.2	91.14
福建	476.1	238.1	218.0	20.0	4.1	2.9	96.42
江西	291.3	291.3			44.6	8.9	89.05
山东	1041.7	719.4	295.9	26.5	120.6	59.6	98.06
河南	687.6	588.3	91.0	8.3	66.4	15.5	86.40
湖北	512.4	302.3	210.2		37.2	7.1	71.51
湖南	537.2	514.5	22.7		4.9	1.7	95.01
广东	1690.6	1195.9	494.7		99.4	57.7	79.11
广西	260.9	244.6	7.6	8.6	13.4	9.1	98.00
海南	110.1	48.5	61.6		22.2		99.91
重庆	332.9	237.8	95.0		63.9	18.7	99.28
四川	620.4	603.3	17.1		19.7	10.0	88.29
贵州	216.6	216.6			4.9	3.8	91.92
云南	253.7	109.0	144.7		17.7	11.4	82.70
西藏							
陕西	383.2	356.5		26.8	22.9	8.3	88.49
甘肃	112.8	112.8			17.1	16.9	41.68
青海	59.1	59.1			1.3		89.21
宁夏	82.1	82.1			3.1	1.9	70.64
新疆	277.7	263.5		14.3	0.4	1.0	78.74

6-9-10 环保重点城市道路交通噪声监测情况

城　　市	等效声级 dB(A)	城　　市	等效声级 dB(A)	城　　市	等效声级 dB(A)
北　　京	69.2	温　　州	68.9	深　　圳	68.9
天　　津	67.9	湖　　州	69.5	珠　　海	66.7
石 家 庄	68.3	绍　　兴	69.4	汕　　头	68.1
唐　　山	65.2	合　　肥	67.5	湛　　江	66.7
秦 皇 岛	66.1	芜　　湖	67.1	南　　宁	69.6
邯　　郸	68.4	马 鞍 山	67.1	柳　　州	66.2
保　　定	67.9	福　　州	69.7	桂　　林	67.9
太　　原	67.9	厦　　门	67.8	北　　海	65.2
大　　同	67.2	泉　　州	68.2	海　　口	68.0
阳　　泉	66.0	南　　昌	66.9	重　　庆	67.2
长　　治	66.4	九　　江	65.9	成　　都	69.3
临　　汾	67.8	济　　南	69.1	自　　贡	67.7
呼和浩特	69.3	青　　岛	68.4	攀 枝 花	68.2
包　　头	65.6	淄　　博	67.4	泸　　州	67.7
赤　　峰	65.6	枣　　庄	67.8	德　　阳	69.0
沈　　阳	70.0	烟　　台	68.4	绵　　阳	68.4
大　　连	67.9	潍　　坊	65.9	南　　充	64.1
鞍　　山	66.4	济　　宁	64.5	宜　　宾	67.6
抚　　顺	69.3	泰　　安	68.3	贵　　阳	67.5
本　　溪	63.2	日　　照	66.2	遵　　义	67.5
锦　　州	69.0	郑　　州	68.0	昆　　明	68.4
长　　春	68.6	开　　封	68.0	曲　　靖	66.8
吉　　林	69.6	洛　　阳	67.9	玉　　溪	65.6
哈 尔 滨	67.8	平 顶 山	67.7	拉　　萨	69.4
齐齐哈尔	66.1	安　　阳	67.1	西　　安	68.2
牡 丹 江	66.6	焦　　作	66.7	铜　　川	63.8
上　　海	69.3	三 门 峡	66.0	宝　　鸡	67.6
南　　京	68.4	武　　汉	69.3	咸　　阳	66.8
无　　锡	68.7	宜　　昌	70.0	渭　　南	64.3
徐　　州	64.0	荆　　州	67.9	延　　安	61.9
常　　州	67.5	长　　沙	70.1	兰　　州	69.1
苏　　州	66.2	株　　洲	64.3	金　　昌	67.1
南　　通	68.0	湘　　潭	66.8	西　　宁	69.8
连 云 港	67.2	岳　　阳	68.8	银　　川	68.1
扬　　州	67.3	常　　德	67.2	石 嘴 山	65.8
镇　　江	66.5	张 家 界	71.3	乌鲁木齐	67.4
杭　　州	67.7	广　　州	68.9	克拉玛依	65.2
宁　　波	69.6	韶　　关	64.8		

6-9-11 环保重点城市区域环境噪声监测情况

城　市	等效声级 dB(A)	城　市	等效声级 dB(A)	城　市	等效声级 dB(A)
北　京	54.0	温　州	55.9	深　圳	56.8
天　津	54.3	湖　州	54.4	珠　海	53.2
石家庄	52.2	绍　兴	54.9	汕　头	55.7
唐　山	52.1	合　肥	54.8	湛　江	53.9
秦皇岛	52.2	芜　湖	54.9	南　宁	52.7
邯　郸	52.4	马鞍山	55.4	柳　州	55.0
保　定	55.2	福　州	56.8	桂　林	54.7
太　原	53.3	厦　门	56.1	北　海	56.0
大　同	53.5	泉　州	54.6	海　口	55.0
阳　泉	53.4	南　昌	53.5	重　庆	54.0
长　治	51.4	九　江	53.4	成　都	53.9
临　汾	52.0	济　南	52.3	自　贡	54.4
呼和浩特	54.5	青　岛	53.7	攀枝花	51.5
包　头	53.7	淄　博	51.3	泸　州	54.1
赤　峰	55.3	枣　庄	56.8	德　阳	51.2
沈　阳	54.2	烟　台	53.8	绵　阳	53.3
大　连	54.3	潍　坊	53.2	南　充	54.4
鞍　山	53.8	济　宁	52.0	宜　宾	54.5
抚　顺	53.9	泰　安	55.0	贵　阳	55.5
本　溪	54.7	日　照	54.6	遵　义	55.4
锦　州	53.0	郑　州	54.8	昆　明	53.0
长　春	53.6	开　封	51.3	曲　靖	51.2
吉　林	53.0	洛　阳	53.6	玉　溪	52.4
哈尔滨	55.9	平顶山	53.4	拉　萨	47.6
齐齐哈尔	52.8	安　阳	54.7	西　安	55.3
牡丹江	55.3	焦　作	54.6	铜　川	54.3
上　海	54.7	三门峡	54.8	宝　鸡	53.9
南　京	55.1	武　汉	55.2	咸　阳	56.7
无　锡	56.9	宜　昌	54.6	渭　南	53.0
徐　州	53.6	荆　州	53.9	延　安	57.4
常　州	53.9	长　沙	54.7	兰　州	57.3
苏　州	53.9	株　洲	54.2	金　昌	53.7
南　通	54.9	湘　潭	50.9	西　宁	54.7
连云港	53.7	岳　阳	51.1	银　川	53.0
扬　州	54.1	常　德	52.8	石嘴山	53.1
镇　江	56.0	张家界	55.2	乌鲁木齐	54.4
杭　州	56.8	广　州	55.0	克拉玛依	53.2
宁　波	55.0	韶　关	55.3		

6-9-12 各地区湿地面积

地区	湿地面积（千公顷）	天然湿地	近岸及海岸	河流	湖泊	沼泽	人工湿地	湿地面积占国土面积比重(%)
全国	**38485.5**	**36200.6**	**5941.7**	**8207.0**	**8351.6**	**13700.3**	**2285.0**	**4.01**
北京	34.4	5.0		5.0			29.4	1.93
天津	171.8	133.7	58.1	55.1	12.3	8.2	38.1	14.95
河北	1081.9	1042.3	278.8	319.3	307.2	136.9	39.6	5.82
山西	499.9	462.2		454.1	8.1		37.7	3.19
内蒙古	4245.0	4200.8		607.5	495.2	3098.1	44.3	3.66
辽宁	1219.6	1106.8	738.1	252.2	6.3	110.2	112.9	8.37
吉林	1203.4	1016.4	5.8	581.4	74.5	354.7	187.0	6.37
黑龙江	4314.8	4182.8		460.7	401.9	3320.3	132.0	9.49
上海	319.7	319.4	305.4	7.2	6.8		0.3	53.68
江苏	1674.7	1651.1	843.5	203.3	604.2		23.6	16.32
浙江	802.2	695.9	574.3	118.5	3.0	0.1	106.3	7.88
安徽	653.9	590.0		239.5	350.5		63.9	4.73
福建	443.0	421.2	370.6	31.1	19.5		21.8	3.65
江西	998.8	872.9		314.9	443.2	114.8	125.9	5.99
山东	1784.1	1681.4	1210.9	301.1	165.5	3.9	102.7	11.72
河南	624.1	482.2		472.7	2.6	6.9	141.9	3.74
湖北	927.3	730.5		377.4	294.7	58.4	196.9	4.99
湖南	1226.9	1047.5		683.1	359.3	5.1	179.5	5.79
广东	1398.1	1252.0	1017.8	231.7	1.5	1.0	146.0	7.86
广西	656.1	567.5	348.4	219.1			88.6	2.76
海南	311.5	256.6	190.0	38.3	17.3	11.0	54.9	9.13
重庆	43.2	31.9		31.6	0.3		11.3	0.52
四川	961.7	919.5		563.9	13.4	342.3	42.1	1.98
贵州	79.4	65.9		58.0	2.3	5.7	13.5	0.45
云南	235.3	220.3		119.8	96.5	4.0	15.0	0.61
西藏	5232.0	5231.5		231.1	2538.6	2461.7	0.5	4.26
陕西	292.9	277.2		252.1	7.3	17.8	15.7	1.42
甘肃	1258.1	1131.4		565.6	44.3	521.5	126.7	2.80
青海	4126.0	4087.7		107.5	1232.0	2748.1	38.3	5.72
宁夏	255.6	252.4		104.1	148.3		3.2	3.85
新疆	1410.2	1264.6		200.2	694.9	369.5	145.5	0.86

注：本表为中国首次湿地调查（1995-2003)资料，不包括台湾省、香港和澳门特别行政区；湿地面积不包括水稻田湿地。

6-9-13 各地区自然保护基本情况

地 区	自然保护区数（个）	#国家级	#省级	自然保护区面积（万公顷）	#国家级	#省级	保护区面积占辖区面积比重（%）
全 国	**2669**	**363**	**876**	**14978.7**	**9414.6**	**4090.9**	**14.9**
北 京	20	2	12	13.4	2.6	7.1	8.0
天 津	8	3	5	9.1	3.8	5.3	8.1
河 北	43	13	25	69.3	25.4	41.4	3.6
山 西	46	6	40	116.1	10.7	105.4	7.4
内蒙古	184	25	62	1368.9	404.9	697.5	11.6
辽 宁	105	14	30	267.4	100.7	88.4	12.4
吉 林	39	16	15	232.9	100.3	129.0	12.4
黑龙江	224	28	85	675.2	271.6	270.0	14.9
上 海	4	2	2	9.4	6.6	2.8	5.2
江 苏	30	3	10	56.7	33.6	8.5	4.1
浙 江	32	10	9	19.7	14.7	1.5	1.5
安 徽	104	7	29	52.4	13.9	28.8	3.8
福 建	93	13	26	46.4	21.8	13.6	3.1
江 西	200	11	35	126.0	18.4	38.7	7.6
山 东	86	7	37	108.2	22.0	53.8	4.7
河 南	34	11	21	73.5	42.6	30.7	4.4
湖 北	65	13	22	95.5	28.3	41.6	5.1
湖 南	129	18	33	128.5	51.8	46.8	6.1
广 东	368	13	64	355.3	29.5	52.9	6.7
广 西	78	17	49	145.3	33.4	87.8	6.0
海 南	50	9	24	273.5	10.7	261.5	7.0
重 庆	57	5	17	85.0	24.1	25.3	10.3
四 川	167	27	65	897.4	283.3	311.7	18.5
贵 州	129	8	4	95.2	24.4	5.7	5.4
云 南	159	19	38	285.4	148.0	71.3	7.5
西 藏	47	9	14	4136.9	3715.3	420.9	33.9
陕 西	57	17	33	116.3	52.7	54.0	5.7
甘 肃	59	17	38	734.7	491.0	232.2	16.2
青 海	11	5	6	2182.2	2025.2	157.0	30.2
宁 夏	14	6	8	53.6	42.7	10.9	10.3
新 疆	27	9	18	2149.4	1360.6	788.8	13.0

6-9-14 各地区地质灾害及防治情况

年份 地区	发生地质灾害数量(处)	#滑坡	#崩塌	#泥石流	#地面塌陷	人员伤亡(人)	#死亡人数	直接经济损失(万元)	地质灾害防治项目数(个)	地质灾害防治投资(万元)
全　国	**14675**	**11112**	**2152**	**952**	**364**	**636**	**293**	**625253**	**26882**	**1024183**
北　京	18	3	12		2	5	3		7	4222
天　津	15	4	9	2					9	1243
河　北	36	6	10	10	6	1		430	123	16833
山　西	18	9	7		2	14	12	345	120	38753
内蒙古	3	1	1		1			612	26	5589
辽　宁	2970	2853	9	74	32			235235	83	26916
吉　林	19	2	9	7	1			429	10	8009
黑龙江	2	1	1						10	2850
上　海									1	6319
江　苏	25	20	2		3			642	117	23864
浙　江	747	490	191	61	5	1	1	11361	1123	44954
安　徽	350	170	157	13	10	5	3	4601	524	26370
福　建	130	82	43	1	4	6	5	364	1043	50792
江　西	636	358	246	3	29	5	3	3035	101	44815
山　东	31	7	6	6	11			591	108	22190
河　南	50	16	7	1	26			898	5	7852
湖　北	573	416	99	18	35	21	12	9275	287	38883
湖　南	3407	3037	262	35	56	42	19	41697	536	37226
广　东	231	101	103	7	20	33	21	4308	7146	82293
广　西	396	103	238	4	49	44	11	10044	1231	37992
海　南	7	2	5					13	76	2959
重　庆	588	449	116	13	10	28	21	13571	761	59341
四　川	3149	2267	403	466	11	197	78	125017	9062	192232
贵　州	181	117	45	6	10	25	12	5564	1445	42189
云　南	571	318	70	102	33	145	46	29282	2418	107618
西　藏	59	13	11	35				2459	14	10683
陕　西	240	170	42	21	2	13	8	6516	210	24469
甘　肃	144	70	29	36	5	12	7	15241	256	34911
青　海	30	18	10	2		5	3	55	15	17340
宁　夏	5	2	2					28	1	2097
新　疆	44	7	7	29	1	34	28	103639	14	2378

6-9-15 各地区森林火灾情况

地区	森林火灾次数(次)	一般火灾	较大火灾	重大火灾	特别重大火灾	火场总面积(公顷)	受害森林面积(公顷)	#天然林	#人工林	伤亡人数(人)	#死亡人数	其他损失折款(万元)
全国	**3966**	**2397**	**1568**	**1**		**43171**	**13948**	**1138**	**11306**	**21**	**13**	**10802**
北京	1	1				3	1		1			
天津	11	11				46	6		6			2
河北	83	73	10			2112	221	6	215			51
山西	20	10	10			480	95		95			102
内蒙古	57	26	31			4464	650	84	236			93
辽宁	51	27	24			374	120	3	116			38
吉林	41	26	15			178	58	8	42	1	1	208
黑龙江	49	40	9			1046	235	132	103			
上海												
江苏	30	30				6	1		1			3
浙江	139	14	125			2091	906		748			
安徽	81	57	24			307	86		86	1	1	20
福建	92	6	86			1078	700	33	668			5078
江西	46	12	34			1154	412	6	406			248
山东	8	6	2			15	8		8			2
河南	328	286	42			738	192		192			39
湖北	385	356	29			1205	236	7	229			1
湖南	922	416	506			8079	4653	105	4547	5	3	1142
广东	65	25	40			821	361	16	345	3	2	439
广西	289	147	142			4329	780	2	778			363
海南	23	14	9			57	29		29			2
重庆	38	29	9			236	95		95	3	1	29
四川	486	394	92			3082	815	323	490	7	4	468
贵州	275	210	65			2557	502	112	390			200
云南	299	83	216			7902	2501	295	1444			2194
西藏	13	6	6	1		182	135			1	1	8
陕西	67	30	37			390	16	0	15			3
甘肃	11	7	4			85	8	1	7			0
青海	6	6				131	108					22
宁夏	9	9				4	4		4			
新疆	41	40	1			19	17	5	13			46

6-9-16 各地区森林病虫鼠害防治情况

地区	合计			森林病害		
	发生面积(公顷)	防治面积(公顷)	防治率(%)	发生面积(公顷)	防治面积(公顷)	防治率(%)
全国	**11768988**	**7825928**	**66.5**	**1311633**	**842550**	**64.2**
北京	40259	40259	100.0	2400	2400	100.0
天津	49582	49582	100.0	7094	7094	100.0
河北	536035	416275	77.7	29783	27184	91.3
山西	239185	149727	62.6	3433	2232	65.0
内蒙古	1203280	621517	51.7	145793	32422	22.2
辽宁	666876	588469	88.2	64777	51348	79.3
吉林	263205	209080	79.4	19142	18286	95.5
黑龙江	437544	386516	88.3	43913	35862	81.7
上海	5461	5354	98.0	892	878	98.4
江苏	116735	86600	74.2	10338	8823	85.3
浙江	63381	52681	83.1	12663	10806	85.3
安徽	388206	315839	81.4	52104	35622	68.4
福建	199023	105122	52.8	11338	8518	75.1
江西	305300	255771	83.8	56881	44327	77.9
山东	521381	476447	91.4	109131	95854	87.8
河南	538355	447961	83.2	110470	94527	85.6
湖北	325197	211798	65.1	31643	21315	67.4
湖南	290025	146905	50.7	47505	14248	30.0
广东	337265	129479	38.4	14312	11702	81.8
广西	363132	55356	15.2	29254	1093	3.7
海南	9414	5578	59.3	40	26	65.0
重庆	282418	178716	63.3	20974	20806	99.2
四川	726973	558158	76.8	95933	58031	60.5
贵州	208223	144578	69.4	16087	11633	72.3
云南	299459	269196	89.9	42936	39794	92.7
西藏	273224	153753	56.3	76132	46373	60.9
陕西	413886	284566	68.8	34885	21005	60.2
甘肃	299656	145726	48.6	62292	40639	65.2
青海	278673	163566	58.7	37618	13014	34.6
宁夏	322805	123020	38.1	94		
新疆	1644384	1012578	61.6	101616	63828	62.8
大兴安岭	120446	35755	29.7	20160	2860	14.2

6-9-16 续表

地区	森林虫害			森林鼠害		
	发生面积(公顷)	防治面积(公顷)	防治率(%)	发生面积(公顷)	防治面积(公顷)	防治率(%)
全国	**8462864**	**5729317**	**67.7**	**1994491**	**1254061**	**62.9**
北京	37859	37859	100.0			
天津	42488	42488	100.0			
河北	494898	380358	76.9	11354	8733	76.9
山西	190002	126123	66.4	45750	21372	46.7
内蒙古	754480	426658	56.5	303007	162437	53.6
辽宁	599079	534114	89.2	3020	3007	99.6
吉林	217817	172502	79.2	26246	18292	69.7
黑龙江	176415	159444	90.4	217216	191210	88.0
上海	4569	4476	98.0			
江苏	106397	77777	73.1			
浙江	50718	41875	82.6			
安徽	336102	280217	83.4			
福建	187685	96604	51.5			
江西	248419	211444	85.1			
山东	412250	380593	92.3			
河南	427885	353434	82.6			
湖北	290720	189782	65.3	2834	701	24.7
湖南	242187	132324	54.6	333	333	100.0
广东	322953	117777	36.5			
广西	333878	54263	16.3			
海南	9374	5552	59.2			
重庆	214634	128455	59.8	46810	29455	62.9
四川	588033	466312	79.3	43007	33815	78.6
贵州	183140	126757	69.2	8996	6188	68.8
云南	254812	227751	89.4	1711	1651	96.5
西藏	146778	86267	58.8	50314	21113	42.0
陕西	270100	181887	67.3	108901	81674	75.0
甘肃	157546	54580	34.6	79818	50507	63.3
青海	107669	71566	66.5	133386	78986	59.2
宁夏	148804	26927	18.1	173907	96093	55.3
新疆	872341	521548	59.8	670427	427202	63.7
大兴安岭	32832	11603	35.3	67454	21292	31.6

6-9-17　地震灾害情况

年份 地区	地震灾害次数 (次)	5.0-5.9级	6.0-6.9级	7.0级以上	人员伤亡 (人)	#死亡人数	直接经济损失 (万元)
2000	10	7	2		2987	10	146792
2001	12	8	2	1	750	9	148449
2002	5	4			362	2	14774
2003	21	10	6	1	7465	319	466040
2004	11	8	1		696	8	94959
2005	13	9	2		882	15	262811
2006	10	9			229	25	79962
2007	3	1	1		422	3	201922
2008	17	6	4	2	446293	69283	85949594
2009	8	5	2		407	3	273782
2010	12	4		1	13795	2705	2361077
2011	18	11	2	1	540	32	6020873
2012	12	8	3		1279	86	828757
江　苏	1	1			3	1	1543
云　南	3	3			1276	85	554258
甘　肃	1	1					862
新　疆	7	3	3				272095

注：*表示造成我国境内人员伤亡和经济损失，但震中在境外的地震。

6-9-18　主要海洋灾害情况

灾　种	发生次数 (次)	人员死亡、失踪 (人)	直接经济损失 (亿元)
合　计	**138**	**68**	**154.95**
风暴潮	24	9	126.29
赤　潮	73		20.15
海　浪	41	59	6.96
海　冰			1.55

6-9-19 各地区突发环境事件情况

地区	突发环境事件次数(次)	特别重大环境事件	重大环境事件	较大环境事件	一般环境事件
全国	**542**		**5**	**5**	**532**
北京	21				21
天津	5				5
河北	10				10
山西					
内蒙古	10				10
辽宁	15		1	1	13
吉林	1				1
黑龙江					
上海	192				192
江苏	77				77
浙江	23				23
安徽	20				20
福建	4				4
江西	1				1
山东	3				3
河南	14				14
湖北	4				4
湖南	3		1	1	1
广东	23		1		22
广西	20		1	3	16
海南	2				2
重庆	25				25
四川	16				16
贵州	4		1		3
云南	1				1
西藏					
陕西	23				23
甘肃	8				8
青海	4				4
宁夏					
新疆	13				13

6-9-20 各地区城市市政设施情况

地 区	道路长度（公里）	道路面积（万平方米）	城市桥梁（座）	城市道路照明灯（千盏）	排水管道长度（公里）	防洪堤长度（公里）
全 国	**327081**	**607449**	**57601**	**20622**	**439080**	**33926**
北 京	7894	13509	2885	237	12665	
天 津	6462	11611	736	282	17756	2017
河 北	12419	28433	1286	646	15787	858
山 西	6382	12233	520	460	6530	314
内蒙古	7299	15502	354	753	10012	618
辽 宁	15513	26200	1612	1487	15945	1526
吉 林	8056	14362	696	604	8910	746
黑龙江	11128	16252	876	560	9376	790
上 海	4775	9717	2151	498	18191	1129
江 苏	34966	62438	12922	2727	56887	6852
浙 江	17672	33575	8984	1256	29786	1707
安 徽	11571	24693	1311	722	19885	1363
福 建	8210	15183	1689	619	11483	475
江 西	6477	13630	550	467	9484	628
山 东	36566	71390	4660	1629	43357	2583
河 南	10798	25458	1215	769	17292	812
湖 北	17461	28755	1822	383	18634	1604
湖 南	10367	18902	718	575	11402	689
广 东	41388	62787	6044	1858	41056	5056
广 西	7021	13662	668	564	7726	343
海 南	2104	4504	143	163	3015	5
重 庆	5956	11936	1201	306	8851	240
四 川	11287	22628	1798	837	18753	1388
贵 州	2521	4103	436	271	3648	227
云 南	4855	10297	639	353	5276	607
西 藏	396	793	13	20	355	7
陕 西	5422	12137	618	586	6383	289
甘 肃	3580	7093	385	226	3282	580
青 海	773	1529	85	103	1155	50
宁 夏	1948	4619	148	249	1242	146
新 疆	5813	9517	436	412	4956	277

6-9-21 各地区城市污水处理情况

地 区	污水处理厂 (座)	污水处理厂 污水处理能力 (万立方米/日)	污水处理厂 污水处理量 (万立方米)	其他污水 处理设施 处理能力 (万立方米/日)	其他污水 处理设施 处理量 (万吨)	污水再生 利用量 (万吨)	城市污水 处理率 (%)	#污水处理厂 集中处理率
全 国	**1670**	**11733.1**	**3437868**	**1959.8**	**200370**	**320796**	**87.30**	**82.49**
北 京	43	388.5	124655	12.0	1756	75003	83.16	82.00
天 津	36	254.6	65093	2.6	619	1879	88.24	87.40
河 北	73	511.5	138756	11.3	1066	33076	94.26	93.55
山 西	35	184.2	52061	5.9	1919	7216	87.98	84.85
内蒙古	37	167.4	43204			7587	85.57	85.57
辽 宁	74	606.0	180537	64.9	5938	21978	84.59	81.89
吉 林	36	243.3	66643	4.5	579	776	82.35	81.64
黑龙江	46	288.2	70336	35.0	3775	3962	60.77	57.68
上 海	49	701.3	216166				91.29	91.29
江 苏	183	1048.2	288619	516.3	64140	33525	90.69	74.20
浙 江	73	634.6	186435	56.5	7316	10580	87.50	84.19
安 徽	53	370.0	113636	141.4	10702	1129	94.53	86.39
福 建	51	304.2	91687	87.9	4108	46	85.60	81.93
江 西	33	212.0	62843	14.0	828	796	84.25	83.15
山 东	137	816.6	258276	137.4	3139	38595	94.22	93.09
河 南	63	515.3	142400	12.5	2482	5785	87.83	86.32
湖 北	68	482.1	141161	74.9	8423	15569	87.12	82.21
湖 南	55	384.2	117779	191.1	18837	332	85.84	74.00
广 东	204	1695.5	541926	9.8	1468	3653	88.33	88.09
广 西	34	254.0	71935	466.2	34628		87.78	59.26
海 南	18	73.9	19301			554	75.32	75.32
重 庆	39	234.5	68341	3.9	814	395	90.07	89.01
四 川	71	357.9	113435	45.2	11195	22	83.63	76.12
贵 州	28	124.8	36654			18100	91.39	91.39
云 南	30	207.9	61520	21.8	3196	25389	94.74	90.06
西 藏	1	5.0	5				0.06	0.06
陕 西	29	225.2	62610	2.0	611	3966	88.49	87.64
甘 肃	21	133.1	25895	26.0	4312	1265	75.38	64.62
青 海	6	32.1	9777			45	60.36	60.36
宁 夏	11	69.5	19797	10.0	7410	1453	93.36	67.93
新 疆	33	207.5	46385	6.7	1110	8120	84.34	82.36

6-9-22 各地区城市绿地和园林

地 区	城市绿地面积 (公顷)	#公园绿地	公 园 (个)	公园面积 (公顷)	建成区绿化覆盖率 (%)
全 国	**2367842**	**517815**	**11604**	**306245**	**39.59**
北 京	65540	21178	236	11356	46.20
天 津	22319	6846	84	1801	34.88
河 北	73517	22320	446	14966	40.98
山 西	35653	11224	258	7831	38.60
内蒙古	46727	13618	200	10440	36.17
辽 宁	118297	24710	338	12222	40.17
吉 林	38781	12486	161	5093	33.94
黑龙江	73820	16142	304	9372	35.98
上 海	124204	16848	157	2217	38.29
江 苏	247001	38069	783	16465	42.17
浙 江	122723	23420	1015	14803	39.86
安 徽	79592	15941	287	9881	38.80
福 建	54544	13004	495	10256	42.03
江 西	46874	12817	285	8104	45.95
山 东	176342	47318	686	25023	42.12
河 南	77038	21202	280	11083	36.90
湖 北	68803	19042	295	10356	38.86
湖 南	51822	12366	190	9251	37.01
广 东	401669	74029	3032	61787	41.23
广 西	66964	10585	179	7481	37.50
海 南	50668	2871	48	1824	41.19
重 庆	47156	20275	276	9973	42.94
四 川	83179	19188	408	10630	38.69
贵 州	32948	5666	59	4112	32.80
云 南	35313	9007	564	6434	39.30
西 藏	3432	524	64	681	32.41
陕 西	30990	9552	152	3488	40.36
甘 肃	18548	5373	97	2629	30.02
青 海	4033	1344	26	895	32.50
宁 夏	19833	4132	60	2110	38.37
新 疆	49512	6718	139	3681	35.88

6-9-23 各地区城市设施水平

地 区	城市用水普及率(%)	城市燃气普及率(%)	每万人拥有公共交通车辆(标台)	人均城市道路面积(平方米)	人均公园绿地面积(平方米)	每万人拥有公共厕所(座)
全 国	**97.16**	**93.15**	**12.15**	**14.39**	**12.26**	**2.89**
北 京	100.00	100.00	23.43	7.57	11.87	3.24
天 津	100.00	100.00	17.34	17.88	10.54	1.84
河 北	99.96	99.79	11.29	17.84	14.00	4.18
山 西	97.64	95.18	8.47	11.79	10.82	3.09
内蒙古	94.43	84.39	7.05	17.67	15.52	5.08
辽 宁	98.45	96.02	11.11	11.55	10.89	2.46
吉 林	92.38	89.46	9.75	12.61	10.96	3.67
黑龙江	94.14	83.39	11.26	11.83	11.75	5.14
上 海	100.00	100.00	11.91	4.08	7.08	2.66
江 苏	99.70	99.43	13.36	22.35	13.63	3.59
浙 江	99.88	99.49	13.96	17.88	12.47	4.18
安 徽	98.02	94.61	10.14	18.47	11.92	2.32
福 建	99.13	98.60	12.16	14.13	12.10	2.69
江 西	97.67	94.40	10.01	14.99	14.10	2.25
山 东	99.85	99.48	12.76	24.70	16.37	1.99
河 南	91.76	77.94	8.60	11.08	9.23	3.12
湖 北	98.24	95.09	11.25	15.85	10.50	2.59
湖 南	96.42	91.33	10.38	13.49	8.83	2.34
广 东	97.62	94.93	13.42	13.42	15.82	2.06
广 西	95.30	93.26	9.18	14.74	11.42	2.33
海 南	97.74	92.15	11.60	18.85	12.01	1.92
重 庆	93.84	93.32	9.00	10.67	18.13	1.78
四 川	92.04	87.96	13.34	12.72	10.79	2.89
贵 州	92.07	71.35	8.80	6.80	9.38	2.09
云 南	94.32	66.46	10.25	11.92	10.43	2.79
西 藏	75.39	29.79	8.59	14.22	9.40	0.77
陕 西	96.15	94.11	15.58	14.71	11.58	3.48
甘 肃	92.77	77.81	10.04	12.56	9.52	2.36
青 海	99.90	92.65	16.60	11.17	9.81	4.32
宁 夏	92.30	79.67	12.46	17.56	15.71	2.30
新 疆	99.13	96.60	13.91	14.16	10.00	3.22

【主要统计指标解释】

水资源总量 指当地降水形成的地表和地下产水总量，即地表径流量与降水入渗补给量之和。

地表水资源量 指河流、湖泊以及冰川等地表水体中可以逐年更新的动态水量，即天然河川径流量。

地下水资源量 指地下饱和含水层逐年更新的动态水量，即降水和地表水入渗对地下水的补给量。

地表水与地下水资源重复量 指地表水和地下水相互转化的部分，即天然河川径流量中的地下水排泄量，和地下水补给量中来源于地表水的入渗补给量。

供水总量 指各种水源为用水户提供的包括输水损失在内的毛水量。

地表水源供水量 指地表水体工程的取水量，按蓄、引、提、调四种形式统计。从水库、塘坝中引水或提水，均属蓄水工程供水量；从河道或湖泊中自流引水的，无论有闸或无闸，均属引水工程供水量；利用扬水站从河道或湖泊中直接取水的，属提水工程供水量；跨流域调水指水资源一级区或独立流域之间的跨流域调配水量，不包括在蓄、引、提水量中。

地下水源供水量 指水井工程的开采量，按浅层淡水、深层承压水和微咸水分别统计。城市地下水源供水量包括自来水厂的开采量和工矿企业自备井的开采量。

其他水源供水量 包括污水处理再利用、集雨工程、海水淡化等水源工程的供水量。

用水总量 指各类用水户取用的包括输水损失在内的毛水量。

农业用水 包括农田灌溉用水、林果地灌溉用水、草地灌溉用水、鱼塘补水和畜禽用水。

工业用水 指工矿企业在生产过程中用于制造、加工、冷却、空调、净化、洗涤等方面的用水，按新水取用量计，不包括企业内部的重复利用水量。

生活用水 包括城镇生活用水和农村生活用水。城镇生活用水由居民用水和公共用水（含第三产业及建筑业等用水）组成；农村生活用水指居民生活用水。

生态环境补水 仅包括人为措施供给的城镇环境用水和部分河湖、湿地补水，而不包括降水、径流自然满足的水量。

一般工业固体废物产生量 系指未被列入《国家危险废物名录》或者根据国家规定的危险废物鉴别标准（GB5085）、固体废物浸出毒性浸出方法（GB5086）及固体废物浸出毒性测定方法（GB／T 15555）鉴别方法判定不具有危险特性的工业固体废物。计算公式为：

一般工业固体废物产生量=（一般工业固体废物综合利用量-其中：综合利用往年贮存量）+一般工业固体废物贮存量+（一般工业固体废物处置量-其中：处置往年贮存量）+一般工业固体废物倾倒丢弃量

一般工业固体废物综合利用量 指报告期内企业通过回收、加工、循环、交换等方式，从固体废物中提取或者使其转化为可以利用的资源、能源和其他原材料的固体废物量（包括当年利用的往年工业固体废物累计贮存量）。如用作农业肥料、生产建筑材料、筑路等。综合利用量由原产生固体废物的单位统计。

一般工业固体废物处置量 指报告期内企业将工业固体废物焚烧和用其他改变工业固体废物的物理、化学、生物特性的方法，达到减少或者消除其危险成分的活动，或者将工业固体废物最终置于符合环境保护规定要求的填埋场的活动中，所消纳固体废物的量。

一般工业固体废物贮存量　指报告期内企业以综合利用或处置为目的，将固体废物暂时贮存或堆存在专设的贮存设施或专设的集中堆存场所内的量。专设的固体废物贮存场所或贮存设施必须有防扩散、防流失、防渗漏、防止污染大气、水体的措施。

一般工业固体废物倾倒丢弃量　指报告期内企业将所产生的固体废物倾倒或者丢弃到固体废物污染防治设施、场所以外的量。

危险废物产生量　指当年全年调查对象实际产生的危险废物的量。危险废物指列入国家危险废物名录或者根据国家规定的危险废物鉴别标准和鉴别方法认定的，具有爆炸性、易燃性、易氧化性、毒性、腐蚀性、易传染性疾病等危险特性之一的废物。按《国家危险废物名录》（环境保护部、国家发展和改革委员会2008部令第1号）填报。

危险废物综合利用量　指当年全年调查对象从危险废物中提取物质作为原材料或者燃料的活动中消纳危险废物的量。包括本单位利用或委托、提供给外单位利用的量。

危险废物处置量　指报告期内企业将危险废物焚烧和用其他改变工业固体废物的物理、化学、生物特性的方法，达到减少或者消除其危险成分的活动，或者将危险废物最终置于符合环境保护规定要求的填埋场的活动中，所消纳危险废物的量。处置量包括处置本单位或委托给外单位处置的量。

危险废物贮存量　指将危险废物以一定包装方式暂时存放在专设的贮存设施内的量。专设的贮存设施指对危险废物的包装、选址、设计、安全防护、监测和关闭等符合《危险废物贮存污染控制标准》（GB18597-2001）等相关环保法律法规要求，具有防扩散、防流失、防渗漏、防止污染大气和水体措施的设施。

自然保护区　指为了保护自然环境和自然资源，促进国民经济的持续发展，将一定面积的陆地和水体划分出来，并经各级人民政府批准而进行特殊保护和管理的区域个数。根据保护对象，自然保护区分为自然生态系统类、野生生物类、自然遗迹类。风景名胜区、文物保护区不计在内。

湿地　指天然或人工、长久或暂时性的沼泽地、泥炭地或水域地带，包括静止或流动、淡水、半咸水、咸水体，低潮时水深不超过6米的水域以及海岸地带地区的珊瑚滩和海草床、滩涂、红树林、河口、河流、淡水沼泽、沼泽森林、湖泊、盐沼及盐湖。

突发环境事件　指突然发生，造成或者可能造成重大人员伤亡、重大财产损失和对全国或者某一地区的经济社会稳定、政治安定构成重大威胁和损害，有重大社会影响的涉及公共安全的环境事件。

燃气普及率　指报告期末城区内使用燃气的人口与总人口的比率。计算公式为：

$$燃气普及率=\frac{城市用气人口数（含暂住人口）}{城区人口+城区暂住人口}\times 100\%$$

生活垃圾清运量　指报告期内收集和运送到垃圾处理厂(场)的生活垃圾数量。生活垃圾指城市日常生活或为城市日常生活提供服务的活动中产生的固体废物以及法律行政规定的视为城市生活垃圾的固体废物。包括：居民生活垃圾、商业垃圾、集市贸易市场垃圾、街道清扫垃圾、公共场所垃圾和机关、学校、厂矿等单位的生活垃圾。

生活垃圾无害化处理率　指报告期生活垃圾无害化处理量与生活垃圾产生量比率。在统计上，由于生活垃圾产生量不易取得，可用清运量代替。计算公式为：

$$生活垃圾无害化处理率=\frac{生活垃圾无害化处理量}{生活垃圾产生量}\times 100\%$$

公园绿地　指城市中向公众开放的，以游憩为主要功能，有一定的游憩设施和服务设施，同时兼有健全生态、美化景观、防灾减灾等综合作用的绿化用地。

农村改水累计受益人口 指各种改水形式的受益人口。

卫生厕所 指有完整下水道系统的水冲式、三格化粪池式、净化沼气池式、多翁漏斗式公厕以及粪便及时清理并进行高温堆肥无害化处理的非水冲式公厕。

累计使用卫生公厕户数 指农民因某种原因没有兴建自己的卫生厕所，而使用村内卫生公厕户数。

6 第三产业部分行业主要业务指标

6-10 居民服务、修理和其他服务业

简要说明

一、主要内容

本篇资料主要包括殡葬服务、婚姻状况。

二、资料来源

本篇资料由民政部依据统计报表制度整理提供。

6-10-1 殡葬服务情况

年份 地区	殡葬类单位数 (个)	年末职工人数 (人)	火化炉数 (台)	全年处理遗体数 (万具)	当年安葬数 (万人)	火化率 (%)
2005	3284	68588	5037	450.2	54.8	53.0
2006	3549	70500	5649	430.2	45.4	48.2
2007	3669	73227	4838	442.1	53.3	48.4
2008	3754	74731	4789	453.4	49.9	48.5
2009	3896	74050	5123	454.2	52.9	48.2
2010	3951	75230	5229	474.1	60.5	49.0
2011	4103	75254	5209	468.1	59.9	48.8
2012	4357	77254	5539	477.7	60.9	49.5
北　京	53	1825	83	8.8	2.3	
天　津	28	843	65	6.5	0.8	
河　北	188	3375	362	25.3	1.2	
山　西	44	599	56	1.9	0.3	
内蒙古	129	1958	132	6.3	1.6	
辽　宁	305	5024	335	27.7	2.4	
吉　林	85	1768	139	11.5	0.8	
黑龙江	153	3226	251	17.3	1.9	
上　海	78	3036	93	12.2	5.8	
江　苏	241	4095	492	49.5	6.7	
浙　江	251	3797	331	31.4	3.2	
安　徽	188	2980	222	27.4	3.9	
福　建	159	2863	201	18.8	1.6	
江　西	138	1974	185	9.5	2.1	
山　东	167	3342	474	63.0	1.7	
河　南	252	5894	318	29.7	1.1	
湖　北	147	3440	300	22.1	5.0	
湖　南	232	3072	141	7.3	2.1	
广　东	337	7278	406	45.7	3.4	
广　西	71	1513	88	7.0	0.6	
海　南	15	326	6	0.2	0.1	
重　庆	114	1957	111	7.2	1.7	
四　川	264	3816	263	19.7	3.7	
贵　州	128	2985	101	6.4	1.3	
云　南	177	1144	148	4.8	1.2	
西　藏	2	30	5	0.1		
陕　西	101	2403	84	4.7	1.5	
甘　肃		653	48	1.7	0.6	
青　海	25	180	38	0.8		
宁　夏	38	224	8	0.4	0.3	
新　疆	180	1634	53	2.9	1.9	

6-10-2 婚姻登记和离婚情况

年份 地区	结婚登记对数（万对）	内地居民登记结婚			涉外及港澳台居民登记结婚	离婚（万对）	粗离婚率（‰）
			初婚（万人）	再婚（万人）			
1985	831.30	829.06	1607.63	50.48	2.22	45.79	0.44
1990	951.10	948.69	1819.13	78.24	2.38	80.00	0.69
1995	934.10	929.71	1776.07	83.35	4.40	105.60	0.88
1996	938.70	933.96	1781.72	86.20	4.72	113.40	0.93
1997	914.10	909.06	1725.95	92.16	5.08	119.90	0.97
1998	891.70	886.66	1675.37	97.94	5.03	119.20	0.96
1999	885.30	879.91	1659.36	100.46	5.42	120.15	0.96
2000	848.50	842.00	1581.39	102.62	6.49	121.29	0.96
2001	805.00	797.11	1481.74	112.49	7.87	125.05	0.98
2002	786.00	778.80	1440.30	117.10	7.28	117.70	0.90
2003	811.40	803.50	1483.90	123.30	7.83	133.00	1.05
2004	867.20	860.80	1569.60	152.00	6.35	166.50	1.28
2005	823.10	816.60	1483.00	163.10	6.43	178.50	1.37
2006	945.00	938.20	1705.60	184.40	6.82	191.30	1.46
2007	991.40	986.30	1779.70	203.10	5.11	209.80	1.59
2008	1098.30	1093.20	1972.50	224.10	5.10	226.90	1.71
2009	1212.40	1207.50	2168.80	256.00	4.92	246.80	1.85
2010	1241.00	1236.10	2200.90	281.10	4.90	267.80	2.00
2011	1302.36	1297.48	2309.88	294.85	4.88	287.40	2.13
2012	1323.59	1318.27	2361.17	286.02	5.33	310.38	2.29
北京	17.41	17.29	28.74	6.08	0.12	4.86	2.35
天津	10.14	10.10	17.47	2.81	0.04	3.63	2.57
河北	74.53	74.49	130.30	18.76	0.05	17.12	2.35
山西	36.28	36.27	67.70	4.86	0.01	5.28	1.46
内蒙古	20.77	20.75	34.39	7.15	0.02	7.06	2.83
辽宁	37.29	37.04	66.96	7.61	0.24	14.12	3.22
吉林	22.98	22.87	42.66	3.31	0.11	11.10	4.03
黑龙江	34.56	34.33	59.14	9.98	0.23	15.68	4.09
上海	14.42	14.20	22.96	5.88	0.22	5.28	2.22
江苏	88.76	88.59	159.03	18.50	0.17	18.12	2.29
浙江	44.20	43.78	77.08	11.32	0.42	12.25	2.24
安徽	76.49	76.40	134.95	18.03	0.09	13.37	2.23
福建	38.19	37.10	69.07	7.31	1.08	7.49	2.00
江西	42.11	41.96	78.15	6.08	0.16	7.55	1.68
山东	93.33	93.21	164.07	22.59	0.12	19.67	2.03
河南	119.13	119.03	229.26	9.00	0.10	16.00	1.70
湖北	61.59	61.42	115.54	7.64	0.17	13.56	2.35
湖南	64.38	64.16	113.77	14.98	0.22	15.54	2.34
广东	87.07	86.22	159.78	14.37	0.86	15.54	1.47
广西	49.17	48.98	90.45	7.89	0.19	8.59	1.83
海南	9.94	9.85	18.70	1.18	0.09	1.21	1.36
重庆	29.85	29.77	43.29	16.41	0.08	12.57	4.27
四川	74.83	74.68	121.12	28.54	0.15	25.10	3.11
贵州	41.78	41.74	78.07	5.50	0.04	8.12	2.33
云南	41.95	41.69	76.55	7.35	0.26	8.21	1.76
西藏	1.39	1.39	2.69	0.09		0.13	0.43
陕西	37.36	37.32	65.62	9.11	0.04	7.10	1.89
甘肃	16.75	16.74	31.87	1.64	0.01	3.29	1.28
青海	4.57	4.57	7.88	1.26		1.07	1.86
宁夏	6.07	6.07	10.88	1.27		1.50	2.32
新疆	26.29	26.26	43.05	9.52	0.03	10.31	4.62

注：粗离婚率计算方法：离婚对数除以当期人口平均数。此方法为国际惯用方法。

【主要统计指标解释】

火化率 指当年处理遗体数除以当年死亡人数乘以100%。

$$火化率=\frac{当年处理遗体数}{当年死亡人数}\times 100\%$$

粗离婚率 指当年离婚对数占年平均人口的比重，计算公式为：

$$粗离婚率=\frac{当年离婚对象}{年平均人口数}\times 1000‰$$

6 第三产业部分行业主要业务指标

6-11 教 育

简要说明

教育统计资料包括公办教育和民办教育、学历教育和非学历教育。具体有高等教育(研究生教育、普通高等教育和成人高等教育)、中等教育(高中阶段教育和初中阶段教育)、初等教育(小学)、学前教育、特殊教育(盲聋哑和弱智学校等)以及教育经费等资料。主要指标包括学校数、在校学生数、招生数、毕业生数、教职工数和专任教师数、教育经费总额及国家财政性教育经费等。

教育事业统计资料、教育经费统计资料由教育部提供;技工学校资料由人力资源和社会保障部提供。

详细资料分别见《中国教育统计年鉴》(教育部发展规划司编)和《中国教育经费统计年鉴》(教育部财务司编)。

6-11-1 各级各类学校、教职工和专任教师情况

项　　目	学校数(所)	教职工数(人)	专任教师(人)
高等教育			
研究生培养机构	(811)		
普通高校	(534)		
科研机构	(277)		
普通高等学校	2442	2254372	1440292
本科院校	1145	1627642	1013957
#独立学院	303	189194	139657
高职(专科)院校	1297	622425	423381
其他机构(教学点)	(36)	4305	2954
成人高等学校	348	65612	39393
民办的其他高等教育机构	(823)	31941	14868
中等教育	**81662**	**7607943**	**5993789**
高中阶段教育	26868	3659356	2481798
高中	14205	2469918	1600836
普通高中	13509	2462575	1595035
完全中学	6108	1089877	525142
高级中学	6547	1214827	1030190
十二年一贯制学校	854	157871	39703
成人高中	696	7343	5801
中等职业教育	12663	1189438	880962
普通中专	3681	430636	305564
成人中专	1564	77482	54207
职业高中	4517	394292	311743
技工学校	2901	268106	196891
其他机构(教学点)	(509)	18922	12557
初中阶段教育	54794	3948587	3511991
初中	53216	3939088	3504363
初级中学	39592	2943720	2618519
九年一贯制学校	13575	993711	431814
十二年一贯制学校			39938
完全中学			412566
职业初中	49	1657	1526
成人初中	1578	9499	7628
初等教育	**255400**	**5595781**	**5615781**
普通小学	228585	5538481	5585476
小学	228585	5538481	5121626
九年一贯制学校			427841
十二年一贯制学校			36009
成人小学	26815	57300	30305
#扫盲班	18092	38265	17801
工读学校	**79**	**2706**	**1756**
特殊教育	**1853**	**53615**	**43697**
学前教育	**181251**	**2489972**	**1479237**

注：1.完全中学的学校数和教职工数计入高中阶段教育，九年一贯制学校的校数和教职工数计入初中阶段教育，十二年一贯制学校的校数和教职工数计入高中阶段教育。专任教师是按照教育层次划分归类。
2.“()”内数据为不计校数。

6-11-2 各级各类学历教育学生情况

单位：人

项 目	招生数	在校生数	毕业生数	女学生占学生总数的比重(%)
高等教育				
研究生	589673	1719818	486455	48.98
博 士	68370	283810	51713	36.45
硕 士	521303	1436008	434742	51.46
普通本专科	6888336	23913155	6247338	51.35
本 科	3740574	14270888	3038473	51.03
专 科	3147762	9642267	3208865	51.84
成人本专科	2439551	5831123	1954357	54.35
本 科	984817	2475495	801015	55.55
专 科	1454734	3355628	1153342	53.47
其他高等学历教育				
在职人员攻读硕士学位	140629	489857		34.71
网络本专科生	1964468	5704112	1360870	49.48
本 科	696698	2002698	477949	52.53
专 科	1267770	3701414	882921	47.83
中等教育	**31695120**	**94214196**	**32020579**	**47.39**
高中阶段教育	15987420	45952782	14780256	47.71
高中	8446071	24815911	8031310	49.40
普通高中	8446071	24671712	7915046	49.41
完全中学	2878240	8278864	2613879	49.23
高级中学	5348540	15788100	5119686	49.68
十二年一贯制学校	219291	604748	181481	44.90
成人高中		144199	116264	48.10
中等职业教育	7541349	21136871	6748946	45.54
普通中专	2773643	8125608	2653135	53.65
成人中专	1058110	2542747	716307	45.02
职业高中	2139032	6230465	2174398	46.67
技工学校	1570564	4238051	1205106	28.63
初中阶段教育	15707700	48261414	17240323	47.09
初中	15707700	47630607	16607751	47.09
初级中学	11484894	35032212	12382897	47.50
九年一贯制学校	1822554	5402756	1801127	45.55
十二年一贯制学校	218920	633749	197499	40.80
完全中学	2176027	6543086	2216885	46.81
职业初中	5305	18804	9343	48.99
成人初中		630807	632572	46.91
初等教育	**17146640**	**98602286**	**18007271**	**46.37**
普通小学	17146640	96958985	16415565	46.26
小学	15697392	88527616	14902844	46.42
九年一贯制学校	1342630	7778434	1398080	44.96
十二年一贯制学校	106618	652935	114641	40.69
成人小学		1643301	1591706	52.53
#扫盲班		689067	585749	52.98
工读学校	**4547**	**10640**	**3653**	**14.12**
特殊教育	**65699**	**378751**	**48590**	**35.38**
学前教育	**19119154**	**36857624**	**14335717**	**46.32**

注：1.完全中学、九年一贯制学校和十二年一贯制学校的学生数按教育层次分别计入对应教育阶段的学生数中。
2.特殊教育学生数中包括普通中小学随班就读的学生。

6-11-3 各级各类非学历教育学生情况

单位：人

项　目	结业生数	注册生数
总　计	**63155796**	**53646475**
高等教育	7785349	3948377
研究生课程进修班	50284	73796
自考助学班	184933	397381
普通预科生		37668
进修及培训	7550132	3439532
#资格证书培训	2250573	1063044
岗位证书培训	2159604	696245
中等职业教育	55370447	49698098
#资格证书培训	8630967	7577578
岗位证书培训	12272059	10500068
中等职业学校	7136842	4024560
#资格证书培训	2683490	1769758
岗位证书培训	2088129	1094172
职业技术培训机构	48233605	45673538
#资格证书培训	5947477	5807820
岗位证书培训	10183930	9405896

6-11-4 各级各类民办教育情况

单位：人

项　目	学校数（所）	教职工数	专任教师	招生数	在校生数	毕业生数	其　他
民办高等教育							
民办高校	707	387458	267180	1602828	5331770	1305701	220351
硕　士				155	155		
本　科				945174	3412257	662629	
专　科				657499	1919358	643072	
#独立学院	303	189194	139657	756927	2783983	585260	34080
本　科				702972	2621493	526880	
专　科				53955	162490	58380	
民办的其他高等教育机构	(823)	31941	14868				828241
民办中等教育							
高中阶段教育	5020	456322	322168	1658849	4758375	1619990	
民办普通高中	2371	321834	234048	821302	2349575	734095	
民办中等职业教育	2649	134488	88120	837547	2408800	885895	348246
初中阶段教育	4333	314600	237902	1578051	4514091	1341982	
民办普通初中	4333	314600	237902	1578051	4514091	1341982	
民办职业初中							
民办普通小学	**5213**	**196875**	**143115**	**1044393**	**5978535**	**968714**	
民办幼儿园	**124638**	**1633779**	**913395**	**8656223**	**18527444**	**5900634**	
另：民办培训机构	**(20155)**	**246257**	**141517**				**8606443**

注：1.“其他”包括：自考助学班学生、预科生、进修及培训学生数。
2. 民办普通高中的教职工和专任教师数中包含民办普通初中的教职工和专任教师数。
3.“()”括号内数据不计校数。

6-11-5 各级各类学校情况

单位：所

年份	普通高等学校	普通高中	中等职业教育	初中	#职业初中	普通小学	特殊教育	学前教育
1978	598	49215		113130		949323	292	163952
1980	675	31300		87077		917316	292	170419
1985	1016	17318		77529	1626	832309	375	172262
1990	1075	15678		73462	1509	766072	746	172322
1995	1054	13991		68564	1535	668685	1379	180438
2000	1041	14564		63898	1194	553622	1539	175836
2001	1225	14907		66590	1065	491273	1531	111706
2002	1396	15406		65645	984	456903	1540	111752
2003	1552	15779		64730	1019	425846	1551	116390
2004	1731	15998		63757	697	394183	1560	117899
2005	1792	16092	14466	62486	601	366213	1593	124402
2006	1867	16153	14693	60885	335	341639	1605	130495
2007	1908	15681	14832	59384	275	320061	1618	129086
2008	2263	15206	14847	57914	213	300854	1640	133722
2009	2305	14607	14401	56320	153	280184	1672	138209
2010	2358	14058	13872	54890	67	257410	1706	150420
2011	2409	13688	13177	54117	54	241249	1767	166750
2012	2442	13509	12663	53216	49	228585	1853	181251

6-11-6 各级各类学校专任教师情况

单位：万人

年份	普通高等学校	普通高中	中等职业教育	初中	#职业初中	普通小学	特殊教育	学前教育
1978	20.6	74.1		244.1		522.6	0.4	27.7
1980	24.7	57.1		244.9		549.9	0.5	41.1
1985	34.4	49.2		216.0		537.7	0.7	55.0
1990	39.5	56.2		249.9	2.9	558.2	1.4	75.0
1995	40.1	55.1		282.1	3.7	566.4	2.5	87.5
2000	46.3	75.7		328.7	3.8	586.0	3.2	85.6
2001	53.2	84.0		338.6	3.7	579.8	2.9	63.0
2002	61.8	94.6		346.8	3.7	577.9	3.0	57.1
2003	72.5	107.1		349.8	3.1	570.3	3.0	61.3
2004	85.8	119.1		350.1	2.4	562.9	3.1	65.6
2005	96.6	129.9	75.0	349.2	2.0	559.2	3.2	72.2
2006	107.6	138.7	79.9	347.5	1.2	558.8	3.3	77.6
2007	116.8	144.3	85.9	347.3	0.9	561.3	3.5	82.7
2008	123.7	147.6	89.5	347.6	0.7	562.2	3.6	89.9
2009	129.5	149.3	86.9	351.8	0.5	563.3	3.8	98.6
2010	134.3	151.8	87.1	352.5	0.2	561.7	4.0	114.4
2011	139.3	155.7	88.2	352.5	0.2	560.5	4.1	131.6
2012	144.0	159.5	88.1	350.4	0.2	558.5	4.4	147.9

6-11-7 各级各类学校招生情况

单位：万人

年 份	普通本专科	普通高中	中等职业教育	初中	#职业初中	普通小学	特殊教育	学前教育
1978	40.2	692.9		2006.0		3315.4	0.6	
1980	28.1	383.4		1557.6	6.7	2942.3	0.6	
1985	61.9	257.5		1367.0	17.6	2298.2	0.9	
1990	60.9	249.8		1389.3	19.4	2064.0	1.6	
1995	92.6	273.6		1781.1	28.8	2531.8	5.6	
2000	220.6	472.7		2295.6	32.3	1946.5	5.3	1531.1
2001	268.3	558.0		2287.9	30.0	1944.2	5.6	1398.2
2002	320.5	676.7		2281.8	29.5	1952.8	5.3	1373.6
2003	382.2	752.1		2220.1	24.8	1829.4	4.9	1316.8
2004	447.3	821.5		2094.6	16.4	1747.0	5.1	1350.3
2005	504.5	877.7	655.7	1987.6	11.1	1671.7	4.9	1356.2
2006	546.1	871.2	747.8	1929.5	5.9	1729.4	5.0	1391.3
2007	565.9	840.2	810.0	1868.5	4.7	1736.1	6.3	1433.6
2008	607.7	837.0	812.1	1859.6	3.4	1695.7	6.2	1482.7
2009	639.5	830.3	868.5	1788.5	2.1	1637.8	6.4	1546.9
2010	661.8	836.2	870.4	1716.6	1.1	1691.7	6.5	1700.4
2011	681.5	850.8	813.9	1634.7	0.7	1736.8	6.4	1827.3
2012	688.8	844.6	754.1	1570.8	0.5	1714.7	6.6	1911.9

6-11-8 各级各类学校在校学生情况

单位：万人

年 份	普通本专科	普通高中	中等职业教育	初中	#职业初中	普通小学	特殊教育	学前教育
1978	85.6	1553.1		4995.2		14624.0	3.1	787.7
1980	114.4	969.8		4551.2	13.5	14627.0	3.3	1150.8
1985	170.3	741.1		4010.1	45.2	13370.2	4.2	1479.7
1990	206.3	717.3		3916.6	47.9	12241.4	7.2	1972.2
1995	290.6	713.2		4727.5	69.7	13195.2	29.6	2711.2
2000	556.1	1201.3		6256.3	88.6	13013.3	37.8	2244.2
2001	719.1	1405.0		6514.4	83.3	12543.5	38.6	2021.8
2002	903.4	1683.8		6687.4	83.4	12156.7	37.5	2036.0
2003	1108.6	1964.8		6690.8	72.4	11689.7	36.5	2003.9
2004	1333.5	2220.4		6527.5	52.5	11246.2	37.2	2089.4
2005	1561.8	2409.1	1600.0	6214.9	43.1	10864.1	36.4	2179.0
2006	1738.8	2514.5	1809.9	5958.0	20.6	10711.5	36.3	2263.9
2007	1884.9	2522.4	1987.0	5736.2	15.3	10564.0	41.9	2348.8
2008	2021.0	2476.3	2087.1	5585.0	10.8	10331.5	41.7	2475.0
2009	2144.7	2434.3	2195.2	5440.9	7.3	10071.5	42.8	2657.8
2010	2231.8	2427.3	2238.5	5279.3	3.4	9940.7	42.6	2976.7
2011	2308.5	2454.8	2205.3	5066.8	2.6	9926.4	39.9	3424.5
2012	2391.3	2467.2	2113.7	4763.1	1.9	9695.9	37.9	3685.8

6-11-9 各级各类学校毕业生情况

单位：万人

年　份	普通本专科	普通高中	中等职业教育	初中	#职业初中	普通小学	特殊教育	学前教育
1978	16.5	682.7				2287.9	0.3	
1980	14.7	616.2				2053.3	0.4	
1985	31.6	196.6				1999.9	0.4	
1990	61.4	233.0		1123.0	13.9	1863.1	0.5	
1995	80.5	201.6		1244.4	17.0	1961.5	1.9	
2000	95.0	301.5		1633.5	26.4	2419.2	4.3	
2001	103.6	340.5		1731.5	24.5	2396.9	4.6	1160.2
2002	133.7	383.8		1903.7	23.8	2351.9	4.4	1152.7
2003	187.7	458.1		2018.5	22.9	2267.9	4.5	1072.0
2004	239.1	546.9		2087.3	16.9	2135.2	4.7	1059.7
2005	306.8	661.6	418.2	2123.4	16.9	2019.5	4.3	1025.4
2006	377.5	727.1	479.1	2071.6	9.2	1928.5	4.5	1045.1
2007	447.8	788.3	530.9	1963.7	6.9	1870.2	5.0	1049.1
2008	511.9	836.1	580.7	1868.0	5.1	1865.0	5.2	1040.5
2009	531.1	823.7	625.2	1797.7	3.0	1805.2	5.7	1040.6
2010	575.4	794.4	665.3	1750.4	1.8	1739.6	5.9	1057.6
2011	608.2	787.7	660.3	1736.7	1.2	1662.8	4.4	1184.7
2012	624.7	791.5	674.9	1660.8	0.9	1641.6	4.9	1433.6

6-11-10 研究生和留学人员情况

单位：人

年　份	研究生数			出　国	学成回国
	招生数	在校学生数	毕业生数	留学人员	留学人员
1978	10708	10934	9	860	248
1980	3616	21604	476	2124	162
1985	46871	87331	17004	4888	1424
1990	29649	93018	35440	2950	1593
1995	51053	145443	31877	20381	5750
2000	128484	301239	58767	38989	9121
2001	165197	393256	67809	83973	12243
2002	202611	500980	80841	125179	17945
2003	268925	651260	111091	117307	20152
2004	326286	819896	150777	114682	24726
2005	364831	978610	189728	118515	34987
2006	397925	1104653	255902	134000	42000
2007	418612	1195047	311839	144000	44000
2008	446422	1283046	344825	179800	69300
2009	510953	1404942	371273	229300	108300
2010	538177	1538416	383600	284700	134800
2011	560168	1645845	429994	339700	186200
2012	589673	1719818	486455	399600	272900

6-11-11 分学科研究生情况

单位：人

项目	招生数	硕士	博士	在校学生数	硕士	博士	毕业生数	硕士	博士
分学科研究生数（总计）	**589673**	**521303**	**68370**	**1719818**	**1436008**	**283810**	**486455**	**434742**	**51713**
#女	294711	269222	25489	842417	738981	103436	242030	222780	19250
学术型学位	390790	324152	66638	1270144	992293	277851	396976	346575	50401
专业学位	198883	197151	1732	449674	443715	5959	89479	88167	1312
哲学	4579	3715	864	15082	11470	3612	4859	4124	735
经济学	27428	24482	2946	73500	60993	12507	20257	17943	2314
法学	40960	37350	3610	121217	106359	14858	40840	38051	2789
教育学	30239	28900	1339	77763	72682	5081	23420	22412	1008
文学	32115	29691	2424	93429	83498	9931	29686	27731	1955
历史学	5456	4517	939	17735	13693	4042	5430	4638	792
理学	58124	44788	13336	180330	131112	49218	50266	40504	9762
工学	209244	183593	25651	616173	499954	116219	168434	150544	17890
农学	21080	17975	3105	58893	46888	12005	16313	13948	2365
医学	64868	56070	8798	188666	158065	30601	56001	48188	7813
军事学	250	208	42	831	675	156	206	173	33
管理学	78151	73428	4723	227030	203587	23443	58652	54835	3817
艺术学	17179	16586	593	49169	47032	2137	12091	11651	440
分学科研究生数（普通高校）	**575438**	**511320**	**64118**	**1678607**	**1409806**	**268801**	**476019**	**427881**	**48138**
#女	289087	265114	23973	826794	728416	98378	238177	220097	18080
学术型学位	378826	316440	62386	1233383	970541	262842	387082	340256	46826
专业学位	196612	194880	1732	445224	439265	5959	88937	87625	1312
哲学	4454	3630	824	14690	11213	3477	4760	4052	708
经济学	26706	24000	2706	71673	59993	11680	19828	17692	2136
法学	40109	36654	3455	118796	104434	14362	40093	37430	2663
教育学	30239	28900	1339	77763	72682	5081	23420	22412	1008
文学	31980	29612	2368	93098	83302	9796	29586	27660	1926
历史学	5360	4429	931	17461	13481	3980	5352	4578	774
理学	54138	42558	11580	168021	125052	42969	47302	39044	8258
工学	203844	179507	24337	600147	488862	111285	164447	147688	16759
农学	20070	17250	2820	55985	44926	11059	15573	13430	2143
医学	63941	55402	8539	186033	156206	29827	55252	47664	7588
军事学	249	207	42	828	672	156	205	172	33
管理学	77343	72704	4639	225482	202305	23177	58274	54515	3759
艺术学	17005	16467	538	48630	46678	1952	11927	11544	383
分学科研究生数（科研机构）	**14235**	**9983**	**4252**	**41211**	**26202**	**15009**	**10436**	**6861**	**3575**
#女	5624	4108	1516	15623	10565	5058	3853	2683	1170
学术型学位	11964	7712	4252	36761	21752	15009	9894	6319	3575
专业学位	2271	2271		4450	4450		542	542	
哲学	125	85	40	392	257	135	99	72	27
经济学	722	482	240	1827	1000	827	429	251	178
法学	851	696	155	2421	1925	496	747	621	126
教育学									
文学	135	79	56	331	196	135	100	71	29
历史学	96	88	8	274	212	62	78	60	18
理学	3986	2230	1756	12309	6060	6249	2964	1460	1504
工学	5400	4086	1314	16026	11092	4934	3987	2856	1131
农学	1010	725	285	2908	1962	946	740	518	222
医学	927	668	259	2633	1859	774	749	524	225
军事学	1	1		3	3		1	1	
管理学	808	724	84	1548	1282	266	378	320	58
艺术学	174	119	55	539	354	185	164	107	57

6-11-12 高等教育学校(机构)情况

单位：所

项目	总计	中央部委	教育部	其他部委	地方部门	教育部门	非教育部门	地方企业	民办
研究生培养机构	**(811)**	**340**	**73**	**267**	**466**	**400**	**64**	**2**	**5**
普通高校	(534)	102	73	29	427	399	27	1	5
科研机构	(277)	238		238	39	1	37	1	
普通高等学校	**2442**	**113**	**73**	**40**	**1623**	**967**	**604**	**52**	**706**
本科院校	1145	109	73	36	646	578	67	1	390
#独立学院	303								303
专科院校	1297	4		4	977	389	537	51	316
成人高等学校	**348**	**14**	**1**	**13**	**333**	**118**	**170**	**45**	**1**
民办的其他高等教育机构	**(823)**								**823**

注：“()”内数据均不计校数。

6-11-13 高等教育学校(机构)学生数

单位：人

项目	招生数	在校生数	毕业生数	授予学位数
研究生	589673	1719818	486455	481830
博士	68370	283810	51713	50399
硕士	521303	1436008	434742	431431
普通本专科	6888336	23913155	6247338	2966148
本科	3740574	14270888	3038473	2966148
专科	3147762	9642267	3208865	
成人本专科	2439551	5831123	1954357	126570
本科	984817	2475495	801015	126570
专科	1454734	3355628	1153342	
在职人员攻读硕士学位	140629	489857		104781
网络本专科生	1964468	5704112	1360870	34658
本科	696698	2002698	477949	34658
专科	1267770	3701414	882921	
自考助学班		397381	184933	
普通预科生		37668		
研究生课程进修班		73796	50284	
进修及培训		3439532	7550132	
留学生	102991	157845	83613	18259

注：留学生指来中国学习的留学生数。

6-11-14 普通本科分学科学生情况

单位：人

项 目	招生数	在校学生数	毕业生数
总 计	**3740574**	**14270888**	**3038473**
#女	2017368	7281963	1517254
#师范	367421	1443936	328571
哲 学	2335	8840	2038
经济学	216289	838204	188257
法 学	133717	516789	121634
教育学	142812	517590	103884
文 学	707543	2668900	588198
#外语	205236	810846	201115
艺术	337810	1215535	240957
历史学	18926	70769	15588
理 学	344671	1314644	294060
工 学	1195234	4522917	964583
农 学	63974	244261	53789
医 学	228294	1006410	178085
管理学	686779	2561564	528357

6-11-15 普通专科分学科学生情况

单位：人

项 目	招生数	在校学生数	毕业生数
总 计	**3147762**	**9642267**	**3208865**
#女	1700988	4998527	1680943
#师 范	150568	523269	183755
农林牧渔大类	56236	169578	58308
交通运输大类	153172	436213	127177
生化与药品大类	70212	226845	81411
资源开发与测绘大类	50023	148207	43511
材料与能源大类	41412	131878	45115
土建大类	365236	1050469	271421
水利大类	13908	40420	10955
制造大类	405538	1261946	430682
电子信息大类	297772	931847	370232
环保、气象与安全大类	14560	45583	14649
轻纺食品大类	51904	166629	62363
财经大类	691807	2061042	671797
医药卫生大类	298521	925804	279290
旅游大类	110237	322801	108371
公共事业大类	32418	97116	31195
文化教育大类	297878	1015735	388794
艺术设计传媒大类	146639	458232	150028
公安大类	11504	32359	16741
法律大类	38785	119563	46825

6-11-16 成人本科分学科学生情况

单位：人

项　目	招生数	在校学生数	毕业生数
总　计	**984817**	**2475495**	**801015**
#女	547657	1375098	446684
#师　范	106060	269058	118982
哲　学	34	111	24
经济学	31853	86685	30278
法　学	50605	129498	46785
教育学	61467	136001	47721
文　学	107527	314366	133280
#外语	27962	83286	38334
艺术	18033	52833	17371
历史学	1852	4722	2257
理　学	22425	61008	27556
工　学	244996	606031	166500
农　学	14163	37093	11164
医　学	190372	465769	146057
管理学	259523	634211	189393

6-11-17 成人专科分学科学生情况

单位：人

项　目	招生数	在校学生数	毕业生数
总　计	**1454734**	**3355628**	**1153342**
#女	782441	1794301	597477
#师范	126655	230017	61581
农林牧渔大类	24594	61338	22228
交通运输大类	47582	114125	35088
生化与药品大类	14083	38576	15528
资源开发与测绘大类	41473	99539	29354
材料与能源大类	13432	37023	15186
土建大类	111378	240225	73551
水利大类	5950	14270	3927
制造大类	172342	409736	161026
电子信息大类	94052	238719	104034
环保、气象与安全大类	2422	5817	2282
轻纺食品大类	8140	19599	7804
财经大类	376418	872292	336934
医药卫生大类	209370	530055	140056
旅游大类	23585	54136	18429
公共事业大类	47056	100658	31545
文化教育大类	205747	391887	111246
艺术设计传媒大类	39301	84757	27609
公安大类	1424	4878	2016
法律大类	16385	37998	15499

6-11-18 网络本科分学科学生情况

单位：人

项目	招生数	在校学生数	毕业生数
总计	**696698**	**2002698**	**477949**
#女	372157	1051918	261961
#师范	28183	71226	28446
哲学			
经济学	33746	108384	27376
法学	64387	224980	55439
教育学	26271	64408	18264
文学	45950	174551	51917
#外语	8954	42680	10970
历史学	440	1110	471
理学	6629	18544	7327
工学	144903	354584	78147
农学	5186	11958	2638
医学	56247	140322	36025
管理学	312939	903857	200345

6-11-19 网络专科分学科学生情况

单位：人

项目	招生数	在校学生数	毕业生数
总计	**1267770**	**3701414**	**882921**
#女	601284	1770409	439878
#师范	23770	51977	14641
农林牧渔大类	66809	215762	58618
交通运输大类	29477	73178	18058
生化与药品大类	4261	10701	2773
资源开发与测绘大类	16709	32203	8325
材料与能源大类	5245	10941	4486
土建大类	119679	283677	56733
水利大类	6327	18377	4925
制造大类	60222	159950	34869
电子信息大类	51616	170509	44941
环保、气象与安全大类	3157	6707	1548
轻纺食品大类	827	2322	380
财经大类	385416	1189683	286377
医药卫生大类	51305	153389	44939
旅游大类	5511	18765	4141
公共事业大类	254572	708492	163253
文化教育大类	122482	360740	71758
艺术设计传媒大类	5727	19931	4474
公安大类	1081	2153	844
法律大类	77347	263934	71479

6-11-20 普通高中情况

项目	学校数(所)	完全中学	高级中学	十二年一贯制学校	招生数(人)	在校学生数(人)	毕业生数(人)
总计	**13509**	**6108**	**6547**	**854**	**8446071**	**24671712**	**7915046**
教育部门	10948	5039	5682	227	7558773	22129445	7117744
其他部门	175	72	68	35	62134	182119	59916
地方企业	15	8	4	3	3862	10573	3291
民办	2371	989	793	589	821302	2349575	734095
城区	6401	2892	2983	526	3782122	11196088	3606395
教育部门	4908	2276	2479	153	3335987	9906714	3197311
其他部门	84	35	30	19	29115	85672	28835
地方企业	7	4	3		1681	4814	1588
民办	1402	577	471	354	415339	1198888	378661
镇区	6390	2842	3284	264	4372203	12641342	4044762
教育部门	5491	2467	2965	59	3982698	11530198	3700739
其他部门	84	34	37	13	29851	89010	29295
地方企业	8	4	1	3	2181	5759	1703
民办	807	337	281	189	357473	1016375	313025
乡村	718	374	280	64	291746	834282	263889
教育部门	549	296	238	15	240088	692533	219694
其他部门	7	3	1	3	3168	7437	1786
地方企业							
民办	162	75	41	46	48490	134312	42409

6-11-21 中等职业学校(机构)情况

单位：个

项目	总计	中央部委	地方	教育部门	非教育部门	地方企业	民办
中等职业学校	**9762**	**24**	**7089**	**5534**	**1464**	**91**	**2649**
普通中等专业学校	3681	18	2727	1705	987	35	936
成人中等专业学校	1564	3	1410	1127	257	26	151
职业高中学校	4517	3	2952	2702	220	30	1562
其他机构(教学点)(不计校数)	**509**	**3**	**420**	**297**	**115**	**8**	**86**
附设中职班(不计校数)	1149	3	948	597	332	19	198

注：中等职业学校未含技工学校数据（相关表同）。

6-11-22 中等职业学校分学科学生情况

单位：人

项目	招生数	在校学生数	毕业生数	#获得职业资格证书
总计	**5970785**	**16898820**	**5543840**	**3483872**
#女	2928400	8411966	2746535	1657996
#农林牧渔类	719852	2188579	579046	281080
资源环境类	48297	108265	39019	23394
能源与新能源类	26902	80738	30990	19102
土木水利类	225438	611926	162198	103482
加工制造类	896233	2658500	964112	700805
石油化工类	41640	119058	45499	30795
轻纺食品类	69093	187715	77067	49001
交通运输类	428488	1083744	317352	219221
信息技术类	1048447	2977614	1161673	785308
医药卫生类	513420	1539531	534092	231860
休闲保健类	31627	84024	21041	12857
财经商贸类	650497	1841117	606019	393229
旅游服务类	270848	729556	235796	164360
文化艺术类	276898	794437	247666	150245
体育与健身	52033	128165	36496	17406
教育类	507755	1319091	307139	198340
司法服务类	25448	70268	27393	10807
公共管理与服务类	70814	196907	75172	46739
其他	67055	179585	76070	45841

6-11-23 职业技术培训机构情况

单位：人

项目	学校数(所)	教职工数	#专任教师	注册学生数	结业学生数
总计	**123766**	**506609**	**282233**	**45673538**	**48233605**
职工技术培训学校(机构)	2768	59974	43114	2924983	2946075
教育部门办	1052	40213	29878	1362131	1403178
其他部门办	1193	12286	8149	1352440	1288111
民办	523	7475	5087	210412	254786
农村成人文化技术培训学校(机构)	100009	170322	87761	31760829	35631908
教育部门办	96887	161422	83185	30590268	34076594
#县办	2280	17208	11067	3362765	3552310
乡办	16443	60357	34041	14605415	16445494
村办	78164	83857	38077	12622088	14078790
其他部门办	2553	4139	1970	969879	1334033
民办	569	4761	2606	200682	221281
其他培训机构(含社会培训机构)	20989	276313	151358	10987726	9655622
教育部门和集体办	822	15414	9303	1013464	876231
其他部门办	1104	26878	8231	1778913	1460309
民办	19063	234021	133824	8195349	7319082

6-11-24 技工学校情况

年 份	学校数 (所)	教职工数 (万人)	招生数 (万人)	在校学生数 (万人)	毕业生数 (万人)
1985	3548	21.5	35.5	74.2	22.6
1986	3765	24.4	39.4	89.2	23.3
1987	3952	26.2	42.3	103.1	26.5
1988	3996	28.0	46.1	116.1	31.1
1989	4102	29.6	47.0	125.8	36.8
1990	4184	30.8	50.6	133.2	41.3
1991	4269	32.5	54.4	142.2	45.4
1992	4392	33.6	60.2	155.6	45.7
1993	4477	33.5	66.4	171.7	49.7
1994	4430	34.0	71.4	187.1	55.7
1995	4521	33.7	74.1	188.6	68.2
1996	4467	33.5	72.7	191.8	68.1
1997	4395	31.0	73.4	193.1	69.9
1998	4362	31.0	59.4	181.3	68.2
1999	4098	26.9	51.5	156.0	66.2
2000	3792	24.0	50.4	140.1	64.6
2001	3470	22.0	55.1	134.7	47.7
2002	3075	20.3	73.3	153.0	45.4
2003	2970	20.2	91.6	193.1	45.3
2004	2884	20.5	109.7	234.5	53.5
2005	2855	20.4	118.4	275.3	69.0
2006	2880	21.5	134.8	320.8	86.4
2007	2995	24.0	158.5	367.1	99.7
2008	3075	24.7	161.4	397.5	109.0
2009	3077	26.0	156.7	415.3	115.5
2010	3008	26.6	159.0	422.1	121.6
2011	2924	26.6	163.9	430.4	119.2
2012	2901	26.8	157.1	423.8	120.5

6-11-25 初中情况

项目	初中（所）	初级中学	九年一贯制	职业初中	招生数（人）	在校学生数（人）	毕业生数（人）
总计	**53216**	**39592**	**13575**	**49**	**15707700**	**47630607**	**16607751**
教育部门	48299	37980	10271	48	14017815	42761096	15150099
其他部门	556	192	363	1	105999	337088	109617
地方企业	28	8	20		5835	18332	6053
民办	4333	1412	2921		1578051	4514091	1341982
城区	10932	7476	3452	4	4819611	14410251	4618755
教育部门	8761	6826	1932	3	3976777	12009457	3924881
其他部门	132	66	65	1	32470	99489	32310
地方企业	10	3	7		2661	7671	2570
民办	2029	581	1448		807703	2293634	658994
镇区	22876	18403	4447	26	7703760	23479363	8349423
教育部门	20910	17708	3176	26	6993593	21408017	7710895
其他部门	343	100	243		63973	208672	66900
地方企业	14	4	10		3062	10249	3289
民办	1609	591	1018		643132	1852425	568339
乡村	19408	13713	5676	19	3184329	9740993	3639573
教育部门	18628	13446	5163	19	3047445	9343622	3514323
其他部门	81	26	55		9556	28927	10407
地方企业	4	1	3		112	412	194
民办	695	240	455		127216	368032	114649

6-11-26 分年级初中学生情况

单位：人

项目	招生数	在校生数					毕业生数
		合计	#女	#一年级	#二年级	#三年级	
总计	**15707700**	**47630607**	**22430465**	**15725952**	**15668210**	**15764287**	**16607751**
#女	7353018	22430465		7358201	7360292	7484532	7899380
#少数民族	1635450	4779265	2160663	1638164	1588426	1544787	1587211
#四年制	462278	1846279	854925	462549	459060	452948	468528
九年一贯制学校	1822554	5402756	2460870	1825774	1777851	1724401	1801127
十二年一贯制学校	218920	633749	258597	219002	208182	202702	197499
完全中学	2176027	6543086	3062562	2177672	2162630	2164359	2216885
附设普通初中班	102930	312355	141198	103036	104452	102983	113606
附设职业初中班	91	3221	1725	91	352	2778	2299
独立设置少数民族学校	480899	1418955	686100	482239	470691	464587	473028
进城务工人员随迁子女	1292091	3583291	1440171	1294997	1197293	1037399	678030
#外省迁入	515350	1343553	542984	516558	453639	349285	229378
本省外县迁入	776741	2239738	897187	778439	743654	688114	448652
农村留守儿童	2502401	7531887	3325856	2507963	2523110	2486164	1829854

6-11-27 普通小学情况

项目	学校数（所）	招生数（人）	在校学生数（人）	毕业生数（人）
总计	**228585**	**17146640**	**96958985**	**16415565**
教育部门	222741	16012083	90434874	15334152
其他部门	579	85427	515377	107023
地方企业	52	4737	30199	5676
民办	5213	1044393	5978535	968714
城区	26146	4830142	26884287	4402989
教育部门	24007	4208696	23592976	3885010
其他部门	166	22690	141429	27606
地方企业	16	1703	11011	1959
民办	1957	597053	3138871	488414
镇区	47431	5743893	33549812	5770092
教育部门	45474	5397258	31286429	5359849
其他部门	238	51027	305982	66944
地方企业	21	2621	16408	3197
民办	1698	292987	1940993	340102
乡村	155008	6572605	36524886	6242484
教育部门	153260	6406129	35555469	6089293
其他部门	175	11710	67966	12473
地方企业	15	413	2780	520
民办	1558	154353	898671	140198

6-11-28 普通小学学生情况

单位：人

项目	招生数	#受过学前教育	在校生数	#女	毕业生数
总计	**17146640**	**16376140**	**96958985**	**44854417**	**16415565**
#女	7981804	7595179	44854417		7634753
#少数民族	1834328	1510468	10375371	4809991	1677332
#五年制	483817	481151	2333242	1094522	456015
九年一贯制学校	1342630	1289758	7778434	3497346	1398080
十二年一贯制学校	106618	103315	652935	265649	114641
附设小学班	27391	25709	360733	158834	169981
复式班	52121	42114	173917	82787	3229
小学教学点	961100	867139	3436944	1622179	322959
独立设置少数民族学校	520920	388358	3014524	1436928	498771
进城务工人员随迁子女	2008592	1897687	10355426	4118314	1071241
#外省迁入	1008570	962800	4986825	2002188	515187
本省外县迁入	1000022	934887	5368601	2116126	556054
农村留守儿童	2638792	2395569	15178772	6577594	1571458

6-11-29 小学学龄儿童净入学率和各级普通学校毕业生升学率

单位：%

年份	小学学龄儿童净入学率	小学升学率	初中升学率	高中升学率
1990	97.8	74.6	40.6	27.3
1991	97.8	77.7	42.6	28.7
1992	97.2	79.7	43.6	34.9
1993	97.7	81.8	44.1	43.3
1994	98.4	86.6	47.8	46.7
1995	98.5	90.8	50.3	49.9
1996	98.8	92.6	49.8	51.0
1997	98.9	93.7	51.5	48.6
1998	98.9	94.3	50.7	46.1
1999	99.1	94.4	50.0	63.8
2000	99.1	94.9	51.2	73.2
2001	99.1	95.5	52.9	78.8
2002	98.6	97.0	58.3	83.5
2003	98.7	97.9	59.6	83.4
2004	98.9	98.1	63.8	82.5
2005	99.2	98.4	69.7	76.3
2006	99.3	100.0	75.7	75.1
2007	99.5	99.9	80.5	70.3
2008	99.5	99.7	82.1	72.7
2009	99.4	99.1	85.6	77.6
2010	99.7	98.7	87.5	83.3
2011	99.8	98.3	88.9	86.5
2012	99.9	98.3	88.4	87.0

注：1.1991年以前的入学率是按7-11周岁统一计算的；从1991年起入学率是按各地不同入学年龄和学制分别计算的。
2.高中升学率为普通高校招生数与普通高中毕业生数之比。

6-11-30 分地区普通高等学校情况

单位：人

地区	学校数(所)	招生数	专科	本科	在校学生数	专科	本科
全国	**2442**	**6888336**	**3147762**	**3740574**	**23913155**	**9642267**	**14270888**
北京	89	158602	35951	122651	591243	108313	482930
天津	55	137223	55948	81275	473114	162515	310599
河北	113	321407	165289	156118	1168796	546167	622629
山西	75	197181	99085	98096	637330	283593	353737
内蒙古	48	105629	49412	56217	391434	169561	221873
辽宁	112	264385	96223	168162	934078	288262	645816
吉林	57	162602	47142	115460	578953	136626	442327
黑龙江	79	196970	69022	127948	704538	203732	500806
上海	67	136808	47247	89561	506596	147589	359007
江苏	153	435047	194760	240287	1671173	686596	984577
浙江	102	269127	120021	149106	932292	363104	569188
安徽	118	286246	141866	144380	1023033	470734	552299
福建	86	201200	88983	112217	701392	276261	425131
江西	88	237734	116293	121441	851119	392665	458454
山东	136	466695	235159	231536	1658490	757199	901291
河南	120	455289	229561	225728	1559025	721945	837080
湖北	122	402055	185126	216929	1386086	565113	820973
湖南	121	311026	146185	164841	1082235	451653	630582
广东	137	501939	262483	239456	1616838	716486	900352
广西	70	192144	109818	82326	629243	323115	306128
海南	17	49615	23498	26117	168270	70381	97889
重庆	60	192940	82504	110436	623605	226356	397249
四川	99	364488	183224	181264	1223680	509669	714011
贵州	49	125093	60263	64830	383815	154310	229505
云南	66	142753	55090	87663	512178	187456	324722
西藏	6	10022	4426	5596	33452	12876	20576
陕西	91	312776	125946	186830	1026254	374625	651629
甘肃	42	130153	58515	71638	431069	161602	269467
青海	9	14634	6181	8453	48668	17006	31662
宁夏	16	30779	12877	17902	96440	34378	62062
新疆	39	75774	39664	36110	268716	122379	146337

6-11-30 续表 单位：人

地 区	预计毕业生数	专 科	本 科	毕业生数	专 科	本 科	授予学位数
全 国	**6517623**	**3286498**	**3231125**	**6247338**	**3208865**	**3038473**	**2966148**
北 京	156992	119139	37853	155233	41448	113785	111796
天 津	125076	70483	54593	113034	50847	62187	60680
河 北	336079	147752	188327	315755	182244	133511	130771
山 西	174001	76477	97524	162571	90331	72240	70430
内蒙古	111603	51664	59939	105054	59343	45711	44824
辽 宁	247722	151866	95856	235984	88513	147471	145610
吉 林	147686	104455	43231	146517	48439	98078	93951
黑龙江	186698	118255	68443	203792	85844	117948	116672
上 海	141902	90602	51300	136697	50983	85714	83229
江 苏	486168	245089	241079	470254	238503	231751	222940
浙 江	252074	133171	118903	247537	121315	126222	123478
安 徽	283626	123985	159641	265477	150619	114858	112828
福 建	192804	97873	94931	178492	89854	88638	87750
江 西	246056	103043	143013	232048	138063	93985	92061
山 东	482579	215228	267351	474266	268676	205590	203309
河 南	447586	186821	260765	435308	267507	167801	165295
湖 北	365847	182844	183003	353014	184960	168054	164009
湖 南	299770	145280	154490	306809	174389	132420	129646
广 东	425324	206174	219150	404011	222678	181333	178731
广 西	175760	67860	107900	162169	100035	62134	60659
海 南	44632	20621	24011	40887	22907	17980	16771
重 庆	152844	85045	67799	137635	62633	75002	72020
四 川	326793	169660	157133	286756	133168	153588	150985
贵 州	94510	48380	46130	85285	45605	39680	37207
云 南	129754	66413	63341	118944	60241	58703	56967
西 藏	8213	4787	3426	8580	3907	4673	4530
陕 西	257784	138755	119029	265279	132296	132983	127825
甘 肃	110414	61918	48496	102980	45652	57328	55176
青 海	12860	7206	5654	11661	5100	6561	6458
宁 夏	22761	12853	9908	20718	8935	11783	11222
新 疆	71705	32799	38906	64591	33830	30761	28318

6-11-31 分地区普通高等学校（机构）教职工情况

单位：人

地区	教职工数	校本部教职工	专任教师	正高级	副高级	中级	初级	无职称	行政人员	教辅人员	工勤人员
全国	**2254372**	**2124081**	**1440292**	**169423**	**412692**	**576013**	**209811**	**72353**	**309534**	**206096**	**168159**
北京	138776	113977	60852	13091	21089	22064	2865	1743	22355	16972	13798
天津	46513	45189	29929	4405	9673	11594	3423	834	7281	4432	3547
河北	98815	95054	65043	8575	18408	25488	9574	2998	13262	8414	8335
山西	58146	55469	38124	2883	9820	14098	8378	2945	7412	5207	4726
内蒙古	38057	37001	24654	2342	7523	9138	4057	1594	5712	3924	2711
辽宁	96584	92198	60502	8271	18885	24334	7323	1689	14490	9156	8050
吉林	62505	58557	37022	5428	11362	14176	5460	596	8561	6100	6874
黑龙江	77510	73941	45448	6928	13843	18304	5046	1327	11696	7837	8960
上海	73348	66910	40118	6781	12610	16498	2877	1352	12194	8493	6105
江苏	163592	153178	106023	11964	32457	46353	12314	2935	22143	14600	10412
浙江	83843	78717	54154	7196	16437	24111	3908	2502	13199	7561	3803
安徽	75411	72766	53108	4258	14017	20190	11594	3049	8170	6526	4962
福建	62513	59523	41119	4546	11329	15742	7226	2276	9211	5787	3406
江西	71620	68293	50205	5033	13715	19828	9074	2555	8557	5404	4127
山东	142370	136716	96058	9952	26465	40535	15958	3148	18755	12374	9529
河南	120156	115321	85982	7052	22309	34607	17537	4477	12206	8384	8749
湖北	127921	120141	80665	9998	24373	30244	11883	4167	18263	11972	9241
湖南	96322	91134	62541	6543	18017	25340	8555	4086	13294	9070	6229
广东	130127	124085	87402	10315	22625	35168	11234	8060	18683	12026	5974
广西	53344	48366	35027	3445	9160	13456	5286	3680	6240	3820	3279
海南	13188	12942	8290	864	1943	3004	1653	826	2025	1326	1301
重庆	52932	50939	35744	3757	9940	14706	5261	2080	7554	4058	3583
四川	110033	104122	73137	7416	18837	29585	13183	4116	13224	8999	8762
贵州	32153	31796	22803	2148	7040	8595	3266	1754	4565	2718	1710
云南	44901	43650	31322	3271	8549	12190	5113	2199	5461	3542	3325
西藏	3485	3442	2369	141	647	993	424	164	529	252	292
陕西	100881	95401	61500	7459	16590	25434	9999	2018	14075	10429	9397
甘肃	34571	32276	23232	2426	6652	9230	3639	1285	3920	2748	2376
青海	6668	5899	3717	763	1313	1037	472	132	847	716	619
宁夏	10202	9744	6632	946	1877	2223	1084	502	1556	878	678
新疆	27885	27334	17570	1226	5187	7748	2145	1264	4094	2371	3299

6-11-32 分地区普通高中情况

单位：人

地 区	学校数（所）	教职工数	#专任教师	招生数	在校学生数	毕业生数
全 国	**13509**	**2462575**	**1595035**	**8446071**	**24671712**	**7915046**
北 京	289	50748	20623	63381	193505	55657
天 津	202	30254	15440	58012	181235	62257
河 北	565	121965	82918	384133	1176885	423748
山 西	511	93617	58088	292630	854986	285255
内蒙古	272	50418	32229	171722	500280	161274
辽 宁	417	62091	47276	228358	695933	237962
吉 林	244	41747	27832	160363	476748	154289
黑龙江	398	60771	42606	202090	612579	206310
上 海	246	29916	16588	52497	157709	54416
江 苏	594	135292	97223	376936	1208697	444765
浙 江	571	88349	64506	277919	875802	297101
安 徽	716	116953	71790	439725	1292863	412810
福 建	543	96767	52049	218650	690542	225581
江 西	435	80178	48232	308315	836602	233135
山 东	557	149922	115208	581797	1645402	482883
河 南	785	142786	107347	665703	1926336	640137
湖 北	575	93337	70896	327506	1074507	412235
湖 南	589	106172	67080	370069	1026563	310055
广 东	1017	234162	141835	773249	2259282	688461
广 西	450	67548	44557	292818	795828	237474
海 南	103	22611	10892	62969	175526	52620
重 庆	262	64038	36392	225080	659744	203616
四 川	735	150227	86461	521938	1516531	478101
贵 州	446	62807	41572	318188	772972	195861
云 南	444	73497	45255	261312	706180	196248
西 藏	30	4459	3658	17529	47825	13286
陕 西	530	84883	56218	318788	941528	317300
甘 肃	445	60482	40467	226107	664879	213620
青 海	109	12752	7680	38197	106005	35807
宁 夏	63	12566	9742	54814	157521	47693
新 疆	366	61260	32375	155276	440717	135089

6-11-33 分地区中等职业学校情况

单位：人

地 区	学校数（所）	招生数	在校学生数	毕业生数	#获得职业资格证书	预计毕业生数
全 国	**9762**	**5970785**	**16898820**	**5543840**	**3483872**	**5663952**
北 京	96	64076	189740	58915	33608	69983
天 津	88	34835	105735	37107	18277	40604
河 北	663	299526	934042	388585	176417	341903
山 西	456	172417	483237	171100	117057	160642
内蒙古	276	96021	275527	109495	50544	97420
辽 宁	317	121355	380601	131308	65801	135443
吉 林	300	72100	228866	89817	33902	81190
黑龙江	387	100212	292987	124133	62767	94281
上 海	112	49540	156490	44859	35862	42951
江 苏	285	275225	884549	248643	189166	267884
浙 江	358	203220	618597	203459	179344	206664
安 徽	487	408824	1002374	296110	182493	331375
福 建	251	240792	582998	175933	147765	179605
江 西	446	202862	549084	190635	111883	155110
山 东	560	404670	1147012	380451	247022	383290
河 南	735	522537	1456626	522733	280108	539172
湖 北	332	143530	500540	272883	173281	200699
湖 南	525	253092	734242	251480	163758	234023
广 东	522	495758	1495738	419163	271335	511788
广 西	319	312754	862445	214890	116957	261830
海 南	83	51055	141876	41583	15022	42405
重 庆	155	136624	372049	108446	68602	94473
四 川	515	501110	1262600	359099	322539	445125
贵 州	229	150784	383367	100340	68419	116931
云 南	396	183174	567843	162754	95764	219728
西 藏	6	7901	18291	9350	4861	6526
陕 西	342	196170	526654	201747	123532	175708
甘 肃	266	117672	327834	101413	55471	95733
青 海	40	30143	76842	23660	14488	21496
宁 夏	34	36055	104757	32461	17281	32448
新 疆	181	86751	235277	71288	40546	77522

6-11-34　分地区中等职业学校(机构)教职工情况

单位：人

地区	教职工数	校本部教职工	专任教师	行政人员	教辅人员	工勤人员	校办企业职工	其他附设机构人员	聘请校外教师
全国	**921332**	**909012**	**684071**	**90036**	**63633**	**71272**	**6152**	**6168**	**106549**
北京	12164	11953	7254	2301	1086	1312	27	184	1451
天津	10449	10344	7363	1665	591	725	54	51	1098
河北	59944	59666	45704	5635	4226	4101	182	96	3724
山西	33738	33370	25264	3285	2201	2620	151	217	4893
内蒙古	21120	20870	15325	2121	1883	1541	99	151	1406
辽宁	31282	31011	21657	4199	2242	2913	161	110	3902
吉林	26357	26272	18513	3447	2662	1650	12	73	1143
黑龙江	25240	25087	17891	2982	1920	2294	111	42	1806
上海	13084	13012	7900	2039	1403	1670	54	18	1306
江苏	55140	54749	43828	3231	3499	4191	236	155	6209
浙江	38701	38364	32276	2089	2075	1924	162	175	6478
安徽	42636	41758	34314	2964	1963	2517	191	687	7181
福建	22278	22170	17710	1878	1326	1256	16	92	3943
江西	24431	23555	17467	2846	1483	1759	699	177	3447
山东	71449	70557	52430	6792	6623	4712	697	195	3525
河南	76395	74511	57173	7045	5086	5207	926	958	7913
湖北	33442	32764	23796	3708	2500	2760	452	226	4265
湖南	38410	37777	27293	4433	3009	3042	499	134	3467
广东	60847	60310	46193	5718	3677	4722	177	360	6730
广西	30431	28753	20755	2877	2117	3004	367	1311	4141
海南	6755	6676	4579	788	519	790	4	75	612
重庆	17964	17902	14241	1494	1054	1113	36	26	2979
四川	53620	53111	40076	4753	3229	5053	297	212	4689
贵州	16473	16147	12585	1816	610	1136	211	115	4265
云南	27842	27705	21174	1976	1661	2894	81	56	5563
西藏	746	746	632	50	10	54			118
陕西	28143	27914	19515	3945	2330	2124	112	117	3587
甘肃	20856	20696	15805	1822	1334	1735	69	91	1319
青海	3188	3126	2454	243	132	297	44	18	735
宁夏	3468	3449	2552	312	249	336	4	15	579
新疆	14739	14687	10352	1582	933	1820	21	31	4075

6-11-35 分地区初中情况

单位：人

地区	学校数（所）	专任教师	招生数	在校学生数	毕业生数
全国	**53216**	**3504363**	**15707700**	**47630607**	**16607751**
北京	341	31067	108133	305510	95782
天津	317	26055	83845	256541	84072
河北	2435	167800	777679	2173677	703054
山西	2023	118231	462450	1502433	578684
内蒙古	763	62154	242465	746308	263265
辽宁	1607	101083	369537	1134585	410708
吉林	1213	66898	226574	696588	259666
黑龙江	1648	100044	345555	1204786	394270
上海	514	35202	117489	432686	94645
江苏	2066	182231	640312	1970169	752183
浙江	1735	118855	510594	1492985	514374
安徽	2920	161007	689414	2130347	869576
福建	1240	96638	381878	1120356	404766
江西	2107	122771	655925	1945486	651764
山东	2965	261611	1016968	3281023	1049116
河南	4551	282413	1581590	4537868	1498054
湖北	2047	141409	510866	1577701	575799
湖南	3296	171197	742493	2111100	688731
广东	3309	273493	1402496	4424650	1619805
广西	1860	117478	668655	1966202	643804
海南	388	25075	119426	364677	134944
重庆	969	76060	340251	1087258	403096
四川	3908	203905	988311	3041867	1093729
贵州	2215	114753	731931	2100850	663275
云南	1691	120817	674396	1954348	666942
西藏	92	8982	43424	130266	46578
陕西	1765	112604	411451	1315464	521287
甘肃	1588	84377	375938	1180171	442640
青海	261	14846	73382	208723	68547
宁夏	251	19383	99874	292813	95094
新疆	1131	85924	314398	943169	319501

6-11-36 分地区普通小学情况

单位：人

地区	学校数(所)	教职工数	#专任教师	招生数	在校学生数	毕业生数
全国	**228585**	**5538481**	**5585476**	**17146640**	**96958985**	**16415565**
北京	1081	55710	52472	141738	718655	109492
天津	843	41626	37769	102514	532282	86548
河北	12898	324755	316962	1062931	5622191	796079
山西	10042	185103	184326	440460	2617602	547270
内蒙古	2443	127745	112898	233545	1365080	242927
辽宁	4779	135608	144633	353057	2129695	371386
吉林	5186	127992	119274	242215	1423679	230619
黑龙江	4834	145978	144208	328950	1867729	346553
上海	761	48936	48066	172297	760377	129542
江苏	4128	252300	252580	794802	4227557	645061
浙江	3698	173611	179473	607186	3467269	538276
安徽	12547	233150	241504	693919	4047018	720927
福建	5414	157362	153941	467450	2527264	391264
江西	11173	195472	205470	800412	4341438	670134
山东	11573	387203	382562	1095534	6276696	1061562
河南	27452	504933	496856	1909667	10791827	1704498
湖北	6614	193609	191699	634766	3267498	513818
湖南	10165	231358	246859	880773	4737920	770212
广东	13396	422977	432374	1452959	8082401	1499644
广西	13535	232714	217151	742110	4264831	686423
海南	2036	49314	51243	122521	752187	128221
重庆	4810	115394	114036	352068	1943177	336066
四川	8586	262440	304899	1009618	5607407	1001656
贵州	11529	199179	197983	591024	3800803	760174
云南	13020	237762	233710	622875	4067038	722779
西藏	857	18966	18853	51552	292016	47537
陕西	7994	169723	166822	378875	2346152	448555
甘肃	10336	134514	140235	341155	2063549	398700
青海	1425	22467	26103	83111	498663	80967
宁夏	1896	33415	34385	104822	618140	107655
新疆	3534	117165	136130	331734	1900844	321020

6-11-37 分地区特殊教育情况

单位：人

地区	学校数(所)	教职工数	#专任教师	招生数	在校学生数	毕业生数
全国	**1853**	**53615**	**43697**	**65699**	**378751**	**48590**
北京	22	1231	898	1190	8118	1747
天津	20	739	575	536	2963	311
河北	151	3553	2912	1913	12408	1202
山西	53	1583	1316	1215	7873	882
内蒙古	39	1312	1103	874	4455	392
辽宁	74	2648	1967	905	8593	804
吉林	46	1751	1382	805	6261	574
黑龙江	74	2312	1879	1423	11150	894
上海	29	1580	1177	1202	8138	1455
江苏	107	3911	3124	3534	24702	3271
浙江	79	2185	1915	2741	14425	1550
安徽	64	1507	1283	2165	9986	1114
福建	73	1863	1636	4350	27291	3604
江西	80	1074	961	4094	21510	1751
山东	145	5700	4595	3555	21239	2793
河南	132	3767	3211	2994	16689	2381
湖北	77	1826	1560	1483	10557	1292
湖南	61	1673	1349	1812	10184	1058
广东	94	3329	2527	4632	24485	2917
广西	62	1516	1105	2538	14270	1441
海南	4	217	160	313	1616	214
重庆	36	927	804	2090	13083	1836
四川	113	2220	1941	8398	44287	7969
贵州	56	1139	996	2904	13657	1389
云南	47	1140	934	3294	16777	3071
西藏	3	110	92	185	633	39
陕西	46	1147	904	1266	6046	1010
甘肃	28	673	572	1434	8337	834
青海	11	166	140	359	2124	189
宁夏	8	242	227	358	1985	84
新疆	19	574	452	1137	4909	522

6-11-38 分地区各级学校生师比

(教师人数=1)

年份 地区	普通小学	初中	普通高中	中等职业学校	普通高校
1993	22.37	15.65	14.96	13.42	8.00
1994	22.85	16.07	12.16	14.26	9.25
1995	23.30	16.73	12.95	15.98	9.83
1996	23.73	17.18	13.45	16.42	10.36
1997	24.16	17.33	14.05	16.92	10.87
1998	23.98	17.56	14.60	16.36	11.62
1999	23.12	18.17	15.16	15.68	13.37
2000	22.21	19.03	15.87	15.24	16.30
2001	21.64	19.24	16.73	15.04	18.22
2002	21.04	19.25	17.80	16.58	19.00
2003	20.50	19.13	18.35	17.63	17.00
2004	19.98	18.65	18.65	19.15	16.22
2005	19.43	17.80	18.54	21.34	16.85
2006	19.17	17.15	18.13	22.65	17.93
2007	18.82	16.52	17.48	23.13	17.28
2008	18.38	16.07	16.78	23.32	17.23
2009	17.88	15.47	16.30	25.27	17.27
2010	17.70	14.98	15.99	25.69	17.33
2011	17.71	14.38	15.77	24.97	17.42
2012	17.36	13.59	15.47	24.19	17.52
北京	13.70	9.83	9.38	25.65	16.70
天津	14.09	9.85	11.74	13.82	17.29
河北	17.74	12.95	14.19	19.84	17.65
山西	14.20	12.71	14.72	19.38	18.01
内蒙古	12.09	12.01	15.52	16.31	17.59
辽宁	14.72	11.22	14.72	16.77	17.17
吉林	11.94	10.41	17.13	11.71	17.20
黑龙江	12.95	12.04	14.38	18.68	16.19
上海	15.82	12.29	9.51	19.63	16.93
江苏	16.74	10.81	12.43	20.82	15.45
浙江	19.32	12.56	13.58	19.29	17.05
安徽	16.76	13.23	18.01	27.64	18.74
福建	16.42	11.59	13.27	35.02	17.20
江西	21.13	15.85	17.35	26.64	17.37
山东	16.41	12.54	14.28	20.80	17.08
河南	21.72	16.07	17.94	25.73	17.64
湖北	17.04	11.16	15.16	21.15	17.76
湖南	19.19	12.33	15.30	25.20	18.64
广东	18.69	16.18	15.93	35.31	18.82
广西	19.64	16.74	17.86	39.51	17.80
海南	14.68	14.54	16.12	31.25	19.34
重庆	17.04	14.29	18.13	25.99	17.53
四川	18.39	14.92	17.54	30.37	18.36
贵州	19.20	18.31	18.59	29.26	18.19
云南	17.40	16.18	15.60	26.64	18.50
西藏	15.49	14.50	13.07	28.94	16.17
陕西	14.06	11.68	16.75	23.88	18.19
甘肃	14.71	13.99	16.43	22.27	18.99
青海	19.10	14.06	13.80	23.68	14.74
宁夏	17.98	15.11	16.17	29.50	17.43
新疆	13.96	10.98	13.61	16.27	16.87

注：中等职业学校含技工学校数据。

6-11-39 每十万人口各级学校平均在校生数

单位：人

年份 地区	学前教育	小学	初中阶段	高中阶段	高等教育
1991	1907	10502	3465	1355	304
1992	2072	10413	3518	1365	313
1993	2190	10656	3599	1448	376
1994	2219	10819	3681	1293	433
1995	2262	11010	3945	1610	457
1996	2208	11273	4180	1780	470
1997	2058	11435	4289	1905	482
1998	1944	11287	4408	1978	519
1999	1864	10855	4656	2032	594
2000	1782	10335	4969	2000	723
2001	1602	9937	5161	2021	931
2002	1595	9525	5240	2283	1146
2003	1560	9100	5209	2523	1298
2004	1617	8725	5058	2824	1420
2005	1676	8358	4781	3070	1613
2006	1731	8192	4557	3321	1816
2007	1787	8037	4364	3409	1924
2008	1873	7819	4227	3463	2042
2009	2001	7584	4097	3495	2128
2010	2230	7448	3955	3504	2189
2011	2554	7403	3779	3495	2253
2012	2736	7196	3535	3411	2335
北京	1643	3560	1513	2114	5534
天津	1687	3928	1893	2275	4358
河北	2710	7765	3002	3148	2063
山西	2546	7285	4182	4050	2351
内蒙古	1983	5501	3007	3206	2042
辽宁	1961	4859	2589	2675	2811
吉林	1574	5178	2534	2730	2889
黑龙江	1510	4871	3142	2985	2441
上海	2047	3239	1843	1389	3481
江苏	2791	5352	2494	3014	2786
浙江	3453	6347	2733	3020	2288
安徽	2645	6781	3570	3940	2101
福建	3763	6794	3012	3846	2301
江西	3389	9672	4334	3422	2295
山东	2613	6513	3405	3325	2238
河南	3406	11495	4834	3911	2012
湖北	2354	5675	2740	2984	3078
湖南	2675	7183	3201	2950	2087
广东	3148	7694	4212	4417	2082
广西	3572	9182	4233	3790	1834
海南	3073	8573	4157	3965	2218
重庆	3058	6657	3725	3995	2734
四川	2724	6966	3779	3585	2037
贵州	2832	10957	6057	3443	1392
云南	2424	8783	4220	2975	1566
西藏	2028	9628	4295	2180	1508
陕西	3139	6269	3515	4479	3525
甘肃	1873	8048	4603	4246	2145
青海	2699	8777	3674	3590	1133
宁夏	2506	9667	4579	4230	2107
新疆	3143	8606	4270	3293	1596

注：1.高等教育包括普通高等学校和成人高等学校。
2.高中阶段合计数据包括普通高中、成人高中、普通中专、职业高中、技工学校和成人中专。
3.初中阶段包括普通初中和职业初中。

【主要统计指标解释】

普通高等学校 指通过国家普通高等教育招生考试，招收高中毕业生为主要培养对象，实施高等学历教育的全日制大学、独立设置的学院、独立学院和高等专科学校、高等职业学校及其他普通高校机构。

大学、独立设置的学院主要实施本科及本科层次以上的教育。独立学院主要实施本科层次的教育。高等专科学校、高等职业学校实施专科层次的教育。

其他机构（教学点） 指承担国家普通招生计划任务不计校数的机构，包括普通高等学校分校、大专班等。

成人高等学校 指通过国家成人高等教育招生考试，招收具有高中毕业或同等学力的人员为主要培养对象，利用函授、业余、脱产等多种形式，对其实施高等学历教育的学校。包括：职工高等学校、农民高等学校、管理干部学院、教育学院、独立函授学院、广播电视大学、其他成人高教机构。其他成人高教机构是指承担国家成人招生计划任务不计校数的机构。

小学学龄儿童净入学率 指调查范围内已入小学学习的学龄儿童占校内外学龄儿童总数的比重。计算公式为：

$$\text{小学学龄儿童净入学率}=\frac{\text{已入学的小学学龄儿童数}}{\text{校内外小学学龄儿童总数}}\times 100\%$$

6 第三产业部分行业主要业务指标

6-12 卫生和社会工作

简要说明

一、主要内容

本篇主要反映卫生、社会服务、残疾人事业的发展情况。

卫生统计资料主要包括医疗卫生机构、卫生人员、卫生设施、卫生经费以及各级各类医疗卫生机构服务、妇幼保健、疫病控制、居民病伤死亡原因、医疗保障等情况。

社会服务统计资料主要包括社会服务机构、社会组织、人员以及床位配置，优抚和社会救济，社区服务，婚姻服务，殡葬服务，社会捐赠和福利彩票销售情况等。

残疾人统计资料主要包括残疾人康复、教育、就业、社会保障、扶贫和残联组织建设情况。

二、资料来源

卫生资料由国家卫生和计划生育委员会信息中心提供。社会服务资料由民政部提供。残联资料由中国残疾人联合会提供。

详细资料分别见《中国卫生统计年鉴》（中华人民共和国国家卫生和计划生育委员会编）、《中国民政统计年鉴》(中华人民共和国民政部编)、《中国残疾人事业统计年鉴》（中国残疾人联合会编）。

6-12-1 医疗卫生机构情况

单位：个

年 份	合 计	医 院	#综合医院	#中医医院	#专科医院	基层医疗卫生机构	#社区卫生服务中心(站)	#乡镇卫生院
1949	3670	2600						
1950	8915	2803	2692	4	85			
1955	67725	3648	3351	67	188			
1960	261195	6020	5173	330	401			24849
1965	224266	5330	4747	131	339			36965
1970	149823	5964	5353	117	385			56568
1975	151733	7654	6817	160	543			54026
1978	169732	9293	7539	447	643			55018
1980	180553	9902	7859	678	694			55413
1981	800205	10252	8044	781	718			55500
1982	801869	10471	8146	878	731			55496
1983	870686	10901	8370	1009	772			55559
1984	905424	11381	8545	1218	810			55549
1985	978540	11955	9197	1485	938			47387
1986	999102	12442	9363	1646	1030			46967
1987	1012804	12962	9657	1790	1097			47177
1988	1012485	13544	9916	1932	1190			47529
1989	1027522	14090	10242	2046	1265			47523
1990	1012690	14377	10424	2115	1362			47749
1991	1003769	14628	10562	2195	1345			48140
1992	1001310	14889	10774	2269	1376			46117
1993	1000531	15436	11426	2298	1438			45024
1994	1005271	15595	11549	2336	1440			51929
1995	994409	15663	11586	2361	1445			51797
1996	1078131	15833	11696	2405	1473			51277
1997	1048657	15944	11771	2413	1488			50981
1998	1042885	16001	11779	2443	1495			50071
1999	1017673	16678	11868	2441	1533			49694
2000	1034229	16318	11872	2453	1543	1000169		49229
2001	1029314	16197	11834	2478	1576	995670		48090
2002	1005004	17844	12716	2492	2237	973098	8211	44992
2003	806243	17764	12599	2518	2271	774693	10101	44279
2004	849140	18393	12900	2611	2492	817018	14153	41626
2005	882206	18703	12982	2620	2682	849488	17128	40907
2006	918097	19246	13120	2665	3022	884818	22656	39975
2007	912263	19852	13372	2720	3282	878686	27069	39876
2008	891480	19712	13119	2688	3437	858015	24260	39080
2009	916571	20291	13364	2728	3716	882153	27308	38475
2010	936927	20918	13681	2778	3956	901709	32739	37836
2011	954389	21979	14328	2831	4283	918003	32860	37295
2012	950297	23170	15021	2889	4665	912620	33562	37097

注：1.村卫生室数计入卫生机构数中。
2.2008年社区卫生服务中心(站)减少的原因是江苏省约5000家农村社区卫生服务站划归村卫生室。
3.2002年起，卫生机构数不再包括高中等医学院校本部、药检机构、国境卫生检疫所和非卫生部门举办的计划生育指导站。
4.1996年以前卫生院指乡镇卫生院，门诊部(所)不包括私人诊所。

6-12-1 续表

单位：个

年 份			专业公共卫生机构				
	#村卫生室	#门诊部(所)		#疾病预防控制中心	#专科疾病防治院(所/站)	#妇幼保健院(所/站)	#卫生监督所(中心)
1949		769			11	9	
1950		3356		61	30	426	
1955		51600		315	287	3944	
1960		213823		1866	683	4213	
1965		170430		2499	822	2910	
1970		79600		1714	607	1124	
1975		80739		2912	683	2128	
1978		94395		2989	887	2571	
1980		102474		3105	1138	2745	
1981	610079	111189		3202	1197	2789	
1982	608431	113916		3271	1272	2827	
1983	674669	115826		3274	1326	2851	
1984	707168	117028		3339	1458	2955	
1985	777674	126604		3410	1566	2996	
1986	795963	127575		3475	1635	3059	
1987	807844	128459		3512	1697	3082	
1988	806497	128422		3532	1727	3103	
1989	820798	128112		3591	1747	3112	
1990	803956	129332		3618	1781	3148	
1991	794733	128665		3652	1818	3187	
1992	796523	125873		3673	1845	3187	
1993	806945	115161		3729	1872	3115	
1994	813529	105984		3711	1905	3190	
1995	804352	104406		3729	1895	3179	
1996	755565	237153		3737	1887	3172	
1997	733624	229474		3747	1893	3180	
1998	728788	229349		3746	1889	3191	
1999	716677	226588		3763	1877	3180	
2000	709458	240934	11386	3741	1839	3163	
2001	698966	248061	11471	3813	1783	3132	
2002	698966	219907	10787	3580	1839	3067	571
2003	514920	204468	10792	3584	1749	3033	838
2004	551600	208794	10878	3588	1583	2998	1284
2005	583209	207457	11177	3585	1502	3021	1702
2006	609128	212243	11269	3548	1402	3003	2097
2007	613855	197083	11528	3585	1365	3051	2553
2008	613143	180752	11485	3534	1310	3011	2675
2009	632770	182448	11665	3536	1291	3020	2809
2010	648424	181781	11835	3513	1274	3025	2992
2011	662894	184287	11926	3484	1294	3036	3022
2012	653419	187932	12083	3490	1289	3044	3088

6-12-2 各地区医疗卫生机构情况

单位：个

地区	合计	医院	综合医院	中医医院	中西医结合医院	民族医院	专科医院	护理院	基层医疗卫生机构	社区卫生服务中心
总计	**950297**	**23170**	**15021**	**2889**	**312**	**208**	**4665**	**75**	**912620**	**8182**
北京	9632	573	301	123	11	3	132	3	8837	315
天津	4551	304	201	31	6		66		4095	97
河北	79119	1249	809	175	35		230		77177	256
山西	40192	1215	638	193	15		369		38443	201
内蒙古	23046	519	325	62	9	46	77		22009	275
辽宁	35792	860	537	100	5	1	216	1	34249	327
吉林	19734	576	349	72	8	2	144	1	18804	187
黑龙江	21158	996	684	127	9	6	169	1	19470	410
上海	4845	320	186	17	7		93	17	4379	309
江苏	31050	1426	964	89	17		321	35	28888	497
浙江	30271	782	392	122	16		248	4	28939	483
安徽	23275	930	641	91	13		183	2	21812	410
福建	27276	519	328	75	8	2	106		26374	217
江西	39509	548	360	98	7		83		38369	163
山东	68840	1549	1016	158	9	1	360	5	66462	488
河南	69258	1285	832	201	9		243		67252	346
湖北	35240	650	414	95	13	2	126		34063	331
湖南	58612	798	493	128	13	3	161		57177	267
广东	46534	1186	727	142	9		305	3	44585	1003
广西	34152	469	290	86	10	4	79		33257	128
海南	5154	197	152	19	4		22		4839	21
重庆	17961	463	331	43	9		80		17310	173
四川	76557	1542	1013	173	24	23	309		74215	361
贵州	27404	772	600	70	8	4	89	1	26264	140
云南	23395	926	636	107	20	3	160		21887	143
西藏	6660	104	84			19	1		6412	7
陕西	36271	888	628	140	6		112	2	34889	236
甘肃	26401	403	264	70	4	11	54		25631	198
青海	5948	142	86	13	1	29	13		5658	16
宁夏	4140	143	92	19	3	2	27		3904	12
新疆	18320	836	648	50	4	47	87		16970	165

6-12-2 续表 1

单位：个

地 区	社区卫生服务站	街道卫生院	乡镇卫生院	村卫生室	门诊部	诊所(医务室、护理站)	专业公共卫生机构	疾病预防控制中心	专科疾病防治院(所、站)	健康教育所(站)
总 计	**25380**	**610**	**37097**	**653419**	**10134**	**177798**	**12083**	**3490**	**1289**	**160**
北 京	1531			2957	849	3185	118	32	28	1
天 津	462	1	160	2157	283	935	95	24	17	1
河 北	874		1961	64513	165	9408	597	193	8	2
山 西	590	477	1199	28285	318	7373	457	135	10	9
内蒙古	887	3	1326	14022	117	5379	447	119	52	22
辽 宁	794	24	999	21245	471	10389	497	130	88	10
吉 林	166		771	11475	387	5818	274	67	52	3
黑龙江	366	4	996	12316	299	5079	634	174	112	
上 海	704			1361	536	1469	101	21	20	2
江 苏	2116	2	1115	15835	815	8508	505	128	48	3
浙 江	6139	7	1144	13091	822	7253	377	100	22	2
安 徽	1538	1	1384	15306	156	3017	446	121	52	2
福 建	315		880	19691	463	4808	307	96	25	1
江 西	448	5	1582	32369	87	3715	512	147	112	7
山 东	1763		1639	51055	214	11303	677	182	134	3
河 南	789		2072	57112	110	6823	581	180	20	4
湖 北	889	34	1165	24976	224	6444	438	111	83	1
湖 南	337	3	2299	44376	221	9674	528	146	86	3
广 东	1342	25	1227	29086	2061	9841	661	138	147	33
广 西	138		1280	23323	82	8306	387	109	41	1
海 南	120		305	2752	61	1580	107	28	24	1
重 庆	312	9	933	10642	210	5031	167	42	16	3
四 川	567	1	4606	54601	401	13678	713	204	37	16
贵 州	329	2	1436	21463	50	2844	340	101	7	
云 南	296		1384	13317	126	6621	519	150	30	6
西 藏	2		673	5254		476	142	82		
陕 西	316	2	1630	26883	227	5595	387	122	6	4
甘 肃	418	6	1377	16711	68	6853	335	103	6	13
青 海	158		405	4314	12	753	145	56	1	3
宁 夏	95		230	2431	21	1115	83	25		4
新 疆	579	4	919	10500	278	4525	506	224	5	

6-12-2 续表 2

单位：个

地 区	妇幼保健院（所、站）	急救中心（站）	采供血机构	卫生监督所（中心）	计划生育技术服务机构	其他机构	疗养院	医 学科研机构	医学在职培训机构	其他
总 计	**3044**	**295**	**531**	**3088**	**186**	**2424**	**194**	**207**	**451**	**48**
北 京	19	11	7	18	2	104	2	28	9	9
天 津	23	3	6	19	2	57	3	9	16	1
河 北	185	5	14	188	2	96	5	2		1
山 西	132	9	19	130	13	77	8	7	3	2
内蒙古	117	7	18	111	1	71	6	7	8	1
辽 宁	110	12	23	118	6	186	16	5	3	2
吉 林	69	6	20	56	1	80	11	5	1	1
黑龙江	146	14	27	154	7	58	3	10	10	4
上 海	21	11	8	18		45	3	9	8	1
江 苏	110	39	30	114	33	231	16	8	36	2
浙 江	86	32	22	103	10	173	16	7	44	2
安 徽	118	12	23	116	2	87	7	11	25	2
福 建	87	7	9	82		76	12	7	25	
江 西	113	8	13	110	2	80	3	5	3	1
山 东	158	16	25	155	4	152	23	7	25	1
河 南	165	17	21	168	6	140	4	7	84	1
湖 北	100	10	22	109	2	89		1	21	1
湖 南	139	2	15	130	7	109	1	3	1	1
广 东	127	16	42	122	36	102	15	18	20	4
广 西	103	2	26	105		39	5	13	1	2
海 南	24	3	2	23	2	11	2	1		
重 庆	42		11	40	13	21	4	1	6	
四 川	200	16	26	204	10	87	5	7	24	4
贵 州	96	5	23	101	7	28	2	2	11	
云 南	147	20	16	145	5	63	7	10	6	1
西 藏	57		1	2		2	1		1	
陕 西	117	4	10	118	6	107	4	11	47	2
甘 肃	99	2	17	92	3	32	5	5	11	1
青 海	21		9	55		3		1	1	
宁 夏	22	2	5	24	1	10	1		1	1
新 疆	91	4	21	158	3	8	4			

6-12-3 村卫生室

年 份 地 区	村卫生室 (个)	村办	乡卫生院设点	联合办	私人办	其他	设卫生室的村数占行政村数 (%)
1985	777674	305537	29769	88803	323904	29661	87.4
1990	803956	266137	29963	87149	381844	38863	86.2
1995	804352	297462	36388	90681	354981	22876	88.9
2000	709458	300864	47101	89828	255179	16486	89.8
2005	583209	313633	32396	38561	180403	18216	85.8
2006	609128	333790	34803	36805	186524	17206	88.1
2007	613855	340082	33633	33649	186841	19650	88.7
2008	613143	342692	40248	31698	180157	18348	89.4
2009	632770	350515	45434	31035	183699	22087	90.4
2010	648424	365153	49678	32650	177080	23863	92.3
2011	662894	372661	56128	33639	175747	24719	93.4
2012	653419	370099	58317	32278	167025	25700	93.3
北 京	2957	2577	5	4	345	26	75.1
天 津	2157	878	338	189	252	500	57.0
河 北	64513	29356	1916	1166	30809	1266	100.0
山 西	28285	21407	901	884	3520	1573	100.0
内蒙古	14022	6493	1776	339	5070	344	100.0
辽 宁	21245	10537	347	948	9227	186	100.0
吉 林	11475	4321	948	1328	4402	476	100.0
黑龙江	12316	9604	691	223	1323	475	100.0
上 海	1361	1000	185	37	1	138	84.4
江 苏	15835	8690	4451	2239	49	406	100.0
浙 江	13091	9069	1162	220	2214	426	45.5
安 徽	15306	7658	4046	1097	1011	1494	100.0
福 建	19691	12827	357	264	4870	1373	100.0
江 西	32369	14876	282	1623	13656	1932	100.0
山 东	51055	26670	15469	4739	2947	1230	71.3
河 南	57112	36151	542	3304	16358	757	100.0
湖 北	24976	15785	3920	2576	1950	745	97.7
湖 南	44376	34014	1186	1081	7310	785	100.0
广 东	29086	23276	1304	202	3753	551	100.0
广 西	23323	8349	807	863	12305	999	100.0
海 南	2752	727	93	22	1477	433	100.0
重 庆	10642	6318	1161	412	1959	792	100.0
四 川	54601	26568	1751	2862	20187	3233	100.0
贵 州	21463	8653	1973	511	8578	1748	100.0
云 南	13317	9271	1755	963	564	764	100.0
西 藏	5254	1737	2721	171		625	99.9
陕 西	26883	20031	634	804	4842	572	100.0
甘 肃	16711	8555	1304	1098	5369	385	100.0
青 海	4314	2069	457	724	915	149	100.0
宁 夏	2431	876	181	118	1163	93	100.0
新 疆	10500	1756	5654	1267	599	1224	100

6-12-4 卫生人员

单位：人

年份	卫生人员总计	卫生技术人员	#执业(助理)医师		#注册护士	#药师(士)	#检验师(士)	乡村医生和卫生员	其他技术人员	管理人员	工勤技能人员
				#执业医师							
1949	541240	505040	363400	314000	32800	3357				11877	24323
1950	611240	555040	380800	327400	37800	8080				21877	34323
1955	1052787	874063	500398	402409	107344	60974	15394			86465	92259
1960	1769205	1504894	596109	427498	170143	119293				132034	132277
1965	1872300	1531600	762804	510091	234546	117314			10996	168845	160899
1970	6571795	1453247	702304	446251	295147	…		4779280	10813	156862	171593
1975	7435212	2057068	877716	521617	379545	219904	77506	4841695	14122	251420	270907
1978	7883041	2463931	978152	609608	405223	266570	98806	4777469	22950	298104	320587
1980	7355483	2798241	1153234	709473	465798	308438	114290	3820776	27834	310805	397827
1981	7199133	3011038	1243787	620291	525311	323786	123652	3403012	29622	318721	436740
1982	6954413	3142943	1307205	668010	563912	342451	130625	2996609	32207	326883	455771
1983	6757244	3252836	1352651	704060	595569	351002	136630	2667214	37830	326927	472437
1984	6622973	3343998	1381456	716365	616080	358969	140728	2409327	42539	341271	485838
1985	5606105	3410910	1413281	724238	636974	365145	145217	1293094	46052	358812	497237
1986	5725854	3506517	1444150	745592	680583	372760	150132	1279935	50957	370056	518389
1987	5842621	3608618	1481754	777333	717596	382121	156878	1278499	57255	371167	527082
1988	5924557	3723756	1618174	1095926	829261	394287	161615	1247045	65063	368227	520466
1989	6028234	3809097	1718018	1257668	921687	401098	166383	1241275	73530	384890	519442
1990	6137711	3897921	1763086	1302997	974541	405978	170371	1231510	85504	396694	526082
1991	6278458	3984974	1779545	1310933	1011943	409325	176832	1253324	91265	408819	540076
1992	6409307	4073986	1808194	1327875	1039674	413598	180754	1269061	99177	417670	549413
1993	6540522	4117067	1831665	1372471	1056096	413025	183657	1325106	113138	432903	552311
1994	6630710	4199217	1882180	1425375	1093544	417166	186415	1323701	116921	438084	552787
1995	6704395	4256923	1917772	1454926	1125661	418520	189488	1331017	120782	450013	545660
1996	6735097	4311845	1941235	1475232	1162609	424952	192873	1316095	125480	444571	537106
1997	6833962	4397805	1984867	1505342	1198228	428295	198016	1317786	133369	448047	536955
1998	6863315	4423721	1999521	1513975	1218836	423644	200846	1327633	145060	435507	531394
1999	6894985	4458669	2044672	1561584	1244844	418574	201272	1324937	150041	434997	526341
2000	6910383	4490803	2075843	1603266	1266838	414408	200900	1319357	157533	426789	515901
2001	6874527	4507700	2099658	1637337	1286938	404087	203378	1290595	157961	412757	505514
2002	6528674	4269779	1843995	1463573	1246545	357659	209144	1290595	179962	332628	455710
2003	6216971	4380878	1942364	1534046	1265959	357378	209616	867778	199331	318692	450292
2004	6332739	4485983	1999457	1582442	1308433	355451	211553	883075	209422	315595	438664
2005	6447246	4564050	2042135	1622684	1349589	349533	211495	916532	225697	312826	428141
2006	6681184	4728350	2099064	1678031	1426339	353565	218771	957459	235466	323705	436204
2007	6964389	4913186	2122925	1715460	1558822	325212	206487	931761	243460	356569	519413
2008	7251803	5174478	2201904	1791881	1678091	330525	212618	938313	255149	356854	527009
2009	7781448	5535124	2329206	1905436	1854818	341910	220695	1050991	275006	362665	557662
2010	8207502	5876158	2413259	1972840	2048071	353916	230572	1091863	290161	370548	578772
2011	8616040	6202858	2466094	2020154	2244020	363993	238874	1126443	305981	374885	605873
2012	9115705	6675549	2616064	2138836	2496599	377398	249255	1094419	319117	372997	653623

注：①卫生人员和卫生技术人员包括公务员中卫生监督员7000名；②2002年起不包括高中等医学院校本部、药检机构、国境卫生检疫所和非卫生部门举办的计划生育指导站人员数，2007年起包括返聘本单位半年以上人员；③2007年起卫生技术人员不包括药剂员和检验员等技能人员数，2007年以前药师(士)包括药剂员，检验师(士)包括检验员；④执业(助理)医师数包括村卫生室数字。2002年以前执业(助理)医师系医生数,执业医师系医师数,注册护士系护师(士)数；⑤2006年及以前工勤技能人员系工勤人员数，不包括药剂员和检验员等技能人员；⑥1985年以前乡村医生和卫生员系赤脚医生数。

6-12-5 各地区卫生人员

单位：人

地区	卫生人员总计	卫生技术人员	执业(助理)医师	#执业医师	注册护士	药师(士)	检验师(士)	其他	乡村医生和卫生员	其他技术人员	管理人员	工勤技能人员
全国	**9115705**	**6675549**	**2616064**	**2138836**	**2496599**	**377398**	**363642**	**814846**	**1094419**	**319117**	**372997**	**653623**
北京	253164	196234	74380	69810	79534	11578	10318	20424	3659	13436	13948	25887
天津	104201	77076	30690	28200	27621	4843	4298	9624	4811	4980	9390	7944
河北	463283	314933	142989	108771	101988	14040	16442	39474	84779	19780	14782	29009
山西	279466	199601	87319	73507	70337	9973	10313	21659	41626	10935	10725	16579
内蒙古	183875	139876	59528	50100	46774	9496	7407	16671	19318	6865	7289	10527
辽宁	329679	246808	100972	89892	98036	13273	14047	20480	27147	12026	16423	27275
吉林	196395	144065	61400	53949	50975	7964	7925	15801	19128	6734	11571	14897
黑龙江	270687	201155	78589	66821	70073	11141	12218	29134	25398	8870	14771	20493
上海	183416	147807	55797	51722	63245	8281	8607	11877	771	8404	9448	16986
江苏	519709	395961	157902	134800	155247	23308	20868	38636	44906	16606	21236	41000
浙江	400094	329565	129973	109459	121313	21613	16950	39716	9778	15937	13099	31715
安徽	334842	236188	92061	71181	95046	11817	14362	22902	53180	12423	12315	20736
福建	236756	176074	66740	57885	71124	11767	9055	17388	28183	7895	6287	18317
江西	259552	179705	67077	56444	72055	13013	11653	15907	48773	7117	7672	16285
山东	738868	530082	200465	168111	191721	30315	27754	79827	131914	26598	19080	31194
河南	652564	428508	167608	116270	156041	21401	24924	58534	123888	24838	25286	50044
湖北	386415	288695	109149	90105	115745	17377	16017	30407	42990	15306	16650	22774
湖南	403546	296857	116440	86469	112906	19639	16829	31043	47594	14442	17607	27046
广东	662462	518414	198966	159428	199534	33910	27272	58732	34656	20903	27429	61060
广西	303759	220761	78043	61340	85515	11893	11056	34254	37432	7556	10903	27107
海南	59285	45060	15525	12244	19432	2354	2398	5351	2853	1817	3148	6407
重庆	184055	131658	51990	38790	49823	6884	6288	16673	23320	5567	8718	14792
四川	549023	389440	162877	129605	139810	20421	19193	47139	74418	16062	26376	42727
贵州	191079	129772	49179	39528	48646	5448	7263	19236	36749	7022	8303	9233
云南	233361	166764	68466	56617	60755	7285	8987	21271	35308	8479	7840	14970
西藏	21558	9336	4043	2897	1732	428	455	2678	10223	667	503	829
陕西	293775	216293	69471	56957	79390	12133	13334	41965	37113	3797	18160	18412
甘肃	151899	111609	42956	34896	37202	5588	5804	20059	21398	4028	4681	10183
青海	40831	29311	11918	10162	10026	1550	1760	4057	6568	1415	1107	2430
宁夏	44021	34250	13011	11518	12504	2108	1861	4766	3682	1640	1619	2830
新疆	177085	136691	50540	41358	52449	6557	7984	19161	12856	6972	6631	13935

6-12-6 各地区社区卫生服务中心(站)人员

单位：人

地 区	总 计	卫生技术人员	执业(助理)医师	#执业医师	注册护士	药师(士)	技师(士)	其他	其他技术人员	管理人员	工勤技能人员
总 计	**454160**	**386952**	**167414**	**133333**	**128652**	**31215**	**18971**	**40700**	**17589**	**19802**	**29817**
北 京	29041	24003	10678	8804	6840	2542	1137	2806	1387	1285	2366
天 津	6635	5359	2177	1898	1550	598	333	701	272	622	382
河 北	14872	12871	6299	4896	4365	696	651	860	591	669	741
山 西	11777	10313	4847	4048	3765	593	446	662	388	557	519
内蒙古	12417	10843	5115	4152	3493	946	448	841	569	514	491
辽 宁	15026	12569	5458	4734	5002	942	686	481	637	966	854
吉 林	7087	5882	2478	2106	1987	440	293	684	261	414	530
黑龙江	15413	13078	5411	4629	4731	969	759	1208	554	795	986
上 海	31886	26065	11616	10022	8991	2235	1449	1774	1362	1417	3042
江 苏	38979	32761	13890	11692	10301	2906	1708	3956	1481	1675	3062
浙 江	37906	33018	14725	10338	8105	3116	1599	5473	1711	925	2252
安 徽	18501	16176	7284	5417	5840	899	769	1384	725	793	807
福 建	10247	8900	3802	3090	2935	849	344	970	432	247	668
江 西	8857	7667	3104	2735	2993	669	520	381	297	390	503
山 东	31769	28174	11167	8871	8845	2183	1252	4727	1394	947	1254
河 南	17314	14450	6352	4954	5210	737	687	1464	759	863	1242
湖 北	19479	16593	6816	5548	6336	1233	834	1374	864	867	1155
湖 南	12166	10460	4551	3221	3369	947	541	1052	491	510	705
广 东	42357	36335	16162	11888	12334	3378	1495	2966	1321	1359	3342
广 西	5648	4978	2133	1822	1868	345	201	431	148	189	333
海 南	2306	1894	734	558	807	114	71	168	76	134	202
重 庆	8487	6987	2884	1910	2309	541	310	943	235	450	815
四 川	17955	14851	6425	5140	4859	1231	772	1564	491	1145	1468
贵 州	5429	4606	1873	1468	1763	207	210	553	277	295	251
云 南	5313	4568	1997	1612	1708	259	221	383	185	256	304
西 藏	41	26	17	10	3	4	2		3	1	11
陕 西	9635	8108	2906	2234	2617	599	472	1514	56	809	662
甘 肃	7311	6531	2825	2364	2390	406	305	605	228	215	337
青 海	1703	1475	608	526	517	148	46	156	65	81	82
宁 夏	908	853	347	294	343	70	30	63	23	18	14
新 疆	7695	6558	2733	2352	2476	413	380	556	306	394	437

6-12-7 各地区乡镇卫生院人员

单位：人

地区	总计	卫生技术人员	执业(助理)医师	#执业医师	注册护士	药剂人员	技师(士)	其他	其他技术人员	管理人员	工勤技能人员	每千农业人口乡镇卫生院人员数
总计	**1204996**	**1017096**	**423350**	**243801**	**247355**	**72266**	**52407**	**221718**	**52520**	**42669**	**92711**	**1.37**
北京												
天津	5112	4392	2489	1825	874	306	213	510	72	367	281	1.36
河北	55225	45686	23454	11620	6014	2542	2212	11464	3866	1654	4019	1.10
山西	24910	21376	10641	6487	4394	1435	941	3965	1299	652	1583	1.07
内蒙古	20075	17681	9238	5623	2960	1207	769	3507	754	685	955	1.39
辽宁	25118	19024	8907	5808	4809	1436	1176	2696	1305	1572	3217	1.22
吉林	24760	19535	8566	5934	4825	1345	937	3862	1165	1489	2571	1.73
黑龙江	23221	19371	8158	5046	3616	1404	997	5196	947	1217	1686	1.19
上海												
江苏	69497	57131	25405	19341	16759	4841	3289	6837	2740	2669	6957	2.09
浙江	44723	39185	16961	10734	8527	3672	1800	8225	1719	967	2852	1.36
安徽	48297	41343	18915	10141	10694	2622	2766	6346	1964	1568	3422	0.91
福建	30464	25726	9591	6954	8257	2459	1315	4104	1285	609	2844	1.29
江西	44381	38234	14822	10152	11519	4108	2704	5081	1429	759	3959	1.26
山东	119531	108033	38062	25155	24256	7919	5758	32038	4586	2475	4437	2.15
河南	100952	79409	34837	14721	17178	4790	5003	17601	6481	3985	11077	1.19
湖北	70143	59719	24084	14934	17658	4665	3317	9995	3347	2586	4491	1.74
湖南	76580	64472	29123	13869	14583	6643	3550	10573	3862	2643	5603	1.38
广东	78467	65187	28310	13016	17649	4771	2693	11764	3484	2687	7109	1.90
广西	58445	49628	16328	8217	14238	3167	2415	13480	2187	1189	5441	1.34
海南	9449	7100	2327	1248	2470	495	292	1516	479	499	1371	1.69
重庆	31426	25842	11377	6094	6183	1455	884	5943	1351	1317	2916	1.55
四川	93266	76170	34683	20247	17029	4485	3097	16876	3030	5885	8181	1.42
贵州	26113	23156	9463	4645	5357	771	1090	6475	1197	995	765	0.76
云南	27200	23820	10485	6071	6734	724	1014	4863	1082	691	1607	0.77
西藏	2594	2270	559	278	160	61	6	1484	229	39	56	1.01
陕西	37551	32770	9468	5612	6663	2361	2035	12243	606	2187	1988	1.52
甘肃	27436	24841	7506	4509	6682	1271	853	8529	754	417	1424	1.39
青海	4983	4435	1883	1278	960	200	156	1236	174	214	160	1.38
宁夏	4275	3932	1877	1375	799	334	183	739	113	65	165	1.07
新疆	20802	17628	5831	2867	5508	777	942	4570	1013	587	1574	1.63

6-12-8 各地区村卫生室人员

单位：人

地 区	总 计	执业(助理)医师	注册护士	乡村医生和卫生员			平均每村村卫生室人员	平均每千农业人口村卫生室人员数
					乡村医生	卫生员		
总 计	**1371592**	**232826**	**44347**	**1094419**	**1022869**	**71550**	**2.33**	**1.56**
北 京	4225	481	85	3659	3614	45	1.07	1.64
天 津	5930	1022	97	4811	4702	109	1.57	1.57
河 北	107314	20887	1648	84779	81455	3324	2.20	2.13
山 西	49852	7287	939	41626	38998	2628	1.77	2.14
内蒙古	23681	3704	659	19318	18065	1253	2.10	1.64
辽 宁	33948	5274	1527	27147	26105	1042	2.97	1.65
吉 林	23161	3367	666	19128	18310	818	2.54	1.61
黑龙江	31778	5936	444	25398	24349	1049	3.54	1.63
上 海	3950	3098	81	771	717	54	2.45	2.70
江 苏	62121	15241	1974	44906	43292	1614	4.09	1.87
浙 江	20125	8845	1502	9778	9127	651	0.70	0.61
安 徽	69885	14289	2416	53180	50194	2986	4.64	1.31
福 建	34503	5383	937	28183	27536	647	2.39	1.46
江 西	58027	7410	1844	48773	47720	1053	3.42	1.65
山 东	150769	13984	4871	131914	128205	3709	2.11	2.71
河 南	158406	27831	6687	123888	114475	9413	3.36	1.86
湖 北	55400	9789	2621	42990	41661	1329	2.17	1.37
湖 南	61580	12697	1289	47594	43924	3670	1.47	1.11
广 东	48578	10387	3535	34656	30750	3906	2.53	1.18
广 西	45400	6716	1252	37432	33874	3558	3.16	1.04
海 南	4058	790	415	2853	2467	386	1.58	0.73
重 庆	30010	5979	711	23320	22182	1138	3.54	1.48
四 川	95420	20104	898	74418	68936	5482	2.05	1.45
贵 州	42519	4218	1552	36749	27302	9447	2.35	1.23
云 南	39751	3238	1205	35308	32783	2525	3.23	1.12
西 藏	10326	83	20	10223	7819	2404	1.96	4.01
陕 西	45023	6424	1486	37113	34307	2806	1.67	1.82
甘 肃	26371	3537	1436	21398	19471	1927	1.64	1.34
青 海	8832	2010	254	6568	5806	762	2.12	2.44
宁 夏	4299	520	97	3682	3175	507	1.93	1.08
新 疆	16350	2295	1199	12856	11548	1308	1.90	1.28

注：本表包括乡镇卫生院在村卫生室工作的执业(助理)医师和注册护士数。

6-12-9 乡村医生和卫生员

单位：人

年 份	合 计	乡村医生	卫生员	平均每村乡村医生和卫生员	平均每千农业人口乡村医生和卫生员
1980	1463406	607879	2357370	2.10	1.79
1985	1293094	643022	650072	1.80	1.55
1990	1231510	776859	454651	1.64	1.38
1991	1253324	794507	458817	1.69	1.39
1992	1269061	816557	452504	1.73	1.41
1993	1325106	910664	414442	1.81	1.47
1994	1323701	933386	390351	1.81	1.47
1995	1331017	955933	375084	1.81	1.48
1996	1316095	954630	361465	1.79	1.46
1997	1317786	972288	345498	1.80	1.45
1998	1327633	990217	337416	1.81	1.46
1999	1324937	1009665	315272	1.82	1.45
2000	1319357	1019845	299512	1.81	1.44
2001	1290595	1021542	269053	1.82	1.41
2003	867778	791956	75822	1.31	0.98
2004	883075	825672	57403	1.37	1.00
2005	916532	864168	52364	1.46	1.05
2006	957459	906320	51139	1.53	1.10
2007	931761	882218	49543	1.52	1.06
2008	938313	893535	44778	1.55	1.06
2009	1050991	995449	55542	1.75	1.19
2010	1091863	1031828	60035	1.68	1.23
2011	1126443	1060548	65895	1.91	1.27
2012	1094419	1022869	71550	1.86	1.25

注：1985年以前的乡村医生系赤脚医生。

6-12-10 每千人口卫生技术人员

单位：人

年份	卫生技术人员			执业(助理)医师			其中：执业医师	注册护士		
	合计	城市	农村	合计	城市	农村		合计	城市	农村
1949	0.93	1.87	0.73	0.67	0.70	0.66	0.58	0.06	0.25	0.02
1955	1.42	3.49	1.01	0.81	1.24	0.74	0.70	0.14	0.64	0.04
1960	2.37	5.67	1.85	1.04	1.97	0.90	0.79	0.23	1.04	0.07
1965	2.11	5.37	1.46	1.05	2.22	0.82	0.70	0.32	1.45	0.10
1970	1.76	4.88	1.22	0.85	1.97	0.66	0.43	0.29	1.10	0.14
1975	2.24	6.92	1.41	0.95	2.66	0.65	0.57	0.41	1.74	0.18
1980	2.85	8.03	1.81	1.17	3.22	0.76	0.72	0.47	1.83	0.20
1985	3.28	7.92	2.09	1.36	3.35	0.85	0.70	0.61	1.85	0.30
1990	3.45	6.59	2.15	1.56	2.95	0.98	1.15	0.86	1.91	0.43
1995	3.59	5.36	2.32	1.62	2.39	1.07	1.23	0.95	1.59	0.49
1998	3.64	5.30	2.35	1.65	2.34	1.11	1.25	1.00	1.64	0.51
1999	3.64	5.24	2.38	1.67	2.33	1.14	1.27	1.02	1.64	0.52
2000	3.63	5.17	2.41	1.68	2.31	1.17	1.30	1.02	1.64	0.54
2001	3.62	5.15	2.38	1.69	2.32	1.17	1.32	1.03	1.65	0.54
2002	3.41			1.47			1.17	1.00		
2003	3.48	4.88	2.26	1.54	2.13	1.04	1.22	1.00	1.59	0.50
2004	3.53	4.99	2.24	1.57	2.18	1.04	1.25	1.03	1.63	0.50
2005	3.57	5.82	2.69	1.60	2.46	1.26	1.27	1.06	2.10	0.65
2006	3.66	6.09	2.70	1.63	2.56	1.26	1.30	1.10	2.22	0.66
2007	3.76	6.44	2.69	1.62	2.61	1.23	1.31	1.19	2.42	0.70
2008	3.92	6.68	2.80	1.67	2.68	1.26	1.36	1.27	2.54	0.76
2009	4.15	7.15	2.94	1.75	2.83	1.31	1.43	1.39	2.82	0.81
2010	4.37	7.62	3.04	1.79	2.97	1.32	1.47	1.52	3.09	0.89
2011	4.57	6.68	2.66	1.82	2.62	1.10	1.49	1.66	2.62	0.79
2012	4.94	8.55	3.41	1.94	3.19	1.40	1.58	1.85	3.65	1.09

注：1.2002年以前，执业(助理)医师数系医生，执业医师数系医师,注册护士数系护师(士)。
2.城市包括直辖市区和地级市辖区，农村包括县及县级市。
3.2005年以前合计分母为户籍人口，2005年起合计以常住人口为分母，城市、农村以户籍人口为分母。下表同。

6-12-11 各地区每千人口卫生技术人员

单位：人

地 区	卫生技术人员			执业(助理)医师			其中：执业医师			注册护士		
	合计	城市	农村	合计	城市	农村	合计	城市	农村	合计	城市	农村
总 计	**4.94**	**8.55**	**3.41**	**1.94**	**3.19**	**1.40**	**1.58**	**2.96**	**1.00**	**1.85**	**3.65**	**1.09**
北 京	9.48	15.51	7.81	3.59	5.85	3.57	3.37	5.51	2.99	3.84	6.33	2.36
天 津	5.45	8.25	5.42	2.17	3.14	2.79	2.00	2.98	2.17	1.95	3.09	1.33
河 北	4.32	9.71	3.06	1.96	4.00	1.48	1.49	3.68	0.99	1.40	4.06	0.79
山 西	5.53	10.60	3.80	2.42	4.32	1.79	2.04	3.99	1.37	1.95	4.43	1.07
内蒙古	5.62	10.93	3.94	2.39	4.28	1.80	2.01	4.00	1.38	1.88	4.37	1.08
辽 宁	5.62	8.73	3.43	2.30	3.40	1.54	2.05	3.22	1.22	2.23	3.81	1.09
吉 林	5.24	7.36	4.37	2.23	3.18	1.85	1.96	3.02	1.52	1.85	2.93	1.39
黑龙江	5.25	8.33	3.58	2.05	3.05	1.51	1.74	2.83	1.15	1.83	3.42	0.96
上 海	6.21	10.50	7.57	2.34	3.89	4.32	2.17	3.71	2.02	2.66	4.55	2.18
江 苏	5.00	7.90	3.87	1.99	2.89	1.68	1.70	2.72	1.30	1.96	3.42	1.35
浙 江	6.02	10.14	5.34	2.37	3.77	2.21	2.00	3.47	1.73	2.21	4.14	1.78
安 徽	3.94	5.54	2.51	1.54	2.00	1.04	1.19	1.83	0.69	1.59	2.57	0.86
福 建	4.70	9.46	3.31	1.78	3.55	1.27	1.54	3.34	1.01	1.90	4.10	1.24
江 西	3.99	7.58	2.83	1.49	2.64	1.10	1.25	2.51	0.86	1.60	3.53	1.02
山 东	5.47	7.59	4.68	2.07	2.97	1.73	1.74	2.75	1.34	1.98	3.18	1.51
河 南	4.56	8.68	2.85	1.78	3.03	1.20	1.24	2.74	0.69	1.66	3.96	0.86
湖 北	5.00	7.92	3.30	1.89	2.89	1.30	1.56	2.68	0.94	2.00	3.57	1.16
湖 南	4.47	8.64	3.11	1.75	3.07	1.30	1.30	2.82	0.84	1.70	4.06	1.00
广 东	4.89	10.43	3.10	1.88	3.79	1.33	1.50	3.44	0.80	1.88	4.33	0.99
广 西	4.72	6.93	3.12	1.67	2.46	1.10	1.31	2.29	0.74	1.83	3.04	1.08
海 南	5.08	9.19	3.65	1.75	3.03	1.30	1.38	2.82	0.89	2.19	4.28	1.47
重 庆	4.47	4.42	3.39	1.77	1.63	1.47	1.32	1.40	0.89	1.69	1.89	1.03
四 川	4.82	6.95	3.30	2.02	2.63	1.49	1.60	2.44	1.05	1.73	3.00	1.00
贵 州	3.72	7.94	2.30	1.41	2.99	0.87	1.13	2.78	0.64	1.40	3.55	0.76
云 南	3.58	8.97	2.82	1.47	3.78	1.14	1.22	3.52	0.88	1.30	3.51	0.99
西 藏	3.03	10.40	2.52	1.31	4.63	1.08	0.94	3.96	0.73	0.56	3.16	0.38
陕 西	5.76	8.39	4.06	1.85	2.82	1.24	1.52	2.56	0.89	2.12	3.57	1.24
甘 肃	4.33	6.42	3.13	1.67	2.55	1.17	1.35	2.33	0.84	1.44	2.58	0.85
青 海	5.11	31.95	3.14	2.08	11.46	1.39	1.77	10.76	1.11	1.75	13.67	0.86
宁 夏	5.29	8.44	2.91	2.01	2.99	1.26	1.78	2.80	1.01	1.93	3.40	0.84
新 疆	6.12	15.33	4.82	2.26	5.80	1.76	1.85	5.43	1.34	2.35	6.50	1.76

6-12-12 医疗卫生机构床位

单位：万张

年 份	合 计	医 院				基层医疗卫生机构			专业公共卫生机构			其他机构
			综合医院	中医医院	专科医院		社区卫生服务中心(站)	乡 镇卫生院		妇幼保健院(所、站)	专科疾病防治院(所、站)	
1949	8.46	8.00										
1950	11.91	9.71	8.46	0.01	0.74					0.27		
1955	36.28	21.53	17.08	0.14	2.80					0.57		
1960	97.68	59.14	44.74	1.42	7.95			4.63		0.88	1.74	
1965	103.33	61.20	48.04	1.04	7.49			13.25		0.92		
1970	126.15	70.50	57.21	1.01	7.79			36.80		0.70		
1975	176.43	94.02	76.33	1.37	11.11			62.03		0.97	2.88	
1978	204.17	110.00	87.33	3.40	12.10			74.73		1.16	2.63	
1980	218.44	119.58	94.11	5.00	12.87			77.54		1.64	2.73	
1981	223.38	124.09	96.80	5.79	13.49			76.31		1.97	2.71	
1982	228.03	128.52	99.83	6.40	13.90			75.32		2.33	2.73	
1983	234.16	134.53	103.99	7.24	14.58			74.62		2.75	2.85	
1984	241.24	141.24	108.00	8.65	15.29			73.14		3.18	2.96	
1985	248.71	150.86	112.77	11.23	16.56			72.06		3.46	2.95	
1986	256.25	155.98	117.52	12.52	17.71			71.12		3.67	3.06	
1987	268.50	165.34	123.71	14.21	19.03			72.30		4.00	3.07	
1988	279.49	174.70	129.06	15.55	20.23			72.61		4.35	3.00	
1989	286.70	181.46	133.60	16.60	20.93			72.30		4.50	3.10	
1990	292.54	186.89	136.90	17.57	21.95			72.29		4.66	3.10	
1991	299.19	192.61	140.55	18.82	22.26			72.92		4.80	3.17	
1992	304.94	197.66	144.10	20.04	22.71			73.28		5.00	3.22	
1993	309.90	203.64	156.63	21.35	24.37			73.08		4.50	3.03	
1994	313.40	207.04	158.70	22.18	24.85			73.24		4.80	2.98	
1995	314.06	206.33	158.72	22.72	24.51			73.31		5.13	3.07	
1996	309.96	209.65	159.73	23.75	24.86			73.47		5.60	2.83	
1997	313.45	211.92	161.21	24.46	24.97			74.24		6.02	3.06	
1998	314.30	213.41	162.00	24.95	25.01			73.77		6.30	2.90	
1999	315.90	215.07	163.25	25.33	25.03			73.40		6.63	2.93	
2000	317.70	216.67	164.09	25.93	25.08	76.65		73.48	11.86	7.12	2.84	12.52
2001	320.12	215.56	150.50	24.60	25.65	77.14		74.00	12.02	7.40	2.70	15.40
2002	313.61	222.18	168.38	24.67	26.21	71.05	1.20	67.13	12.37	7.98	3.18	8.01
2003	316.40	226.95	171.34	26.02	26.72	71.05	1.21	67.27	12.61	8.09	3.38	5.79
2004	326.84	236.35	177.68	27.55	28.26	71.44	1.81	66.89	12.73	8.70	3.12	6.32
2005	336.75	244.50	183.47	28.77	29.21	72.58	2.50	67.82	13.58	9.41	3.34	6.09
2006	351.18	256.04	190.29	30.32	32.05	76.19	4.12	69.62	13.50	9.93	2.80	5.45
2007	370.11	267.51	197.16	32.16	34.37	85.03	7.66	74.72	13.29	10.62	2.59	4.28
2008	403.87	288.29	211.28	35.03	37.77	97.10	9.80	84.69	14.66	11.73	2.64	3.82
2009	441.66	312.08	227.11	38.56	41.67	109.98	13.13	93.34	15.40	12.61	2.71	4.21
2010	478.68	338.74	244.95	42.42	45.95	119.22	16.88	99.43	16.45	13.44	2.93	4.26
2011	515.99	370.51	267.07	47.71	49.65	123.37	18.71	102.63	17.81	14.59	3.14	4.29
2012	572.48	416.15	297.99	54.80	55.74	132.43	20.32	109.93	19.82	16.16	3.57	4.08

6-12-13 各地区医疗卫生机构床位

单位：张

地区	合计	医院							基层医疗卫生机构	
			综合医院	中医医院	中西医结合医院	民族医院	专科医院	护理院		社区卫生服务中心
总计	**5724775**	**4161486**	**2979855**	**547967**	**49844**	**14966**	**557383**	**11471**	**1324270**	**163556**
北京	100167	92610	56632	11814	3585	120	20389	70	4745	4745
天津	53509	44798	25210	5196	1162		13230		7023	2915
河北	284359	203324	151207	25543	4731		21843		69143	5114
山西	165309	119856	83993	13378	1236		21249		39956	4213
内蒙古	110788	82244	61774	7798	935	2951	8786		24543	3805
辽宁	230962	185573	128664	18965	660	300	36934	50	36464	5232
吉林	127756	100183	71090	11611	1419	82	15801	180	21577	2885
黑龙江	178210	141239	104469	15544	519	267	20340	100	28422	5929
上海	109784	90151	55009	5222	2657		23228	4035	17389	17286
江苏	333118	255853	171030	31864	3117		43774	6068	69513	16739
浙江	213286	180722	124294	26207	2652		27382	187	23852	8356
安徽	222315	157827	117851	19460	1418		18992	106	57826	7281
福建	139341	102011	73188	13329	2598	70	12826		29910	2587
江西	163721	103184	73517	18082	902		10683		49312	2872
山东	473768	322007	236509	44407	1793	65	38893	340	125877	13011
河南	393993	274540	202819	41806	1003		28912		101176	8039
湖北	252991	173784	128787	24937	2636	316	17108		68293	10360
湖南	287013	188127	126294	35501	1233	58	25041		86069	5926
广东	355274	272873	203005	33564	1138		34926	240	59457	7135
广西	168691	107350	75015	16977	2858	243	12257		50264	770
海南	30289	22943	17979	2917	130		1917		5885	347
重庆	130813	86140	59950	11734	902		13554		41107	5432
四川	390147	257333	175479	36288	5750	485	39331		122678	8636
贵州	139211	96903	76328	12205	743	346	7221	60	37815	2379
云南	194707	143528	107995	17792	1491	175	16075		44427	3278
西藏	8352	5385	4416			869	100		2583	4
陕西	169230	126889	96257	19380	1288		9929	35	33677	3028
甘肃	112296	76444	56418	14500	630	546	4350		31891	2200
青海	26018	20654	15673	1912	30	1479	1560		5103	381
宁夏	27765	23937	19095	3124	86	51	1581		2832	34
新疆	131592	103074	79908	6910	542	6543	9171		25461	2637

6-12-13 续表 单位：张

地区						专业公共卫生机构				其他机构
	社区卫生服务站	街道卫生院	乡镇卫生院	门诊部	护理站		专科疾病防治院(所、站)	妇幼保健院(所、站)	急救中心(站)	
总计	**39654**	**10552**	**1099262**	**11116**	**130**	**198198**	**35715**	**161560**	**923**	**40821**
北京						2335	565	1770		477
天津			4098	10		1287	669	618		401
河北	3912		59469	648		10487	795	9593	99	1405
山西	964	5696	28378	705		3692	199	3478	15	1805
内蒙古	2875	15	17502	343	3	3361	286	3075		640
辽宁	1925	496	28057	754		2919	1586	1233	100	6006
吉林	220		18241	222	9	3248	1033	2215		2748
黑龙江	1322	11	20500	660		6939	3390	3545	4	1610
上海				103		1482	160	1322		762
江苏	632	35	51760	241	106	4957	1303	3636	18	2795
浙江	107	112	14781	496		7221	634	6568	19	1491
安徽	1661	30	48289	565		5594	2188	3403	3	1068
福建	3		27282	38		5047	1008	4008	31	2373
江西	5339	31	40902	168		9441	2241	7200		1784
山东	4169		107580	1117		19794	4311	15065	418	6090
河南	1022		91155	960		17432	1098	16249	85	845
湖北	749	1327	55753	104		10914	2392	8522		
湖南	599	796	77880	868		12696	3494	9202		121
广东	21	1266	50605	430		21075	4882	16193		1869
广西	75		49331	88		10004	454	9550		1073
海南	79		5430	29		1231	76	1155		230
重庆	78	619	34560	418		2751	101	2650		815
四川	1849	36	111514	643		9786	1002	8759	25	350
贵州	1883	20	33148	385		4225	440	3785		268
云南	1074		39833	242		5625	442	5139	44	1127
西藏	6		2573			344		344		40
陕西	1229	15	29162	243		7262	830	6432		1402
甘肃	6658	47	22819	155	12	3211	12	3187	12	750
青海	596		4072	54		261	35	226		
宁夏	160		2598	40		896		896		100
新疆	447		21990	387		2681	89	2542	50	376

6-12-14 分城乡医疗卫生机构床位

单位：张

年份 地区	医疗卫生机构床位			每千人口医疗卫生机构床位			医院和卫生院床位	每千人口医院和卫生院床位	每千农业人口乡镇卫生院床位
		城市	农村		城市	农村			
2005	3367502	1507714	1627216	2.63	4.03	1.74	3134930	2.45	0.78
2006	3511779	1580724	1689986	2.72	4.23	1.81	3270710	2.53	0.80
2007	3701076	1831308	1869768	2.83	4.90	2.00	3438260	2.63	0.85
2008	4038707	1963581	2075126	3.05	5.17	2.20	3748245	2.83	0.96
2009	4416612	2126302	2290310	3.32	5.54	2.41	4080662	3.06	1.05
2010	4786831	2302297	2484534	3.58	5.94	2.60	4401512	3.29	1.12
2011	5159889	2475222	2684667	3.84	6.24	2.80	4742330	3.53	1.16
2012	5724775	2733403	2991372	4.23	6.88	3.11	5271300	3.90	1.24
北京	100167	97601	2566	4.84	7.94	3.61	92610	4.48	
天津	53509	46686	6823	3.79	5.72	3.77	48896	3.46	1.06
河北	284359	109032	175327	3.90	8.26	2.88	262793	3.61	1.19
山西	165309	79475	85834	4.58	8.13	3.40	153930	4.26	1.21
内蒙古	110788	53105	57683	4.45	8.65	3.13	99761	4.01	1.20
辽宁	230962	152052	78910	5.26	7.97	3.38	214126	4.88	1.35
吉林	127756	62771	64985	4.64	7.25	3.54	118424	4.31	1.28
黑龙江	178210	106867	71343	4.65	7.85	2.91	161750	4.22	1.04
上海	109784	106712	3072	4.61	7.86	4.48	90151	3.79	
江苏	333118	168014	165104	4.21	6.54	3.31	307648	3.88	1.50
浙江	213286	109189	104097	3.89	7.16	3.18	195615	3.57	0.45
安徽	222315	104377	117938	3.71	5.03	2.44	206146	3.44	0.91
福建	139341	61107	78234	3.72	6.53	2.96	129293	3.45	1.16
江西	163721	62632	101089	3.64	6.80	2.60	144117	3.20	1.18
山东	473768	181941	291827	4.89	6.47	4.31	429587	4.44	1.91
河南	393993	160261	233732	4.19	7.96	2.62	365695	3.89	1.07
湖北	252991	129435	123556	4.38	7.03	2.86	230864	3.99	1.38
湖南	287013	106908	180105	4.32	7.90	3.12	266803	4.02	1.41
广东	355274	235489	119785	3.35	6.89	2.30	324744	3.07	1.22
广西	168691	65927	102764	3.60	4.74	2.58	156681	3.35	1.14
海南	30289	12777	17512	3.42	5.84	2.56	28373	3.20	0.97
重庆	130813	72699	58114	4.44	4.09	3.71	121319	4.12	1.68
四川	390147	150177	239970	4.83	6.17	3.60	368883	4.57	1.69
贵州	139211	42816	96395	4.00	6.96	2.74	130071	3.73	0.93
云南	194707	53273	141434	4.18	8.69	3.57	183361	3.94	1.05
西藏	8352	1248	7104	2.72	6.39	2.45	7958	2.59	1.03
陕西	169230	83789	85441	4.51	6.37	3.27	156066	4.16	1.16
甘肃	112296	52529	59767	4.36	6.47	3.14	99310	3.85	1.13
青海	26018	11002	15016	4.54		2.86	24726	4.31	1.10
宁夏	27765	18518	9247	4.29	6.79	2.39	26535	4.10	0.65
新疆	131592	34994	96598	5.89	12.48	4.96	125064	5.60	1.75

数采用年末常住人口。

6-12-15 各地区医院住院服务情况

地 区	入院人数（人）	公立	民营	出院人数（人）	公立	民营	住院病人手术人次（人次）	公立	民营
总 计	**127274360**	**113311513**	**13962847**	**127059628**	**113139734**	**13919894**	**34414851**	**30338209**	**4076642**
北 京	2115760	1907854	207906	2110439	1904700	205739	859652	792869	66783
天 津	1171552	1059664	111888	1170594	1058979	111615	407526	400576	6950
河 北	6543986	5957140	586846	6533259	5945609	587650	1489864	1354623	135241
山 西	2756638	2461343	295295	2751265	2457269	293996	720377	639846	80531
内蒙古	2091631	1957293	134338	2079361	1943058	136303	484695	451887	32808
辽 宁	4683481	4281100	402381	4669066	4270806	398260	1057986	956446	101540
吉 林	2582271	2363672	218599	2572385	2350391	221994	602407	530213	72194
黑龙江	3442380	3216438	225942	3443176	3218014	225162	983695	915028	68667
上 海	2500599	2392111	108488	2499875	2391752	108123	1113081	1062678	50403
江 苏	7599097	5999958	1599139	7571657	5985227	1586430	2363519	1818535	544984
浙 江	5615808	5128787	487021	5617344	5134477	482867	1922783	1707752	215031
安 徽	5164032	4321785	842247	5151777	4307351	844426	1342295	1082497	259798
福 建	3646908	3294581	352327	3644144	3292382	351762	969770	846780	122990
江 西	3629702	3221739	407963	3669095	3234075	435020	845095	732906	112189
山 东	9794073	8851124	942949	9786925	8840567	946358	2358095	2097062	261033
河 南	8572868	7906915	665953	8513693	7855356	658337	2026859	1858423	168436
湖 北	5762551	5420117	342434	5788245	5425874	362371	1506415	1387650	118765
湖 南	6416538	5992243	424295	6382135	5961075	421060	1410728	1308709	102019
广 东	9145660	8273609	872051	9257830	8390712	867118	3698260	3308190	390070
广 西	3878673	3732037	146636	3865366	3720055	145311	949513	908710	40803
海 南	682216	656906	25310	681620	656467	25153	121678	106533	15145
重 庆	2567966	2203462	364504	2558968	2189650	369318	702200	552170	150030
四 川	8177090	6670154	1506936	8133268	6646028	1487240	2165454	1809976	355478
贵 州	3243006	2335430	907576	3204926	2320109	884817	772568	571122	201446
云 南	4519208	3713933	805275	4504588	3705278	799310	1086558	897887	188671
西 藏	110522	99985	10537	111872	101510	10362	22487	19288	3199
陕 西	3918998	3537674	381324	3897180	3519573	377607	1005829	899678	106151
甘 肃	2142074	2014456	127618	2121149	1997687	123462	440082	402875	37207
青 海	564761	528761	36000	550551	516046	34505	114987	107756	7231
宁 夏	719958	661180	58778	718795	660916	57879	168944	157763	11181
新 疆	3514353	3150062	364291	3499080	3138741	360339	701449	651781	49668

6-12-16 各地区社区卫生服务中心(站)医疗服务情况

年份 地区	社区卫生服务中心						社区卫生服务站	
	诊疗人次(万人次)	入院人数(人)	病床使用率(%)	平均住院日(日)	医师日均担负诊疗人次(人次)	医师日均担负住院床日(日)	诊疗人次(万人次)	医师日均担负诊疗人次(人次)
2004	4615.59	151965	61.2	21.0			5095.52	
2005	5938.52	266215	60.7	17.2			6281.45	
2006	8285.48	436288	57.9	15.5			9378.94	
2007	12712.45	743186	59.6	13.1			9874.97	
2008	17247.30	1032788	58.7	13.4	12.9	0.8	8425.09	12.5
2009	26080.24	1642427	59.8	10.6	14.0	0.7	11617.25	13.7
2010	34740.41	2180577	56.1	10.4	13.6	0.7	13711.14	13.6
2011	40949.95	2473426	54.4	10.2	14.0	0.7	13703.79	13.7
2012	45475.11	2686554	55.5	10.1	14.8	0.7	14393.60	14.0
北京	3615.10	36494	37.7	15.2	15.0	0.2	468.35	20.3
天津	1458.16	11950	18.9	12.0	27.0	0.2	7.83	44.7
河北	543.76	61731	51.2	8.0	7.7	0.7	941.86	11.2
山西	353.77	45763	51.1	13.3	5.2	0.7	397.65	7.7
内蒙古	390.61	47290	45.7	7.9	5.7	0.5	454.93	8.4
辽宁	774.42	69421	48.8	9.9	8.8	0.7	502.52	10.6
吉林	288.02	28671	34.6	8.5	5.3	0.4	54.19	11.0
黑龙江	519.47	39114	45.7	15.5	4.8	0.5	208.70	8.8
上海	7544.16	101392	88.7	46.7	26.1	1.3		
江苏	4906.31	279413	48.7	9.5	17.2	0.7	1288.43	22.4
浙江	7392.18	82841	42.8	13.6	22.7	0.3	775.98	22.5
安徽	864.17	118301	40.3	7.0	9.5	0.7	963.26	11.1
福建	910.62	66531	48.0	6.2	13.2	0.4	304.27	13.0
江西	303.10	54512	53.0	6.7	6.7	0.8	308.35	9.9
山东	1392.67	208252	47.2	8.2	8.5	0.9	1326.89	12.4
河南	781.20	124906	46.0	8.8	8.0	0.9	823.15	14.2
湖北	1356.26	261418	69.6	9.0	10.5	1.3	642.09	18.3
湖南	569.53	122124	53.6	7.5	6.7	0.8	192.14	7.0
广东	7382.69	153389	51.0	8.1	22.0	0.3	2255.58	33.1
广西	464.08	13421	52.0	10.3	11.6	0.2	147.61	11.4
海南	69.03	11401	97.7	6.9	11.2	1.3	186.93	15.3
重庆	566.64	184914	74.2	7.3	8.9	1.5	128.89	16.4
四川	1491.88	235961	65.3	8.3	12.3	1.1	415.30	12.4
贵州	142.75	101053	63.4	3.6	6.8	1.4	214.98	8.9
云南	316.08	67959	63.0	11.1	11.0	1.5	251.07	12.3
西藏	2.39				6.4		0.57	11.3
陕西	394.85	55991	51.4	9.0	8.3	0.8	247.62	11.1
甘肃	289.15	42809	57.6	5.0	7.9	0.7	314.10	10.0
青海	51.80	4275	72.4	10.3	10.2	1.0	140.34	13.9
宁夏	10.16	261	48.5	9.2	5.3	0.1	88.58	13.3
新疆	330.09	54996	50.3	7.6	9.1	0.9	341.42	11.0

6-12-17　乡镇卫生院医疗服务情况

年　份	诊疗人次（亿人次）	入院人数（万人）	病床周转次数（次）	病床使用率（%）	平均住院日（日）
1981	14.4	2123	29.5	53.5	6.3
1982	14.2	2228	31.0	54.2	6.0
1983	13.7	2373	33.4	56.6	5.9
1984	12.7	1893	27.9	49.1	6.0
1985	11.0	1771	26.4	46.0	5.9
1986	11.2	1782	26.9	46.0	5.9
1987	11.3	1959	28.5	47.4	5.6
1988	11.4	2031	29.2	47.3	5.6
1989	10.6	1935	28.3	44.6	5.4
1990	10.7	1958	28.6	43.4	5.2
1991	10.8	2016	29.1	43.5	5.1
1992	10.3	1960	28.7	42.9	5.1
1993	9.0	1855	27.9	38.4	4.6
1994	9.7	1913	29.4	40.5	4.6
1995	9.4	1960	29.9	40.2	4.6
1996	9.4	1916	28.6	37.0	4.4
1997	9.2	1918	26.0	34.5	4.5
1998	8.7	1751	24.4	33.3	4.6
1999	8.4	1688	24.2	32.8	4.6
2000	8.2	1708	24.8	33.2	4.6
2001	8.2	1700	23.7	31.3	4.5
2002	7.1	1625	28.0	34.7	4.0
2003	6.9	1608	28.1	36.2	4.2
2004	6.8	1599	27.0	37.1	4.4
2005	6.8	1622	25.8	37.7	4.6
2006	7.0	1836	28.8	39.4	4.6
2007	7.6	2662	36.7	48.4	4.8
2008	8.3	3313	42.0	55.8	4.4
2009	8.8	3808	42.9	60.7	4.8
2010	8.7	3630	38.4	59.0	5.2
2011	8.7	3449	35.2	58.1	5.6
2012	9.7	3908	37.4	62.1	5.7
中心卫生院	4.0	1800	39.3	64.9	5.7
乡卫生院	5.7	2108	35.9	59.8	5.7

注：1993年以前的诊疗人次及入院人数系推算数字。

6-12-18 监测地区5岁以下儿童和孕产妇死亡率

年份	新生儿死亡率(‰)			婴儿死亡率(‰)			5岁以下儿童死亡率(‰)			孕产妇死亡率(1/10万)		
	合计	城市	农村	合计	城市	农村	合计	城市	农村	合计	城市	农村
1991	33.1	12.5	37.9	50.2	17.3	58.0	61.0	20.9	71.1	80.0	46.3	100.0
1992	32.5	13.9	36.8	46.7	18.4	53.2	57.4	20.7	65.6	76.5	42.7	97.9
1993	31.2	12.9	35.4	43.6	15.9	50.0	53.1	18.3	61.6	67.3	38.5	85.1
1994	28.5	12.2	32.3	39.9	15.5	45.6	49.6	18.0	56.9	64.8	44.1	77.5
1995	27.3	10.6	31.1	36.4	14.2	41.6	44.5	16.4	51.1	61.9	39.2	76.0
1996	24.0	12.2	26.7	36.0	14.8	40.9	45.0	16.9	51.4	63.9	29.2	86.4
1997	24.2	10.3	27.5	33.1	13.1	37.7	42.3	15.5	48.5	63.6	38.3	80.4
1998	22.3	10.0	25.1	33.2	13.5	37.7	42.0	16.2	47.9	56.2	28.6	74.1
1999	22.2	9.5	25.1	33.3	11.9	38.2	41.4	14.3	47.7	58.7	26.2	79.7
2000	22.8	9.5	25.8	32.2	11.8	37.0	39.7	13.8	45.7	53.0	29.3	69.6
2001	21.4	10.6	23.9	30.0	13.6	33.8	35.9	16.3	40.4	50.2	33.1	61.9
2002	20.7	9.7	23.2	29.2	12.2	33.1	34.9	14.6	39.6	43.2	22.3	58.2
2003	18.0	8.9	20.1	25.5	11.3	28.7	29.9	14.8	33.4	51.3	27.6	65.4
2004	15.4	8.4	17.3	21.5	10.1	24.5	25.0	12.0	28.5	48.3	26.1	63.0
2005	13.2	7.5	14.7	19.0	9.1	21.6	22.5	10.7	25.7	47.7	25.0	53.8
2006	12.0	6.8	13.4	17.2	8.0	19.7	20.6	9.6	23.6	41.1	24.8	45.5
2007	10.7	5.5	12.8	15.3	7.7	18.6	18.1	9.0	21.8	36.6	25.2	41.3
2008	10.2	5.0	12.3	14.9	6.5	18.4	18.5	7.9	22.7	34.2	29.2	36.1
2009	9.0	4.5	10.8	13.8	6.2	17.0	17.2	7.6	21.1	31.9	26.6	34.0
2010	8.3	4.1	10.0	13.1	5.8	16.1	16.4	7.3	20.1	30.0	29.7	30.1
2011	7.8	4.0	9.4	12.1	5.8	14.7	15.6	7.1	19.1	26.1	25.2	26.5
2012	6.9	3.9	8.1	10.3	5.2	12.4	13.2	5.9	16.2	24.5	22.2	25.6

6-12-19 孕产妇保健情况

年份	活产数	高危产妇比重(%)	建卡率(%)	系统管理率(%)	产前检查率(%)	产后访视率(%)	住院分娩率(%)			新法接生率(%)		
							合计	市	县	合计	市	县
1980										91.4	98.7	90.3
1985							43.7	73.6	36.4	94.5	98.7	93.5
1990	14517207						50.6	74.2	45.1	94.0	98.6	93.9
1991	15293237						50.6	72.8	45.5	93.7	98.1	93.2
1992	11746275		76.6		69.7	69.7	52.7	71.7	41.2	84.1	91.2	82.0
1993	10170690		75.7		72.2	71.0	56.5	68.3	51.0	83.6	81.1	84.7
1994	11044607		79.1		76.3	74.5	65.6	76.4	50.4			87.4
1995	11539613		81.4		78.7	78.8	58.0	70.7	50.2			87.6
1996	11412028	7.3	82.4	65.5	83.7	80.1	60.7	76.5	51.7			95.5
1997	11286021	8.1	84.5	68.3	85.9	82.3	61.7	76.4	53.0			91.8
1998	10961516	8.6	86.2	72.3	87.1	83.9	66.2	79.0	58.1			92.6
1999	10698467	9.2	87.9	75.4	89.3	85.9	70.0	83.3	61.5	96.8	98.9	95.4
2000	10987691	10.0	88.6	77.2	89.4	86.2	72.9	84.9	65.2	96.6	98.8	95.2
2001	10690630	11.1	89.4	78.6	90.3	87.2	76.0	87.0	69.0	97.3	99.0	96.1
2002	10591949	11.9	89.2	78.2	90.1	86.7	78.7	89.4	71.6	96.7	98.6	95.4
2003	10188005	11.8	87.6	75.5	88.9	85.4	79.4	89.9	72.6	95.9	98.5	94.1
2004	10892614	12.4	88.3	76.4	89.7	85.9	82.8	91.4	77.1	97.3	98.9	96.2
2005	11415809	12.8	88.5	76.7	89.8	86.0	85.9	93.2	81.0	97.5	98.7	96.7
2006	11770056	13.0	88.2	76.5	89.7	85.7	88.4	94.1	84.6	97.8	98.7	97.2
2007	12506498	13.7	89.3	77.3	90.9	86.7	91.7	95.8	88.8	98.4	99.1	97.9
2008	13307045	15.7	89.3	78.1	91.0	87.0	94.5	97.5	92.3	99.1	99.6	98.7
2009	13825431	16.4	90.9	80.9	92.2	88.7	96.3	98.5	94.7	99.3	99.8	99.0
2010	14218657	17.1	92.9	84.1	94.1	90.8	97.8	99.2	96.7	99.6	99.9	99.4
2011	14507141	17.7	93.8	85.2	93.7	91.0	98.7	99.6	98.1	99.7	99.9	99.6
2012	15442995	18.5	94.8	87.6	95.0	92.6	99.2	99.7	98.8	99.8	99.9	99.7

6-12-20 甲乙类法定报告传染病发病率、死亡率及病死率排序

顺位	发病		死亡		病死	
	疾病名称	发病率(1/10万)	疾病名称	死亡率(1/10万)	疾病名称	病死率(%)
1	病毒性肝炎	102.48	艾滋病	0.86	鼠 疫	100.00
2	肺结核	70.62	新生儿破伤风	0.00	人禽流感	100.00
3	梅毒	30.44	肺结核	0.20	狂 犬 病	95.51
4	细菌性和阿米巴性痢疾	15.40	狂犬病	0.10	艾滋病	27.61
5	淋病	6.82	病毒性肝炎	0.06	流 脑	12.31
6	猩红热	3.45	出 血 热	0.01	新生儿破伤风	7.77
7	新生儿破伤风	0.05	梅 毒	0.01	乙脑	3.35
8	布鲁氏菌病	3.11	乙脑	0.00	钩 体 病	1.14
9	艾滋病	2.93	流 脑	0.00	出 血 热	0.78
10	伤寒和副伤寒	0.99	疟疾	0.00	疟疾	0.61
11	流行性出血热	0.89	痢 疾	0.00	炭 疽	0.42
12	麻疹	0.46	麻 疹	0.00	甲型H1N1流感	0.28
13	甲型H1N1流感	0.36	钩 体 病	0.00	肺结核	0.28
14	血吸虫病	0.18	血吸虫病	0.00	麻 疹	0.13
15	疟疾	0.16	伤寒和副伤寒	0.00	血吸虫病	0.08
16	百日咳	0.13	甲型H1N1流感	0.00	病毒性肝炎	0.05
17	狂犬病	0.11	猩 红 热	0.00	百 日 咳	0.05
18	流行性乙型脑炎	0.08	鼠 疫	0.00	伤寒和副伤寒	0.03
19	钩端螺旋体病	0.04	淋 病	0.00	梅 毒	0.02
20	炭疽	0.03	百 日 咳	0.00	痢 疾	0.01
21	流行性脑脊髓膜炎	0.02	布 病	0.00	猩 红 热	
22	登革热	0.01	炭 疽	0.00	布 病	
23	霍乱	0.01	人禽流感	0.00	淋 病	
24	脊髓灰质炎		霍 乱		霍 乱	
25	鼠疫	0.00	登革热		登革热	
26	人感染高致病性禽流感	0.00	传染性非典		传染性非典	
27	传染性非典型肺炎		脊 灰		脊 灰	
28	白喉		白 喉		白 喉	

注：新生儿破伤风发病率和死亡率单位为‰。

6-12-21 城市居民主要疾病死亡率及死因构成

疾病名称	粗死亡率(1/10万)			构成(%)			位次		
	合计	男	女	合计	男	女	合计	男	女
传染病(不含呼吸道结核)	4.17	5.66	2.65	0.68	0.81	0.51	11	11	11
呼吸道结核	1.90	2.96	0.82	0.31	0.42	0.16	14	13	18
寄生虫病	0.14	0.14	0.14	0.02	0.02	0.03	19	19	20
恶性肿瘤	164.51	208.11	120.12	26.81	29.64	22.95	1	1	2
血液,造血器官及免疫疾病	1.31	1.34	1.27	0.21	0.19	0.24	18	17	17
内分泌,营养和代谢疾病	17.32	15.96	18.69	2.82	2.27	3.57	7	8	7
精神障碍	2.00	2.04	1.97	0.33	0.29	0.38	13	16	12
神经系统疾病	6.86	7.28	6.43	1.12	1.04	1.23	9	9	9
心脏病	131.64	136.38	126.80	21.45	19.42	24.22	2	2	1
脑血管病	120.33	130.68	109.80	19.61	18.61	20.97	3	3	3
呼吸系统疾病	75.59	87.55	63.41	12.32	12.47	12.11	4	4	4
消化系统疾病	15.25	18.78	11.65	2.48	2.67	2.23	8	7	8
肌肉骨骼和结缔组织疾病	1.41	1.03	1.79	0.23	0.15	0.34	17	18	13
泌尿生殖系统疾病	6.30	7.01	5.58	1.03	1.00	1.07	10	10	10
妊娠,分娩产褥期并发症	0.09		0.16	0.01		0.03	20	20	19
围生期疾病	1.86	2.23	1.48	0.30	0.32	0.28	15	14	16
先天畸形,变形和染色体异常	1.81	2.07	1.55	0.29	0.29	0.30	16	15	15
诊断不明	2.57	3.45	1.68	0.42	0.49	0.32	12	12	14
其他疾病	23.82	23.85	23.78	3.88	3.40	4.54	6	6	5
损伤和中毒外部原因	34.79	45.66	23.72	5.67	6.50	4.53	5	5	6

6-12-22 农村居民主要疾病死亡率及死因构成

疾病名称	粗死亡率(1/10万)			构成(%)			位次		
	合计	男	女	合计	男	女	合计	男	女
传染病(不含呼吸道结核)	5.69	7.78	3.53	0.86	1.01	0.64	11	9	11
呼吸道结核	2.08	3.12	1.01	0.32	0.41	0.18	16	14	17
寄生虫病	0.05	0.05	0.05	0.01	0.01	0.01	20	19	20
恶性肿瘤	151.47	198.65	102.78	22.96	25.91	18.71	1	1	3
血液,造血器官及免疫疾病	0.99	1.03	0.96	0.15	0.13	0.17	18	18	18
内分泌营养和代谢疾病	10.66	9.92	11.42	1.62	1.29	2.08	8	8	8
精神障碍	3.10	3.14	3.05	0.47	0.41	0.55	12	13	12
神经系统疾病	6.26	6.60	5.90	0.95	0.86	1.07	10	11	9
心脏病	119.50	123.51	115.36	18.11	16.11	21.00	3	3	2
脑血管病	135.95	150.62	120.80	20.61	19.65	21.99	2	2	1
呼吸系统疾病	103.90	114.53	92.93	15.75	14.94	16.91	4	4	4
消化系统疾病	16.79	21.95	11.46	2.54	2.86	2.09	7	7	7
肌肉骨骼和结缔组织疾病	1.40	1.19	1.61	0.21	0.16	0.29	17	17	16
泌尿生殖系统疾病	6.62	7.72	5.48	1.00	1.01	1.00	9	10	10
妊娠分娩产褥期并发症	0.15		0.30	0.02		0.06	19	20	19
围生期疾病	2.72	3.29	2.14	0.41	0.43	0.39	13	12	13
先天畸形,变性和染色体异常	2.11	2.35	1.86	0.32	0.31	0.34	14	15	14
诊断不明	2.09	2.33	1.83	0.32	0.30	0.33	15	16	15
其他疾病	29.34	29.91	28.75	4.45	3.90	5.23	6	6	6
损伤和中毒外部原因	58.86	78.92	38.17	8.92	10.29	6.95	5	5	5

6-12-23 公共场所卫生监督处罚案件

单位：件

指 标	总 计	#住宿场所	#沐浴场所	#游泳场所	#美容美发场所	#候车(机/船)场所
案件数	18207	5614	1891	331	6725	9
结案数	17173	5372	1854	295	6260	10
违法事实						
未取得卫生许可证擅自营业的单位	6029	1468	497	81	2517	4
卫生质量不符合国家卫生标准和要求，而继续营业的单位	1306	582	156	75	337	
未获得”健康合格证“，从事直接为顾客服务的单位	9313	2675	1130	80	3482	5
拒绝卫生监督的单位	37	15	7	1	7	
其他违法行为	3589	1520	369	126	986	1
处罚程序						
简易程序	5012	1851	450	75	1695	5
一般程序	12161	3521	1404	220	4565	5
其中：听证	658	173	55	14	313	
处罚决定						
责令限期改正	8249	2797	834	100	2879	6
警告	11539	3623	1326	212	4127	6
罚款	15223	4689	1660	214	5606	7
责令停止营业	103	35	10	2	50	
吊销卫生许可证	3.0	1.0			2.0	
其他	40	15	6		14	
行政复议	6	6				
行政诉讼	2	2				

6-12-24 饮用水卫生监督处罚案件

单位：件

指标	总计	集中式供水	市政	乡镇	二次供水	涉水产品
案件数	749	485	149	336	251	13
结案数	755	480	150	330	262	13
违法事实						
违反供、管水人员健康管理有关规定	102	66	32	34	36	
新改扩建项目未经选址、设计审查和竣工验收	2	2	1	1		
未取得卫生许可证	201	85	29	56	116	
生产或者销售无卫生许可批件的涉水产品	13	2	1	1		11
生活饮用水不符合卫生标准	357	327	82	245	30	
其他违法行为	110	29	16	13	79	2
处罚程序						
简易程序	183	89	32	57	93	1
一般程序	572	391	118	273	169	12
其中：听证	65	6	1	5	58	1
处罚决定						
责令限期改进	291	187	32	155	96	8
罚款	462	256	41	215	195	11
罚款金额(万元)	107	48	13	35	44	14.2
其他	69	27	7	20	42	
行政复议						
行政诉讼						

6-12-25 医疗卫生监督处罚案件

单位：件

指标	总计	医疗机构							
		合计	医院	妇幼保健院	社区卫生服务机构	卫生院	疗养院	门诊部	诊所
案件数	13911	13604	3236	89	690	514	23	1234	4398
结案数	13570	13298	3154	86	661	511	25	1124	4322
违法事实									
未取得执业许可证擅自执业	479	479	42	2	4	11		22	218
逾期不校验医疗机构执业许可证	45	45	2		7	1		3	28
出卖/转让/出借医疗机构执业许可证	47	47	19		5	4		5	11
诊疗活动超出登记范围	2630	2630	433	8	124	94	3	232	1177
使用非卫生技术人员	4250	4250	1043	44	262	274	1	364	1677
出具虚假证明文件	30	26	13			2		4	1
违法发布医疗广告	1113	1113	813	5	12	5		183	75
使用未取得护士执业证书人员或使用未变更执业地点等的护士从事护理工作	435	435	84	1	21	12		77	159
造成、发生医疗事故	96	96	81	2	6	3			4
未取得母婴保健技术许可擅自从事母婴保健技术服务	261	259	116	1	10	3		81	38
未获取许可开展人类辅助生殖技术	10	10	1		3			2	3
擅自购置、违规使用大型医用设备	15	15	2		1			5	3
以不正当手段，非法取得执业证书									
违反医疗技术规范	8								
未取得资格证明或未经注册从事医疗工作	34								
其他违法行为	5981	5722	985	43	340	235	20	408	1546
处罚程序									
简易程序	4384	4341	1054	14	121	87	5	249	1267
一般程序	9186	8957	2100	72	540	424	20	875	3055
其中：听证	588	550	121	3	21	14		61	258
处罚决定									
警告	4723	4670	1592	42	186	190	4	504	1242
罚款	11013	10767	1943	70	592	421	17	812	3922
罚款金额(万元)	2989.21	2871.5	891.57	41	143.5	178.64	14	369.19	789
没收违法所得	309	286	109	3	13	3	3	79	53
没收金额(万元)	131.54	126.75	61.41	2.9	2.24	0.91		42.45	11.98
没收药品器械	219.0	158.0	7.0	1.0	4.0	2.0		11.0	68.0
责令停止执业	751	662	94	6	24	31		41	286
责令限期补办校验手续	51.0	51.0	15.0	2.00	4.0	5.0		3.0	15.0
责令暂停执业活动	158	145	16		6	3		6	87
取缔	170	80	6	1		2		1	46
其他	1331	1324	247	6	37	79		75	387
行政复议	6	6	1		3				2
行政诉讼	4	4	1		2				1

6-12-25　续表　　　　　　　　　　　　　　　　　　　　　　　　　　单位：件

指　　标	医疗机构		卫生技术人员						非卫生技术人员
	村卫生室	其他	合计	医师	药师	护士	医技	乡村医生	
案件数	2982	438	165	128	5	8	4	20	142
结案数	2986	429	140	107	5	6	4	18	132
违法事实									
未取得执业许可证擅自执业	52	128							
逾期不校验医疗机构执业许可证	4								
出卖/转让/出借医疗机构执业许可证	2	1							
诊疗活动超出登记范围	503	56							
使用非卫生技术人员	488	97							
出具虚假证明文件	3	3	3	3					1
违法发布医疗广告	9	11							
使用未取得护士执业证书人员或使用未变更执业地点等的护士从事护理工作	70	11							
造成、发生医疗事故									
未取得母婴保健技术许可擅自从事母婴保健技术服务	5	5	2	2					
未获取许可开展人类辅助生殖技术		1							
擅自购置、违规使用大型医用设备	4								
以不正当手段，非法取得执业证书									
违反医疗技术规范			8	8					
未取得资格证明或未经注册从事医疗工作			34	31				3	
其他违法行为	1983	162	118	84	5	8	4	17	141
处罚程序									
简易程序	1462	82	24	22				2	19
一般程序	1524	347	116	85	5	6	4	16	113
其中：听证	55	17	26	22		1	1	2	12
处罚决定									
警告	816	94	44	38	1	2	3		9
罚款	2662	328	111	86	4	5	1	15	135
罚款金额(万元)	336.5	108.14	59.02	37.08	1.48	14.3	2.9	3.25	57.2
没收违法所得	8	15	15	8		2	1	4	8
没收金额(万元)	0.56	4.3	4.57	3.38		0.38	0.12	0.69	0.19
没收药品器械	37.0	28.0	26.0	16.0	1.0	2.0		7.0	35.0
责令停止执业	124	56	37	25	1	1		10	52
责令限期补办校验手续	7.0								
责令暂停执业活动	26	1	13	11				2	
取缔	2	22	27	19	2	2		4	63
其他	467	26	6	5		1			1
行政复议									
行政诉讼									

6-12-26 社会服务机构基本情况

指　　标	单位数（个）		职工人数（万人）	
	2011	2012	2011	2012
一、社会服务	**1293986**	**1366650**	**1120.8**	**1144.7**
（一）社会工作	**146451**	**181471**	**235.7**	**243.6**
提供住宿的社会服务机构	45973	48078	37.4	39.7
老年人与残疾人服务机构	42828	44304	31.2	33.1
城市养老服务机构	5616	6464	8.1	9.3
农村养老服务机构	32140	32787	15.2	15.9
社会福利院	1597	1719	3.9	4.2
光荣院	1389	1399	1.2	1.2
荣誉军人康复医院	42	43	0.5	0.5
复员军人疗养院	40	41	0.3	0.3
军休所	1960	1851	1.9	1.7
社区养老服务机构	44		0.1	
智障与精神疾病服务机构	251	257	2.3	2.3
复退军人精神病院	96	101	1.0	1.0
社会福利医院	155	156	1.3	1.3
儿童收养救助服务机构	638	724	1.2	1.3
儿童福利机构	397	463	1.0	1.1
流浪儿童救助保护中心	241	261	0.2	0.2
其他提供住宿的服务机构	2256	2793	2.7	3.0
生活无着人员救助管理站	1547	1770	1.6	1.7
其他收养机构	382	328	0.6	0.6
军供站	327	695	0.5	0.7
不提供住宿的社会服务机构	100478	133393	198.3	203.9
老龄机构	2503	2583	1.0	1.1
社会福利企业	21507	20232	158.9	150.0
救灾储备仓库	553	665	0.2	0.2
福利彩票发行单位	974	955	0.9	0.9
军队离退休人员管理中心		121		0.2
军队离退休人员活动中心		25		0.1
烈士纪念建筑物管理单位	1227	1306	0.9	1.0
社区服务中心(站)	70547	104237	33.7	47.6
捐赠、救助等其他事业单位	3167	3269	2.7	2.8
（二）成员组织和其他社会服务机构	**1147535**	**1185179**	**885.1**	**901.1**
成员组织	1141104	1178896	876.6	892.5
社会组织	461971	499268	599.3	613.3
社会团体	254969	271131	363.0	346.9
基金会	2614	3029	1.4	1.9
民办非企业	204388	225108	234.9	264.5
自治组织	679133	679628	277.3	279.2
居委会	89480	91153	45.4	46.9
村委会	589653	588475	231.9	232.3
其他社会服务	6431	6283	8.5	8.6
婚姻	2328	1926	0.9	0.9
婚姻登记服务机构	2328	1926	0.9	0.9
殡葬	4103	4357	7.6	7.7
殡仪馆	1745	1782	4.5	4.5
公墓	1406	1597	2.2	2.3
殡葬管理机构	952	978	0.9	0.9
二、行政机关	**3483**	**3493**	**9.0**	**9.3**

6-12-27 提供住宿的社会服务机构床位数

单位：万张

年份/地区	床位数	老年及残疾人床位	智障和精神疾病床位	儿童床位	救助及其他社会服务床位	每千人口社会服务床位数(张)	每千老年人口养老床位数(张)
1991	82.8	78.3	3.8	0.7		0.71	
1992	89.8	85.2	3.8	0.8		0.77	
1993	92.7	87.4	4.0	0.9	0.4	0.78	
1994	95.5	90.1	4.0	0.9	0.5	0.80	
1995	97.6	91.9	4.0	1.1	0.6	0.81	
1996	100.8	95.0	4.0	1.2	0.6	0.82	
1997	103.1	97.2	4.0	1.3	0.6	0.83	
1998	105.8	99.6	4.1	1.5	0.6	0.85	
1999	108.9	102.4	4.1	1.6	0.8	0.87	
2000	113.0	104.5	4.1	1.8	2.6	0.89	
2001	140.7	114.6	4.2	2.3	19.6	1.10	
2002	141.5	114.9	4.3	2.5	19.8	1.10	
2003	142.9	120.6	4.5	2.7	15.1	1.11	
2004	157.2	139.5	4.5	3.0	10.2	1.21	
2005	180.7	158.1	4.4	3.2	15.0	1.38	10.97
2006	204.5	179.6	4.4	3.2	17.3	1.56	12.05
2007	269.6	242.9	4.7	3.4	18.6	2.04	15.83
2008	300.3	267.4	5.4	4.3	23.2	2.26	16.72
2009	326.5	293.5	5.9	4.8	22.3	2.45	17.56
2010	349.6	316.1	6.1	5.5	21.9	2.61	17.79
2011	396.4	369.2	6.5	6.8	13.9	2.94	19.96
2012	449.3	416.5	6.7	8.7	17.4	3.32	21.48
北京	13.0	11.8	0.1	0.2	0.9	6.25	39.90
天津	4.2	3.9	0.1	0.1	0.1	3.01	19.51
河北	21.0	19.6	0.1	0.1	1.2	2.88	18.82
山西	6.9	6.3	0.1	0.2	0.3	1.92	12.22
内蒙古	7.7	7.1	0.1	0.2	0.3	3.08	19.89
辽宁	18.7	17.2	0.2	0.3	1.0	4.25	27.33
吉林	9.0	8.0	0.3	0.2	0.5	3.29	20.23
黑龙江	11.4	10.3	0.3	0.2	0.6	2.97	18.67
上海	11.8	11.2	0.2	0.3	0.1	4.93	32.72
江苏	43.6	41.7	0.7	0.3	0.9	5.50	36.73
浙江	26.8	26.0	0.1	0.2	0.5	4.90	33.14
安徽	27.8	26.4	0.1	0.6	0.7	4.62	30.74
福建	7.3	6.1	0.4	0.1	0.7	1.94	11.28
江西	16.3	15.7		0.1	0.5	3.63	24.31
山东	40.9	39.4	0.3	0.7	0.5	4.24	28.43
河南	29.3	27.8	0.2	0.3	1.0	3.10	20.61
湖北	25.4	23.7	0.4	0.7	0.6	4.38	28.64
湖南	18.0	16.4	0.5	0.5	0.6	2.71	17.27
广东	17.5	14.8	0.4	0.5	1.8	1.65	9.73
广西	6.1	5.3	0.3	0.1	0.4	1.29	7.88
海南	1.4	1.4				1.67	11.17
重庆	12.6	12.0	0.2	0.3	0.1	4.27	28.35
四川	37.2	34.1	0.8	0.4	1.9	4.61	29.48
贵州	5.9	5.0	0.3	0.2	0.4	1.69	9.96
云南	7.1	6.2	0.1	0.3	0.5	1.54	9.35
西藏	0.9	0.7		0.1	0.1	3.12	16.32
陕西	8.9	8.0	0.1	0.3	0.5	2.37	14.96
甘肃	5.4	4.8	0.1	0.3	0.2	2.11	12.94
青海	1.1	0.8		0.2	0.1	1.88	10.17
宁夏	0.9	0.8		0.1		1.53	8.73
新疆	5.6	4.2	0.3	0.7	0.4	2.47	13.24

注：2001年起，社会服务机构床位数口径有所调整，除收养性机构床位数外，还包括了救助类机构床位数、社区类机构床位数以及军休所、军供站等机构床位数。老年人口指60岁及以上老年人口。

6-12-28 社会福利企业情况

年 份	单位数（个）	残疾职工人数（万人）	利润额（亿元）
1978	920	3.5	0.8
1979	1106	4.8	0.8
1980	1309	5.5	0.9
1981	1574	6.1	0.7
1982	1704	6.4	0.8
1983	5930	9.6	0.9
1984	6710	11.6	1.3
1985	14872	23.2	5.1
1986	19865	31.4	4.2
1987	27793	43.3	8.8
1988	40496	55.9	16.5
1989	41565	60.5	16.1
1990	41827	63.8	17.8
1991	43805	70.1	21.3
1992	49836	77.8	32.6
1993	56881	84.5	44.7
1994	60233	90.9	44.1
1995	60237	93.9	49.1
1996	59397	93.6	45.1
1997	55509	91.0	66.3
1998	50514	85.6	63.9
1999	44628	79.0	76.7
2000	40670	72.5	99.0
2001	37980	69.9	119.5
2002	35758	68.3	148.3
2003	33976	67.9	189.9
2004	32410	66.2	219.0
2005	31211	63.7	225.2
2006	30199	55.9	237.8
2007	24974	56.3	169.3
2008	23780	61.9	119.2
2009	22783	62.7	125.4
2010	22226	62.5	150.8
2011	21507	62.8	140.1
2012	20232	59.7	118.4

6-12-29 分地区社会福利企业情况

地 区	单位数 (个)	残疾职工人数 (万人)	利润额 (亿元)
总 计	**20232**	**59.7**	**118.4**
北 京	664	1.2	0.6
天 津	248	0.8	1.5
河 北	924	2.1	2.2
山 西	459	1.7	0.5
内蒙古	171	0.6	0.4
辽 宁	2075	4.7	6.2
吉 林	534	0.8	
黑龙江	639	1.1	
上 海	1223	3.3	16.6
江 苏	3027	10.7	26.1
浙 江	2574	9.8	42.4
安 徽	367	0.8	0.9
福 建	327	1.0	2.6
江 西	348	1.3	0.6
山 东	1385	3.8	8.8
河 南	1063	2.9	0.5
湖 北	706	1.7	0.7
湖 南	605	1.9	0.1
广 东	157	0.6	0.3
广 西	137	0.3	
海 南	12	0.1	
重 庆	762	2.6	5.5
四 川	775	2.5	0.6
贵 州	59	0.1	
云 南	343	1.7	-1.3
西 藏	4		
陕 西	251	0.5	1.9
甘 肃	97	0.1	
青 海	15	0.1	0.3
宁 夏	86	0.3	
新 疆	195	0.6	0.1

6-12-30 孤儿和家庭儿童收养

年份 地区	孤儿数 (人)	家庭儿童收养登记总数 (件)			家庭儿童 收养比例(%)
			中国公民收养登记	外国公民收养登记	
1996		18896	14804	4092	
1997		21548	17193	4355	
1998		26498	20611	5887	
1999		38074	31916	6158	
2000		55802	49037	6765	
2001		44706	36089	8617	
2002		45336	35372	9964	
2003		54159	44884	9275	
2004		52603	40084	12519	
2005		49506	35470	14036	
2006		48178	38393	9785	
2007		45192	36893	8299	
2008	67921	42550	37009	5541	65.0
2009	127599	44260	39801	4459	34.8
2010	252110	34529	29618	4911	13.7
2011	509695	31424	27579	3845	6.1
2012	570075	27278	23157	4121	4.8
北　京	2488	168	123	45	6.8
天　津	904	177	145	32	19.6
河　北	15979	453	390	63	2.9
山　西	15569	302	116	186	2.0
内蒙古	6902	237	165	72	3.4
辽　宁	8192	240	215	25	2.9
吉　林	5905	59	26	33	1.0
黑龙江	8722	78	53	25	0.9
上　海	2224	503	382	121	22.7
江　苏	19563	2876	2660	216	14.7
浙　江	5872	4092	4006	86	69.7
安　徽	27947	1189	1013	176	4.2
福　建	6711	1075	1010	65	16.0
江　西	28668	2517	1997	520	8.8
山　东	18460	2176	2071	105	11.8
河　南	47912	780	262	518	1.6
湖　北	29912	795	695	100	2.7
湖　南	51689	999	864	135	1.9
广　东	44375	2553	1753	800	5.8
广　西	20755	1549	1339	210	7.5
海　南	3067	188	186	2	6.1
重　庆	19575	368	306	62	1.9
四　川	30213	1160	1104	56	3.8
贵　州	21445	432	360	72	2.0
云　南	33965	1144	1040	104	3.4
西　藏	5576	14	14		0.2
陕　西	13973	453	291	162	3.2
甘　肃	22959	138	59	79	0.6
青　海	16351	85	74	11	0.5
宁　夏	7136	49	40	9	0.7
新　疆	27066	429	398	31	1.6

注：2011年以前的“孤儿数”指领取《儿童福利证》的孤儿数，2011年起指失去父母或查找不到生父母的未满18周岁的未成年人数。家庭儿童收养比例=家庭儿童收养人数/孤儿数*100%。

6-12-31 社会救助情况

单位：万人

年份/地区	城市居民最低生活保障人数	农村居民最低生活保障人数	农村集中供养五保人数	农村分散供养五保人数	传统救济人数
2007	2272.1	3566.3	138.0	393.3	75.0
2008	2334.8	4305.5	155.6	393.0	72.2
2009	2345.6	4760.0	171.8	381.6	62.2
2010	2310.5	5214.0	177.4	378.9	59.5
2011	2276.8	5305.7	184.5	366.5	68.7
2012	2143.5	5344.5	185.3	360.3	79.6
北京	11.0	6.3	0.2	0.2	
天津	16.6	10.1	0.1	1.1	
河北	77.3	208.0	9.3	14.3	0.7
山西	89.0	150.6	2.9	13.9	0.9
内蒙古	80.8	123.5	2.4	6.5	3.2
辽宁	107.0	91.9	3.7	10.5	0.8
吉林	90.5	77.0	3.5	9.4	0.2
黑龙江	152.4	119.4	6.8	7.7	1.4
上海	22.3	3.4	0.1	0.2	
江苏	37.0	138.1	12.9	7.5	12.9
浙江	7.8	56.7	3.9	0.1	1.1
安徽	81.9	214.6	16.3	28.8	5.1
福建	16.9	73.5	0.9	8.2	0.5
江西	98.0	150.3	12.0	10.9	2.8
山东	53.0	250.7	17.3	6.0	0.1
河南	133.4	373.0	19.9	27.7	2.4
湖北	129.5	230.7	12.0	16.1	6.9
湖南	145.6	277.4	10.5	40.7	10.2
广东	37.2	177.8	3.4	21.8	0.8
广西	51.5	332.8	2.2	28.4	10.9
海南	15.7	24.7	0.2	3.1	
重庆	51.5	74.3	5.8	9.7	1.3
四川	186.4	434.5	25.7	25.3	6.2
贵州	53.0	513.0	1.9	11.0	1.7
云南	93.6	437.5	3.5	18.4	4.4
西藏	4.8	32.9	0.3	1.3	
陕西	74.7	205.4	4.4	8.3	2.8
甘肃	88.3	344.0	1.1	11.2	2.2
青海	23.0	40.0	0.3	2.0	
宁夏	18.2	36.4	0.4	1.1	
新疆	95.5	135.8	1.6	8.8	0.1

6-12-32 民政部门医疗救助情况

年份 地区	城市医疗救助		农村医疗救助		城市医疗救助支出(万元)	农村医疗救助支出(万元)
	医疗救助(万人次)	资助参加医疗保险(万人)	医疗救助(万人次)	资助参加合作医疗(万人)		
2005			199.6	654.9	32000.0	57000.0
2006			201.3	1317.1	81240.9	114198.1
2007			377.1	2517.3	144379.2	280508.0
2008	443.6	642.6	759.5	3432.4	297000.0	383000.0
2009	410.4	1095.9	730.0	4059.1	412043.1	646245.8
2010	460.1	1461.2	1019.2	4615.4	495203.0	834810.0
2011	672.2	1549.8	1471.8	4825.3	676408.4	1199610.4
2012	689.9	1387.1	1483.8	4490.4	708801.6	1329104.8
北京	8.1	4.9	3.2	5.5	6686.1	3580.0
天津	11.9	30.4			7670.1	5105.2
河北	10.2	17.9	34.5	171.0	17950.6	40818.8
山西	14.7	66.2	13.4	95.0	23598.6	30847.5
内蒙古	16.1	79.0	22.8	129.1	23822.1	31287.2
辽宁	10.2	21.8	17.7	46.3	14461.6	15468.5
吉林	29.2	61.1	24.3	58.7	32371.7	28267.2
黑龙江	53.3	138.7	27.8	125.1	63729.7	51024.5
上海	6.8	4.2	2.0	0.7	17475.1	10736.2
江苏	68.4	33.1	96.4	115.6	38842.0	61783.8
浙江	15.0	2.6	76.3	48.9	13843.8	51748.7
安徽	12.9	26.0	64.0	186.0	25604.1	68214.7
福建	9.6	9.7	19.9	85.5	5835.6	18354.0
江西	28.6	55.6	51.7	121.5	47962.8	70240.4
山东	7.3	21.9	25.1	197.7	18655.9	50022.4
河南	23.4	65.8	109.0	298.9	20910.0	65509.0
湖北	18.9	120.3	60.1	251.8	29973.3	50397.4
湖南	38.9	73.9	87.1	191.7	39646.4	69153.7
广东	33.5	36.1	30.1	194.6	23363.0	34493.9
广西	8.2	22.8	46.9	226.1	10763.9	54999.8
海南	5.5	15.1	10.0	30.9	8047.0	14066.9
重庆	62.2	73.0	92.4	120.3	25185.5	39499.3
四川	78.2	94.3	249.8	403.0	56937.0	124436.9
贵州	5.6	49.0	38.6	504.2	12478.6	66977.4
云南	17.4	101.1	69.1	492.9	21968.8	77520.1
西藏	0.3		3.4	0.7	640.3	11166.8
陕西	6.3	9.1	36.6	79.7	19365.2	54324.4
甘肃	19.0	20.8	54.7	90.5	22774.0	63037.5
青海	24.4	20.9	46.5	41.0	11306.5	20563.7
宁夏	12.2	14.8	23.7	26.2	6722.7	11856.5
新疆	33.6	97.0	46.4	151.4	40209.6	33602.4

注：本表数据来源于民政部。

6-12-33 优抚安置情况

年份 地区	国家重点优抚对象（万人）	定期抚恤人数	定期补助人数	伤残人员	安置义务兵、士官、复员干部人数（万人）	接收军队离退休人员数（人）
2007	622.4	48.9	487.1	86.5	37.3	28058
2008	633.2	47.9	498.2	87.2	39.7	21378
2009	630.7	45.9	497.7	87.2	39.1	18904
2010	625.0	44.8	493.5	86.7	38.7	13451
2011	852.5	42.2	724.4	85.9	39.1	14530
2012	944.4	41.2	818.4	84.9	39.3	18570
北　京	4.3	0.2	3.0	1.1	0.4	4031
天　津	4.5	0.1	3.7	0.8	0.3	618
河　北	58.8	2.8	49.8	6.2	1.9	1761
山　西	17.6	1.1	13.7	2.8	0.9	127
内蒙古	6.9	0.3	5.1	1.5	0.6	154
辽　宁	22.3	0.9	18.2	3.2	1.5	1818
吉　林	11.7	0.9	8.3	2.6	0.6	266
黑龙江	15.2	0.8	11.9	2.4	0.9	312
上　海	3.9	0.6	2.6	0.7	0.3	606
江　苏	52.3	2.4	44.5	5.4	2.9	629
浙　江	21.0	0.5	18.2	2.2	2.0	242
安　徽	50.1	1.5	45.0	3.6	1.9	278
福　建	19.4	1.3	16.9	1.2	1.4	187
江　西	34.1	3.3	28.3	2.6	1.0	77
山　东	105.6	5.2	87.5	12.9	2.3	2111
河　南	77.6	2.5	68.3	6.8	4.2	805
湖　北	52.3	3.9	44.8	3.7	2.8	351
湖　南	88.5	2.9	80.6	5.0	2.1	137
广　东	42.0	1.0	38.6	2.4	1.7	388
广　西	29.8	0.5	28.2	1.1	1.0	136
海　南	2.8	0.3	2.3	0.2	0.2	15
重　庆	29.1	0.6	26.3	2.2	1.2	295
四　川	84.4	3.5	74.9	6.0	4.1	675
贵　州	26.4	0.5	24.3	1.6	0.6	186
云　南	37.8	0.9	35.0	1.9	1.1	753
西　藏	0.5	0.3	0.1	0.1	0.1	48
陕　西	28.1	1.6	24.1	2.4	0.4	707
甘　肃	11.5	0.3	10.1	1.1	0.3	444
青　海	1.4	0.1	0.9	0.3	0.1	49
宁　夏	0.9	0.1	0.6	0.2	0.1	56
新　疆	3.6	0.2	2.6	0.7	0.4	308

6-12-34 社会捐赠情况

年份 地区	社会捐赠款物合计(亿元)	社会捐赠款	民政部门	各类社会组织	社会捐赠其他物资折款
1997	14.0	4.2			9.9
1998	113.2	50.2	50.2		63.0
1999	17.8	6.9	5.0	2.0	10.8
2000	16.3	9.3	5.4	3.9	7.0
2001	20.0	11.7	7.6	4.1	8.3
2002	20.8	19.0	11.1	7.9	1.8
2003	43.4	41.0	29.2	11.9	2.4
2004	35.1	34.0	17.1	16.9	1.2
2005	61.9	60.3	31.3	29.0	1.6
2006	89.5	83.1	43.0	40.1	6.4
2007	148.4	132.8	50.9	81.9	15.6
2008	764.0	744.5	479.3	265.2	19.6
2009	485.9	483.7	66.5	417.2	2.2
2010	601.7	596.8	179.8	417.0	4.9
2011	494.9	490.1	96.6	393.5	4.8
2012	578.8	572.5	101.7	470.8	6.3
部本级	205.3	205.3	0.1	205.2	
北　京	37.1	36.5	11.1	25.4	0.6
天　津	1.3	1.3	0.5	0.8	
河　北	3.8	3.7	2.5	1.2	0.1
山　西	0.7	0.7	0.4	0.3	
内蒙古	0.9	0.4	0.1	0.3	0.5
辽　宁	9.7	9.7	5.6	4.1	
吉　林	3.0	3.0	2.3	0.7	
黑龙江	0.6	0.6	0.2	0.4	
上　海	27.2	27.2	1.9	25.3	
江　苏	76.4	76.2	13.2	63.0	0.2
浙　江	55.3	55.3	10.8	44.5	
安　徽	2.9	2.9	0.6	2.3	
福　建	5.9	5.5	4.2	1.3	0.4
江　西	4.5	3.1	1.8	1.3	1.4
山　东	35.3	35.2	9.2	26.0	0.1
河　南	6.6	6.6	0.3	6.3	
湖　北	6.9	6.6	0.9	5.7	0.3
湖　南	14.6	13.5	2.5	11.0	1.1
广　东	47.4	47.2	18.3	28.9	0.2
广　西	2.2	1.0	0.3	0.7	1.2
海　南	0.1	0.1		0.1	
重　庆	8.2	8.1	5.1	3.0	0.1
四　川	9.0	8.9	2.1	6.8	0.1
贵　州	2.8	2.7	1.8	0.9	0.1
云　南	5.7	5.7	3.6	2.1	
西　藏	0.8	0.8	0.6	0.2	
陕　西	0.5	0.5	0.1	0.4	
甘　肃	0.7	0.6	0.1	0.5	0.1
青　海	0.7	0.7		0.7	
宁　夏	2.0	2.0	1.0	1.0	
新　疆	0.7	0.7	0.3	0.4	

注：社会捐赠其他物资折款指民政部门接收的捐赠衣被和物资。

6-12-35 社区服务机构基本情况

单位：个

年份 地区	社区服务机构数					便民、利民服务网点	社区服务机构覆盖率(%)
		社区服务指导中心数	社区服务中心数	社区服务站数	其他社区服务机构数		
1993	92946		3711		89235	169503	8.3
1994	98679		4034		94645	204229	8.8
1995	115175		4380		110795	234024	11.0
1996	132309		5055		127254	259201	12.7
1997	138366		5113		133253	307226	13.5
1998	154196		6154		148042	345075	16.2
1999	164962		7623		157339	405740	18.0
2000	187888		6444		181444	451567	22.4
2001	201758		6179		195579	539544	25.5
2002	206743		7898		198845	622986	26.9
2003	203945		7520		196425	668418	27.5
2004	205926		7804		198122	703760	28.5
2005	203275		8479		194796	664764	28.7
2006	160007		8565		151442	457896	22.7
2007	172002		9319	50116	112567	892656	24.7
2008	162976		9873	30021	123082	748684	23.7
2009	174976		10003	53170	111803	692625	25.6
2010	152941		12720	44237	95984	539136	22.4
2011	160352		14391	56156	89805	452868	23.6
2012	200162	809	15497	87931	95925	397222	29.5
北京	10267	18	186	6040	4023	11169	152.0
天津	1321	10	212	761	338	11789	25.8
河北	5504	28	302	3066	2108	3232	10.6
山西	2021	14	334	1394	279	6358	6.7
内蒙古	1928	3	873	613	439	9627	14.3
辽宁	4068	20	561	2762	725	11632	26.4
吉林	589	26	326	237		276	5.3
黑龙江	2165	35	474	1316	340	8830	18.5
上海	3466	8	193	2943	322	14717	62.7
江苏	21138	56	1048	13243	6791	72424	98.3
浙江	24824	24	1352	9656	13792	101794	75.7
安徽	5105	34	983	2177	1911	7028	28.1
福建	2191	26	269	1761	135	4965	13.1
江西	3206	38	335	1077	1756	3660	16.0
山东	23128	112	1009	9274	12733	42784	29.6
河南	3072	41	488	756	1787	2116	6.0
湖北	7660	28	468	3834	3330	5580	25.9
湖南	8426	62	485	1987	5892	15695	18.0
广东	37399	31	1528	8773	27067	4629	145.8
广西	1020	18	91	467	444	1609	6.3
海南	70		1	69			2.3
重庆	3824	10	277	1889	1648	8623	34.8
四川	4831	57	805	2474	1495	3360	9.1
贵州	11527	14	860	4570	6083	20845	57.9
云南	1080	9	107	959	5	82	7.6
西藏	38		5	33			0.7
陕西	2806	49	413	2010	334	2524	9.7
甘肃	4045	19	837	2009	1180	9071	23.4
青海	130		13	117			2.8
宁夏	1230	2	57	462	709	9065	45.8
新疆	2083	17	605	1202	259	3738	18.3

注：1.其他社区服务机构数是指除养老、便民等民政业务外的服务机构，如：卫生、文化、社保服务中心(站)等。
2.社区服务指导中心是指县级以上建立的除有一般社区服务中心(站)的职能外，还对社区服务中心和社区服务站的工作具有指导作用的社区服务机构。

6-12-36 残疾人事业基本情况

项目		2008	2009	2010	2011	2012
康复						
视力残疾康复						
白内障复明手术	(万例)	88.8	104.3	79.9	75.8	79.6
#贫困白内障患者免费手术		25.1	37.3	27.3	31.0	33.4
低视力者配用助视器	(万人)	3.5	4.1	3.3	3.6	11.7
盲人定向行走训练	(万人)	1.3	1.5	1.6	2.5	12.0
听力语言残疾康复	(万人)					
新收训聋儿		2.0	2.0	1.9	1.8	2.0
培训聋儿家长		2.4	2.6	2.3	2.9	3.9
肢体残疾康复	(万人)					
肢体残疾(脑瘫)儿童机构康复训练		1.6	1.5	2.1	1.8	3.0
肢体残疾人社区、家庭康复训练		8.0	9.1	11.5	14.9	32.8
智力残疾康复	(万人)					
智力残疾儿童康复训练		2.7	2.7	2.7	2.8	11.5
成年智力残疾人社区、家庭康复						2.5
精神病防治康复						
监护精神病人	(万人)	383.8	412.8	416.2	421.2	449.0
显好率	(%)	70.0	69.5	68.4	68.4	67.2
社会参与率	(%)	56.9	55.4	54.5	53.8	52.6
孤独症儿童机构训练	(人)	1027	5290	5620	6910	11119
残疾人辅助器具供应服务						
辅助器具供应	(万件)	109.5	112.2	113.9	74.3	114.5
残疾人假肢装配	(万例)	2.6	2.5	3.0	3.1	3.9
残疾人矫形器装配	(万例)	1.2	1.1	2.6	1.5	4.0
教育						
未入学学龄残疾儿童少年	(万人)	22.0	21.1	14.6	12.6	9.1
特殊教育普通高中在校生	(人)	5464	6339	6067	7207	7043
残疾人中等职业教育在校生	(人)	9932	11448	11506	11572	10442
高等院校录取残疾考生	(人)	7305	7782	8731	8027	8363
就业						
城镇残疾人新增安排就业	(万人)	36.8	35.0	32.4	31.8	32.9
集中就业		11.3	10.5	10.2	9.7	10.2
按比例就业		9.9	8.9	8.6	7.5	8.0
个体及其他形式就业		15.6	15.6	13.7	14.6	14.7
社会保障	**(万人)**					
城镇残疾职工参加社会保险		297.6	287.6	283.2	299.3	280.9
残疾居民参加城镇居民医疗保险			283.6	355.9	433.1	498.6
农村残疾人参加新型农村社会养老保险			158.9	487.1	1232.5	1338.4
城乡残疾人纳入最低生活保障		738.6	853.6	927.1	1031.4	1070.5
托养残疾人		4.8	11.0	57.9	60.7	74.7
维权						
贫困残疾人家庭无障碍改造	(万户)				10.2	14.1
残疾人机动轮椅车燃油补贴	(万人)		49.1	49.1	41.9	55.4
扶贫						
扶持农村贫困残疾人	(万人次)	179.8	192.3	204.0	211.8	229.9
农村残疾人实用技术培训	(万人次)	87.0	84.0	85.5	92.3	86.1
农村贫困残疾人危房改造	(万户)	9.8	10.2	11.8	9.4	13.2
受益残疾人	(万人)	14.0	14.0	14.5	11.5	15.7
组织建设						
残疾人人口库持证残疾人	(万人)		1005.2	1793.7	2195.1	2527.2

注：1.根据第二次全国残疾人抽样调查及第六次全国人口普查的结果推算，2010年末我国残疾人总数8502万人。
2.孤独症儿童机构及康复训练数据在2008年专指省级“十一五”试点机构内的儿童，从2009年起包括在省级和地市级及以下机构在训的儿童。
3.托养残疾人数据在2009年以前专指机构中托养的残疾人，从2010年起包括享受居家托养服务的残疾人。

【主要统计指标解释】

医疗卫生机构 指从卫生行政部门取得《医疗机构执业许可证》、《计划生育技术服务许可证》，或从民政、工商行政、机构编制管理部门取得法人单位登记证书，为社会提供医疗保健、疾病控制、卫生监督服务或从事医学科研和医学在职培训等工作的单位。医疗卫生机构包括医院、基层医疗卫生机构、专业公共卫生机构、其他医疗卫生机构。

基层医疗卫生机构 包括社区卫生服务中心（站）、乡镇(街道)卫生院、村卫生室、门诊部、诊所(医务室)。

政府办基层医疗卫生机构：主要指卫生（卫生计生）行政部门、街道办事处等行政机关举办的社区卫生服务中心(站)、乡镇（街道）卫生院。

政府办社区卫生服务中心(站)：指卫生（卫生计生）行政部门、街道办事处、新疆生产建设兵团、林业局、农垦局等机关举办的社区卫生服务中心(站)，不包括公立医院举办的社区卫生服务中心和社区卫生服务站(属事业单位举办)。

专业公共卫生机构 包括疾病预防控制中心、专科疾病防治机构、妇幼保健机构（含妇幼保健计划生育服务中心）、健康教育机构、急救中心（站）、采供血机构、卫生监督机构、取得《医疗机构执业许可证》或《计划生育技术服务许可证》的计划生育技术服务机构。

其他医疗卫生机构 包括疗养院、临床检验中心、医学科研机构、医学在职教育机构、卫生监督（监测、检测）机构、医学考试中心、农村改水中心、人才交流中心、统计信息中心等卫生事业单位。

医院等级 由卫生和计划生育主管部门评定(以证书为准)，级别分为一、二、三级、未定级；等次分为甲等、乙等、丙等、未定等。以医院等级评审结果为依据，未通过医院等级评审的医院填写“未定级”。

卫生人员 指在医院、基层医疗卫生机构、专业公共卫生机构及其他医疗卫生机构工作的职工，包括卫生技术人员、乡村医生和卫生员、其他技术人员、管理人员和工勤人员。一律按支付年底工资的在岗职工统计，包括各类聘任人员(含合同工)及返聘本单位半年以上人员，不包括临时工、离退休人员、退职人员、离开本单位仍保留劳动关系人员、本单位返聘和临聘不足半年人员。

卫生技术人员 包括执业医师、执业(助理)医师、注册护士、药师(士)、检验及影像技师(士)、卫生监督员和见习医(药、护、技)师(士)等卫生专业人员。不包括从事管理工作的卫生技术人员(如院长、副院长、党委书记等)。

乡村医生和卫生员 乡村医生指从当地卫生和计生行政部门获得“乡村医生”证书的人员；卫生员是指村卫生室中未获得“乡村医生”证书的人员。

执业医师 指《医师执业证》“级别”为“执业医师”且实际从事医疗、预防保健工作的人员，不包括实际从事管理工作的执业医师。执业医师类别分为临床、中医、口腔和公共卫生四类。

执业(助理)医师 指《医师执业证》“级别”为“执业助理医师”且实际从事医疗、预防保健工作的人员，不包括实际从事管理工作的执业助理医师。执业助理医师类别分为临床、中医、口腔和公共卫生四类。

每千人口卫生技术人员 即卫生技术人员数/人口数×1000。人口数系统计局常住人口。

每千人口执业(助理)医师数 指年末每千人口拥有的执业医师和执业助理医师数

(年末执业医师数+年末执业助理医师数)/年末人口数×1000

每千人口医疗卫生机构床位数 即医疗卫生机构床位数/人口数×1000。人口数系统计局常住人口。

甲乙类法定报告传染病发病率 是指某年某地区每10万人口中甲、乙类法定报告传染病发病数。即甲乙类法定报告传染病发病率=甲、乙类法定报告传染病发病数/人口数×100000。

甲乙类法定报告传染病死亡率 是指某年某地区每10万人口中甲、乙类法定报告传染病死亡数。即甲乙类法定报告传染病死亡率=甲、乙类法定报告传染病死亡数/人口数×100000。

甲乙类法定报告传染病病死率 是指某年某地区甲、乙类法定报告传染病死亡数与发病数之比。即甲乙类法定报告传染病病死率=甲、乙类法定报告传染病死亡数/发病数×100%。

粗死亡率 指年内一定地区的死亡人数与同期平均人数之比。

病死率 表示一定时期内(通常为一年),患某种疾病的死亡人数与患某种疾病发病人数之比,一般以%表示。

孕产妇死亡率 指年内每10万名孕产妇的死亡人数。孕产妇死亡指从妊娠期至产后42天内,由于任何妊娠或妊娠处理有关的原因导致的死亡,但不包括意外原因死亡者。按国际通用计算方法,“孕产妇总数”以“活产数”代替计算。

活产数 指年内妊娠满28周及以上(如孕周不清楚,可参考出生体重达1000克及以上),娩出后有心跳、呼吸、脐带搏动、随意肌收缩四项生命体征之一的新生儿数。

5岁以下儿童死亡率 指年内未满5岁儿童死亡人数与活产数之比。

新生儿死亡率 指年内新生儿死亡数与活产数之比。一般以‰表示。新生儿死亡指出生至28天以内(即0-27天)死亡人数。

军供站 即军队供应管理单位,指地方政府委托民政部门管理的、独立核算的、为战时或平时军队来往服务的军用饮食供应站、军用供水站、军人转运接待站等单位的总称。

社会福利企业 指以集中安置有一定劳动能力的残疾人就业为目的(残疾职工占生产人员10%以上)、带有社会福利性质的企业总称。社会福利企业分类为:社会福利工厂、假肢厂、其他福利企业。性质分为:国有、集体和其他性质。

孤儿数 指失去父母或查找不到生父母的未满18周岁的未成年人的人数。由地方县级以上民政部门依据有关规定和条件认定。

家庭儿童收养登记总数 指中国公民收养查找不到生父母的弃婴、儿童和福利机构抚养的孤儿以及外国人收养中国儿童并在中国县级及以上民政部门办理儿童收养登记后取得合法收养关系的总件数。县级及以上民政部门办理儿童收养登记一次为一件。

中国公民收养登记 指收养人是中国公民(包括港澳台居民及华侨)的儿童收养登记。

外国公民收养登记 指收养人是具有外国国籍(包括无国籍人)的人员,或夫妻共同收养有一方是外国人的,按外国人办理收养登记。

城市居民最低生活保障人数 指在报告期末家庭平均收入在当地规定的最低生活保障线以下的城镇居民数。包括“三无”对象,失业人员和在职、下岗、退休人员等。

农村居民最低生活保障人数 指报告期末在建立农村最低生活保障制度的地区,得到当地政府或集体给予最低生活保障的农业人口家庭人数。

五保户 指无法定抚养义务人,或者虽有法定抚养义务人,但是抚养人无抚养能力的;无劳动能力的;无生活来源的老年人、残疾人和未成年人。

传统救济人数 指国家规定由民政部门救济的特殊人员和60年代精简退职老职工救济人员。特殊人员包括麻风病人、原国民党起义、投诚人员、归侨、台胞台属、宽大释放人员、摘掉右派帽子人员、因公负伤的下乡知青、因计划生育手术事故造成死亡和丧失劳动能力人员等传统民政救济对象。

社区服务机构数 指报告期末设立的社区服务指导中心、社区服务中心、社区服务站、其他社区服务机构的总和数。具有面向老人及其家庭的商品递送、医疗保健、家庭保洁、日间照料、陪伴服务等为社区居家养老服务的设施和突出综合服务的职能。包括党员活动室、就业保障网络、社会卫生服务站、文化活动室、图书室、“爱心超市”、社区捐助接收站点、警务站（室）、老年活动室、未成年人文化活动场所等具有综合服务功能的机构。

社区服务机构覆盖率 计算公式为：

$$社区服务机构覆盖率=\frac{社区服务机构数}{村委会数+居委会数}\times100\%$$

未入学学龄残疾儿童少年 指截止到本年度12月31日，《义务教育法》规定的入学年龄段（6-14周岁或7-15周岁）内的，因各种原因未能入学的各类残疾儿童少年。

城镇残疾人新增安排就业 指本年度通过集中就业、按比例就业、个体就业、公益性岗位就业、辅助性就业及其他形式新安排就业的城镇（非农业户口）残疾人。

集中就业 指城镇残疾人集中在福利企业、工疗机构、盲人按摩机构等单位就业。

按比例就业 指城镇残疾人分散在机关、团体、企事业单位及各种经济组织等单位就业。

个体及其他形式就业 指除集中就业和按比例就业外，城镇残疾人通过公益性岗位就业、个体就业、辅助性就业及其他形式实现就业。其中，公益性岗位就业指城镇残疾人在城镇公共管理和涉及居民利益的非营利性的服务岗位上就业，辅助性就业指通过对城镇智力、精神和重度肢体等残疾人辅助性服务，帮助其从事简单的劳动实现就业。

6 第三产业部分行业主要业务指标

6-13　文化、体育和娱乐业

简要说明

一、主要内容

本篇主要反映新闻出版、广电、文化、文物、档案、体育事业发展情况。

内容包括全国及各地区图书、期刊、报纸、音像制品的出版、印刷、发行以及引进和输出版权情况；全国及各地区广播影视宣传、覆盖、技术等方面的情况；全国及各地区艺术表演团体、公共图书馆、群众艺术馆、博物馆以及国家档案馆等单位的机构、人员、经费和业务活动情况；全国及各地区体育系统运动员获世界冠军、创世界记录以及分技术等级运动员、教练员发展情况。

二、资料来源

新闻出版、广播、电影、电视资料来自国家新闻出版广电总局；文化资料来自文化部；文物资料来自国家文物局；档案资料来自国家档案局；体育资料来自国家体育总局。

详细资料分别见《中国新闻出版统计资料汇编》（国家新闻出版广电总局编）、《全国广播电影电视业发展指标统计》（国家新闻出版广电总局编）、《中国文化文物统计年鉴》（中华人民共和国文化部编）、《体育事业统计年鉴》（国家体育总局体育经济司编）。

6-13-1 图书出版情况

类 别	种 数 (种)	印 数 (万册)	印 张 (千印张)
图书总计	**414005**	**792464**	**66699442**
使用“中国标准书号”部分合计	**413313**	**788951**	**66482327**
马列主义、毛泽东思想	594	1596	216972
哲学	8338	5853	840613
社会科学总论	5163	3338	517049
政治、法律	16791	15551	1988298
军事	1279	948	129515
经济	29681	15285	2582612
文化、科学、教育、体育	159190	593715	41077233
语言、文字	20923	21211	3319899
文学	42148	48661	5517309
艺术	22832	16761	1521605
历史、地理	16916	12583	1492909
自然科学总论	846	736	69844
数理科学、化学	7143	4163	684962
天文学、地球科学	2438	1213	134489
生物科学	2442	1653	186112
医学、卫生	16855	15254	1788489
农业科学	5883	3806	338950
工业技术	43964	20423	3306328
交通运输	4224	2586	352218
航空、航天	461	200	25344
环境科学	1781	906	100547
综合性图书	3421	2509	291030
不使用“中国标准书号”部分合计	**692**	**3513**	**217115**
图片	692	848	21914
国标(GB)、部标(BB)等标准类文件印品		1683	156117
活页文选、活页歌篇、小件印品等		982	39084

6-13-2 图书、期刊和报纸出版情况

年份 地区	图书				期刊				报纸			
	种数 (种)	#新出版	总印数 (亿册、亿张)	总印张数 (亿印张)	种数 (种)	平均期印数 (万册)	总印数 (亿册)	总印张数 (亿印张)	种数 (种)	平均期印数 (万份)	总印数 (亿份)	总印张数 (亿印张)
1978	14987	11888	37.7	135.4	930	6200	7.6	22.7	186	4280	127.8	113.5
1980	21621	17660	45.9	195.7	2191	10298	11.3	36.7	188	6236	140.4	141.7
1985	45603	33743	66.7	282.8	4705	23952	25.6	77.3	1445	19107	246.8	202.8
1990	80224	55245	56.4	232.1	5751	16156	17.9	48.1	1444	14670	211.3	182.8
1995	101381	59159	63.2	316.8	7583	19794	23.4	67.0	2089	17644	263.3	359.6
1996	112813	63647	71.6	360.5	7916	19300	23.1	68.1	2163	17877	274.3	392.4
1997	120106	66585	73.1	364.0	7918	20046	24.4	73.3	2149	18259	287.6	459.8
1998	130613	74719	72.4	373.6	7999	20928	25.4	79.9	2053	18211	300.4	540.0
1999	141831	83095	73.2	391.4	8187	21845	28.5	96.8	2038	18632	318.4	636.7
2000	143376	84235	62.7	376.2	8725	21544	29.4	100.0	2007	17914	329.3	799.8
2001	154526	91416	63.1	406.1	8889	20697	28.9	100.9	2111	18130	351.1	938.9
2002	170962	100693	68.7	456.4	9029	20406	29.5	106.4	2137	18721	367.8	1067.4
2003	190391	110812	66.7	462.2	9074	19909	29.5	109.1	2119	19072	383.1	1235.6
2004	208294	121597	64.1	465.6	9490	17208	28.3	110.5	1922	19522	402.4	1524.8
2005	222473	128578	64.7	493.3	9468	16286	27.6	125.3	1931	19549	412.6	1613.1
2006	233971	160757	64.1	512.0	9468	16435	28.5	136.9	1938	19703	424.5	1658.9
2007	248283	136226	62.9	486.5	9468	16697	30.4	157.9	1938	20545	438.0	1700.8
2008	274123	148978	70.6	561.1	9549	16767	31.0	158.0	1943	21155	442.9	1930.6
2009	301719	168296	70.4	565.5	9851	16457	31.5	166.2	1937	20837	439.1	1969.4
2010	328387	189295	71.7	606.3	9884	16349	32.2	181.1	1939	21438	452.1	2148.0
2011	369523	207506	77.1	634.5	9849	16880	32.9	192.7	1928	21517	467.4	2272.0
2012	414005	241986	79.2	667.0	9867	16767	33.5	196.0	1918	22762	482.3	2211.0
中　央	170203	101402	21.2	237.3	2894	5746	10	74	220	3219	76.7	218.7
北　京	9431	5611	1.3	13.4	170	194	0.4	2.72	37	505	12.8	81.4
天　津	5319	3886	0.5	4.0	251	252	0.4	1.93	27	325	9.1	51.8
河　北	3976	2340	2.0	13.4	229	248	0.5	2.43	66	872	15.0	43.9
山　西	3403	1911	1.5	14.0	198	182	0.4	2.37	60	2210	21.1	28.5
内蒙古	2863	1648	0.6	4.3	148	127	0.3	1.40	61	127	2.7	7.1
辽　宁	9998	5596	1.2	9.6	320	551	1.0	4.17	69	948	16.6	99.0
吉　林	22263	13803	2.9	25.8	240	390	1.1	5.12	52	1093	11.1	38.7
黑龙江	4218	3113	0.6	5.3	315	291	0.6	2.96	69	378	7.9	31.1
上　海	23777	13133	3.4	31.3	635	938	1.8	9.67	72	662	14.5	68.0
江　苏	20407	11318	5.4	35.6	467	488	1.3	4.78	81	1236	28.9	140.5
浙　江	11478	5935	3.7	23.6	222	539	0.8	4.29	71	1188	34.7	162.8
安　徽	9094	5202	2.4	17.4	186	405	0.6	2.57	51	514	12.6	52.7
福　建	3413	2329	0.9	6.8	176	202	0.4	1.62	43	575	11.9	53.9
江　西	5127	3495	1.8	11.8	161	269	0.7	2.33	41	323	7.6	31.4
山　东	11654	5428	4.3	27.7	269	485	1.1	6.01	87	1170	34.0	185.1
河　南	6314	3377	2.3	16.5	246	405	1.0	4.41	78	1519	21.5	71.7
湖　北	14145	8362	2.6	20.8	422	1280	3.4	18.66	74	836	20.5	93.0
湖　南	10821	5753	3.6	23.7	248	557	1.2	5.49	50	620	13.1	52.5
广　东	9851	7454	3.0	22.3	389	863	1.9	11.21	101	1830	45.3	413.2
广　西	8667	4289	2.9	19.3	186	193	0.5	1.80	54	265	7.0	25.6
海　南	3315	1484	0.8	4.8	43	49	0.1	0.61	12	92	2.4	7.6
重　庆	5052	2155	1.4	8.8	137	266	0.5	3.50	26	321	6.9	35.4
四　川	7794	4235	2.4	17.7	348	470	0.9	6.52	88	661	17.3	86.6
贵　州	966	575	0.7	4.8	88	86	0.1	0.71	31	164	4.2	17.8
云　南	7901	5430	1.7	12.8	127	222	0.4	2.41	42	228	6.5	31.2
西　藏	546	259	0.1	1.1	35	16	0.0	0.11	23	37	0.7	2.0
陕　西	8468	4470	2.0	16.8	283	334	0.7	4.53	44	304	7.1	45.4
甘　肃	2617	1453	0.7	5.5	134	507	1.1	4.91	50	217	5.0	11.1
青　海	557	319	0.1	0.9	53	31	0.0	0.27	27	46	1.1	3.6
宁　夏	1676	1224	0.3	2.4	37	63	0.2	1.78	14	46	1.1	3.1
新　疆	8691	4997	1.1	7.7	210	119	0.2	0.78	97	231	5.4	16.5

6-13-3 分地区少年儿童读物和课本出版情况

地 区	种数(种)		总印数 (万册)		总印张(千印张)	
	儿童读物	课 本	儿童读物	课 本	儿童读物	课 本
全 国	**30965**	**81271**	**47702**	**347458**	**2853998**	**27078790**
中 央	6242	48418	8748	99625	527636	9933578
地 方	24723	32853	38954	247833	2326362	17145212
北 京	2458	748	3093	1398	250248	115972
天 津	652	667	804	1501	39889	117421
河 北	90	350	155	13803	3281	934173
山 西	592	24	2229	5560	127529	377630
内蒙古	431	869	330	4591	19371	329347
辽 宁	1165	2489	1376	2883	95513	236197
吉 林	4039	1387	3788	5405	238838	448615
黑龙江	385	473	469	3037	24379	203447
上 海	1612	5110	3943	15097	172543	1237583
江 苏	1461	3004	2634	21438	171437	1386553
浙 江	2287	1120	4457	12568	362768	840405
安 徽	1256	602	1076	10705	82108	804688
福 建	309	450	391	4173	28127	292780
江 西	1375	230	2801	7341	136063	532201
山 东	918	1543	2406	20847	118199	1177423
河 南	262	777	273	15045	14038	987984
湖 北	436	2242	984	8387	68182	606224
湖 南	1392	905	1611	14686	99097	814311
广 东	507	1371	699	19236	20893	1351027
广 西	988	417	1878	8750	92354	595445
海 南	149	17	892	1042	42229	70889
重 庆	49	1534	207	5890	3633	405258
四 川	650	1670	611	10358	32571	835511
贵 州	113	99	319	5697	10920	397298
云 南	92	213	215	7685	5340	524372
西 藏	15	152	7	1079	407	78311
陕 西	378	1857	741	7800	31127	605269
甘 肃	154	102	285	3774	11400	292054
青 海	17	235	7	923	293	67074
宁 夏	38		44	868	1097	62640
新 疆	453	2196	229	6266	22488	417110

6-13-4 课本出版情况

项 目	种数 (种)	#新出版	总印数 (万册)	总印张 (千印张)	定价总金额 (万元)
总计	**81271**	**28363**	**347458**	**27078790**	**3511310**
大专及以上课本	50270	19655	32190	5600646	989365
中专、技校课本	5805	1767	6883	880433	146904
中学课本	7137	1457	169956	12755821	1316655
小学课本	5821	1078	125010	6374192	717726
业余教育课本	5655	2306	4576	728378	159039
扫盲课本	6	4	13	970	139
教学用书	6577	2096	8830	738350	181482

6-13-5 音像制品及电子出版物情况

单位：种

地　　区	全　国	中　央	地　方
录像制品出版品种　（种）	8894	4164	4730
激光数码视盘	2207	960	1247
高密度激光视盘	6553	3158	3395
录像带及其他	134	46	88
其中新版录像制品	6652	2780	3872
#激光数码视盘	1124	276	848
高密度激光视盘	5399	2459	2940
录像带及其他	129	45	84
录像制品　（万盒、万张）	16576	6570	10006
#激光数码视盘	4851	3261	1589
高密度激光视盘	11593	3288	8304
录像带及其他	133	20	112
其中新版录像制品	12414	3724	8690
#激光数码视盘	2244	1475	769
高密度激光视盘	10038	2230	7808
录像带及其他	132	19	112
发行数量	11723	6350	5374
录音制品　（种）	9591	4129	5462
#录音带	2681	1250	1431
激光唱盘	5029	1958	3071
高密度激光唱盘及其他	1881	921	960
其中新版录音制品	5048	1743	3305
#录音带	1013	247	766
激光唱盘	3085	1091	1994
高密度激光唱盘及其他	950	405	545
录音制品　（万盒、万张）	22790	16244	6546
#录音带	17265	13900	3365
激光唱盘	3546	1286	2260
高密度激光唱盘及其他	1979	1058	921
其中新版录音制品	7006	4381	2625
#录音带	4467	3504	963
激光唱盘	1840	542	1298
高密度激光唱盘及其他	699	334	365
发行数量	23248	13748	9500
电子出版物　（种）	11822	7896	3926
#只读光盘	7620	4614	3006
高密度只读光盘	3352	2599	753
交互式光盘及其他	850	683	167
其中新版电子出版物	7821	5011	2810
#只读光盘	4685	2668	2017
高密度只读光盘	2609	1980	629
交互式光盘及其他	527	363	164
电子出版物　（万张）	26345	18645	7700
#只读光盘	20335	13935	6400
高密度只读光盘	5058	3817	1242
交互式光盘及其他	951	893	58
其中新版	9633	7245	2388
#只读光盘	5331	3512	1819
高密度只读光盘	3918	3406	513
交互式光盘及其他	384	327	57

6-13-6 全国图书、期刊、报纸进出口情况

指标	出口		进口	
	数量（万册、份）	金额（万美元）	数量（万册、份）	金额（万美元）
总计	**2061.77**	**7282.58**	**3138.07**	**30121.65**
图书	1677.17	6582.78	743.51	13707.99
哲学、社会科学	173.44	1222.09	45.93	1861.68
文化、教育	350.60	1494.57	138.78	2420.40
文学、艺术	233.41	1269.97	165.18	1861.16
自然、科学技术	85.49	428.58	107.74	3593.28
少儿读物	538.23	632.49	76.14	440.31
综合性图书	295.99	1535.08	209.74	3531.16
期刊	291.33	642.74	490.33	14120.03
报纸	93.27	57.06	1904.23	2293.63

6-13-7 全国音像、电子出版物进出口情况

指标	出口		进口	
	数量（盒、张）	金额（万美元）	数量（盒、张）	金额（万美元）
总计	**261539**	**2191.50**	**185646**	**16685.95**
录音合计	25766	15.59	123396	103.73
录音带	233	0.07		
激光唱片	25533	15.52	123396	103.73
数码激光唱盘				
录像合计	214165	135.93	62093	42.37
VT				
DVD—V	207587	128.36	62093	42.37
VCD	6578	7.57		
电子出版物	21608	98.86	157	106.73
数字出版物		1941.12		16433.12

6-13-8 版权合同登记及引进和输出情况

单位：项

项目	合计	图书	录音制品	录像制品	电子出版物	软件	电影	电视节目	其他
版权合同登记	18645	16554			417	1085	24	14	33
本年引进版权									
总数	**17589**	**16115**	**475**	**503**	**100**	**189**	**12**	**190**	**5**
美　国	5606	4944	128	444	13	34		42	1
英　国	2739	2581	42	34	3	4		73	2
德　国	941	874	38	1	10	16		2	
法　国	846	835	3	1	1	4		2	
俄罗斯	61	48		1			12		
加拿大	138	122	11			5			
新加坡	293	265	2					26	
日　本	2079	2006	23	7	25	15		1	2
韩　国	1232	1209	6		10	3		4	
香港地区	590	413	85	5	1	62		24	
澳门地区	5	5							
台湾地区	1558	1424	108	8	15	3			
其　他	1501	1389	29	2	22	43		16	
本年输出版权									
总数	**9365**	**7568**	**97**	**51**	**115**	**2**		**1531**	**1**
美　国	1259	1021	5	23	18			192	
英　国	606	606							
德　国	354	352						1	1
法　国	130	130							
俄罗斯	104	104							
加拿大	122	104		14	1			3	
新加坡	292	173	2		16			101	
日　本	405	401	3					1	
韩　国	310	282	24		4				
香港地区	511	440	2	1	2			66	
澳门地区	1	1							
台湾地区	1796	1781			12			3	
其　他	3475	2173	61	13	62	2		1164	

6-13-9 各地区出版物发行机构数和网点数

地 区	发行机构合计(处)	国有书店及国有发行点	供销社	出版社	网上书店	文化教育广电邮政系统	新华书店系统外批发网点	集体个体零售	新华书店系统出版社自办发行从业人数(人)	国有书店及国有发行点
全 国	**172633**	**9403**	**748**	**446**	**619**	**37821**	**7505**	**116091**	**7761**	**140268**
中 央	**131**	**3**		**128**					**1891**	**1304**
地 方	**172502**	**9400**	**748**	**318**	**619**	**37821**	**7505**	**116091**	**5870**	**138964**
北 京	8998	124		17	538	2053	1773	4493	498	3951
天 津	3060	71		13			158	2818	126	1703
河 北	7272	376		7		2107	214	4568	783	7585
山 西	2945	396	12			445	123	1969		5579
内蒙古	1942	227		7			49	1659	59	2121
辽 宁	5964	294		12		487	284	4887	295	5899
吉 林	2600	113		4	16	243	227	1997	98	2869
黑龙江	3031	239	59	5	1	582	138	2007	65	3880
上 海	8526	144		71	24	2285	345	5657	661	2484
江 苏	14497	875		18	2	2470	232	10900	142	6028
浙 江	11057	558		10	1	2607	321	7560	82	7036
安 徽	8588	649		11	12	3560	306	4050	150	4773
福 建	4387	233		5	9	1083	437	2620	34	3802
江 西	3414	326	28	6		21	157	2876	136	3074
山 东	7127	520		5		905	161	5536	25	7822
河 南	8938	1068		12		2310	280	5268	167	12479
湖 北	4933	236		16	6	664	404	3607	326	4888
湖 南	7711	390		14		4682	125	2500	1230	9778
广 东	13180	398	568	19			453	11742	183	9410
广 西	5007	255	81	20		1924	78	2649	260	4293
海 南	723	28		4		371	45	275	24	957
重 庆	3486	267		3		601	127	2488	45	2658
四 川	10565	214			1	3270	240	6840		9370
贵 州	3736	221		2	1	839	132	2541	34	1617
云 南	8769	241		8		1812	121	6587	16	3591
西 藏	131	52		1		8		70	4	295
陕 西	4680	205		25		1600	240	2610	296	4073
甘 肃	2203	295		2		82	210	1614	117	2830
青 海	1052	55				183	28	786		624
宁 夏	989	31		1	6	457	42	452	14	726
新 疆	2991	299			2	170	55	2465		2769

6-13-10 各地区出版印刷生产情况

地区	企业数（个）	工业销售产值（万元）	印刷产量		装订产量（万令）	用纸量（万令）
			黑白	彩色		
全国	**8714**	**14098802.15**	**32654.34**	**164712.99**	**29740.21**	**63821.20**
北京	796	1058827.33	3020.90	15955.78	3144.66	5665.38
天津	122	134910.57	2374.30	3550.50	150.36	2341.90
河北	586	724624.82	1687.37	2816.79	2253.49	3159.61
山西	179	152669.75	345.48	1920.58	312.91	659.01
内蒙古	95	43816.00	71.35	374.79	88.70	212.23
辽宁	215	221938.07	2037.78	2768.10	757.72	431.35
吉林	246	327966.65	1434.27	2601.91	543.78	1272.39
黑龙江	177	140202.25	320.07	2203.74	392.32	707.93
上海	279	934797.05	1027.19	14616.92	608.85	1356.66
江苏	415	849501.25	1295.08	7108.53	1213.33	3642.74
浙江	805	2016466.92	1634.31	22451.03	1807.05	5234.60
安徽	268	430320.71	1011.90	2774.73	1292.13	1472.60
福建	312	305127.00	472.63	1713.79	293.09	658.60
江西	136	240413.43	868.73	1534.32	849.93	698.45
山东	460	982939.83	2590.50	25169.90	3729.30	7505.50
河南	410	418250.81	1026.41	3271.12	1116.91	2254.73
湖北	349	431073.78	1628.28	3488.98	1377.46	2770.93
湖南	484	770757.45	1143.06	4325.29	1509.23	7978.86
广东	859	2267226.91	3792.54	30368.45	4264.01	8170.06
广西	185	205048.47	1852.67	3271.15	722.88	2364.78
海南	27	12923.00	77.54	425.26	52.59	109.29
重庆	184	225973.11	356.01	875.80	332.94	519.64
四川	206	254623.69	1146.96	4383.89	1384.89	1662.28
贵州	178	78617.47	170.20	1885.24	154.09	369.33
云南	145	202689.15	273.51	1282.73	237.84	622.84
西藏	12	12814.50	28.71	59.52	16.92	34.71
陕西	215	462400.43	554.85	2035.62	622.42	1095.45
甘肃	102	79022.43	257.67	463.20	244.70	368.63
青海	50	26050.39	31.67	165.02	33.42	107.10
宁夏	92	25563.89	36.84	100.17	43.85	80.75
新疆	125	61245.05	85.56	750.13	188.42	292.86

6-13-11 各地区广播电视从业人员情况

单位：人

地区	从业人员	#长期职工	按岗位分：管理人员	专业人员	编辑、记者	播音员、主持人	工程技术人员
全国合计	**820410**	**764021**	**131449**	**418476**	**142297**	**28164**	**151884**
国家广电总局直属	49941	44179	8498	25458	7510	601	12056
北京	39321	35324	6946	18027	5113	729	4851
天津	7769	7259	1073	5024	1883	276	953
河北	37197	34476	5098	18190	5900	1586	6423
山西	21611	19766	3101	10640	5126	680	3367
内蒙古	18314	16506	2244	12415	4562	926	3497
辽宁	28531	27911	5337	16906	4979	1084	6849
吉林	20096	19807	2280	11547	5031	768	4764
黑龙江	18333	17998	2776	11153	4754	801	3874
上海	27498	25698	4019	12879	2634	558	3776
江苏	51291	47391	7376	26534	8814	1729	10482
浙江	42689	37865	4869	21617	7334	1669	7190
安徽	22714	22062	3930	12810	4549	1311	4203
福建	26741	24941	3322	12090	3815	726	3920
江西	21894	20413	4156	9178	2901	977	2743
山东	50467	45924	6100	28873	10538	2049	10883
河南	46480	44240	6933	18958	9212	1421	6134
湖北	38408	36834	6737	20378	5621	1130	8475
湖南	37465	35684	6836	17286	5035	1030	7032
广东	53095	48743	10045	24061	6964	1596	9981
广西	15008	13414	3164	9171	3160	743	3613
海南	4928	4895	727	2546	537	167	1262
重庆	12968	12228	2558	6748	1512	312	2371
四川	37260	35021	8341	17899	5369	1140	5987
贵州	13321	12739	2864	6668	2590	540	2325
云南	18309	17268	2586	10082	4012	836	4187
西藏	3559	3512	558	1959	360	110	716
陕西	16468	15521	3172	8616	3984	792	2480
甘肃	14585	13825	2842	6329	2626	627	1932
青海	3171	2881	392	2109	844	166	867
宁夏	4834	4486	846	2483	1062	202	893
新疆	16144	15210	1723	9842	3966	882	3798

6-13-11 续表 单位：人

地区	按岗位分			按职称分			
	专业人员		其他人员	正高	副高	中级	初级及以下
	艺术人员	经营人员					
全国合计	**17874**	**31564**	**270485**	**6983**	**31171**	**121351**	**374479**
国家广电总局直属	1535	1671	15985	972	2881	7653	22612
北京	1617	3285	14348	450	1203	3454	15147
天津	171	285	1672	241	486	1071	4264
河北	679	970	13909	562	1863	6147	13845
山西	89	329	7870	188	590	3747	8140
内蒙古	292	61	3655	264	1396	4227	7606
辽宁	1342	953	6288	449	1455	6821	11887
吉林	191	289	6269	263	1420	3624	10300
黑龙江	433	435	4404	402	1561	4318	6863
上海	1303	2015	10600	254	841	4286	11007
江苏	761	2011	17381	269	1429	6610	30262
浙江	665	2146	16203	284	1267	6178	21856
安徽	758	1096	5974	83	734	3531	9303
福建	493	1255	11329	96	756	2715	11932
江西	382	448	8560	121	563	2175	8537
山东	649	1872	15494	451	2921	8634	24593
河南	347	562	20589	104	1119	5679	16334
湖北	803	1985	11293	296	1287	7423	18471
湖南	672	1423	13343	104	690	4914	22680
广东	1494	2398	18989	257	1270	6097	27535
广西	208	597	2673	66	510	2526	7656
海南	71	155	1655	12	126	572	2794
重庆	467	707	3662	96	490	1659	6507
四川	958	2798	11020	126	792	3809	16590
贵州	135	325	3789	51	286	1669	6588
云南	211	316	5641	87	782	3006	6207
西藏	69	44	1042	54	159	368	1963
陕西	285	455	4680	116	650	2576	6109
甘肃	192	401	5414	73	447	1742	5864
青海	24	37	670	37	252	719	1338
宁夏	72	136	1505	71	258	781	2746
新疆	506	104	4579	84	687	2620	6943

6-13-12 广播电视事业发展情况

指　标		2008	2009	2010	2011	2012
广播						
广播节目综合人口覆盖率	(%)	95.96	96.31	96.78	97.06	97.51
#农村		94.74	95.10	95.64	96.09	96.60
广播节目套数	(套)	2437	2521	2552	2590	2634
#公共广播		2436	2520	2549	2587	2627
付费广播		1	1	3	3	7
公共广播节目播出时间	(万小时)	1162.97	1226.55	1266.00	1305.75	1338.4
广播节目制作时间	(万小时)	649.40	671.65	681.40	693.70	718.8
电视						
电视节目综合人口覆盖率	(%)	96.95	97.23	97.62	97.82	98.20
#农村		91.60	91.90	96.78	97.10	97.55
有线广播电视用户数	(万户)	16398	17523	18872	20264.39	21509
#农村		6558	6863	7293	8123.24	8432
数字电视		4528	6322	8870	11488.96	14303
有线广播电视用户数占家庭总户数比重	(%)	41.63	43.99	46.40	49.43	51.50
#农村有线广播电视用户数占农村家庭总户数比重		26.77	27.77	29.35	32.38	33.49
电视节目套数	(套)	3288	3337	3350	3370	3353
#公共电视		3199	3250	3272	3274	3273
付费电视		89	87	78	96	80
公共电视节目播出时间	(万小时)	1495.34	1577.68	1635.50	1675.30	1698.53
电视剧播出数	(万部)	22.57	23.83	24.92	24.71	24.23
#进口电视剧播出数			0.91	0.88	0.64	0.49
电视剧播出数	(万集)	550.43	605.09	635.86	663.63	662.20
#进口电视剧播出数		22.96	22.41	19.51	16.64	10.71
动画电视播出数	(万小时)				28.03	30.49
#进口动画电视播出数					1.48	1.21
电视节目制作时间	(万小时)	264.19	265.36	274.29	295.05	343.63
电影						
国有电影制片厂	(个)	38	38	38	38	38
#电影故事片厂				31	31	31
电影院线	(条)	34	37	37	39	40
电影院线内影院	(家)	1545	1687	1820	2803	
电影院线内银幕	(块)	4097	4723	6256	9286	13118
电影综合收入	(亿元)	84.33	106.65	157.21	177.47	
#国内电影票房收入		43.41	62.06	101.72	131.15	170.73
电影频道播映收入		25.28	16.89	20.32	25.86	26.81
国产影片海外销售收入		15.64	27.70	35.17	20.46	10.63
广播电视技术及其他						
广播电视总收入	(亿元)	1583.91	1852.85	2301.87	2717.32	3268.79
广播电视从业人员数	(万人)	67.17	70.58	75.09	78.64	82.04
中、短波转播发射台	(座)	808	809	822	827	849
调频转播发射台	(万座)	1.21	1.21	1.16	1.14	1.14
电视转播发射台	(万座)	1.85	1.77	1.60	1.54	1.48
微波实有站	(座)	2674	2591	2376	2497	2421

6-13-13 广播电视节目制作时间

单位：小时

项　目	1995	2005	2006	2007	2008	2009	2010	2011	2012
广播节目制作	**2332164**	**6139227**	**6192339**	**6332506**	**6494035**	**6716500**	**6814226**	**6936960**	**7188245**
新闻	353368	1066880	1055077	1062423	1116588	1166848	1216632	1295019	1333084
专题	1054140	1822621	1728485	1798165	1837471	1900995	1955180	2016386	2044073
综艺	924656	1937290	1986800	1894881	1934751	1957358	1942828	1905916	1973796
广播剧		75456	59225	76889	72629	90735	80181	119477	140493
广告		671071	691610	722411	737223	782757	775931	766463	796009
其他		565909	671142	777737	795373	817807	843474	833699	900790
电视节目制作	**383513**	**2553861**	**2618034**	**2553283**	**2641949**	**2653552**	**2742949**	**2950491**	**3436301**
新闻	80800	637956	646337	595190	678820	675885	719680	802377	886905
专题	193391	525528	540369	545922	622182	611352	640857	775565	892521
综艺	109322	382350	407442	388349	392507	402677	407849	416289	483174
影视剧		193771	71377	96397	58616	66899	93536	75452	163348
广告		524892	589067	585277	558914	544038	526839	508294	555192
其他		289364	363442	342148	330910	352701	354188	372515	455161

6-13-14 广播电视节目播出时间

单位：小时

指　标	总　计	新闻资讯类节目	专题服务类节目	综艺益智类节目	广播(影视)剧类节目	广告类节目	其他类节目
广播	**13383651**	**2709968**	**3033050**	**3664874**	**699153**	**1274836**	**2001769**
中央级	292063	91256	111099	64295	2815	14984	7615
省级	1929158	311059	501813	539047	73154	281840	222246
电视	**16985291**	**2304049**	**2022171**	**1454231**	**7359530**	**2017196**	**1828114**
中央级	268458	67996	92093	40539	56372	9301	2158
省级	2239346	299733	387178	176952	799568	290432	285482

6-13-15 各地区广播电视节目综合人口覆盖情况

单位：%

地区	广播节目综合人口覆盖率	#农村	电视节目综合人口覆盖率	#农村	公共广播节目套数(套)	公共电视节目套数(套)	全年电视剧播出数(部)	#进口	全年动画电视播出数时间(小时)	#进口
全　国	**97.51**	**96.60**	**98.20**	**97.55**	**2627**	**3273**	**242298**	**4872**	**304877**	**12063**
总局直属					**27**	**32**	**1790**	**30**	**6204**	**1238**
北　京	100.00	100.00	100.00	100.00	25	26	494	34	5545	80
天　津	100.00	100.00	100.00	100.00	22	32	3450	740	3364	502
河　北	99.33	99.08	99.26	98.99	131	178	14361	144	7436	542
山　西	95.36	92.95	98.10	96.97	108	115	6255	44	8382	312
内蒙古	97.92	96.23	96.84	94.58	124	120	12416	62	13304	109
辽　宁	98.59	97.52	98.68	97.66	115	119	9598	231	7212	468
吉　林	98.55	97.96	98.69	98.09	69	76	7608	222	1592	
黑龙江	98.58	97.92	98.78	98.23	102	118	3912	53	2268	750
上　海	100.00	100.00	100.00	100.00	21	25	1162	56	15363	698
江　苏	99.99	99.99	99.88	99.85	126	130	9631	55	16997	122
浙　江	99.54	99.44	99.60	99.52	108	114	8754	107	20216	202
安　徽	97.85	97.33	98.10	97.69	106	115	10404	178	7774	365
福　建	98.04	97.69	98.58	98.35	89	97	3475	60	6957	185
江　西	97.23	96.75	98.40	98.01	105	113	10071	427	17565	747
山　东	98.33	97.89	98.03	97.53	157	171	11309	69	13465	156
河　南	97.89	97.52	97.94	97.64	151	166	15590	105	6311	500
湖　北	98.72	98.34	98.75	98.29	86	115	13728	86	9856	98
湖　南	92.95	88.82	97.17	95.60	99	139	10784	23	21145	883
广　东	99.47	98.89	99.43	98.82	130	153	6496	84	26264	285
广　西	96.05	95.49	97.74	97.39	63	116	6358	240	7329	183
海　南	96.48	95.36	95.45	93.83	24	15	759	4	2443	323
重　庆	98.16	97.58	98.76	98.44	34	45	4716	157	6538	548
四　川	96.78	96.04	97.75	97.26	122	203	18046	207	16534	1055
贵　州	88.46	86.59	92.99	91.89	39	101	2619	115	2484	
云　南	96.03	95.21	97.04	96.45	49	159	9984		9319	243
西　藏	93.38	92.00	94.51	93.27	8	10	568	1	587	
陕　西	97.15	96.47	98.12	97.57	107	123	8261	29	6599	
甘　肃	96.89	96.25	97.56	97.02	87	106	7069	10	11039	73
青　海	94.14	91.88	96.33	95.04	10	15	1164	4	1430	
宁　夏	95.2	92.95	98.9	98.37	24	28	1823	15	4687	
新　疆	95.34	94.85	95.62	94.6	159	198	19643	1280	18669	1398

6-13-16 电视节目进出口情况

指　　标	合　计	欧　洲	非　洲	美　洲	
					#美　国
全年电视节目进口总额(万元)	62534	8766	3	8204	8145
#电视剧	39584	1000		838	838
动画电视	1489	111		411	411
纪录片	5976	3472	3	2181	2122
全年电视节目进口量(时)	13089:39	5130:35	0:50	4077:36	4060:56
#电视剧　(部/集)	117/3164	5/117	0/0	9/111	9/111
动画电视　(时)	385	17		294	294
纪录片　(时)	1976	841	1	918	913
全年电视节目出口总额(万元)	22824	2429	53	3022	1965
#电视剧	15020	156	51	1405	760
动画电视	3105	379		678	396
纪录片	3226	1119	2	711	711
全年电视节目出口量(时)	37573	916	283	18246	15538
#电视剧　(部/集)	326/15329	20/537	11/332	57/2063	48/1759
动画电视　(时)	1678	239		449	383
纪录片　(时)	2369	59	3	498	498

6-13-16 续表

指　　标	亚　洲						大洋洲
		#日　本	#韩　国	#东南亚	#中国香港	#中国台湾	
全年电视节目进口总额(万元)	43428	3086	21144	5496	8216	5431	2132
#电视剧	37641	2084	21068	5248	3919	5289	105
动画电视	967	821		107	38		
纪录片	198	27	72	17	82		122
全年电视节目进口量(时)	3599	166	1299	619	1225	252	282
#电视剧　(部/集)	99/2906	4/107	49/1519	20/552	13/378	12/310	4/30
动画电视　(时)	74	45		14	15		
纪录片　(时)	173	11	148	8	6		44
全年电视节目出口总额(万元)	14321	1386	1368	3090	2144	5729	2999
#电视剧	11142	1353	482	2452	1157	5190	2265
动画电视	2009	13	840	317	597	204	39
纪录片	699	17	43	150	190	299	695
全年电视节目出口量(时)	14949	242	695	5554	2775	5442	3179
#电视剧　(部/集)	199/8521	9/257	14/590	78/3472	42/1861	45/2095	39/3876
动画电视　(时)	961		53	325	306	199	28
纪录片　(时)	1545	7	115	364	374	685	264

6-13-17 电影综合情况

年 份	电影故事片厂（个）	生产故事影片（部）	生产动画片（部）	生产科教影片（部）	生产纪录影片（部）	生产特种影片（部）
1952	4	4	2	41	157	
1957	11	40	5	84	272	
1962	16	34	17	94	133	
1965	16	52	21	240	378	
1975	15	27	11	214	313	
1978	12	46	26	289	202	
1979	17	65	25	349	317	
1980	17	82	32	337	242	
1981	19	105	33	277	276	
1982	19	112	33	284	259	
1983	19	127	37	343	299	
1984	20	144	37	387	337	
1985	20	127	45	357	419	
1986	20	134	46	383	417	
1987	22	146	45	353	347	
1988	22	158	38	344	350	
1989	22	136	53	334	259	
1990	22	134	51	326	296	
1991	22	130	46	351	283	
1992	22	170	56	354	307	
1993	22	154	47	252	300	
1994	22	148	32	182	22	
1995	30	146	37	40	111	
1996	30	110	58	33	39	
1997	31	88	28	34	95	
1998	31	82	9	30	54	
2000	31	91	1	49	10	
2001	27	88	1	56	9	
2002	31	100	2	60	7	
2003	31	140	2	53	6	
2004	31	212	4	30	10	
2005	32	260	7	33	2	
2006	32	330	13	36	13	
2007	32	402	6	34	9	
2008	33	406	16	39	16	2
2009	31	456	27	52	19	4
2010	31	526	16	54	16	9
2011	31	558	24	76	26	5
2012	31	745	33	74	15	26

注：1.本表电影故事片厂指国有电影故事片厂。
2.2005年及以前动画片数为美术片数。

6-13-18 全国主要文化机构情况

单位：个

年 份	公共图书馆	文化馆(站)	省级、地市级文化馆	县市级文化馆	乡镇(街道)文化站	博物馆	艺术表演团 体	艺术表演场 馆
1949	55	896		896		21	1000	891
1952	83	2430		2430		35	2084	1510
1957	400	2748		2748		72	2884	2296
1962	541	3767	61	2514	1192	230	3320	2249
1965	562	4785	62	2598	2125	214	3458	2943
1970	323	4126	29	2303	1794	182	2541	1432
1975	629	5387	81	2589	2717	242	2836	1464
1978	1218	6893	92	2748	4053	349	3150	1095
1980	1732	8739	218	2912	5609	365	3533	1444
1985	2344	8576	335	2960	5281	711	3317	1377
1986	2406	8913	337	2993	5583	777	3195	2058
1987	2440	8974	348	2973	5653	827	3094	2148
1988	2485	9045	358	2975	5712	903	2985	2081
1989	2512	9037	366	2955	5716	967	2850	2050
1990	2527	9216	366	2955	5895	1013	2805	1955
1991	2535	10507	371	2894	7242	1075	2772	2068
1992	2558	9564	372	2900	6292	1106	2753	2037
1993	2572	10155	370	2886	6899	1130	2707	2024
1994	2589	11276	374	2887	8015	1161	2698	1998
1995	2615	13487	373	2886	10228	1194	2682	1958
1996	2620	45253	392	2892	41969	1219	2664	1934
1997	2628	45449	385	2901	42163	1282	2663	1947
1998	2662	45834	386	2901	42547	1339	2652	1929
1999	2669	45837	389	2905	42543	1363	2632	1911
2000	2675	45321	390	2907	42024	1392	2619	1900
2001	2696	43379	399	2842	40138	1461	2605	1854
2002	2697	42516	389	2854	39273	1511	2587	1829
2003	2709	41816	382	2846	38588	1515	2601	1900
2004	2720	41402	380	2841	38181	1548	2759	1928
2005	2762	41588	375	2851	38362	1581	2805	1866
2006	2778	40088	395	2819	36874	1617	2866	1839
2007	2799	40601	411	2806	37384	1722	4512	2070
2008	2820	41156	389	2829	37938	1893	5114	1944
2009	2850	41959	361	2862	38736	2252	6139	2137
2010	2884	43382	374	2890	40118	2435	6864	2112
2011	2952	43675	379	2906	40390	2650	7055	1956
2012	3076	43876	382	2919	40575	3069	7321	2364

注：1.2007年以前艺术表演团体和艺术表演场馆为文化系统内数据，2007年起含非文化部门数据。
2.1996年以前文化站数据未包括其他部门所属乡镇文化站；1996-1998年包括其他部门所属文化站；1999年以后，其他部门所属文化站划归文化部门管理。

6-13-19 全国文化文物机构人员情况

机构类别	机构（个）	文化部门	国有经济	集体经济	其他经济	其他部门
总　计	**305927**	**63999**	**63102**	**332**	**565**	**241928**
艺术业	9893	3615	3159	226	230	6278
公共图书馆业	3076	3076	3076			
群众文化服务业	43876	43876	43876			
艺术教育业	141	141	138		3	
文化市场经营机构	234759	113	113			234646
文艺科研机构	217	216	212		4	1
文物业	6124	5630	5457	66	107	494
其他	7841	7332	7071	40	221	509

6-13-19 续表

机构类别	从业人员（人）	文化部门	国有经济	集体经济	其他经济	其他部门
总　计	**2288389**	**614775**	**577538**	**8318**	**28919**	**1673614**
艺术业	295697	146543	123304	7462	15777	149154
公共图书馆业	54997	54997	54997			
群众文化服务业	156228	156228	156228			
艺术教育业	12784	12784	12686		98	
文化市场经营机构	1460181	2299	2299			1457882
文艺科研机构	4156	4148	4021		127	8
文物业	125155	113015	111225	315	1475	12140
其他	179191	124761	112778	541	11442	54430

6-13-20 全国艺术表演团体基本情况

种类	机构(个)	从业人员(人)	剧团原创首演剧目(个)	演出场数(万场次)	#国内演出场次	#农村演出场次	国内演出观众人次(万人次)	#农村观众人次
总计	**7321**	**242047**	**4035**	**135.02**	**124.98**	**81.16**	**82805.09**	**52102.43**
按登记注册类型分								
国有	2399	123311	1578	42.35	39.23	24.60	39964.97	25831.20
集体	209	7392	106	5.75	5.72	3.96	3499.26	2701.46
其他	4713	111344	2351	86.92	80.03	52.59	39340.87	23569.78
按隶属关系分								
中央	17	3367	30	0.28	0.26	0.01	363.39	12.28
省、区、市	223	31613	285	6.99	6.44	1.58	5055.02	1681.57
地、市	755	48816	499	14.67	13.53	5.50	13185.74	6352.54
县、市	6326	158251	3221	113.07	104.75	74.08	64200.94	44056.05
按性质分								
执行事业会计制度	1819	98199	947	32.49	30.87	19.70	29969.78	20247.06
执行企业会计制度	5502	143848	3088	102.53	94.11	61.45	52835.32	31855.38
按管理部门分								
文化部门	2128	120048	1229	40.18	37.85	22.90	35922.84	22929.59
其他部门	5193	121999	2806	94.84	87.13	58.25	46882.26	29172.85
按剧种分								
话剧、儿童剧、滑稽剧团	432	14495	396	6.20	5.45	2.45	5996.06	1151.99
歌剧、舞剧、歌舞剧团	250	13589	177	3.44	3.25	1.19	3320.93	1115.76
歌舞团、轻音乐团	1283	40276	771	17.47	16.23	7.92	9325.14	4084.60
乐团、合唱团	122	7178	93	1.01	0.87	0.27	479.31	105.61
文工团、文宣队、乌兰牧骑	308	8854	164	3.50	3.28	2.10	2944.18	1722.09
戏曲剧团	2250	92528	1152	49.16	47.94	38.91	41718.01	34475.98
#京剧	114	7378	64	2.27	2.18	1.48	1732.66	1073.41
曲艺、杂技、木偶、皮影团	1002	20942	311	30.77	27.86	18.66	8821.27	4608.61
综合性艺术表演团体	1674	44185	971	23.47	20.11	9.66	10200.20	4837.82

6-13-20 续表

种 类	收入合计（万元）	#财政拨款（政府补助）	#演出收入	支出合计（万元）	政府采购的公益演出活动 演出场次（万场次）	观众人次（万人次）
总 计	**2310460**	**1140718**	**641480**	**2081911**	**10.33**	**10358.48**
按登记注册类型分						
国有	1297846	904305	223505	1250078	6.93	7184.88
集体	48621	29127	14534	47421	0.42	400.80
其他	963994	207287	403441	784412	2.98	2772.80
按隶属关系分						
中央	84025	35383	22594	84260	0.04	44.85
省、区、市	611181	426871	103650	562512	1.16	1130.50
地、市	512620	343060	94098	507032	1.95	2212.63
县、市	1102634	335405	421139	928106	7.18	6970.50
按性质分						
执行事业会计制度	1083601	827050	135018	1051338	5.84	6039.70
执行企业会计制度	1226859	313668	506462	1030572	4.49	4318.78
按管理部门分						
文化部门	1337687	934749	224468	1280881	7.12	7227.17
其他部门	972773	205969	417013	801030	3.22	3131.31
按剧种分						
话剧、儿童剧、滑稽剧团	216801	118869	59575	186945	0.48	418.72
歌剧、舞剧、歌舞剧团	164985	90134	48328	151506	0.45	420.99
歌舞团、轻音乐团	552456	182206	123166	502282	1.82	1638.16
乐团、合唱团	80856	43563	20935	76522	0.08	95.04
文工团、文宣队、乌兰牧骑	47527	41678	4179	46256	0.69	686.94
戏曲剧团	643439	421361	150693	613302	4.69	5412.59
#京剧	105253	79607	12488	107619	0.26	217.90
曲艺、杂技、木偶、皮影团	150039	74328	62888	129922	0.56	361.21
综合性艺术表演团体	454358	168579	171717	375177	1.59	1324.83

6-13-21 全国艺术表演场馆基本情况

种　类	机构（个）	从业人员（人）	座席数（个）	演(映)出场次（万场次）	#艺术演出场次
总　计	**2364**	**52231**	**1915677**	**118.69**	**17.27**
按登记注册类型分					
国有	1419	25759	1121543	64.92	8.34
集体	24	204	13209	0.28	0.14
其他	921	26268	780925	53.49	8.79
按性质分					
执行事业会计制度	1033	16812	751853	27.43	5.64
执行企业会计制度	1331	35419	1163824	91.26	11.64
按管理部门分					
文化部门	1279	25076	945580	57.47	7.19
其他部门	1085	27155	970097	61.22	10.09
按机构类型分					
剧场	985	25012	813118	28.62	7.72
影剧院	776	13287	572684	68.11	4.48
书场、曲艺场	32	783	5991	0.83	0.65
杂技、马戏场	8	249	6760	0.12	0.11
音乐厅	40	1462	15852	0.59	0.42
综合性	289	7536	360238	16.82	2.38
其他	234	3902	141034	3.61	1.51
按隶属关系分					
中央	7	199	6661	0.08	0.08
省、区、市	128	4792	135739	12.18	1.51
地、市	443	14824	333458	38.41	5.69
县、市及以下	1786	32416	1439819	68.01	9.99

6-13-21 续表

种 类	观众人次(万人次)	#艺术演出观众人次	收入合计(万元)	财政拨款(政府补助)	艺术演出收 入	支出合计(万元)
总 计	**18604.41**	**6118.74**	**797506**	**133141**	**281881**	**725326**
按登记注册类型分						
国有	11062.93	2785.01	294992	98627	81401	328852
集体	69.96	28.59	865	136	282	825
其他	7471.53	3305.14	501649	34378	200198	395650
按性质分						
执行事业会计制度	3789.40	1629.58	193536	82614	43804	237139
执行企业会计制度	14815.01	4489.16	603971	50527	238077	488188
按管理部门分						
文化部门	6099.70	2191.66	241069	80415	44454	277472
其他部门	12504.71	3927.07	556437	52726	237427	447855
按机构类型分						
剧场	7057.23	3791.74	421261	60463	187709	325617
影剧院	5362.80	752.38	134673	23909	12826	161213
书场、曲艺场	108.07	90.75	18730	833	11770	13257
杂技、马戏场	65.71	65.70	2807	215	1741	2788
音乐厅	186.77	174.29	46168	23866	17512	71896
综合性	5383.41	941.87	137113	22441	29276	121623
其他	440.43	302.01	36755	1415	21046	28933
按隶属关系分						
中央	39.37	37.31	3417	11	563	3188
省、区、市	1252.41	894.97	157902	43291	64403	159606
地、市	3976.65	1599.66	197910	36898	71674	177688
县、市及以下	13335.98	3586.81	438278	52941	145240	384844

6-13-22 各地区艺术表演团体、艺术表演场馆演出情况

地区	艺术表演团体						艺术表演场馆				
	机构数（个）	演出场次（万场次）	#国内演出场次	#农村演出场次	国内演出观众人次（万人次）	#农村观众人次	机构数（个）	演(映)出场次（万场次）	#艺术演出场次	观众人次（万人次）	#艺术演出观众人次
全国	**7321**	**135.02**	**124.98**	**81.16**	**82805.09**	**52102.43**	**2364**	**118.69**	**17.27**	**18604.41**	**6118.74**
中央	**17**	**0.28**	**0.26**	**0.01**	**363.39**	**12.28**	**7**	**0.08**	**0.08**	**39.37**	**37.31**
北京	324	2.34	2.08	0.56	1008.13	202.70	96	5.40	1.71	1066.96	840.28
天津	48	0.52	0.47	0.08	231.46	72.60	35	1.61	0.26	148.26	88.77
河北	448	6.95	5.69	3.37	5733.50	4130.52	138	3.23	0.68	473.86	226.53
山西	301	5.07	4.84	3.87	5258.77	4321.11	129	8.20	0.42	570.07	185.76
内蒙古	137	2.19	1.97	1.04	2040.04	1145.85	20	0.28	0.05	88.96	23.51
辽宁	155	1.48	1.25	0.34	792.04	192.98	111	1.74	0.90	502.88	319.16
吉林	41	0.67	0.53	0.30	591.32	346.63	37	1.77	0.30	142.36	78.29
黑龙江	85	0.85	0.79	0.31	721.56	311.48	43	0.39	0.29	77.26	34.58
上海	147	3.97	3.57	0.53	1514.52	191.62	117	8.49	1.25	1083.54	706.05
江苏	434	10.31	10.08	5.63	3768.94	2000.48	217	36.38	1.08	1999.08	425.49
浙江	609	13.63	13.21	10.49	8624.35	6735.83	271	7.53	1.48	1351.01	609.69
安徽	1015	25.10	23.73	18.56	6932.00	5042.86	72	9.78	0.55	4294.51	232.20
福建	341	10.50	10.38	8.66	3211.12	2705.62	53	4.03	0.10	231.58	91.36
江西	187	2.97	2.76	1.99	2657.62	1151.64	73	1.52	0.32	1095.06	134.72
山东	303	3.81	3.55	1.90	2451.50	1559.74	103	1.83	0.22	381.13	183.30
河南	364	9.83	8.39	6.39	7750.81	6161.03	145	1.99	0.29	611.04	134.32
湖北	226	3.59	3.41	1.97	3014.43	1907.71	66	3.44	2.61	335.08	179.38
湖南	157	2.97	2.70	1.73	1583.78	1077.64	83	2.66	0.50	441.55	184.71
广东	337	5.00	3.91	2.90	9082.23	5148.15	93	3.80	0.83	1182.35	406.02
广西	68	1.20	1.11	0.23	757.91	216.75	20	2.35	0.25	159.18	66.23
海南	61	0.84	0.59	0.38	413.05	221.07	13	0.37	0.09	69.26	28.89
重庆	244	2.55	2.37	1.77	1176.04	633.58	31	0.34	0.06	81.61	39.24
四川	469	6.67	6.24	3.01	3963.06	1605.60	130	3.16	1.77	1063.14	271.70
贵州	79	1.22	1.03	0.28	664.28	270.60	10	0.06	0.04	29.50	27.35
云南	220	2.66	2.46	0.65	2226.98	826.25	60	1.54	0.63	492.24	317.69
西藏	92	0.87	0.81	0.21	224.31	131.63	22	0.14	0.04	31.61	12.00
陕西	116	2.33	2.27	1.54	2418.30	1703.04	98	0.98	0.33	272.99	158.87
甘肃	103	1.97	1.95	1.26	1908.90	1216.43	25	0.58	0.03	86.39	35.17
青海	40	0.49	0.48	0.13	414.22	100.93	23	0.68	0.02	42.48	3.69
宁夏	16	0.34	0.30	0.19	313.13	206.99	7	0.04	0.00	14.52	3.79
新疆	137	1.89	1.81	0.89	993.41	551.11	16	4.29	0.08	145.60	32.72

6-13-23 全国公共图书馆基本情况

指标		总计	#少儿图书馆	按隶属关系分				
				中央	省、区、直辖市	地市级	县市级	#县图书馆
机构数	(个)	3076	99	1	38	354	2683	1628
从业人员	(人)	54997	2124	1426	7788	13855	31928	15519
总藏量	(万册)	78852	3217	3473	19985	21121	34272	13637
当年购买的报刊种类	(万种)	100.93	3.67	1.86	18.57	27.28	53.22	21.74
累计发放有效借书证数	(万个)	2485	116	153	457	860	1015	340
总流通人次	(万人次)	43437	1938	378	6020	13238	23800	8026
#书刊文献外借人次		17402	943		1415	5453	10534	4376
书刊文献外借册次	(万册次)	33191	2087		3853	10448	18891	6561
组织各类讲座次数	(次)	44564	2383	215	3543	12027	28779	12218
举办展览数	(个)	12389	398	69	956	2830	8534	4119
举办培训班	(个)	24937	2990	60	3328	5671	15878	7662
计算机	(台)	173313	5684	3336	19127	37436	113414	58008
#电子阅览室终端数		101433	2671	368	5722	18046	77297	42200
阅览室坐席数	(万个)	73	3		6	18	49	23

6-13-24 各地区公共图书馆基本情况

地 区	公共图书馆个数(个)	总藏量(万册件)	人均拥有公共图书馆藏量(册)	累计发放有效借书证数(个)	总流通人次(万人次)	#书刊文献外借人次	书刊文献外借册次(万册次)	阅览室座席数(个)
总 计	**3076**	**78852**	**0.58**	**24845072**	**43437**	**17402**	**33191**	**734571**
中 央	1	3473		1530228	378			4392
北 京	24	2083	1.01	720301	865	317	819	13525
天 津	31	1469	1.04	498022	630	228	562	12446
河 北	172	1935	0.27	614488	1023	423	693	27259
山 西	126	1462	0.40	244462	475	244	392	19681
内蒙古	114	1210	0.49	182322	417	220	446	19222
辽 宁	129	3471	0.79	918208	1939	733	1616	31977
吉 林	66	1710	0.62	253700	691	256	476	15863
黑龙江	106	1823	0.48	773133	836	369	637	21103
上 海	25	7202	3.03	1313133	2062	580	1973	21594
江 苏	112	6490	0.82	2909009	4527	2040	3430	42085
浙 江	97	5344	0.98	2407446	4572	1677	3900	40263
安 徽	102	2264	0.38	529348	1264	719	1186	21188
福 建	87	2894	0.77	644104	1526	655	1519	26574
江 西	114	1822	0.40	530852	1057	564	832	26284
山 东	150	4237	0.44	1381603	2035	1223	1990	39582
河 南	156	2257	0.24	765966	1638	910	1378	31857
湖 北	111	2521	0.44	1384404	1516	848	1386	33993
湖 南	136	2525	0.38	731996	1490	702	1304	33509
广 东	137	6567	0.62	3417295	6418	1459	3070	71434
广 西	112	2127	0.45	394761	1366	423	806	26262
海 南	20	898	1.01	98702	270	71	126	5228
重 庆	43	1522	0.52	321465	1078	413	868	16455
四 川	188	3363	0.42	523512	1628	694	1194	34655
贵 州	93	1387	0.40	331956	420	217	279	14245
云 南	152	1879	0.40	375725	1070	474	760	23971
西 藏	77	69	0.22	8217	4	1	3	696
陕 西	112	1400	0.37	266318	727	299	497	16076
甘 肃	103	1212	0.47	257958	558	260	447	15581
青 海	49	379	0.66	134560	102	55	45	3855
宁 夏	26	533	0.82	88777	210	94	163	7153
新 疆	105	1323	0.59	293101	645	234	396	16563

6-13-24 续表

地区	每万人拥有公共图书馆建筑面积(平方米)	组织各类讲座次数(次)	参加人次(万人次)	举办展览(个)	参观人次(万人次)	举办培训班(个)	培训人次(万人次)	计算机(台)	电子阅览室终端数(台)
总计	**78.17**	**44564**	**826.53**	**12389**	**3050.55**	**24937**	**230.59**	**173313**	**101433**
中央		215	4.99	69	76.53	60	0.43	3336	368
北京	107.24	1573	17.94	240	54.32	812	4.92	3575	1489
天津	181.69	709	7.10	118	18.62	422	2.35	2924	1556
河北	46.65	1500	21.18	396	108.33	445	4.42	5869	3160
山西	81.64	1417	22.33	331	122.15	883	6.76	5019	3618
内蒙古	104.99	832	9.20	210	31.48	211	1.46	5043	3169
辽宁	108.35	1820	38.09	519	145.96	1710	9.67	6294	2813
吉林	67.92	937	20.17	163	33.24	296	4.03	3968	2015
黑龙江	70.30	806	18.75	387	58.22	395	5.52	5161	3333
上海	162.42	1795	25.97	425	87.18	1519	12.62	5885	1816
江苏	104.28	2556	52.14	787	148.20	1955	14.23	9289	4509
浙江	125.72	2399	55.49	875	290.47	1192	11.19	8918	4905
安徽	47.09	1191	15.82	358	52.49	674	5.44	5849	3859
福建	89.62	1669	27.49	503	188.33	578	7.83	5048	3018
江西	70.29	1331	36.75	383	104.64	506	5.76	6415	4362
山东	57.55	2525	49.75	818	99.59	1139	15.66	9249	5960
河南	45.66	2080	42.82	509	50.35	634	8.58	7616	4699
湖北	83.24	1554	42.76	427	72.46	947	12.33	7525	4354
湖南	53.83	2133	40.77	410	65.52	1196	10.32	5847	4104
广东	95.61	5292	97.94	1022	541.78	2346	16.24	13310	6648
广西	60.93	1362	32.85	489	94.94	878	7.29	5392	3667
海南	96.73	72	1.03	54	14.76	91	0.94	1396	846
重庆	83.25	1033	20.71	333	96.30	1063	26.46	3882	2210
四川	55.44	1985	29.40	636	192.38	1254	10.15	8475	5550
贵州	46.74	986	23.19	157	35.08	551	3.19	3653	2552
云南	71.02	1632	25.48	371	86.23	1149	9.24	6783	4738
西藏	88.03	6	0.02	3	0.63	6	0.02	240	224
陕西	63.96	1220	15.19	435	40.83	905	6.50	5210	3164
甘肃	71.19	904	11.45	310	43.78	372	2.57	4193	2746
青海	93.72	177	1.25	94	2.04	145	0.57	1647	1419
宁夏	160.90	143	3.13	60	3.93	84	0.36	1811	1328
新疆	82.40	710	15.41	497	89.80	519	3.58	4491	3234

6-13-25 国家综合档案馆基本情况

年 份	馆藏档案（万卷、万件）	照片档案（万张）	开放档案（万卷、万件）	利用档案（万卷、万件次）	档案馆建筑面积（万平方米）
1991	9637.4	371.0	2094.3	937.0	348.1
1992	10003.5	402.4	2018.7	773.8	255.7
1993	10726.8	435.5	2140.7	891.9	275.9
1994	10782.9	449.6	2454.6	674.4	268.3
1995	11318.3	485.5	2790.3	529.3	282.5
1996	11341.4	494.6	2939.2	485.4	297.5
1997	12222.9	553.0	3304.6	501.0	347.6
1998	12276.5	579.7	3556.5	446.5	310.7
1999	12866.8	584.5	3808.2	508.5	328.4
2000	13314.0	631.7	4072.0	494.4	336.2
2001	13756.6	642.8	4129.7	575.4	342.0
2002	14790.7	720.5	4301.1	548.8	351.0
2003	15945.9	797.4	4618.4	602.6	361.4
2004	17601.5	827.9	4868.3	813.9	376.8
2005	18688.7	908.8	5132.3	868.0	393.1
2006	21656.5	1277.2	5746.3	1166.4	406.1
2007	23675.3	1393.3	5875.5	1244.9	421.9
2008	25051.0	1505.3	6072.2	1257.4	465.4
2009	28089.2	1646.3	6687.4	1308.0	473.3
2010	32198.6	1809.2	7428.6	1417.3	504.4
2011	35445.5	1965.8	7828.4	1564.5	551.1
2012	39076.0	1762.8	7957.4	1467.4	601.9

6-13-26 全国文物业综合情况

项 目	机构数（个）	从业人员（人）	本年收入合计（万元）	本年支出合计（万元）	资产总计（万元）	实际使用房屋建筑面积（万平方米）
总 计	**6124**	**125155**	**2959894**	**2609311**	**5971229**	**2411.28**
按单位性质分						
文物科研机构	114	4917	182418	158831	259668	100.60
文物保护管理机构	2705	34854	535779	459988	854227	769.42
博物馆	3069	71748	1492024	1424802	4076383	1472.67
文物商店	72	1623	85895	72604	203774	15.58
其他文物机构	164	12013	663778	493086	577177	53.02
按隶属关系分						
中央	12	3462	166725	184302	307764	54.79
省、市、区	262	17527	859605	700175	1554267	246.94
地 市	1163	36671	931524	792927	1695202	684.60
县 市	4687	67495	1002040	931907	2413997	1424.95
按管理部门分						
文物部门	5630	113015	2762118	2405051	4792714	2164.13
其他部门	494	12140	197776	204260	1178515	247.15

6-13-26 续表

项 目	文物藏品（件/套）	#一级品	本年从有关部门接收文物数（件/套）	本年藏品征集数（件/套）	举办陈列展览（个）	参观人次（万人次）
总 计	**35054763**	**83939**	**48855**	**124484**	**22279**	**67058.82**
按单位性质分						
文物科研机构	1208701	2651	1	23	36	224.31
文物保护管理机构	1767573	5239	1487	6604	2128	10433.44
博物馆	23180726	74537	47314	116796	20115	56401.08
文物商店	8507934	64				
其他文物机构	389829	1448	53	1061		
按隶属关系分						
中央	2925044	13320	3871	1187	172	2446.09
省、市、区	15502839	27326	3763	27088	1581	7115.61
地 市	7956502	23203	12770	41557	6023	23503.00
县 市	8670378	20090	28451	54652	14503	33994.12
按管理部门分						
文物部门	31840116	80330	30774	109663	19679	58500.51
其他部门	3214647	3609	18081	14821	2600	8558.31

6-13-27 各地区博物馆基本情况

地区	机构（个）	从业人员（人）	文物藏品（件/套）	本年从有关部门接收文物数（件/套）	本年修复文物数（件/套）	考古发掘项目（个）	基本陈列（个）	举办展览（个）	参观人次（万人次）
总计	**3069**	**71748**	**23180726**	**47314**	**39120**	**325**	**8230**	**11885**	**56401.08**
中央	6	2923	2925044	3871	483		52	120	2446.09
北京	41	1171	1140193	5	3304	28	103	158	528.77
天津	20	717	688715	691	1174	2	64	78	493.88
河北	75	2152	252073	57	260	9	127	293	1666.77
山西	92	2451	584868	27	238	4	134	157	1247.16
内蒙古	65	1328	482011	1066	782		226	173	939.77
辽宁	62	2170	395910	84	212	6	177	219	1069.82
吉林	68	942	288405	10	586		130	309	860.01
黑龙江	104	1788	337400	32	1702		318	426	1310.20
上海	90	2915	2158074	17494	480	3	225	352	1633.10
江苏	266	4966	1590310	64	2032	64	780	1212	5500.36
浙江	166	3624	967070	872	1825	12	411	899	3122.31
安徽	141	2236	607637	1271	620	4	470	518	2164.96
福建	94	1728	455526	862	2289		239	477	1843.02
江西	109	2475	459875	135	548	12	331	310	1877.04
山东	178	4353	1245492	923	1696	23	735	940	3843.28
河南	180	5199	888128	3311	1876	38	427	740	3425.47
湖北	161	3078	1581612	1011	3216	17	429	508	2229.74
湖南	95	2385	499069	290	1637	31	192	364	3213.86
广东	168	3277	982169	9321	1133	8	440	977	3203.51
广西	79	1529	362854	460	189	7	166	250	1124.96
海南	19	250	68586	1214	48		121	86	255.81
重庆	39	1624	566967	49	5179	6	144	198	1643.48
四川	152	4904	1062979	97	2524	21	437	457	4210.00
贵州	66	1166	76024	188	263		174	184	936.49
云南	85	986	557284	2636	848	13	168	356	1078.36
西藏	2	63	63150		20		5	24	23.91
陕西	194	5425	1023699	243	2770	12	492	406	2550.32
甘肃	149	2682	497085	30	221	4	324	406	1179.10
青海	22	180	177252	1000	10	1	39	63	88.22
宁夏	9	209	72204		76		22	43	84.01
新疆	72	852	123061		879		128	182	607.28

6-13-28 全国群众文化机构基本情况

指标		总计	省、区、直辖市(级)	地市级	县市级	#县文化馆	乡镇(街道)文化站	#乡镇文化站
机构数	(个)	43876	31	351	2919	1668	40575	34101
从业人员	(人)	156228	1837	9968	41792	22606	102631	83676
组织文艺活动	(次)	688482	1552	19618	136066	62690	531246	371936
参加人次	(万人次)	31958.3	216.96	2572.34	11219.39	5412.19	17949.63	13005.24
举办训练班	(次)	387201	6283	27468	84720	30783	268730	165711
培训人次	(万人次)	2749.66	21.57	193.85	571.61	253.52	1962.63	1336.59
举办展览个数	(个)	114774	408	3114	18408	9625	92844	70477
参观人次	(万人次)	8961.78	212.04	845.3	2971.07	1684.59	4933.37	3756.67
组织各类理论研讨和								
讲座次数	(次)	20825	827	3648	16350	7320		
参加人次	(万人次)	365.88	19.06	59.99	286.85	134.77		
藏书	(万册)	20789.3	11.79	48.81	463.04	198.25	20265.67	15422.19
拥有计算机台数	(台)	233992	1474	5691	24367	10920	202460	157741
本年收入合计	(亿元)	145.36	5.66	16.57	45.77	19.64	77.36	61.05
本年支出合计	(亿元)	146.78	5.29	15.76	44.55	19.09	81.18	64.45
馆办文艺团体	(个)	8750	102	1493	7155	3247		
馆办文艺团体演出场次	(场次)	140435	21333	14510	104592	51882		
馆办老年大学	(个)	719	13	80	626	325		
群众业余文艺团体	(个)	303342	60	4752	50559	24856	247971	178119

6-13-29 体育系统机构人员情况

单位：个、人

指　标	合　计		国家级	
	机构	人员	机构	人员
总计	**6887**	**159762**	**44**	**6382**
体育行政机关	3133	42474	1	220
运动项目管理部门	311	32618	23	2656
本科院校	6	3600	1	1237
职业、运动技术学院	14	6126		
体育运动学校	224	16305		
竞技体校	12	398		
少儿体育运动学校(业余体校)	1510	21657		
单项运动学校	14	316		
训练基地	63	3892	5	913
体育场馆	688	14993	1	634
科研所	57	1422	2	218
其他事业单位	704	13358	11	504
其他	151	2603		

6-13-29 续表

单位：个、人

指　标	省级		地级		县级	
	机构	人员	机构	人员	机构	人员
总计	**647**	**56094**	**1991**	**54052**	**4205**	**43234**
体育行政机关	32	3828	440	12247	2660	26179
运动项目管理部门	204	26932	80	2541	4	489
本科院校	5	2363				
职业、运动技术学院	11	5781	3	345		
体育运动学校	38	2907	171	12984	15	414
竞技体校	3	110	5	198	4	90
少儿体育运动学校(业余体校)	22	666	384	10764	1104	10227
单项运动学校	2	161	11	134	1	21
训练基地	26	2019	25	596	7	364
体育场馆	50	2879	434	9475	203	2005
科研所	26	914	29	290		
其他事业单位	210	6512	331	3970	152	2372
其他	18	1022	78	508	55	1073

6-13-30 运动员获世界冠军情况

年 份	项 数 (项)	人 数 (人)	个 数 (个)
1978	4	4	4
1979	12	20	12
1980	3	3	3
1981	25	53	25
1982	12	31	13
1983	37	50	39
1984	33	46	37
1985	42	70	46
1986	26	56	26
1987	64	72	69
1988	54	59	54
1989	80	83	82
1990	54	61	54
1991	88	86	93
1992	86	68	89
1993	101	106	103
1994	79	86	79
1995	98	187	102
1996	72	58	75
1997	87	96	92
1998	75	89	83
1999	91	129	92
2000	92	109	110
2001	79	138	90
2002	99	123	110
2003	17	94	84
2004	27	175	101
2005	22	159	106
2006	24	169	141
2007	22	217	123
2008	24	151	120
2009	30	223	142
2010	22	180	108
2011	24	198	138
2012	24	140	107

6-13-31 运动员分项创世界纪录情况

单位：项、人、次

项 目	项 数	人 数	次 数
总 计	**14**	**18**	**14**
游泳	2	2	2
自行车	1	2	1
射击	2	7	2
举重	4	3	4
滑冰	2	1	2
滑翔	1	1	1
航海模型	2	2	2

6-13-32 各地区分技术等级运动员发展人数

单位：人

地 区	合 计	#女	国际级运动健将	#女	运动健将	#女	一 级运动员	#女	二 级运动员	#女
总 计	**46412**	**16787**	**167**	**85**	**1820**	**864**	**9690**	**3396**	**34735**	**12442**
国家直属	477	187	12	5	122	54	37	15	306	113
地方合计	45935	16600	155	80	1698	810	9653	3381	34429	12329
北 京	1880	744	11	6	106	38	426	175	1337	525
天 津	1835	720					368	136	1467	584
河 北	2602	921	7	4	74	32	332	132	2189	753
山 西	740	312	10	3	39	16	221	116	470	177
内蒙古	993	366	2	1	36	12	205	63	750	290
辽 宁	1978	827	4	3	129	71	604	224	1241	529
吉 林	1207	379	4	3	36	22	222	77	945	277
黑龙江	1030	411	9	2	133	62	254	103	634	244
上 海	2020	884	18	9	129	69	390	181	1483	625
江 苏	2699	1031	22	9	255	122	507	225	1915	675
浙 江	2883	1092	14	11	118	71	517	205	2234	805
安 徽	1692	612	2	2	59	38	201	68	1430	504
福 建	1564	616	6	3	52	29	335	152	1171	432
江 西	1012	380	2	1	35	11	152	72	823	296
山 东	3360	672	7	4	121	55	1067		2165	613
河 南	4000	1294	1	1	74	35	688	260	3237	998
湖 北	1656	422					323	123	1333	299
湖 南	1254	482	4	3	45	11	266	106	939	362
广 东	2554	1132					1042	403	1512	729
广 西	883	338			25	10	174	67	684	261
海 南	419	147	2	2	4	3	141	45	272	97
重 庆	2030	957	11	4	104	57	397	186	1518	710
四 川	514	202			13	2	92	36	409	164
贵 州	1125	351	3	2	34	13	189	53	899	283
云 南	5	2					5	2		
西 藏	1304	497	1	1	11	4	161	59	1131	433
陕 西	500	154	5	3	25	11	110	37	360	103
甘 肃	841	251	1	1	17	6	128	36	695	208
青 海	141	53	8	1	1		17	15	115	37
宁 夏	487	78			5	2	40	1	442	75
新 疆	727	273	1	1	18	8	79	23	629	241

6-13-33 分项目分技术等级运动员发展人数

单位：人

项目	合计	#女	国际级运动健将	#女	运动健将	#女	一级运动员	#女	二级运动员	#女
总计	**46412**	**16787**	**167**	**85**	**1820**	**864**	**9690**	**3396**	**34735**	**12442**
田径	6815	2137	15	9	111	50	711	203	5978	1875
游泳	2866	1294	6	2	80	34	652	289	2128	969
跳水	226	121	5	2	29	19	141	74	51	26
水球	81	34			14	5	62	28	5	1
花样游泳	71	57			3	3	2	1	66	53
体操	245	100			27	13	131	41	87	46
艺术体操	261	232			66	66	84	62	111	104
蹦床	82	44	4	3	13	6	45	21	20	14
举重	461	182	1		33	15	159	70	268	97
拳击	978	260	3		37	26	250	58	688	176
国际式摔跤	816	215	1	1	28	9	74	18	713	187
中国式摔跤	556	122			1		15	1	540	121
柔道	1141	425			39	25	346	124	756	276
跆拳道	1920	784	4	3	75	39	571	216	1270	526
自行车	355	154	2	2	42	18	184	73	127	61
击剑	611	284	1	1	19	9	168	71	423	203
马术	1						1			
现代五项	47	12			2		21	12	24	
射击	1207	550	6	3	68	33	564	225	569	289
射箭	219	110	3	3	9	8	103	49	104	50
赛艇	879	345	8	6	56	22	407	148	408	169
皮划艇	660	160	7	4	30	8	324	55	299	93
帆船	261	114	5	5	15	9	205	82	36	18
足球	4124	944			59	9	1049	198	3016	737
篮球	5577	1843			78	30	911	301	4588	1512
排球	2908	1226	9	7	49	18	599	208	2251	993
沙滩排球	93	48			5	2	11	5	77	41
乒乓球	2513	1000			38	20	179	70	2296	910
羽毛球	627	254	5	4	28	10	83	33	511	207
网球	1064	449	1		17	12	39	19	1007	418
手球	633	310	1	1	81	47	108	53	443	209
曲棍球	303	149	2	1	67	27	45	14	189	107
棒球	303	2	8		44		72		179	2
垒球	330	323	2	2	19	16	105	103	204	202
速度滑冰	114	39	1		19	9	61	15	33	15
短道速滑	47	18	2	2	17	8	19	5	9	3
花样滑冰	25	13			16	9			9	4
冰球	118	57			77	37	11	5	30	15
冰壶	30	14	3		6	4	8	3	13	7
高山滑雪	30	9			5	3	4	3	21	3
越野滑雪	42	19			10	3	21	11	11	5
跳台滑雪	4	3			3	3	1			
自由式滑雪	15	5	1		3	1	1		10	4
单板滑雪	22	9	5	2	5		10	6	2	1
冬季两项	11	8	2	2	9	6				
技巧	85	44	12		27	17	26	18	20	9

6-13-33 续表

单位：人

项 目	合 计	#女	国际级运动健将	#女	运动健将 Master	#女	一 级运动员	#女	二 级运动员	#女
健美操	999	553	5	1	51	21	358	181	585	350
街舞										
软式网球	50	19	2	1	1	1	31	13	16	4
武术	3533	1051	16	9	86	31	313	92	3118	919
滑水	9	6	2	2	6	3	1	1		
潜水										
蹼泳	32	11	1	1	13	5	8	4	10	1
摩托艇	13	4			6	3	5		2	1
围棋	623	114	3		9	1	47	8	564	105
国际象棋	490	184	8	5	5	2	104	33	373	144
中国象棋	321	109	3		7	2	57	20	254	87
桥牌										
登山	39	12			9	5	19	3	11	4
摩托车	5	1	1		2	1	2			
汽车										
铁人三项	14	3			10	3	4			
高尔夫球	6	4	1	1	4	3	1			
保龄球										
掷球										
台球										
藤球										
壁球	3				3					
橄榄球	169	83			87	62	45	10	37	11
车辆模型	8						2		6	
航海模型	50	7			1		21	2	28	5
定向										
航空模型	60	10			3		33	8	24	2
跳伞	10	3			10	3				
滑翔										
运动飞机										
热气球										
轮滑	30	7			8	2	10	3	12	2
业余无线电	26	14			1	1	10	3	15	10
毽球										
门球										
舞龙舞狮										
龙舟										
钓鱼										
风筝										
信鸽										
体育舞蹈										
健美	145	70			19	7	36	24	90	39
拔河										
飞镖										
救生										
健身气功										
电子竞技										

6-13-34 各地区分等级教练员发展人数

单位：人

地 区	合 计	#女	国家级	#女	高 级	#女	中 级	#女	初 级	#女
总 计	**767**	**211**	**72**	**4**	**101**	**28**	**192**	**59**	**402**	**119**
国家直属	6		5				1			
地方合计	761	211	67	4	101	28	191	59	402	119
北 京	20	8			1		2	1	17	7
天 津	16	6	5				5	1	6	5
河 北	22	5	2		2		3	3	15	2
山 西	2		2							
内蒙古	2				2					
辽 宁	51	14	9	2	9	4	8	3	25	4
吉 林	21	9	2		9	4	3	1	7	4
黑龙江	24	6	4		3	1	9	2	8	3
上 海	4		4							
江 苏	49	10	2		13	4	11	3	23	3
浙 江	35	14	2		5		7	3	21	11
安 徽	27	4	1		1	1	7	2	18	1
福 建	67	27	4	1	6	1	8	4	49	21
江 西	9	1	2		2		3	1	2	
山 东	35	7	6		1	1	5	1	23	5
河 南	26	8	1		6	3	5	1	14	4
湖 北	9	1	3		2		3	1	1	
湖 南	10	3					4	1	6	2
广 东	74	18	9	1	7	2	21	6	37	9
广 西	83	23	1		3		39	11	40	12
海 南	4	1	1						3	1
重 庆	44	9			5	1	13	3	26	5
四 川	13	2	3		1		3	1	6	1
贵 州	33	13	1		8	3	11	5	13	5
云 南	2		1				1			
西 藏	15	5			1		3	1	11	4
陕 西	27	9	2				5	1	20	8
甘 肃	6	3			1	1	2	1	3	1
青 海										
宁 夏	1								1	
新 疆	30	5			13	2	10	2	7	1

【主要统计指标解释】

使用“中国标准书号”合计 使用统一书号的主要有两类：1.各级技术标准文献；2.年画、年历画、台历、无书名页的单张美术印刷品或折页美术印刷品，不另加封面的出版物（如活页文选、活页歌篇、小件印品）等。

不使用“中国标准书号”部分合计 指图片、图标（GB）、部标（BB）等标准类文件印品、活页文选、活页歌篇、小件印品等。

少年儿童读物类图书和课本出版种数 少年儿童读物是指供初中及初中以下少年儿童阅读的书籍，课本是指供大、中、小学生及业余教育使用的书籍。

国家综合档案馆 指归口中央或地方各级档案行政管理部门直接管理的，按行政区划或历史时期设置的，收集和管理所辖范围内多种门类档案的档案馆。

公共广播节目套数 指经国家广电总局批准的、广播电视播出机构开办的不向听众收取收听费用，以为大众提供公共广播服务为主要目的，用固定频率播出，并编有整套自办节目时间表的广播节目套数。

全年制作广播节目时间 指广播电视节目制作机构全年自采、自编、自录的及合作制作、加工制作的各类广播节目，包括直播广播节目。

公共电视节目套数 指经国家广电总局批准的、广播电视播出机构开办的不向观众收取收看费用，以为大众提供公共电视服务为主要目的，用固定频率播出的自办电视节目套数。

付费电视节目套数/时间 指经国家广电总局批准的、广播电视播出机构开办的向观众收取收看费用，以提供个性化、对象化、专业化为主的电视节目套数以及全年的播出时间（含重复播出时间）。

全年制作电视节目时间 指广播电视节目制作机构全年自采、自编、自录的及合作制作、加工制作的各类电视节目，包括直播电视节目。

全年公共电视节目播出时间 指广播电视播出机构自办节目频道内全年播出公共电视节目的时间（含重复播出时间）。

中、短波转播发射台 经省以上广电行政部门批准的有固定人员编制，固定频率和播出时间的中、短波发射台和转播台。

调频转播发射台 经省以上广电部门批准的有固定人员编制，固定频率和播出时间的调频发射台和转播台。

电视转播发射台 经省以上广电部门批准的有固定人员编制，固定频率和播出时间的电视发射台和转播台。

有线广播电视用户数 指通过广播电视有线传输网收看电视节目的家庭用户数，包括接收模拟信号和接收数字信号的有线电视用户数。

数字电视用户数 指通过广播电视有线传输网收看数字信号电视节目的家庭用户数。

广播综合人口覆盖率 根据国家广电总局制定的《广播电视人口覆盖率统计技术标准和方法》进行统计调查的，在对象区内能接收到中央、省、地市或县通过无线、有线或卫星等各种技术方式转播的各级广播节目的人口数占全部总人口的比重。

电视发射转播台 经省以上广电部门批准的有固定人员编制，固定频率和播出时间的电视发射台和转播台。

电视节目综合人口覆盖率 根据国家广电总局制定的《广播电视人口覆盖率统计技术标准和方法》进行统计调查的，在对象区内能接收到中央、省、地市、或县通过无线、有线或卫星等各种技术方式转播的中央电视节目的人口数占全部总人口的比重。

有线电视入户率 计算公式为：（有线广播电视用户数/全国总户数）×100%

艺术表演团体 指由文化部门主办或实行行业管理（经文化市场行政部门审批或已申报登记并领取相关许可证），专门从事表演艺术等活动的各类专业艺术表演团体，含民间职业剧团。不包括群众业余文艺表演团体。

艺术表演场馆 指由文化部门主办或实行行业管理（经文化市场行政部门审批或已申报登记并领取相关许可证），有观众席、舞台、灯光设备，公开售票、专供文艺团体演出的文化活动场所。

文物及文化保护 指对具有历史、文化、艺术、科学价值，并经有关部门鉴定，列入文物保护范围的不可移动文物的保护和管理活动；对我国语言、文字、民间文化艺术、民俗等非物质遗产的文化保护和管理活动。包括近现代重要史迹及具有代表性、纪念性的建筑物的保护（含革命遗址、纪念碑、名人故居）；寺庙、清真寺、教学及各种祠、堂、碑遗址的保护；古文化遗址、古墓地、古建筑、石窟寺、石记得等的保护；民族语言、文字遗产保护；民间艺术（民间传说、神话、歌谣、故事、音乐、舞蹈、戏曲、曲艺皮影、绘画、剪纸等）遗产保护；民间、民俗传统活动（传统节日、庆典、民族艺术活动、民族体育活动等）遗产保护；民族制作（建筑风格、服饰、家具、木器、陶器、铜器等）遗产保护；其他未列明的文物与文化保护。

博物馆 指为了研究、教育、欣赏的目的，收藏、保护、展示人类活动和自然环境的见证物，向公众开放，非营利性、永久性社会服务机构，包括以博物馆（院）、纪念馆（舍）、美术（艺术）馆、科技馆、陈列馆等专有名称开展活动的单位。

总藏量 指图书馆已编目的古籍、图书、期刊和报纸的合订本、小册子、手稿，以及缩微制品、录像带、录音带、光盘等视听文献资料数量之和。

藏品 藏品是文博机构根据收藏品的文化属性、自然属性等情况，所划分的文物藏品、标本藏品、模型藏品（含具有收藏、展示价值的雕塑、绘画等艺术作品）和复制品藏品的总和。本指标所统计的藏品是指报告期末，该机构已经整理并登记入账的藏品数。

6 第三产业部分行业主要业务指标

6-14　公共管理、社会保障和社会组织

简要说明

本篇资料主要包括社会活动参与、公检法司、妇女干部、劳动保障、社会组织情况等内容。

一、社会活动参与的内容主要包括历届全国人大代表情况、历届全国政协委员情况、全国工会组织情况。全国人大代表数由全国人大办公厅联络局提供，依全国人大换届情况每五年更新一次；全国政协委员数由全国政协办公厅人事局提供，依全国政协换届情况每五年更新一次；全国工会组织情况由全国总工会依据统计报表制度整理提供。

二、公检法司的资料主要包括公安机关的刑事案件立案情况和治安案件查处情况，交通、火灾事故情况，检察机关的办案情况，人民法院审理案件和收结案情况，以及司法部门在押服刑人员情况。资料分别由公安部、最高人民检察院、最高人民法院和司法部依据统计报表制度整理提供。

三、妇联干部情况主要包括分年龄、学历、政治面貌的妇联系统专职干部情况和妇联干部的流动等情况。资料由全国妇联提供。

四、劳动保障统计资料主要包括参加社会保险人员情况、社会保险基金情况、劳动争议仲裁等情况。劳动保障资料是人力资源和社会保障部根据其《培训、就业统计报表制度》整理提供。

五、新型农村合作医疗情况主要包括开展新型农村合作医疗的县（市、区）数、参加新农合人数、筹资额和补偿受益人次等情况。资料由国家卫生计生委提供。

6-14-1 历届全国人民代表大会代表人数

届别	年 份	代表总数（人）	#女代表	#少数民族代表	占代表总数比重(%) #女代表	#少数民族代表
一 届	1954	1226	147	177	12.0	14.4
二 届	1959	1226	150	180	12.2	14.7
三 届	1964	3040	542	373	17.8	12.3
四 届	1975	2885	653	270	22.6	9.4
五 届	1978	3497	740	381	21.2	10.9
六 届	1983	2978	632	404	21.2	13.6
七 届	1988	2970	634	445	21.3	15.0
八 届	1993	2978	626	439	21.0	14.7
九 届	1998	2979	650	428	21.8	14.4
十 届	2003	2984	604	415	20.2	13.9
十一届	2008	2987	637	411	21.3	13.8
十二届	2013	2987	699	409	23.4	13.7

6-14-2 历届全国政治协商会议委员人数

届别	年 份	委员总数（人）	#中国共产党委员	#少数民族委员	占委员总数比重(%) #中国共产党委员	#少数民族委员
六 届	1983	2042	811	179	39.7	8.8
七 届	1988	2038	832	221	40.8	10.8
八 届	1993	2093	831	241	39.7	11.5
九 届	1998	2195	875	258	39.9	11.8
十 届	2003	2238	895	262	40.0	11.7
十一届	2008	2237	892	250	39.9	11.2
十二届	2013	2237	893	258	39.9	11.5

6-14-3 公安机关立案的刑事案件及构成

案件类别	立 案（起）		构 成（%）	
	2011	2012	2011	2012
合 计	**6004951**	**6551440**	**100.00**	**100.00**
杀 人	12015	11286	0.20	0.17
伤 害	165097	163620	2.75	2.50
抢 劫	202623	180159	3.37	2.75
强 奸	33336	33835	0.56	0.52
拐卖妇女儿童	13964	18532	0.23	0.28
盗 窃	4259484	4284670	70.93	65.40
诈 骗	484813	555823	8.07	8.48
走 私	1350	1575	0.02	0.02
伪造、变造货币、出售、购买、运输、持有、使用假币	688	2194	0.01	0.03
其 他	831581	1299746	13.86	19.85

注：2011年共破获刑事案件2312832起。

6-14-4 公安机关受理和查处治安案件数

案件类别	受 理（起）	查 处（起）	每万人口受理案件数（起）
合 计	**13889480**	**13310741**	**102.3**
扰乱单位秩序	138416	136616	1.0
扰乱公共场所秩序	476836	475931	3.5
寻衅滋事	115527	109609	0.9
阻碍执行职务	38792	38014	0.3
非法携带枪支、弹药、管制工具	78707	77782	0.6
违反危险物质管理规定	28083	27615	0.2
殴打他人	4531863	4377838	33.4
故意伤害	306328	287543	2.3
盗 窃	2052861	1832307	15.1
敲诈勒索	19207	16978	0.1
抢 夺	37479	31241	0.3
盗窃、损毁公共设施	14705	12753	0.1
伪造、变造、倒卖有价票证、凭证	12774	12678	0.1
违反旅馆业管理	163429	162237	1.2
违反房屋出租管理	236698	234863	1.7
诈 骗	270114	233497	2.0
卖淫、嫖娼	94938	94306	0.7
赌 博	408919	404700	3.0
毒品违法活动	445180	441637	3.3
其 他	4418624	4302596	32.6

6-14-5 交通事故情况

类　别	发生数(起)	死亡人数(人)	受伤人数(人)	直接财产损失(万元)
总　计	**204196**	**59997**	**224327**	**117489.6**
重大事故	24	325	364	262.8
特大事故	1	36	3	49.0
机动车	190756	57277	210554	114199.5
#汽　车	142995	44679	152478	101244.6
摩托车	42955	10643	53366	9977.8
拖拉机	3370	1297	3341	1832.8
非机动车	11299	1628	12541	2116.0
#自行车	1433	279	1354	274.3
行人乘车人	2063	1075	1168	1160.0
其　他	78	17	64	14.1

注：根据《生产安全事故报告和调查处理条例》，重大、特大事故统计口径有所调整。

6-14-6 各地区交通事故情况

地　区	发生数(起)	死亡人数(人)	受伤人数(人)	直接财产损失(万元)
全　国	**204196**	**59997**	**224327**	**117489.6**
北　京	3196	918	3613	3017.9
天　津	3101	848	3429	3396.9
河　北	5285	2503	4738	5022.3
山　西	5587	2294	5982	3528.5
内蒙古	3957	1202	4108	1878.1
辽　宁	5984	2024	5609	2914.7
吉　林	2820	1388	2773	5128.4
黑龙江	3285	1192	3431	3962.0
上　海	2256	916	2053	1488.0
江　苏	13517	4733	12478	7198.6
浙　江	19270	4962	19729	8054.5
安　徽	18076	2691	21109	10726.6
福　建	9942	2473	11410	3939.7
江　西	3103	1399	3394	4549.8
山　东	13275	3838	12710	5260.3
河　南	6732	1636	7144	2825.7
湖　北	6009	1822	6818	5391.1
湖　南	8748	1956	11741	6685.1
广　东	25720	5714	29099	8005.2
广　西	3984	2184	4304	1543.7
海　南	1752	457	2372	939.9
重　庆	5791	980	8548	1735.7
四　川	10024	2708	12046	6704.4
贵　州	1360	931	1982	1698.4
云　南	3941	1768	5053	2881.1
西　藏	725	335	809	935.0
陕　西	5996	1804	5505	4015.0
甘　肃	2954	1438	3345	1659.7
青　海	1096	536	1410	453.2
宁　夏	1767	404	2122	707.2
新　疆	4943	1943	5463	1242.6

6-14-7 火灾事故情况

项 目	合计	特大	重大	较大	一般
发 生 (起)	152157		2	60	152095
死 亡 (人)	1028		24	199	805
受 伤 (人)	575		7	45	523
直接经济损失 (万元)	217716.3		2698.8	19806.3	195211.1
平均每起事故损失 (元)	14308.7		13494227.5	3301046.0	12834.8

6-14-8 各地区火灾事故情况

地 区	发生数 (起)	死亡人数 (人)	受伤人数 (人)	直接经济损失 (万元)	人口火灾发生率 (1/10万人)
全 国	**152157**	**1028**	**575**	**217716.3**	**11.21**
北 京	3409	30	6	2967.9	26.22
天 津	2123	41	22	4742.7	21.31
河 北	5012	16	13	9113.6	6.76
山 西	3897	12	3	6105.9	11.13
内蒙古	7545	34	18	10131.3	30.67
辽 宁	8265	31	5	5564.7	19.47
吉 林	5652	3	1	2718.5	20.92
黑龙江	5794	18	11	5417.6	15.20
上 海	4469	39	45	6924.0	31.32
江 苏	7739	75	68	11896.1	10.25
浙 江	3500	86	51	6545.3	7.29
安 徽	5653	35	13	7220.9	8.18
福 建	5698	43	9	8086.3	15.92
江 西	2790	29	17	7312.6	7.89
山 东	11918	20	12	8760.0	12.44
河 南	5110	23	16	5466.7	4.67
湖 北	4962	16	11	5327.7	8.05
湖 南	10399	45	19	16942.0	14.58
广 东	8154	131	61	21868.5	9.44
广 西	1386	45	26	5011.5	2.58
海 南	688	6	1	1855.3	7.63
重 庆	3758	48	26	2577.0	11.24
四 川	6899	38	22	12840.9	7.58
贵 州	959	31	15	5147.2	2.32
云 南	1251	51	28	4496.0	2.73
西 藏	192	6	3	611.4	6.20
陕 西	7857	29	8	16172.9	20.01
甘 肃	4434	8	1	4384.8	16.34
青 海	1054	5	5	1433.7	18.64
宁 夏	3304	1		487.1	50.13
新 疆	7286	33	39	9586.3	32.73

6-14-9 人民检察院直接立案侦查案件情况

案件分类	受案 (件)	立案件数 (件)	#大案	立案人数 (人)	#要案	结案件数 (件)	结案人数 (人)
合　计	**46964**	**34326**	**24626**	**47338**	**2569**	**34922**	**48013**
贪污贿赂案件小计	**35127**	**26247**	**20442**	**35648**	**2260**	**26783**	**36276**
贪污	13460	8499	6029	14837	360	8790	15144
贿赂	18472	14946	12326	16919	1746	14989	16976
挪用公款	2826	2607	2087	3414	88	2772	3607
集体私分	253	180		453	63	212	516
巨额财产来源不明	113	15		15	3	8	8
其他	3			10		12	25
渎职案件小计	**11837**	**8079**	**4184**	**11690**	**309**	**8139**	**11737**
滥用职权	4327	2960	1817	4145	200	2980	4153
玩忽职守	5175	3812	1858	5139	56	3851	5190
徇私舞弊	1457	792	323	1113	35	816	1130
其他	878	515	186	1293	18	492	1264

注：结案中含上年旧存（以下各表同）。

6-14-10 人民检察院审查批准、决定逮捕犯罪嫌疑人和提起公诉被告人情况

案件分类	批捕、决定逮捕合计		决定起诉合计	
	（件）	（人）	（件）	（人）
合　计	**680539**	**986056**	**979717**	**1435182**
公安、安全、监狱机关提请小计	**666268**	**969905**	**947796**	**1390771**
危害国家安全案	474	1105	385	1049
危害公共安全案	52436	56931	178878	185738
破坏社会主义市场经济秩序案	38958	59724	67384	105024
侵犯公民人身、民主权利案	132587	177052	180747	248618
侵犯财产案	287195	422617	335940	506186
妨害社会管理秩序案	154398	252199	184221	343816
危害国防利益案	219	276	240	339
军人违反职责案	1	1	1	1
检察机关直接立案侦查案件小计	**14271**	**16151**	**31921**	**44411**
贪污贿赂案	12705	14331	25049	34354
渎职侵权案	1566	1820	6872	10057

6-14-11 人民检察院处理申诉案件情况

单位：件

案件分类	受 案	立案复查	结 案	
				#改变原决定
合 计	**16649**	**11580**	**11337**	**1470**
不服检察机关处理决定	**6664**	**4553**	**4518**	**1470**
不服不批捕	2118	1336	1332	235
不服不起诉	2405	1836	1814	232
不服撤案	66	42	44	16
不服原免予起诉	58	40	41	8
其他	2017	1299	1287	979
不服法院刑事判决裁定	**9985**	**7027**	**6819**	
刑罚执行中被害人申诉	3792	2792	2709	
刑罚执行中被告人申诉	3461	2398	2318	
刑罚执行完毕后被害人申诉	902	687	676	
刑罚执行完毕后被告人申诉	1830	1150	1116	

6-14-12 人民检察院出庭公诉情况

单位：件

案件类别	适用简易程序	出庭公诉					
			一 审	二 审			再 审
					上诉案	抗诉案	
合 计	**404384**	**557410**	**538654**	**17906**	**14453**	**3453**	**850**
贪污贿赂	1397	25188	23570	1498	1034	464	120
渎职侵权	681	6005	5816	169	107	62	20
刑事案件	402306	526216	509267	16239	13312	2927	710
军人违反职责		1	1				

6-14-13　人民检察院办理刑事抗诉案件情况

案件类别	提出抗诉（件）	审判结果合计（件）	改判		维持原判	发回重审
			（件）	（人）		
合　计	**6196**	**4469**	**2122**	**2921**	**850**	**1497**
二审小计	**5264**	**3627**	**1813**	**2513**	**779**	**1035**
贪污贿赂案件	617	470	164	215	138	168
渎职侵权案件	94	64	19	20	15	30
刑事案件	4553	3093	1630	2278	626	837
再审小计	**932**	**842**	**309**	**408**	**71**	**462**
贪污贿赂案件	91	83	32	43	15	36
渎职侵权案件	17	17	3	4	3	11
刑事案件	824	742	274	361	53	415

6-14-14　人民检察院办理民事、行政抗诉案件情况

单位：件

案件类别	合　计	民事案件	行政案件
立　案	65366	61684	3682
提请抗诉	14592	14068	524
抗　诉	10506	10244	262
提出再审检察建议	12188	11900	288
抗诉案件再审	7272	7122	150
改　判	2691	2644	47
发回重审	876	853	23
调　解	2327	2319	8
维持原判	1075	1010	65
其　他	303	296	7

6-14-15 人民检察院受理举报、控告、申诉案件情况

单位：件

案件类别	受理	处理	#分送检察机关	#转其他机关
合计	**323487**	**319029**	**185749**	**54894**
首次举报	130743	130444	95781	8797
首次控告	71232	70851	25665	26549
首次申诉	121512	117734	64303	19548

6-14-16 人民检察院纠正违法情况

项目	书面提出纠正		已纠正	
	(件次)	(人次)	(件次)	(人次)
合计	**119445**	**47911**	**115381**	**47253**
立案监督小计	49842		48000	
监督立案	29372		27837	
监督撤案	20470		20163	
侦查监督小计	57280		55582	
审查批捕环节	30584		30238	
审查起诉环节	26696		25344	
刑事审判监督	12323		11799	
刑罚执行监督小计		47911		47253
监管活动		32472		32165
超期羁押		588		578
减刑、假释、保外就医		14851		14510

6-14-17　人民法院审理一审案件情况

单位：件

年　份	收　案	刑　事	民　事	经济纠纷	行　政	海事海商
1978	447755	146968	300787			
1979	513789	123846	389943			
1980	763535	197856	565679			
1981	906051	232125	673926			
1982	1024160	245219	778941			
1983	1343164	542648	756436	43553	527	
1984	1355460	431357	838307	84813	983	
1985	1319741	246655	846391	225541	916	238
1986	1611282	299720	989409	321220	632	301
1987	1875229	289614	1213219	366110	5940	346
1988	2290624	313306	1455130	513046	8573	569
1989	2913515	392564	1815385	694907	9934	725
1990	2916774	459656	1851897	591462	13006	753
1991	2901685	427840	1880635	566592	25667	951
1992	3051157	422991	1948786	650601	27125	1654
1993	3414845	403267	2089257	892580	27911	1830
1994	3955475	482927	2383764	1051742	35083	1959
1995	4545676	495741	2718533	1275959	52596	2847
1996	5312580	618826	3093995	1515848	79966	3945
1997	5288379	436894	3277572	1478822	90557	4534
1998	5410798	482164	3375069	1450049	98350	5166
1999	5692434	540008	3519244	1529877	97569	5736
2000	5356294	560432	3412259	1290867	85760	6976
2001	5344934	628996	3459025	1149101	100921	6891
2002	5132199	631348	4420123		80728	
2003	5130760	632605	4410236		87919	
2004	5072881	647541	4332727		92613	
2005	5161170	684897	4380095		96178	
2006	5183794	702445	4385732		95617	
2007	5550062	724112	4724440		101510	
2008	6288831	767842	5412591		108398	
2009	6688963	768507	5800144		120312	
2010	6999350	779595	6090622		129133	
2011	7596116	845714	6614049		136353	
2012	8442657	996611	7316463		129583	

注：1.一审案件指人民法院按照诉讼级别管辖按第一审程序审理的案件。
　　2.2002年起，经济纠纷和海事海商并入民事案件中。

6-14-18　人民法院审理刑事一审案件收结案情况

单位：件

项　目	收　案	结　案
合　计	**996611**	**986392**
危害公共安全罪	175439	174510
破坏社会主义市场经济秩序罪	64963	62709
侵犯公民人身权利民主权利罪	195816	194269
侵犯财产罪	342667	339849
妨害社会管理秩序罪	183841	182128
危害国防利益罪	213	217
贪污贿赂罪	26680	25886
渎职罪	5596	5439
其　他	1396	1385
合计中含自诉案件	9905	10071

注：结案中含上年旧存(以下各表同)。

6-14-19 人民法院审理刑事案件罪犯情况

单位：人

年 份	刑事罪犯总数	#青少年罪犯			青少年罪犯占刑事罪犯比重(%)
			不满18岁	18岁至25岁	
1997	526312	199212	30446	168766	37.9
1998	528301	208076	33612	174464	39.4
1999	602380	221153	40014	181139	36.7
2000	639814	220981	41709	179272	34.5
2001	746328	253465	49883	203582	34.0
2002	701858	217909	50030	167879	31.0
2003	742261	231715	58870	172845	31.2
2004	764441	248834	70086	178748	32.6
2005	842545	285801	82692	203109	33.9
2006	889042	303631	83697	219934	34.2
2007	931745	316298	87506	228792	33.9
2008	1007304	322061	88891	233170	32.0
2009	996666	302023	77604	224419	30.3
2010	1006420	287978	68193	219785	28.6
2011	1050747	282429	67280	215149	26.9
2012	1173406	282990	63782	219208	24.1

6-14-20 人民法院审理婚姻家庭、继承一审案件收结案情况

单位：件

项 目	收 案	结 案					
			调 解	判 决	驳 回	撤 诉	其 他
合 计	**1686694**	**1647464**	**803919**	**412250**	**6624**	**413132**	**11539**
婚姻家庭	1518535	1500815	739240	372511	4926	373912	10226
离 婚	1251234	1243877	612304	314468	3595	305692	7818
赡养纠纷	23923	23834	10417	5458	75	7478	406
抚养、扶养关系纠纷	45980	45828	29014	7629	136	8760	289
抚育费纠纷	25857	25664	12120	6901	124	6252	267
其 他	171541	161612	75385	38055	996	45730	1446
继承	168159	146649	64679	39739	1698	39220	1313
法定继承	37044	36835	23794	6808	239	5792	202
遗嘱继承	5254	5106	2286	1743	45	981	51
其 他	125861	104708	38599	31188	1414	32447	1060

6-14-21 人民法院审理合同纠纷一审案件收结案情况

单位：件

项目	收案	结案					
			调解	判决	驳回	撤诉	其他
合计	**3776137**	**3720160**	**1426117**	**1045527**	**43715**	**1149117**	**55684**
借款合同	1278712	1252009	470201	411369	14234	339866	16339
买卖合同	567008	559648	227450	161097	4574	158328	8199
电信合同	149713	149305	56833	2015	257	89129	1071
租赁合同	139738	137512	44483	46638	1481	42989	1921
劳动争议	349770	345177	165358	99353	6149	67871	6446
房地产合同	139456	138222	56731	45073	1618	31747	3053
供用动力合同	75682	75345	25204	6058	399	43607	77
建设工程合同	86209	83448	26458	30836	1399	22500	2255
农村承包合同	27554	27457	9604	6331	410	10925	187
承揽合同	63819	63517	23664	19488	567	18529	1269
其他	898476	888520	320131	217269	12627	323626	14867

6-14-22 人民法院审理权属、侵权纠纷及其他民事一审案件收结案情况

单位：件

项目	收案	结案					
			调解	判决	驳回	撤诉	其他
合计	**1853632**	**1838707**	**774943**	**521302**	**17994**	**344043**	**180425**
所有权及其相关权利	269398	272606	97604	81721	6283	82597	4401
特别程序	221473	221762	7386	31535	6183	13745	162913
人身权纠纷	1009651	1005177	548980	301963	2434	144248	7552
#人身损害赔偿	971043	966590	530732	290325	2183	136266	7084
特殊侵权纠纷	146323	139948	54860	54102	888	28577	1521
不当得利	24079	23699	5891	7738	524	8977	569
票据、证券、股票纠纷	27350	26828	9885	8561	559	6764	1059
其他	155358	148687	50337	35682	1123	59135	2410

6-14-23 人民法院审理行政一审案件收结案情况

单位：件

项 目	收 案	结 案						
			维 持	撤 销	驳 回	撤 诉	单独赔偿	其 他
合 计	**129583**	**128625**	**12072**	**6980**	**8544**	**64104**	**222**	**36703**
土地等资源	20149	20104	1731	1744	1811	8839	17	5962
公 安	10750	10665	1821	424	365	5874	37	2144
城 建	23385	23337	1265	1264	1671	10772	40	8325
交通运输	2518	2480	133	30	177	1665	5	470
工 商	4219	4192	214	143	190	2284		1361
环 保	1672	1673	65	9	30	1209	1	359
计划生育	10381	10343	90	23	140	6936	1	3153
税 务	436	384	25	17	22	191		129
卫 生	1035	1030	23	19	66	546		376
乡政府	2336	2322	291	133	174	1341	7	376
劳动和社会保障	11562	11484	2217	854	317	5194	4	2898
其 他	41140	40611	4197	2320	3581	19253	110	11150

6-14-24 在押服刑人员基本情况

单位：人

指 标	2011	2012
年初在押服刑人数	1656773	1641931
#女 性	93051	95770
未成年	16701	15429
释放人数	403106	395017
年末在押服刑人数	1641931	1657963

注：1.未成年是指14-18岁服刑人员。
2.释放人员是指减刑释放、假释和刑满释放人员。

6-14-25 社会保险基金收支及累计结余

单位：亿元

年 份	合 计	基本养老保险	失业保险	城镇基本医疗保险	工伤保险	生育保险
基金收入						
1990	186.8	178.8	7.2			
1991	225.0	215.7	9.3			
1992	377.4	365.8	11.7			
1993	526.1	503.5	17.9	1.4	2.4	0.8
1994	742.0	707.4	25.4	3.2	4.6	1.5
1995	1006.0	950.1	35.3	9.7	8.1	2.9
1996	1252.4	1171.8	45.2	19.0	10.9	5.5
1997	1458.2	1337.9	46.9	52.3	13.6	7.4
1998	1623.1	1459.0	68.4	60.6	21.2	9.8
1999	2211.8	1965.1	125.2	89.9	20.9	10.7
2000	2644.9	2278.5	160.4	170.0	24.8	11.2
2001	3101.9	2489.0	187.3	383.6	28.3	13.7
2002	4048.7	3171.5	213.4	607.8	32.0	21.8
2003	4882.9	3680.0	249.5	890.0	37.6	25.8
2004	5780.3	4258.4	290.8	1140.5	58.3	32.1
2005	6975.2	5093.3	340.3	1405.3	92.5	43.8
2006	8643.2	6309.8	402.4	1747.1	121.8	62.1
2007	10812.3	7834.2	471.7	2257.2	165.6	83.6
2008	13696.1	9740.2	585.1	3040.4	216.7	113.7
2009	16115.6	11490.8	580.4	3671.9	240.1	132.4
2010	18822.8	13419.5	649.8	4308.9	284.9	159.6
2011	24043.2	16894.7	923.1	5539.2	466.4	219.8
2012	28909.5	20001.0	1138.9	6938.7	526.7	304.2
基金支出						
1990	151.9	149.3	2.5			
1991	176.1	173.1	3.0			
1992	327.1	321.9	5.1			
1993	482.2	470.6	9.3	1.3	0.4	0.5
1994	680.0	661.1	14.2	2.9	0.9	0.8
1995	877.1	847.6	18.9	7.3	1.8	1.6
1996	1082.4	1031.9	27.3	16.2	3.7	3.3
1997	1339.2	1251.3	36.3	40.5	6.1	4.9

注：1.2007年及以后城镇基本医疗保险基金中包括城镇职工基本医疗保险和城镇居民基本医疗保险。
2.工伤保险累计结余中含储备金。

6-14-25 续表

单位：亿元

年 份	合 计	基本养老保险	失业保险	城镇基本医疗保险	工伤保险	生育保险
1998	1636.9	1511.6	51.9	53.3	9.0	6.8
1999	2108.1	1924.9	91.6	69.1	15.4	7.1
2000	2385.6	2115.5	123.4	124.5	13.8	8.3
2001	2748.0	2321.3	156.6	244.1	16.5	9.6
2002	3471.5	2842.9	182.6	409.4	19.9	12.8
2003	4016.4	3122.1	199.8	653.9	27.1	13.5
2004	4627.4	3502.1	211.3	862.2	33.3	18.8
2005	5400.8	4040.3	206.9	1078.7	47.5	27.4
2006	6477.4	4896.7	198.0	1276.7	68.5	37.5
2007	7887.8	5964.9	217.7	1561.8	87.9	55.6
2008	9925.1	7389.6	253.5	2083.6	126.9	71.5
2009	12302.6	8894.4	366.8	2797.4	155.7	88.3
2010	14818.5	10554.9	423.3	3538.1	192.4	109.9
2011	18054.6	12764.9	432.8	4431.4	286.4	139.2
2012	22181.6	15561.8	450.6	5543.6	406.3	219.3
累计结余						
1990	117.3	97.9	19.5			
1991	169.7	144.1	25.7			
1992	252.8	220.6	32.1			
1993	303.7	258.6	40.8	0.4	3.1	0.8
1994	365.7	304.8	52.0	0.7	6.8	1.4
1995	516.8	429.8	68.4	3.1	12.7	2.7
1996	696.1	578.6	86.4	6.4	19.7	5.0
1997	831.6	682.8	97.0	16.6	27.7	7.5
1998	791.1	587.8	133.4	20.0	39.5	10.3
1999	1009.8	733.5	159.9	57.6	44.9	13.9
2000	1327.5	947.1	195.9	109.8	57.9	16.8
2001	1622.8	1054.1	226.2	253.0	68.9	20.6
2002	2423.4	1608.0	253.8	450.7	81.1	29.7
2003	3313.8	2206.5	303.5	670.6	91.2	42.0
2004	4493.4	2975.0	385.8	957.9	118.6	55.9
2005	6073.7	4041.0	519.0	1278.1	163.5	72.1
2006	8255.9	5488.9	724.8	1752.4	192.9	96.9
2007	11236.6	7391.4	979.1	2476.9	262.6	126.6
2008	15176.0	9931.0	1310.1	3431.7	384.6	168.2
2009	19006.5	12526.1	1523.6	4275.9	468.8	212.1
2010	22985.0	15365.3	1749.8	5047.1	561.4	261.4
2011	29001.9	19496.6	2240.2	6180.0	742.6	342.5
2012	35804.4	23941.3	2929.0	7644.5	861.9	427.6

6-14-26 社会保险基本情况

年份	失业保险 年末参保人数(万人)	失业保险 全年发放失业保险金人数(万人)	失业保险 全年发放失业保险金(亿元)	城镇职工基本医疗保险 年末参保职工人数(万人)	城镇职工基本医疗保险 年末参保退休人员(万人)	工伤保险 年末参保人数(万人)	工伤保险 年末享受工伤待遇的人数(万人)	年末参加生育保险人数(万人)
1994	7967.8	196.5	5.1	374.6	25.7	1822.1	5.8	915.9
1995	8237.7	261.3	8.2	702.6	43.3	2614.8	7.1	1500.2
1996	8333.1	330.8	13.9	791.2	64.5	3102.6	10.1	2015.6
1997	7961.4	319.0	18.7	1588.9	173.1	3507.8	12.5	2485.9
1998	7927.9	158.1	20.4	1508.7	369.0	3781.3	15.3	2776.7
1999	9852.0	271.4	31.9	1509.4	555.9	3912.3	15.1	2929.8
2000	10408.4	329.7	56.2	2862.8	924.2	4350.3	18.8	3001.6
2001	10354.6	468.5	83.3	5470.7	1815.2	4345.3	18.7	3455.1
2002	10181.6	657.0	116.8	6925.8	2475.4	4405.6	26.5	3488.2
2003	10372.9	741.6	133.4	7974.9	2926.8	4574.8	32.9	3655.4
2004	10583.9	753.5	137.5	9044.4	3359.2	6845.2	51.9	4383.8
2005	10647.7	677.8	132.4	10021.7	3761.2	8478.0	65.1	5408.5
2006	11186.6	598.1	125.8	11580.3	4151.5	10268.5	77.8	6458.9
2007	11644.6	538.5	129.4	13420.0	4600.0	12173.3	96.0	7775.3
2008	12399.8	516.7	139.5	14987.7	5007.9	13787.2	117.8	9254.1
2009	12715.5	483.9	145.8	16410.5	5526.9	14895.5	129.6	10875.7
2010	13375.6	431.6	140.4	17791.2	5943.5	16160.7	147.5	12335.9
2011	14317.1	394.4	159.9	18948.5	6278.6	17695.9	163.0	13892.0
2012	15224.7	390.1	181.3	19861.3	6624.2	19010.1	190.5	15428.7

6-14-27 参加城镇职工基本养老保险人数

单位：万人

年份	合计	职工	#企业(含其他)	离退休人员	#企业(含其他)
1989	5710.3	4816.9	4816.9	893.4	893.4
1990	6166.0	5200.7	5200.7	965.3	965.3
1991	6740.3	5653.7	5653.7	1086.6	1086.6
1992	9456.2	7774.7	7774.7	1681.5	1681.5
1993	9847.6	8008.2	8008.2	1839.4	1839.4
1994	10573.5	8494.1	8494.1	2079.4	2079.4
1995	10979.0	8737.8	8737.8	2241.2	2241.2
1996	11116.7	8758.4	8758.4	2358.3	2358.3
1997	11203.9	8670.9	8670.9	2533.0	2533.0
1998	11203.1	8475.8	8475.8	2727.3	2727.3
1999	12485.4	9501.8	8859.2	2983.6	2863.8
2000	13617.4	10447.5	9469.9	3169.9	3016.5
2001	14182.5	10801.9	9733.0	3380.6	3171.3
2002	14736.6	11128.8	9929.4	3607.8	3349.2
2003	15506.7	11646.5	10324.5	3860.2	3556.9
2004	16352.9	12250.3	10903.9	4102.6	3775.0
2005	17487.9	13120.4	11710.6	4367.5	4005.2
2006	18766.3	14130.9	12618.0	4635.4	4238.6
2007	20136.9	15183.2	13690.6	4953.7	4544.0
2008	21891.1	16587.5	15083.4	5303.6	4868.0
2009	23549.9	17743.0	16219.0	5806.9	5348.0
2010	25707.3	19402.3	17822.7	6305.0	5811.6
2011	28391.3	21565.0	19970.0	6826.2	6314.0
2012	30426.8	22981.1	21360.9	7445.7	6910.9

6-14-28 各地区城镇职工基本养老保险情况

地 区	年末参加城镇职工基本养老保险人数(万人)			基金收支情况(亿元)		
		职 工	离退休人员	基金收入	基金支出	累计结余
全 国	**30426.8**	**22981.1**	**7445.7**	**20001.0**	**15561.8**	**23941.3**
北 京	1206.4	995.7	210.7	995.1	640.2	1224.8
天 津	490.3	333.4	156.9	420.5	365.0	279.2
河 北	1125.6	813.3	312.3	793.0	723.5	755.1
山 西	648.7	479.8	168.9	563.1	391.6	963.3
内蒙古	471.9	319.0	153.0	405.8	343.6	405.9
辽 宁	1609.2	1098.8	510.4	1212.3	1052.6	1054.9
吉 林	632.2	397.6	234.6	390.6	377.6	407.1
黑龙江	1013.0	611.4	401.6	720.2	717.2	469.9
上 海	1416.9	993.1	423.8	1391.6	1127.7	821.5
江 苏	2427.5	1880.6	547.0	1629.9	1142.1	2145.8
浙 江	2183.3	1835.5	347.8	1227.2	783.5	1963.9
安 徽	783.8	578.4	205.4	515.7	406.7	594.0
福 建	756.5	631.0	125.5	322.0	273.3	226.2
江 西	707.4	518.3	189.1	382.9	297.0	332.2
山 东	2063.2	1646.9	416.3	1316.6	1059.0	1639.5
河 南	1270.6	964.6	306.0	728.8	612.0	717.7
湖 北	1171.4	804.1	367.3	764.3	647.8	754.6
湖 南	1048.0	747.6	300.4	607.8	502.8	685.9
广 东	4034.1	3643.8	390.2	1680.9	900.9	3879.6
广 西	512.7	349.1	163.6	326.2	297.1	443.1
海 南	214.2	161.6	52.5	123.0	114.4	94.1
重 庆	716.9	469.9	247.0	535.8	412.7	458.1
四 川	1615.4	1073.7	541.7	1132.0	927.7	1464.3
贵 州	309.4	231.7	77.7	216.9	153.1	293.4
云 南	364.5	253.8	110.7	298.5	211.3	423.0
西 藏	13.3	9.9	3.5	18.2	12.0	24.6
陕 西	643.5	466.4	177.1	480.6	401.1	338.9
甘 肃	277.4	183.6	93.7	233.9	193.2	288.3
青 海	86.0	59.9	26.2	71.8	65.0	78.8
宁 夏	131.2	91.4	39.9	90.7	86.2	158.5
新 疆	458.8	319.8	139.0	401.3	320.5	547.0
不分地区	23.7	17.7	6.0	3.8	3.6	8.3

注：不分地区合计中，包括中国人民银行、中国农业发展银行数。

6-14-29 各地区失业保险情况

地区	年末参加失业保险人数（万人）	年末领取失业保险金人数（万人）	基金收支情况（亿元）		
			基金收入	基金支出	累计结余
全 国	**15224.7**	**204.0**	**1138.9**	**450.6**	**2929.0**
北 京	1006.7	2.3	46.3	28.9	112.6
天 津	268.7	2.0	30.5	12.8	77.6
河 北	501.7	7.9	41.1	15.7	96.0
山 西	391.0	3.8	26.3	5.0	80.1
内蒙古	232.8	2.5	19.7	4.5	53.1
辽 宁	660.7	7.4	66.3	17.0	143.6
吉 林	251.5	4.6	20.1	5.7	57.2
黑龙江	476.2	7.7	32.3	7.4	96.1
上 海	617.4	10.9	91.5	69.5	129.2
江 苏	1332.2	32.7	121.6	57.4	267.3
浙 江	1065.6	7.0	83.6	36.9	233.9
安 徽	402.2	6.1	26.8	14.3	57.6
福 建	459.1	4.6	22.7	7.9	82.9
江 西	272.2	3.3	10.3	3.5	36.3
山 东	1009.8	19.1	83.2	35.3	230.7
河 南	724.2	11.4	33.9	14.8	76.7
湖 北	508.6	4.8	33.1	8.4	90.8
湖 南	449.9	6.0	22.3	8.6	61.4
广 东	2008.7	9.8	91.2	20.7	304.4
广 西	243.4	5.5	21.4	6.4	70.5
海 南	139.5	1.8	8.5	2.5	26.0
重 庆	323.5	2.8	19.6	3.5	52.6
四 川	585.5	24.5	71.6	24.9	161.8
贵 州	173.5	1.0	14.9	6.5	49.9
云 南	224.7	3.8	20.7	3.5	67.2
西 藏	10.6		1.7	0.3	7.2
陕 西	339.1	3.5	26.6	4.9	80.0
甘 肃	163.6	1.2	12.9	3.0	34.6
青 海	37.9	0.7	4.4	1.4	15.6
宁 夏	70.5	1.1	6.3	1.5	17.3
新 疆	273.7	4.2	27.4	17.8	58.7

6-14-30 各地区城镇基本医疗保险参保人数

单位：万人

地区	年末参保人数合计	城镇职工			城镇居民
			在岗职工	退休人员	
全国	**53641.3**	**26485.6**	**19861.3**	**6624.2**	**27155.7**
北京	1431.6	1279.7	1040.6	239.1	151.9
天津	981.3	479.1	310.2	168.9	502.2
河北	1644.4	906.8	645.3	261.5	737.6
山西	1055.9	621.1	463.8	157.2	434.9
内蒙古	967.7	455.1	322.7	132.4	512.6
辽宁	2251.9	1587.0	1062.1	524.8	664.9
吉林	1370.0	569.5	375.6	194.0	800.5
黑龙江	1580.3	867.8	558.3	309.6	712.5
上海	1638.6	1376.0	954.5	421.5	262.6
江苏	3608.8	2155.5	1646.5	508.9	1453.4
浙江	2806.8	1671.0	1393.9	277.1	1135.8
安徽	1660.0	685.2	493.7	191.5	974.8
福建	1262.9	666.3	536.1	130.2	596.6
江西	1438.6	546.8	366.4	180.4	891.8
山东	3101.2	1734.1	1368.5	365.6	1367.1
河南	2222.2	1082.2	789.0	293.2	1140.0
湖北	1960.3	921.2	656.5	264.7	1039.1
湖南	2341.9	797.6	548.8	248.8	1544.3
广东	8421.8	3373.4	3010.6	362.8	5048.4
广西	1011.5	456.3	322.7	133.6	555.3
海南	378.5	205.2	157.7	47.5	173.2
重庆	3219.1	496.5	348.6	147.9	2722.6
四川	2383.8	1240.9	859.1	381.8	1142.9
贵州	648.3	329.3	233.0	96.3	319.0
云南	882.4	452.2	322.7	129.5	430.2
西藏	50.1	27.6	20.4	7.1	22.6
陕西	1118.8	547.5	371.7	175.8	571.3
甘肃	616.5	293.0	205.3	87.7	323.6
青海	172.3	86.1	59.4	26.7	86.2
宁夏	561.8	106.6	78.1	28.5	455.2
新疆	851.9	469.1	339.5	129.6	382.9

6-14-31 各地区城镇基本医疗保险基金收支情况

单位：亿元

地区	基金收入			基金支出			累计结余		
	合计	职工	居民	合计	职工	居民	合计	职工	居民
全国	**6938.7**	**6061.9**	**876.8**	**5543.6**	**4868.5**	**675.1**	**7644.5**	**6884.2**	**760.3**
北京	506.9	497.4	9.5	509.2	500.4	8.8	198.4	189.4	9.0
天津	157.2	137.7	19.5	137.9	121.1	16.8	77.7	73.6	4.2
河北	234.6	213.2	21.4	174.4	161.2	13.2	294.5	268.7	25.8
山西	152.6	141.0	11.5	111.9	104.2	7.6	181.2	165.5	15.8
内蒙古	125.9	110.5	15.4	106.2	94.9	11.3	122.0	108.5	13.6
辽宁	301.8	286.6	15.2	272.1	259.6	12.6	310.9	292.4	18.5
吉林	111.9	89.8	22.1	84.2	71.9	12.4	156.9	128.8	28.1
黑龙江	187.7	163.5	24.2	160.5	145.2	15.3	252.3	221.8	30.5
上海	545.7	524.8	20.9	367.8	348.5	19.3	475.8	473.0	2.8
江苏	583.2	531.2	52.0	465.0	418.3	46.6	671.7	636.4	35.2
浙江	511.6	453.2	58.4	364.8	310.8	54.0	624.3	598.1	26.2
安徽	159.6	130.2	29.4	130.7	110.1	20.6	179.8	144.1	35.6
福建	168.4	155.0	13.3	126.3	115.0	11.3	246.6	237.3	9.3
江西	102.8	77.2	25.6	79.6	63.5	16.2	126.2	93.1	33.2
山东	422.1	388.2	33.9	332.0	311.0	21.0	416.1	379.1	37.0
河南	207.4	175.0	32.3	164.1	143.5	20.6	250.7	214.9	35.8
湖北	196.5	167.3	29.2	174.0	154.8	19.3	221.4	177.9	43.5
湖南	183.5	142.1	41.4	157.8	125.5	32.3	196.1	161.0	35.1
广东	735.6	574.4	161.2	532.4	411.8	120.6	1102.1	973.8	128.3
广西	115.7	101.0	14.7	93.0	85.5	7.4	169.6	147.5	22.2
海南	41.1	35.1	6.0	33.6	29.4	4.2	46.6	39.7	6.8
重庆	201.7	120.8	80.9	158.2	87.3	70.9	185.9	146.7	39.2
四川	337.0	277.3	59.7	276.8	223.7	53.1	423.3	377.0	46.3
贵州	72.9	65.8	7.2	65.4	60.5	4.9	78.6	69.3	9.3
云南	137.3	126.5	10.8	116.7	105.3	11.3	150.9	141.3	9.6
西藏	13.0	12.3	0.7	8.9	8.0	0.8	22.9	22.4	0.6
陕西	127.0	109.3	17.7	93.5	84.3	9.2	162.1	140.3	21.7
甘肃	71.9	63.9	8.0	65.3	58.4	6.9	71.0	61.4	9.6
青海	35.7	32.0	3.8	29.1	25.6	3.5	46.5	43.6	3.0
宁夏	42.8	24.1	18.7	31.5	18.8	12.7	43.3	30.0	13.3
新疆	147.5	135.4	12.1	120.5	110.3	10.2	138.8	127.7	11.1

6-14-32 各地区工伤保险情况

地 区	年末参保人数（万人）	享受工伤待遇人数（万人）	基金收支情况（亿元）		
			基金收入	基金支出	累计结余
全 国	**19010.1**	**190.5**	**526.7**	**406.3**	**861.9**
北 京	897.2	4.8	20.5	17.2	21.9
天 津	330.1	3.4	8.2	7.4	12.5
河 北	694.8	9.1	24.7	23.5	21.9
山 西	529.6	8.4	24.0	17.6	38.6
内蒙古	248.9	2.5	12.2	5.8	20.4
辽 宁	819.1	14.0	26.7	22.3	41.2
吉 林	359.4	4.2	9.5	6.9	11.9
黑龙江	470.6	6.8	18.9	16.6	27.7
上 海	898.9	6.1	22.0	20.9	47.2
江 苏	1420.7	12.3	43.7	38.7	48.5
浙 江	1731.7	23.8	37.3	30.3	49.9
安 徽	457.9	8.8	14.3	10.9	20.6
福 建	540.9	3.4	11.8	7.0	32.6
江 西	410.9	5.5	10.3	8.3	14.4
山 东	1339.6	11.9	34.7	28.0	41.9
河 南	720.6	4.8	18.0	11.9	35.2
湖 北	522.6	4.0	10.1	6.9	20.2
湖 南	693.8	7.8	23.6	17.0	28.9
广 东	2962.8	16.7	52.7	32.1	172.1
广 西	312.4	1.8	5.9	3.3	17.9
海 南	119.5	0.4	2.1	1.0	6.4
重 庆	374.9	8.0	14.6	15.0	6.6
四 川	689.4	8.0	22.0	18.0	34.0
贵 州	238.2	2.7	11.0	8.0	13.0
云 南	295.3	4.0	10.8	9.2	18.5
西 藏	14.2	0.1	0.6	0.4	1.3
陕 西	350.4	2.2	10.9	5.8	21.8
甘 肃	158.5	1.8	5.1	4.0	8.6
青 海	49.2	0.6	2.3	1.7	4.1
宁 夏	63.9	0.4	8.1	1.9	8.7
新 疆	294.1	2.4	10.1	8.4	13.4

注：工伤保险累计结余中含储备金。

6-14-33 各地区生育保险情况

地　区	年末参保人数（万人）	享受待遇人数（万人次）	基金收支情况（亿元）		
			基金收入	基金支出	累计结余
全　国	**15428.7**	**352.7**	**304.2**	**219.3**	**427.6**
北　京	844.7	27.9	30.3	20.9	33.5
天　津	242.7	8.0	8.3	5.6	15.6
河　北	634.8	9.7	9.3	5.6	12.9
山　西	407.6	3.1	5.7	2.4	9.4
内蒙古	274.8	4.3	5.2	3.5	7.5
辽　宁	713.9	19.4	13.2	11.2	14.2
吉　林	350.4	9.4	3.8	2.1	7.8
黑龙江	353.1	4.2	5.1	3.5	9.6
上　海	711.5	11.7	27.2	28.9	0.3
江　苏	1276.2	55.5	32.0	22.2	59.8
浙　江	1084.8	19.4	21.9	17.5	22.7
安　徽	430.1	9.0	6.1	4.7	8.7
福　建	484.3	8.2	8.0	5.8	14.1
江　西	204.2	2.0	1.7	0.7	4.4
山　东	919.0	19.9	23.1	17.3	31.0
河　南	520.3	12.0	8.6	4.5	15.2
湖　北	452.9	18.8	6.7	4.0	13.6
湖　南	546.0	14.8	7.3	4.2	13.8
广　东	2484.9	40.1	30.1	21.1	48.9
广　西	254.7	5.1	4.7	2.8	9.3
海　南	116.0	3.2	1.7	1.1	3.2
重　庆	253.5	8.2	5.3	3.6	6.4
四　川	654.4	12.5	11.4	8.8	17.9
贵　州	221.6	3.1	2.2	1.0	5.0
云　南	239.2	4.6	6.2	4.6	12.0
西　藏	18.2	0.4	0.4	0.3	0.9
陕　西	223.7	3.1	4.2	1.9	8.1
甘　肃	129.5	2.5	2.3	1.2	4.1
青　海	33.8	0.3	1.0	0.3	1.3
宁　夏	66.4	1.9	1.5	1.1	1.7
新　疆	281.6	10.3	9.6	7.0	14.8

6-14-34 新型农村合作医疗情况

指 标	2006	2007	2008	2009	2010	2011	2012
开展新农合县（区、市)数 (个)	1451	2451	2729	2716	2678	2637	2566
参加新农合人数(亿人)	4.10	7.26	8.15	8.33	8.36	8.32	8.05
参合率 (%)	80.7	86.2	91.5	94.2	96.0	97.5	98.3
人均筹资 (元)	52.1	58.9	96.3	113.4	156.6	246.2	308.5
当年基金支出（亿元)	155.8	346.6	662.3	922.9	1187.8	1710.2	2408.0
补偿受益人次(亿人次)	2.72	4.53	5.85	7.59	10.87	13.15	17.45

6-14-35 分地区新型农村合作医疗情况

地 区	开展新农合县（市、区)(个)	参加新农合人数(万人)	人均筹资（元)	本年度筹资总额(亿元)	补偿受益人次（万人次)
总 计	**2566**	**80530.9**	**308.5**	**2484.7**	**174507.3**
北 京	13	267.4	707.3	18.9	565.6
天 津					
河 北	164	5037.0	294.7	148.5	12406.7
山 西	115	2194.0	294.1	64.5	3598.4
内蒙古	92	1233.6	308.3	38.0	823.1
辽 宁	94	1958.6	295.5	57.9	2151.2
吉 林	60	1328.2	290.5	38.6	977.8
黑龙江	122	1447.3	295.3	42.7	1960.7
上 海	9	113.2	1232.5	14.0	1570.8
江 苏	81	4089.3	327.8	134.1	12271.6
浙 江	81	2876.2	480.4	138.2	11231.6
安 徽	94	5043.8	294.9	148.7	10071.6
福 建	74	2444.1	298.8	73.0	831.7
江 西	96	3293.8	294.2	96.9	4079.9
山 东	135	6465.8	307.2	198.6	23243.4
河 南	157	7965.1	293.4	233.7	19766.6
湖 北	93	3877.6	298.0	115.5	13854.6
湖 南	111	4671.2	291.6	136.2	5617.7
广 东	10	200.0	271.7	5.4	279.7
广 西	106	3974.8	292.8	116.4	5209.5
海 南	20	481.5	300.1	14.5	827.2
重 庆	37	2162.9	296.4	64.1	3127.3
四 川	175	6224.1	295.9	184.2	14476.1
贵 州	88	3112.2	291.5	90.7	4887.9
云 南	127	3467.9	295.8	102.6	9190.4
西 藏	73	237.8	324.0	7.7	477.6
陕 西	104	2649.7	311.9	82.6	4544.3
甘 肃	86	1921.5	292.6	56.2	3901.5
青 海	39	352.6	408.3	14.4	335.2
宁 夏	21	361.5	385.1	13.9	837.7
新 疆	89	1078.3	315.1	34.0	1390.0

6-14-36 工会组织情况

单位：万人

年份	工会基层组织数(万个)	全国已建工会组织的基层单位的职工与会员人数				工会专职工作人员人数
		职工人数	#女职工	会员人数	#女会员	
1952	20.7	1393.2		1002.3		5.3
1957	16.5	2158.3		1746.7		
1962	16.5	2667.1		1922.0		8.6
1979	32.9	6897.2	2171.7	5147.3		17.9
1980	37.6	7448.2	2518.6	6116.5		24.3
1981	41.1	8183.0	2902.0	6843.9	2412.8	29.1
1982	43.3	8586.6	3065.9	7331.6	2629.3	32.2
1983	44.7	8845.7	3191.8	7693.4	2771.4	33.7
1984	46.6	9243.9	3370.3	8029.1	2950.3	41.9
1985	46.5	9643.0	3596.7	8525.8	3149.2	38.1
1986	50.2	9949.6	3664.3	8908.5	3309.2	45.9
1987	53.6	10411.8	3900.4	9336.5	3486.9	47.0
1988	56.4	10747.4	4434.9	9628.9	3647.0	47.4
1989	58.9	10998.6	4178.7	9909.2	3777.7	48.8
1990	60.6	11156.9	4291.0	10135.6	3897.7	55.6
1991	61.4	11351.4	4394.8	10389.1	3991.6	58.0
1992	61.7	11223.9	4377.1	10322.5	3974.0	58.0
1993	62.7	11103.8	4359.9	10176.1	3949.6	55.4
1994	58.3	11269.6	4483.2	10202.5	4018.1	56.0
1995	59.3	11321.4	4515.3	10399.6	4116.5	46.8
1996	58.6	11181.4	4500.0	10211.9	4093.1	60.5
1997	51.0	10111.5	4004.8	9131.0	3579.4	57.7
1998	50.4	9716.5	3882.0	8913.4	3546.7	48.4
1999	50.9	9683.0	3797.9	8689.9	3406.2	49.7
2000	85.9	11472.1	4534.5	10361.5	3917.3	48.2
2001	153.8	12997.0	5087.9	12152.3	4696.6	
2002	171.3	14461.5	5157.6	13397.8	4665.2	47.2
2003	90.6	13301.6	5079.3	12340.5	4601.2	46.5
2004	102.0	14436.7	5502.6	13694.9	5135.3	45.6
2005	117.4	15985.3	6016.3	15029.4	5574.8	47.7
2006	132.4	18143.6	6719.3	16994.2	6177.8	54.3
2007	150.8	20452.4	7494.5	19329.0	7042.2	60.2
2008	172.5	22487.5	8168.8	21217.1	7773.8	70.5
2009	184.5	24535.3	8652.6	22634.4	8248.4	74.6
2010	197.6	25345.4	9288.1	23996.5	8871.5	86.4
2011	232.0	27304.7	10211.2	25885.1	9763.6	99.8
2012	266.3	29371.5	11014.5	28021.3	10611.0	107.9

注：2003年起工会基层组织数统计口径有所调整。

6-14-37 妇联干部情况

单位：人

项 目	1990	1995	2005	2006	2007	2008	2009	2010	2011	2012
干部总数	**97566**	**82834**	**61565**	**75236**	**76144**	**77567**	**73059**	**78122**	**89951**	**78074**
#少数民族干部	14638	10834	9156	11500	10229	10304	10294	12118	14260	13603
按行政级别分										
司局级	132	321	255	314	304	344	658	355	342	357
县处级	1013	2739	3201	3300	3501	3391	3496	4013	4342	4213
科以下	96421	79774	58109	71622	72339	73832	68905	73754	85267	73504
按年龄分										
35岁及以下	56761	24570	28355	32444	31309	32738	30020	31617	33976	31253
36-45岁	30332	47197	24897	31485	30758	31687	30702	33682	39148	33007
46-55岁	9512	10349	7976	10584	11836	12521	11101	11871	15233	12695
56岁及以上	961	718	337	723	2241	621	1236	952	1594	1119
按政治面貌分										
共产党员	59097	54038	49516	60408	60259	61396	60248	63322	71782	62558
共青团员	21549	13271	4556	4010	3768	3954	3785	3624	5186	4180
民主党派	1136	1281	599	567	452	474	474	385	521	574
群众	15784	14244	6894	10251	11665	11743	8552	10791	12462	10762
按文化程度分										
博士研究生			13	10	65	65	29	23	51	57
硕士研究生		698	1127	1531	1973	2041	2261	2937	3184	3320
大学本科、大专学历	17615	30146	50380	60277	61972	68536	62211	67057	76447	62808
高中、中专及以下	79951	51990	10045	13418	12134	6925	8558	8105	10269	11889
干部参加学历教育情况										
博士研究生			43	10	8	9	18	8	8	65
硕士研究生		149	820	913	160	966	1000	841	954	689
大学、大专学历	6676	4025	6447	10839	10519	6319	7239	7064	8291	4354
干部参加非学历教育情况										
党校培训			18625	21654	24358	25094	26689	24022	10372	9786
参照公务员管理培训			23088	22883	21541	20443	19855	17056	20977	32040
岗位培训	37542	9391	22637	18503	19814	19607	18812	16041	24790	22114
干部流动情况										
调入	1273	2010	3385	5580	4674	4970	4610	6151	8023	7051
调出	8262	1629	2918	5120	4291	3547	3961	5644	7479	6087
省(区、市)妇联领导进同级										
党委	22	13	18	23	23	25	16	14	16	24
人大	24	88	33	14	28	30	27	25	24	29
政协	24	33	30	19	30	32	30	25	19	22

注：妇联干部指在妇联系统工作的专职干部。

【主要统计指标解释】

特大火灾 指造成30人以上死亡，或者100人以上重伤，或者1亿元以上直接财产损失的火灾。

重大火灾 指造成10人以上30人以下死亡，或者50人以上100人以下重伤，或者5000万元以上1亿元以下直接财产损失的火灾。

较大火灾 指造成3人以上10人以下死亡，或者10人以上50人以下重伤，或者1000万元以上5000万元以下直接财产损失的火灾。

一般火灾 指造成3人以下死亡，或者10人以下重伤，或者1000万元以下直接财产损失的火灾。

人民检察院直接立案侦查案件 指按照管辖的规定，由人民检察院直接立案侦查的贪污贿赂犯罪、渎职犯罪、国家机关工作人员利用职权实施的侵犯公民人身权利和民主权利的犯罪以及经省级人民检察院决定立案侦查的国家机关工作人员利用职权实施的其他重大犯罪案件。

要案 指县、处级以上的干部犯罪案件。该指标主要反映职务犯罪案件中县、处级以上干部被人民检察院依法立案侦查的情况。

批准逮捕 指人民检察院对公安机关、国家安全机关、监狱管理机关提请逮捕的犯罪嫌疑人进行审查，根据事实，依法作出逮捕决定。

决定逮捕 指人民检察院对直接立案侦查的案件，认为需要逮捕犯罪嫌疑人时，依据法律作出的逮捕决定。

青少年罪犯 指人民法院在报告期内判决发生法律效力的有罪判决中14周岁以上不满25周岁的罪犯。其中14周岁以上不满18周岁的罪犯为未成年罪犯。

行政案件 指公民、法人和其他组织不服行政机关作出的具体行政行为，向人民法院提起行政诉讼，人民法院依法审理的案件。

单独赔偿 指单独提起行政赔偿的案件。当事人对行政行为的合法性没有争议，就行政侵权造成的损害赔偿单独提起赔偿诉讼。

受理劳动争议案件数 指劳动争议仲裁委员会根据国家有关规定，对劳动争议当事人的申请予以审查，符合受理条件而正式立案、准备处理的劳动争议案件数。

基本养老保险

1.（参保）职工人数：指报告期末按照国家法律、法规和有关政策规定参加基本养老保险并在社保经办机构已建立缴费记录档案的职工人数，包括中断缴费但未终止养老保险关系的职工人数，不包括只登记未建立缴费记录档案的人数。

2.（参保）离退休人员人数：指报告期末参加基本养老保险的离休、退休和退职人员的人数。

3.基本养老保险基金收入：指根据国家有关规定，由纳入基本养老保险范围的缴费单位和个人按国家规定的缴费基数和缴费比例缴纳的养老保险基金，以及通过其他方式取得的形成基金来源的收入。包括单位和职工个人缴纳的基本养老保险费、基本养老保险基金利息收入、上级补助收入、下级上解收入、转移收入、财政补贴和其他收入。

4.基本养老保险基金支出：指按照国家政策规定的开支范围和开支标准从养老保险基金中支付给参加基本养老保险的离休、退休、退职人员个人的养老金、丧葬抚恤补助，以及由于保险关系转移、上下级之间调剂资金等原因而发生的支出。包括离休金、退休金、退职金、各种补贴、医疗费、死亡丧葬补助费、抚恤救济费、社会保险经办机构管理费、补助下级支出、上解上级支出、转移支出、其他支出等。

5.基本养老保险基金累计结余 ：指截止报告期末基本养老保险基金收支相抵后的累计余额。

失业保险

1.参保人数：指报告期末按照国家法律、法规和有关政策规定参加了失业保险的城镇企业事业单位的职工及地方政府规定参加失业保险的其他人员的人数。

2.失业保险基金收入：指按照规定从企业、事业及其他单位筹集的失业保险费及其他并入失业保险基金收入的总额。包括单位和个人缴纳的失业保险费、失业保险基金利息收入、上级补助收入、下级上解收入、转移收入、财政补贴和其他收入。

3.失业保险基金支出：指报告期内为保障失业人员和下岗职工基本生活、促进其再就业等支出的基金总额。包括失业救济金、医疗费、死亡丧葬补助费、抚恤救济费、转业训练费支出、失业保险经办机构管理费、补助下级支出、上解上级支出、转移支出和其他支出。

4.基金累计结余：指截止报告期末失业保险基金收支相抵后的累计余额。

基本医疗保险

1.参保人数：指报告期末按国家有关规定参加基本医疗保险的人数。包括参加保险的职工人数和退休人员人数。

2.基金收入：指根据国家有关规定，由纳入基本医疗保险范围的缴费单位和个人，按国家规定的缴费基数和缴费比例缴纳的基金，以及通过其他方式取得的形成基金来源的款项，包括：单位缴纳的社会统筹基金收入、个人缴纳的个人账户基金收入、财政补贴收入、利息收入、其他收入。

3.基金支出：指按照国家政策规定的开支范围和开支标准从社会统筹基金中支付给参加基本医疗保险的职工和退休人员的医疗保险待遇支出，和从个人帐户基金中支付给参加基本医疗保险的职工和退休人员的医疗费用支出，以及其他支出。包括：住院医疗费用支出、门急诊医疗费用支出、个人账户基金支出、其他支出。

4.基金累计结余：指截止报告期末基本医疗保险的社会统筹和个人帐户基金累计结余金额。包括银行存款、财政专户、债券投资和其他。

工伤保险

1.参加保险人数：指报告期末依据国家有关规定参加工伤保险的职工人数。

2.享受保险待遇人数： 指劳动者因工负伤致残、死亡或因患职业病致残，根据有关规定享受工伤保险待遇职工或供养直系亲属人数。包括伤残人数、职业病人数、因工死亡人数、供养直系亲属人数。

3.基金收入：指根据国家有关规定，由参加工伤保险的单位按国家规定的缴费基数和缴费比例缴纳的工伤保险基金，以及通过其他形式取得的形成基金来源的款项。包括：单位缴纳的社会统筹基金收入、财政补贴收入、利息收入、其他收入。

4.基金支出：指按照国家政策规定的开支范围和开支标准从工伤保险基金中支付给参加工伤保险的人员及供养直系亲属工伤保险待遇支出及其他支出。包括工伤医疗费、伤残补助金、工亡补助金、护理费、丧葬补助费、工伤预防费用、职业康复费用和其他支出。

5.基金累计结余： 指截止报告期末工伤保险基金累计结余金额。包括银行存款、财政专户、债券投资和其他。

生育保险

1.参保人数：指报告期末依据有关规定参加生育保险的职工人数。

2.基金收入：指根据国家有关规定，由参加生育保险的单位按照国家规定的缴费基数和缴费比例缴纳的生育保险基金，以及通过其他方式取得的形成基金来源的款项，包括：单位缴纳的基金收入、利息收入和其他收入。

3.基金支出：指按照国家政策规定的开支范围和开支标准，从生育保险基金中支付给参加生育保险的职工，因妊娠、分娩和计划生育手术而享受的待遇及其他支出。包括：生育津贴、医疗费用支出及其他支出。

4.基金累计结余：指截止报告期末生育保险基金累计结余金额。包括银行存款、财政专户、债券投资和其他。

参加新农合人数 指根据本地新农合实施方案到年内新农合筹资截止时已缴纳新农合资金的人口数。

新农合当年基金支出 指本年度实际从新农合基金帐户中支出用于新农合补偿的资金。

新农合补偿受益人次 指年内新农合参合人员因病就医获得补偿的人次数，包括住院、家庭帐户形式、门诊、特殊病种大额门诊、住院正常分娩、体检和其他补偿人次之和。

新农合本年度筹资总额 指为本年度筹集的、实际进入新农合专用帐户的基金数额。包括本年度中央及地方财政配套资金、农民个人缴纳资金（含民政部门及其他相关部门代缴的救助资金）、新农合基金本年度产生的全部利息收入及其他渠道实际筹集到的新农合基金额。筹资数额以进入新农合专用帐户的基金数额为准，不含上年结转资金。

7 第三产业复合性行业情况

7-1 旅游业

简要说明

一、主要内容

入境游客（外国人、港澳同胞和台湾同胞）、国内旅游人数，以及国际、国内旅游收入等。

二、统计范围

国际旅游和国内旅游。

三、统计调查方法

国内旅游人数、国际旅游（外汇）收入和国内旅游收入等指标采取抽样调查方法，其余指标均为全面调查统计取得。

四、资料来源

本篇资料由国家统计局贸易外经统计司根据公安部和国家旅游局的资料编制。

入境游客人数和国内居民出境人数来自公安部；各地区接待入境过夜游客人数、国内旅游人数和国内旅游收入资料来自国家旅游局；国际旅游（外汇）收入，1994 年以前由国家统计局贸易外经统计司根据国际旅游者在华花费外汇券统计资料整理提供，1994 年及以后由国家旅游局整理提供。

7-1-1 历年入境游客

单位：万人次

年份	合计	#入境过夜游客	外国人	港澳台同胞	#台湾同胞
1978	180.92	71.60	22.96	156.15	
1979	420.39	152.90	36.24	382.06	
1980	570.25	350.00	52.91	513.90	
1981	776.71	376.70	67.52	705.31	
1982	792.43	392.40	76.45	711.70	
1983	947.70	379.10	87.25	856.41	
1984	1285.22	514.10	113.43	1167.04	
1985	1783.31	713.30	137.05	1637.78	
1986	2281.95	900.10	148.23	2126.90	
1987	2690.23	1076.00	172.78	2508.74	
1988	3169.48	1236.10	184.22	2977.33	43.77
1989	2450.14	936.10	146.10	2297.19	54.10
1990	2746.18	1048.40	174.73	2562.34	94.80
1991	3334.98	1246.40	271.01	3050.62	94.66
1992	3811.49	1651.20	400.64	3394.34	131.78
1993	4152.69	1898.20	465.59	3670.49	152.70
1994	4368.45	2107.00	518.21	3838.72	139.02
1995	4638.65	2003.40	588.67	4038.40	153.23
1996	5112.75	2276.50	674.43	4422.86	173.39
1997	5758.79	2377.00	742.80	5006.09	211.76
1998	6347.84	2507.29	710.77	5625.00	217.46
1999	7279.56	2704.66	843.23	6425.52	258.46
2000	8344.39	3122.88	1016.04	7320.80	310.86
2001	8901.29	3316.67	1122.64	7778.65	344.20
2002	9790.83	3680.26	1343.95	8446.88	366.06
2003	9166.21	3297.05	1140.29	8025.92	273.19
2004	10903.82	4176.14	1693.25	9210.57	368.53
2005	12029.23	4680.90	2025.51	10003.71	410.92
2006	12494.21	4991.34	2221.03	10273.19	441.35
2007	13187.33	5471.98	2610.97	10576.36	462.79
2008	13002.74	5304.92	2432.53	10570.21	438.56
2009	12647.59	5087.52	2193.75	10453.84	448.40
2010	13376.22	5566.45	2612.69	10763.53	514.06
2011	13542.35	5758.07	2711.20	10831.15	526.30
2012	13240.53	5772.49	2917.16	10521.37	534.02

7-1-2 历年入境游客增长速度

单位：%

年 份	合 计	#入境过夜游客	外国人	港澳台同胞	#台湾同胞
1979	132.4	113.5	57.8	144.7	
1980	35.6	128.9	46.0	34.5	
1981	36.2	7.6	27.6	37.2	
1982	2.0	4.2	13.2	0.9	
1983	19.6	-3.4	14.1	20.3	
1984	35.6	35.6	30.0	36.3	
1985	38.8	38.7	20.8	40.3	
1986	28.0	26.2	8.2	29.9	
1987	17.9	19.5	16.6	18.0	
1988	17.8	14.9	6.6	18.7	
1989	-22.7	-24.3	-20.7	-22.8	23.6
1990	12.1	12.0	19.6	11.5	75.2
1991	21.4	18.9	55.1	19.1	-0.1
1992	14.3	32.5	47.8	11.3	39.2
1993	9.0	15.0	16.2	8.1	15.9
1994	5.2	11.0	11.3	4.6	-9.0
1995	6.2	-4.9	13.6	5.2	10.2
1996	10.2	13.6	14.6	9.5	13.2
1997	12.6	4.4	10.1	13.2	22.1
1998	10.2	5.5	-4.3	12.4	2.7
1999	14.7	7.9	18.6	14.2	18.9
2000	14.6	15.5	20.5	13.9	20.3
2001	6.7	6.2	10.5	6.3	10.7
2002	10.0	11.0	19.7	8.6	6.4
2003	-6.4	-10.4	-15.2	-5.0	-25.4
2004	19.0	26.7	48.5	14.8	34.9
2005	10.3	12.1	19.6	8.6	11.5
2006	3.9	6.6	9.7	2.7	7.4
2007	5.5	9.6	17.6	3.0	4.9
2008	-1.4	-3.1	-6.8	-0.1	-5.2
2009	-2.7	-4.1	-9.8	-1.1	2.2
2010	5.8	9.4	19.1	3.0	14.6
2011	1.2	3.4	3.8	0.6	2.4
2012	-2.3	0.3	7.6	-2.9	1.5

7-1-3 按国籍分入境外国游客

单位：万人次

地区	2005	2006	2007	2008	2009	2010	2011	2012
总计	**2025.51**	**2221.03**	**2610.97**	**2432.53**	**2193.75**	**2612.69**	**2711.20**	**2719.15**
亚洲	**1249.99**	**1358.82**	**1606.12**	**1455.10**	**1377.93**	**1619.72**	**1662.32**	**1662.22**
#朝鲜	12.58	11.01	11.37	10.18	10.56	11.64	15.23	18.06
印度	35.65	40.51	46.25	43.66	44.89	54.93	60.65	61.02
印度尼西亚	37.76	43.30	47.71	42.63	46.90	57.34	60.87	62.20
日本	339.00	374.59	397.75	344.61	331.75	373.12	365.82	351.82
马来西亚	89.96	91.06	106.20	104.05	105.90	124.52	124.51	123.55
蒙古	64.20	63.12	68.20	70.53	57.67	79.44	99.42	101.05
菲律宾	65.40	70.42	83.30	79.53	74.89	82.83	89.43	96.20
新加坡	75.59	82.79	92.20	87.58	88.95	100.37	106.30	102.77
韩国	354.53	392.40	477.68	396.04	319.75	407.64	418.54	406.99
泰国	58.63	59.20	61.16	55.43	54.18	63.55	60.80	64.76
非洲	**23.80**	**29.38**	**37.91**	**37.84**	**40.12**	**46.36**	**48.88**	**52.49**
欧洲	**479.14**	**527.96**	**621.68**	**612.33**	**459.11**	**567.93**	**593.78**	**594.82**
#英国	49.96	55.26	60.51	55.15	52.88	57.50	59.57	61.84
德国	45.49	50.06	55.67	52.89	51.85	60.86	63.70	65.96
法国	37.20	40.22	46.34	43.00	42.48	51.27	49.31	52.48
意大利	19.70	19.53	21.52	19.44	19.14	22.92	23.50	25.20
荷兰	14.58	16.78	19.41	18.09	16.69	18.91	19.75	19.55
葡萄牙	4.38	4.45	4.83	4.39	4.36	4.77	4.70	4.86
瑞典	11.03	12.96	14.51	13.77	12.58	15.45	17.01	17.16
瑞士	5.14	5.79	6.46	6.34	6.26	7.43	7.53	8.28
俄罗斯	222.39	240.51	300.39	312.34	174.30	237.03	253.63	242.61
拉丁美洲	**16.05**	**19.58**	**15.95**	**26.03**	**23.10**	**30.05**	**33.69**	**35.31**
北美洲	**198.53**	**221.00**	**256.15**	**232.12**	**226.01**	**269.49**	**286.42**	**282.64**
#加拿大	42.98	49.91	57.72	53.47	55.03	68.53	74.80	70.83
美国	155.55	171.03	190.12	178.64	170.98	200.96	211.61	211.81
大洋洲及太平洋岛屿	**57.36**	**63.86**	**72.85**	**68.88**	**67.24**	**78.93**	**85.93**	**91.49**
#澳大利亚	48.30	53.81	60.74	57.15	56.15	66.13	72.62	77.43
新西兰	7.84	8.86	10.87	10.52	10.04	11.61	12.09	12.83
其他	**0.64**	**0.43**	**0.31**	**0.23**	**0.22**	**0.21**	**0.19**	**0.19**

7-1-4 历年国际旅游(外汇)收入及增长速度

单位：亿美元

年份	收入合计	商品收入	劳务收入	增长速度(%)	商品收入	劳务收入
1978	2.63	1.22	1.41			
1979	4.49	2.03	2.46	70.7	66.4	74.5
1980	6.17	3.15	3.02	37.4	55.2	22.8
1981	7.85	4.06	3.79	27.2	28.9	25.5
1982	8.43	4.31	4.12	7.4	6.2	8.7
1983	9.41	4.66	4.75	11.6	8.1	15.3
1984	11.31	5.65	5.66	20.2	21.2	19.2
1985	12.50	5.30	7.20	10.5	-6.2	27.2
1986	15.31	6.66	8.65	22.5	25.7	20.1
1987	18.62	7.78	10.84	21.6	16.8	25.3
1988	22.47	8.95	13.52	20.7	15.0	24.7
1989	18.60	6.30	12.30	-17.2	-29.6	-9.0
1990	22.18	7.75	14.43	19.2	23.0	17.3
1991	28.45	9.89	18.56	28.3	27.6	28.6
1992	39.47	12.90	26.57	38.7	30.4	43.2
1993	46.83	13.09	33.74	18.6	1.5	27.0
1994	73.23	26.45	46.78	56.4	102.1	38.6
1995	87.33	32.99	54.34	19.3	24.7	16.2
1996	102.00	34.50	67.50	16.8	4.6	24.2
1997	120.74	40.24	80.50	18.4	16.6	19.3
1998	126.02	41.39	84.63	4.4	2.9	5.1
1999	140.99	42.99	98.00	11.9	3.9	15.8
2000	162.24	47.54	114.70	15.1	10.6	17.0
2001	177.92	52.93	124.99	9.7	11.3	9.0
2002	203.85	58.71	145.14	14.6	10.9	16.1
2003	174.06	50.51	123.55	-14.6	-14.0	-14.9
2004	257.39	77.40	179.99	47.9	53.2	45.7
2005	292.96	91.26	201.70	13.8	17.9	12.1
2006	339.49	147.19	192.30	15.9	61.3	-4.7
2007	419.19	142.42	276.77	23.5	-3.2	43.9
2008	408.43	124.07	284.35	-2.6	-12.9	2.7
2009	396.75	127.63	269.12	-2.9	2.9	-5.4
2010	458.14	157.05	301.09	15.5	23.1	11.9
2011	484.64	154.54	330.09	5.8	-1.6	9.6
2012	500.28	149.01	351.26	3.2	-3.6	6.4

7-1-5 入境外国游客分组构成

单位：万人次

指　标	2011		2012	
	人数	比重(%)	人数	比重(%)
总　计	**2711.20**	**100.0**	**2719.16**	**100.0**
按性别分				
男	1745.41	64.4	1737.76	63.9
女	965.79	35.6	981.40	36.1
按年龄分				
14岁及以下	111.94	4.1	111.79	4.1
15-24岁	212.44	7.8	215.87	7.9
25-44岁	1227.62	45.3	1229.72	45.2
45-64岁	992.28	36.6	988.70	36.4
65岁以上	166.92	6.2	173.07	6.4
按事由分				
会议/商务	632.64	23.3	628.01	23.1
观光/休闲	1221.82	45.1	1162.90	42.8
探亲/访友	10.99	0.4	10.77	0.4
服务员工	269.39	9.9	286.47	10.5
其他	576.35	21.3	630.99	23.2
按入境方式分				
船舶	283.21	10.4	268.86	9.9
飞机	1607.41	59.3	1637.37	60.2
火车	67.56	2.5	56.46	2.1
汽车	366.59	13.5	358.22	13.2
徒步	386.42	14.3	398.25	14.6

7-1-6 国际旅游(外汇)收入

单位：亿美元

指　标	2005	2006	2007	2008	2009	2010	2011	2012
总　计	**292.96**	**339.49**	**419.19**	**408.43**	**396.75**	**458.14**	**484.64**	**500.28**
商品收入	**91.26**	**147.19**	**142.42**	**124.07**	**127.63**	**157.05**	**154.54**	**149.01**
商品销售	63.78	112.07	104.94	85.34	91.49	115.90	118.56	111.54
餐饮	27.48	35.12	37.48	38.73	36.14	41.15	35.98	37.47
劳务收入	**201.70**	**192.30**	**276.77**	**284.36**	**269.12**	**301.09**	**330.09**	**351.26**
长途交通	82.94	73.76	111.43	124.87	117.41	130.91	151.17	172.78
民航	59.28	66.63	87.91	90.47	85.84	98.08	114.70	131.64
铁路	9.04	2.79	7.71	13.46	12.77	12.47	14.06	16.46
汽车	7.18	3.10	6.94	10.47	9.58	10.81	14.06	15.54
轮船	7.44	1.24	8.87	10.47	9.22	9.56	8.35	9.14
游览	12.27	9.86	18.00	22.02	20.80	21.07	25.32	25.55
住宿	37.75	48.97	59.38	48.60	44.34	51.95	50.98	52.11
娱乐	17.02	12.53	21.10	29.70	28.82	31.72	34.66	36.13
邮电通讯	8.44	5.11	7.61	10.02	9.55	14.60	10.36	7.91
市内交通	10.30	12.01	12.42	13.55	13.29	10.68	16.19	16.10
其他服务	32.99	30.06	46.83	35.60	34.91	40.15	41.41	40.68

7-1-7 各地区接待入境过夜游客情况

地 区	2011				2012			
	人数（万人次）	#外国人	人天数（万人天）	#外国人	人数（万人次）	#外国人	人天数（万人天）	#外国人
北 京	520.40	447.41	2186.37	1931.84	500.86	434.40	2116.84	1881.68
天 津	73.06	63.58	855.07	707.69	73.75	63.71	1043.51	860.16
河 北	114.14	98.27	282.85	241.84	129.32	106.71	333.42	281.06
山 西	155.32	98.25	293.63	184.84	189.18	120.42	368.49	238.67
内蒙古	151.52	147.64	378.94	364.33	159.17	151.46	411.36	393.02
辽 宁	405.33	339.41	1310.98	1125.70	473.13	388.59	1596.01	1363.11
吉 林	99.32	85.49	216.42	181.98	118.27	100.90	273.99	230.05
黑龙江	206.52	197.84	460.93	441.08	207.62	194.73	441.23	414.27
上 海	668.61	554.99	2284.81	1888.08	651.23	539.64	2172.56	1787.22
江 苏	737.33	537.91	3105.77	2226.28	791.54	575.21	3391.25	2428.74
浙 江	773.69	515.04	2135.54	1481.44	865.93	570.51	2357.22	1657.30
安 徽	262.87	151.75	696.88	413.55	331.47	190.41	877.49	496.43
福 建	427.42	140.02	1850.82	790.11	493.67	167.01	2155.46	919.72
江 西	135.83	43.98	276.19	92.44	156.18	50.39	299.21	102.68
山 东	424.23	312.33	1265.99	931.71	469.91	342.23	1432.60	1046.64
河 南	168.29	104.29	367.14	238.20	190.77	118.74	403.42	261.88
湖 北	213.52	160.11	459.63	349.41	264.72	192.96	593.44	442.42
湖 南	227.63	119.80	527.97	302.83	224.55	90.64	499.37	228.63
广 东	3331.63	749.34	7484.55	2015.54	3489.43	773.05	8020.65	1996.00
广 西	302.79	171.48	540.04	315.36	350.27	192.70	651.13	365.52
海 南	81.43	56.16	212.16	171.79	81.58	51.97	200.92	153.70
重 庆	186.40	132.61	563.20	413.34	224.28	152.63	719.51	503.68
四 川	163.97	113.73	312.04	223.13	227.34	151.29	429.16	296.65
贵 州	58.51	23.62	81.22	33.79	70.50	30.42	101.08	43.75
云 南	395.38	281.00	750.13	526.18	457.84	329.77	888.13	624.15
西 藏	27.08	24.90	69.32	64.44	19.49	17.46	57.67	52.15
陕 西	270.41	189.91	718.49	519.35	335.24	233.66	853.24	627.39
甘 肃	9.11	5.47	11.33	7.16	10.20	6.69	13.47	9.33
青 海	5.17	4.11	16.91	14.03	4.73	3.84	15.63	13.27
宁 夏	1.95	1.37	3.89	2.93	1.90	1.43	3.49	2.77
新 疆	56.37	48.77	170.00	150.79	62.49	49.02	287.03	221.65

7-1-8 各地区入境过夜游客人均天花费额

单位：美元/人天

地区	人均天花费		外国人		香港同胞		澳门同胞		台湾同胞	
	2011	2012	2011	2012	2011	2012	2011	2012	2011	2012
北京	247.78	243.01	242.68	241.37	287.52	255.81	255.09	247.63	271.17	252.31
天津	197.64	203.84	190.77	198.51	219.60	230.72	313.57	232.70	211.50	215.12
河北	163.56	165.44	162.59	165.62	170.37	157.27	179.01	170.88	164.19	178.05
山西	174.12	175.01	171.88	187.69	179.30	157.57	181.01	141.39	178.71	145.41
内蒙古	181.02	185.81	182.41	187.13	181.58	181.69	116.02	146.10	173.69	173.05
辽宁	204.49	206.37	204.42	207.34	196.92	201.86	218.86	198.53	209.35	198.72
吉林	177.90	180.44	177.38	185.11	192.25	159.60	194.28	167.40	165.24	152.50
黑龙江	188.79	189.35	201.25	186.15	162.85	244.22	258.44	185.04	120.78	183.46
上海	251.81	252.79	249.14	251.19	266.80	269.87	296.09	252.82	261.00	255.23
江苏	213.82	214.35	213.12	214.93	216.21	215.20	227.56	223.05	213.39	210.11
浙江	208.53	213.48	208.84	210.11	205.30	219.51	185.40	255.86	215.26	226.31
安徽	178.37	182.52	180.33	182.62	152.36	182.00	171.30	172.74	167.41	185.05
福建	197.39	195.70	199.55	196.19	187.79	193.39	223.94	196.28	194.64	195.58
江西	156.64	161.50	165.71	160.50	133.33	162.92	163.18	162.16	143.52	163.07
山东	203.50	206.29	206.20	204.93	193.01	206.99	200.54	207.19	200.48	213.38
河南	152.84	155.33	156.01	164.41	144.43	148.56	129.51	125.73	135.43	122.81
湖北	195.36	193.04	196.12	198.29	190.84	187.20	185.27	196.29	202.38	183.24
湖南	188.24	191.12	189.78	193.29	178.01	169.08	178.41	143.85	159.20	197.46
广东	169.08	167.19	182.61	177.64	143.15	159.21	138.86	139.47	167.97	159.64
广西	188.11	187.98	188.70	194.61	183.56	166.12	193.10	186.22	188.00	190.01
海南	176.69	176.86	184.86	181.16	150.60	160.09	113.81	202.51	140.41	152.40
重庆	176.39	179.87	169.45	183.72	199.46	180.94	234.85	156.69	190.23	156.18
四川	176.69	176.63	180.53	179.48	167.48	172.13	174.76	168.05	168.45	168.76
贵州	168.68	170.95	171.14	176.21	190.99	167.16	146.95	151.51	147.84	157.96
云南	186.59	187.69	189.31	187.08	183.52	216.11	160.69	218.07	179.10	164.90
西藏	180.33	184.36	179.96	182.03	205.07	210.19	135.07	156.15	188.01	199.13
陕西	188.30	187.52	196.34	187.53	131.13	196.47	152.84	175.92	138.59	181.89
甘肃	157.30	159.67	157.42	146.13	126.37	207.37	184.04	93.65	152.12	227.69
青海	151.63	155.51	151.69	153.98	124.67	175.60	150.44	126.23	196.32	160.33
宁夏	159.31	156.16	153.99	156.90	159.80	167.62	181.45	147.27	268.17	143.50
新疆	174.74	170.35	174.74	180.68		165.06		90.60		79.32

7-1-9 主要城市接待入境过夜游客情况

单位：万人次

城市	2008		2009		2010		2011		2012	
	合计	#外国人	合计	#外国人	合计	#外国人	合计	#外国人	合计	#外国人
北京	379.04	335.72	412.51	342.92	490.07	421.63	520.40	447.41	500.86	434.40
天津	122.04	113.00	141.02	130.58	166.07	153.05	73.06	63.58	73.75	63.71
沈阳	47.64	39.96	49.53	41.52	55.03	46.09	60.49	49.89	75.00	58.70
大连	95.00	85.62	105.00	94.77	116.60	104.73	117.00	103.81	128.42	112.52
长春	21.70	18.77	21.71	18.33	24.98	21.98	30.16	24.80	35.66	28.70
哈尔滨	29.71	23.12	24.03	18.83	26.36	21.18	27.72	23.59	24.11	18.38
上海	526.47	441.62	533.39	439.05	733.72	593.12	668.61	554.99	651.23	539.64
南京	119.18	77.71	113.45	74.40	130.88	86.80	150.66	99.92	162.71	107.73
无锡	61.13	42.25	62.95	40.47	79.16	55.66	90.83	66.26	98.19	71.08
苏州	168.23	121.72	169.51	116.03	207.53	147.23	232.63	167.03	249.22	179.54
杭州	221.33	154.37	230.40	157.28	275.71	187.85	306.31	210.82	331.12	229.88
宁波	75.68	47.72	80.05	46.46	95.17	53.89	107.39	60.87	116.21	63.10
黄山	81.04	55.93	87.71	51.10	105.03	59.86	131.36	76.31	160.27	92.82
厦门	104.53	41.56	94.49	43.08	155.19	51.11	179.92	61.81	212.42	76.11
济南	17.02	10.74	18.70	11.61	23.10	15.33	28.99	19.37	31.59	20.56
青岛	80.08	69.77	100.07	80.14	108.05	82.66	115.64	80.74	127.01	87.78
武汉	53.40	42.78	66.90	52.63	92.79	70.17	115.91	88.70	150.89	114.17
广州	612.48	214.49	689.40	231.18	814.79	294.44	778.69	276.27	786.60	289.20
深圳	869.57	151.42	896.37	146.38	1020.60	167.58	1104.55	171.20	1206.45	169.10
珠海	286.22	49.31	297.84	47.86	325.14	56.73	320.84	58.17	297.58	53.83
中山	65.18	11.90	47.58	10.96	48.06	13.48	60.81	11.45	55.86	11.58
桂林	125.02	81.44	129.03	75.11	148.62	89.75	164.39	103.72	182.41	109.30
海口	13.61	8.53	10.32	6.18	13.29	7.45	14.68	7.67	17.97	8.26
三亚	51.15	41.16	31.78	23.29	41.59	32.45	52.89	42.12	48.14	36.78
重庆	87.19	74.28	104.81	84.80	137.02	103.96	186.40	132.61	224.28	152.63
成都	47.20	34.67	58.87	44.00	73.20	54.22	121.64	89.54	158.19	117.06
昆明	70.07	49.82	77.83	56.16	86.06	66.64	100.40	77.20	113.74	87.34
西安	63.20	53.58	70.06	61.61	84.18	73.21	100.23	88.63	115.35	101.40

7-1-10 国内旅游情况

年 份	旅游人数（百万人次）	城镇居民	农村居民	旅游总花费（亿元）	城镇居民	农村居民
1994	524	205	319	1023.51	848.21	175.30
1995	629	246	383	1375.70	1140.10	235.60
1996	640	256	383	1638.38	1368.36	270.02
1997	644	259	385	2112.70	1551.83	560.87
1998	695	250	445	2391.18	1551.13	876.05
1999	719	284	435	2831.92	1748.23	1083.69
2000	744	329	415	3175.54	2235.26	940.28
2001	784	375	409	3522.37	2651.68	870.69
2002	878	385	493	3878.36	2848.09	1030.27
2003	870	351	519	3442.27	2404.08	1038.19
2004	1102	459	643	4710.71	3359.04	1351.67
2005	1212	496	716	5285.86	3656.13	1629.73
2006	1394	576	818	6229.70	4414.70	1815.00
2007	1610	612	998	7770.60	5550.40	2220.20
2008	1712	703	1009	8749.30	5971.75	2777.55
2009	1902	903	999	10183.69	7233.79	2949.90
2010	2103	1065	1038	12579.77	9403.81	3175.96
2011	2641	1687	954	19305.39	14808.61	4496.78
2012	2957	1933	1024	22706.22	17678.03	5028.19

【主要统计指标解释】

旅游人数

1. 入境游客：指报告期内来我国观光、度假、探亲访友、就医疗养、购物、参加会议或从事经济、文化、体育、宗教活动的外国人、港澳台同胞等入境游客。统计时，外国人、港澳台同胞每入境一次统计1人次。

2. 国内旅游人数：指在报告期内在中国（大陆）观光游览、度假、探亲访友、就医疗养、购物、参加会议或从事经济、文化、体育、宗教活动的中国（大陆）居民人数，其出游的目的不是通过所从事的活动谋取报酬。统计时，国内游客按每出游一次统计1人次。

国际旅游(外汇)收入　指入境游客在中国（大陆）境内旅行、游览过程中用于交通、参观游览、住宿、餐饮、购物、娱乐等全部花费。

国内旅游总花费　指国内游客在国内旅行、游览过程中用于交通、参观游览、住宿、餐馆、购物、娱乐等全部花费。

7 第三产业复合性行业情况

7-2 文化服务业

简要说明

一、主要内容

本篇资料反映2012年我国文化服务业的发展状况，主要内容包括文化服务业企业、事业、社团的固定资产原价、收入等指标。

二、统计范围

包括新闻出版发行、广播电影电视、文化艺术、文化信息传输、文化创意和设计、文化休闲娱乐以及文化产品生产的辅助生产等文化服务业。其中：

新闻出版发行服务业包括新闻服务、出版服务和发行服务；

广播电影电视服务业包括广播电视服务、电影和影视录音服务；

文化艺术服务业包括文艺创作与表演服务、图书馆与档案馆服务、文化遗产保护服务、群众文化服务、文化研究和社团服务、文化艺术培训服务和其他文化艺术服务；

文化信息传输服务业包括互联网信息服务、增值电信服务（文化部分）和广播电视传输服务；

文化创意和设计服务业包括广告服务、文化软件服务、建筑设计服务和专业设计服务；

文化休闲娱乐服务业包括景区游览服务、娱乐休闲服务和摄影扩印服务；

文化产品生产的辅助生产包括版权服务、文化经纪代理服务、文化贸易代理与拍卖服务、文化出租服务、会展服务和其他文化辅助生产等。

三、资料来源

本篇资料由国家统计局社会科技和文化产业统计司根据国家统计局重点服务业财务状况年报、文化及相关产业统计年报的资料整理提供。

7-2-1 全国文化服务业企业法人单位财务状况

单位：万元

项 目	固定资产原价	营业收入	营业利润	应付职工薪酬	资产总计
合 计	**141531262**	**220852183**	**26881019**	**32673867**	**394985780**
新闻出版发行服务业	9560986	17253585	1682469	2766444	36269125
广播电影电视服务业	8364412	10940240	1406982	1333223	24929475
文化艺术服务业	8474631	8001496	883020	1101155	20462579
文化信息传输服务业	35136726	33377825	5532695	4259567	55016991
文化创意和设计服务业	28167563	106879905	11452914	16572287	137546599
文化休闲娱乐服务业	40002068	28268656	3997833	4515263	78862200
文化产品生产的辅助生产	11824876	16130475	1925106	2125929	41898812

7-2-2 全国文化服务业事业法人单位财务状况

单位：万元

项 目	固定资产原价	本年收入合计	本年支出合计	销售税金
合 计	**49619396**	**34407903**	**29079180**	**669665**
新闻出版发行服务业	2124356	2883678	2454541	71091
广播电影电视服务业	10772289	11184595	9654837	293225
文化艺术服务业	22185833	11689651	9942677	105233
文化信息传输服务业	3655515	1540775	1389180	28500
文化创意和设计服务业	1750935	2052806	1718356	43289
文化休闲娱乐服务业	8191938	4478903	3386595	113286
文化产品生产的辅助生产	938530	577495	532994	15041

7-2-3 全国文化服务业社团法人单位财务状况

单位：万元

项 目	固定资产原价	本年收入合计	本年费用合计	净资产变动
合 计	**5950332**	**3141896**	**2815027**	**176704**
新闻出版发行服务业	17909	26549	22577	968
广播电影电视服务业	53653	27379	24962	679
文化艺术服务业	3229628	2455346	2202318	133525
文化信息传输服务业	642450	33690	30861	2358
文化创意和设计服务业	174275	152250	123906	23929
文化休闲娱乐服务业	1245268	351225	320214	14261
文化产品生产的辅助生产	587149	95457	90189	984

【主要统计指标解释】

固定资产原价（企业） 指企业固定资产的成本，包括企业在购置、自行建造、安装、改建、扩建、技术改造某项固定资产时所发生的全部支出总额。

营业收入 指企业经营主要业务和其他业务所确认的收入总额。

营业利润 指企业从事生产经营活动所取得的利润。

应付职工薪酬 指企业为获得职工提供的服务而给予各种形式的报酬以及其他相关支出。包括职工工资、奖金、津贴和补贴，职工福利费，医疗保险费、养老保险费、失业保险费、工伤保险费和生育保险费等社会保险费，住房公积金，工会经费和职工教育经费，非货币性福利，因解除与职工的劳动关系给予的补偿，其他与获得职工提供的服务相关的支出。

资产总计 指企业过去的交易或者事项形成的、由企业拥有或者控制的、预期会给企业带来经济利益的资源。资产一般按流动性（资产的变现或耗用时间长短）分为流动资产和非流动资产。其中流动资产可分为货币资金、交易性金融资产、应收票据、应收账款、预付款项、其他应收款、存货等；非流动资产可分为长期股权投资、固定资产、无形资产及其他非流动资产等。

固定资产原价(事业) 指事业单位使用年限在一年以上，单位价值在规定标准以上，并在使用过程中基本保持原来物质形态的资产。包括房屋和建筑物、专用设备、一般设备、文物和陈列品、图书、其他固定资产等。

本年收入合计 指事业单位从各种渠道获得的收入，包括财政拨款、行政单位预算外资金、上级补助收入、事业收入、事业单位经营收入、附属单位上缴收入和其他收入。

本年支出合计 指事业单位在业务活动中发生的各项资产耗费和损失等支出情况。

销售税金 指事业单位提供劳务或销售产品应负担的税金及附加，包括营业税、城市维护建设税、资源税和教育费附加。

固定资产原价（社团） 指民间非营利组织使用年限在一年以上，单位价值在规定标准以上，并在使用过程中基本保持原来物质形态的资产。包括房屋和建筑物、专用设备、一般设备、文物和陈列品、图书、其他固定资产等。

本年收入合计 指民间非营利组织从各种渠道获得的收入，包括捐赠收入、会费收入、提供服务收入、商品销售收入、政府补助收入、投资收益和其他收入。

本年费用合计 指民间非营利组织为完成各种目标所发生的费用，包括业务活动成本、管理费用、筹资费用和其他费用。

净资产变动 指民间非营利组织的净资产变动额。

8 港澳台第三产业情况

8-1 香港第三产业情况

简要说明

一、本章资料反映香港特别行政区主要社会、经济发展情况。内容包括：土地、人口、就业、国民收入、国际收支平衡表、工业、能源、建筑、交通、对外贸易、政府收支及金融、教育、房屋、卫生、社会保障等方面。

二、本章由香港特别行政区政府统计处提供数据，国家统计局国际统计信息中心负责整理、编辑。

三、在统计工作方面，按《中华人民共和国香港特别行政区基本法》的有关原则，香港特别行政区保留其单独运作的统计系统，并负责编制和发布反映香港特别行政区情况的统计数据。由于香港和内地在使用统计名词及概念方面会有所不同，读者在比较两地数据时，请参考本章末的“主要统计指标解释”。

四、香港特别行政区是单独的关税地区，香港与内地之间的贸易，亦需办理进出口报关。在贸易统计方面，香港特别行政区对外贸易统计数据亦包括香港特别行政区与内地的贸易。

五、在外汇统计及与之有关的各方面，港币是香港特别行政区的法定货币，因此，除港币以外的货币（包括人民币）均视作外币。

六、更详细的统计资料及有关的技术细节，可参阅香港特别行政区政府统计处出版的《香港统计月刊》、《香港统计年刊》及各专题统计出版物。

七、本章节表中的符号使用说明：“-”表示不适用；“空格”表示没有数字；“§”表示数字少于单位的一半。

8-1-1 主要统计指标概览

项目		2008	2009	2010	2011	2012
香港陆地面积①	**（平方公里）**					
总计		**1104**	**1104**	**1104**	**1104**	**1104**
香港岛		80	80	81	81	81
九龙		47	47	47	47	47
新界		976	976	976	976	976
人口及生命统计						
年中人口	（万人）	695.8	697.3	702.4	707.2	715.5
粗出生率	（‰）	11.3	11.8	12.6	13.5	12.8
粗死亡率	（‰）	6.0	5.9	6.0	6.0	6.0
婴儿死亡率	（‰）	1.8	1.7	1.7	1.3	1.4
（按每千名登记活产婴儿计算）						
劳动、就业						
劳动人口	（万人）	363.7	366.0	363.1	370.3	378.5
劳动人口参与率	（%）	60.9	60.8	59.6	60.1	60.5
失业率	（%）	3.5	5.3	4.3	3.4	3.3
就业人数	（万人）	350.9	346.8	347.4	357.6	366.1
选定行业的就业人数②	（万人）					
制造		16.6	15.0	13.3	13.3	13.4
建筑		26.5	26.2	26.5	27.7	29.1
进出口贸易及批发		58.9	56.2	54.7	53.9	56.4
零售、住宿③及餐饮服务		55.2	54.5	55.8	57.8	59.1
运输、仓库、邮政及速递服务、资讯及通讯		43.4	42.3	42.2	43.4	43.4
金融、保险、地产、专业及商用服务		63.9	63.7	64.1	67.6	68.7
公共行政、社会及个人服务		84.3	86.7	88.5	91.5	93.5
实际工资指数④(1992年9月=100)		115.3	113.5	113.5	117.9	118.9
对外商品贸易						
进口	（亿港元）	30253	26924	33648	37646	39122
港产品出口	（亿港元）	908	577	695	657	588
转口	（亿港元）	27334	24113	29615	32716	33755
对外服务贸易						
服务出口	（亿港元）	5444	5013	6262	7061	7512
服务进口	（亿港元）	5654	4746	5481	5792	5698
工业生产						
工业生产指数	（2008年=100）	100.0	91.7	95.0	95.7	94.9
工业电力消费量	（万亿焦耳）	12182	11143	11080	11104	11282
工业煤气消费量	（万亿焦耳）	905	902	917	1086	1331
土地、楼宇、建筑及地产						
新落成私人楼宇						
楼宇数目	（栋）	755	669	278	397	601
实用楼面面积	（万平方米）					
住宅		43.4	44.3	61.2	47.2	55.8
非住宅		66.3	37.2	52.8	51.9	83.7
获批准可动工兴建私人楼宇	（栋）					
初次呈交		273	403	512	228	266
重大修改		111	182	259	186	114
房屋及物业						
永久性房屋单位	（万个）					
公营租住房屋⑤		72.16	74.12	74.46	74.71	76.81
资助出售单位⑥		39.70	39.58	39.29	39.12	39.09
私人房屋⑥⑦		139.87	140.94	142.34	145.49	147.06
总计		251.73	254.64	256.10	259.32	262.96

8-1-1 续表 1

项　　目		2008	2009	2010	2011	2012
运输、通讯、旅游						
进出香港货物						
总卸下	(万吨)	16571	15567	17282	17519	17214
总装上	(万吨)	12916	11745	12882	13291	12738
集装箱吞吐量	(万标准集装箱)	2449	2104	2370	2438	2312
电话服务	(万条操作线路)	411	419	426	425	425
访港旅客⑧	(万人次)	2951	2959	3603	4192	4862
政府收支、货币、金融	**(亿港元)**					
政府储备结余⑨		4944	5203	5954	6691	7339
政府收入总额⑨⑩		3166	3184	3765	4377	4422
政府开支总额⑨⑩		3151	2925	3014	3640	3773
货币供应量M_3						
港元⑪		32613	36048	38782	40554	45456
外币⑫		30394	30220	32781	40257	44248
总计		63008	66268	71563	80811	89704
港汇指数(贸易总值(进口及整体出口)加权)(2010年1月=100)⑬		100.7	101.9	99.5	94.6	94.9
消费价格指数						
(2009年10月至2010年9月=100)						
综合消费价格指数		97.8	98.4	100.7	106.0	110.3
甲类消费价格指数		97.8	98.3	100.8	106.4	110.3
乙类消费价格指数		97.8	98.4	100.6	105.8	110.4
丙类消费价格指数		97.9	98.5	100.6	105.8	110.1
教育	**(人)**					
小学学生人数		365056	344748	331112	322881	317442
中学学生人数⑭		489362	481188	458131	472532	422134
大专院校学生人数⑮		147364	158043	166018	168692	197117
卫生						
医生	(人)	12215	12424	12620	12818	13006
注册中医	(人)	5860	6048	6241	6414	6565
病床	(张)	35048	35062	35522	36121	36579
社会保障						
综合社会保障援助⑨						
个案数目⑯	(个)	289469	287822	282732	275383	267623
发放款项	(亿港元)	186	190	185	195	198
公共福利金⑨						
个案数目⑯	(个)	612128	627816	642979	663237	693389
发放款项	(亿港元)	88	89	91	97	106
交通意外伤亡援助⑨						
获批个案数目	(个)	7224	7350	7203	7139	7430
本地生产总值						
按2011年环比物量计算						
年增长率	(%)	2.1	-2.5	6.8	4.9	1.5
本地生产总值	(亿港元)	17726	17290	18465	19361	19652
人均本地生产总值	(港元)	254770	247970	262878	273783	274670
按当年价格计算						
年增长率	(%)	3.4	-2.8	7.1	9	5.5
本地生产总值	(亿港元)	17075	16592	17768	19361	20419
人均本地生产总值	(港元)	245406	237960	252952	273783	285403

8-1-1 续表 2

项目	2008	2009	2010	2011	2012
本地居民总收入⑰					
按当年价格计算					
本地居民总收入 (亿港元)	18080	17090	18144	19889	20854
人均本地居民总收入 (港元)	259851	245096	258304	281253	291481
对外初次收入流量净值⑱(亿港元)	1005	498	376	528	435
国际收支平衡表 (亿港元)					
经常帐户	2558	1577	1165	930	270
资本及金融帐户	-2547	-1445	-888	-1132	-376
净误差及遗漏	-11	-131	-277	202	106
整体的国际收支	2240	6125	591	868	1889
	(盈余)	(盈余)	(盈余)	(盈余)	(盈余)
国际投资头寸⒆ (亿港元)					
国际投资头寸净值⒇	49000	57022	51711	55229	56748
对外金融资产	181928	206797	232300	240620	271377
对外金融负债	132928	149775	180589	185391	214629

注：①面积为当年6月底的数据，包括不在区议会分区内的落马洲河套。
②由2009年开始，数字是按“香港标准行业分类2.0版”编制，其数列已向前估计至2008年。
③住宿服务包括酒店、宾馆、旅舍及其他提供短期住宿服务的机构单位。
④实际工资指数是以名义工资指数扣除以2009至10年为基期的甲类消费价格指数而计算出来。工资统计数字是按“香港标准行业分类2.0版”编制。
⑤房屋委员会售出的公营租住房屋单位归类为资助出售单位。
⑥资助出售单位包括房屋委员会及香港房屋协会售出而不可在公开市场买卖的屋宇单位。可在公开市场买卖的资助出售单位则归类为私人永久性房屋。
⑦数字包括作住宿用途的非住宅屋宇单位。
⑧访港旅客数字包括经澳门访港的非澳门居民。
⑨数字是以相应的财政年度为根据。例如2012年的数字代表2012至2013财政年度数字。
⑩2012年的数字有待审计署署长核实。
⑪所列数字已包括外币掉期存款。
⑫所列数字已扣除外币掉期存款。《中华人民共和国香港特别行政区基本法》说明，港元是香港特别行政区的法定货币。外币指港元以外的其他货币，因而人民币亦视作外币。
⑬由2012年1月3日起公布的新系列。
⑭数字涵盖日、夜校。
⑮是指香港城市大学、香港浸会大学、岭南大学、香港中文大学、香港教育学院、香港理工大学、香港科技大学和香港大学就读学生。数字包括大学教育资助委员会(教资会)资助课程及教资会资助院校本部和辖下持续进修部门开办的本地经评审自资课程的学生人数。
⑯于财政年度终结时的数字。除特别注明外，财政年度是由4月1日至翌年3月31日。
⑰根据国际建议及与其他经济体的做法，从2012年9月起香港的“本地居民生产总值”已改称为“本地居民总收入”。
⑱根据国际建议及与其他经济体的做法，从2012年9月起“国外净要素收入”已改称为“对外初次收入流量净值”。
⒆期末头寸。
⒇国际投资头寸净值是对外金融资产总值与对外金融负债总值之差。

8-1-2 生产法本地生产总值

单位：亿港元

经济活动	2008	2009	2010	2011	2012
以当年价格计算的本地生产总值	**17074.87**	**16592.45**	**17767.83**	**19360.83**	
农业及渔业	8.28	10.49	8.79	8.61	
工业	1196.56	1140.51	1214.97	1300.27	
采矿及采石	0.97	0.41	0.69	0.83	
制造	315.06	287.14	304.10	305.78	
电力、燃气和自来水供应及废弃物管理	396.51	350.32	344.86	338.82	
建筑	484.03	502.64	565.31	654.84	
服务	14995.29	14667.24	16153.73	17716.77	
进出口贸易、批发及零售	3992.00	3702.26	4133.08	4929.00	
住宿及餐饮服务①	536.00	487.89	564.18	664.21	
运输、仓库、邮政及速递服务	983.90	992.08	1379.41	1200.34	
资讯及通讯	491.27	478.93	550.24	629.52	
金融及保险	2771.12	2559.00	2842.03	3067.87	
地产、专业及商用服务	1660.86	1739.03	1884.76	2139.65	
公共行政、社会及个人服务	2781.00	2881.09	2952.57	3136.12	
楼宇业权	1779.15	1826.96	1847.45	1950.05	
以基本价格计算的本地生产总值	16200.13	15818.24	17377.48	19025.65	
产品税	582.33	546.89	687.07	694.01	
统计差额	0.02	0.01	-0.02	-0.02	
2011年环比物量计算的生产法本地生产总值					
农业及渔业	8.43	8.16	8.58	8.61	8.50
工业	1164.51	1110.08	1195.21	1300.27	1377.61
采矿及采石	1.29	1.08	0.78	0.83	0.96
制造	319.88	293.72	303.55	305.78	303.36
电力、燃气和自来水供应及废弃物管理	332.24	337.33	336.70	338.82	344.38
建筑	518.08	479.46	554.46	654.84	728.91
服务	16024.01	15746.81	16842.37	17716.77	18038.93
进出口贸易、批发及零售	4279.87	3872.72	4518.29	4929.00	5002.78
住宿及餐饮服务①	631.19	559.89	613.08	664.21	679.06
运输、仓库、邮政及速递服务	1116.45	1055.43	1119.26	1200.34	1236.25
资讯及通讯	595.39	602.99	612.24	629.52	647.07
金融及保险	2588.35	2693.81	2870.69	3067.87	3101.78
地产、专业及商用服务	2002.14	2034.23	2085.54	2139.65	2217.05
公共行政、社会及个人服务	2937.16	3024.97	3090.99	3136.12	3197.63
楼宇业权	1914.43	1920.61	1936.19	1950.05	1957.29
产品税	735.57	700.47	744.34	694.01	621.90

注：①住宿服务包括酒店、宾馆、旅舍及其他提供短期住宿服务的机构单位。

8-1-3 按行业划分的就业人数

单位：万人

行业 (按香港标准行业分类2.0版分类)	2008	2009	2010	2011	2012
制造	16.6	15.0	13.3	13.3	13.4
建筑	26.5	26.2	26.5	27.7	29.1
进出口贸易及批发	58.9	56.2	54.7	53.9	56.4
零售、住宿及膳食服务①	55.2	54.5	55.8	57.8	59.1
运输、仓库、邮政及速递服务、资讯及通讯	43.4	42.3	42.2	43.4	43.4
金融、保险、地产、专业及商用服务	63.9	63.7	64.1	67.6	68.7
公共行政、社会及个人服务	84.3	86.7	88.5	91.5	93.5
其它	2.2	2.1	2.3	2.4	2.4
总计	**350.9**	**346.8**	**347.4**	**357.6**	**366.1**

注：数字是根据每年1月至12月进行的“综合住户统计调查”结果，以及由政府统计处与跨部门人口分布推算小组共同编制按区议会分区划分年中人口估计数字而编制。
①住宿服务包括酒店、宾馆、旅舍及其他提供短期住宿服务的机构单位。

8-1-4 按行业划分的名义和实际工资指数

(1992年9月＝100)

行业	2005	2007	2008	2009	2010	2011	2012
名义工资指数							
制造	148.4	157.7	159.9	155.3	153.7	170.0	172.8
进出口贸易、批发及零售	157.1	164.6	165.1	166.2	173.5	188.1	195.1
运输	146.4	150.6	149.1	151.6	153.9	161.8	166.4
住宿及膳食服务活动①	126.9	129.2	131.6	131.4	135.8	150.6	163.2
金融及保险活动	163.3	170.5	170.3	174.0	177.9	190.3	201.8
地产租赁及保养管理	153.5	160.4	162.0	164.0	167.1	186.6	199.8
专业及商业服务	135.1	147.8	153.0	156.4	162.0	185.8	192.7
个人服务	163.3	190.3	188.1	187.9	196.3	222.0	240.7
所有选定行业②	147.7	155.2	156.6	157.9	163.1	178.3	187.5
实际工资指数③							
制造	116.6	117.6	117.8	111.6	107.0	112.4	109.6
进出口贸易、批发及零售	123.4	122.8	121.6	119.5	120.7	124.3	123.7
运输	115.0	112.3	109.8	109.0	107.1	106.9	105.5
住宿及膳食服务活动①	99.7	96.4	96.9	94.4	94.5	99.6	103.5
金融及保险活动	128.3	127.1	125.4	125.1	123.8	125.8	128.0
地产租赁及保养管理	120.6	119.6	119.3	117.9	116.3	123.3	126.7
专业及商业服务	106.1	110.2	112.7	112.5	112.8	122.8	122.2
个人服务	128.3	141.9	138.5	135.1	136.6	146.7	152.6
所有选定行业②	116.1	115.8	115.3	113.5	113.5	117.9	118.9

注：指有关年度12月份的数字。由2009年的统计期开始，工资统计数字是按“香港标准行业分类2.0版”编制，其数列已作出后向估计至2004年3月。
①住宿服务包括酒店、宾馆、旅舍及其他提供短期住宿服务的机构单位。
②指“劳工收入统计调查”内工资统计调查所涵盖的所有行业，包括并没有列出其统计数字的电力及燃气供应业、污水处理及废弃物管理业与出版活动业。
③实际工资指数是以名义工资指数扣除以2009/10年为基期的甲类消费价格指数而计算出来。

8-1-5 商品进出口贸易总额

单位：亿港元

贸易种类	2008	2009	2010	2011	2012
进口	30253	26924	33648	37646	39122
港产品出口	908	577	695	657	588
转口	27334	24113	29615	32716	33755
整体出口	28242	24691	30310	33373	34343
贸易总额	58494	51614	63959	71018	73465
商品贸易差额	-2011	-2233	-3338	-4273	-4778

8-1-6 商品进口及出口的主要供应地和目的地

单位：亿港元

贸易种类／主要国家／地区	2008	2009	2010	2011	2012
进口(供应地)	**30253**	**26924**	**33648**	**37646**	**39122**
中国内地	14107	12494	15298	16968	18409
日本	2976	2364	3082	3186	3116
新加坡	1950	1747	2374	2546	2463
中国台湾	1920	1756	2248	2409	2449
美国	1507	1421	1792	2114	2045
港产品出口(目的地)	**908**	**577**	**695**	**657**	**588**
中国内地	348	267	312	307	260
美国	189	73	84	72	68
瑞士	14	11	17	28	31
新加坡	30	22	29	26	27
中国台湾	39	19	28	30	27

8-1-7 商品转口的主要来源地和目的地

单位：亿港元

贸易种类／主要国家／地区	2008	2009	2010	2011	2012
转口(目的地)	**27334**	**24113**	**29615**	**32716**	**33755**
中国内地	13357	12366	15670	17167	18317
美国	3404	2779	3237	3236	3317
日本	1187	1072	1256	1336	1428
中国台湾	511	528	658	823	781
德国	920	788	798	887	774
转口(来源地)	**27334**	**24113**	**29615**	**32716**	**33755**
中国内地	17077	15033	18210	20150	21044
日本	2177	1777	2169	2204	2281
中国台湾	1782	1563	2026	2118	2186
韩国	871	821	1110	1191	1258
美国	928	838	968	1113	1095

8-1-8 按标准国际贸易分类划分商品进口和出口

单位：亿港元

标准国际贸易分类	2000	2005	2008	2009	2010	2011	2012
进口	**16580**	**23295**	**30253**	**26924**	**33648**	**37646**	**39122**
0 粮食及活动物	574	566	922	1004	1177	1389	1441
1 饮料及烟叶	106	103	141	161	203	248	250
2 除燃料外的非食用未加工材料	232	212	294	214	284	321	302
3 矿物燃料、润滑油及有关物质	353	620	1119	901	1193	1462	1422
4 动物及植物油、脂肪及蜡	32	16	34	14	17	17	19
5 未列明的化学及有关产品	1046	1442	1713	1409	1803	1902	1819
6 主要按材料分类的制成品	2825	3443	3833	3132	3813	4331	4169
7 机械和运输设备	7078	12169	16152	14894	19235	21128	22651
8 杂项制成品	4324	4710	6031	5179	5908	6832	7031
9 未列入其他分类的货物及交易	9	14	14	14	15	15	16
港产品出口	**1810**	**1360**	**908**	**577**	**695**	**657**	**588**
0 粮食及活动物	17	14	16	16	20	24	25
1 饮料及烟叶	10	18	22	23	26	30	34
2 除燃料外的非食用未加工材料	19	34	59	35	61	74	36
3 矿物燃料、润滑油及有关物质	8	21	25	25	23	27	19
4 动物及植物油、脂肪及蜡	1	§	1	1	1	1	2
5 未列明的化学及有关产品	63	83	111	98	126	127	117
6 主要按材料分类的制成品	159	87	80	47	54	66	61
7 机械和运输设备	448	356	204	162	213	136	109
8 杂项制成品	1078	741	385	164	164	166	159
9 未列入其他分类的货物及交易	6	6	5	5	7	6	7
转口	**13917**	**21141**	**27334**	**24113**	**29615**	**32716**	**33756**
0 粮食及活动物	185	113	260	291	332	384	388
1 饮料及烟叶	62	52	78	78	93	109	109
2 除燃料外的非食用未加工材料	177	146	168	134	178	192	190
3 矿物燃料、润滑油及有关物质	34	44	58	33	31	46	67
4 动物及植物油、脂肪及蜡	10	4	5	3	4	3	3
5 未列明的化学及有关产品	750	1015	1247	1062	1306	1428	1397
6 主要按材料分类的制成品	2163	2667	3062	2486	3154	3740	3446
7 机械和运输设备	5608	11526	15597	14097	18019	19782	21100
8 杂项制成品	4922	5559	6834	5904	6472	7004	7020
9 未列入其他分类的货物及交易	7	16	25	25	27	26	34

8-1-9 按主要服务组别划分的服务出口及进口

单位：亿港元

主要服务组别	2008	2009	2010	2011①	2012①
服务出口					
运输服务	2255.54	1836.46	2319.71	2500.75	2501.61
旅游服务	1191.71	1271.93	1724.72	2214.90	2488.92
保险和退休金服务	46.80	48.11	66.64	66.10	72.07
金融服务	934.25	874.84	1020.90	1134.15	1175.32
其他服务	1015.28	981.69	1129.73	1206.31	1274.22
总计	**5443.58**	**5013.03**	**6261.70**	**7122.21**	**7512.14**
服务进口					
运输服务	1289.48	1010.42	1219.61	1394.14	1373.54
旅游服务	1253.26	1205.19	1348.49	1480.71	1570.35
保险和退休金服务	60.96	62.16	92.62	92.83	94.59
金融服务	245.36	243.60	275.26	302.14	304.79
其他服务	2804.93	2215.49	2533.32	2510.53	2354.66
总计	**5653.99**	**4736.86**	**5469.30**	**5780.35**	**5697.93**
服务出口净额	**-210.41**	**276.17**	**792.40**	**1341.86**	**1814.21**

注：①数据将在以后修订。

8-1-10 按主要目的地和来源地划分的服务出口及进口

单位：亿港元

目的地/来源地	2008	2009	2010	2011	2012
服务出口①					
中国内地	1291	1394	1856	2280	
美国	1077	944	1141	1148	
英国	426	403	491	497	
日本	366	327	380	373	
中国台湾	313	258	315	352	
其他	1832	1565	1977	2239	
所有目的地	**5305**	**4891**	**6160**	**6890**	**7253**
服务进口①					
中国内地	2916	2244	2536	2513	
美国	543	514	593	643	
英国	264	248	268	330	
日本	305	265	321	324	
新加坡	212	198	237	263	
其他	1389	1251	1502	1695	
所有来源地	**5630**	**4719**	**5457**	**5767**	**5665**

注：①由于金融中介服务没有按区域细分数字，本统计表内的数字不包括金融中介服务数字，因此载于本统计表内所有目的地/来源地的数字不等同于表8-1-9所有服务的相关数字。

8-1-11　按当年价格计算货物及服务进出口占本地生产总值比重

单位：%

指　标	2000	2005	2008	2009	2010	2011	2012
本地生产总值（亿港元）	**13177**	**14121**	**17075**	**16592**	**17768**	**19361**	**20419**
对外商品贸易							
进口	124.21	164.97	177.18	162.27	189.37	194.44	191.60
出口							
港产品出口	13.73	9.63	5.32	3.48	3.91	3.39	2.88
转口	105.62	149.71	160.08	145.33	166.68	168.98	165.31
对外服务贸易							
服务出口	23.91	35.08	31.88	30.21	35.24	36.47	36.79
服务进口	14.60	18.71	33.11	28.60	30.85	29.92	27.91

8-1-12　按居住国家和地区划分的访港旅客人数

单位：万人次

居住国家／地区	2008	2009	2010	2011	2012
中国内地	1686.2	1795.7	2268.4	2810.0	3491.1
南亚及东南亚	293.6	288.5	350.1	375.1	365.2
中国台湾	224.0	201.0	216.5	214.9	208.9
北亚	222.9	182.3	220.8	230.5	233.3
欧洲、非洲及中东	209.4	196.9	217.4	219.4	222.8
美洲	168.5	156.8	175.0	182.1	177.8
澳大利亚、新西兰及南太平洋	76.3	70.8	76.9	75.8	74.1
中国澳门①	69.7	67.1	78.0	84.3	88.3
总计	**2950.7**	**2959.1**	**3603.0**	**4192.1**	**4861.5**
与上年比较的变动百分比(%)	**4.7**	**0.3**	**21.8**	**16.4**	**16.0**

注：①访港旅客数字包括经澳门访港的非澳门居民。

8-1-13 按居住国家和地区划分的访港旅客人均消费和逗留时间

国家和地区	2000	2005	2008	2009	2010	2011	2012
过夜旅客人均消费 （港元）	**4612**	**4663**	**5439**	**5770**	**6728**	**7470**	**7818**
中国内地	4868	4554	5676	6620	7453	8220	8565
南亚及东南亚	4268	4377	4744	4460	5251	6121	6501
中国台湾	4839	4916	5126	5117	5197	5860	5759
北亚	4571	4300	4306	3893	4976	5113	5234
欧洲、非洲及中东	4591	5331	6045	5127	6674	7147	7414
美洲	5076	5477	5760	4914	6476	7004	7266
澳大利亚、新西兰及南太平洋	3983	5068	6181	5330	7050	7849	7943
中国澳门	1622	2765	3041	3069	3824	4363	4304
入境不过夜旅客人均消费（港元）	**640**	**810**	**1498**	**1798**	**1846**	**2012**	**2121**
中国内地	1143	1247	2138	2352	2356	2439	2489
南亚及东南亚	437	244	458	706	543	716	604
中国台湾	500	195	268	568	610	627	521
北亚	340	204	394	444	377	506	503
欧洲、非洲及中东	347	301	409	567	560	593	411
美洲	369	320	339	476	329	465	451
澳大利亚、新西兰及南太平洋	377	547	574	560	573	714	623
中国澳门	721	1284	1576	2347	2299	2287	1783
过夜旅客逗留时间 （晚数）	**3.0**	**3.7**	**3.3**	**3.2**	**3.6**	**3.6**	**3.5**
中国内地	3.3	4.2	3.5	3.4	3.9	3.9	3.7
南亚及东南亚	3.1	3.2	3.2	3.1	3.2	3.2	3.2
中国台湾	2.3	2.5	2.5	2.5	2.5	2.5	2.6
北亚	2.4	2.2	2.1	2.1	2.2	2.3	2.3
欧洲、非洲及中东	3.6	3.3	3.4	3.4	3.9	4.0	4.0
美洲	3.4	3.4	3.4	3.4	3.9	3.9	4.0
澳大利亚、新西兰及南太平洋	3.5	3.4	3.3	3.4	3.8	3.8	3.9
中国澳门	2.7	2.3	2.1	2.1	2.2	2.2	2.2

8-1-14 按主要货物装卸地点划分的集装箱吞吐量

单位：万标准集装箱单位

项　目	2008	2009	2010	2011	2012
集装箱吞吐量	**2449.4**	**2104.0**	**2369.9**	**2438.4**	**2311.7**
集装箱码头					
抵港					
载货集装箱	711.8	658.4	722.0	738.0	745.2
空集装箱	164.7	94.9	120.9	135.5	136.2
离港					
载货集装箱	835.6	696.8	794.4	790.8	791.5
空集装箱	60.5	65.8	72.6	77.3	74.6
集装箱码头以外					
抵港					
载货集装箱	272.2	211.6	270.4	291.3	237.2
空集装箱	91.4	86.1	81.9	64.6	52.1
离港					
载货集装箱	207.6	205.8	213.5	249.5	191.3
空集装箱	105.6	84.6	94.4	91.4	83.6

注：标准集装箱是20英尺×8英尺×8英尺。

8-1-15 按运输方式划分的进出香港货物

单位：万吨

项　目	2008	2009	2010	2011	2012
卸下	**16571.1**	**15566.9**	**17282.1**	**17519.0**	**17214.1**
空运	132.7	126.3	147.9	144.2	146.4
水运	14597.7	13929.3	15426.3	15784.1	15469.9
海运	11022.0	10561.2	11444.7	12018.5	11744.8
河运	3575.7	3368.1	3981.6	3765.6	3725.1
道路运输	1831.7	1504.4	1705.0	1590.6	1597.8
铁路运输①	9.0	6.8	2.9	-	-
装上	**12916.2**	**11744.6**	**12881.7**	**13291.0**	**12738.3**
空运	230.1	208.4	264.9	249.6	256.2
水运	11342.5	10367.3	11355.2	11960.3	11458.3
海运	6975.5	5597.9	6755.7	7474.2	7141.2
河运	4367.1	4769.4	4599.5	4486.2	4317.2
道路运输	1341.7	1167.2	1261.0	1081.1	1023.7
铁路运输①	1.9	1.6	0.7	-	-

注：①数字不包括家畜。香港铁路有限公司已于2010年6月16日起，停办铁路货运业务。

8-1-16 通讯及互联网服务

项目		2005	2009	2010	2011	2012
邮递服务						
信件邮件	(亿件物品)	14.0	13.1	12.8	13.0	13.6
包裹	(万件)	118.9	125.4	132.9	139.2	146.8
电话服务①②	**(万条操作线路)**					
住宅		227.4	236.0	240.7	241.2	240.3
商用		183.4	182.9	185.4	184.0	184.4
总计		410.8	418.8	426.0	425.2	424.7
图文传真②	**(万条操作线路)**	**31.9**	**28.6**	**26.0**	**23.3**	**21.4**
对外电话通讯量	**(万分钟)**					
拨出③		765677	775859	772715	764610	788811
拨入④		234355	227078	258159	289563	263687
对外专用电报通讯量	**(万分钟)**					
发出		7.3	3.9	5.2	3.7	1.1
收到		27.8	14.1	10.4	7.5	5.4
转接⑤		5.4	-	-	-	-
本地电报机电讯	**(万分钟)**	**30.9**	**24.4**	**20.5**	**18.8**	**9.0**
公共无线电传呼接收器②	**(户)**	**117997**	**117444**	**104851**	**84495**	**62884**
公共流动电话用户系统②⑥⑦	**(户)**	**6089985**	**6377392**	**6816033**	**7166085**	**7633930**
		(11374224)	(12206910)	(13416011)	(14930948)	(16392841)
互联网服务						
持牌互联网服务供应商数目②⑧	(个)	192	189	184	185	186
持牌互联网服务供应商客户数目②⑨	(个)					
以拨号接驳的已登记客户户口(不包括互联网储值卡)⑩		621420	644078	741511	788835	793811
作拨号接驳用途的互联网储值卡		300	300			
以私人租用线路接驳的已登记客户户口⑩		1724	1571	1580	1546	1565
宽带互联网接驳客户户口⑩		1921258	2033352	2126962	2244514	2264545
互联网使用量⑨						
客户通过公共电话网络接驳⑪	(万分钟)	30461	25922	17868	16816	18506
客户通过宽带网络接驳	(太字节)⑫	1289080	1435691	1652942	1924886	2232256

注：①数字包括直通内线式电话线、图文传真线及电文线路的直拨服务。由2007年12月起,数字包括网际规约(IP)电话或网络电话(VoIP)服务的客户数目。
②数字为该年年底数字。
③数字也包括图文传真及数据。
④估计数字。
⑤由2008年11月1日起，有关的服务已经终止。
⑥数字不包括储值智能卡。包括储值智能卡的数字于括号内展示。
⑦自2004年开始数字包括第3代流动服务。
⑧营办商数目包括所有持牌获准提供互联网接驳服务的营办商。
⑨数字为根据互联网服务供应商申报的估计数字，并不包括不属于持牌互联网服务供应商客户的使用者。
⑩已登记客户户口指互联网服务供应商的客户户口(包括免费的客户户口)。拥有超过一个客户登入识别码的登记客户户口只算作一个已登记的客户户口。数字不包括只获提供电邮地址的客户户口。
⑪不包括通过私人租用线路接驳及使用宽带服务的客户。
⑫1个太字节=8万亿比特

8-1-17 15岁及以上人口受教育程度

项 目	2008		2009		2010		2011		2012	
	人数(万人)	百分比	人数(万人)	百分比	人数(万人)	百分比	人数(万人)	百分比	人数(万人)	百分比
总计										
男	279.00	46.68	280.03	46.49	281.90	46.26	283.98	46.07	286.87	45.87
女	318.72	53.32	322.26	53.51	327.49	53.74	332.46	53.93	338.47	54.13
未受教育/学前教育①										
男	7.17	1.20	7.20	1.20	7.94	1.30	7.56	1.23	6.41	1.02
女	25.11	4.20	24.20	4.02	24.53	4.03	23.59	3.83	21.61	3.46
小学										
男	47.84	8.00	46.37	7.70	44.55	7.31	42.58	6.91	42.66	6.82
女	60.28	10.09	59.41	9.86	57.90	9.50	56.98	9.24	57.95	9.27
初中										
男	49.56	8.29	49.02	8.14	48.56	7.97	47.54	7.71	47.32	7.57
女	45.71	7.65	46.75	7.76	46.62	7.65	46.65	7.57	46.90	7.50
高中										
男	98.35	16.45	99.03	16.44	100.97	16.57	102.42	16.61	102.75	16.43
女	114.74	19.20	117.16	19.45	120.80	19.82	124.03	20.12	126.68	20.26
高等教育										
非学位课程②										
男	24.31	4.07	23.67	3.93	22.48	3.69	22.83	3.70	24.18	3.87
女	24.89	4.16	24.01	3.99	22.51	3.69	22.68	3.68	23.26	3.72
学位课程③										
男	51.76	8.66	54.74	9.09	57.39	9.42	61.05	9.90	63.55	10.16
女	48.00	8.03	50.73	8.42	55.13	9.05	58.53	9.49	62.06	9.92

注：①包括所有幼儿园及幼儿中心班级。
②包括所有在香港或以外地区学院的高级文凭、专业文凭及其它同等程度的高等教育课程。
③包括所有在香港或以外地区学院的学士学位、研究生修课及专题研究课程。

8-1-18 研究及发展经费支出及人员情况

年 份	研究及发展经费支出(百万港元)			研究及发展人员数目①（以相当于全日制的人数计算）			
	总计	资本支出	经常支出	总计	研究人员	技术人员	其他辅助人员
2000	6218	496	5722	9802	7728	1374	699
2005	10922	2228	8694	22054	18024	2346	1683
2008	12293	914	11379	22005	18450	2286	1269
2009	12833	813	12020	23281	19283	2463	1535
2010	13313	899	12414	24060	20622	2159	1319
2011	13945			24460			

注：① 研发人员的数目是以“相当于全日制的人数”计算。

8-1-19 香港国际收支平衡表

单位：亿港元

标准组成部分①	2008	2009	2010	2011	2012
经常账户②	**2558.08**	**1576.61**	**1164.90**	**929.99**	**270.16**
货物	1947.53	976.11	183.72	-669.15	-1763.43
服务	-210.41	266.74	781.02	1268.79	1814.21
初次收入	1005.07	497.62	375.96	528.26	434.84
二次收入	-184.12	-163.86	-175.80	-197.91	-215.47
资本及金融账户②	**-2547.09**	**-1445.32**	**-888.38**	**-1132.42**	**-375.91**
资本转移	-19.58	-30.21	-44.36	-20.21	-14.39
直接投资	773.71	-284.21	-1220.26	18.68	-729.19
有价证券投资	-2811.41	-3100.83	-4424.60	-109.79	-125.53
金融衍生工具	633.38	245.60	186.77	208.84	152.74
其他投资	1116.59	7849.30	5205.52	-362.10	2229.35
储备资产（变动净值）③	-2239.76	-6124.98	-591.45	-867.83	-1888.89
净误差及遗漏④	**-10.99**	**-131.30**	**-276.51**	**202.43**	**105.75**
整体的国际收支	**2239.76**	**6124.98**	**591.45**	**867.83**	**1888.89**
	（盈余）	**（盈余）**	**（盈余）**	**（盈余）**	**（盈余）**

注：数字已就2012年9月完成的国际收支平衡统计修订工作作出修订。
①根据国际收支平衡表的会计常规，某标准组成部分的净贷方数字以正数显示，而净借方则以负数显示。
②经常账户差额的正数值显示盈余而负数值则显示赤字。在资本及金融账户方面，正数值显示资金净流入而负数值则显示资金净流出。由于对外资产的增加是属于借方记账而减少则属贷方记账，因此负数值的储备资产显示储备资产的增加，而正数值则显示减少。
③在国际收支平衡架构下储备及非储备资产的估计数字是指交易数字。因估值方式改变(包括价格变动及汇率变动)及重新分类所导致的影响并没计算在内。
④原则上，贷方和借方各项记账的净总和等于零。实际上，由于有关数据是从多个来源搜集得来，贷方和借方记账之间可能由于各种原因而出现差异。为令贷方记账的总和与借方记账的总和相等，须加进一个反映净误差及遗漏的平衡项目。

8-1-20 香港国际投资头寸（期末头寸）

单位：亿港元

概括组成部分	2008	2009	2010	2011	2012
资产	**181928.19**	**206796.97**	**232300.15**	**240619.64**	**271376.65**
在外地的直接投资	66531.94	72044.43	80780.41	87677.06	101519.85
有价证券投资	43182.41	62934.49	72260.16	64124.71	76696.94
金融衍生工具	6753.11	3792.24	4568.99	5392.44	6059.35
其他投资	52734.47	48988.83	54717.34	62420.28	63795.80
储备资产	12726.25	19036.98	19973.25	21005.13	23304.71
负债	**132928.28**	**149774.87**	**180588.97**	**185390.57**	**214629.03**
在香港的直接投资	67683.69	77091.28	90388.30	91983.23	110241.18
有价证券投资	17819.04	26431.79	32184.73	27927.61	36206.68
金融衍生工具	5726.47	3104.78	3897.50	4773.51	4967.33
其他投资	41699.07	43147.01	54118.44	60706.23	63213.85
国际投资头寸净值①	**48999.91**	**57022.11**	**51711.17**	**55229.06**	**56747.62**

注：①国际投资头寸净值是对外金融资产总值与对外金融负债总值之差。

8-1-21 外币兑换率及港汇指数

单位：每单位外币兑换港元

项　　目	2008	2009	2010	2011	2012
年内平均数字①					
澳元	6.63	6.16	7.15	8.04	8.03
加拿大元	7.34	6.83	7.54	7.87	7.76
人民币	1.12	1.13	1.15	1.21	1.23
欧元	11.45	10.82	10.31	10.84	9.97
印度卢比	-	0.16	0.17	0.17	0.15
日元	0.08	0.08	0.09	0.10	0.10
马来西亚林吉特	2.34	2.20	2.42	2.55	2.51
新台币	0.25	0.24	0.26	0.27	0.27
菲律宾比索	0.18	0.17	0.18	0.18	0.19
英镑	14.42	12.16	12.01	12.48	12.29
韩圆	0.01	0.01	0.01	0.01	0.01
新加坡元	5.51	5.34	5.71	6.20	6.21
瑞士法郎	7.21	7.16	7.47	8.82	8.27
泰铢	0.24	0.23	0.25	0.26	0.25
美元	7.79	7.75	7.77	7.78	7.76
特别提款权	12.31	11.95	11.85	12.29	11.88
港汇指数(2010年1月=100)④					
贸易总值(进口及整体出口)加权	100.70	101.90	99.50	94.60	94.90
进口货值加权	101.30	102.20	99.20	93.90	94.20
整体出口货值加权②	100.10	101.60	99.80	95.40	95.60
年底数字③					
澳元	5.37	6.98	7.92	7.94	8.05
加拿大元	6.37	7.38	7.78	7.60	7.80
人民币	1.13	1.14	1.18	1.23	1.25
欧元	10.93	11.20	10.39	10.06	10.22
印度卢比	-	0.17	0.17	0.15	0.14
日元	0.09	0.08	0.10	0.10	0.09
马来西亚林吉特	2.24	2.26	2.52	2.45	2.53
新台币	0.25	0.25	0.28	0.26	0.27
菲律宾比索	0.17	0.17	0.18	0.18	0.19
英镑	11.21	12.50	12.04	12.06	12.51
韩圆	0.01	0.01	0.01	0.01	0.01
新加坡元	5.38	5.54	6.06	5.99	6.34
瑞士法郎	7.33	7.53	8.31	8.28	8.47
泰铢	0.22	0.23	0.26	0.25	0.25
美元	7.75	7.76	7.78	7.77	7.75
特别提款权	11.94	12.16	11.99	11.93	11.91
港汇指数 (2010年1月=100)④					
贸易总值(进口及整体出口)加权	102.10	100.30	96.30	94.90	94.20
进口货值加权	102.10	100.40	95.60	94.30	93.70
整体出口货值加权②	102.20	100.20	97.20	95.50	94.90

注：《中华人民共和国香港特别行政区基本法》说明，港元是香港特别行政区的法定货币。外币指港元以外的其他货币，因而人民币亦视作外币。
①数字是指年内每日电汇或现钞收市中间兑换价的平均值。
②包括转口和港产品出口。
③数字是该年最后一个交易日的电汇或现钞收市中间兑换价。
④由2012年1月3日起公布的新系列。

8-1-22 货币供应量(年底数字)

单位：亿港元

项　　目	2008	2009	2010	2011	2012
法定纸币及硬币的流通量					
由商业银行发行	1772.25	2001.85	2267.05	2598.15	2916.75
由政府发行	85.72	87.30	91.82	101.83	102.50
总计	1857.97	2089.15	2358.87	2699.98	3019.25
由认可机构持有的法定纸币及硬币	153.17	145.96	170.81	216.96	200.60
由公众持有的法定纸币及硬币	1704.80	1943.19	2188.06	2483.02	2818.65
货币供应量：就外币掉期存款作出调整					
货币供应量 M_1					
港元	4911.15	6712.41	7300.93	7947.26	9209.20
外币	1547.18	2305.78	2871.34	3325.93	4564.39
总计	6458.33	9018.19	10172.27	11273.20	13773.59
货币供应量 M_2					
港元①	32398.57	35877.17	38667.88	40462.16	45373.84
外币②	30282.01	30145.93	32694.83	40113.14	44126.21
总计	62680.58	66023.10	71362.71	80575.30	89500.05
货币供应量 M_3					
港元①	32613.06	36048.43	38781.93	40554.04	45455.90
外币②	30394.45	30220.01	32780.67	40256.75	44248.07
总计	63007.51	66268.43	71562.60	80810.79	89703.96
货币供应量：未就外币掉期存款作出调整					
货币供应量 M_2					
港元	32393.75	35873.30	38665.67	40458.82	45371.30
外币	30286.82	30149.80	32697.04	40116.47	44128.75
总计	62680.58	66023.10	71362.71	80575.30	89500.05
货币供应量 M_3					
港元	32608.24	36044.56	38779.72	40550.71	45453.36
外币	30399.26	30223.87	32782.88	40260.09	44250.61
总计	63007.51	66268.43	71562.60	80810.79	89703.96

注：《中华人民共和国香港特别行政区基本法》说明，港元是香港特别行政区的法定货币。外币指港元以外的其他货币，因而人民币亦视作外币。
①所列数字已包括外币掉期存款。
②所列数字已扣除外币掉期存款。

8-1-23 股票价格指数、证券交易成交额及市场总值

项目	2008	2009	2010	2011	2012
香港上市①					
主板					
股票价格指数					
恒生指数②（1964年7月31日=100）					
最高	27853.6	23099.6	24988.6	24468.6	22718.8
最低	10676.3	11344.6	18971.5	16170.4	18056.4
收市	14387.5	21872.5	23035.5	18434.4	22656.9
分类指数					
（1984年1月13日= 975.47）					
金融					
最高	39543.2	37385.1	37707.7	35843.9	31400.5
最低	17235.7	15457.9	28778.5	21253.7	24529.0
收市	21793.5	34170.8	33789.2	24903.0	31231.6
公用事业					
最高	45501.9	38609.9	43624.1	49317.8	52920.1
最低	27510.7	33049.6	35796.8	40531.1	43428.5
收市	33841.4	37585.2	41748.9	45400.9	51797.8
地产					
最高	39305.3	30271.8	33816.1	32369.5	31905.9
最低	13015.5	14226.0	23817.2	19362.7	22215.3
收市	16974.1	28147.4	29980.3	22812.2	31383.1
工商业					
最高	16619.8	11866.0	13611.3	13985.9	13163.7
最低	5290.1	6585.4	10167.5	9923.2	10816.5
收市	7894.2	11452.9	12974.4	11126.7	13136.2
恒生综合指数					
（2000年1月3日= 2 000）					
最高	3940.6	3186.1	3519.3	3435.5	3116.6
最低	1434.4	1634.8	2621.3	2182.4	2491.0
收市	1982.6	3052.0	3248.2	2546.6	3113.1
恒生综合行业指数③					
（2000年1月3日= 2 000）					
能源业					
最高	17106.9	13243.9	15472.2	17077.2	15478.0
最低	4124.9	5811.0	11010.8	10875.7	11514.4
收市	7225.8	12811.5	14928.9	12678.4	14283.2
原材料业					
最高	19252.5	11465.4	12245.1	11747.4	8243.0
最低	2636.3	4264.1	8554.0	5294.9	5468.1
收市	5041.5	10822.5	11294.0	6507.5	7031.7
工业制品业					
最高	1885.4	1474.5	2071.4	2041.1	1327.4
最低	459.4	646.5	1247.7	876.8	844.8
收市	760.5	1401.3	1933.8	1068.9	1196.8
消费品制造业					
最高	5164.9	5287.7	6315.7	5886.3	5018.7
最低	1817.7	2267.7	4549.8	3614.3	3986.8
收市	2389.4	5175.4	5655.0	4282.7	4717.1
服务业					
最高	5285.6	3427.0	4458.0	4597.7	4152.4
最低	1451.1	1685.0	3068.8	2768.8	3149.2
收市	1960.3	3345.3	4191.2	3326.2	4065.1
电讯业					
最高	2914.4	1916.2	1772.2	1840.3	1932.5
最低	1114.1	1304.2	1488.8	1534.9	1595.1
收市	1605.3	1529.3	1657.9	1701.9	1901.8

8-1-23 续表 1

项　　目	2008	2009	2010	2011	2012
公用事业					
最高	5955.8	5141.7	5522.4	6000.1	6316.1
最低	3304.0	4098.7	4681.5	5081.5	5224.6
收市	4276.8	4953.6	5261.4	5407.6	6216.8
金融业					
最高	4096.7	3944.1	3989.2	3797.1	3353.4
最低	1752.6	1718.9	3032.1	2255.7	2640.3
收市	2280.9	3599.2	3572.8	2693.8	3346.7
地产建筑业					
最高	4353.0	3155.7	3348.2	3285.2	3211.8
最低	1223.0	1464.1	2378.7	1843.9	2158.7
收市	1809.3	2916.3	3047.1	2238.4	3198.3
信息科技业					
最高	2372.8	2672.8	2879.3	2858.6	2936.7
最低	649.7	762.5	2095.2	1771.6	1986.7
收市	874.9	2669.2	2483.2	2022.3	2760.4
综合企业					
最高	2923.4	2204.6	2801.8	2861.5	2523.3
最低	973.3	1144.4	1794.3	1727.1	1910.7
收市	1307.2	2171.3	2654.9	1984.1	2519.3
恒生综合市值指数 (2000年1月3日= 2 000)					
恒生综合大型股指数④					
最高	2437.2	1849.4	2022.9	1982.8	1854.6
最低	1095.8	846.8	1529.2	1305.8	1478.8
收市	1226.0	1760.4	1862.0	1509.5	1851.0
恒生综合中型股指数④					
最高	5539.4	4618.2	5285.0	5180.3	4210.2
最低	2064.7	2264.6	3799.4	2830.8	3290.1
收市	2569.5	4515.2	4895.3	3449.9	4207.8
恒生综合小型股指数④					
最高	3204.1	2406.7	3006.8	2929.3	2237.3
最低	831.9	1033.1	2040.4	1569.3	1683.3
收市	1101.3	2338.4	2804.9	1872.2	2165.9
恒生中国企业指数⑤ (2000年1月3日= 2 000)					
最高	16323.7	13863.0	14219.5	13770.7	11916.1
最低	4792.4	6404.0	10726.5	8058.6	8987.8
收市	7891.8	12794.1	12692.4	9936.5	11436.2
恒生香港中资企业指数 (2000年1月3日= 2 000)					
最高	6162.6	4457.4	4486.6	4460.4	4553.0
最低	2172.6	2749.9	3498.5	3079.3	3545.4
收市	3292.4	4059.9	4170.2	3682.2	4531.1
恒生中国H股金融行业指数⑥ (2004年3月5日= 5 033.14)					
最高	18545.8	19325.7	20098.2	18826.5	15740.5
最低	6636.1	8568.4	14937.3	9944.0	11878.7
收市	10186.0	17677.0	17681.7	12928.8	15558.4
恒生中国内地100⑦ (2000年1月3日= 2 000)					
最高	8971.1	7322.2	7858.1	7679.4	6857.3
最低	2746.4	3587.6	5994.1	4820.2	5594.9
收市	4330.2	6983.7	7133.9	5757.1	6850.7

8-1-23 续表 2

项　　目	2008	2009	2010	2011	2012
恒生中国内地25					
(2000年1月3日= 2 000)					
最高	9968.9	8285.9	8849.8	8818.5	8265.9
最低	3226.7	4186.9	6756.8	5769.5	6685.3
收市	5097.8	7720.0	8051.9	6875.5	8255.0
恒生香港35⑧					
(2000年1月3日= 2 000)					
最高	3009.6	2287.3	2721.0	2750.3	2550.4
最低	1174.6	1125.4	1931.3	1794.4	1999.1
收市	1419.8	2207.3	2568.8	2038.3	2536.4
恒生房地产基金指数⑨					
(2005年11月25日= 3 000)					
最高	2233.9	3458.6	4673.1	4933.7	5818.2
最低	1551.1	1993.9	3392.6	3541.1	4074.6
收市	2217.0	3403.2	4668.6	4076.6	5541.6
跨市场及内地上市①					
恒生神州50指数(美元)⑩					
(2000年1月3日= 2 000)					
最高	6764.2	7118.2	6900.0	6769.9	6121.2
最低	3085.2	3885.0	5463.0	4758.7	5018.5
收市	4159.4	6776.6	6156.5	5232.3	6121.1
恒生AH股溢价指数⑪					
最高	213.5	167.7	125.2	142.1	120.7
最低	105.7	109.9	91.8	93.2	94.4
收市	119.3	120.9	98.8	111.8	101.0
恒生AH股A+H指数(美元)⑪					
(2006年1月3日= 1 000)					
最高	3198.0	2481.5	2445.6	2359.5	2018.8
最低	1009.0	1272.7	1874.7	1532.2	1562.5
收市	1371.7	2334.5	2177.9	1727.8	1975.6
恒生AH股A指数(人民币)⑪					
(2006年1月3日= 1 000)					
最高	4479.9	2638.5	2437.9	2094.1	1775.5
最低	1253.5	1407.2	1728.2	1546.7	1424.4
收市	1395.9	2400.7	1910.4	1594.1	1692.5
恒生AH股H指数(港币)⑪					
(2006年1月3日= 1 000)					
最高	2647.2	2326.4	2443.2	2348.3	2004.1
最低	791.6	1050.7	1819.4	1301.3	1487.0
收市	1296.3	2153.5	2201.4	1662.4	1957.2
恒生A股行业龙头指数(人民币)⑫					
(2005年7月1日= 1 000)					
最高	-	3838.5	3773.9	3350.3	2785.9
最低	-	3177.4	2583.2	2432.3	2270.2
收市	-	3752.3	3050.9	2505.0	2567.4
主板					
标准普尔/香港交易所大型股指数					
(2003年2月28日= 10 000)					
最高	33684.7	26565.3	29488.0	29060.8	27110.5
最低	13569.0	14169.8	22345.5	19639.4	21822.4
收市	17891.2	25565.0	27392.8	22252.2	27082.2
成交金额（亿港元）	176007.1	154394.9	170764.1	170911.2	132675.1
市场总值⑬(亿港元)	102535.9	177692.7	209422.8	174526.7	218717.3

8-1-23 续表 3

项目	2008	2009	2010	2011	2012
创业板					
标准普尔/香港交易所创业板指数 (2003年2月28日=1 000)					
最高	1347.5	731.3	897.3	824.1	497.7
最低	343.2	349.5	686.1	425.8	341.6
收市	385.5	677.0	810.5	474.8	381.5
成交金额(亿港元)	520.9	757.6	1336.7	629.6	335.4
市场总值⑬(亿港元)	451.6	1050.4	1346.7	845.9	784.0

注：对于最高和最低指数，恒生指数有限公司是根据期内每日即市指数编制，而标准普尔/香港交易所则根据期内每日收市指数编制。
①恒生指数系列已于2010年3月8日重整，并按指数成份股的上市地域分类为香港上市、跨市场及内地上市。
②恒生指数的计算方法由总市值加权法改为以流通市值加权法计算，并为每只成份股的比重上限设定为15%。
③2006年9月11日起，行业指数由9个增加至11个。"能源业"及"原材料业"是从原来的"资源矿产业"及"工业制品业"分拆，"电讯业"从"服务业"中分拆出来。
④由2010年3月8日起，"恒生综合大型股指数"、"恒生综合中型股指数"及"恒生综合小型股指数"分别沿用"恒生香港大型股指数"、"恒生香港中型股指数"及"恒生香港小型股指数"的历年数值计算指数。
⑤H股指数采用流通市值加权法计算，并为每只成份股的比重上限设定为10%。
⑥于2006年11月27日推出，2006年的最高及最低指数指由2006年11月27日至12月底期间的数字。
⑦由2010年3月8日起，"恒生中国内地100"沿用"恒生中国内地流通指数"的历年数值计算指数。
⑧由2010年3月8日起，"恒生香港35"沿用"恒生香港25"的历年数值计算指数。
⑨于2008年10月27日推出。2008年的最高及最低指数指由2008年10月27日至12月底期间的数字。
⑩于2008年6月30日推出。2008年的最高及最低指数指由2008年6月30日至12月底期间的数字。
⑪于2007年7月9日推出。2007年的最高及最低指数指由2007年7月9日至12月底期间的数字。
⑫于2009年9月21日推出。2009年的最高及最低指数指由2009年9月21日至12月底期间的数字。
⑬年底数字。

8-1-24 按种类划分的固体废物量

单位：吨/日

种类	2008	2009	2010	2011	2012
于堆填区弃置的固体废物					
都市固体废物①					
家居废物②	6080	6020	6140	5970	6290
商业废物③	2280	2320	2350	2360	2260
工业废物④	660	630	630	660	730
小计	9020	8960	9110	9000	9280
整体建筑废物①⑤	3090	3120	3580	3330	3440
特殊废物⑥	1390	1240	1120	1130	1010
总计	**13500**	**13330**	**13820**	**13460**	**13730**
已回收都市固体废物⑦	8590	8720	9870	8270	

注：①都市固体废物包括运往弃置设施的家居废物、商业废物及工业废物，但不包括建筑废物及已回收都市固体废物。
②家居废物包括使用后的住宅固体废物，及由公共洁净服务收集的废物。
③商业废物包括所有类型的商业活动产生的固体废物。
④工业废物包括由工业活动产生的固体废物，但不包括化学废物及建筑废料。自2007年开始运往堆填区处置并包括在工业废物类别的废弃混凝土已被重新归类于整体建筑废物，有关的数量已从工业废物类别中扣除。
⑤建筑废物包括由建筑及拆卸活动所产生的废物，但不包括可运往公众填土区作填海用途的物料。在堆填区弃置的整体建筑废物包括来自建筑地盘的建筑废物，以及在建筑地盘以外设立的混凝土配料厂和水泥/砂浆生产厂所产生的废弃混凝土。
⑥特殊废物包括弃置于堆填区的动物尸体、屠房废物、报废货物、滤水厂及污水处理后的污泥、污水处理厂的隔滤物、禽畜废物、医疗废物及化学废物。
⑦都市固体废物回收后会在本地或香港以外地方循环再造。

【主要统计指标解释】

年中人口 是以“居住人口”方法编制，利用“居住人口”方法所编制的人口估计称为“居港人口”。“居港人口”包括“常住居民”和“流动居民”。“常住居民”指两类人士：（a）在统计时点之前的6个月内，在港逗留最少3个月；又或在统计时点之后的6个月内，在港逗留最少3个月的香港永久性居民，不论在统计时点他们是否身在香港；及（b）在统计时点身在香港的香港非永久性居民。至于“流动居民”，是指在统计时点之前的6个月内，在港逗留最少一个月但少于3个月，又或在统计时点之后的6个月内，在港逗留最少1个月但少于3个月的香港永久性居民，不论在统计时点他们是否身在香港。根据新的编制方法，旅客并不包括在香港人口内。

粗出生率 指某一年内的活产婴儿数目相对该年年中每千名人口的比率。

粗死亡率 指某一年内的死亡人数相对该年年中每千名人口的比率。

婴儿死亡率 指某一年内一岁以下婴儿死亡人数相对该年每千名活产婴儿的比率。

劳动人口 指15岁及以上陆上非住院人口，并符合就业人口或失业人口定义的人士。

劳动人口参与率 指劳动人口占所有15岁及以上陆上非住院人口的比例。

就业人口 包括在统计前7天内有做工赚取薪酬或利润或有一份正式工作的15岁及以上人士。无酬家庭从业人员及在统计前7天内正休假的就业人士亦包括在内。

失业人口 包括所有15岁及以上人士在（a）统计前7天内并无职位，且并无为赚取薪酬或利润而工作；（b）统计前7天内随时可工作；及（c）在统计前30天内有找寻工作。一名15岁或以上的人士，如果他/她符合上述（a）和（b）的条件，但由于相信没有工作可做而在统计前30天内没有找寻工作，仍会被界定为失业，即所谓“因灰心而不求职的人士”。失业人口亦包括那些并无职位，有找寻工作，但由于暂时生病而不能工作的人士；及并无职位，且随时可工作，但由于已为于稍后时间担当的新工作或开展的业务作出安排；或正期待返回原来的工作岗位而没有找寻工作的人士。

失业率 指失业人口在劳动人口中所占的比例。

本地生产总值 指一个经济体的所有居民生产单位，在一个指定的期间内（一般是一年或一季），未扣除固定资本消耗的生产总值。

人均本地生产总值 指把该经济体在某统计年的本地生产总值除以该经济体在同年的人口总数而得的数字。

本地居民总收入（前称本地居民生产总值） 指一个经济体的居民，通过从事各项经济活动而赚取的总收益，不论该等经济活动是否在该经济体的经济领域内或外进行。换言之，编制本地居民总收入应包括本地居民在该经济领域内或领域外从事各类经济活动的收益，而扣除非本地居民在该经济领域内从事经济活动的收益。计算本地居民总收入的计算方法如下：

本地居民总收入

=本地生产总值+对外初次收入流量净值

=本地生产总值+本地居民从经济领域外所赚取的初次收入-非本地居民从经济领域内所赚取的初次收入

初次收入包括投资收益及雇员报酬。投资收益包括：直接投资收益、证券投资收益、其它投资收益及储备资产收益。

人均本地居民总收入 指把该经济体在某统计年的本地居民总收入除以该经济体在同年的人口总数所得的数字。

国际收支平衡表 一项统计报表，有系统地载录在指定期间内（一般是一年或一季）某经济体与世界各地之间（即居民与非居民之间）进行的经济交易。完整的国际收支平衡表包括以下两个主要核算帐：(a）经常帐户；及(b)资本及金融帐户。

经常帐户 量度居民与非居民之间关于货物、服务、初次收入和二次收入的流量。

货物 在国际收支平衡表内经常帐户的货物主要包括一般商品、转手商贸活动下的货物净出口及非货币黄金。

服务 在国际收支平衡表内经常帐户的服务主要包括运输服务、旅游服务、保险和退休金服务、金融服务、制造服务及其它服务。

经常转移 指提供可能即时或短时间内被耗用的实质或金融资源而无同等经济价值作回报的交易。

资本帐户 量度资本转移及非生产、非金融资产（如商标和品牌）的获得和处置的对外交易。资本转移的例子包括债权人减免债务和涉及获得或处置固定资产的现金转移。

金融帐户 记录居民与非居民之间关于金融资产及负债的交易。显示某经济体的对外交易是如何融资的。金融帐户内的交易按功能（即投资目的）归类为直接投资、证券投资、金融衍生工具、其它投资及储备资产。

资本转移 指在无经济价值报偿下，固定资产的转移或债务的减免。

直接投资 指一个经济体系的投资者对另一经济体系的企业所作的对外投资，并对该企业拥有持久利益及在管理经营决定上具有相当程度的影响力或话语权。就统计计算而言，若投资者持有某企业10%或以上的表决权，便视作对该企业的管理具话语权。

有价证券投资 指对非本地的股本证券及债务证券（例如中长期债券、货币市场工具）所作的投资，直接投资或储备资产所包括的投资除外。与直接投资者相比，投资在非本地企业所发行的股权证券及债务证券投资者，在该等企业并无持久利益或在管理方面没有影响。凡持有一间企业不足10%的表决权均视为证券投资。

金融衍生工具 是一种与某种特定的金融工具、指标或商品挂钩的金融工具，使特定的金融风险本身能透过这种工具在金融市场进行交易。金融衍生工具包括期权类合约（如认股权证和期权）及远期类合约（如期货、利率掉期、货币掉期、远期利率协议、远期外汇合约）。

其它投资 指对非居民的其他金融申索和负债，但不属直接投资、证券投资、金融衍生工具或储备资产。其它投资包括不可转让的贷款、货币和存款、贸易信贷和预付款，以及其他资产/负债。

储备资产 指一个经济体系的金融当局（在香港是指香港金融管理局）控制的对外资产，并随时可供金融当局用来应付国际收支平衡的财务需要、干预外汇市场以调节该经济体的货币汇率，以及用作其他相关目的（如维持大众对货币及经济的信心，及作为向外地借贷的基础）。

国际投资头寸 一个经济体在某特定时点的对外金融资产及负债存量的资产负债表。对外金融资产及负债的差额即为该经济体的国际投资头寸净值。代表其对世界各地的净申索或净负债。国际投资头寸与国际收支平衡的金融帐户完全协调，同样也按投资类别分类。资产和负债分类为直接投资、证券投资、金融衍生工具及其他投资。国际投资头寸的资产方还包括储备资产。有关投资组成部分的详细解释，请参阅国际收支平衡表内金融帐户组成部分的解释。

国际投资头寸净值 是对外金融资产总值与对外金融负债总值之差。

工业生产指数 量度本地制造业生产量的实际变动，即扣除价格调整因素后的本地生产量变动。

实用楼面面积 指各层楼面面积总和，但不包括楼梯、公共信道空间、升降机等候处、盥洗室、厕所、厨房、及为楼宇提供升降机、空调系统、或类似设施而安装的机械所占用的空间。

获批准可动工兴建楼宇 指获屋宇署签发《同意书》动工兴建的楼宇。这种《同意书》是发给私人发展计划（包括香港房屋协会的计划）及香港房屋委员会的私人机构参建居屋计划。

初次呈交 就一项建筑工程初次呈交建筑事务监督批准的图则。

重大修改 指经过大规模修改的建筑图则，而这些图则必须从根本上接受重新评估。

自置居所住户 指住户拥有其居住的屋宇单位业权。

进口货物 指在香港以外出产或制成的货物，输入香港供本地使用或转口，以及再进口的香港产品。其货值是以到岸价值计算。

港产品出口货物 指香港的天然产品或在香港经过制造工序，以致其基本原料的形状、性质、式样或用途受到永久改变的产品。如果产品在香港只进行简单的稀释、包装、入樽、烘干、简单装配、分类、装饰等过程，则该产品并不能以香港作为来源地。其货值是以离岸价值计算。

转口货物 指输出曾经自外地输入香港的货物，而这些货物并没有在香港经过任何制造工序，以致永久改变其形状、性质、式样或用途。其货值是以离岸价值计算。

直接投资 指一个经济体系的投资者对另一经济体系的企业所作的对外投资，并对该企业拥有持久利益及在管理经营决定上具有相当程度的影响力或控制权。在统计上，若投资者持有某一企业 10%或以上的股权，便被视为能长期有效地影响有关企业的管理经营决定。直接投资包括股权及投资基金份额，以及债务工具。股权及投资基金份额包括所持有分行的股本、附属及联营公司股票、投资基金份额，以及收益再投资，即投资者应得但其分行、附属公司、联营公司或投资基金没有分发的利润。债务工具主要涉及公司之间的债务交易，包括母公司与其分行、附属公司及联营公司之间的短期及长期借贷。

港汇指数 是量度港元兑主要贸易伙伴的货币的汇率加权平均值变动情况的指数，作为反映港元相对各种选定货币强弱的整体指标。由 2012 年 1 月 3 日起公布的新系列港汇指数已取代旧港汇指数系列。新系列指数是以 2010 年 1 月为基期及包括 15 种货币（印度卢比亦被纳入新系列指数中）。

外币兑换率 指外币兑港元的电汇或现钞收市中间兑换价。

认可机构 包括持牌银行、有限制牌照银行及接受存款公司。持牌银行可接受任何金额及期限的存款。随着撤销利率限制的最后阶段在 2001 年 7 月 3 日生效，各类存款利率再无任何限制。至于有限制牌照银行，它们可接受金额不少于港币 50 万元的任何期限的定期存款。接受存款公司则可接受金额不少于港币 10 万元而期限不少于 3 个月的定期存款。有限制牌照银行及接受存款公司均无任何存款利率限制。

外币掉期存款 指顾客在现货市场购买外币，然后存入认可机构，但同时订下远期合约，将该笔外币（本金加利息）在存款到期时售予认可机构。从分析角度来看，这类掉期存款应当作港元定期存款。

货币供应量（M_1） 指市民持有的法定纸币和硬币加上持牌银行的客户活期存款。

货币供应量（M_2） 指货币供应量 M_1 所包括的项目，加上持牌银行的客户储蓄及定期存款，再加上持牌银行发行而由非认可机构持有的可转让存款证。

货币供应量（M_3） 指货币供应量 M_2 所包括的各项，加上有限制牌照银行及接受存款公司客户的存款，再加上以上两类认可机构发行而由非认可机构持有的可转让存款证。

恒生指数 是以加权资本市值法计算（即发行股数乘以股价），该指数内的五十只成份股划分为四个行业类别指数，包括工商、金融、地产及公用事业，其涵盖市值占香港联合交易所主板所有上市股份总市值大约百分之六十。

消费价格指数 量度住户一般所购买的消费商品和服务的价格水平随时间而变动的情况。消费物价指数的按年变动率被广泛地用作反映消费者所面对的通货膨胀的指标。不同的消费物价指数数列反映消费物价转变对不同开支组别的住户的影响。甲类、乙类及丙类消费物价指数分别根据较低、中等及较高开支范围的住户的开支模式编制而成。综合消费物价指数是根据以上所有住户的整体开支模式而编制，反映消费物价转变对整体住户的影响。每个项目的开支权数，是其在住户总开支中所占的比重。开支权数是根据住户开支统计调查的结果而制订的。并会每隔五年更新一次，以确保相应的消费物价指数能准确地反映不同开支范围住户的最新开支模式。

教育程度 指某人在学校或其它教育机构修读达到的最高教育水平，不论他／她有否完成该课程。计算教育程度时，只包括正式课程，即须最少为期一个学年，入学须具指定学历资格（香港公开大学的非学位、副学位、学位及研究生课程除外），以及设有考试或指定评核成绩的程序。

社会保障计划 旨在帮助社会上需要经济或物质援助的人士，应付基本及特别需要。这个无须供款的社会保障制度，包括综合社会保障援助计划、公共福利金计划、暴力及执法伤亡赔偿计划、交通意外伤亡援助计划和紧急救济。

综合社会保障援助计划 是以入息补助方法，为那些在经济上无法自给的人士提供安全网，使他们的入息达到一定水平，以应付生活上的基本需要。申请人必须符合居港规定及通过入息及资产审查。

公共福利金计划 包括普通伤残津贴、高额伤残津贴、高龄津贴及长者生活津贴。高龄津贴及伤残津贴其目的分别是为年龄在 70 岁或以上或严重残疾的香港居民，每月提供现金津贴，以应付因年老或严重残疾而引致的特别需要。至于长者生活津贴，旨在为年龄在 65 岁或以上有经济需要的香港居民，每月提供特别津贴，以补助他们的生活开支。除长者生活津贴外，在本计划下发放的津贴均无须申请人接受经济状况调查。

交通意外伤亡援助计划 是向道路交通意外受害人，或这些人士的受养人（如受害人因伤死亡）迅速提供经济援助，而无须考虑计划受惠人的经济状况，或有关交通意外是因谁人的过失而造成。援助金按意外受害人的伤亡情况支付；至于财物损失，则不在援助范围内。

8 港澳台第三产业情况

8-2 澳门第三产业情况

简要说明

一、本章资料反映澳门特别行政区主要社会、经济发展情况。内容包括：土地、人口、就业、国民经济核算、工业、能源、建筑、交通通讯、对外贸易、财政金融、物价、教育、卫生、房屋、社会保障等方面。

二、本章由澳门特别行政区政府统计暨普查局提供所有数据，国家统计局国际统计信息中心负责整理、编辑。

三、在统计工作方面，按《中华人民共和国澳门特别行政区基本法》的有关原则，澳门特别行政区保留其单独运作的统计系统，并负责编制和发布反映澳门特别行政区情况的统计数据。由于澳门和内地在使用统计名词及概念方面会有所不同，读者在比较两地数据时，请参考本章末的“主要统计指标解释”。

四、澳门特别行政区是单独的关税地区，澳门与内地之间的贸易，亦需办理进出口报关。在贸易统计方面，澳门特别行政区对外商品贸易统计数据亦包括澳门特别行政区与内地的贸易。

五、在外汇统计及与之有关的各方面，澳门元是澳门特别行政区的法定货币，因此，除澳门元以外的货币（包括人民币）均视作外币。

六、更详细的统计资料及有关的技术细节，可参阅澳门特别行政区政府统计暨普查局出版的《统计月刊》、《统计年鉴》及各专题统计出版物。

七、本章节表中的符号使用说明：“o”表示数据小于本表最小单位半数；“#”表示保密资料；“…”表示不适用。

8-2-1 主要统计指标概览

项　　目		2008	2009	2010	2011	2012
人口及生命统计						
年中人口	(万人)	54.1	53.5	53.7	55.0	56.8
出生率	(‰)	8.7	8.9	9.5	10.6	12.9
死亡率	(‰)	3.2	3.1	3.3	3.4	3.2
婴儿死亡率	(‰)	3.2	2.1	2.9	2.9	2.5
(按每千名出生登记活产婴儿计算)						
劳动、就业						
劳动人口	(万人)	32.7	32.3	32.4	33.6	35.0
劳动力参与率	(%)	70.7	72.3	72.0	72.5	72.4
失业率	(%)	3.0	3.5	2.8	2.6	2.0
就业不足率	(%)	1.6	1.8	1.7	1.1	0.8
就业人口	(万人)	31.7	31.2	31.5	32.8	34.3
建筑业		3.8	3.2	2.7	2.8	3.2
批发及零售业		3.9	4.1	4.1	4.3	4.2
酒店及饮食业		4.1	4.3	4.3	4.6	5.3
团体、社会及个人的其他服务		7.7	7.4	7.5	8.2	9.0
对外商品贸易	**(亿澳门元)**					
出口		160	77	70	70	82
本地产品出口		96	30	24	24	23
再出口		64	47	46	46	59
进口		430	369	441	623	709
贸易价格比率(2006=100)		100.7	100.2	99.3	100.0	97.7
工业生产						
工业电力消耗量	(亿千瓦小时)	2.1	1.6	1.6	1.7	1.8
私人建筑						
新建楼宇						
单位数目	(个)	1177	3251	4527	1387	2558
总建筑面积	(万平方米)	58	141	127	116	157
新动工楼宇						
单位数目	(个)	2046	1547	870	2159	1592
总建筑面积	(万平方米)	53	23	18	37	30
楼宇单位买卖数目	(个)	21516	17310	29617	27624	25419
不动产买卖契约数目	(宗)	9712	9111	12707	10935	12339
不动产按揭贷款数目	(宗)	11847	8965	15127	14447	16427
运输、通讯、旅游						
进出澳门重型货运车	(万次)	56.4	40.3	35.8	33.4	32.5
进出澳门的客船班	(万次)	10.5	13.2	14.7	14.6	14.0
澳门国际机场的商业航班	(万次)	4.6	3.7	3.5	3.5	3.9
登记车辆	(万辆)	18.3	18.9	19.7	20.6	21.7
电话线	(万条)	110.9	120.9	129.1	152.0	177.6
访澳旅客	(万人次)	2293	2175	2497	2800	2808
酒店平均入住率	(%)	74	71	80	84	83

8-2-1 续表

项　　目		2008	2009	2010	2011	2012
财政收支、货币、金融	**(亿澳门元)**					
财政总收入		623	699	885	1230	1295
财政总支出		304	355	384	456	567
货币供应(广义货币供应量M_2)						
总计		1898	2122	2431	2980	3749
澳门元		541	597	680	773	909
港元		992	1138	1328	1623	2094
其他货币		365	387	422	583	746
本地/私人部门贷款及垫款		889	973	1268	1616	1897
居民消费价格指数						
(2008年4月至2009年3月=100)						
综合消费价格指数		100.2	101.4	104.2	110.3	117.0
甲类消费价格指数		100.7	101.5	103.8	109.5	116.5
乙类消费价格指数		100.1	101.4	104.4	110.6	117.6
房屋(期末)						
公共房屋	(套)	6253	7165	8174	8376	8267
教育	**(人)**					
幼儿教育学生		9127	9776	10804	11787	12669
小学生		27483	25326	23785	22646	22231
中学生		39328	38222	37224	35726	33921
高等教育学生		22156	23562	25539	26217	27776
医疗						
医生	(人)	1261	1292	1330	1438	1482
护士	(人)	1415	1491	1536	1606	1751
病床	(张)	1030	1109	1173	1222	1354
社会保障						
受益人数目	(人)	250476	259280	276348	337115	343634
供款单位数目	(个)	17175	34260	34294	19373	19885
总发放援助次数	(万次)	40.8	45	52	61	88
总发放金额	(万澳门元)	43616	66815	74840	110225	130563
治安						
罪案数目	(宗)	13864	12406	11649	12512	12685
囚犯数目(期末)	(人)	912	930	929	1030	1112
本地生产总值						
按以环比物量(2010年)计算						
实际增长率	(%)	3.4	1.7	27.5	21.8	9.9
本地生产总值	(亿澳门元)	1867.7	1899.7	2422.1	2950.5	3244.0
人均本地生产总值	(万澳门元)	34.6	35.5	45.1	53.7	57.0
当年价格						
名义增长率	(%)	14.6	2.3	33.4	30.0	18.0
本地生产总值	(亿澳门元)	1662.7	1701.7	2269.4	2950.5	3482.2
人均本地生产总值	(万澳门元)	30.8	31.8	42.3	53.7	61.2

8-2-2 本地生产总值(按当年价格计算)

年 份	本地生产总值		本地生产总值与上年比较的实际增长率(%)	人均本地生产总值	
	(亿澳门元)	(亿美元)		(澳门元)	(美元)
1992	386.2	48.4	13.3	104122	13060
1993	443.4	55.6	5.2	115464	14491
1994	494.2	62.1	4.3	124558	15648
1995	554.2	69.5	3.3	135392	16992
1996	563.1	70.7	-0.4	135657	17029
1997	565.6	70.9	-0.3	135547	16997
1998	525.6	65.9	-4.6	124462	15599
1999	502.7	62.9	-2.4	117620	14718
2000	516.3	64.3	5.7	119911	14940
2001	523.3	65.1	2.9	120555	15007
2002	563.0	70.1	8.9	128433	15987
2003	635.8	79.3	12.6	142851	17809
2004	822.9	102.6	26.9	180108	22450
2005	944.7	117.9	8.6	198406	24767
2006	1165.7	145.7	14.4	234123	29263
2007	1450.8	180.5	14.3	278539	34661
2008	1662.7	207.3	3.4	307917	38391
2009	1701.7	213.1	1.7	317575	39775
2010	2269.4	283.6	27.5	422656	52817
2011	2950.5	367.9	21.8	537103	66982
2012①	3482.2	435.8	9.9	611930	76588

注：①估算数字在日后得到更多资料时会作出修订。

8-2-3 支出法本地生产总值

单位：亿澳门元

本地生产总值组成部分	2008	2009	2010	2011	2012①
按当年价格计算					
居民消费支出	437.0	455.7	511.0	605.0	693.8
政府最终消费支出	148.2	166.9	183.8	208.8	235.8
固定资本形成总额	502.9	319.0	283.6	366.1	465.2
存货增加	13.1	2.2	17.4	42.5	48.1
货物出口	167.9	86.7	83.2	89.1	110.6
减:货物进口	573.2	433.3	520.3	713.2	813.3
服务出口	1445.5	1515.2	2321.2	3209.5	3659.8
减:服务进口	478.7	410.7	610.5	857.4	917.8
本地生产总值	**1662.7**	**1701.7**	**2269.4**	**2950.5**	**3482.2**
人均本地生产总值 (澳门元)	**307917**	**317575**	**422656**	**537103**	**611930**
以环比物量(2010年)计算					
居民消费支出	496.5	508.3	545.1	605.0	660.3
政府最终消费支出	166.8	188.8	198.0	208.8	223.3
固定资本形成总额	555.5	375.9	312.7	366.1	435.9
存货增加	13.9	2.5	18.7	42.5	47.3
货物出口	189.0	97.9	90.8	89.1	109.7
减:货物进口	641.2	486.7	561.8	713.2	791.9
服务出口	1611.4	1674.0	2466.6	3209.5	3429.0
减:服务进口	513.6	450.7	646.7	857.4	869.6
本地生产总值	**1867.7**	**1899.7**	**2422.1**	**2950.5**	**3244.0**
人均本地生产总值 (澳门元)	**345892**	**354521**	**451089**	**537103**	**570074**

注：①估算数字在日后得到更多资料时会作出修订。

8-2-4　生产法本地生产总值

单位：亿澳门元

经济活动	2005	2008	2009	2010	2011
第二产业	**106.0**	**198.1**	**125.6**	**108.4**	**121.3**
采矿业	0.1	o	o	o	0.1
制造业	30.0	23.8	16.9	12.7	13.2
电力、煤气及水供应	13.3	13.7	14.6	15.5	15.9
建筑业	62.6	160.6	94.0	80.2	92.1
第三产业	**592.9**	**952.0**	**1028.2**	**1353.4**	**1764.4**
批发零售、维修、酒店、餐厅及酒楼业	75.6	141.4	162.1	218.8	294.2
运输、仓储及通信业	33.4	39.3	41.3	53.6	61.4
金融保险、不动产、租赁及商业服务	157.9	262.5	273.6	283.8	335.9
公共行政、社会服务及个人服务(包括博彩业)	325.9	508.9	551.1	797.2	1073.0
生产法本地生产总值（基本价格）	**698.9**	**1150.2**	**1153.8**	**1461.9**	**1885.8**
加产品税	**193.2**	**450.5**	**471.2**	**730.7**	**1060.5**
生产法本地生产总值（市场价格）	**892.1**	**1600.7**	**1625.0**	**2192.6**	**2946.3**
支出法本地生产总值（市场价格）	**944.7**	**1662.7**	**1701.7**	**2269.4**	**2950.5**
统计差异(%)	**-5.6**	**-3.7**	**-4.5**	**-3.4**	**-0.1**

8-2-5　生产法本地生产总值结构

单位：%

经济活动	2005	2008	2009	2010	2011
第二产业	**15.2**	**17.2**	**10.9**	**7.4**	**6.4**
采矿业	o	o	o	o	o
制造业	4.3	2.1	1.5	0.9	0.7
电力、煤气及水供应业	1.9	1.2	1.3	1.1	0.8
建筑业	9.0	14.0	8.1	5.5	4.9
第三产业	**84.8**	**82.8**	**89.1**	**92.6**	**93.6**
批发零售、维修、酒店、餐厅及酒楼业	10.8	12.3	14.0	15.0	15.6
运输、仓库及通信业	4.8	3.4	3.6	3.7	3.3
金融、保险、不动产、租赁及商业服务	22.6	22.8	23.7	19.4	17.8
公共行政、社会服务及个人服务(包括博彩业)	46.6	44.2	47.8	54.5	56.9
以基本价格按生产法估算的本地生产总值	**100.0**	**100.0**	**100.0**	**100.0**	**100.0**

8-2-6　按行业划分的就业人口

单位：万人

行　　业	2010	2011	2012
总数	**31.48**	**32.76**	**34.32**
农业、捕渔业及采矿工业	0.06	0.08	0.08
制造业	1.52	1.28	1.03
水电及气体生产供应业	0.09	0.13	0.15
建筑业	2.71	2.82	3.23
批发及零售业	4.14	4.34	4.23
酒店及饮食业	4.28	4.61	5.30
运输、仓储及通信业	1.82	1.60	1.60
金融业	0.73	0.81	0.82
不动产及工商服务业	2.75	2.80	2.43
公共行政及社保事务	2.14	2.30	2.51
教育	1.15	1.23	1.31
医疗卫生及社会福利	0.81	0.85	0.86
文娱博彩及其他服务业	7.54	8.20	8.95
家务工作	1.74	1.68	1.80
其他及不详	0.01	0.02	0.01

8-2-7　按行业划分的每月工作收入中位数

单位：澳门元

行　　业	2010	2011	2012
总数	**9000**	**10000**	**11300**
制造业	5700	6500	7500
水电及气体生产供应业	16000	17500	16000
建筑业	9500	10100	11700
批发及零售业	7500	8000	9000
酒店及饮食业	7000	7500	8300
运输、仓储及通信业	8500	10000	11000
金融业	13000	12000	14000
不动产及工商服务业	6500	7000	8000
公共行政及社保事务	19500	20700	25000
教育	14000	15000	16000
医疗卫生及社会福利	10000	12000	15000
文娱博彩及其他服务业	12000	13000	14500
家务工作	2900	3000	3100

8-2-8 主要商品进出口总额及占本地生产总值比重

单位：亿澳门元

贸易种类	2008	2009	2010	2011	2012
商品进出口总额	**590.6**	**445.7**	**510.8**	**692.6**	**790.9**
出口	160.3	76.7	69.6	69.7	81.6
本地产品出口	95.8	29.7	23.9	23.9	22.8
再出口	64.4	47.0	45.7	45.8	58.7
进口	430.3	369.0	441.2	622.9	709.3
进出口差额	-270.1	-292.3	-371.6	-553.2	-627.7
出口/进口比率 (%)	37.2	20.8	15.8	11.2	11.5
占本地生产总值比重 (%)					
出口	9.6	4.5	3.1	2.4	2.3
本地产品出口	5.8	1.7	1.1	0.8	0.7
再出口	3.9	2.8	2.0	1.6	1.7
进口	25.9	21.7	19.5	21.3	20.4

8-2-9 主要商品进口原产地和出口目的地

单位：亿澳门元

主要国家/地区	2008	2009	2010	2011	2012
进口(原产地)					
中国内地	169.3	115.7	137.2	191.2	232.0
中国香港	43.7	40.4	46.3	75.9	82.1
欧盟	71.0	78.1	99.6	155.1	166.5
日本	36.4	30.4	38.1	39.1	42.4
中国台湾	14.2	11.2	10.8	13.3	14.0
美国	23.8	22.2	26.2	37.3	36.8
出口(目的地)					
美国	64.0	13.1	7.8	5.6	5.1
欧盟	15.9	6.3	4.1	3.8	3.2
中国内地	19.7	11.2	11.0	11.0	13.7
中国香港	31.6	30.1	30.0	31.1	41.0

8-2-10 按标准国际贸易分类划分的商品进口和出口

单位：百万澳门元

标准国际贸易分类	2005			2010			2011		
	进口	出口	出进口比率(%)	进口	出口	出进口比率(%)	进口	出口	出进口比率(%)
总数	**31340**	**19823**	**63.3**	**44118**	**6960**	**15.8**	**62289**	**6971**	**11.2**
0 粮食及活动物	2012	67	3.3	4142	108	2.6	5202	139	2.7
1 饮料及烟叶	1863	256	13.7	3409	473	13.9	4942	672	13.6
2 除燃料外的非食用未加工材料	196	54	27.6	196	73	37.2	305	101	33.1
3 矿物燃料、润滑油及有关物质	3041	808	26.6	5285	#	#	6597	#	#
4 动物及植物油、脂肪及蜡	57	o	…	124	1	0.8	152	1	0.7
5 未列明的化学及有关产品	1514	183	12.1	3026	269	8.9	3681	281	7.6
6 主要按材料分类的制成品	8129	2716	33.4	3107	1011	32.5	3733	1026	27.5
7 机械和运输设备	7839	1616	20.6	10473	1025	9.8	14230	1073	7.5
8 杂项制成品	6672	14124	211.7	14281	3182	22.3	23310	2529	10.8
9 未列入其他分类的货物及交易	17	o	…	75	#	#	137	#	#

8-2-11 按居住国家和地区划分的入境旅客人数

单位：万人次

居住国家和地区	2008	2009	2010	2011	2012
总数	**2293.3**	**2175.3**	**2496.5**	**2800.2**	**2808.2**
亚洲	2216.2	2108.5	2427.3	2728.7	2735.7
中国内地	1161.3	1099.0	1322.9	1616.3	1690.2
中国香港	701.6	672.8	746.6	758.3	708.1
中国台湾	131.6	129.3	129.3	121.5	107.2
日本	36.7	37.9	41.4	39.6	11.3
马来西亚	42.9	33.3	33.8	32.5	1.0
菲律宾	28.3	24.7	24.8	26.9	2.9
韩国	28.0	20.5	33.2	39.9	1.3
新加坡	26.4	25.7	25.7	28.1	1.4
其他	59.4	65.5	69.7	65.8	66.9
美洲	31.3	27.9	29.7	31.1	30.7
欧洲	27.2	23.6	24.4	25.2	26.3
大洋洲	15.7	13.5	12.8	12.8	12.9
非洲及其他	2.9	1.8	2.3	2.5	2.7

8-2-12 按居住国家和地区划分的旅客人均消费

单位：澳门元

国家和地区	2000	2005	2009	2010	2011	2012
人均消费①	**1367**	**1523**	**1616**	**1518**	**1619**	**1864**
中国内地	2401	3078	3040	2039	2048	2385
中国香港	934	898	1159	811	916	906
中国台湾	942	1336	1349	677	1052	1356
日本	1187	952	1286	1394	1360	1497
东南亚	1876	1458	1659	1319	1288	1405
欧洲	1117	824	1226	1148	1045	1109
美洲	1078	1317	1311	1064	1094	1086
大洋洲	1165	1042	1284	1254	1348	1268
其他	1425	996	1574	1581	1546	1501
非购物消费①	**754**	**851**	**983**	**745**	**817**	**950**
中国内地	839	1221	1122	749	809	1008
中国香港	730	689	909	656	750	739
中国台湾	605	895	946	495	752	960
日本	481	670	1118	1240	1213	1338
东南亚	1450	948	1102	951	917	1025
欧洲	864	691	1068	1011	945	1010
美洲	838	1038	1043	878	920	927
大洋洲	919	800	1053	1022	1142	1087
其他	1129	754	1306	1311	1338	1304
购物消费	**612**	**672**	**633**	**773**	**801**	**914**
中国内地	1561	1856	1918	1290	1239	1377
中国香港	204	209	250	155	166	167
中国台湾	336	441	404	182	301	396
日本	706	282	169	154	147	159
东南亚	426	509	557	369	371	380
欧洲	252	132	159	136	100	99
美洲	240	279	267	185	174	159
大洋洲	246	242	231	232	206	181
其他	296	242	268	270	207	197

注：①不包括博彩消费。自2010年开始，旅客消费是经统计推算的结果，而前期的为样本值。

8-2-13 零售业销售额

单位：亿澳门元

项　目	2008	2009	2010	2011	2012
销售总额	**193.91**	**223.54**	**306.42**	**434.79**	**529.61**
百货公司	23.71	33.36	44.23	62.94	75.87
超级市场	17.41	19.07	21.22	26.16	33.46
汽车	16.21	15.28	22.11	29.69	35.67
钟表金饰	36.05	48.09	78.34	123.09	157.95
成人服装	16.68	20.93	28.01	39.24	49.46
车用燃料	8.69	6.81	7.80	10.04	11.90
家用燃料	7.53	4.93	6.10	6.63	7.09
家庭电器	4.89	5.30	6.43	6.85	8.41
药房	5.49	5.88	7.91r	11.63	14.01
其他	57.25	63.89	84.27	118.52	135.79

8-2-14 按出入境方式统计的对外商品贸易

单位：万吨

项目	2008	2009	2010	2011	2012
入境①					
海路	309.6	169.1	169.2	238.4	362.8
空路	1.7	1.3	1.4	1.0	0.6
陆路	226.1	133.6	100.4	89.4	112.1
其他②	7518.2	7777.6	7630.7	7947.0	8566.4
总数	**8055.6**	**8081.6**	**7901.6**	**8275.8**	**9041.9**
出境①					
海路	27.0	15.9	20.8	26.7	21.9
空路	3.6	2.5	2.8	2.0	1.1
陆路	10.7	8.1	10.2	19.6	19.5
其他②	17.7	14.8	13.3	12.9	14.1
总数	**59.1**	**41.4**	**47.0**	**61.2**	**56.5**

注：①包括转运货物。
②包括邮递及以管道运输方式进出澳门的货物。

8-2-15 海路集装箱总吞吐量

单位：标准集装箱

项目	2008	2009	2010	2011	2012
入境	66306	53071	55390	64490	73056
出境	57334	34574	35090	37199	46705
转口	2697	903	838	300	165

注：标准集装箱为 20英尺 x 8英尺 x 8英尺。

8-2-16 通信服务

项目	2008	2009	2010	2011	2012
邮递服务（万件）					
信件邮件	3034	3069	3136	3331	3224
包裹	0.8	0.8	0.8	0.8	0.8
电话服务（万户）					
固网电话用户	17.6	17.1	16.8	16.6	16.3
移动电话用户	39.6	42.0	45.9	52.5	56.5
储值卡	53.7	61.7	66.3	82.8	104.9
对外电话通讯量（万分钟）					
拨出	26707	25795	31026	34880	38817
拨入	20621	19635	23134	24976	26459
互联网					
登记用户（万户）	12.9	14.3	17.0	20.9	23.2
总使用时数（万小时）	25291	34042	42277	52761	67840

8-2-17 14岁及14岁以上人口受教育程度

项 目	2001中期人口统计		2006人口普查		2011中期人口统计	
	人数（万人）	百分比（%）	人数（万人）	百分比（%）	人数（万人）	百分比（%）
总计	**34.97**	**100.0**	**43.36**	**100.0**	**49.20**	**100.0**
男	16.45	47.0	20.97	48.4	23.35	47.5
女	18.52	53.0	22.39	51.6	25.85	52.5
从未入学/学前教育	2.10	6.0	2.06	4.7	1.63	3.3
男	0.48	1.4	0.50	1.1	0.37	0.7
女	1.62	4.6	1.56	3.6	1.26	2.6
小学	13.64	39.0	13.28	30.6	12.14	24.7
男	6.63	19.0	6.59	15.2	5.78	11.8
女	7.01	20.0	6.69	15.4	6.35	12.9
初中	9.45	27.0	12.07	27.8	12.30	25.0
男	4.43	12.7	6.00	13.8	6.10	12.4
女	5.02	14.3	6.07	14.0	6.19	12.6
高中	6.63	18.9	10.43	24.0	14.09	28.6
男	3.32	9.5	5.16	11.9	6.73	13.7
女	3.31	9.5	5.27	12.1	7.36	15.0
高等教育						
高等专科	0.75	2.1	0.64	1.5	0.99	2.0
男	0.29	0.8	0.26	0.6	0.46	0.9
女	0.46	1.3	0.38	0.9	0.53	1.1
大学	2.39	6.8	4.86	11.2	8.02	16.3
男	1.29	3.7	2.44	5.6	3.88	7.9
女	1.10	3.2	2.42	5.6	4.13	8.4
特殊教育	0.02	0.1	0.03	0.1	0.04	0.1
男	0.01	o	0.02	o	0.03	o
女	0.01	o	0.01	o	0.02	o

8-2-18 外币兑换率

单位：一单位外币兑换的澳门元

项 目	2008	2009	2010	2011	2012
年内平均数字					
澳元	6.8552	6.3269	7.3560	8.2814	8.2701
欧元	11.8092	11.1309	10.6088	11.1685	10.2612
韩圆	0.0074	0.0063	0.0069	0.0072	0.0071
美元	8.0206	7.9842	8.0022	8.0186	7.9899
新台币	0.2548	0.2418	0.2540	0.2731	0.2701
英镑	14.8965	12.5159	12.3650	12.8609	12.6559
港元	1.0300	1.0300	1.0300	1.0300	1.0300
日元	0.0776	0.0854	0.0913	0.1006	0.1002
马来西亚林吉特	2.4124	2.2669	2.4884	2.6241	2.5868
新西兰元	5.7341	5.0721	5.7722	6.3496	6.4663
人民币	1.1546	1.1688	1.1818	1.2387	1.2662
新加坡元	5.6788	5.4955	5.8747	6.3855	6.3931
瑞士法郎	7.4326	7.3721	7.6883	9.0878	8.5141
年底数字					
澳元	5.5103	7.1671	8.1437	8.1308	8.3038
欧元	11.2787	11.4645	10.6642	10.3673	10.5628
韩圆	0.0063	0.0069	0.0071	0.0069	0.0075
美元	7.9824	7.9878	8.0158	8.0047	7.9840
新台币	0.2437	0.2483	0.2749	0.2644	0.2749
英镑	11.5326	12.8428	12.3732	12.3308	12.9053
港元	1.0300	1.0300	1.0300	1.0300	1.0300
日元	0.0884	0.0864	0.0984	0.1030	0.0930
马来西亚林吉特	2.3021	2.3342	2.5996	2.5257	2.6070
新西兰元	4.6102	5.7920	6.1826	6.1888	6.5772
人民币	1.1678	1.1698	1.2103	1.2619	1.2828
新加坡元	5.5520	5.6938	6.2205	6.1591	6.5314
瑞士法郎	7.5569	7.7128	8.5753	8.5111	8.7496

注：《中华人民共和国澳门特别行政区基本法》规定，澳门元是澳门特区的法定货币。外币指澳门元以外的其他货币，因而人民币亦视作外币。

8-2-19 货币供应

单位：亿澳门元

项 目	2008	2009	2010	2011	2012
狭义货币供应量M_1	**247.3**	**306.1**	**347.3**	**362.4**	**476.2**
分类一：澳门元	130.1	149.7	158.8	178.7	207.3
港元	103.5	145.4	173.4	175.4	260.9
其他货币	13.6	10.9	15.1	8.3	8.0
分类二：流通货币(澳门元)	44.0	49.1	54.1	60.8	74.6
活期存款	203.3	257.0	293.2	301.6	401.6
广义货币供应量$M_2$①	**1897.9**	**2122.3**	**2430.5**	**2979.6**	**3749.3**
分类一：澳门元	541.0	597.5	680.4	772.9	909.2
港元	992.4	1137.8	1328.1	1623.3	2094.2
其他货币	364.5	387.0	422.1	583.4	745.9
分类二：狭义货币供应量$M_1$②	247.3	306.1	347.3	362.4	476.2
准货币负债③	1650.6	1816.3	2083.2	2617.2	3273.1
储蓄存款	582.6	825.0	899.4	844.3	1063.8
通知存款	13.1	8.4	6.5	4.1	4.1
定期存款	1054.9	982.3	1176.7	1765.4	2202.6

注：① $M_2=M_1+$准货币负债
② 货币供应量M_1只包括流通货币及活期存款。储蓄存款则变为准货币负债的组成部份。
③ 准货币负债：包括储蓄存款、通知存款、定期存款、其他存款及存款证明书。

【主要统计指标解释】

紧急救济　天灾或其它不幸事故（例如火灾、台风、水灾、暴雨、山泥倾泻、塌屋）的灾民，及因楼宇成为危楼而遭发出封闭令以致被着令撤离家园的受影响人士，均可获得紧急救济。

本地生产总值　反映每年在澳门特区生产的货物和提供各种服务的总量。本年鉴中的本地生产总值用支出法及生产法估算，支出法等于私人消费支出、政府最终消费支出、固定资本形成总额、库存变化和货物及服务出口净值（出口减进口）的总和。而生产法等于各经济行业的增加值总额的总和，这种方法可以评估澳门特区的产业结构。

婴儿死亡率　参考期内年龄在1岁或以下的死亡人数与出生活婴数目的千分比。

自然增长率　参考期内出生人数和死亡人数差额与平均人口之千分比。

出生率　参考期内出生活婴数目与平均人口之千分比。

死亡率　参考期内死亡人数与平均人口之千分比。

幼儿教育　为期3年，对象是年龄3-5岁的儿童。在报名当年的12月31日年满3岁的幼儿可报读幼儿教育第一年。

小学教育　为期6年，完成幼儿教育或在报名当年的12月31日年满6岁的儿童可报读小学教育第一年。就读小学的最高年龄为15岁。

中学教育　由两个阶段组成：初中教育及高中教育。大学预科亦被视为中学教育。

（1）初中教育　为期3年，合格完成小学教育者可以入读。就读初中最大年龄为18岁，但在特别情况下，经教育机构决定，可以逾越此年限。

（2）高中教育　为期3年，合格完成初中教育者可以入读。就读高中最大年龄为21岁，但在特别情况下，经教育机构决定，可以逾越此年限。

职业技术教育　以培训初级及中级程度的技术及专业人员为目的之课程。

高等教育　包括大学教育及高等专科教育。

特殊教育　指专为有精神、感官、身体、沟通等方面有特殊需要人士所开办的课程。

成人教育　指小学、中学、高等教育系统以外为15岁或以上人士所开办的各种有组织、有系统的学习活动。

劳动人口　在参考期间，可参与生产商品或提供服务之14岁或以上人士的总合。包括就业人口及失业人口。

就业人口　在参考期间，为了报酬、利润或家庭收入而工作至少1小时的16岁或以上人士的总合。这包括了那些被雇用而没有上班，但与雇主保持正式的工作联系的人士，又或属公司东主，但因特别原因而暂时没有上班的人士。

失业人口　在参考期间，年龄在16岁或以上，没有工作或与雇主没有联系，但随时可接受有酬工作或自己做生意，并在过去30日有寻找工作的人士。

就业不足人口　在参考期间，不论其职业身份，非自愿地工作少于35小时，并可随时接受更多的工作或正在寻找更多工作之就业人口。

劳动力参与率　指劳动人口在16 岁或以上的澳门人口中所占的比例。

失业率　指失业人口在劳动人口中所占的比例。

就业不足率 指就业不足人口在劳动人口中所占的比例。

访澳旅客 指任何非以澳门特区为常居地的人士，其连续在澳门的逗留时间少于12个月，旅客之旅游目的并非在澳门特区参与任何有偿活动。

酒店入住率 入住客房数量与可供应客房数量之百分比。

进口 将产自外地的货物输入澳门特区，但再进口和转运制度下输入者除外。

出口 将货物输出澳门特区，但暂时出口和转运制度下输出者除外。

本地产品出口 将原产地为澳门特区的任何货物输出澳门特区。

再出口 指原进口的货物未经加工输出澳门特区；或虽加工，但不能取得澳门特区产地资格。

转运 货物经过澳门特区而运到下一目的地。

原产地 农业产品种植之国家/地区、矿产开采之国家/地区、工业产品生产之国家/地区，被视为原产地国家/地区。若工业产品的制造工序于两个或以上的国家/地区进行，应以进行最后转变成型工序的国家/地区为原产地，再包装、分类及混合等工序不能构成最后转变成型工序；当产品入口国对相关货物产地来源有特定规定时，应遵从有关规定。

目的地 指货物实际最后到达的国家或地区（不论在运输途中有或没有中断）。如有中间国家或地区，只要不在中间国家或地区内进行商业交易，最后到达的国家或地区都可被视为目的地。

贸易价格比率指数 即货物出口单位价格指数与货物进口单位价格指数之比率。

单位 指永久性楼宇之一个或多个间格及其附属建筑物。每一个单位具有独立入口与楼宇内之公用地方相通，具有合法条件进行分层物业登记和作独立转让。

楼宇建筑面积 等于所有楼层之面积总和。楼面面积的计算方法是从外墙起量度，同时亦包括大堂面积、楼梯、升降机所占面积以及所有公用地方面积。

居民消费价格指数 反映澳门特区住户于购买一篮子之指定商品或服务时，在不同时间该等商品或服务之价格变动。

狭义货币供应量M_1 为流通货币及活期存款之和。

广义货币供应量M_2 指狭义货币供应量M_1加上准货币负债。准货币负债指储蓄存款、通知存款、定期存款、其他存款和存款证明书。

财务活动 由财务资产及财务负债组成。

8 港澳台第三产业情况

8-3 台湾第三产业情况

简要说明

一、本章资料反映台湾省主要社会、经济发展情况，重点反映第三产业情况。内容包括：人口、就业、国民经济核算、工业、交通通讯、对外贸易、财政金融、物价、教育、社会保障等方面。

二、本章内容来自台湾省行政院主计处统计资料，国家统计局国际统计信息中心负责整理、编辑，表内另有说明除外。

三、由于台湾省和内地在使用统计名词及概念方面会有所不同，读者在比较两地数据时，请参考本章末的“主要统计指标解释”。

四、更详细的统计资料及有关的技术细节，可参阅台湾省行政院主计处出版的《统计月报》、《统计年鉴》及各专题统计出版物。

五、本章节表中的符号使用说明：“①”等表示本表下有注解。

8-3-1 主要统计指标概览

指标		2008	2009	2010	2011	2012
人口						
户籍登记人口数①	(万人)	2304	2312	2316	2323	2332
人口自然增长率	(‰)	2.40	2.07	0.91	1.88	3.23
人口密度①	(人/平方公里)	637	639	640	642	644
性别比①(女=100)		102	101	101	101	100
劳动、就业						
劳动力人口	(万人)	1085	1092	1107	1120	1134
劳动力参与率	(%)	58.3	57.9	58.1	58.2	58.4
男		67.1	66.4	66.5	66.7	66.8
女		49.7	49.6	49.9	50.0	50.2
工业就业人口比率	(%)	36.8	35.9	35.9	36.3	36.2
服务业就业人口比率	(%)	58.0	58.9	58.8	58.6	58.8
失业率	(%)	4.1	5.9	5.2	4.4	4.2
工业及服务业月人均薪资	(新台币元)	44424	42275	44536	45749	45888
工业		43233	40032	42869	43946	44280
服务业		45450	44114	45930	47269	47233
生活环境						
月人均用电量	(千瓦小时)	145	146	147	150	145
月人均用水量	(立方米)	11.01	10.72	10.98	11.03	10.98
公共安全						
刑案发生率	(件/10万人)	1972	1673	1607	1499	1364
犯罪人口率	(人/10万人)	1179	1135	1164	1123	1126
刑案破获率	(%)	77.3	80.7	79.7	79.5	84.0
少年疑犯人数(12-17岁)	(人)	11283	10762	11102	13103	15078
火灾发生次数	(次)	2886	2621	2186	1772	1574
死伤人数	(人)	405	413	391	385	428
机动车肇事率	(件/万辆)	81	87	102	107	107
道路交通事故伤亡人数	(人)					
死亡		2224	2092	2047	2117	2040
受伤		227423	246994	293764	315201	318418
保险						
全民健保参保人数	(万人)	2292	2303	2307	2320	2328
社保参保人数	(万人)					
公教人员保险		59	60	60	59	59
劳工保险		880	903	940	973	971
农民保险		157	154	151	148	145
工业						
受雇者劳动生产力指数(2006年=100)		105.7	106.3	124.0	128.2	127.2
工业生产指数(2011年=100)		83.7	77.1	95.8	100.0	99.8
制造业		81.9	75.5	95.5	100.0	99.7
建筑业		126.5	102.3	93.0	100.0	107.1
工业生产价值	(新台币亿元)	141333	116016	149384	155638	150615
商业及对外贸易						
营利事业家数①	(万家)	117.9	118.6	121.4	124.4	126.9
营利事业销售额	(新台币亿元)	354099	301443	363712	380032	377480
货物进出口额	(亿美元)	4961	3780	5258	5897	5717
出口		2556	2037	2746	3083	3012
进口		2404	1744	2512	2814	2705
出(入)超		152	293	234	268	307
对日出(入)超		-290	-217	-339	-340	-286
对美出(入)超		45	54	61	106	94
对中国大陆及港出(入)超		667	581	772	788	751
外销订单	(亿美元)	3517	3224	4067	4361	4410

8-3-1 续表

指　　标	2008	2009	2010	2011	2012
运输通信					
交通运输客运人数（亿人）					
铁路	6.9	7.2	7.8	8.6	9.3
公路	10.5	10.4	11.1	11.6	11.9
航空（万人）					
省内	985	923	973	1048	1068
省外	2320	2310	2774	2909	3287
高速公路收费站通行车辆数（万辆次）	54355	53957	55506	57123	57351
每百人机动车辆数①（辆）	91.6	92.4	93.8	95.7	95.8
港埠货物装卸量（万计费吨）	66828	60575	65540	67900	69080
旅游（万人次）					
出省旅游人数	847	814	942	958	1024
来台湾旅客人数	385	440	557	609	731
财政、金融					
赋税实征净额②（新台币亿元）	17604	15303	16222	17646	17967
直接税（%）	65.1	62.4	62.1	62.1	60.3
间接税（%）	34.9	37.6	37.9	37.9	39.7
外汇存底①（亿美元）	2917.1	3482.0	3820.1	3855.5	4031.7
汇率					
1美元③（新台币）	32.91	32.08	30.42	30.32	29.08
1日元③（新台币）	0.3656	0.3491	0.3753	0.3925	0.3383
货币总计数$M_2$①（新台币亿元）	277505	293556	309538	324519	335743
年增率（%）	7.2	5.8	5.4	4.8	3.5
存款①（新台币亿元）	278652	294486	310057	323022	333003
放款与投资①（新台币亿元）	213315	214823	228037	241729	255488
再贴现率①（年息百分比率）	2.000	1.250	1.625	1.875	1.875
股价指数(1966年＝100)	7024	6460	7950	8156	7481
国际收支余额（亿美元）	262.7	541.3	401.7	62.4	154.8
经常帐户	275.1	429.2	398.7	412.3	495.5
资本帐户	-3.3	-1.0	-1.2	-1.2	-1.0
金融帐户	-16.6	134.7	-3.6	-320.5	-315.0
价格指数年增长率(2006年=100)（%）					
批发	5.2	-8.7	5.5	4.3	-1.2
消费者	3.5	-0.9	1.0	1.4	1.9
进口	8.8	-9.6	7.0	7.7	-1.3
出口	-2.1	-6.6	2.0	0.1	-1.6
国民经济核算（新台币亿元）					
本地居民生产总值	129348	128951	139817	140627	144892
本地生产总值	126202	124811	135521	136743	140369
最终消费	91736	91936	95666	99330	102027
固定资本形成总额	26659	23536	28882	28435	27403
商品及服务出口	92087	77992	100101	104002	103390
减：商品及服务进口	85884	67201	90509	94953	92920
GDP增长率（%）	0.7	-1.8	10.7	4.1	1.3
农业	0.1	-3.0	1.8	7.2	-5.8
工业	0.2	-4.2	23.1	5.7	0.9
服务业	1.1	-0.5	5.5	3.0	0.8
产业结构（%）					
农业	1.6	1.7	1.6	1.8	1.9
工业	29.1	28.9	31.0	29.8	29.0
服务业	69.4	69.4	67.4	68.4	69.2
人均本地居民生产总值（新台币元）	562439	558751	604199	606321	622814
人均本地居民生产总值（美元）	17833	16901	19090	20574	21035
居民储蓄总值（新台币亿元）	36681	35620	44298	41867	40862
储蓄率（%）	28.36	27.62	31.68	29.77	28.20

注：①为年底数。②为年度资料。③卖出汇率，且为年底数。

8-3-2 本地生产总值部门构成

单位：%

年份	本地生产总值(新台币亿元)	农业	工业	制造业	水、电、燃气业及污染治理业	建筑业	服务业	批发、零售业	金融及保险业	不动产业	咨讯及通讯传播业
2004	113653	1.68	31.75	26.81	1.99	2.53	66.57	17.08	7.56	8.15	3.59
2005	117403	1.67	31.26	26.53	1.93	2.42	67.08	17.63	7.66	8.16	3.49
2006	122435	1.61	31.33	26.46	1.84	2.72	67.06	17.88	7.28	8.54	3.39
2007	129105	1.49	31.38	26.52	1.62	2.78	67.12	18.22	7.26	8.53	3.44
2008	126202	1.60	29.05	24.83	1.18	2.88	69.35	18.95	7.26	8.78	3.61
2009	124811	1.73	28.92	23.77	2.04	2.69	69.35	18.70	6.42	9.18	3.73
2010	135521	1.64	31.00	25.90	1.80	2.81	67.36	18.33	6.31	8.60	3.55
2011	136743	1.81	29.76	25.11	1.58	2.85	68.43	18.86	6.51	8.58	3.54
2012	140369	1.87	28.97	24.26	1.53	2.85	69.16	18.74	6.52	8.67	3.59

8-3-3 本地居民生产总值

年份	本地居民生产总值			人均本地居民生产总值	
	新台币亿元	实际年增长率 %	亿美元①	新台币元	美元①
2004	117374	6.4	3511	518280	15503
2005	120311	3.8	3739	529313	16449
2006	125552	5.5	3860	550099	16911
2007	132433	6.0	4033	577869	17596
2008	129348	0.5	4101	562439	17833
2009	128951	-1.05	3901	558751	16901
2010	139817	10.5	4418	604199	19090
2011	140627	3.6	4772	606321	20574
2012	144892	1.6	4894	622814	21035

注：①按当年汇率折算。

8-3-4 劳动力和就业状况

项目	2008	2009	2010	2011	2012
劳动力总计 （万人）	**1085.3**	**1091.7**	**1107.0**	**1120.0**	**1134.1**
男	617.3	618.0	624.2	630.4	636.9
女	468.0	473.7	482.8	489.6	497.2
就业人数 （万人）	**1040.3**	**1027.9**	**1049.3**	**1070.9**	**1086.0**
男	590.2	577.6	588.0	600.6	608.3
女	450.1	450.2	461.3	470.2	477.7
就业者行业构成 （%）	**100.0**	**100.0**	**100.0**	**100.0**	**100.0**
农、林、渔、牧业	5.1	5.3	5.2	5.1	5.0
工业	36.8	35.8	35.9	36.3	36.2
矿业及土石采取业	0.06	0.05	0.04	0.04	0.04
制造业	27.7	27.1	27.3	27.5	27.4
电力及燃气供应业	0.3	0.3	0.3	0.3	0.3
用水供应及污染整治业	0.7	0.7	0.7	0.7	0.8
建筑业	8.1	7.7	7.6	7.8	7.8
服务业	58.0	58.9	58.8	58.6	58.8
批发及零售业	17.0	16.9	16.6	16.5	16.6
运输及仓储业	4.0	3.9	3.9	3.8	3.8
金融及保险业	4.0	4.0	4.1	4.0	3.9
咨讯及通讯传播	2.0	2.0	2.0	2.0	2.1
住宿及餐饮业	6.6	6.7	6.9	6.8	6.9
教育服务业	5.8	6.0	5.9	5.9	5.8
公共行政	3.3	3.7	3.7	3.6	3.5
失业人数 （万人）	**45.0**	**63.8**	**57.7**	**49.1**	**48.1**
失业率 （%）	**4.1**	**5.8**	**5.2**	**4.4**	**4.2**

8-3-5 服务业就业人员月平均工资

单位：新台币元

年份	服务业月平均工资					
		批发、零售业	运输、仓储业	金融、保险业	不动产业	专业、科学及技术服务
2004	44396	39819	46986	66671	39781	49311
2005	44290	39545	48618	65113	38819	50890
2006	44359	39380	48460	69054	38313	51740
2007	45380	39475	49234	75732	37877	53281
2008	45450	39980	49800	71319	40343	54524
2009	44114	40154	48068	67513	38720	49969
2010	45930	41970	49161	73663	41154	52942
2011	47269	42847	50441	75988	42313	55182
2012	47233	42180	50463	76932	39957	56198

8-3-6 货物进出口额

年 份	按新台币计算（新台币亿元）			按美元计算（亿美元）		
	进出口总额	出口	进口	进出口总额	出口	进口
2004	117539	60972	56567	3511	1824	1688
2005	122517	63745	58772	3810	1984	1826
2006	138837	72793	66043	4267	2240	2027
2007	152997	80879	72118	4659	2467	2193
2008	155615	80104	75511	4961	2556	2404
2009	124661	67089	57572	3780	2037	1744
2010	166003	86568	79435	5258	2746	2512
2011	173220	90416	82804	5897	3083	2814
2012	169215	89000	80215	5717	3012	2705

8-3-7 出口与进口货物分类

单位：亿美元

年 份	出 口				进 口			
	出口额	农产品	农产加工品	工业产品	进口额	资本设备	原材料	消费品
2004	1823.7	3.9	20.8	1798.9	1687.6	351.9	1187.5	148.2
2005	1984.3	3.8	21.1	1959.4	1826.1	334.9	1321.8	169.4
2006	2240.2	3.5	18.5	2218.2	2027.0	333.1	1528.0	165.9
2007	2466.8	4.1	18.7	2444.0	2192.5	343.6	1677.7	171.3
2008	2556.3	5.4	21.7	2529.2	2404.5	315.1	1908.7	180.7
2009	2036.7	5.0	18.5	2013.3	1743.7	247.8	1325.1	170.8
2010	2746.0	7.5	21.7	2716.8	2512.4	406.4	1895.7	210.2
2011	3082.6	9.0	26.7	3046.9	2814.4	393.5	2172.9	247.9
2012	3011.8	8.9	30.7	2972.3	2704.7	362.6	2087.7	254.5

8-3-8 货物出口去向和进口来源

单位：亿美元

项　目	2008	2009	2010	2011	2012
出口去向					
中国香港	326.9	294.5	378.1	400.8	379.3
日　本	175.6	145.0	180.1	182.3	189.9
韩　国	87.1	73.0	106.8	123.8	118.4
新加坡	116.8	86.1	121.0	168.8	200.9
马来西亚	55.1	40.6	59.5	68.9	65.6
泰　国	49.1	38.3	52.9	61.4	65.7
法　国	17.3	13.7	17.0	17.4	15.6
德　国	57.3	47.0	65.1	68.7	56.5
意大利	24.5	17.9	24.5	24.6	18.3
英　国	36.3	29.8	36.2	46.2	50.7
加拿大	18.5	14.6	19.5	25.7	25.1
美　国	307.9	235.5	314.7	363.6	329.8
澳大利亚	34.9	23.5	31.3	36.5	36.5
印度尼西亚	35.7	32.3	45.1	48.4	51.9
菲律宾	47.8	44.3	59.8	69.6	88.8
越　南	79.5	59.9	75.3	90.3	84.3
沙特阿拉伯	9.9	6.7	10.0	16.9	18.5
荷　兰	45.7	42.3	52.6	45.8	44.1
进口来源					
中国香港	14.9	11.2	16.3	16.8	26.6
日　本	465.1	362.2	519.2	522.0	475.7
韩　国	131.7	105.1	160.6	178.6	150.7
新加坡	48.3	48.1	76.4	79.5	81.1
马来西亚	67.6	45.5	77.0	86.0	78.4
泰　国	32.5	26.8	38.3	43.9	37.0
法　国	22.9	17.8	22.5	27.3	29.6
德　国	74.7	56.7	82.6	94.3	77.5
意大利	16.4	18.3	19.5	23.0	20.3
英　国	19.2	12.3	16.7	19.3	18.4
加拿大	17.9	11.5	15.3	20.2	16.2
美　国	263.3	181.5	253.8	257.6	236.0
澳大利亚	82.7	59.7	89.2	109.1	92.9
印度尼西亚	72.9	51.8	60.2	74.3	73.3
菲律宾	22.4	16.1	23.2	24.1	21.0
越　南	12.1	9.2	12.8	18.5	22.9
沙特阿拉伯	151.7	86.6	118.6	138.5	147.9
荷　兰	23.5	18.6	32.0	29.4	36.2

8-3-9 旅游人数及外汇收入

指标	2008	2009	2010	2011	2012
离境旅游人数 （万人次）	**846.5**	**814.3**	**941.5**	**958.4**	**1023.9**
来台旅游人数 （万人次）	**384.5**	**439.5**	**556.7**	**608.8**	**731.2**
华侨	88.3	162.5	233.2	249.9	347.9
外国人	296.3	277.0	323.6	358.9	383.2
旅游收入总额 （亿美元）	**117.72**	**123.85**	**162.56**	**215.92**	**212.65**
来台旅客					
旅游外汇收入 (亿美元)	59.36	68.16	87.19	110.65	117.69
平均每人停留时间 (夜)	7.3	7.2	7.1	7.1	6.9
旅客人均每日消费 (美元)	211	216	222	258	234

8-3-10 铁路和公路客货运量

年份	铁路				公路			
	客运量 (亿人)	客运周转量 (亿人公里)	货运量 (亿吨)	货物周转量 (亿吨公里)	客运量 (亿人)	客运周转量 (亿人公里)	货运量 (亿吨)	货物周转量 (亿吨公里)
2004	5.20	120.51	0.17	9.09	10.19	157.78	5.49	310.29
2005	5.31	122.55	0.19	9.82	10.13	161.00	5.62	312.10
2006	5.54	123.52	0.19	9.97	10.14	163.86	5.94	312.18
2007	6.03	157.69	0.17	8.90	10.21	159.79	6.18	305.47
2008	6.90	190.66	0.17	9.33	10.54	157.83	6.04	301.60
2009	7.19	192.77	0.14	7.76	10.39	158.82	5.97	290.71
2010	7.79	209.31	0.15	8.73	11.10	163.07	6.28	296.32
2011	8.64	228.26	0.15	8.53	11.59	170.33	6.38	295.51
2012	9.25	242.08	0.14	8.33	11.64	175.55	6.53	298.50

8-3-11 港口旅客、货物运量

年份	客运量(万人)			货运量(万吨)		
	总计	进港	出港	总计	进港	出港
2004	39.40	18.06	21.34	27864	20042	7821
2005	40.54	19.35	21.19	26585	18766	7819
2006	31.47	14.85	16.62	26420	18718	7702
2007	42.58	20.61	21.98	27415	19585	7830
2008	50.66	24.21	26.45	26618	19330	7288
2009	57.58	27.77	29.80	23574	17057	6517
2010	66.96	32.53	34.44	24649	18212	6437
2011	66.48	32.43	34.04	24442	18139	6303
2012	69.91	34.59	35.32	23892	17876	6016

资料来源：台湾“交通部”。

8-3-12 港口集装箱及货物装卸量

年 份	折合20英尺标准集装箱(万TEU)			装卸量(万收费吨)		
	总计	进港	出港	总计	装货量	卸货量
2004	1303	654	649	69624	27711	41913
2005	1280	642	637	68793	27339	41454
2006	1311	652	659	70651	27972	42679
2007	1373	689	684	71026	28818	42208
2008	1298	649	649	66828	27153	39675
2009	1171	588	583	60575	24435	36140
2010	1274	635	639	65540	26584	38956
2011	1342	674	669	67900	27547	40353
2012	1388	694	694	69080	28455	40625

资料来源：台湾“交通部”。

8-3-13 民航客运量及货运量

年 份	客运量(万人次)	国际线	省内线	过境	货运量(万吨)	国际线	省内线
2004	4412	2076	2100	237	182.3	125.5	4.1
2005	4427	2249	1929	249	181.9	121.6	3.7
2006	4373	2377	1736	259	181.0	120.8	4.0
2007	3977	2443	1271	263	170.9	119.1	4.0
2008	3524	2320	985	218	158.7	103.5	3.7
2009	3438	2309	923	205	144.5	93.3	3.7
2010	3946	2774	973	199	186.8	116.4	3.7
2011	4139	2909	1048	181	173.8	110.9	3.6
2012	4542	3287	1068	188	168.4	110.2	3.6

资料来源：台湾“交通部民航局”。

8-3-14 邮政及电信营运量

项 目		2008	2009	2010	2011	2012
邮政						
函件	(亿件)					
收寄		26.5	26.3	27.3	27.8	27.1
投递		31.9	29.4	30.1	31.7	31.7
包裹	(万件)					
收寄		2426.9	2535.1	2635.2	2721.4	2794.6
投递		2622.9	2698.0	2932.6	3019.2	3060.1
电信						
市内电话用户数	(万户)	1308.2	1282.1	1269.6	1267.9	1241.1
公共电话话机数	(万部)	9.6	9.1	8.8	8.2	7.8
移动电话用户数	(万户)	2541.3	2695.9	2784.0	2886.2	2944.9
无线寻呼机用户数	(万户)	113.7	112.1	109.5	91.2	57.5
数字式低功率无线电话用户数	(万户)	145.9	137.4	91.7	81.7	77.4
综合业务数字网用户数	(万户)	7.0	8.9	10.6	12.3	11.8
国际互联网用户数	(万户)	602.7	566.8	588.8	609.2	698.8
国际电话去话分钟数	(万分钟)	399388	419273	465085	466671	494147

8-3-15 入学率和教育经费

单位：%

年 份	粗入学率（6-21岁）			每千人口高等教育学生数②（人）	15岁以上人口识字率③	教育经费占GNP比重	政府教育经费占政府支出比重
	初等教育（6-11岁）	中等教育（12-17岁）	高等教育①（18-21岁）				
2004	100.8	98.3	78.1	58.8	97.2	5.6	19.7
2005	100.3	97.9	82.0	58.7	97.3	5.7	20.0
2006	99.5	99.1	83.6	59.1	97.5	5.6	21.2
2007	100.8	98.7	85.3	59.2	97.6	5.4	20.8
2008	100.7	99.2	83.2	59.4	97.8	5.7	20.5
2009	101.4	99.0	82.2	58.7	97.9	6.1	19.9
2010	99.7	100.3	83.8	58.6	98.0	5.5	20.1
2011	100.4	100.0	83.4	58.5	98.2	5.7	20.4
2012	101.4	99.0	84.4	58.2	98.3		

注：①不含五专前三年、研究所及进修教育。
②不含五专前三年。
③年底资料。

8-3-16 科技人员数和科研开发经费

年 份	科技人员数(人)				科研开发经费			每万人口研究人员数（人）
	总计	研究人员	技术人员	支援人员	金额（新台币亿元）	占GDP比重（%）	政府投入经费所占比重（%）	
2004	187001	108891	60425	17684	2632.71	2.32	33.6	48.0
2005	195721	115954	62298	17469	2809.80	2.39	31.5	50.9
2006	212483	126168	67715	18600	3070.37	2.51	31.4	55.2
2007	228551	135918	72709	19924	3313.86	2.57	29.9	59.2
2008	240876	143862	77117	19897	3514.05	2.78	28.2	62.4
2009	256019	154818	80163	21038	3671.74	2.94	28.9	67.0
2010	272563	164874	86667	21022	3949.60	2.90	27.5	71.2
2011	287565	173654	91579	22332	4132.90	3.02	26.2	74.8

8-3-17 金融概况

年 份	货币供应量(新台币亿元)	流动性负债(新台币亿元)	储备货币(新台币亿元)	主要金融机构存款(新台币亿元)	主要金融机构放款与投资(新台币亿元)	再贴现率(年息%)	汇率(卖出价)(新台币/美元)
2004	73680	298903	17177	231484	179640	1.75	31.78
2005	78711	324487	17585	246116	193602	2.25	32.88
2006	82226	350416	18832	258115	201539	2.75	32.65
2007	82200	368449	19475	260525	206269	3.38	32.49
2008	81537	388220	21254	278652	213315	2.00	32.91
2009	105116	416730	23040	294486	214823	1.25	32.08
2010	114571	445196	25018	310057	228037	1.63	30.42
2011	118302	469541	27209	323022	241729	1.88	30.32
2012	124184	496117	29021	333003	255488	1.88	29.08

8-3-18 国际收支

单位：亿美元

年 份	A.经常帐户					B.资本帐户			合计(A+B)	C.金融帐户	
	合计	商品贸易净额	服务净额	收入净额	经常转移净额	收支净额	收入	支出		合计	对外直接投资
2004	197.3	173.6	-49.4	111.3	-38.3	-0.8	0.1	-0.8	196.5	71.7	-71.5
2005	175.8	194.6	-66.5	90.4	-42.6	-1.2		-1.2	174.6	23.0	-60.3
2006	263.3	242.2	-35.4	95.8	-39.4	-1.2		-1.2	262.0	-196.2	-74.0
2007	351.5	304.5	-16.4	101.3	-37.8	-1.0		-1.0	350.6	-389.5	-111.1
2008	275.1	184.8	18.5	99.8	-28.0	-3.3		-3.4	271.7	-16.6	-102.9
2009	429.2	305.5	19.9	125.2	-21.5	-1.0		-1.0	428.3	134.7	-58.8
2010	398.7	265.1	24.9	135.8	-27.1	-1.2	0.1	-1.2	397.6	-3.1	-115.7
2011	412.3	278.5	38.9	131.8	-36.9	-1.2		-1.2	411.1	-320.5	-127.7
2012	498.6	310.0	62.1	152.5	-26.0	-1.0		-1.0	497.6	-314.3	-130.4

8-3-18 续表

单位：亿美元

年 份	C.金融帐户							合计(A至C)	D.误差与遗漏	国际收支余额(A至D)	E.准备与相关项目
	外商直接投资	证券投资		衍生性金融产品		其他投资					
		资产	负债	资产	负债	资产	负债				
2004	19.0	-218.2	171.5	8.9	-17.3	4.1	175.2	268.2	-2.3	266.0	-266.0
2005	16.3	-339.0	310.5	9.1	-19.1	-62.5	168.2	197.6	2.9	200.6	-200.6
2006	74.2	-407.8	218.1	19.3	-29.0	-12.7	15.5	65.9	-5.1	60.9	-60.9
2007	77.7	-449.7	49.0	36.9	-39.8	-68.5	115.9	-38.9	-1.3	-40.2	40.2
2008	54.3	35.3	-157.8	79.4	-63.5	106.2	32.4	255.1	7.6	262.7	-262.7
2009	28.1	-317.0	213.7	53.4	-44.9	256.6	3.5	563.0	-21.7	541.3	-541.3
2010	24.9	-334.9	128.2	44.9	-39.2	123.2	164.9	393.9	7.8	401.7	-401.7
2011	-19.6	-195.0	-161.9	57.8	-47.4	-79.9	253.2	90.7	-28.3	62.4	-62.4
2012	32.1	-453.2	29.1	45.3	-41.9	58.0	146.7	183.3	-28.4	154.8	-154.8

【主要统计指标解释】

就业人口 于资料标准周内，年满15岁从事有酬工作者或工作在15小时以上的无酬家属工作者。

失业人口 于资料标准周内，年满15岁同时具有无工作、随时可以工作及正在寻找工作者。此外尚包括等待恢复工作者及已找到职业而未开始工作也无报酬者。

就业人员工资 包括经常性工资、加班费及其他非经常性工资。

劳动生产力指数 劳动生产力是指在单位时间内，每一劳工所能生产的产量。此项指数可衡量劳动生产力的变动趋势。

初等教育 小学教育。

中等教育 初中、高中、高职及五专前三年。

高等教育 大专院校（扣除五专前三年）及研究所硕士、博士班教育。

各级教育粗入学率 为（各该级教育学生人数/各该级教育学龄人口数）×100；其中高等教育学龄学生人数仅含大专院校扣除五专前三年及研究所（含硕士、博士班）的学生人数。

本地居民生产总值(GNP) 为某一期间本地常住居民提供生产要素从事生产所创造的附加值或报酬（不论在地区内或国外），即等于地区内生产总值加国外要素所得收入净额。

本地生产总值(GDP) 为某一期间本地及非本国常住居民提供生产要素在地区内从事生产所创造的附加值。

经济增长率 指某一期间的实际本地生产总值的增长率。

储蓄率 据居民储蓄总值与本地居民生产总值之比。

商业与对外贸易 包括进口与出口。出口货物以通关放行装船（机） 离岸日为统计时间，以离岸价格（F.O.B.）计价；进口货物经办妥通关手续，或存入保税关栈的货物，以其提出关栈报运进口放行日为统计时间，以到岸价格（C.I.F.）计价。出口国别是以出口货物的出口商所申报的运销地分列，其运销地有数处得随时变更者，以最终的运销地为准；进口国别是按原产国别分列。

客运周转量 指于某特定时间内，铁路、公路客运运输所运送旅客运程的总和，或每架次飞机所载运的旅客人数与其航行里程乘积之和。可用以推算该时间内的客运收入。

货运周转量 指于某特定时间内，铁路、公路、航空货运运输所运送货物的重量与其运程乘积之和。可用以推算该时间内的货运收入。

批发价格 指企业间相互交易的地区内生产物品出厂价格及进出口物品的价格，以反映生产厂商出售原材料、半成品及制成品等价格变动情况。

消费价格 以台湾地区（包括城市和农村）为范围所编制的零售价格指数，以此衡量台湾地区一般家庭为消费需要所购买的商品与服务价格水平的变动情况。

进口及出口价格 以台湾地区进出口商品为调查价格范围，以此衡量进出口商品价格水平的变动情况。

道路交通事故 指造成人员死亡或受伤的案件，死亡人数包括立即死亡及事故发生后24小时内死亡。

社会保险 社会保险是包括全民健康保险（1995年3月开办）、劳工保险、就业保险(2003

年1月开办)、公务人员保险、退休人员保险、私立学校教职员保险、农民健康保险及军人保险。

储备货币 包括存款货币机构与中华邮政公司储汇处的准备金及社会大众持有的通货二项。

流动性负债 指金融机构及债券型基金的流动性负债，包括金融机构以外部门持有通货，金融机构收受企业及个人的各种存款、货币市场共同基金与信托资金，保险业提列的人寿保险准备，以及企业及个人持有金融债券、央行发行的国库券与储蓄券；自1994年1月资料起，尚加计企业及个人持有上列机构的附买回交易余额与外国人持有的新台币存款；自1999年1月资料起，尚包括企业及个人持有债券型基金。

存款货币 指企业及个人在货币机构的支票存款、活期存款及活期储蓄存款。

货币总计数 M_{1a}指通货净额加企业及个人(含非营利团体)在货币机构的支票存款及活期存款；M_{1b}是通货净额加存款货币，或M_{1a}加个人（含非营利团体）在货币机构的活期储蓄存款（目前仅个人及非营利团体可以开设储蓄存款帐户）。M_2指M_{1b}加准货币。

附录一

世界及主要国家第三产业主要统计资料

简要说明

一、本章选取了四十余个国家和地区主要宏观经济指标和第三产业方面统计指标，力求反映国家或地区经济概貌同时重点介绍第三产业情况。如需了解这些国家和地区其他指标，请参阅国家统计局国际统计信息中心编辑的《国际统计年鉴》。

二、中国数据未包括中国香港特别行政区、中国澳门特别行政区和中国台湾省的相关数据。

三、所有国家和地区的数据均来自于有关国际组织，每张表均附有资料来源。

四、经过有关国际组织调整，数据口径基本一致。

五、一些数据的合计数或相对数，因受进位的影响，不一定等于分项的累加。

六、本章中使用的符号含义如下：“空格”表示无该项数据或该项统计数据不详；“…”表示数据不够本表最小单位数的一半；“|”表示因统计口径的调整，与之前数据不严格可比。

附录1-1 国内生产总值

单位：亿美元

国家和地区	1990	2000	2005	2006	2007	2008	2009	2010	2011	2012
世 界	**220007**	**323467**	**457278**	**495423**	**558755**	**613352**	**580800**	**634122**	**703714**	**716664**
中 国	3569	11985	22569	27130	34941	45218	49913	59305	73219	82271
中国香港	769	1717	1816	1935	2116	2193	2140	2287	2487	2633
中国澳门	30	61	118	146	181	207	213	284	368	436
孟加拉国	301	471	603	619	684	796	894	1004	1119	1156
文 莱	35	60	95	115	122	144	107	124	164	170
柬埔寨		37	63	73	86	104	104	112	128	141
印 度	3266	4747	8342	9491	12387	12241	13654	17109	18728	18417
印度尼西亚	1144	1650	2859	3646	4322	5102	5396	7092	8463	8780
伊 朗	1160	1013	1920	2229	2861	3560	3627	4226	5141	
以色列	525	1249	1340	1455	1671	2017	1949	2174	2429	
日 本	31037	47312	45719	43568	43563	48492	50351	54954	58968	59597
哈萨克斯坦	269	183	571	810	1048	1334	1153	1481	1880	2017
韩 国	2638	5334	8449	9518	10492	9314	8341	10149	11145	11296
老 挝	9	17	27	35	42	54	58	72	82	93
马来西亚	440	938	1435	1627	1936	2310	2023	2468	2879	3035
蒙 古	26	11	25	34	42	56	46	62	88	103
巴基斯坦	400	740	1096	1275	1432	1639	1618	1765	2107	2312
菲律宾	443	810	1031	1222	1494	1736	1683	1996	2248	2503
新加坡	361	959	1235	1390	1687	1789	1941	2172	2450	2747
斯里兰卡	80	163	244	283	324	407	421	496	592	594
泰 国	853	1227	1764	2071	2470	2726	2637	3189	3457	3656
越 南	65	312	529	609	710	911	972	1064	1237	1417
埃 及	431	998	897	1075	1305	1628	1890	2189	2360	2573
尼日利亚	285	460	1122	1454	1659	2071	1686	2286	2440	2626
南 非	1120	1329	2471	2610	2862	2731	2840	3632	4018	3843
加拿大	5827	7249	11338	12786	14241	15027	13376	15770	17778	18214
墨西哥	2627	5814	8489	9519	10360	10931	8844	10351	11581	11773
美 国	57508	98988	125643	133145	139618	142193	138983	144194	149913	156848
阿根廷	1414	2842	1832	2141	2608	3266	3072	3687	4460	4749
巴 西	4620	6447	8822	10889	13669	16535	16202	21430	24767	22527
委内瑞拉	470	1171	1455	1835	2304	3156	3294	3938	3165	3824
捷 克	391	588	1301	1483	1805	2254	1972	1985	2160	1957
法 国	12442	13263	21366	22557	25824	28318	26197	25483	27797	26129
德 国	17145	18864	27663	29027	33238	36237	32986	32845	36008	33996
意大利	11381	11040	17863	18730	21272	23073	21111	20420	21924	20133
荷 兰	2949	3851	6385	6777	7826	8708	7963	7747	8361	7722
波 兰	645	1713	3039	3417	4253	5294	4309	4697	5157	4898
俄罗斯联邦	5168	2597	7640	9899	12997	16608	12226	15249	18991	20148
西班牙	5210	5803	11308	12364	14414	15934	14560	13801	14769	13494
土耳其	1507	2666	4830	5309	6472	7303	6146	7311	7748	7893
乌克兰	815	313	861	1078	1427	1800	1172	1364	1634	1763
英 国	10193	14757	22958	24530	28255	26489	21839	22563	24449	24352
澳大利亚	3114	4158	6924	7450	8505	10523	9235	11383	13841	15206
新西兰	445	516	1131	1093	1349	1300	1165	1398	1597	

资料来源：世界银行WDI数据库。

附录1-2 国内生产总值增长率

单位：%

国家和地区	2000	2005	2006	2007	2008	2009	2010	2011	2012
中　国	8.43	11.31	12.68	14.16	9.64	9.21	10.45	9.30	7.80
中国香港	7.95	7.39	7.03	6.47	2.13	-2.46	6.79	4.85	1.44
孟加拉国	5.60	6.30	6.53	6.31	5.96	5.91	6.40	6.51	6.05
文　莱	2.85	0.39	4.40	0.15	-1.94	-1.76	2.60	2.21	1.30
柬埔寨	8.77	13.25	10.77	10.21	6.69	0.09	6.10	7.08	6.45
印　度	5.71	9.05	9.39	10.08	6.19	5.04	11.23	7.75	3.99
印度尼西亚	4.20	5.69	5.50	6.35	6.01	4.63	6.22	6.49	6.23
伊　朗	5.14	4.66	6.21	6.37	0.58	3.95	5.90	3.03	-1.87
以色列	9.26	4.73	5.80	5.90	4.11	1.11	4.98	4.61	3.10
日　本	2.26	1.30	1.69	2.19	-1.04	-5.53	4.65	-0.57	2.00
哈萨克斯坦	9.80	9.70	10.70	8.90	3.20	1.18	7.25	7.50	5.04
韩　国	8.80	3.96	5.18	5.11	2.30	0.32	6.32	3.63	2.02
老　挝	6.32	6.77	8.65	7.84	7.79	7.59	7.93	8.26	
马来西亚	8.68	4.98	5.59	6.30	4.83	-1.51	7.15	5.08	5.61
蒙　古	1.15	7.25	8.56	10.25	8.90	-1.27	6.37	17.51	12.28
巴基斯坦	3.91	8.96	5.82	6.82	3.69	1.72	3.07	3.04	3.68
菲律宾	4.41	4.78	5.24	6.62	4.15	1.15	7.63	3.91	6.59
新加坡	9.04	7.37	8.62	9.02	1.75	-0.79	14.78	5.16	1.32
斯里兰卡	6.02	6.24	7.67	6.80	5.95	3.54	8.02	8.25	6.41
泰　国	4.75	4.64	5.09	5.04	2.48	-2.33	7.81	0.08	6.44
越　南	6.79	8.44	8.23	8.46	6.31	5.32	6.78	5.89	5.02
埃　及	5.38	4.47	6.84	7.09	7.16	4.67	5.15	1.78	2.22
尼日利亚	5.32	5.39	6.21	6.97	5.98	6.96	7.98	7.36	6.33
南　非	4.16	5.28	5.60	5.55	3.62	-1.53	3.09	3.46	2.55
加拿大	5.12	3.11	2.65	2.09	1.10	-2.80	3.17	2.57	1.84
墨西哥	5.97	3.18	5.15	3.24	1.19	-5.99	5.31	3.92	3.95
美　国	4.14	3.07	2.66	1.91	-0.34	-3.07	2.39	1.81	2.21
阿根廷	-0.79	9.18	8.47	8.65	6.76	0.85	9.16	8.87	1.90
巴　西	4.31	3.16	3.96	6.09	5.17	-0.33	7.53	2.73	0.87
委内瑞拉	3.69	10.32	9.87	8.75	5.28	-3.20	-1.49	4.18	5.54
捷　克	4.19	6.75	7.02	5.74	3.10	-4.51	2.49	1.89	-1.25
法　国	3.69	1.83	2.47	2.29	-0.08	-3.15	1.66	1.69	0.03
德　国	3.30	0.84	3.89	3.39	0.80	-5.07	4.02	3.10	0.87
意大利	3.65	0.93	2.20	1.68	-1.16	-5.49	1.72	0.37	-2.37
荷　兰	3.94	2.05	3.39	3.92	1.80	-3.67	1.63	0.99	-0.88
波　兰	4.26	3.62	6.23	6.79	5.13	1.63	3.88	4.32	2.05
俄罗斯联邦	10.05	6.39	8.15	8.54	5.25	-7.80	4.50	4.30	3.40
西班牙	5.05	3.59	4.08	3.48	0.89	-3.74	-0.32	0.42	-1.42
土耳其	6.77	8.40	6.89	4.67	0.66	-4.83	9.16	8.50	2.62
乌克兰	5.93	3.00	7.40	7.60	2.30	-14.80	4.10	5.17	0.15
英　国	4.24	2.77	2.60	3.63	-0.97	-3.97	1.80	0.92	0.17
澳大利亚	3.19	3.11	2.72	4.63	2.67	1.42	2.62	2.44	3.58
新西兰	4.08	3.12	3.05	3.50	-0.81	-1.64	1.75	1.42	2.54

资料来源：国际货币基金组织WEO数据库。

附录1-3 国内生产总值产业构成

单位：%

国家和地区	第一产业			第二产业			第三产业		
	2000	2010	2011	2000	2010	2011	2000	2010	2011
中　国	15.06	10.10	10.04	45.92	46.72	46.59	39.02	43.19	43.37
中国香港	0.09	0.06	0.05	12.37	7.11	6.96	87.54	92.84	92.99
中国澳门	…	…	…	14.69	7.42	6.43	85.31	92.58	93.57
孟加拉国	25.51	18.59	18.29	25.29	28.46	28.20	49.20	52.96	53.51
文　莱	1.02	0.76	0.64	63.67	66.77	71.67	35.31	32.47	27.69
柬埔寨	37.84	36.02	36.68	23.03	23.25	23.50	39.13	40.73	39.81
印　度	23.12	17.99	17.55	26.11	27.57	26.73	50.76	54.45	55.72
印度尼西亚	15.60	15.29	14.73	45.93	46.91	47.18	38.47	37.81	38.09
伊　朗	13.73			36.74			49.53		
日　本	1.50	1.18	1.17	31.12	27.46	26.18	67.38	71.36	72.65
哈萨克斯坦	8.69	4.83	5.54	40.46	42.41	40.15	50.85	52.76	54.31
韩　国	4.63	2.64	2.70	38.06	38.82	39.24	57.31	58.54	58.06
老　挝	45.17	32.75	30.80	16.61	31.80	34.67	38.23	35.45	34.53
马来西亚	8.60	10.39	11.87	48.32	41.09	40.28	43.08	48.52	47.86
蒙　古	30.88	16.22	14.49	24.99	37.52	36.28	44.13	46.26	49.23
缅　甸	57.24	36.36		9.69	26.00		33.07	37.64	
巴基斯坦	25.93	21.18	21.63	23.33	25.43	24.95	50.75	53.38	53.42
菲律宾	13.97	12.31	12.79	34.46	32.57	31.40	51.58	55.12	55.82
新加坡	0.10	0.04	0.04	34.54	27.46	26.66	65.36	72.50	73.31
斯里兰卡	19.90	12.81	12.09	27.28	29.43	29.90	52.82	57.76	58.01
泰　国	9.02	12.39	12.36	41.99	44.65	41.16	48.99	42.96	46.48
越　南	24.54	20.58	22.01	36.73	41.10	40.77	38.74	38.33	37.23
埃　及	16.74	13.99	13.95	33.13	37.53	36.72	50.13	48.49	49.34
南　非	3.28	2.58	2.46	31.78	29.84	29.21	64.94	67.58	68.33
加拿大	2.28			33.21			64.52		
墨西哥	4.17	3.91	3.76	28.02	34.69	36.37	67.81	61.40	59.87
美　国	1.19	1.19	1.25	23.44	19.79	20.15	75.37	79.02	78.60
阿根廷	4.97	10.00	10.61	27.61	30.93	30.84	67.42	59.06	58.55
巴　西	5.60	5.30	5.46	27.73	28.07	27.53	66.67	66.63	67.01
委内瑞拉	4.21	5.79		49.67	52.16		46.12	42.05	
捷　克	3.74	2.31		36.57	36.28		59.70	61.41	
法　国	2.84			22.93			74.23		
德　国	1.27	0.87		30.49	27.92		68.23	71.21	
意大利	2.78	1.90		28.24	25.26		68.98	72.84	
荷　兰	2.64	1.96		24.94	23.88		72.41	74.16	
波　兰	4.96	3.54		31.71	31.63		63.34	64.83	
俄罗斯联邦	6.44	4.00	4.25	37.95	35.43	37.00	55.62	60.57	58.75
西班牙	4.39	2.72		29.28	26.06		66.33	71.22	
土耳其	11.31	9.65	9.14	31.48	26.95	27.88	57.21	63.40	62.98
乌克兰	17.08	8.27	9.58	36.32	31.34	31.70	46.60	60.39	58.72
英　国	0.99	0.72		27.34	21.62		71.67	77.66	
澳大利亚	3.51	2.28		26.91	19.81		69.58	77.91	
新西兰	8.78			25.03			66.19		

资料来源：世界银行WDI数据库。

附录1-4　按生产法计算的第三产业行业增加值

单位：亿本币

国家和地区	2000	2005	2006	2007	2008	2009	2010
中　　国							
按当年价格计算							
国内生产总值	**99215**	**184937**	**216314**	**265810**	**314045**	**340903**	**401513**
增加值总额(按基本价格计算)	**99215**	**184937**	**216314**	**265810**	**314045**	**340903**	**401513**
第三产业							
批发、零售贸易；机动车及个人、家庭用品修理业	8159	13966	16531	20938	26182	28985	35746
旅馆和饭店业	2146	4196	4793	5548	6616	7118	8069
运输、仓储和通讯	6161	10666	12183	14601	16363	16727	19132
金融中介	4087	6087	8099	12338	14863	17768	20981
房地产、租赁及商务活动		11646	14161	18505	20347	24846	30567
公共管理和国防;社会基本保障教育;卫生和社会工作;其他团体、社会和个人服务活动	13744						
按2005年价格计算①							
国内生产总值		**184937**	**208381**	**237893**	**260813**	**284845**	**314603**
增加值总额		**184937**	**208381**	**237893**	**260813**	**284845**	**314603**
第三产业							
批发和零售业		18162	21408	25235	28911	32034	36356
旅馆和饭店业		10666	11729	13114	14074	14662	16098
交通运输、仓储和邮政业		17732	21081	25900	27419	30849	33601
金融业		6087	7663	9777	11081	13100	14415
房地产业		11646	13418	16123	16339	17749	19186
其他服务业		31488	34877	38824	43084		
印　　度							
按当年价格计算							
国内生产总值	**210231**	**369337**	**429471**	**498709**	**563006**	**645735**	**767415**
增加值总额(按基本价格计算)	**195428**	**344809**	**401000**	**465993**	**538756**	**618695**	**727794**
第三产业							
批发、零售贸易；机动车及个人、家庭用品修理业	25670	51579	60700	70909	81789	92568	110906
旅馆和饭店业	2513	5432	6610	7916	8289	8908	10577
运输、仓储和通讯	15030	28288	32500	37183	42092	48312	55679
金融中介	10625	18465	21800	25187	29959	33238	41264
房地产、租赁及商务活动	15386	32063	38200	45571	56274	64868	78144
公共管理和国防;社会基本保障	13260	19784	21500	24545	31735	41797	46779
教育;卫生和社会工作;其他团体、社会和个人服务活动	15952	27119	30700	34249	40104	48405	57440
按2004年价格计算							
国内生产总值		**354324**	**387149**	**425095**	**441635**	**478018**	**523682**
增加值总额(按基本价格计算)		**330824**	**362520**	**396435**	**422496**	**457875**	**496779**
第三产业							
批发、零售贸易；机动车及个人、家庭用品修理业		48696	53972	59277	63209	**68455**	**74722**
旅馆和饭店业		5148	5893	6658	6438	6625	7148
运输、仓储和通讯		28308	31926	35888	39722	45564	52268
金融中介		19866	23946	27937	31835	35442	40574
房地产、租赁及商务活动		30534	33459	36276	39867	42953	46025
公共管理和国防；社会基本保障		18989	19414	20886	24779	29208	29714
教育;卫生和社会工作;其他团体、社会和个人服务活动		26000	26984	28737	30814	33046	35519

附录1-4 续表 1

单位：亿本币

国家和地区	2000	2005	2006	2007	2008	2009	2010
印度尼西亚②							
按当年价格计算							
国内生产总值	**1390**	**2770**	**3340**	**3950**	**4950**	**5610**	**6440**
增加值总额(按基本价格计算)	**1390**	**2770**	**3340**	**3950**	**4950**	**5600**	**6420**
第三产业							
批发、零售贸易;机动车及个人、家庭用品修理业;旅馆和饭店业	224	432	502	592	691	744	881
运输、仓储和通讯	65	181	232	264	312	352	417
金融中介;房地产、租赁及商务活动	115	231	269	305	368	404	463
公共管理和国防;社会基本保障	69	135	168	205	258	319	354
教育;卫生和社会工作;其他团体、社会和个人服务活动	60	141	168	193	224	256	301
按2000年价格计算							
国内生产总值	**1390**	**1750**	**1850**	**1960**	**2080**	**2180**	**2310**
增加值总额(按基本价格计算)	**1390**	**1750**	**1850**	**1960**	**2080**	**2180**	**2310**
第三产业							
批发、零售贸易;机动车及个人、家庭用品修理业;旅馆和饭店业	224	294	313	340	364	369	401
运输、仓储和通讯	65	109	125	142	166	192	217
金融中介;房地产、租赁及商务活动	115	161	170	184	199	209	221
公共管理和国防;社会基本保障	69	74	77	81	84	89	93
教育;卫生和社会工作;其他团体、社会和个人服务活动	60	87	94	101	109	117	125
日　　本②							
按当年价格计算							
国内生产总值	**503**	**502**	**507**	**516**	**504**	**471**	
增加值总额(按基本价格计算)	**523**	**522**	**525**	**530**	**517**	**481**	
第三产业							
批发、零售贸易;机动车及个人、家庭用品修理业;旅馆和饭店业	71	69	68	69			
运输、仓储和通讯	35	34	34	34			
金融中介	30	35	35	34			
房地产、租赁及商务活动	58	60	61	61			
公共管理和国防;社会基本保障	27	28	29	29			
教育;卫生和社会工作;其他团体、社会和个人服务活动	130	136	140	142			
按2000年价格计算							
国内生产总值	**503**	**537**	**548**	**561**	**554**	**519**	
增加值总额(按基本价格计算)	**523**	**559**	**567**	**576**	**568**	**526**	
第三产业							
批发、零售贸易;机动车及个人、家庭用品修理业;旅馆和饭店业	71	71					
运输、仓储和通讯	35	38					
金融中介	30	35					
房地产、租赁及商务活动	100	112					
公共管理和国防;社会基本保障	27	30					
教育;卫生和社会工作;其他团体、社会和个人服务活动	88	96					

附录1-4 续表 2

单位：亿本币

国家和地区	2000	2005	2006	2007	2008	2009	2010
韩　国②							
按当年价格计算							
国内生产总值	**603.2**	**865.2**	**908.7**	**975.0**	**1026.5**	**1065.0**	**1172.8**
增加值总额(按基本价格计算)	**538.5**	**775.9**	**815.0**	**874.8**	**919.7**	**958.8**	**1060.0**
第三产业							
批发、零售贸易;机动车及个人、家庭用品修理业	53.8	66.7	70.6	75.4	80.8		
旅馆和饭店业	14.9	18.3	19.5	20.9	22.5		
运输、仓储和通讯	36.6	54.3	55.4	59.1	60.5		
金融中介	31.1	53.4	55.2	61.1	65.1		
房地产、租赁及商务活动	74.4	104.4	111.0	118.6	126.3		
公共管理和国防;社会基本保障	30.5	48.2	52.3	55.5	59.4		
教育	27.5	46.5	51.0	55.6	60.9		
卫生和社会工作	14.8	28.6	31.6	35.5	38.5		
其他团体、社会和个人服务活动	17.3	26.9	28.7	31.3	33.4		
雇人的私人住户	0.2	0.2	0.2	0.2	0.2		
按2005年价格计算							
国内生产总值	**694.6**	**865.2**	**910.0**	**956.5**	**978.5**	**981.6**	**1040.0**
增加值总额(按基本价格计算)	**621.0**	**775.9**	**815.7**	**859.5**	**881.4**	**886.2**	**940.9**
第三产业							
批发、零售贸易;机动车及个人、家庭用品修理业	62.2	66.7	69.6	73.3	74.0	73.8	
旅馆和饭店业	16.4	18.3	18.7	19.6	20.1	19.7	
运输、仓储和通讯	37.8	54.3	56.3	59.2	62.2	60.7	
金融中介	37.9	53.4	55.6	61.6	64.6	67.1	
房地产、租赁及商务活动	95.1	112.1	116.5	119.8	122.4	121.8	
公共管理和国防;社会基本保障	43.3	48.2	50.5	52.2	52.9	54.7	
教育	38.1	46.5	48.5	50.0	51.6	52.2	
卫生和社会工作	23.5	28.6	30.4	32.9	34.2	37.2	
其他团体、社会和个人服务活动	20.5	26.9	28.5	30.5	31.1	30.9	
雇人的私人住户	0.3	0.2	0.2	0.2	0.2	0.2	
马来西亚							
按当年价格计算							
国内生产总值	**3564**	**5436**	**5968**	**6653**	**7699**	**7129**	**7950**
增加值总额(按基本价格计算)	**3679**	**5372**	**5870**	**6594**	**7624**	**7059**	**7874**
第三产业							
批发、零售贸易;机动车及个人、家庭用品修理业	400	629	604	800	966	960	1066
旅馆和饭店业	80	117	124	153	176	192	214
运输、仓储和通讯	249	364	389	430	465	469	511
金融中介	326	407	486	498	553	575	617
房地产、租赁及商务活动	157	253	237	311	347	368	400
公共管理和国防;社会基本保障	226	357	381	462	547	566	600
教育	16	29	26	39	46	52	57
卫生和社会工作	15	36	30	44	49	54	59
其他团体、社会和个人服务活动	175	200	223	215	224	234	244
雇人的私人住户	7	9	10	10	11	12	12
按2005年价格计算							
国内生产总值		**5436**	**5739**	**6101**	**6396**	**6299**	**6749**
增加值总额(按基本价格计算)		**5372**	**5683**	**6041**	**6320**	**6229**	**6673**
第三产业							
批发、零售贸易;机动车及个人、家庭用品修理业		629	672	777	866	880	953
旅馆和饭店业		117	124	138	148	154	165
运输、仓储和通讯		364	388	420	449	455	491
金融中介		407	443	495	543	567	614
房地产、租赁及商务活动		253	271	301	328	340	364
公共管理和国防;社会基本保障		357	398	415	446	461	488
教育		29	32	38	45	49	52
卫生和社会工作		36	37	42	45	47	50
其他团体、社会和个人服务活动		200	204	210	218	224	232
雇人的私人住户		9	10	10	10	10	10

附录1-4 续表 3

单位：亿本币

国家和地区	2000	2005	2006	2007	2008	2009	2010
菲 律 宾							
按当年价格计算							
国内生产总值	**35807**	**56777**	**62712**	**68927**	**77209**	**80261**	**90035**
增加值总额(按基本价格计算)	**35807**	**56777**	**60300**	**68927**	**77209**	**80261**	**90035**
第三产业							
批发、零售贸易;机动车及个人、家庭用品修理业	4730	7769	8780	9815	10882		
旅馆和饭店业	630	959	1050	1192	1300		
运输、仓储和通讯	2192	4435	4460	5145	5489	5611	5862
金融中介	1871	3340	3110	4497	4999	5445	6224
房地产、租赁及商务活动	3337	5601	5680	7008	8165	8841	9791
公共管理和国防;社会基本保障	1845	2338	4520	2693	2859	3236	3723
教育	778	1434	1550	1702	1782		
卫生和社会工作	458	888	972	1074	1166		
其他团体、社会和个人服务活动	1407	2287	2550	2823	3099		
按2000年价格计算							
国内生产总值	**35807**	**44813**	**47162**	**50283**	**52371**	**52972**	**57015**
增加值总额(按基本价格计算)	**35807**	**44813**	**47162**	**50283**	**52371**	**52972**	**57015**
第三产业							
批发、零售贸易;机动车及个人、家庭用品修理业							
旅馆和饭店业							
运输、仓储和通讯	2192	3609	3764	4081	4240	4234	4278
金融中介	1871	2573	2878	3171	3227	3403	3747
房地产、租赁及商务活动	3337	4195	4470	4825	5261	5479	5889
公共管理和国防;社会基本保障	1845	2121	2196	2227	2272	2410	2551
教育							
卫生和社会工作							
其他团体、社会和个人服务活动							
新 加 坡							
按当年价格计算							
国内生产总值	**1626**	**2088**	**2309**	**2673**	**2680**	**2667**	**3037**
增加值总额(按基本价格计算)	**1513**	**1993**	**2120**	**2517**	**2537**	**2528**	**2859**
第三产业							
批发、零售贸易;机动车及个人、家庭用品修理业④	204	344	398	474	444	415	472
旅馆和饭店业	35	41	43	54	60	55	63
运输、仓储和通讯	212	288	289	342	352	312	348
金融中介	157	214	255	304	306	311	342
房地产、租赁及商务活动	167	208	260	299	344	351	400
公共管理和国防;社会基本保障							
教育;卫生和社会工作;其他团体、社会和个人服务活动⑤	156	205	217	232	247	254	307
雇人的私人住户	58	61	86	83	106	112	118
按2005年价格计算							
国内生产总值		**2088**	**2269**	**2468**	**2505**	**2486**	**2846**
增加值总额(按基本价格计算)		**1993**	**2167**	**2347**	**2402**	**2381**	**2730**
第三产业							
批发、零售贸易;机动车及个人、家庭用品修理业④		344	377	407	420	394	454
旅馆和饭店业		41	44	47	48	47	51
运输、仓储和通讯		288	302	328	342	321	337
金融中介		214	242	278	290	302	339
房地产、租赁及商务活动		208	229	261	280	293	310
公共管理和国防;社会基本保障							
教育;卫生和社会工作;其他团体、社会和个人服务活动⑤		205	211	218	225	237	271
雇人的私人住户		61	63	62	62	62	61

附录1-4 续表 4 单位：亿本币

国家和地区	2000	2005	2006	2007	2008	2009	2010
泰　国							
按当年价格计算							
国内生产总值	**50600**	**75863**	**83653**	**90377**	**96587**	**95715**	**108075**
增加值总额(按基本价格计算)	**50600**	**75863**	**83653**	**90377**	**96587**	**95715**	**108075**
第三产业	50600	75863	78500	90377	96587	95715	108075
批发、零售贸易;机动车及个人、家庭用品修理业	8683	11352	11200	13111	13858	14093	15827
旅馆和饭店业							
运输、仓储和通讯	1990	2313	3860	2778	2983	2856	3097
金融中介	4179	5668	5690	6907	7013	7111	7404
房地产、租赁及商务活动	1932	4172	2860	4930	5336	5396	5639
公共管理和国防;社会基本保障	3759	5635	2090	6427	6659	6416	7076
教育	3000	4380	3500	5300	5762	6090	6458
卫生和社会工作	2034	2892	3170	3496	3721	3910	4101
其他团体、社会和个人服务活动	782	1253	1500	1438	1498	1519	1552
雇人的私人住户	1183	1710	1290	1581	1644	1583	1741
按2002年价格计算	70	85	87	92	97	101	101
国内生产总值							
增加值总额(按基本价格计算)	**52459**	**68369**	**71745**	**75652**	**76897**	**76036**	**81762**
第三产业	**52459**	**68369**	**71745**	**75652**	**76897**	**76036**	**81762**
批发、零售贸易;机动车及个人、家庭用品修理业	8881	10441	10984	11757	11735	11172	12509
旅馆和饭店业							
运输、仓储和通讯	2036	2351	2575	2674	2780	2740	2971
金融中介	4132	5770	6271	6804	6898	6882	7291
房地产、租赁及商务活动	2273	3464	3446	3553	3595	3831	3969
公共管理和国防;社会基本保障	3653	5621	6070	6261	6315	6039	6503
教育	3142	3686	3794	4084	4214	4426	4542
卫生和社会工作	2114	2448	2528	2640	2657	2728	2843
其他团体、社会和个人服务活动	810	1115	1164	1217	1235	1243	1242
雇人的私人住户	1199	1599	1555	1407	1404	1353	1454
越　南②	**73**	**80**	**78**	**80**	**81**	**83**	**82**
按当年价格计算							
国内生产总值	**442**	**839**	**974**	**1144**	**14850**	**16584**	**1981**
增加值总额(按基本价格计算)	**442**	**839**	**974**	**1140**	**1490**	**1660**	**1980**
第三产业							
批发、零售贸易;机动车及个人、家庭用品修理业	63	114	133	156	212	245	289
旅馆和饭店业	14	29	36	45	57	67	81
运输、仓储和通讯	17	37	44	51	66	72	85
金融中介	8	15	18	21	27	32	37
房地产、租赁及商务活动	19	34	37	44	54	60	71
公共管理和国防;社会基本保障	12	23	27	31	41	47	55
教育	15	27	31	35	38	43	50
卫生和社会工作	6	12	14	16	19	22	24
其他团体、社会和个人服务活动	15	27	31	36	46	53	63
雇人的私人住户	1	1	2	2	3	3	3
按1994年价格计算							
国内生产总值	**274**	**393**	**425**	**461**	**490**	**517**	**552**
增加值总额(按基本价格计算)	**274**	**393**	**425**	**461**	**490**	**517**	**552**
第三产业							
批发、零售贸易;机动车及个人、家庭用品修理业	45	64	69	76	81	87	94
旅馆和饭店业	9	13	15	17	19	19	21
运输、仓储和通讯	11	15	17	19	21	23	25
金融中介	6	8	9	10	11	12	13
房地产、租赁及商务活动	12	15	15	16	16	17	17
公共管理和国防;社会基本保障	8	10	11	12	13	14	15
教育	9	13	14	15	17	18	19
卫生和社会工作	4	6	6	7	7	8	8
其他团体、社会和个人服务活动	9	13	14	15	16	17	18
雇人的私人住户	1	1	1	1	1	1	1

附录1-4　续表 5　　　　单位：亿本币

国家和地区	2000	2005	2006	2007	2008	2009	2010
埃　及							
按当年价格计算							
国内生产总值	**3458**	**5682**	**6430**	**7448**	**8955**	**10423**	**12055**
增加值总额(按基本价格计算)	**3546**	**5843**	**6550**	**7105**	**8554**	**9942**	**11506**
第三产业							
批发、零售贸易;机动车及个人、家庭用品修理业	539	631	660				
旅馆和饭店业	66	177	247				
运输、仓储和通讯	257	574	580	767	924	1011	1104
金融中介	401	461	495				
房地产、租赁及商务活动	110	173	215				
公共管理与国防;社会基本保障	326	527	581	667	797	986	1149
教育		149	171				
卫生和社会工作⑥	11	74	90				
其他团体、社会和个人服务活动	285	229	245				
按1996年价格计算							
国内生产总值	**3202**						
增加值总额(按基本价格计算)⑦	**2968**						
第三产业							
批发、零售贸易;机动车及个人、家庭用品修理业							
旅馆和饭店业	50						
运输、仓储和通讯	276						
金融中介;房地产、租赁及商务活动	239						
公共管理和国防；社会基本保障	483						
南　非							
按当年价格计算							
国内生产总值	**9221**	**15711**	**17674**	**20162**	**22625**	**23982**	**26614**
增加值总额(按基本价格计算)	**8382**	**14011**	**15700**	**17921**	**20332**	**21745**	**24125**
第三产业							
批发、零售贸易;机动车及个人、家庭用品修理业;旅馆和饭店业	1227	1950	2160	2389	2715	2985	3428
运输、仓储和通讯	809	1395	1540	1645	1898	1993	2037
金融中介	686	1310		1984	2151	2046	2297
房地产、租赁及商务活动	876	1645		2071	2235	2603	2953
公共管理和国防;社会基本保障	1332	2086	2300	2598	2987	3389	3853
教育;卫生和社会工作;其他团体、社会和个人服务活动	282	545	617	692	740	850	1100
雇人的私人住户	232	340	363	402	448	492	563
按2005年价格计算							
国内生产总值	**13018**	**15711**	**16591**	**17512**	**18145**	**17866**	**18383**
增加值总额(按基本价格计算)	**11582**	**14011**	**14785**	**15611**	**16197**	**15979**	**16438**
第三产业							
批发、零售贸易;机动车及个人、家庭用品修理业;旅馆和饭店业	1616	1950	2066	2176	2197	2171	2247
运输、仓储和通讯	1028	1395	1466	1563	1625	1640	1673
金融中介;房地产、租赁及商务活动	2167	2955	3240	3495	3753	3790	3867
公共管理和国防;社会基本保障	1913	2086	2149	2233	2333	2423	2488
教育;卫生和社会工作;其他团体、社会和个人服务活动	484	545	568	608	631	626	617
雇人的私人住户	275	340	363	375	390	387	394

附录1-4　续表 6　　　　单位：亿本币

国家和地区	2000	2005	2006	2007	2008	2009	2010
巴　西							
按当年价格计算							
国内生产总值	**11795**	**21472**	**23695**	**26613**	**30322**	**32394**	**37701**
增加值总额(按基本价格计算)	**10216**	**18423**	**20344**	**22879**	**25804**	**27944**	**32272**
第三产业							
批发、零售贸易;机动车及个人、家庭用品修理业	1692	3084	3518	4094	4770	5171	
旅馆和饭店业	182	300	367	417	458	544	
运输、仓储和邮电业	866	1647	1757	1975	2270	2340	2659
金融中介	609	1299	1464	1756	1754	2022	2424
房地产、租赁及商务活动	1154	1659	1761	1945	2103	2338	2528
公共管理与国防;社会基本保障	964	1838	2048	2259	2558	2858	
教育	536	822	945	1097	1274	1446	
卫生和社会工作	399	657	766	895	1004	1136	
其他团体、社会和个人服务活动	411	672	753	805	888	1020	
按上年价格计算							
国内生产总值	**11109**	**20028**	**22322**	**25138**	**27990**	**30222**	
增加值总额(按基本价格计算)	**9636**	**17156**	**19100**	**21528**	**23970**	**25716**	
第三产业							
批发、零售贸易;机动车及个人、家庭用品修理业;旅馆和饭店业	1623	3153	3571	4191	4788	5251	
旅馆和饭店业		283	318	380	442	474	
运输、仓储和邮电业	587	1478	1678	1863	2129	2233	
金融中介	693	1020	1408	1685	1978	1891	
房地产、租赁及商务活动	1177	1583	1709	1848	1979	2158	
公共管理和国防;社会基本保障	1438	1620	1909	2115	2283	2661	
教育		771	821	923	1077	1271	
卫生和社会工作		643	692	807	937	1035	
其他社区、社会和私人服务活动		610	697	768	823	940	
加 拿 大							
按当年价格计算							
国内生产总值	**10766**	**13738**	**14504**	**15296**	**16034**	**15290**	**16246**
增加值总额(按基本价格计算)	**9999**	**12805**	**13544**	**14308**	**15092**		
第三产业							
批发、零售贸易;机动车及个人、家庭用品修理业	1096	1495	1609				
旅馆和饭店业	234	283	296				
运输、仓储和通讯	702	918	981				
金融中介	595	768	841				
房地产、租赁及商务活动	1904	2482	2633				
公共管理和国防;社会基本保障	565	716	750				
教育	468	596	648				
卫生和社会工作	602	803	853				
其他团体、社会和个人服务活动	285	365	392				
按2002年价格计算							
国内生产总值	**11005**	**12478**	**12830**	**13113**	**13203**	**12837**	**13250**
增加值总额(按基本价格计算)	**10256**	**11620**	**11939**	**12211**	**12307**	**11920**	**12349**
第三产业							
批发、零售贸易;机动车及个人、家庭用品修理业	1106	1388	1467	1543	1573	1509	
旅馆和饭店业	246	260	262	266	272	267	
运输、仓储和通讯	724	851	881	901	910	884	
金融中介	613	704	758	797	817	818	
房地产、租赁及商务活动	1963	2352	2444	2535	2589	2619	
公共管理和国防;社会基本保障	581	650	671	686	705	721	
教育	505	554	567	587	604	614	
卫生和社会工作	660	727	747	770	792	812	
其他团体、社会和个人服务活动	303	345	360	366	370	373	

附录1-4 续表 7 单位：亿本币

国家和地区	2000	2005	2006	2007	2008	2009	2010
墨 西 哥							
按当年价格计算							
国内生产总值	**60206**	**92206**	**103441**	**112908**	**121534**	**118797**	**130432**
增加值总额(按基本价格计算)	**58129**	**89718**	**101000**	**110581**	**120569**	**115957**	**127510**
第三产业							
批发、零售贸易;机动车及个人、家庭用品修理业	9803	14854	16500	17928			
旅馆和饭店业	1827	2379	2500	2647			
运输、仓储和通讯	5657	8227	9240	10095			
金融中介	1207	3323	3700	4352			
房地产、租赁及商务活动	10211	15278	16600	17790			
公共管理与国防;社会基本保障	2200	3579	3900	4200			
教育	2549	4366	4740	5135			
卫生和社会工作	1542	2600	2840	3101			
其他团体、社会和个人服务活动	672	1046	1120	1229			
雇人的私人住户		435	463	505			
按2003年价格计算							
国内生产总值	**73975**	**81208**	**85317**	**88186**	**89260**	**83651**	**88304**
增加值总额(按基本价格计算)	**70913**	**78604**	**82825**	**85895**	**87249**	**82021**	**86663**
第三产业							
批发、零售贸易;机动车及个人、家庭用品修理业	11460	13118	13943	14577			
旅馆和饭店业	2334	2215	2250	2308			
运输、仓储和通讯	5912	7453	8017	8453			
金融中介	1819	2979	3470	3833			
房地产、租赁及商务活动	11684	13587	14118	14546			
公共管理和国防;社会基本保障	3383	3196	3185	3223			
教育	3769	3867	3871	3954			
卫生和社会工作	2261	2304	2481	2470			
其他团体、社会和个人服务活动	900	954	975	1011			
雇人的私人住户		406	415	436			
美 国							
按当年价格计算							
国内生产总值	**98988**	**125643**	**133145**	**139618**	**142193**	**138636**	**144471**
增加值总额(按基本价格计算)	**92361**	**116950**	**122000**	**129892**	**132336**	**129054**	
第三产业							
批发、零售贸易;机动车及个人、家庭用品修理业⑧	13039	15641	16400	17093	16870		
旅馆和饭店业	2830	3643	3580	4056	4074		
运输、仓储和通讯	6215	7442	7720	8198	8133		
金融中介；房地产、租赁及商务活动	31121	41046	42900	46316	48208		
金融中介	7620	10285	10600	11217	12000		
房地产、租赁及商务活动	23501	30761	32200	35099	36208		
公共管理和国防;社会基本保障	7020	9463	9810	10519	11136		
教育	4833	6379	6600	7145	7505		
卫生和社会工作	5921	8333	9050	9395	9915		
其他团体、社会和个人服务活动	4256	5140	4850	5686	5864		
雇人的私人住户	138	153	161	181	190		
按2005年价格计算							
国内生产总值	**111581**	**125643**	**128984**	**131444**	**130972**	**126352**	**130170**
增加值总额(按基本价格计算)	**105095**	**116950**	**119953**	**122164**	**121520**	**117013**	**120579**
第三产业							
批发零售、机动车及日用品修理、家庭用品修理业⑧	13571	15641	16016	16343	15852		
旅馆和饭店业	3278	3643	3731	3792	3695		
运输、仓储和通讯	6129	7442	7741	8142	8072		
金融中介	8411	10285	10971	10818	11166		
房地产、租赁及商务活动	26793	30761	31790	32808	33189		
公共管理和国防;社会基本保障	8809	9463	9498	9622	9909		
教育	6044	6379	6428	6541	6622		
卫生和社会工作	7089	8333	8642	8823	9118		
其他团体、社会和个人服务活动	5179	5140	5181	5301	5302		
雇人的私人住户	160	153	159	169	170		

附录1-4 续表 8

单位：亿本币

国家和地区	2000	2005	2006	2007	2008	2009	2010
法　国							
按当年价格计算							
国内生产总值	**14396**	**17180**	**17981**	**18868**	**19332**	**18892**	**19328**
增加值总额(按基本价格计算)	**12891**	**15399**	**16100**	**16898**	**17351**	**17046**	**17380**
第三产业							
批发、零售贸易;机动车及个人、家庭用品修理业	1357	1615	1650	1695	1775	1723	
旅馆和饭店业	302	367	383	405	408	416	
运输、仓储和通讯	776	998	1030	1082	1117	1131	
金融中介	664	753	792	793	809	873	
房地产、租赁及商务活动	3296	4226	4550	4855	5035	4934	
公共管理和国防;社会基本保障	1009	1182	1220	1261	1300	1348	
教育	722	842	861	889	912	938	
卫生和社会工作	972	1304	1370	1445	1514	1576	
其他团体、社会和个人服务活动	422	546	574	605	626	633	
雇人的私人住户	66	88	90	96	102	103	
按2000年价格计算							
国内生产总值	**14400**	**15700**	**16000**	**16400**	**16400**	**16000**	
增加值总额(按基本价格计算)	**12900**	**14000**	**14300**	**14600**	**14700**	**14300**	
第三产业							
批发、零售贸易;机动车及个人、家庭用品修理业	1360	1420	1450	1490	1500	1450	
旅馆和饭店业	302	302	307	315	313	298	
运输、仓储和通讯	776	933	982	1020	1020	990	
金融中介	664	736	769	797	803	820	
房地产、租赁及商务活动	3300	3680	3820	3930	3970	3890	
公共管理和国防;社会基本保障	1010	1030	1040	1060	1070	1090	
教育	722	714	708	709	707	698	
卫生和社会工作	972	1080	1090	1120	1140	1170	
其他团体、社会和个人服务活动	422	492	502	514	520	515	
雇人的私人住户	66	71	72	74	77	75	
德　国							
按当年价格计算							
国内生产总值	**20625**	**22422**	**23265**	**24324**	**24812**	**23971**	**24988**
增加值总额(按基本价格计算)	**18562**	**20239**	**21000**	**21807**	**22248**	**21406**	**22396**
第三产业							
批发、零售贸易;机动车及个人、家庭用品修理业	2053	2082	2120	2193	2314		
旅馆和饭店业	301	331	337	370	380		
运输、仓储和通讯	1018	1162	1220	1233	1280		
金融中介	778	958	939	860	842		
房地产、租赁及商务活动	4332	4980	5190	5534	5750		
公共管理和国防;社会基本保障	1180	1217	1220	1236	1269		
教育	834	928	915	957	981		
卫生和社会工作	1241	1468	1510	1529	1585		
其他团体、社会和个人服务活动	912	973	986	1010	1037		
雇人的私人住户	62	68	69	71	73		
按2000年价格计算							
国内生产总值	**20625**	**21246**	**21962**	**22545**	**22768**	**21693**	**22481**
增加值总额(按基本价格计算)	**18562**	**19332**	**20001**	**20624**	**20845**	**19741**	**20524**
第三产业							
批发、零售贸易;机动车及个人、家庭用品修理业	2053	2161	2168	2191	2219		
旅馆和饭店业	301	293	294	324	324		
运输、仓储和通讯	1018	1149	1223	1273	1305		
金融中介	778	644	710	759	761		
房地产、租赁及商务活动	4332	4809	4940	5161	5253		
公共管理和国防;社会基本保障	1180	1157	1162	1172	1181		
教育	834	825	824	841	837		
卫生和社会工作	1241	1425	1477	1528	1605		
其他团体、社会和个人服务活动	912	896	894	908	917		
雇人的私人住户	62	62	63	64	66		

附录1-4　续表 9　　　　单位：亿本币

国家和地区	2000	2005	2006	2007	2008	2009	2010
意 大 利							
按当年价格计算							
国内生产总值	**11911**	**14295**	**14854**	**15462**	**15678**	**15197**	**15488**
增加值总额(按基本价格计算)	**10600**	**12800**	**13200**	**13800**	**14100**	**13700**	
第三产业							
批发、零售贸易;机动车及个人、家庭用品修理业	1350	1510	1530	1560	1550		
旅馆和饭店业	416	483	502	530	541		
运输、仓储和通讯	777	978	981	1020	1030		
金融中介	498	619	631	725	764		
房地产、租赁及商务活动	2130	2830	2930	3040	3180		
公共管理和国防;社会基本保障	631	837	864	880	913		
教育	523	624	643	670	679		
卫生和社会工作	572	738	776	770	829		
其他团体、社会和个人服务活动	322	366	380	393	395		
雇人的私人住户	92	120	125	135	147		
按2000年价格计算							
国内生产总值	**11911**	**12448**	**12701**	**12890**	**12719**	**12055**	**12212**
增加值总额(按基本价格计算)	**10640**	**11133**	**11357**	**11541**	**11405**	**10761**	**10920**
第三产业							
批发、零售贸易;机动车及个人、家庭用品修理业	1354	1359	1381	1398	1356		
旅馆和饭店业	416	395	408	418	416		
运输、仓储和通讯	777	921	925	954	949		
金融中介	498	531	563	625	642		
房地产、租赁及商务活动	2134	2325	2370	2386	2394		
公共管理和国防;社会基本保障	631	683	684	689	689		
教育	523	539	540	543	543		
卫生和社会工作	572	641	651	655	658		
其他团体、社会和个人服务活动	322	299	307	311	306		
雇人的私人住户	92	106	110	114	118		
荷　　兰							
按当年价格计算							
国内生产总值	**4180**	**5134**	**5402**	**5718**	**5962**	**5720**	**5915**
增加值总额(按基本价格计算)	**3734**	**4562**	**4790**	**5077**	**5293**	**5096**	**5291**
第三产业							
批发、零售贸易;机动车及个人、家庭用品修理业	520	592	622	661	668		
旅馆和饭店业	76	85	88	93	90		
运输、仓储和通讯	266	332	339	351	350		
金融中介	227	351	324	294	327		
房地产、租赁及商务活动	791	906	1000	1117	1170		
公共管理和国防;社会基本保障	261	325	332	346	362		
教育	162	213	218	230	240		
卫生和社会工作	272	400	416	440	466		
其他团体、社会和个人服务活动	114	140	145	151	154		
雇人的私人住户	15	20	20	21	22		
按2000年价格计算							
国内生产总值	**4180**	**4463**	**4614**	**4795**	**4885**	**4694**	**4777**
增加值总额(按基本价格计算)	**3734**	**4000**	**4134**	**4298**	**4386**	**4235**	**4323**
第三产业							
批发、零售贸易;机动车及个人、家庭用品修理业	520	579	623	657	669		
旅馆和饭店业	76	67	69	70	67		
运输、仓储和通讯	266	321	331	345	350		
金融中介	227	270	284	304	320		
房地产、租赁及商务活动	791	807	843	881	904		
公共管理和国防;社会基本保障	261	278	279	282	285		
教育	162	165	165	165	165		
卫生和社会工作	272	321	328	338	349		
其他团体、社会和个人服务活动	114	120	124	127	127		
雇人的私人住户	15	16	16	16	16		

附录1-4　续表 10

单位：亿本币

国家和地区	2000	2005	2006	2007	2008	2009	2010
俄罗斯联邦							
按当年价格计算							
国内生产总值	**73056**	**216098**	**269172**	**332475**	**412768**	**388072**	**451727**
增加值总额(按基本价格计算)	**65304**	**185177**	**235000**	**284845**	**351827**	**338313**	**388711**
第三产业							
批发、零售贸易;机动车及个人、家庭用品修理业		36105	47300	57450	71377	60605	73738
旅馆和饭店业		1678	2110	2863	3580	3437	3886
运输、仓储和通讯	5929	18970	22800	27509	32583	32496	37268
金融中介	912	7012	10500	12538	15378	17072	17545
房地产、租赁及商务活动	6157	18288	23100	31028	39594	42206	47767
公共管理和国防;社会基本保障	3058	9591	11900	14664	18844	22032	23382
教育	1794	4932	6210	7699	9707	11342	11575
卫生和社会工作	1460	5647	7680	9505	11978	13603	14396
其他团体、社会和个人服务活动	100	3247	4220	5221	6215	5860	5879
按2003年价格计算							
国内生产总值		**150967**	**162555**	**175659**	**185524**		
增加值总额(按基本价格计算)		**134405**	**144515**	**155963**	**164799**		
第三产业							
批发、零售贸易;机动车及个人、家庭用品修理业		30933	35284	39680	43016		
旅馆和饭店业		1105	1198	1377	1519		
运输、仓储和通讯		14847	16280	16828	18071		
金融中介		4889	5390	6065	6467		
房地产、租赁及商务活动		14562	16044	19178	21249		
公共管理和国防；社会基本保障		6601	6770	7031	7283		
教育		3209	3226	3264	3286		
卫生和社会工作		3872	3930	4034	4060		
其他团体、社会和个人服务活动		2533	2752	2957	3079		
西 班 牙							
按当年价格计算							
国内生产总值	**6303**	**9088**	**9843**	**10535**	**10881**	**10539**	**10626**
增加值总额(按基本价格计算)	**5706**	**8138**	**8770**	**9448**	**9960**	**9797**	**9724**
第三产业							
批发、零售贸易;机动车及个人、家庭用品修理业	640	871	929	994	1061		
旅馆和饭店业	434	610	652	681	722		
运输、仓储和通讯	418	563	601	641	663		
金融中介	263	377	414	500	534		
房地产、租赁及商务活动	848	1341	1490	1628	1754		
公共管理和国防;社会基本保障	355	485	529	573	616		
教育	279	389	414	446	482		
卫生和社会工作	290	449	484	534	589		
其他团体、社会和个人服务活动	204	305	324	351	376		
雇人的私人住户	58	71	74	77	79		
按2000年价格计算							
国内生产总值	**6303**	**7401**	**7699**	**7974**	**8042**	**7743**	**7732**
增加值总额(按基本价格计算)	**5706**	**6644**	**6913**	**7183**	**7261**	**7006**	**6992**
第三产业							
批发、零售贸易;机动车及个人、家庭用品修理业	640	734	759	803	818		
旅馆和饭店业	434	476	487	494	497		
运输、仓储和通讯	418	475	491	516	519		
金融中介	263	394	449	502	506		
房地产、租赁及商务活动	848	1018	1069	1121	1143		
公共管理和国防;社会基本保障	355	412	431	449	467		
教育	279	323	332	345	359		
卫生和社会工作	290	359	373	394	416		
其他团体、社会和个人服务活动	204	251	258	270	279		
雇人的私人住户	58	67	69	70	69		

附录1-4　续表 11　　　　单位：亿本币

国家和地区	2000	2005	2006	2007	2008	2009	2010
英　国							
按当年价格计算							
国内生产总值	**9765**	**12541**	**13284**	**14048**	**14456**	**13950**	**14554**
增加值总额(按基本价格计算)	**8643**	**11166**	**11800**	**12517**	**12957**	**12576**	**12980**
第三产业							
批发、零售贸易;机动车及个人、家庭用品修理业	1039	1321					
旅馆和饭店业	260	327					
运输、仓储和通讯	693	811					
金融中介	461	939					
房地产、租赁及商务活动	1945	2665					
公共管理和国防;社会基本保障	427	549					
教育	481	623					
卫生和社会工作	554	815					
其他团体、社会和个人服务活动	382	535					
雇人的私人住户	40	53					
按2006年价格计算							
国内生产总值	**11424**	**12923**	**13284**	**13640**	**13631**	**12967**	**13142**
增加值总额(按基本价格计算)	**10190**	**11476**	**11837**	**12169**	**12148**	**11568**	**11748**
澳大利亚							
按当年价格计算							
国内生产总值	**7089**	**10014**	**10916**	**11857**	**12552**	**12847**	
增加值总额(按基本价格计算)	**6479**	**9225**	**10070**	**10958**	**11719**	**11978**	
第三产业							
批发、零售贸易;机动车及个人、家庭用品修理业	635	885	950	1064	1113		
旅馆和饭店业	183	238	256	269	285		
运输、仓储和通讯	590	804	899	949	1061		
金融中介	574	919	1141	1200	1246		
房地产、租赁及商务活动	1313	1761	1898	2167	2284		
公共管理和国防;社会基本保障	359	519	558	574	613		
教育	310	429	458	478	502		
卫生和社会工作	381	556	606	653	703		
其他社区、社会和私人服务活动⑨	206	277	292	310	329		
按2006年价格计算							
国内生产总值	**8581**	**10123**	**10457**	**10842**			
增加值总额(按基本价格计算)	**7906**	**9310**	**9625**	**10004**			
第三产业							
批发、零售贸易;机动车及个人、家庭用品修理业	833	1010	1040	1079			
旅馆和饭店业	173	201	205	205			
运输、仓储和通讯	538	682	730	777			
金融中介	579	704	766	803			
房地产、租赁及商务活动	1688	2007	2062	2153			
公共管理和国防;社会基本保障	350	387	407	407			
教育	396	424	430	437			
卫生和社会工作	482	602	617	648			
其他社区、社会和私人服务活动⑨	284	330	348	360			

注：①数据来源于《中国统计年鉴》。
②万亿本币。
③按市场价格计算。
④指批发零售贸易。
⑤包括金融管理和国防、社会基本保障。
⑥指私人非营利机构提供居民的服务。
⑦按要素价格计算。
⑧修理业包括在其他团体、社会和个人服务中。
⑨包括雇人的私人住户。
资料来源：联合国数据库。

附录1-5 按行业分类的第三产业就业人员

单位：万人

国家和地区	2000	2005	2006	2007	2008	2009	2010
中　　国①							
按第三版ISIC分类							
就业人员	**11259.0**	**10850.3**	**11160.6**	**11427.0**	**11515.4**		
第三产业							
批发、零售贸易;机动车及个人、家庭用品修理业	977	674.8	655.5	650.9	665.2		
旅馆和饭店业		181.2	183.9	185.8			
运输、仓储和通讯	659.0	579.2	578.7	583.5	582.6		
金融中介	294	295.0	299.9	311.1	326.4		
房地产、租赁及商务活动	93	544.2	575.1	651.9	644.3		
公共管理和国防;社会基本保障	1091	1213.5	1235.4	1260.1	1291.9		
教育	1500	1444.7	1466.3	1483.6	1490.8		
卫生和社会工作	476	491.4	505.8	521.5	536.2		
其他团体、社会和个人服务活动		117.0	116.6	118.6	119.1		
行业不明确	1807	334.3	350.6	368.8	373.6		
印度尼西亚							
按第三版ISIC分类							
就业人员	**8983.8**	**9395.8**	**9545.7**	**9993.0**	**10255.3**	**10487.1**	**10820.8**
第三产业							
批发、零售贸易;机动车及个人、家庭用品修理业	1522.5	1674.8	1738.3	1653.1	1715.3	1773.2	1839.0
旅馆和饭店业	326.4	116.1	183.2	402.3	406.9	421.6	410.2
运输、仓储和通讯	455.4	565.3	566.2	595.9	618.0	611.8	561.9
金融中介	46.9	55.6	67.8	74.0	69.1	74.4	99.0
房地产、租赁及商务活动	41.3	58.6	66.8	66.0	76.9	74.2	75.0
公共管理和国防;社会基本保障	284.1	258.7	283.7	267.9	252.1	291.3	341.2
教育	241.3	287.2	317.9	346.0	328.6	388.9	473.3
卫生和社会工作	43.8	65.1	70.1	68.3	74.4	88.1	108.9
其他团体、社会和个人服务活动	181.7	145.0	217.2	324.6	421.3	398.5	426.7
雇人的私人住户	206.5	270.3	241.6	188.5	222.9	225.9	240.6
域外组织和机构		0.4	1.1	0.4	0.8	0.6	0.1
行业不明确		6.1	4.2	6.3	9.8	7.0	4.9
日　　本							
按第三版ISIC分类							
就业人员	**6446.0**	**6356.0**	**6382.0**	**6412.0**	**6385.0**	**6282.0**	**6257.0**
第三产业							
批发、零售贸易;机动车及个人、家庭用品修理业		1186.0	1180.0	1178.0	1169.0		
旅馆和饭店业		343.0	337.0	342.0	334.0		
运输、仓储和通讯	414.0	385.0	396.0	397.0	391.0		
金融中介		157.0	155.0	155.0	164.0		
房地产、租赁及商务活动		729.0	741.0	761.0	771.0		
公共管理和国防;社会基本保障		229.0	222.0	226.0	223.0		
教育		286.0	287.0	284.0	288.0	287.0	288.0
卫生和社会工作		553.0	571.0	579.0	598.0		
其他团体、社会和个人服务活动		355.0	360.0	354.0	357.0		
行业不明确者		74.0	71.0	77.0	74.0	61.0	61.0
韩　　国②							
按第三版ISIC分类							
就业人员	**2115.6**	**2285.6**	**2315.1**	**2343.3**	**2357.7**	**2350.6**	**2382.9**
第三产业							
批发、零售贸易;机动车及个人、家庭用品修理业	383.3	374.8	371.3	367.3	363.1		
旅馆和饭店业	191.9	205.8	204.9	204.9	204.4		
运输、仓储和通讯	126.0	142.9	147.0	149.8	187.5		
金融中介	75.2	74.6	78.6	80.6	82.1		
房地产、租赁及商务活动	136.1	203.7	216.8	235.0	221.9		
公共管理和国防;社会基本保障	75.8	79.1	80.1	79.7	84.0		
教育	119.1	156.8	165.8	174.0	178.4	183.1	179.9
卫生和社会工作	42.8	64.6	68.6	74.0	84.2		
其他团体、社会和个人服务活动	125.1	172.7	178.1	172.4	178.2		
雇人的私人住户	18.6	13.0	13.8	16.1	15.0		
域外组织和机构	1.9	2.4	2.0	1.5	1.6		

附录1-5　续表 1　　　　　　　　　　　　　　　　　　　　　　　　单位：万人

国家和地区	2000	2005	2006	2007	2008	2009	2010
马来西亚②							
按第三版ISIC分类							
就业人员	**932.2**	**1004.5**	**1027.5**	**1053.8**	**1066.0**	**1089.7**	**1177.7**
第三产业							
批发、零售贸易;机动车及个人、家庭用品修理业		162.0	165.1	171.2	172.9	183.2	
旅馆和饭店业		67.2	72.1	76.1	78.4	80.1	
运输、仓储和通讯	42.3	54.5	54.0	53.8	58.3	59.2	
金融中介		24.7	24.2	28.2	27.6	27.2	
房地产、租赁及商务活动		45.9	50.8	55.8	55.3	60.2	
公共管理和国防;社会基本保障		72.9	67.4	71.6	75.1	81.4	
教育		60.7	60.0	63.3	65.7	73.1	77.3
卫生和社会工作		21.3	22.3	23.9	25.3	27.2	
其他团体、社会和个人服务活动		23.5	24.7	26.7	27.4	30.3	
雇人的私人住户		26.1	25.5	27.3	25.3	26.3	
域外组织和机构		0.2	0.1	0.2	0.1	0.2	
菲 律 宾②							
按第三版ISIC分类							
就业人员	**2745.2**	**3231.3**	**3263.6**	**3356.0**	**3408.9**	**3506.2**	**3603.5**
第三产业							
批发、零售贸易;机动车及个人、家庭用品修理业		614.7	620.2	635.4	644.6	673.5	703.4
旅馆和饭店业		86.1	88.7	90.7	95.3	101.0	106.2
运输、仓储和通讯	198.6	245.1	248.3	259.9	259.0	268.0	272.3
金融中介		34.1	34.4	35.9	36.8	36.9	40.0
房地产、租赁及商务活动		73.4	78.3	88.5	95.3	106.4	114.6
公共管理和国防;社会基本保障		148.1	148.5	155.1	167.6	174.9	184.7
教育		97.8	99.9	103.5	107.1	113.8	117.6
卫生和社会工作		37.5	35.9	37.3	39.1	42.1	45.1
其他团体、社会和个人服务活动		77.5	80.1	84.9	83.3	87.7	91.3
雇人的私人住户		151.7	161.2	174.0	172.9	188.0	192.6
域外组织和机构			0.2	0.2	0.2	0.2	0.2
新 加 坡							
按第三版ISIC分类							
就业人员	**209.5**	**164.7**	**179.7**	**180.3**	**185.2**	**186.9**	
第三产业							
批发、零售贸易;机动车及个人、家庭用品修理业	28.7	30.4	30.1	27.7	27.0		
旅馆和饭店业	11.4	10.3	12.9	12.3	12.0		
运输、仓储和通讯	23.3	22.8	24.9	26.8	26.9		
金融中介	9.6	10.2	10.6	11.0	12.4		
房地产、租赁及商务活动	19.6	20.7	21.7	22.4	23.8		
公共管理和国防;社会基本保障;教育			22.3	22.4			
卫生和社会工作			7.1	6.6			
其他团体、社会和个人服务活动;雇人的私人住户;域外组织和机构			8.1	8.7			
泰　　国②							
按第三版ISIC分类							
就业人员	**3300.1**	**3630.2**	**3634.5**	**3712.2**	**3783.7**	**3770.6**	**3803.7**
第三产业							
批发、零售贸易;机动车及个人、家庭用品修理业		529.7	540.2	552.5	563.5		
旅馆及饭店业		230.0	221.5	230.3	235.3		
运输、仓储和通讯	95.1	107.6	105.3	102.7	109.1		
金融中介		34.0	35.0	35.0	39.6		
房地产、租赁及商务活动		65.2	65.9	71.7	71.7		
公共管理和国防;社会基本保障		109.6	117.0	128.7	130.3		
教育		112.2	108.0	108.5	109.8		
卫生和社会工作		61.1	60.3	64.7	72.0		
其他团体、社会和个人服务活动		71.9	71.0	71.8	81.9		
雇人的私人住户		24.2	22.2	22.9	19.6		
域外组织和机构		0.2		0.1	0.1		
行业不明确者		4.8	6.6	5.1	3.9		

附录1-5 续表 2 单位：万人

国家和地区	2000	2005	2006	2007	2008	2009	2010
越　南							
按第三版ISIC分类							
就业人员	**3836.8**	**4252.7**	**4716.1**	**4417.4**	**4491.6**		
第三产业							
批发、零售贸易;机动车及个人、家庭用品修理业	411.6						
旅馆及饭店业	50.6						
运输、仓储和通讯	112.6						
金融中介	10.5						
房地产、租赁及商务活动	10.6						
公共管理和国防;社会基本保障	59.5						
教育	91.8						
卫生和社会工作	26.9						
其他团体、社会和个人服务活动	72.4						
雇人的私人住户	9.2						
域外组织和机构	0.3						
埃　及②							
按第三版ISIC分类							
就业人员	**1720.3**	**1934.2**	**2044.4**	**2172.4**	**2250.7**	**2297.5**	**2382.9**
第三产业							
批发、零售贸易;机动车及个人、家庭用品修理业	200.7	214.1	217.2	230.7	238.7		
旅馆和饭店业	26.9	36.6	41.1	37.1	46.2		
运输、仓储和通讯	112.6	132.3	135.7	145.2	157.5		
金融中介	18.6	16.9	17.5	19.5	16.6		
房地产、租赁及商务活动	31.3	40.1	43.2	45.2	44.8		
公共管理和国防;社会基本保障	182.5	185.0	190.2	197.5	189.0		
教育	179.0	190.8	197.0	208.0	204.2	208.3	208.0
卫生和社会工作	53.2	50.3	54.6	57.3	58.3		
其他团体、社会和个人服务活动	34.3	46.5	50.8	53.9	57.4		
雇人的私人住户	4.9	5.3	4.5	5.2	6.6		
域外组织和机构		0.3	0.3	0.1	0.3		
行业不明确者	0.2	3.4	4.6	3.4	2.6	2.4	48.8
南　非							
按第三版ISIC分类							
就业人员	**1223.8**	**1230.1**	**1280.0**	**1323.4**	**1371.3**	**1345.5**	**1306.1**
第三产业							
批发、零售贸易;机动车及个人、家庭用品修理业;旅馆和饭店业	247.6	302.4	305.5	295.2	314.1		
运输、仓储和通讯	58.2	61.6	61.1	59.6	76.7		
金融中介;房地产、租赁及商务活动	97.6	129.6	130.9	134.0	164.6		
公共管理和国防;社会基本保障;教育;卫生和社会工作;其他团体、社会和个人服务活动							
雇人的私人住户	114.6	106.7	110.8	124.4	123.2		
行业不明确者	10.3	2.9	3.3	5.1	0.3		
巴　西							
按第三版ISIC分类							
就业人员	**6563.0**	**8718.9**	**8931.8**	**9078.6**	**9239.5**	**9268.9**	
第三产业							
批发、零售贸易;机动车及个人、家庭用品修理业	1089.9	1550.3	1574.8	1630.9		1648.4	
旅馆和饭店业	307.2	318.7	339.5	335.1		362.3	
运输、仓储和通讯	331.9	396.7	406.4	437.4		443.6	
金融中介	82.4	100.7	107.1	118.1		113.2	
房地产、租赁及商务活动	376.4	493.7	543.1	549.9		601.4	
公共管理和国防;社会基本保障	352.3	426.7	445.2	450.4		475.4	
教育	382.2	468.4	485.6	505.2		523.9	
卫生和社会工作	215.2	297.7	316.2	332.7		344.2	
其他团体、社会和个人服务活动	239.2	330.1	380.0	371.1		392.8	
雇人的私人住户	501.6	666.6	678.2	673.2		722.3	
域外组织和机构	0.3	0.7	0.4	0.3		0.4	
行业不明确者	83.6	19.8	21.8	20.9		20.2	

附录1-5 续表 3

单位：万人

国家和地区	2000	2005	2006	2007	2008	2009	2010
加 拿 大②							
按第三版ISIC分类							
就业人员	**1476.4**	**1617.0**	**1648.4**	**1686.6**	**1712.6**	**1681.3**	**1704.1**
第三产业							
批发、零售贸易;机动车及个人、家庭用品修理业	254.9	284.0	289.2	294.7	295.1	292.7	293.7
旅馆和饭店业	93.8	100.5	101.5	106.9	107.4	105.7	105.8
运输、仓储和通讯	112.3	115.4	109.7	112.5	114.8	106.1	102.9
金融中介	60.8	70.7	74.5	76.0	78.6	77.2	78.6
房地产、租赁及商务活动	173.1	199.2	207.1	214.3	217.6	214.7	223.5
公共管理和国防;社会基本保障	77.0	83.1	83.4	86.2	92.4	92.7	95.4
教育	97.4	110.6	115.8	118.3	119.3	118.9	121.8
卫生和社会工作	151.4	173.5	178.6	184.6	190.3	194.9	203.1
其他团体、社会和个人服务活动	66.0	74.2	81.7	86.8	86.7	91.0	90.2
雇人的私人住户	7.9	6.2	5.9	6.0	7.3	7.7	7.4
域外组织和机构	0.3	0.3	0.3	0.3	0.2	0.4	0.3
墨 西 哥							
按第三版ISIC分类							
就业人员	**3804.5**	**4079.2**	**4219.8**	**4290.7**	**4386.7**	**4290.7**	**4386.7**
第三产业							
批发、零售贸易;机动车及个人、家庭用品修理业	834.2	933.3	959.5	982.1	997.4		
旅馆和饭店业	180.1	243.8	251.5	267.1	283.7		
运输、仓储和通讯	172.4	184.7	200.1	194.3	203.4		
金融中介	29.5	30.7	36.3	40.4	40.6		
房地产、租赁及商务活动	117.3	182.9	192.5	205.0	218.9		
公共管理和国防;社会基本保障	174.3	191.7	203.2	204.1	217.2		
教育	188.7	218.1	225.2	231.9	232.6		
卫生和社会工作	106.5	113.6	116.1	121.3	125.3		
其他团体、社会和个人服务活动	123.3	132.8	136.9	137.4	146.9		
雇人的私人住户	170.0	169.4	175.6	185.8	185.2		
域外组织和机构	0.2	0.4	0.3	0.7	0.4		
行业不明确者	15.1	24.8	31.0	31.2	33.3		
美 国②							
按第三版ISIC分类							
就业人员	**13520.8**	**14173.0**	**14442.7**	**14604.7**	**14536.2**	**13987.7**	**13906.4**
第三产业							
批发、零售贸易;机动车及个人、家庭用品修理业	2240.7	2140.4	2132.8	2093.7	2058.5		
旅馆和饭店业	1007.4	930.6	947.4	958.2	979.5		
运输、仓储和通讯	829.4	618.4	626.9	645.7	650.1		
金融中介	567.6	703.5	725.4	730.6	727.9		
房地产、租赁及商务活动	1883.8	1746.1	1810.5	1880.2	1848.9		
公共管理和国防;社会基本保障	1058.6	653.0	652.4	674.6	676.3		
教育	1171.5	1226.4	1252.2	1282.8	1316.9		
卫生和社会工作	1271.8	1691.0	1741.6	1783.4	1823.3		
其他团体、社会和个人服务活动;雇人的私人住户;域外组织和机构和行业不明确者		1318.7	1333.2	1337.1	1345.8		
法 国							
按第三版ISIC分类							
就业人员	**2312.3**	**2497.8**	**2513.4**	**2556.5**	**2591.3**	**2565.2**	**2569.2**
第三产业							
批发、零售贸易;机动车及个人、家庭用品修理业		333.5	335.3	353.9	342.1		
旅馆和饭店业		85.1	91.1	87.9	87.1		
运输、仓储和通讯		158.5	151.9	160.3	164.1		
金融中介		75.3	80.7	82.6	79.3		
房地产、租赁及商务活动		254.7	266.3	266.6	278.5		
公共管理和国防;社会基本保障		234.8	240.7	256.3	265.3		
教育		174.4	177.7	173.6	176.5	174.2	174.7
卫生和社会工作		297.0	306.6	314.3	321.5		
其他团体、社会和个人服务活动		111.3	110.3	115.7	116.2		
雇人的私人住户		60.5	58.1	59.2	60.8		
域外组织和机构		1.6	1.8	1.9	1.9		
行业不明确者		29.1	3.2	3.6	69.7	11.0	11.9

附录1-5 续表 4

单位：万人

国家和地区	2000	2005	2006	2007	2008	2009	2010
德　国							
按第三版ISIC分类							
就业人员	**3660.4**	**3656.6**	**3732.2**	**3816.3**	**3873.4**	**3866.2**	**3893.9**
第三产业							
批发、零售贸易;机动车及个人、家庭用品修理业	519.0	525.7	528.1	530.8	529.0		
旅馆和饭店业	121.9	129.5	138.1	142.8	145.9		
运输、仓储和通讯	200.8	194.9	206.0	214.8	214.7		
金融中介	133.3	130.7	130.6	130.3	130.1		
房地产、租赁及商务活动	292.3	352.2	373.5	390.9	417.2		
公共管理和国防;社会基本保障	310.3	287.9	290.1	291.6	283.6		
教育	192.8	210.0	217.4	223.7	229.0	237.6	238.0
卫生和社会工作	369.6	415.0	426.4	439.8	451.5		
其他团体、社会和个人服务活动	194.4	215.3	212.5	205.8	211.2		
雇人的私人住户	13.7	17.9	18.7	20.6	21.6		
域外组织和机构	3.3	3.4	2.9	2.9	3.3		
意大利							
按第三版ISIC分类							
就业人员	**2122.5**	**2256.3**	**2298.8**	**2322.2**	**2340.5**	**2302.5**	**2287.2**
第三产业							
批发、零售贸易;机动车及个人、家庭用品修理业	337.7	341.6	352.2	354.1	354.0		
旅馆和饭店业	81.4	106.0	111.4	115.4	117.9		
运输、仓储和通讯	119.0	123.9	122.4	125.7	129.4		
金融中介	66.2	64.0	67.5	66.4	65.3		
房地产、租赁及商务活动	147.8	237.6	243.4	254.2	261.8		
公共管理和国防;社会基本保障	194.2	144.0	144.3	141.8	143.6		
教育	146.7	154.1	159.7	160.6	158.4	157.7	153.9
卫生和社会工作	128.8	154.9	157.0	157.5	165.9		
其他团体、社会和个人服务活动	90.5	109.3	116.4	116.7	113.6		
雇人的私人住户	19.6	30.3	32.4	34.9	41.9		
域外组织和机构	2.0	1.7	1.2	2.2	3.6		
荷　兰							
按第三版ISIC分类							
就业人员	**779.8**	**795.8**	**810.8**	**831.0**	**845.7**	**846.0**	**837.1**
第三产业							
批发、零售贸易;机动车及个人、家庭用品修理业	125.2	115.3	120.0	121.1	118.6		
旅馆和饭店业	27.4	31.9	33.4	35.2	33.7		
运输、仓储和通讯	46.9	48.9	50.0	50.6	51.2		
金融中介	27.4	25.8	26.4	25.8	24.5		
房地产、租赁及商务活动	93.7	94.5	97.4	104.5	109.9		
公共管理和国防;社会基本保障	48.9	52.9	52.9	54.1	54.1		
教育	46.5	50.8	52.2	53.4	54.9	57.6	58.9
卫生和社会工作	105.2	120.4	124.9	131.0	135.3		
其他团体、社会和个人服务活动	35.5	31.6	33.3	38.1	38.9		
雇人的私人住户	0.3	0.4	0.5	0.5	0.6		
域外组织和机构	0.2						
行业不明确者	35.9	39.0	35.9	36.0	47.9	13.3	13.7
俄罗斯联邦							
按第三版ISIC分类							
就业人员	**6507.0**	**6816.9**	**6885.5**	**7057.0**	**7096.5**	**6928.5**	**6980.4**
第三产业							
批发、零售贸易;机动车及个人、家庭用品修理业	788.7	1038.3	1059.9	1109.6	1077.4	1055.7	1087.5
饭店和旅馆业	92.4	129.7	139.2	134.4	146.7	142.8	136.7
运输、仓储和通讯	548.4	624.9	621.1	657.3	656.0	652.6	650.0
金融中介	84.3	96.2	106.0	124.9	131.6	123.7	130.9
房地产、租赁及商务活动	202.8	403.9	414.8	441.0	444.8	447.2	445.0
公共管理和国防;社会基本保障	482.4	481.5	487.6	490.3	540.9	555.7	572.2
教育	591.1	620.4	619.8	642.0	644.2	650.6	656.5
卫生和社会工作	439.2	470.1	489.6	517.7	524.3	548.0	548.5
其他团体、社会和个人服务活动	483.6	224.7	238.8	243.9	258.0	262.7	265.2
雇人的私人住户	2.1	2.6	2.1	1.6	4.3	3.0	2.3
域外组织和机构	0.4	0.4	0.4		0.5	0.2	0.1

附录1-5 续表 5 单位：万人

国家和地区	2000	2005	2006	2007	2008	2009	2010
西 班 牙②							
按第三版ISIC分类							
就业人员	**1550.6**	**1897.3**	**1974.8**	**2035.6**	**2025.8**	**1888.8**	**1845.6**
第三产业							
批发、零售贸易;机动车及个人、家庭用品修理业	251.2	288.7	298.4	312.9	323.9		
饭店和旅馆业	100.4	129.1	140.3	145.1	145.3		
运输、仓储和通讯	93.0	111.7	115.8	117.7	118.2		
金融中介	41.2	45.7	47.3	50.0	50.7		
房地产、租赁及商务活动	113.6	167.8	185.7	201.7	207.4		
公共管理和国防;社会基本保障	97.5	119.7	122.2	123.8	127.7		
教育	84.1	109.1	110.9	111.2	113.3	116.0	118.2
卫生和社会工作	83.0	113.5	118.1	122.9	127.7		
其他团体、社会和个人服务活动	60.4	79.4	81.5	84.6	85.3		
雇人的私人住户	42.7	68.3	76.1	77.0	75.3		
域外组织和机构	0.2	0.6	0.7	0.2	0.2		
英 国							
按第三版ISIC分类							
就业人员	**2739.9**	**2866.5**	**2892.6**	**2910.0**	**2947.5**	**2880.9**	**2891.8**
第三产业							
批发、零售贸易;机动车及个人、家庭用品修理业	421.6	435.5	423.7	416.0	431.6		
旅馆和饭店业	115.8	124.9	127.0	129.9	128.3		
运输、仓储和通讯	186.1	197.3	194.0	195.6	196.3		
金融中介	118.8	120.6	125.3	126.3	127.9		
房地产、租赁及商务活动	304.0	328.7	332.8	348.4	360.2		
公共管理和国防;社会基本保障	169.1	199.5	204.5	203.8	209.2		
教育	220.4	260.1	267.3	264.5	268.6	290.4	310.5
卫生和社会工作	299.3	348.3	358.2	346.2	364.1		
其他团体、社会和个人服务活动	151.9	158.4	163.2	168.1	167.5		
雇人的私人住户	13.5	12.1	12.5	12.0	13.8		
域外组织和机构	2.3	0.8	2.1	1.1	1.3		
行业不明确者	7.4	6.5	7.5	10.5	10.2	22.4	20.0
澳大利亚②							
按第三版ISIC分类							
就业人员	**895.1**	**996.9**	**1021.8**	**1051.2**	**1074.0**	**1092.1**	**1121.5**
第三产业							
批发、零售贸易;机动车及个人、家庭用品修理业	175.9	176.5	178.5	182.3	184.7	184.2	186.7
旅馆和饭店业	45.5	69.2	66.7	70.4	70.8	73.8	75.6
运输、仓储和通讯	58.8	63.4	64.1	67.9	69.6	71.8	70.9
金融中介	33.3	37.5	38.7	40.7	40.1	39.8	39.9
房地产、租赁及商务活动	106.2	121.3	128.0	129.2	132.6	131.4	141.2
公共管理和国防;社会基本保障	45.7	61.2	62.6	64.2	64.5	67.5	69.8
教育	61.3	72.0	74.2	77.1	80.7	81.7	85.4
卫生和社会工作	85.0	101.6	107.8	109.8	113.0	121.8	127.4
其他团体、社会和个人服务活动	43.6	46.0	47.1	50.0	50.3	52.6	52.1
雇人的私人住户	0.7		0.1	0.2	0.2	0.5	0.4
域外组织和机构	0.1	0.1	0.1	0.1			
行业不明确	0.2	2.4	2.8	3.2			

注：①城镇单位就业人数。②不包括军人。
资料来源：国际劳工组织数据库。

附录1-6　按行业分类的第三产业雇员平均工资

单位：本币

国家和地区	2000	2005	2006	2007	2008	2009	2010
中　国							
按第三版ISIC分类							
雇员每月收入①	780.9	1530.3	1750.1	2077.7	2435.8		
第三产业							
批发、零售贸易;机动车及个人、家庭用品修理业;旅馆和饭店业	599.2	1270.1	1478.0	1740.7	2128.2		
运输、仓储和通讯	1026.6	1779.3	2051.9	2369.5	2733.0		
金融中介	1123.2	2685.7	3273.3	4119.6	5153.4		
房地产、租赁及商务活动	1051.3	1715.1	1881.5	2202.1	2527.3		
公共管理和国防;社会基本保障②	836.9	1708.8	1906.9	2347.6	2746.3		
教育③	790.2	1539.2	1761.2	2180.2	2515.4		
卫生和社会工作④	910.8						
中国香港							
按第二版ISIC分类							
雇员每月工资率	11573.7	10671.1	10985.1	11378.5	11358.9		
第三产业							
批发、零售贸易;旅馆和饭店业	11959.3	9000.0	11912.6	9500.0	12032.5		
运输、仓储和通讯	12799.8	10500.0	12772.8	11000.1	14101.2		
金融、保险、房地产及商务活动	11429.4	12000.0	10239.3	14000.0	10799.4		
社团、社会及个人服务	6749.6	8000.0	6000.3	8500.0	6600.0		
中国澳门							
按第三版ISIC分类							
雇员每月收入	4822.0	5773.0	6701.0	7800.0		8500.0	8900.0
第三产业							
批发、零售贸易;机动车及个人、家庭用品服务业	4533.0	4888.0	5576.0	6000.0	7000.0	6800.0	7000.0
旅馆和饭店业	4099.0	4468.0	4885.0	5500.0	6100.0	6500.0	7000.0
运输、仓储和通讯	5649.0	6455.0	6924.0	7800.0	8500.0	9000.0	8500.0
金融中介	7726.0	8691.0	8825.0	9800.0	11000.0	12000.0	12500.0
房地产、租赁及商务活动	3957.0	4198.0	4675.0	5500.0	5600.0	6000.0	6000.0
公共管理和国防;社会基本保障	13742.0	14521.0	14793.0	14900.0	18000.0	19600.0	19500.0
教育	9095.0	9503.0	9636.0	9900.0	12000.0	13000.0	13600.0
卫生和社会工作	9137.0	9705.0	8029.0	9900.0	10000.0	10300.0	10000.0
其他社团、社会和个人服务	6156.0	7837.0	9537.0	11600.0	12000.0	12000.0	12000.0
雇人的私人住户	2816.0	2609.0	2543.0	2500.0	2700.0	2800.0	3000.0
以色列							
按第三版ISIC分类							
雇员每月收入	6791.0	7219.0	7466.0	7749.0	8075.0		
第三产业							
批发、零售贸易;机动车及个人、家庭用品服务业	6297.0	6468.0	6613.0	6794.0	7023.0		
旅馆和饭店业	3485.0	3522.0	3621.0	3658.0	3765.0		
运输、仓储和通讯	8544.0	8663.0	8883.0	8931.0	9116.0		
金融中介	12651.0	13609.0	14989.0	14906.0	15732.0		
房地产、租赁及商务活动	6764.0	7282.0	7639.0	8015.0	8513.0		
公共管理和国防;社会基本保障	9183.0	11362.0	11835.0	12082.0	12381.0		
教育	5478.0	5745.0	5867.0	6004.0	6375.0		
卫生和社会工作	5669.0	5988.0	6042.0	6492.0	6705.0		
其他社团、社会和个人服务	4868.0	5123.0	5146.0	5230.0	5343.0		

附录1-6　续表 1　　单位：本币

国家和地区	2000	2005	2006	2007	2008	2009	2010
哈萨克斯坦							
按第三版ISIC分类							
雇员每月收入	14374.0	33807.0	40800.0	52500.0	60805.0		
第三产业							
批发、零售贸易;机动车及个人、家庭用品服务业	12961.0	33500.0	40200.0	49300.0	59330.0		
旅馆和饭店业	15979.0	47400.0	48700.0	56800.0	64382.0		
运输、仓储和通讯	18788.0	49000.0	58900.0	70400.0	83012.0		
金融中介	36140.0	79500.0	97500.0	121600.0	138544.0		
房地产、租赁及商务活动	16672.0	50700.0	60500.0	78200.0	93557.0		
公共管理和国防;社会基本保障	11758.0	31200.0	35600.0	45600.0	47276.0		
教育	8512.0	20300.0	24000.0	31900.0	34454.0		
卫生和社会工作	7267.0	18000.0	21300.0	33100.0	35775.0		
其他社团、社会和个人服务	12857.0	39100.0	43100.0	52300.0	61369.0		
域外组织和机构		137500.0	167200.0	177200.0	173860.0		
印度尼西亚							
按第二版ISIC分类							
付酬雇员每月工资率⑤	473.1	395.0	473.1	908.8	976.9	1322.4	1411.0
第三产业							
批发、零售贸易，旅馆和饭店业	518.3	412.6	518.3				
运输、仓储和通讯	781.2	660.2	781.2	1135.1	1231.9	1514.3	1599.8
金融保险，房地产和商务服务	1478.9	1197.1	1478.9				
团体、社会和个人服务	969.6	858.5	969.6				
行业不明确者	377.4	366.8	377.4				
按第三版ISIC分类							
付酬雇员每月工资率⑤	473.1	395.0	473.1	908.8	976.9	1322.4	1411.0
第三产业							
批发、零售贸易;机动车及个人、家庭用品修理业				858.9	963.7	1102.9	1154.3
旅馆和饭店业				859.7	903.7	1105.5	1171.2
运输、仓储和通讯	781.2	660.2	781.2	1135.1	1231.9	1514.3	1599.8
金融中介				1739.1	1847.1	2235.6	2158.3
房地产、租赁及商务活动				1465.5	1554.8	1869.1	1883.7
公共管理和国防;社会基本保障				1702.9	1835.3	2102.9	2186.7
教育				1357.8	1435.1	1583.5	1637.3
卫生和社会工作				1500.9	1577.4	1787.8	1772.9
其他团体、社会和个人服务活动				798.5	833.4	1011.0	1159.9
雇人的私人住户				463.8	548.9	566.7	597.3
域外组织和机构				2552.9	2590.9	4989.4	4991.9
行业不明确者				663.3	858.9	1087.8	1318.9
日　本							
按第三版ISIC分类							
雇员每月收入⑤						294.5	296.2
第三产业							
批发、零售贸易;机动车及个人、家庭用品修理业⑥		306.1	295.7	295.5	305.3		
旅馆和饭店业		239.4	240.5	239.5	244.6		
信息和通讯	298.5						
金融中介	355.0	373.3	373.1	377.3	368.6		

附录1-6 续表 2　　　　单位：本币

国家和地区	2000	2005	2006	2007	2008	2009	2010
房地产活动	335.6	334.0	335.8	339.3	327.0		
公共管理和国防;社会基本保障							
教育		393.1	381.8	382.9	376.8	391.4	386.2
卫生和社会工作		276.5	272.4	269.8	273.9		
其他团体、社会和个人服务活动							
韩　国							
按第三版ISIC分类							
雇员每月收入⑤⑦						2270.3	2360.5
第三产业							
批发、零售贸易;机动车及个人、家庭用品修理业	1548.0	2408.4	2542.6	2693.3	2889.4		
旅馆和饭店业	1106.0	1600.0	1615.1	1622.3	1929.1		
运输、仓储和通讯	1744.0	2111.0	2381.9	2520.2	2659.6		
金融中介	2396.0	3748.1	4077.0	4403.4	3906.7		
房地产、租赁及商务活动	1495.0	2114.0	2290.2	2424.1	2556.8		
公共管理和国防;社会基本保障							
教育	1932.4	2724.3	2874.8	2893.0	3182.7	2707.3	2775.8
卫生和社会工作	1671.2	2259.0	2460.9	2544.2	2597.0		
其他团体、社会和个人服务活动	1756.0	2224.3	2262.7	2362.1	2475.6		
蒙　古							
按第三版ISIC分类							
雇员每月收入⑤	62.3	101.2	127.7	173.0	274.2		
第三产业							
批发、零售贸易;机动车及个人、家庭用品修理业	51.1	73.0	85.7	123.1	193.8		
旅馆和饭店业	62.9	116.1		153.2			
运输、仓储和通讯	78.4	112.4	129.7	174.1	255.6		
金融中介	47.3	163.9	255.5	361.9	471.4		
房地产、租赁及商务活动	50.5	68.3		132.4			
公共管理和国防;社会基本保障	56.7	106.2		194.0	327.3		
教育	59.2	92.8		174.3	289.2		
卫生和社会工作	43.7	84.6	116.5	166.0	295.8		
其他团体、社会和个人服务活动	38.7	68.4	91.3	147.1	213.9		
菲律宾							
按第三版ISIC分类							
雇员每日收入		245.4	261.9	266.7	278.9	290.7	306.5
第三产业							
批发、零售贸易;机动车及个人、家庭用品修理业	219.4	217.5	227.3	242.5	249.9	257.5	274.6
旅馆和饭店业	200.0	221.8	237.0	242.6	251.3	264.5	280.8
运输、仓储和通讯	251.6	284.4	326.4	344.2	357.1	371.9	385.8
金融中介	364.5	446.1	491.7	473.4	495.8	515.6	530.0
房地产、租赁及商务活动	229.0	320.2	361.5	378.0	412.3	426.2	456.7
公共管理和国防;社会基本保障		396.2	414.9	411.6	415.5	433.4	449.7
教育	290.3	441.0	459.0	460.8	487.5	522.4	567.0
卫生和社会工作	245.2	373.2	392.3	400.2	417.3	434.3	464.6
其他团体、社会和个人服务活动	264.5	252.0	268.2	272.6	287.9	307.1	316.8
雇人的私人住户		108.4	113.5	121.1	122.6	125.9	133.2
域外组织和机构		536.9	440.1	1089.3	726.1	874.1	1322.2

附录1-6　续表 3　　　　单位：本币

国家和地区	2000	2005	2006	2007	2008	2009	2010
新 加 坡							
按第三版ISIC分类							
雇员每月收入	3063.0	3444.0	3554.0	3773.0	3977.0		
第三产业							
批发、零售贸易;机动车及个人、家庭用品修理业	2721.0	3017.0	3101.0	3262.0	3441.0		
旅馆和饭店业	1332.0	1333.0	1381.0	1442.0	1504.0		
运输、仓储和邮电业	3105.0	3610.0	3938.0	4222.0			
金融中介	4931.0	5949.0	6291.0	6768.0	7153.0		
房地产、租赁及商务活动	3281.0	3477.0	3314.0	3518.0			
公共管理和国防;社会基本保障⑧	3336.0	3686.0	3831.0	4074.0	4168.0		
教育							
卫生和社会工作							
其他团体、社会和个人服务活动							
域外组织和机构							
雇人的私人住户							
泰　国							
按第三版ISIC分类							
雇员每月工资率	5536.0		7978.5	7357.4	8912.7		
第三产业							
批发、零售贸易;机动车及个人、家庭用品修理业		6726.7	7399.2	7455.6	8128.2		
旅馆和饭店业		5489.5	6055.6	6011.1	6843.1		
运输、仓储和通讯	8237.0	9843.5	13088.0	11745.9	13661.9		
金融中介		18780.3	18479.9	18364.0	19941.6		
房地产、租赁及商务活动		10010.3	11058.1	10792.6	12395.3		
公共管理和国防;社会基本保障		28944.5	12236.0	11924.5	12833.2		
教育		9840.1	16413.5	13531.8	18059.8		
卫生和社会工作		11070.7	11043.8	10177.9	11705.4		
其他团体、社会和个人服务		6510.3	6937.5	6825.6	8476.8		
雇人的私人住户		4206.3	4792.7	4903.1	5155.8		
域外组织和机构		19039.3	12275.0	33664.2	22414.8		
行业不明确者		12986.5	11522.0	11087.3	14040.8		
埃　及							
按第三版ISIC分类							
工资收入者每周收入	162.0	207.0	229.0	252.0			
第三产业							
批发、零售贸易;机动车及个人、家庭用品修理业	156.0	210.0	241.0	243.0			
旅馆和饭店业	104.0	156.0	149.0	178.0			
运输、仓储和通讯	138.0	247.0	286.0	301.0			
金融中介	215.0	367.0	359.0	480.0			
房地产、租赁及商务活动	261.0	386.0	227.0	246.0			
公共管理与国防;社会基本保障							
教育	111.0	93.0	98.0	111.0			
卫生和社会工作	77.0	86.0	130.0	132.0			
其他团体、社会和个人服务活动	105.0	154.0	133.0	137.0			

附录1-6 续表 4　　　　单位：本币

国家和地区	2000	2005	2006	2007	2008	2009	2010
南　非							
按第二版ISIC分类							
雇员每月收入							
第三产业							
批发、零售业、旅馆和饭店业	3722.0	4818.5	5258.8	5677.0	6411.0		
运输、仓储和通讯	5636.0	10422.0	10672.3	11170.0	12047.0		
金融保险、房地产和商务服务	8828.0	7443.5	8826.3	9782.0	10418.0		
社会和个人服务活动	6073.0	8383.8	8942.3	9809.0	10927.0		
加拿大							
按第三版ISIC分类							
雇员每周收入⑨	655.6	737.3	755.5	788.2	810.5	803.9	820.7
第三产业							
批发、零售贸易;机动车及个人、家庭用品修理业	538.5	573.3	591.2	607.1	621.5	598.9	608.6
旅馆和饭店业	273.3	288.5	299.7	318.4	331.1	382.7	386.2
运输、仓储和通讯	747.6	859.5	858.3	896.6	909.6	885.0	924.4
金融中介	844.3	933.9	966.4	1010.8	1014.7	959.4	949.2
房地产、租赁及商务活动	697.6	777.2	798.8	847.5	878.3	858.9	871.7
公共管理和国防;社会基本保障	781.2	925.5	951.0	1007.5	1040.5	1092.6	1118.7
教育	673.9	779.6	808.2	834.6	862.6	922.1	960.8
卫生和社会工作	562.4	667.4	687.7	705.6	743.9	782.9	790.1
其他团体、社会和个人服务	459.3	551.1	557.8	582.8	605.7	628.6	626.9
墨西哥							
按第三版ISIC分类							
雇员每月收入	2938.5	4173.8	4425.9	4716.3	4800.9		
第三产业							
批发、零售贸易;机动车及个人、家庭用品修理业	2538.4	3726.7	3971.1	4154.0	4236.4		
旅馆和饭店业	2166.9	3330.9	3519.4	3760.6	3893.2		
运输、仓储和通讯	3694.6	4795.9	5151.9	5647.3	5854.9		
金融中介	6597.4	7773.7	8087.7	8876.9	8976.4		
房地产、租赁及商务活动	3874.9	4658.1	5039.7	5155.0	5181.2		
公共管理与国防;社会基本保障	4236.7	5812.4	6130.9	6498.4	6565.3		
教育	4418.7	5938.1	6267.7	6549.6	6640.9		
卫生和社会工作	4086.1	5929.8	6315.7	6620.5	6741.2		
其他团体、社会和个人服务	2883.7	4031.9	4150.6	4622.8	4556.4		
雇人的私人住户	1225.8	1980.9	2167.7	2340.7	2401.1		
美　国							
按第三版ISIC分类							
工资收入者每小时收入	14.0	16.1	16.8	17.4	18.1		
第三产业							
批发、零售贸易;机动车及个人、家庭用品修理业							
旅馆和饭店业							
运输、仓储和通讯		16.7	17.3	17.7	18.4		
金融中介		22.1	23.2	24.0	24.8		
房地产、租赁及商务活动							
公共管理和国防;社会基本保障							
教育						18.9	
卫生和社会工作	14.0	17.1	17.8	18.5	19.3		
其他团体、社会和个人服务							

附录1-6　续表 5　　　　　单位：本币

国家和地区	2000	2005	2006	2007	2008	2009	2010
法　国							
按第三版ISIC分类							
雇员每月收入	**1396.3**	**2516.0**	**2583.0**				
第三产业							
批发、零售贸易;机动车及个人、家庭用品修理业	1257.4	2319.0	2380.0	15.2			
旅馆和饭店业	959.9	11.3	11.7	12.1			
运输、仓储和通讯	1530.2	2372.0	2447.0	16.1			
金融中介	1998.1	3720.0	3883.0	26.0			
房地产、租赁及商务活动	1559.2	2653.0	2703.0	18.5			
公共管理和国防;社会基本保障	1502.3						
教育	**1508.5**						
卫生和社会工作	1258.2						
其他团体、社会和个人服务活动	1258.3	2350.0	2435.0				
雇人的私人住户	492.4						
德　国							
按第三版ISIC分类							
雇员每小时收入							
第三产业							
批发、零售贸易;机动车及个人、家庭用品修理业				16.6	17.0		
旅馆和饭店业				11.0	11.1		
运输、仓储和通讯				15.4	15.7		
金融中介				23.0	23.8		
房地产、租赁及商务活动				17.8	18.4		
公共管理和国防;社会基本保障							
教育				18.0	18.6		
卫生和社会工作				17.4	17.8		
其他团体、社会和个人服务活动				17.1	17.7		
意大利							
按第三版ISIC分类							
工资收入者每小时工资率指数⑩	114.1	99.5ǀ	102.6	104.5	108.3		
第三产业							
批发、零售贸易;机动车及个人、家庭用品修理业	117.5	99.1ǀ	100.8	103.1	105.3		
旅馆和饭店业	113.5	99.3ǀ	100.5	101.6	107.6		
运输、仓储和通讯	109.2	98.9ǀ	102.0	104.5	107.9		
金融中介	110.9	97.9ǀ	100.1	100.6	106.0		
房地产、租赁及商务活动	117.0	98.9ǀ	101.3	103.5	105.9		
公共管理和国防;社会基本保障		100ǀ	102.7	104.9	108.9		
教育	113.7	99.9ǀ	105.1	105.3	110.4		
卫生和社会工作	118.5	99.7ǀ	102.3	105.2	108.4		
荷　兰							
按第三版ISIC分类							
雇员每月收入	5220.0	2836.0					
第三产业							
批发、零售贸易;机动车及个人、家庭用品修理业	4684.0	2523.0					
旅馆和饭店业	3792.0	2018.0					
运输、仓储和通讯	4937.0	2575.0					

附录1-6 续表 6 单位：本币

国家和地区	2000	2005	2006	2007	2008	2009	2010
金融中介	6257.0	3613.0					
房地产、租赁及商务活动	5905.0	3164.0					
公共管理和国防;社会基本保障	5776.0	3058.0					
教育	6029.0	3221.0					
卫生和社会工作	5285.0	2972.0					
其他团体、社会和个人服务活动	5018.0	2773.0					
波　兰							
按第三版ISIC分类							
雇员每月收入	1893.7	2360.6	2475.9	2672.6	2942.2		
第三产业							
批发、零售贸易;机动车及个人、家庭用品修理业	1589.9	1921.9	2014.2	2193.5	2433.4		
旅馆和饭店业	1301.5	1512.6	1559.3	1660.9	1840.5		
运输、仓储和通讯	2144.4	2591.9	2650.0	2803.3	3074.6		
金融中介	3257.7	4244.6	4474.5	4882.4	5051.3		
房地产、租赁及商务活动	2133.4	2483.8	2612.6	2834.2	3069.8		
公共管理和国防;社会基本保障	2432.4	3060.7	3214.7	3369.0	3799.0		
教育	1835.0	2471.0	2573.1	2711.9	2962.2		
卫生和社会工作	1479.9	1954.1	2101.8	2463.5	2868.4		
其他社区、社会和私人服务活动	1891.5	2294.9	2385.3	2506.7	2715.9		
俄罗斯联邦							
按第三版ISIC分类							
雇员每月收入	2223.0	8555.0	10634.0	13593.0	17290.0	18638.0	20952.0
第三产业							
批发、零售贸易;机动车及个人、家庭用品修理业	1585.0	6552.0	8235.0	11476.0	14927.0	15959.0	18406.0
旅馆和饭店业	1640.0	6033.0	7522.0	9339.0	11536.0	12470.0	13466.0
运输、仓储和邮电业	3220.0	11351.0	13390.0	16452.0	20761.0	22401.0	25590.0
金融中介	5232.0	22728.0	27886.0	34880.0	41872.0	42373.0	50120.0
房地产、租赁及商务活动	2457.0	10237.0	12763.0	16642.0	21275.0	22610.0	25623.0
公共管理与国防;社会基本保障	2712.0	10999.0	13477.0	16896.0	21344.0	23960.0	25121.0
教育	1240.0	5430.0	6983.0	8778.0	11317.0	13294.0	14075.0
卫生和社会工作	1333.0	5906.0	8060.0	10037.0	13049.0	14820.0	15724.0
其他团体、社会和个人服务	1548.0	6291.0	7996.0	10392.0	13539.0	15070.0	16371.0
域外组织和机构	4620.0	18922.0	26990.0	30339.0	36083.0	40749.0	43769.0
西 班 牙							
按第三版ISIC分类							
雇员每小时收入⑪							
第三产业							
批发、零售贸易;机动车及个人、家庭用品修理业	8.0	9.6	10.0	10.3	10.7		
旅馆和饭店业	6.4	7.6	8.0	8.3	8.6		
运输、仓储和邮电业	10.9	12.7	13.0	13.4	14.2		
金融中介	18.5	22.8	23.5	24.6	25.4		
房地产、租赁及商务活动	8.5	10.8	11.4	12.0	12.5		
公共管理与国防;社会基本保障							
教育	12.4	15.4	15.9	16.5	16.9		
卫生和社会工作	11.8	14.4	15.3	16.5	17.2		
其他团体、社会和个人服务	8.8	10.2	10.6	11.1	11.6		

附录1-6 续表 7 单位：本币

国家和地区	2000	2005	2006	2007	2008	2009	2010
英　国							
按第三版ISIC分类							
雇员每周收入⑨	452.2	517.0	534.9	549.8	514.0		
第三产业							
批发、零售贸易;机动车及个人、家庭用品修理业	368.1	425.2	445.6	459.5	381.0		
旅馆和饭店业	273.2	323.5	343.3	349.2			
运输、仓储和通讯	429.8	508.0	523.4	546.5	499.0		
金融中介	587.5	701.3	719.7	757.0	647.0		
房地产、租赁及商务活动	489.6	589.3	612.8	632.0			
公共管理和国防;社会基本保障	419.0	525.0	536.6	549.7	513.0		
教育	419.7	518.6	532.2	544.8			
卫生和社会工作	381.0	503.2	515.9	528.0			
其他社区、社会和私人服务活动	407.5	503.8	524.1	512.5	446.0		
雇人的私人住户	292.0	358.4	396.3	369.1			
域外组织和机构	417.2		566.0	664.5			
澳大利亚							
按第三版ISIC分类							
雇员每小时工资⑫							
第三产业							
批发、零售贸易;机动车及个人、家庭用品修理业	16.5		22.6				
旅馆和饭店业	14.7		19.2				
运输、仓储和通讯	20.4		26.8				
金融中介	21.1		29.5				
房地产、租赁及商务活动	19.6		26.8				
公共管理和国防;社会基本保障	22.7		29.5				
教育	21.7		29.3				
卫生和社会工作	19.5		24.4				
其他社区、社会和私人服务活动	18.0		24.7				
新 西 兰							
按第三版ISIC分类							
雇员每小时工资							
第三产业							
批发、零售贸易;机动车及个人、家庭用品修理业	15.2	17.1	17.9	18.7	19.5		
旅馆和饭店业	11.6	13.4	13.5	14.2	15.0		
运输、仓储和通讯	17.7	20.1	21.7	21.8	23.2		
金融中介	23.4	28.8	29.3	31.1	31.0		
房地产、租赁及商务活动	20.0	23.3	25.0	25.9	26.6		
公共管理和国防;社会基本保障	21.2	26.0	26.8	28.0	30.1		
教育	20.6	26.1	28.9	29.3	30.3		
卫生和社会工作	18.1	21.2	22.6	23.8	25.3		
其他社区、社会和私人服务活动	17.4	20.3	20.1	21.3	22.7		

注：①指城镇国有、集体和其他单位雇员工资。②指国家机关、社会组织。③包括文化艺术、广播电视。④包括体育活动。⑤千本币。⑥不包括机动车及个人、家庭用品修理业。⑦包括家庭补助和各种实物的价值，5人及以上企业。⑧包括“教育、卫生和社会工作;其他团体、社会和个人服务活动”、“雇人的私人住户”和“行业不明确者”。⑨包括加班收入。⑩2000年数据为2000年12月为100，其余为2005年12月为100。⑪包括加班收入和不定期报酬。⑫指从事非管理工作的雇员。

资料来源：国际劳工组织数据库。

附录1-7 货物贸易进口总额

单位：亿美元

国家和地区	2000	2005	2006	2007	2008	2009	2010	2011	2012
世　界	**67240**	**108660**	**124590**	**143250**	**165660**	**127760**	**155040**	**184870**	**185670**
中　国	2251	6600	7915	9561	11326	10059	13962	17435	18181
中国香港	2140	3002	3358	3701	3930	3522	4414	5109	5542
中国澳门	26	45	52	60	59	48	56	79	91
孟加拉国	89	139	160	186	239	218	278	362	341
文　莱	11	15	17	21	26	24	25	29	35
柬埔寨	19	39	48	54	65	58	68	93	110
印　度	515	1429	1784	2294	3210	2572	3502	4645	4894
印度尼西亚	436	757	806	931	1275	938	1353	1762	1902
伊　朗	139	400	408	449	574	508	654	618	565
以色列	377	471	503	590	677	493	612	758	755
日　本	3795	5159	5791	6222	7625	5520	6941	8554	8858
哈萨克斯坦	50	174	237	328	379	284	311	371	445
韩　国	1605	2612	3094	3568	4353	3231	4252	5244	5196
老　挝	5	9	11	11	14	15	21	24	27
马来西亚	820	1146	1312	1470	1569	1238	1646	1875	1966
蒙　古	6	12	15	21	36	21	33	66	67
缅　甸	24	19	26	33	43	43	48	90	110
巴基斯坦	109	254	298	326	423	317	378	440	442
菲律宾	370	495	541	580	604	459	585	637	654
新加坡	1345	2000	2387	2632	3198	2458	3108	3658	3797
斯里兰卡	72	88	103	113	140	100	135	203	191
泰　国	619	1182	1288	1400	1792	1337	1829	2288	2476
越　南	156	368	450	627	807	699	848	1067	1138
埃　及	146	224	273	371	484	449	529	589	698
尼日利亚	87	208	265	348	500	339	442	560	510
南　非	297	623	787	884	1016	741	942	1216	1228
加拿大	2448	3224	3590	3902	4190	3299	4027	4634	4749
墨西哥	1795	2282	2635	2902	3183	2415	3102	3611	3805
美　国	12593	17327	19181	20204	21695	16053	19692	22659	23354
阿根廷	252	287	342	447	575	388	565	739	685
巴　西	591	776	958	1266	1824	1337	1915	2370	2333
捷　克	320	765	932	1182	1420	1050	1267	1521	1406
法　国	3389	5041	5419	6309	7168	5609	6097	7200	6737
德　国	4972	7771	9067	10550	11851	9263	10548	12549	11674
意大利	2388	3848	4426	5117	5619	4151	4870	5588	4859
荷　兰	2183	3638	4168	4926	5809	4432	5164	5990	5907
波　兰	490	1016	1270	1657	2088	1495	1780	2106	1960
俄罗斯联邦	447	1254	1643	2235	2919	1918	2486	3238	3354
西班牙	1561	2888	3287	3893	4208	2932	3270	3766	3322
土耳其	545	1168	1396	1701	2020	1409	1855	2408	2365
乌克兰	140	361	450	606	855	455	609	826	846
英　国	3481	5193	6127	6383	6578	5191	5911	6737	6804
澳大利亚	715	1253	1393	1653	2003	1655	2016	2437	2609
新西兰	139	262	264	309	344	256	306	371	383

资料来源：世界贸易组织数据库。

附录1-8 货物贸易出口总额

单位：亿美元

国家和地区	2000	2005	2006	2007	2008	2009	2010	2011	2012
世　　界	**64560**	**105030**	**121250**	**140170**	**161540**	**125450**	**152890**	**182910**	**183230**
中　　国	2492	7620	9690	12205	14307	12016	15778	18984	20488
中国香港	2027	2921	3227	3494	3702	3294	4007	4556	4934
中国澳门	25	25	26	25	20	10	9	9	10
孟加拉国	64	93	118	125	154	151	192	244	251
文　　莱	39	62	76	77	103	72	89	124	135
柬 埔 寨	14	31	37	41	47	42	51	70	82
印　　度	424	996	1218	1502	1948	1649	2264	3029	2932
印度尼西亚	654	870	1035	1180	1396	1196	1581	2008	1881
伊　　朗	287	563	770	887	1137	788	1013	1305	955
以 色 列	314	428	468	541	613	479	584	678	632
日　　本	4792	5949	6467	7143	7814	5807	7698	8232	7986
哈萨克斯坦	88	278	383	478	712	432	600	876	923
韩　　国	1723	2844	3255	3715	4220	3635	4664	5552	5479
老　　挝	3	6	9	9	11	11	17	22	24
马来西亚	982	1410	1607	1762	1995	1574	1986	2281	2274
蒙　　古	5	11	15	19	25	19	29	48	44
缅　　甸	16	38	46	63	69	67	87	92	94
巴基斯坦	90	161	169	178	203	175	214	254	246
菲 律 宾	398	413	474	505	491	384	515	483	520
新 加 坡	1378	2296	2718	2993	3382	2698	3519	4095	4084
斯里兰卡	54	63	69	77	85	73	86	102	95
泰　　国	691	1109	1297	1539	1778	1524	1933	2226	2295
越　　南	145	324	398	486	627	571	722	969	1146
埃　　及	53	129	167	192	262	231	264	305	294
尼日利亚	210	505	587	666	863	567	840	1145	1140
南　　非	300	516	582	698	808	617	809	980	873
加 拿 大	2766	3605	3882	4207	4565	3161	3875	4521	4548
墨 西 哥	1664	2142	2500	2718	2913	2297	2983	3496	3709
美　　国	7819	9011	10260	11482	12874	10560	12783	14804	15473
阿 根 廷	263	404	465	558	700	557	681	840	812
巴　　西	551	1185	1378	1606	1979	1530	2019	2560	2426
捷　　克	291	781	949	1225	1468	1130	1330	1629	1565
法　　国	3276	4634	4959	5596	6162	4848	5235	5965	5691
德　　国	5518	9709	11081	13212	14462	11200	12589	14740	14071
意 大 利	2405	3731	4169	4999	5427	4069	4473	5233	5002
荷　　兰	2331	4064	4636	5508	6379	4979	5743	6671	6558
波　　兰	317	894	1108	1401	1705	1365	1597	1887	1834
俄罗斯联邦	1056	2438	3036	3544	4716	3034	4006	5220	5293
西 班 牙	1153	1926	2137	2533	2815	2273	2544	3066	2922
土 耳 其	278	735	855	1073	1320	1021	1139	1349	1525
乌 克 兰	146	342	384	493	670	398	515	685	685
英　　国	2854	3909	4509	4418	4722	3549	4160	5025	4684
澳大利亚	639	1061	1234	1414	1873	1543	2126	2704	2568
新 西 兰	133	217	224	269	306	249	314	377	373

资料来源：世界贸易组织数据库。

附录1-9 服务贸易进口总额

单位：亿美元

国家和地区	2000	2005	2006	2007	2008	2009	2010	2011	2012
世 界	**14638**	**23837**	**26596**	**31738**	**36331**	**32875**	**36101**	**40249**	**41057**
中 国	359	833	1003	1293	1580	1580	1922	2370	2810
中国香港	246	338	369	424	469	437	512	563	573
中国澳门	8	23	29	44	56	47	71	98	105
孟加拉国	15	20	21	27	35	32	41	50	51
文 莱	8	9	10	11	12	12	14	16	
柬埔寨	3	6	8	9	9	8	10	13	15
印 度	189	468	582	704	878	796	1164	1237	1251
印度尼西亚	154	218	212	241	280	226	256	318	344
伊 朗	22	104	114	148	172	172	225	188	
以色列	118	136	145	173	195	169	178	199	211
日 本	1139	1326	1339	1485	1673	1469	1556	1657	1736
哈萨克斯坦	18	74	86	115	109	99	112	108	135
韩 国	332	590	693	840	954	795	950	982	1051
老 挝					1	1	3	3	
马来西亚	166	218	234	285	301	273	319	383	420
蒙 古	2	5	5	5	6	5	8	18	20
缅 甸	3	5	5	6	6	6	8	11	
巴基斯坦	21	72	81	84	93	59	65	72	70
菲律宾	52	58	62	74	83	87	111	116	135
新加坡	300	551	649	744	872	791	963	1138	1169
斯里兰卡	16	21	24	26	30	25	31	40	
泰 国	153	266	324	378	457	363	448	520	527
越 南	33	44	51	71	79	80	98	117	123
埃 及	72	95	103	131	163	128	130	131	156
尼日利亚	31	64	121	156	226	165	199	225	266
南 非	57	118	139	161	165	144	180	192	171
加拿大	436	649	718	817	876	809	952	1044	1052
墨西哥	162	203	216	225	240	209	219	251	252
美 国	2050	2735	3084	3389	3739	3506	3699	3948	4059
阿根廷	90	74	82	106	131	119	138	162	176
巴 西	156	224	271	347	444	441	597	730	778
捷 克	53	102	119	143	173	153	169	192	192
法 国	597	1060	1121	1283	1402	1643	1704	1900	1710
德 国	1367	2109	2237	2596	2917	2595	2665	2951	2852
意大利	544	884	980	1186	1257	1040	1080	1144	1047
荷 兰	518	836	860	974	1113	1075	1055	1209	1152
波 兰	89	154	194	236	296	235	295	318	317
俄罗斯联邦	162	378	437	568	736	592	715	878	1021
西班牙	329	668	780	957	1049	881	875	941	898
土耳其	85	103	107	145	167	155	182	194	188
乌克兰	26	70	86	111	158	111	121	127	129
英 国	965	1584	1703	1951	1953	1632	1645	1746	1757
澳大利亚	186	299	316	392	476	413	502	594	653
新西兰	44	82	78	91	97	78	92	108	109

资料来源：世界贸易组织数据库。

附录1-10 服务贸易出口总额

单位：亿美元

国家和地区	2000	2005	2006	2007	2008	2009	2010	2011	2012
世　界	**14910**	**25127**	**28418**	**34203**	**38464**	**34973**	**38434**	**42780**	**43469**
中　国	301	739	914	1217	1464	1285	1612	1821	1900
中国香港	404	636	727	847	922	844	1040	1181	1260
中国澳门	33	86	105	142	178	188	287	395	451
孟加拉国	3	5	6	7	9	9	12	14	15
文　莱	2	6	7	8	9	9	11	13	
柬埔寨	4	11	12	15	16	15	16	21	27
印　度	160	522	695	866	1067	922	1236	1371	1476
印度尼西亚	51	126	111	121	147	126	162	199	224
伊　朗	14	49	55	68	79	66	81	86	
以色列	156	168	183	202	239	215	247	268	296
日　本	683	1080	1152	1270	1464	1258	1387	1426	1398
哈萨克斯坦	9	20	26	33	40	38	39	41	47
韩　国	308	483	553	714	894	725	863	938	1091
老　挝	1	2	2	3	4	4	5	5	
马来西亚	138	195	216	294	303	287	326	359	378
蒙　古	1	4	5	6	5	4	5	6	8
缅　甸	5	2	3	3	3	3	3	6	
巴基斯坦	13	20	22	22	25	25	29	34	31
菲律宾	34	45	64	98	97	110	141	154	177
新加坡	284	555	661	848	990	932	1121	1289	1332
斯里兰卡	9	15	16	18	20	19	25	31	
泰　国	138	197	244	298	327	299	341	413	487
越　南	27	42	51	64	70	57	74	88	93
埃　及	97	144	158	197	247	213	236	190	211
尼日利亚	18	14	21	11	18	18	26	23	22
南　非	49	110	119	135	124	117	136	144	148
加拿大	393	544	589	638	667	636	720	782	775
墨西哥	133	156	158	171	176	147	152	153	160
美　国	2824	3638	4051	4746	5222	4950	5396	5886	6138
阿根廷	48	65	79	102	120	108	129	141	144
巴　西	90	149	179	226	288	262	303	364	381
捷　克	67	118	141	172	217	193	209	230	218
法　国	800	1215	1277	1482	1642	1895	1912	2234	2082
德　国	796	1574	1807	2157	2508	2331	2391	2600	2545
意大利	559	883	974	1104	1136	929	968	1052	1043
荷　兰	514	901	945	1091	1230	1114	1156	1356	1265
波　兰	104	162	205	286	351	286	327	375	380
俄罗斯联邦	96	247	309	390	506	411	444	532	584
西班牙	522	940	1055	1267	1421	1225	1235	1412	1395
土耳其	202	265	253	286	348	337	345	385	421
乌克兰	38	89	108	137	173	133	165	188	190
英　国	1184	2041	2323	2849	2814	2546	2638	2898	2782
澳大利亚	194	304	324	398	445	403	463	509	527
新西兰	43	86	80	93	92	80	89	100	101

资料来源：世界贸易组织数据库。

附录1-11 外汇储备和黄金储备

国家和地区	外汇储备（亿美元）				黄金储备（万盎司）			
	2000	2010	2011	2012	2000	2010	2011	2012
中　国	1655.7	28473.4	31811.5	33115.9	1270.0	3389.0	3389.0	3389.0
中国香港	1075.4	2686.5	2852.6	3171.9	6.7	6.7	6.7	6.7
中国澳门	33.2	237.3	340.3	166.0				
孟加拉国	14.9	99.0	77.8	113.9	10.9	43.4	43.5	43.5
文　莱	3.6	12.1	21.3	29.6			6.3	9.8
柬埔寨	5.0	31.5	33.4	41.6	40.0	40.0	40.0	40.0
印　度	372.6	2678.1	2629.3	2616.6	1150.2	1793.2	1793.2	1793.2
印度尼西亚	282.8	899.7	1036.1	1059.1	310.1	235.0	235.0	238.0
以色列	231.6	692.7	730.5	740.4				
日　本	3472.1	10362.6	12212.5	11935.8	2454.7	2460.2	2460.2	2460.2
哈萨克斯坦	15.9	246.9	246.5	216.0	184.0	216.4	263.6	370.7
韩　国	958.6	2869.3	2982.3	3169.0	43.9	46.4	175.0	271.5
老　挝	1.4	6.2	6.6		1.7	28.5	28.5	
马来西亚	274.3	1023.2	1289.6	1349.4	117.0	117.0	117.0	117.0
蒙　古	1.8	21.2	22.1	38.6	8.5	6.5	11.3	11.8
缅　甸	2.2	57.1	70.0		23.1	23.4	23.4	23.4
巴基斯坦	15.0	131.2	134.7	93.2	209.1	207.0	207.1	207.2
菲律宾	129.7	539.9	657.0	716.6	722.8	495.4	511.7	619.6
新加坡	795.1	2236.8	2353.6	2568.4	409.6	409.6	409.6	409.6
斯里兰卡	9.8	66.3	61.7	63.0	33.6	34.6	32.1	43.8
泰　国	319.3	1656.6	1652.0	1711.1	236.7	320.0	490.0	490.0
越　南	34.2	120.5	131.3					
埃　及	129.1	323.5	136.6	103.7	243.2	243.1	243.1	243.1
尼日利亚	99.1	323.4	326.4	438.3	68.7	68.7	68.7	68.7
南　非	57.9	354.2	398.5	411.8	590.0	401.6	401.9	402.2
加拿大	290.2	448.9	528.1	552.4	118.4	10.9	10.9	10.9
墨西哥	351.4	1148.8	1374.9	1534.7	24.9	22.7	340.8	400.4
美　国	312.4	520.8	518.8	499.2	26161.1	26149.9	26149.9	26149.9
阿根廷	244.1	466.2	400.7	367.6	1.9	176.0	198.5	198.5
巴　西	324.3	2805.7	3433.8	3621.0	211.8	108.0	108.0	216.0
委内瑞拉	126.3	91.9	60.0	59.6	1024.0	1176.0	1176.0	1176.0
捷　克	130.2	403.4	378.5	424.1	44.6	40.8	40.0	37.2
法　国	321.1	362.1	261.5	303.5	9724.5	7830.1	7830.1	7830.0
德　国	496.7	373.6	380.8	379.6	11151.9	10934.4	10919.4	10903.5
意大利	224.2	356.8	341.6	348.2	7882.9	7882.9	7882.9	7882.9
荷　兰	70.0	89.0	91.6	108.0	2931.5	1969.1	1969.1	1969.1
波　兰	263.2	863.2	896.9	1003.2	330.6	330.9	330.9	330.9
俄罗斯联邦	242.6	4329.5	4411.6	4731.1	1235.9	2535.5	2838.8	3079.3
西班牙	295.2	133.1	258.4	282.1	1682.9	905.4	905.4	905.4
土耳其	223.1	790.5	766.6	982.8	373.9	373.3	628.0	1156.3
乌克兰	11.0	333.2	303.9	226.5	45.4	88.5	90.1	114.0
英　国	341.6	493.3	562.4	649.5	1567.3	997.5	997.5	997.5
澳大利亚	167.8	327.9	360.0	379.2	256.3	256.7	256.7	256.7
新西兰	36.2	151.3	152.4	157.8				

资料来源：国际货币基金组织IFS数据库。

附录1-12 外商直接投资

单位：亿美元

国家和地区	外商直接投资				对外直接投资			
	2000	2010	2011	2012	2000	2010	2011	2012
世　界	**14005.4**	**13090.0**	**15244.2**	**13509.3**	**12266.3**	**14513.6**	**16944.0**	**13909.6**
中　国	407.1	1147.3	1239.9	1210.8	9.2	688.1	746.5	842.2
中国香港	705.1	827.1	961.3	745.8	700.0	984.1	958.9	839.9
中国澳门	…	28.3	6.5	15.0	…	-4.4	1.2	1.5
孟加拉国	5.8	9.1	11.4	9.9	…	0.2	0.1	0.5
文　莱	5.5	6.3	12.1	8.5	0.3	0.1	0.1	0.1
柬埔寨	1.5	7.8	9.0	15.6	0.1	0.2	0.3	0.3
印　度	35.9	211.3	361.9	255.4	5.1	159.3	124.6	85.8
印度尼西亚		137.7	192.4	198.5		26.6	77.1	54.2
伊　朗	1.9	36.5	41.5	48.7	0.2	3.5	3.6	4.3
以色列	69.6	55.1	110.8	104.1	33.4	86.6	33.1	31.8
日　本	83.2	-12.5	-17.6	17.3	315.6	562.6	1076.0	1225.5
哈萨克斯坦	12.8	115.5	139.0	140.2	…	78.9	46.3	15.8
韩　国		101.1	102.5	99.0	44.8	283.6	290.0	329.8
老　挝		2.8	3.0	2.9	…	…	…	-0.2
马来西亚		90.6	122.0	100.7	20.3	134.0	152.5	171.1
蒙　古	0.5	16.9	47.1	44.5	…	0.6	0.9	0.4
缅　甸	2.1	12.8	22.0	22.4	…	…		
巴基斯坦	3.1	20.2	13.3	8.5	0.1	0.5	0.6	0.7
菲律宾	22.4		18.2	28.0	1.3	6.2	5.4	18.5
新加坡	155.2	536.2	559.2	566.5	66.5	253.4	262.5	230.8
斯里兰卡	1.7	4.8	9.8	7.8		0.4	0.6	0.8
泰　国	34.1		77.8	86.1	-0.2	44.7	82.2	119.1
越　南	13.0		74.3	83.7	…	9.0	9.5	12.0
埃　及	12.4	63.9	-4.8	28.0	0.5	11.8	6.3	2.1
尼日利亚	13.1	61.0	89.2	70.3	1.7	9.2	8.2	15.4
南　非	8.9	12.3	60.0	45.7	2.7	-0.8	-2.6	43.7
加拿大	668.0	290.9	413.9	453.7	446.8	347.2	498.5	539.4
墨西哥	182.8	213.7	215.0	126.6	3.6	150.5	121.4	256.0
美　国	3140.1	1979.1	2269.4	1676.2	1426.3	3044.0	3966.6	3288.7
阿根廷	104.2	78.5	98.8	125.5	9.0	9.6	14.9	10.9
巴　西	327.8	485.1	666.6	652.7	22.8	115.9	-10.3	-28.2
委内瑞拉	47.0		37.8	32.2	5.2	17.8	-11.4	24.6
捷　克	49.9	61.4	23.2	105.9	0.4	11.7	-3.3	13.4
法　国	432.5	336.3	385.5	250.9	1774.5	645.7	595.5	372.0
德　国	1982.8	574.3	489.4	65.6	565.6	1215.3	521.7	669.3
意大利	133.7	91.8	343.2	96.2	66.9	326.6	536.3	304.0
荷　兰	638.5	-73.7	171.8	-2.4	756.3	683.3	409.0	-35.1
波　兰	94.5		189.1	33.6	0.2	72.3	72.1	-8.9
俄罗斯联邦	27.1	431.7	550.8	514.2	31.8	526.2	668.5	510.6
西班牙	395.8	398.7	268.2	277.5	582.1	378.4	365.8	-48.7
土耳其	9.8	90.4	160.5	124.2	8.7	14.6	23.5	40.7
乌克兰	6.0	65.0	72.1	78.3	…	7.4	1.9	12.1
英　国		506.0	511.4	623.5	2354.0	395.0	1066.7	714.1
澳大利亚	156.1	352.4	653.0	569.6	42.2	272.7	142.9	161.4
新西兰	13.5	4.5	43.2	29.1	6.1	5.3	25.2	-4.9

资料来源：联合国贸发会议FDI数据库。

附录1-13　货币汇率(年平均价)

单位：1美元合本币数

国家和地区	2000	2005	2007	2008	2009	2010	2011	2012
中　　国	8.28	8.19	7.61	6.95	6.83	6.77	6.46	6.31
中国香港	7.79	7.78	7.80	7.79	7.75	7.77	7.78	7.76
中国澳门	8.03	8.01	8.04	8.02	7.98	8.00	8.02	7.99
孟加拉国	52.14	64.33	68.88	68.60	69.04	69.65	74.15	81.86
文　　莱	1.72	1.66	1.51	1.42	1.46	1.36	1.26	1.25
柬埔寨	3840.75	4092.50	4056.17	4054.17	4139.33	4184.92	4058.50	4033.00
印　　度	44.94	44.10	41.35	43.51	48.41	45.73	46.67	53.44
印度尼西亚	8421.78	9704.74	9141.00	9698.96	10389.94	9090.43	8770.43	9386.63
伊　　朗	1764.84	8963.96	9281.15	9428.53	9864.30	10254.18	10616.31	12175.55
以色列	4.08	4.49	4.11	3.59	3.93	3.74	3.58	3.86
日　　本	107.77	110.22	117.75	103.36	93.57	87.78	79.81	79.79
哈萨克斯坦	142.13	132.88	122.55	120.30	147.50	147.35	146.62	149.11
韩　　国	1130.96	1024.12	929.26	1102.05	1276.93	1156.06	1108.29	1126.47
老　　挝	7887.64	10655.17	9603.16	8744.22	8516.05	8258.77	8030.06	
马来西亚	3.80	3.79	3.44	3.34	3.53	3.22	3.06	3.09
蒙　　古	1076.67	1205.25	1170.40	1165.80	1437.80	1357.06	1265.52	1357.58
缅　　甸	6.52	5.82	5.62	5.44	5.58	5.64	5.44	640.65
巴基斯坦	53.65	59.51	60.74	70.41	81.71	85.19	86.34	93.40
菲律宾	44.19	55.09	46.15	44.32	47.68	45.11	43.31	42.23
新加坡	1.72	1.66	1.51	1.42	1.46	1.36	1.26	1.25
斯里兰卡	77.01	100.50	110.62	108.33	114.95	113.06	110.57	127.60
泰　　国	40.11	40.22	34.52	33.31	34.29	31.69	30.49	31.08
越　　南	14167.75	15858.92	16105.13	16302.25	17065.08	18612.92	20509.75	
埃　　及	3.47	5.78	5.64	5.43	5.55	5.62	5.93	6.06
尼日利亚	101.70	131.27	125.81	118.55	148.90	150.30	154.74	156.81
南　　非	6.94	6.36	7.05	8.26	8.47	7.32	7.26	8.21
加拿大	1.49	1.21	1.07	1.07	1.14	1.03	0.99	1.00
墨西哥	9.46	10.90	10.93	11.13	13.51	12.64	12.42	13.17
美　　国	1.00	1.00	1.00	1.00	1.00	1.00	1.00	1.00
阿根廷	1.00	2.90	3.10	3.14	3.71	3.90	4.11	4.54
巴　　西	1.83	2.43	1.95	1.83	2.00	1.76	1.67	1.95
委内瑞拉	0.68	2.09	2.15	2.15	2.15	2.58	4.29	4.29
捷　　克	38.60	23.96	20.29	17.07	19.06	19.10	17.70	19.58
法　　国	1.09	0.80	0.73	0.68	0.72	0.76	0.72	0.78
德　　国	1.09	0.80	0.73	0.68	0.72	0.76	0.72	0.78
意大利	1.09	0.80	0.73	0.68	0.72	0.76	0.72	0.78
荷　　兰	1.09	0.80	0.73	0.68	0.72	0.76	0.72	0.78
波　　兰	4.35	3.24	2.77	2.41	3.12	3.02	2.96	3.26
俄罗斯联邦	28.13	28.28	25.58	24.85	31.74	30.37	29.38	30.84
西班牙	1.09	0.80	0.73	0.68	0.72	0.76	0.72	0.78
土耳其	0.63	1.34	1.30	1.30	1.55	1.50	1.68	1.80
乌克兰	5.44	5.13	5.05	5.27	7.79	7.94	7.97	7.99
英　　国	0.66	0.55	0.50	0.54	0.64	0.65	0.62	0.63
澳大利亚	1.73	1.31	1.20	1.19	1.28	1.09	0.97	0.97
新西兰	2.20	1.42	1.36	1.42	1.60	1.39	1.27	1.23

资料来源：世界银行WDI数据库。

附录1-14　铁路货运和客运周转量

国家和地区	铁路货运周转量(亿吨公里)			铁路客运周转量(亿人公里)		
	2000	2010	2011	2000	2010	2011
世　界	**37.54**		**54.39**	**13.89**		
高收入国家	**106.58**	**94.52**	**96.96**	**56.94**	**67.74**	**65.33**
中等收入国家	**28.33**	**38.68**	**32.91**	**12.00**	**12.20**	**15.34**
中　国	13336.06	24511.85	25626.35	4414.68	7911.58	8156.99
孟加拉国	7.77	7.10	7.10	39.41	73.05	73.05
印　度	3052.01	6005.48	6257.23	4306.66	9034.65	9785.08
伊　朗	141.79	202.47	210.08	71.19	168.14	178.77
以色列	11.73	10.62	10.99	7.81	19.86	19.27
日　本	223.13	204.32	202.55	2407.93	2442.35	2445.91
哈萨克斯坦	1249.83	2131.74	2235.84	102.15	154.48	165.95
韩　国	108.03	94.52	99.96	280.97	330.27	216.03
马来西亚	9.07	13.84	15.35	13.12	15.27	9.65
蒙　古	42.93	102.87	114.18	10.70	12.20	13.99
巴基斯坦	37.54	61.87	17.57	184.95	247.31	206.19
泰　国	33.84	31.61	24.55	99.35	80.37	75.04
越　南	19.02	39.01	41.01	32.00	43.78	45.71
埃　及	39.80	38.40	15.92	349.60	408.37	408.37
尼日利亚	1.05			3.63		
南　非	1066.05	1133.42	1133.42	118.90	188.65	
加拿大		3227.41	2540.69		28.75	28.86
墨西哥			691.85	0.82	1.78	4.49
美　国	21421.45	24687.38	25245.85		95.18	95.18
阿根廷		120.25	121.11			85.88
巴　西	1538.63	2677.00	2677.00			
捷　克	172.20	135.92	138.72	72.66	65.53	66.35
法　国	554.48	228.40	232.42	698.60	868.53	880.64
德　国	806.34	1057.94	1119.80	743.88	785.82	792.28
意大利	228.34	120.37	115.45	448.49	445.35	405.54
荷　兰	38.19			147.60	154.00	168.08
波　兰	555.62	342.66	371.89	242.26	157.15	157.24
俄罗斯联邦	13732.00	20113.08	21272.12	1671.00	1390.28	1398.42
西班牙	120.42	78.44	80.19	197.84	223.04	226.81
土耳其	97.61	110.30		58.32	54.91	
乌克兰	1728.40	2180.91	2438.66	517.67	502.40	505.69
英　国	180.90		192.30	382.00	550.19	627.29
澳大利亚	340.50	641.72	596.49	12.65	15.00	18.29

资料来源：世界银行WDI数据库。

附录1-15 空运货物周转量和客运量

国家和地区	空运货物周转量（万吨公里）			航空客运量（万人）		
	2000	2010	2011	2000	2010	2011
世界	**11825721**	**18256101**	**18402218**	**167406**	**261846**	**277665**
高收入国家	**10202281**	**14758304**	**14897627**	**137652**	**178363**	**184688**
中等收入国家	**1555944**	**3391875**	**3384114**	**28952**	**81617**	**90727**
低收入国家	**67496**	**105922**	**120477**	**802**	**1866**	**2250**
中　国	390008	1719388	1676487	6189	26629	29216
中国香港	511151	1037344	1005390	1438	2835	3029
中国澳门	2190	3671	2509	153	133	133
孟加拉国	19387	12368	12012	133	224	249
文　莱	14023	14852	14958	86	126	131
柬埔寨		3	11		19	34
印　度	54765	175097	182799	1730	6469	7436
印度尼西亚	40854	79220	89768	992	5677	6779
伊　朗	7372	9462	8417	872	1617	1647
以色列	88570	85643	88342	444	508	515
日　本	867205	771099	655631	10912	10955	8973
哈萨克斯坦	1175	4238	5098	46	310	379
韩　国	765134	1294273	1238163	3433	3699	3991
老　挝	167	12	39	21	44	53
马来西亚	186384	256466	219326	1656	3424	3822
蒙　古	844	390	715	25	39	50
缅　甸	77	206	353	44	92	154
巴基斯坦	34031	33296	29768	529	659	794
菲律宾	28995	46019	47000	576	2258	2559
新加坡	600489	772387	791843	1670	2481	2646
斯里兰卡	25571	33905	36450	176	301	367
泰　国	171288	293867	287079	1739	2878	3152
越　南	11733	42692	47539	288	1438	1654
埃　及	27806	41294	29879	452	918	652
尼日利亚	882			51	420	479
南　非	68757	102556	107292	800	1578	1641
加拿大	189611	201059	203388	4177	6728	7025
墨西哥	30986	34146	29099	2089	3127	2954
美　国	3017198	3935326	3962966	66533	72050	73080
阿根廷	29665	23609	23475	892	902	859
巴　西	172790	130248	148258	3129	7463	8790
委内瑞拉	3310	122	756	430	643	773
捷　克	3222	1799	1672	223	515	490
法　国	522434	496064	494994	5258	5574	5879
德　国	712771	749443	772392	5796	10185	11202
意大利	174841	78497	76065	3042	3265	3392
荷　兰	436734	642429	632747	2090	2631	2921
波　兰	7783	7661	3942	234	410	445
俄罗斯联邦	104141	353158	390012	1769	4386	5056
西班牙	87950	136173	144704	3971	5305	5293
土耳其	38504	114928	154479	1219	4567	5350
乌克兰	1220	6932	8130	95	396	548
英　国	516087	613829	633761	7044	10182	11193
澳大利亚	173074	293831	284696	3258	6064	6254
新西兰	81714	46864	88802	1078	1330	1375

资料来源：世界银行WDI数据库。

附录1-16　电话主线和移动电话普及率

国家和地区	电话主线(条/千人)			移动电话(部/千人)		
	2000	2010	2011	2000	2010	2011
世　界	**159.6**	**178.3**	**172.8**	**120.8**	**771.4**	**854.7**
高收入国家	**510.6**	**457.9**	**450.4**	**438.0**	**1171.6**	**1217.5**
中等收入国家	**83.4**	**131.3**	**126.3**	**48.8**	**736.9**	**833.1**
低收入国家	**6.1**	**11.0**	**10.8**	**2.6**	**333.3**	**414.7**
中　国	114.1	219.5	211.6	67.2	640.4	731.9
中国香港	578.8	618.4	609.7	803.1	1955.7	2147.2
中国澳门	409.5	309.7	299.3	326.6	2064.3	2435.0
孟加拉国	3.8	8.6	6.5	2.2	456.8	560.6
文　莱	246.2	200.3	196.7	290.5	1090.7	1091.7
柬埔寨	2.5	25.4	37.1	10.5	576.5	961.7
印　度	30.8	28.7	26.3	3.4	614.2	720.0
印度尼西亚	31.2	170.6	158.4	17.2	880.9	1024.9
伊　朗	145.2	349.0	371.2	14.7	730.7	749.3
以色列	494.4	459.4	462.8	731.5	1228.2	1216.6
日　本	492.8	518.6	511.2	531.2	974.3	1049.5
哈萨克斯坦	122.6	253.2	263.2	13.2	1210.7	1557.4
韩　国	562.4	592.4	609.0	583.1	1053.6	1085.1
老　挝	7.7	16.6	17.1	2.4	645.6	871.6
马来西亚	197.7	162.3	156.7	218.7	1192.2	1270.4
蒙　古	48.7	69.5	66.7	64.1	902.8	1046.5
缅　甸	6.0	10.3	10.8	0.3	12.4	25.7
巴基斯坦	21.1	35.0	32.4	2.1	571.4	616.1
菲律宾	39.6	35.8	37.5	83.5	891.6	993.0
新加坡	496.5	392.4	389.0	701.0	1451.8	1502.4
斯里兰卡	40.9	171.6	171.5	23.0	832.2	870.5
泰　国	88.5	100.2	95.8	48.4	1037.7	1116.3
越　南	32.3	163.6	114.6	10.0	1270.0	1433.9
埃　及	81.1	118.6	105.6	20.1	871.1	1010.8
尼日利亚	4.5	6.6	4.4	0.2	551.0	585.8
南　非	110.9	84.3	81.8	186.3	1004.8	1268.3
加拿大	679.6	540.7	529.9	284.6	759.2	797.3
墨西哥	123.4	175.6	171.9	140.8	805.7	823.9
美　国	681.5	482.2	458.4	387.5	918.6	952.8
阿根廷	213.8	242.5	242.9	175.7	1328.8	1349.2
巴　西	177.3	216.2	218.8	132.9	1010.2	1191.7
委内瑞拉	104.2	244.4	249.1	223.7	962.1	977.8
捷　克	378.0	229.3	217.3	424.3	1236.3	1261.1
法　国	575.6	647.0	634.3	492.0	920.3	947.6
德　国	609.8	642.8	630.5	585.3	1270.4	1323.0
意大利	476.5	371.0	363.6	741.3	1546.9	1579.9
荷　兰	623.4	435.3	428.0	678.0	1154.5	1189.9
波　兰	285.8	200.3	178.9	176.1	1226.7	1309.7
俄罗斯联邦	218.5	314.2	309.1	22.2	1662.7	1793.1
西班牙	424.5	438.6	427.7	602.3	1115.3	1132.2
土耳其	289.1	222.7	206.6	253.6	849.0	887.1
乌克兰	213.1	284.8	280.6	16.7	1186.6	1229.8
英　国	598.4	538.6	532.7	738.1	1307.6	1307.5
澳大利亚	524.4	477.1	467.7	446.8	1010.4	1083.4
新西兰	474.6	430.4	425.9	399.7	1078.3	1091.9

资料来源：世界银行WDI数据库。

附录1-17 互联网服务商

单位：个/百万人

国家和地区	2005	2006	2007	2008	2009	2010	2011	2012
世　界	**64.87**	**73.21**	**95.56**	**111.09**	**113.16**	**155.16**	**184.18**	**186.41**
高收入国家	**313.45**	**364.79**	**479.81**	**558.48**	**601.16**	**791.90**	**938.76**	**949.37**
中等收入国家	**2.40**	**2.89**	**3.93**	**4.96**	**5.72**	**8.34**	**11.12**	**12.22**
低收入国家	**0.12**	**0.13**	**0.20**	**0.29**	**0.35**	**0.57**	**0.82**	**1.05**
中　国	0.33	0.45	0.68	0.94	1.19	1.92	2.42	3.10
中国香港	162.33	194.40	241.31	288.60	353.95	456.28	570.45	643.20
中国澳门	55.54	62.53	93.27	98.52	138.03	213.23	243.47	
孟加拉国	0.02	0.02	0.04	0.10	0.19	0.31	0.63	0.80
文　莱	13.59	18.68	28.84	30.93	43.10	64.91	113.16	116.30
柬埔寨	0.08	0.15	0.51	0.86	1.56	1.67	2.47	3.00
印　度	0.58	0.72	0.97	1.25	1.51	2.16	2.90	3.50
印度尼西亚	0.46	0.57	0.73	1.00	1.35	1.99	3.36	4.00
伊　朗	0.28	0.39	0.31	0.28	0.33	0.74	1.01	1.30
以色列	162.77	182.32	227.99	272.69	289.22	396.66	470.13	429.90
日　本	257.70	331.40	399.25	471.68	519.60	649.85	743.93	774.30
哈萨克斯坦	0.86	1.18	1.03	1.98	3.23	5.21	6.34	7.80
韩　国	20.03	60.01	497.49	690.84	918.47	1128.09	2496.13	2733.40
老　挝	0.35	0.17	0.67	0.16	0.48	0.78	1.23	0.80
马来西亚	14.59	16.94	21.85	27.03	33.21	41.66	54.63	66.10
蒙　古	3.17	4.30	7.32	8.74	8.23	10.69	13.80	17.60
缅　甸	0.02	0.04	0.02		0.02	0.06	0.08	0.10
巴基斯坦	0.29	0.43	0.41	0.53	0.62	0.98	1.12	1.30
菲律宾	2.45	3.24	3.94	4.57	5.27	6.66	7.53	8.80
新加坡	275.45	296.95	359.59	390.34	420.84	529.67	607.29	651.60
斯里兰卡	1.78	1.96	2.55	3.17	3.52	4.46	6.04	7.30
泰　国	4.76	5.77	7.16	9.28	10.03	13.73	17.29	19.10
越　南	0.15	0.14	0.61	1.13	1.88	3.13	4.68	6.50
埃　及	0.54	0.73	0.86	1.07	1.55	2.38	3.12	3.70
尼日利亚	0.17	0.25	0.49	0.79	0.80	1.20	1.68	1.80
南　非	20.38	23.13	30.61	36.73	40.43	62.59	73.87	84.60
加拿大	569.11	645.44	813.58	906.43	984.29	1238.27	1368.58	1277.20
墨西哥	7.79	9.26	12.37	14.50	15.92	19.82	25.80	29.70
美　国	785.16	870.97	1061.76	1174.79	1235.08	1445.05	1563.18	1501.00
阿根廷	10.82	11.93	15.64	18.35	19.84	26.11	33.64	42.30
巴　西	14.17	16.18	20.30	23.94	25.98	40.68	54.12	55.50
委内瑞拉	4.60	5.15	6.18	6.72	7.38	7.37	8.00	10.90
捷　克	41.52	64.27	104.61	150.51	185.56	318.35	389.00	510.60
法　国	76.07	92.58	135.54	165.49	203.05	296.40	354.45	424.90
德　国	274.16	348.77	459.52	549.79	640.93	872.03	1022.51	1102.40
意大利	44.21	52.92	72.93	92.79	109.33	154.42	191.01	210.70
荷　兰	327.15	412.58	780.51	1105.04	1414.12	2276.68	2750.30	2880.10
波　兰	21.96	38.04	55.19	84.69	123.01	210.80	267.45	309.70
俄罗斯联邦	2.43	3.15	4.46	7.33	10.54	20.25	26.93	38.60
西班牙	81.66	100.24	142.72	170.19	193.21	233.47	285.09	295.90
土耳其	18.14	26.14	40.55	60.12	69.44	99.84	143.64	125.80
乌克兰	1.32	1.86	2.84	4.28	5.99	13.23	17.72	23.90
英　国	466.04	559.31	754.44	905.05		1395.16	1589.71	1534.10
澳大利亚	498.07	579.09	807.53	992.73	1217.56	1781.85	2029.26	1777.50
新西兰	489.85	587.87	828.47	980.11	1059.13	1489.54	1597.43	1505.20

资料来源：世界银行WDI数据库。

附录1-18　国际互联网用户

单位：个/千人

国家和地区	2000	2005	2006	2007	2008	2009	2010	2011
世　　界	**67.5**	**157.8**	**176.0**	**205.8**	**232.7**	**258.4**	**295.8**	**326.2**
高收入国家	**272.7**	**537.8**	**564.9**	**620.5**	**641.4**	**655.1**	**696.9**	**727.1**
中等收入国家	**16.3**	**76.5**	**94.1**	**122.5**	**154.9**	**188.0**	**228.2**	**263.1**
低收入国家	**1.2**	**11.0**	**17.8**	**21.9**	**28.1**	**33.7**	**45.1**	**59.3**
中　　国	17.8	85.2	105.2	160.0	226.0	289.0	343.0	383.0
中国香港	278.3	569.0	608.0	648.0	667.0	694.0	720.0	722.0
中国澳门	136.1	348.6	464.0	473.3	492.4	540.0	552.0	602.0
孟加拉国	0.7	2.4	10.0	18.0	25.0	31.0	37.0	50.0
文　　莱	90.0	364.7	421.9	446.8	460.0	490.0	530.0	560.0
柬 埔 寨	0.5	3.2	4.7	4.9	5.1	5.3	12.6	31.0
印　　度	5.3	23.9	28.1	39.5	43.8	51.2	75.0	100.7
印度尼西亚	9.3	36.0	47.7	57.9	79.2	69.2	109.2	122.8
伊　　朗	9.3	81.0	87.6	94.7	102.4	110.7	147.0	210.0
以 色 列	208.7	251.9	278.8	481.3	593.9	631.2	675.0	689.0
日　　本	299.9	669.2	686.9	743.0	754.0	780.0	782.1	790.6
哈萨克斯坦	6.7	29.6	32.7	40.2	110.0	182.0	316.0	506.0
韩　　国	447.0	735.0	781.0	788.0	810.0	816.0	837.0	838.0
老　　挝	1.1	8.5	11.7	16.4	35.5	60.0	70.0	90.0
马来西亚	213.9	486.3	516.4	557.0	558.0	559.0	563.0	610.0
蒙　　古	12.6	105.3	120.0	121.9	98.0	100.0	102.0	125.0
缅　　甸		0.7	1.8	2.2	2.2	2.2	2.5	9.8
巴基斯坦		63.3	65.0	68.0	70.0	75.0	80.0	90.0
菲 律 宾	19.8	54.0	57.4	59.7	62.2	90.0	250.0	290.0
新 加 坡	360.0	610.0	590.0	699.0	690.0	690.0	710.0	710.0
斯里兰卡	6.5	17.9	25.4	38.8	58.0	87.8	120.0	150.0
泰　　国	36.9	150.3	171.6	200.3	182.0	201.0	224.0	237.0
越　　南	2.5	127.4	172.6	207.6	239.2	265.5	306.5	350.7
埃　　及	6.4	127.5	136.6	160.3	180.1	256.9	314.2	398.3
尼日利亚	0.6	35.5	55.5	67.7	158.6	200.0	240.0	284.3
南　　非	53.5	74.9	76.1	80.7	84.3	100.0	240.0	339.7
加 拿 大	513.0	716.6	724.0	732.0	767.0	803.0	803.0	830.0
墨 西 哥	50.8	172.1	195.2	208.1	217.1	263.4	310.5	349.6
美　　国	430.8	679.7	689.3	750.0	740.0	710.0	740.0	778.6
阿 根 廷	70.4	177.2	209.3	259.5	281.1	340.0	450.0	510.0
巴　　西	28.7	210.2	281.8	308.8	338.3	392.2	406.5	450.0
委内瑞拉	33.6	125.5	152.3	208.3	258.8	327.0	373.7	402.2
捷　　克	97.8	352.7	479.3	519.3	629.7	644.3	688.2	729.7
法　　国	143.1	428.7	468.7	660.9	706.8	715.8	801.0	795.8
德　　国	302.2	687.1	721.6	751.6	780.0	790.0	820.0	830.0
意 大 利	231.1	350.0	379.9	407.9	445.3	488.3	536.8	568.0
荷　　兰	439.8	810.0	837.0	858.2	874.2	896.3	907.2	923.0
波　　兰	72.9	388.1	445.8	486.0	531.3	589.7	623.2	648.8
俄罗斯联邦	19.8	152.3	180.2	246.6	268.3	290.0	430.0	490.0
西 班 牙	136.3	478.8	503.7	551.1	596.0	624.0	658.0	676.0
土 耳 其	37.6	154.6	182.4	286.3	343.7	364.0	398.2	430.7
乌 克 兰	7.2	37.5	45.1	65.5	110.0	179.0	233.0	287.1
英　　国	268.2	700.0	688.2	750.9	783.9	835.6	850.0	868.4
澳大利亚	467.6	630.0	660.0	694.5	716.7	742.5	760.0	795.0
新 西 兰	473.8	627.2	690.0	697.6	720.3	797.0	830.0	860.0

资料来源：世界银行WDI数据库。

附录1-19 国际旅游收支

单位：亿美元

国家和地区	国际旅游支出			国际旅游收入		
	2000	2010	2011	2000	2010	2011
世 界	**5384.84**	**10215.03**	**11375.37**	**5691.56**	**11141.78**	**12495.37**
高收入国家	**4623.47**	**7828.69**	**8546.68**	**4558.82**	**8080.09**	**9165.10**
中等收入国家	**729.28**	**2317.36**	**2766.52**	**1099.14**	**2952.36**	**3193.41**
低收入国家	**26.86**	**68.94**	**74.90**	**34.16**	**118.83**	**152.86**
中 国	141.69	598.40	790.10	173.18	501.54	533.13
中国香港	125.02	175.03	191.41	81.98	272.08	337.36
孟加拉国	4.71	8.35	7.63	0.50	1.03	0.97
柬埔寨	0.52	2.68	3.33	3.45	13.32	17.90
印 度	36.86	105.49	137.22	35.98	141.60	175.18
印度尼西亚	31.97	84.32	96.77	49.75	76.18	89.94
伊 朗	6.71	156.51		6.77	30.55	
以色列	37.33	44.33	45.90	46.11	55.13	55.98
日 本	426.43	393.06	397.60	59.70	153.56	125.34
哈萨克斯坦	4.83	14.89	18.51	4.03	12.36	15.24
韩 国	79.45	196.95	217.33	85.27	138.05	172.46
老 挝	0.08	2.15	2.48	1.14	3.85	4.13
马来西亚	25.43	79.43	107.53	58.73	183.15	195.93
蒙 古	0.54	3.19	4.04	0.43	2.88	2.58
缅 甸	0.30	0.53	1.32	1.95	0.91	2.93
巴基斯坦	5.74	13.70	18.51	5.51	9.98	11.23
菲律宾	18.41	41.94	44.02	23.34	32.28	37.96
新加坡	45.35	186.30	211.03	51.42	141.33	179.90
斯里兰卡	3.83	8.28	9.26	3.88	10.44	14.21
泰 国	32.18	71.51	73.20	99.35	238.09	309.26
越 南		14.70	17.10		44.50	56.20
埃 及	12.06	26.96	25.75	46.57	136.33	93.33
尼日利亚	6.10	83.79	95.34	1.86	7.38	6.88
南 非	26.84	81.39	83.97	33.38	103.08	107.07
加拿大	151.25	368.00	410.27	130.35	183.27	199.01
墨西哥	63.65	90.38	97.34	91.33	126.48	122.70
美 国	914.73	1097.64	1172.93	1209.12	1651.49	1858.86
阿根廷	54.60	63.75	72.51	31.95	56.29	60.59
巴 西	45.48	193.40	250.70	19.69	61.80	68.30
委内瑞拉	16.47	24.30	31.11	4.69	7.93	8.43
捷 克	12.76	41.66	46.60	29.73	80.17	84.62
法 国	267.03	484.39	552.65	385.34	562.82	651.72
德 国	576.01	912.05	1004.24	249.43	491.26	534.11
意大利	181.69	330.53	357.24	287.06	400.58	453.68
荷 兰	136.49	197.72	208.84	112.85	186.90	209.70
波 兰	34.17	91.00	88.82	61.28	99.86	115.98
俄罗斯联邦	88.48	300.64	369.07	34.29	132.39	170.31
西班牙	77.10	227.33	232.07	326.56	590.42	675.38
土耳其	17.13	54.51	54.69	76.36	247.84	280.59
乌克兰	5.61	41.34	48.29	5.63	46.96	54.06
英 国	470.09	613.68	646.27	299.78	407.46	459.40
澳大利亚	87.80	275.34	335.45	130.16	323.36	341.68
新西兰	12.35	30.38	34.59	22.72	49.07	54.93

资料来源：世界银行WDI数据库。

附录1-20　国际旅游人数

单位：万人

国家和地区	国外游客到达人数			出国旅游人数		
	2000	2010	2011	2000	2010	2011
世界	**70065.8**	**97797.2**	**102534.4**	**85097.9**	**108754.0**	**114477.9**
高收入国家	**49661.9**	**59788.2**	**63056.4**	**56654.8**	**66422.8**	**68507.3**
中等收入国家	**18087.2**	**34840.4**	**35835.0**	**16237.1**	**26914.9**	**29781.3**
低收入国家	**771.1**	**1777.6**	**2272.9**			
中国	3122.9	5566.4	5758.1	1047.3	5738.6	7025.0
中国香港	881.4	2008.5	2231.6	461.1	8444.2	8481.6
中国澳门	519.7	1192.6	1292.5	14.4	75.3	90.8
孟加拉国	19.9	30.3		112.8		
文莱	98.4	21.4	24.2			
柬埔寨	46.6	250.8	288.2	4.1	50.5	71.0
印度	264.9	577.6	630.9	441.6	1298.8	1399.4
印度尼西亚	506.4	700.3	765.0	220.5	623.5	675.0
伊朗	134.2	293.8	335.4	228.6		
以色列	241.7	280.3	282.0	353.0	426.9	438.7
日本	475.7	861.1	621.9	1781.9	1663.7	1699.4
哈萨克斯坦	147.1	339.3		124.7	741.2	
韩国	532.2	879.8	979.5	550.8	1248.8	1269.4
老挝	19.1	167.0	178.6			
马来西亚	1022.2	2457.7	2471.4	3053.2		
蒙古	13.7	45.7				
缅甸	20.8	31.1	39.1			
巴基斯坦	55.7	90.7				
菲律宾	199.2	352.0	391.7	167.0		
新加坡	606.2	916.1	1039.0	444.4	734.2	775.3
斯里兰卡	40.0	65.4	85.6	52.4	112.2	123.9
泰国	957.9	1593.6	1923.0	190.9	545.1	539.7
越南	214.0	505.0	601.4			
埃及	511.6	1405.1	949.7	296.4	461.8	486.3
尼日利亚	81.3	155.5	71.5			
南非	587.2	807.4	833.9	383.4	516.5	545.5
加拿大	1962.7	1609.7	1601.4	1918.2	2868.0	3015.0
墨西哥	2064.1	2329.0	2340.3	1107.9	1433.4	1479.9
美国	5123.8	5979.6	6271.1	6132.7	6027.1	5849.7
阿根廷	290.9	532.5	570.5	495.3	530.7	668.7
巴西	531.3	516.1	543.3	322.8	643.0	
委内瑞拉	46.9	52.6	59.5	95.4	147.7	171.9
捷克	477.3	862.9	877.5		867.3	591.2
法国	7719.0	7764.8	8141.1	1988.6	2504.1	2615.5
德国	1898.3	2687.5	2837.4	7440.0		
意大利	4118.1	4362.6	4611.9	2199.3	2982.3	2929.5
荷兰	1000.3	1088.3	1130.0	1389.6	1836.8	1856.0
波兰	1740.0	1247.0	1335.0	5667.7	4276.0	4327.0
俄罗斯联邦	2116.9	2228.1	2493.2	1837.1	3932.3	
西班牙	4640.3	5267.7	5669.4	410.0	1237.9	1334.7
土耳其	958.6	3139.6	3403.8	528.4	655.7	628.2
乌克兰	643.1	2120.3	2141.5	1342.2	1718.0	1977.3
英国	2321.2	2829.5	2930.6	5683.7	5556.2	5683.6
澳大利亚	493.1	588.5	587.5	349.8	711.2	779.5
新西兰	178.0	249.2	257.2	128.3	202.6	209.6

资料来源：世界银行WDI数据库。

【主要统计指标解释】

国内生产总值 指生产活动总成果，等于所有常住单位创造的增加值的总和（包括产出价值中未包括的产品税，不包括各项产品补贴），等于按购买者价格计算的货物和服务最终使用价值（不包括中间消费）减去进口的货物和服务价值，或等于常住生产单位初次收入分配的总和。

按当年价格计算的国内生产总值 是按报告期价格计算的国内生产总值，即名义国内生产总值。

不变价格国内生产总值 指国内生产总值的物量绝对量。不变价格国内生产总值等于按基期价格衡量的价值。理论上，价值量中的价格和数量应该是对应的，但是不变价格国内生产总值采用基期价格替代当期价格。实践中两种主要方法都在计算。

三次产业 根据《国际标准产业分类》（ISIC）第三版划分。

第一产业，即农业，指《国际标准产业分类》第三版中第1类至第5类，包括林业、狩猎业、渔业、种植业和畜牧业。

第二产业，指《国际标准产业分类》第三版中第10类至第45类，包括采掘业，制造业，电力、煤气和水的供应业以及建筑业。

第三产业，即服务业，指《国际标准产业分类》第三版中第50类至第99类。包括批发零售贸易业（包括旅馆和饭店业）、交通运输业、政府、金融、专业服务和个人服务，例如教育、卫生、房地产服务，还包括虚拟的银行服务费、进口税和加工或调整数据时的统计误差。

增加值总额 等于总产出减去中间消耗。用于衡量单个生产者、行业或部门生产活动对国内生产总值的贡献。增加值总额是国民核算账户（SNA）中初次收入形成的来源，因此被（从生产账户）结转到初次收入分配账户中进行反映。

按基本价格计算的增加值总额 等于按基本价格计算的总产出减去按购买者价格计算的中间消耗。基本价格等于生产者出售一个单位的货物和服务得到的收入，减去由此应付的税金，加上收到的补贴。基本价格作为生产或销售的价格单位，不包括生产者的运输费用。

按要素成本计算的增加值总额 等于按市场价格计算的增加值总额减间接税与产品补贴。

按生产者价格计算的增加值总额 等于按生产者价格计算的总产出减去按购买者价格计算的中间消耗。

就业人员 为一定年龄以上，在特定短期（一周或一天）内，属于下列类型的所有人：

（1）有酬从业人员，包括两类：①正在工作的人，指在参考期内做某些工作以得到现金或实物形式工资或薪金的人员；②有工作岗位但目前不工作的人，指现在有工作，却在短期内暂时不上班，但同时与工作单位有正式联系的人。这种正式联系，可以按照如下的一项或多项标准，根据各国的不同情况予以判断：1）持续领到工资或薪金；2）保证在暂时的不上班状态终止后返回该岗位，或对返回的时间有协议；3）在不工作的这段时间里，该从业者能得到补偿而无须接受其他工作。军人应被包括在有酬从业人员中。

（2）自营就业者，包括两类：①正在工作，指在短期时间内以利润或家庭收入为目的，从事某些工作得到现金或实物的人；②拥有企业而不工作的人，指自己拥有企业（如商业企业，农场，服务性企业），在一定时期内因特殊原因暂不工作的人。

工资 定期以现金或以实物形式支付给雇员的报酬，包括对雇员工作时间、完成的工作量和未工作的有酬时间（如年休假，法定假日）支付的劳动报酬。工资不包括雇主为其雇员支付的社会保险和养老金缴款、雇员因此而得到的收益、解雇和辞职时加发的工资。

收入 同雇员的总报酬相联系，即雇主付给的扣除各项费用（税收、雇员社会保险和养老保险费，人身保险费，工会费和其他支付费用）以前的总数。收入应包括直接工资和薪金、为未工作时间支付的报酬（不包括解雇费和解雇补偿费）奖金、赏金以及雇主直接为雇员支付的住户和家庭补贴。

贸易体系 是指贸易国家进行对外货物贸易统计所采用的统计制度。它有总贸易体系（又称一般贸易体系）和专门贸易体系（又称特殊贸易体系）两种类型。总贸易体系数值大于相应的专门贸易体系数值。

总贸易体系以货物通过国境作为统计进出口的标准。专门贸易体系则以货物通过关境或结关作为统计进出口的标准。

总贸易体系和专门贸易体系说明的是不同的问题。前者说明一国在国际商品流通中所处的地位和所起的作用；后者说明一国作为生产者和消费者在国际贸易中的地位。

出口 即货物离开一国的统计疆界。在总贸易体系中，一国的统计疆界与它的经济领土是一致的。在专门贸易体系中，一国的统计疆界只包括一部分经济领土，一般这部分与货物自由贸易区是一致的。自由贸易地区是一国经济疆界的一部分，在此间货物可以无进口税限制地流通。一般采用离岸价。

进口 指货物进入一国统计疆界。在总贸易体系中，进口包括直接为国内使用的进口，流入入境加工仓库的进口，注入海关仓库和自由区的进口；在专门贸易体系中，进口包括直接进入国内市场为国内使用的商品的进口，由海关仓库和自由区进入国内市场的进口，以及流向入境加工仓库的进口。一般采用到岸价。

服务贸易 服务（原为非要素服务）指无形商品的经济产出。它可以在同一时间产生、转让和消费。商品服务的出口（贷方和收入）和进口（借方和支付）来自于国际收支统计中的国际服务交易统计，其概念、定义和分类与国际货币基金组织 1993 年《国际收支手册》第五版一致。

外汇储备 一国当局可以使用和控制的外汇资产，它可直接用来弥补国际收支不平衡或间接用来平衡国际收支。

黄金储备（货币黄金） 一国当局拥有的、作为储备资产的黄金。

国际旅游支出 是指出境游客在他国的旅游消费，包括在国际旅行时，搭乘他国运输工具所支付的交通费（有些国家不包括这项交通费）。除非特别声明外，国际旅游支出包括境外一日游客（不过夜游客）在访问地的消费。

国际旅游收入 是指入境游客（过夜旅客）在本国的旅游消费，包括国际旅行时，入境游客搭乘本国运输工具所付给本国的交通费（有些国家不包括这项交通费）。国际旅游收入包括目的地国接受的所有商品和服务的支付。除特别声明外，国际旅游收入可以包括入境一日游游客（不过夜游客）在本国的消费。

附录二

中国服务业采购经理指数及国外情况

简要说明

一、调查内容

服务业企业主管企业运营的负责人对企业经营活动、采购及相关业务活动情况的判断，主要包括对业务总量、新订单（客户需求）、存货、投入价格、收费价格、企业员工、供应商配送、业务活动预期等情况的判断。

二、调查范围

涉及《国民经济行业分类》（GB/T4754-2011）中第三产业的23个行业大类。

三、调查方法

服务业采购经理调查采用PPS抽样调查方法。

四、季节调整说明

该调查是一项月度调查，受季节因素影响，数据波动较大。现发布的服务业采购经理调查各分类指数均为经季节调整后的数据。

五、资料来源

中国服务业采购经理指数资料是国家统计局服务业统计司根据《采购经理调查制度》收集的调查资料加工整理而得；世界主要经济体服务业采购经理指数资料主要来自于美国供应管理协会、摩根大通、Markit经济研究机构等官方网站和各有关国际组织。

附录2-1 中国服务业采购经理指数

单位：%

月份	商务活动指数	新订单指数	投入价格指数	收费价格指数	业务活动预期指数
2012.1	54.8	51.0	58.3	51.2	63.7
2	56.0	51.6	59.2	51.1	63.4
3	57.1	52.8	60.1	52.2	66.6
4	55.0	52.3	58.2	50.1	66.0
5	54.2	52.1	54.5	48.2	65.2
6	56.3	53.6	53.3	48.6	65.2
7	54.4	52.2	50.5	49.0	63.6
8	55.1	52.1	59.3	51.7	62.7
9	52.6	50.8	58.7	51.4	59.8
10	54.4	50.7	57.2	50.4	62.3
11	54.2	52.0	52.5	47.8	63.7
12	54.7	53.6	54.2	49.6	64.1

附录2-2 世界主要经济体服务业采购经理指数

单位：%

月份	中国	美国	欧元区	日本	德国	英国	法国	俄罗斯	巴西
2012.1	54.8	56.0	50.4	51.1	53.7	56.0	52.3	56.5	53.8
2	56.0	56.1	48.8	51.2	52.8	53.8	50.0	55.3	55.5
3	57.1	55.0	49.2	53.7	52.1	55.3	50.1	54.4	53.4
4	55.0	53.7	46.9	51.0	52.2	53.3	45.2	52.6	54.4
5	54.2	54.1	46.7	49.8	51.8	53.3	45.1	54.9	49.6
6	56.3	52.7	47.1	49.3	49.9	51.3	47.9	53.2	51.5
7	54.4	52.9	47.9	47.5	50.3	51.0	50.0	52.0	48.9
8	55.1	54.3	47.2	49.3	48.3	53.7	49.2	52.6	48.1
9	52.6	55.2	46.1	48.9	49.7	52.2	45.0	54.5	52.8
10	54.4	54.8	46.0	50.0	48.4	50.6	44.6	57.3	50.4
11	54.2	54.8	46.7	51.4	49.7	50.2	45.8	57.1	52.5
12	54.7	55.7	47.8	51.5	52.0	48.9	45.2	56.1	53.5

注：美国为非制造业采购经理指数(经年终修订后的数据)，其他国家均为服务业商务活动指数。

【主要统计指标解释】

商务活动指数 指根据企业报告期内完成的业务活动总量的变化情况汇总而成的扩散指数。国际上通常用商务活动指数来反映服务业经济发展的总体情况，一般来说该指数高于50%，反映服务业经济总体上升或扩张；低于50%，反映服务业经济下降或收缩。

新订单指数 指根据企业报告期内签定的订单量、合同量或其它需求总量的变化情况汇总而成的扩散指数。

投入价格指数 指根据企业报告期内主要投入价格水平的变化情况汇总而成的扩散指数。

收费价格指数 指根据企业报告期内销售（或收费）价格水平的变化情况汇总而成的扩散指数。

业务活动预期指数 指根据企业对未来业务活动整体水平预测的变化情况汇总而成的扩散指数。

附录三

中国企业信息化情况

简要说明

一、主要内容

企业生产经营中应用信息技术的基本情况和电子商务活动情况。

二、统计范围

大中型工业、有资质的建筑业、大型批发和零售业、大型住宿和餐饮业、房地产开发经营业、重点服务业法人单位。

三、调查方法

以联网直报的方式对统计范围内的企业进行全面调查。

四、企业划分标准

大中型工业：年营业收入2000万元及以上且从业人员在300人及以上的工业法人单位。

有资质的建筑业：有总承包、专业承包和劳务分包资质的建筑业法人单位。

大型批发和零售业：年营业收入4亿元及以上且从业人员200人及以上的批发业法人单位、年营业收入2亿元及以上且从业人员在300人及以上的零售业法人单位。

大型住宿和餐饮业：年营业收入1亿元及以上且从业人员在300人及以上的住宿业和餐饮业法人单位。

房地产开发经营业：全部房地产开发经营业法人单位。

重点服务业：年营业收入1000万元及以上或期末从业人员50人及以上的法人单位。

五、资料来源

本部分资料是国家统计局服务业司根据《企业一套表统计调查制度》调查的资料进行加工整理而得。

附录3-1 按行业分企业信息化基本情况

单位：个

行业	企业数	使用计算机的企业	比重(%)	使用互联网的企业	比重(%)	有网站的企业	比重(%)
总 计	**307746**	**304028**	**98.8**	**255315**	**83.0**	**110365**	**35.9**
采矿业	2873	2865	99.7	2375	82.7	1005	35.0
制造业	46313	46254	99.9	41466	89.5	30817	66.5
电力、热力、燃气及水生产和供应业	2231	2228	99.9	1992	89.3	1185	53.1
建筑业	84724	83838	99.0	67088	79.2	20269	23.9
批发和零售业	3287	3284	99.9	3027	92.1	2245	68.3
交通运输、仓储和邮政业	25651	25214	98.3	21263	82.9	6738	26.3
住宿和餐饮业	641	641	100.0	600	93.6	509	79.4
信息传输、软件和信息技术服务业	9821	9773	99.5	9364	95.3	6923	70.5
房地产业	86655	84882	98.0	68858	79.5	20295	23.4
租赁和商务服务业	21960	21700	98.8	18934	86.2	9446	43.0
科学研究和技术服务业	11708	11643	99.4	10538	90.0	5897	50.4
水利、环境和公共设施管理业	2931	2876	98.1	2423	82.7	1099	37.5
居民服务、修理和其他服务业	3528	3453	97.9	2713	76.9	975	27.6
教育	963	955	99.2	819	85.0	528	54.8
卫生和社会工作	889	886	99.7	737	82.9	501	56.4
文化、体育和娱乐业	3571	3536	99.0	3118	87.3	1933	54.1

附录3-2 各地区企业信息化基本情况

单位：个

地区	企业数	使用计算机的企业	比重(%)	使用互联网的企业	比重(%)	有网站的企业	比重(%)
全国	**307746**	**304028**	**98.8**	**255315**	**83.0**	**110365**	**35.9**
北京	21533	21032	97.7	18841	87.5	8973	41.7
天津	6186	6070	98.1	4975	80.4	2235	36.1
河北	8875	8647	97.4	6939	78.2	2662	30.0
山西	6366	6281	98.7	4917	77.2	1450	22.8
内蒙古	4449	4415	99.2	3488	78.4	1183	26.6
辽宁	14377	13990	97.3	10886	75.7	3965	27.6
吉林	4962	4917	99.1	4050	81.6	1183	23.8
黑龙江	5584	5515	98.8	3939	70.5	970	17.4
上海	16952	16630	98.1	14102	83.2	7591	44.8
江苏	31639	31426	99.3	27427	86.7	13278	42.0
浙江	23503	23356	99.4	20423	86.9	9836	41.8
安徽	10156	10052	99.0	8310	81.8	3517	34.6
福建	10987	10870	98.9	9253	84.2	4209	38.3
江西	6160	6079	98.7	5052	82.0	1844	29.9
山东	22322	22199	99.4	18564	83.2	7927	35.5
河南	14716	14629	99.4	11890	80.8	4537	30.8
湖北	9922	9789	98.7	7840	79.0	3448	34.8
湖南	8650	8573	99.1	6953	80.4	3055	35.3
广东	30125	29963	99.5	25685	85.3	13525	44.9
广西	5799	5606	96.7	4724	81.5	1653	28.5
海南	1431	1421	99.3	1253	87.6	644	45.0
重庆	7590	7523	99.1	6344	83.6	2506	33.0
四川	11975	11852	99.0	10097	84.3	4034	33.7
贵州	3576	3491	97.6	2865	80.1	823	23.0
云南	6250	6168	98.7	5206	83.3	1604	25.7
西藏	301	293	97.3	175	58.1	46	15.3
陕西	4444	4408	99.2	3739	84.1	1602	36.0
甘肃	3158	3126	99.0	2574	81.5	713	22.6
青海	942	933	99.0	728	77.3	218	23.1
宁夏	1427	1418	99.4	1276	89.4	442	31.0
新疆	3389	3356	99.0	2800	82.6	692	20.4

附录3-3 按行业分企业信息化应用情况

单位：个

行 业	企业数	采用信息化管理的企 业	比重(%)	通过互联网开展有关生产经营活动的企 业	比重(%)	通过互联网对本企业进行宣传和推广的 企 业	比重(%)
总 计	**307746**	**298493**	**97.0**	**255315**	**83.0**	**118628**	**38.5**
采矿业	2873	2839	98.8	2375	82.7	907	31.6
制造业	46313	45933	99.2	41466	89.5	28656	61.9
电力、热力、燃气及水生产和供应业	2231	2221	99.6	1992	89.3	842	37.7
建筑业	84724	81703	96.4	67088	79.2	22827	26.9
批发和零售业	3287	3271	99.5	3027	92.1	1988	60.5
交通运输、仓储和邮政业	25651	24843	96.9	21263	82.9	7529	29.4
住宿和餐饮业	641	640	99.8	600	93.6	520	81.1
信息传输、软件和信息技术服务业	9821	9675	98.5	9364	95.3	6751	68.7
房地产业	86655	83139	95.9	68858	79.5	27162	31.3
租赁和商务服务业	21960	21272	96.9	18934	86.2	9946	45.3
科学研究和技术服务业	11708	11425	97.6	10538	90.0	5928	50.6
水利、环境和公共设施管理业	2931	2831	96.6	2423	82.7	1252	42.7
居民服务、修理和其他服务业	3528	3403	96.5	2713	76.9	1126	31.9
教育	963	938	97.4	819	85.0	533	55.3
卫生和社会工作	889	869	97.8	737	82.9	499	56.1
文化、体育和娱乐业	3571	3491	97.8	3118	87.3	2162	60.5

附录3-4 各地区企业信息化应用情况

单位：个

地区	企业数	采用信息化管理的企业	比重(%)	通过互联网开展有关生产经营活动的企业	比重(%)	通过互联网对本企业进行宣传和推广的企业	比重(%)
全国	**307746**	**298493**	**97.0**	**255315**	**83.0**	**118628**	**38.5**
北京	21533	20439	94.9	18841	87.5	9377	43.5
天津	6186	5924	95.8	4975	80.4	2315	37.4
河北	8875	8400	94.6	6939	78.2	2828	31.9
山西	6366	6117	96.1	4917	77.2	1603	25.2
内蒙古	4449	4337	97.5	3488	78.4	1195	26.9
辽宁	14377	13515	94.0	10886	75.7	4258	29.6
吉林	4962	4813	97.0	4050	81.6	1288	26.0
黑龙江	5584	5425	97.2	3939	70.5	1124	20.1
上海	16952	16291	96.1	14102	83.2	7039	41.5
江苏	31639	30953	97.8	27427	86.7	14212	44.9
浙江	23503	23213	98.8	20423	86.9	10718	45.6
安徽	10156	9812	96.6	8310	81.8	4246	41.8
福建	10987	10765	98.0	9253	84.2	4328	39.4
江西	6160	6031	97.9	5052	82.0	2089	33.9
山东	22322	21874	98.0	18564	83.2	9028	40.4
河南	14716	14414	97.9	11890	80.8	5146	35.0
湖北	9922	9577	96.5	7840	79.0	3898	39.3
湖南	8650	8416	97.3	6953	80.4	3516	40.6
广东	30125	29255	97.1	25685	85.3	13173	43.7
广西	5799	5584	96.3	4724	81.5	2061	35.5
海南	1431	1397	97.6	1253	87.6	703	49.1
重庆	7590	7408	97.6	6344	83.6	2760	36.4
四川	11975	11661	97.4	10097	84.3	4613	38.5
贵州	3576	3454	96.6	2865	80.1	953	26.6
云南	6250	6077	97.2	5206	83.3	1935	31.0
西藏	301	275	91.4	175	58.1	47	15.6
陕西	4444	4354	98.0	3739	84.1	1766	39.7
甘肃	3158	3062	97.0	2574	81.5	845	26.8
青海	942	912	96.8	728	77.3	240	25.5
宁夏	1427	1414	99.1	1276	89.4	501	35.1
新疆	3389	3324	98.1	2800	82.6	823	24.3

附录3-5　按行业分企业电子商务应用情况

行　业	企业数（个）	有电子商务的企业（个）	比重（%）	有电子商务销售的企　业（个）	比重（%）	有电子商务采购的企　业（个）	比重（%）
总　计	**307746**	**22573**	**7.3**	**14908**	**4.8**	**17242**	**5.6**
采矿业	2873	221	7.7	92	3.2	202	7.0
制造业	46313	9971	21.5	8140	17.6	7611	16.4
电力、热力、燃气及水生产和供应业	2231	166	7.4	38	1.7	153	6.9
建筑业	84724	4499	5.3	1725	2.0	4170	4.9
批发和零售业	3287	608	18.5	537	16.3	326	9.9
交通运输、仓储和邮政业	25651	927	3.6	661	2.6	569	2.2
住宿和餐饮业	641	238	37.1	215	33.5	80	12.5
信息传输、软件和信息技术服务业	9821	1369	13.9	1031	10.5	761	7.7
房地产业	86655	2164	2.5	793	0.9	1945	2.2
租赁和商务服务业	21960	1136	5.2	790	3.6	706	3.2
科学研究和技术服务业	11708	481	4.1	253	2.2	369	3.2
水利、环境和公共设施管理业	2931	198	6.8	170	5.8	77	2.6
居民服务、修理和其他服务业	3528	132	3.7	86	2.4	81	2.3
教育	963	36	3.7	25	2.6	17	1.8
卫生和社会工作	889	42	4.7	23	2.6	27	3.0
文化、体育和娱乐业	3571	385	10.8	329	9.2	148	4.1

附录3-5 续表

行　业	全年电子商务交易额（亿元）	电子商务销售额（亿元）			电子商务采购额（亿元）
			b2b销售额（亿元）	b2c销售额（亿元）	
总　计	**28825.20**	**34656.14**	**29886.06**	**4538.72**	**22994.25**
采矿业	407.24	148.26	146.09	1.83	666.21
制造业	20155.95	24982.08	22972.38	1873.38	15329.81
电力、热力、燃气及水生产和供应业	1015.27	193.97	190.70	3.26	1836.57
建筑业	138.44	104.60	92.45	9.84	172.27
批发和零售业	5675.77	6894.01	5066.19	1768.96	4457.52
交通运输、仓储和邮政业	600.86	1089.45	770.52	308.19	112.27
住宿和餐饮业	16.83	26.73	8.72	16.81	6.93
信息传输、软件和信息技术服务业	481.29	768.83	395.53	360.33	193.74
房地产业	40.91	60.77	8.19	51.80	21.05
租赁和商务服务业	210.65	291.15	165.18	119.92	130.14
科学研究和技术服务业	43.04	35.58	26.47	7.81	50.50
水利、环境和公共设施管理业	5.26	10.14	4.13	6.01	0.37
居民服务、修理和其他服务业	3.66	3.38	2.45	0.89	3.93
教育	2.30	4.55	0.90	3.31	0.05
卫生和社会工作	1.59	0.52	0.23	0.27	2.65
文化、体育和娱乐业	26.16	42.10	35.92	6.11	10.21

附录3-6 各地区电子商务应用情况

地区	企业数(个)	有电子商务的企业(个)	比重(%)	有电子商务销售的企业(个)	比重(%)	有电子商务采购的企业(个)	比重(%)
全国	**307746**	**22573**	**7.3**	**14908**	**4.8**	**17242**	**5.6**
北京	21533	1144	5.3	582	2.7	751	3.5
天津	6186	335	5.4	190	3.1	269	4.3
河北	8875	531	6.0	348	3.9	426	4.8
山西	6366	224	3.5	125	2.0	171	2.7
内蒙古	4449	214	4.8	101	2.3	178	4.0
辽宁	14377	688	4.8	343	2.4	590	4.1
吉林	4962	187	3.8	111	2.2	157	3.2
黑龙江	5584	173	3.1	80	1.4	134	2.4
上海	16952	1241	7.3	698	4.1	900	5.3
江苏	31639	3416	10.8	2309	7.3	2737	8.7
浙江	23503	2453	10.4	1950	8.3	1720	7.3
安徽	10156	741	7.3	471	4.6	599	5.9
福建	10987	868	7.9	600	5.5	646	5.9
江西	6160	397	6.4	273	4.4	304	4.9
山东	22322	1697	7.6	1246	5.6	1338	6.0
河南	14716	1074	7.3	656	4.5	921	6.3
湖北	9922	804	8.1	539	5.4	647	6.5
湖南	8650	896	10.4	640	7.4	749	8.7
广东	30125	2670	8.9	1988	6.6	1834	6.1
广西	5799	309	5.3	214	3.7	204	3.5
海南	1431	75	5.2	51	3.6	51	3.6
重庆	7590	462	6.1	242	3.2	351	4.6
四川	11975	820	6.8	535	4.5	658	5.5
贵州	3576	149	4.2	83	2.3	114	3.2
云南	6250	326	5.2	162	2.6	254	4.1
西藏	301	13	4.3	9	3.0	11	3.7
陕西	4444	251	5.6	158	3.6	195	4.4
甘肃	3158	180	5.7	89	2.8	153	4.8
青海	942	46	4.9	30	3.2	34	3.6
宁夏	1427	76	5.3	39	2.7	61	4.3
新疆	3389	113	3.3	46	1.4	85	2.5

附录3-6 续表

地 区	全年电子商务交易额（亿元）	电子商务销售额（亿元）			电子商务采购额（亿元）
			b2b销售额（亿元）	b2c销售额（亿元）	
全 国	**28825.20**	**34656.14**	**29886.06**	**4538.72**	**22994.25**
北 京	3375.43	3720.31	2339.05	1374.14	3030.55
天 津	549.10	484.28	475.83	6.98	613.92
河 北	818.43	990.08	542.85	438.68	646.78
山 西	207.74	213.50	163.49	32.05	201.98
内蒙古	114.46	156.61	105.24	50.26	72.31
辽 宁	669.89	861.84	717.41	143.96	477.95
吉 林	94.21	109.34	94.72	14.50	79.09
黑龙江	192.07	140.22	131.34	8.83	243.93
上 海	2223.77	2841.58	2589.75	249.17	1605.97
江 苏	3410.37	3842.87	3402.47	392.12	2977.87
浙 江	2102.23	2866.69	2578.26	266.40	1337.78
安 徽	824.95	958.07	812.67	138.72	691.82
福 建	629.95	870.91	736.82	129.46	389.00
江 西	524.88	641.84	549.31	92.31	407.91
山 东	2569.61	2595.65	2427.80	152.50	2543.57
河 南	977.19	1355.99	1298.19	42.31	598.39
湖 北	917.21	1404.12	1342.99	58.99	430.29
湖 南	915.43	1225.36	1140.38	78.75	605.51
广 东	4921.67	5715.65	5348.13	341.41	4127.70
广 西	342.02	531.73	446.17	81.15	152.30
海 南	71.16	97.35	54.77	8.45	44.97
重 庆	322.50	472.49	452.16	18.03	172.52
四 川	605.25	688.37	491.21	195.12	522.12
贵 州	207.90	226.49	139.08	87.15	189.31
云 南	583.87	900.50	886.12	13.49	267.25
西 藏	13.01	9.11	0.00	9.10	16.91
陕 西	300.00	417.39	349.97	66.87	182.60
甘 肃	132.78	180.58	159.88	20.56	84.97
青 海	32.82	25.33	24.76	0.56	40.32
宁 夏	90.81	89.11	73.92	15.20	92.51
新 疆	84.48	22.79	11.32	11.47	146.17

【主要统计指标解释】

计算机 指企业（单位）在生产经营中使用的计算机，包括台式机、笔记本电脑和平板电脑。

互联网 指在世界范围内的公共计算机网络。它提供一系列通信服务（包括万维网）的接入，并传送电子邮件、新闻、娱乐和数据文件等。

网站 指在公共互联网上，面向公众使用的，基于 TCP/IP 协议的计算机系统，以域名本身或者“WWW.+域名”为网址的 web 站点，由地址、软件、硬件和内容组成。

电子商务交易额 指电子商务销售额和电子商务采购额的平均值。

电子商务销售金额 指报告期内企业（单位）借助网络订单而销售的商品和服务总额。借助网络订单指通过互联网接受订单，付款和配送可以不借助于互联网。

电子商务采购金额 指报告期内企业（单位）借助网络订单而采购的商品和服务总额。借助网络订单指通过互联网发送订单，付款和配送可以不借助于互联网。

附录四 三次产业划分规定

三次产业划分规定

（2012年12月17日国家统计局印发）

一、为更好地反映我国三次产业的发展情况，满足国民经济核算、服务业统计及其他统计调查对三次产业划分的需求，根据《国民经济行业分类》（GB/T 4754—2011），制定本规定。

二、三次产业的范围：

第一产业是指农、林、牧、渔业（不含农、林、牧、渔服务业）。

第二产业是指采矿业（不含开采辅助活动），制造业（不含金属制品、机械和设备修理业），电力、热力、燃气及水生产和供应业，建筑业。

第三产业即服务业，是指除第一产业、第二产业以外的其他行业。第三产业包括：批发和零售业，交通运输、仓储和邮政业，住宿和餐饮业，信息传输、软件和信息技术服务业，金融业，房地产业，租赁和商务服务业，科学研究和技术服务业，水利、环境和公共设施管理业，居民服务、修理和其他服务业，教育，卫生和社会工作，文化、体育和娱乐业，公共管理、社会保障和社会组织，国际组织，以及农、林、牧、渔业中的农、林、牧、渔服务业，采矿业中的开采辅助活动，制造业中的金属制品、机械和设备修理业。

附件：1. 三次产业分类

2.《三次产业划分规定》修订说明

附件 1

三次产业分类

三次产业分类	《国民经济行业分类》（GB/T 4754—2011）		
	门类	大类	名称
第一产业	A		**农、林、牧、渔业**
		01	农业
		02	林业
		03	畜牧业
		04	渔业
第二产业	B		**采矿业**
		06	煤炭开采和洗选业
		07	石油和天然气开采业
		08	黑色金属矿采选业
		09	有色金属矿采选业
		10	非金属矿采选业
		12	其他采矿业
	C		**制造业**
		13	农副食品加工业
		14	食品制造业
		15	酒、饮料和精制茶制造业
		16	烟草制品业
		17	纺织业
		18	纺织服装、服饰业
		19	皮革、毛皮、羽毛及其制品和制鞋业
		20	木材加工和木、竹、藤、棕、草制品业
		21	家具制造业
		22	造纸和纸制品业
		23	印刷和记录媒介复制业
		24	文教、工美、体育和娱乐用品制造业
		25	石油加工、炼焦和核燃料加工业
		26	化学原料和化学制品制造业

三次产业分类	《国民经济行业分类》（GB/T 4754—2011）		
	门类	大类	名称
第二产业		27	医药制造业
		28	化学纤维制造业
		29	橡胶和塑料制品业
		30	非金属矿物制品业
		31	黑色金属冶炼和压延加工业
		32	有色金属冶炼和压延加工业
		33	金属制品业
		34	通用设备制造业
		35	专用设备制造业
		36	汽车制造业
		37	铁路、船舶、航空航天和其他运输设备制造业
		38	电气机械和器材制造业
		39	计算机、通信和其他电子设备制造业
		40	仪器仪表制造业
		41	其他制造业
		42	废弃资源综合利用业
	D		**电力、热力、燃气及水生产和供应业**
		44	电力、热力生产和供应业
		45	燃气生产和供应业
		46	水的生产和供应业
	E		**建筑业**
		47	房屋建筑业
		48	土木工程建筑业
		49	建筑安装业
		50	建筑装饰和其他建筑业
第三产业（服务业）	**A**	05	农、林、牧、渔服务业
	B	11	开采辅助活动
	C	43	金属制品、机械和设备修理业
	F		**批发和零售业**
		51	批发业
		52	零售业

三次产业分类	《国民经济行业分类》（GB/T 4754—2011）		
	门类	大类	名称
第三产业（服务业）	**G**		**交通运输、仓储和邮政业**
		53	铁路运输业
		54	道路运输业
		55	水上运输业
		56	航空运输业
		57	管道运输业
		58	装卸搬运和运输代理业
		59	仓储业
		60	邮政业
	H		**住宿和餐饮业**
		61	住宿业
		62	餐饮业
	I		**信息传输、软件和信息技术服务业**
		63	电信、广播电视和卫星传输服务
		64	互联网和相关服务
		65	软件和信息技术服务业
	J		**金融业**
		66	货币金融服务
		67	资本市场服务
		68	保险业
		69	其他金融业
	K		**房地产业**
		70	房地产业
	L		**租赁和商务服务业**
		71	租赁业
		72	商务服务业
	M		**科学研究和技术服务业**
		73	研究和试验发展
		74	专业技术服务业
		75	科技推广和应用服务业

三次产业分类	《国民经济行业分类》（GB/T 4754—2011）		
	门类	大类	名称
第三产业（服务业）	**N**		**水利、环境和公共设施管理业**
		76	水利管理业
		77	生态保护和环境治理业
		78	公共设施管理业
	O		**居民服务、修理和其他服务业**
		79	居民服务业
		80	机动车、电子产品和日用产品修理业
		81	其他服务业
	P		**教育**
		82	教育
	Q		**卫生和社会工作**
		83	卫生
		84	社会工作
	R		**文化、体育和娱乐业**
		85	新闻和出版业
		86	广播、电视、电影和影视录音制作业
		87	文化艺术业
		88	体育
		89	娱乐业
	S		**公共管理、社会保障和社会组织**
		90	中国共产党机关
		91	国家机构
		92	人民政协、民主党派
		93	社会保障
		94	群众团体、社会团体和其他成员组织
		95	基层群众自治组织
	T		**国际组织**
		96	国际组织

附件 2

《三次产业划分规定》修订说明

2003 年,根据《国民经济行业分类》(GB/T 4754—2002),我局印发了《国家统计局关于印发〈三次产业划分规定〉的通知》(国统字〔2003〕14 号)。该规定在国民经济核算、各项统计调查及国家宏观管理中得到广泛应用。2012 年,根据国家质检总局和国家标准委颁布的《国民经济行业分类》(GB/T 4754—2011),我局再次对 2003 年《三次产业划分规定》进行了修订。

与 2003 年印发的《三次产业划分规定》相比,此次修订主要在以下方面作出调整:

一、调整 3 个大类

为了规范三次产业、服务业的口径、范围,推动我国服务业发展,将 A 门类"农、林、牧、渔业"中的"05 农、林、牧、渔服务业",B 门类"采矿业"中的"11 开采辅助活动",C 门类"制造业"中的"43 金属制品、机械和设备修理业"等三个大类一并调入第三产业。

调整后,第一产业为 4 个大类;第二产业为 2 个门类和 36 个大类;第三产业为 15 个门类和 3 个大类。

二、明确第三产业即为服务业

鉴于目前服务业的口径、范围不统一,既不利于服务业统计和服务业核算,也不利于贯彻执行国务院《关于加快发展服务业的若干意见》以及国务院办公厅转发国家统计局《关于加强和完善服务业统计工作的意见》,因此,此次修订三次产业划分规定时,明确第三产业即为服务业。